VON HANDAUFMASS BIS HIGH TECH III

VON HANDAUFMASS BIS HIGH TECH III

Erfassen, Modellieren, Visualisieren

VON HANDAUFMASS BIS HIGH TECH III

3D in der historischen Bauforschung

Interdisziplinäres Kolloquium vom 24.–27. Februar 2010
veranstaltet von den Lehrstühlen Baugeschichte und Vermessungskunde der
Brandenburgischen Technischen Universität Cottbus

Herausgegeben von
Katja Heine, Klaus Rheidt, Frank Henze und Alexandra Riedel

VERLAG PHILIPP VON ZABERN

XII, 274 Seiten mit 332 Abbildungen

Gedruckt mit Unterstützung der Wüstenrot Stiftung, des Fördervereins der BTU Cottbus
und der Deutschen Stiftung Denkmalschutz

Bibliografische Information der Deutschen Nationalbibliothek

Die Deutsche Nationalbibliothek verzeichnet diese Publikation
in der Deutschen Nationalbibliografie; detaillierte bibliografische Daten
sind im Internet über <*http://dnb.d-nb.de*> abrufbar.

© 2011 by Verlag Philipp von Zabern, Darmstadt/Mainz
ISBN: 978-3-8053-4332-9

INHALT

VORWORT DER HERAUSGEBER

Unter dem Motto „Von Handaufmaß bis High Tech – 3D in der historischen Bauforschung" diskutierten Fachwissenschaftler aus den Bereichen Bauforschung, Archäologie, Denkmalpflege, Vermessung und Informatik vom 24.–27. Februar 2010 aktuelle Entwicklungen und Probleme der 3D-Erfassung, Modellierung und Präsentation bei der Erforschung historischer Bauten. Nach den ersten beiden Kolloquien 2000 und 2005 machten auch diesmal wieder die hohe Resonanz sowie die über 40 Fachvorträge und Poster deutlich, wie wichtig der regelmäßige Austausch für die fachübergreifende Kooperation der verschiedenen Disziplinen ist. Zusammen mit den zwei bereits erschienenen Tagungsbänden hat sich „Von Handaufmaß bis High Tech" zu einer festen Plattform für Wissenschaftler und Anwender, Hersteller und Dienstleister entwickelt, und so war es uns erneut ein ganz besonderes Anliegen, alle Vorträge und Präsentationen in gewohnter Weise zusammenzustellen und als Tagungsband zu veröffentlichen.

Bereits vor 10 Jahren wurden in Cottbus die ersten Erfahrungen im Umgang mit 3D-Aufnahmeverfahren und 3D-Modellen vorgestellt und mitunter kontrovers diskutiert. Die Beiträge des vorliegenden Tagungsbandes zeigen, dass diese Techniken längst zu alltäglichen Werkzeugen bei der Bearbeitung baugeschichtlich-archäologischer Projekte geworden sind. Der Einsatz automatisierter Messverfahren wird kaum noch in Frage gestellt, vielmehr steht Bauforschern und Geodäten heute eine große Anzahl unterschiedlicher Technologien und Geräte zur Verfügung, um auf die speziellen Anforderungen der jeweiligen Objekterfassung gezielt zu reagieren. In den Beiträgen zur Datenerfassung werden das Spektrum aktueller Aufnahmeverfahren sowie deren Einsatzmöglichkeiten in der historischen Bauaufnahme umfassend dargestellt. Dabei wird auch deutlich, dass sich mit der zunehmenden Automatisierung der Objekterfassung ein Wandel in der Zusammenarbeit zwischen Bauforschern und Geodäten vollzieht. Auch die Nutzung von 3D-Modellen und virtuellen Rekonstruktionen für die Dokumentation und Veröffentlichung von Forschungsergebnissen ist mittlerweile zu einem festen Bestandteil in Bauforschung und Archäologie geworden. Unterstützt wird diese Entwicklung durch neue Möglichkeiten der webbasierten Präsentation von Multimedia- und 3D-Daten unter Nutzung weitgehend standardisierter Techniken und Formate.

In den Beiträgen zur Modellierung und Methodik im Umgang mit 3D-Daten wird aber auch deutlich, dass die Generierung von 3D-Modellen aus den zumeist sehr großen Punktwolken automatisierter Messverfahren nach wie vor Thema aktueller Forschungs- und Entwicklungsarbeiten ist. Die Modellbildung ist und bleibt der aufwändigste Teil innerhalb der 3D-Prozesskette und stellt auch heute noch hohe Anforderungen an die Bearbeiter im Umgang mit den entsprechenden Programmen und Techniken. Die Beiträge zeigen, dass eine effiziente und zielführende Projektbearbeitung nur durch interdisziplinäre Zusammenarbeit zwischen Bauforschern, Geodäten und Informatikern erreicht werden kann. War vor 10 Jahren noch eine enge Zusammenarbeit zwischen Bauforscher und Vermesser vor Ort wichtige Voraussetzung einer Bauaufnahme komplexer Objekte, so ist die Einbindung unterschiedlicher Fachkompetenzen heute vor allem bei der Verarbeitung und Modellierung der Geometriedaten erforderlich.

Dass „3D" tatsächlich in der Bauforschung angekommen ist und sich hier mehr und mehr als Werkzeug für Aufnahme, Bearbeitung und Präsentation historischer Bausubstanz etabliert, zeigen nicht zuletzt die Erfahrungen bei der Nutzung von 3D-Techniken in ganz unterschiedlichen Projekten. Die Spanne reicht dabei von der 3D-Dokumentation einzelner Objekte über die virtuelle Rekonstruktion von Bauwerken bis hin zur weitgehend automatisierten Erfassung und Modellierung ganzer Baukomplexe und Stadtanlagen. Allen, die sich mit der wissenschaftlichen Bearbeitung und Rekonstruktion historischer Bauwerke beschäftigen, bietet der vorliegende Tagungsband wesentliche Diskussionsgrundlagen und Entscheidungshilfen. Er gibt einen profunden Überblick über die Entwicklungen sowie den aktuellen Stand der Nutzung von 3D-Techniken in der historischen Bauforschung.

Unseren besonderen Dank möchten wir an dieser Stelle den Personen und Institutionen aussprechen, die mit ihrer Hilfe und Unterstützung die Durchführung des Kolloquiums und die Publikation des vorliegenden Tagungsbandes ermöglicht haben. Der Wüstenrot Stiftung, dem Förderverein der BTU Cottbus, der Deutschen Stiftung Denkmalschutz sowie der Firma Leica Geosystems sei für finanzielle und materielle Unterstützung ganz herzlich gedankt. Cornelia Rublack, Reinhard Märker, Rex Haberland, Anna-Katharina Becker, Harriet Trenkmann und den studentischen Hilfskräften der Lehrstühle für Vermessungskunde und Baugeschichte verdanken wir den reibungslosen Ablauf der Veranstaltung. Johanna Mähner sei für die Erstellung des Tagungsbandes gedankt sowie Barthold Pelzer für das Korrektorat. Und nicht zuletzt gebührt allen Vortragenden, Teilnehmern und Firmen Dank, die mit ihren Beiträgen und Diskussionen zum Gelingen des Kolloquiums beigetragen haben.

Wir freuen uns, dass der dritte Kolloquiumsband ebenfalls im Programm des Verlages Philipp von Zabern erscheint und auch durch die verlegerische Kontinuität eine wertvolle Ergänzung der vorangegangenen Bände darstellt. Zusammen mit den ersten beiden Bänden liegt nun ein umfangreiches Kompendium zur Entwicklung von Arbeitsmethoden und Techniken in der historischen Bauforschung innerhalb der letzten zehn Jahre vor. Das Spektrum der diskutierten Themen reicht von klassischen Aufnahmeverfahren wie Handaufmaß, Tachymetrie und Photogrammetrie, über die Nutzung raumbezogener Informationssysteme bis hin zu Verfahren der automatisierten Erfassung und der Präsentation dreidimensionaler Objektdaten und Modelle. Die Bände bieten einen umfassenden Überblick über die große Bandbreite der unterschiedlichen Aufnahme- und Auswerteverfahren und informieren über technische und inhaltliche Voraussetzungen für die Planung zukünftiger Bauforschungsprojekte. Wir sind uns sicher, dass die Beiträge zum 3. Kolloquium „Von Handaufmaß bis High Tech" den kritischen Diskurs über Aufwand, Nutzen und Perspektiven neuer technischer Verfahren bei der Datenerfassung, Modellierung und Präsentation in Bauforschung, Archäologie und Denkmalpflege weiter befördern werden.

Katja Heine   Klaus Rheidt   Frank Henze   Alexandra Riedel

Cottbus, im September 2010

DATENERFASSUNG UND MODELLIERUNG

TERRESTRISCHES LASERSCANNING – EINE QUELLENKRITIK

Fredie Kern – Kai-Christian Bruhn

ZUSAMMENFASSUNG

Die optoelektronische Messtechnologie hat sich im vergangenen Jahrzehnt rasant entwickelt. Ihr Einsatz in der Archäologie und Bauforschung wird entsprechend häufiger und umfangreicher. Gleichzeitig unterstützen diese Technologien einen Transfer in der Befunderfassung von analogen in digitale Formate. Eine Konsequenz daraus ist die Anerkennung der Messergebnisse als Quelle historischer Interpretation. Die in der Archäologie und Bauforschung etablierte Quellenkritik muss demnach auf digitale Messwerte ausgeweitet und auf die Spezifika optoelektronischer Messtechnik eingestellt werden.

In diesem Beitrag sollen die Grundlagen für eine quellenkritische Auseinandersetzung mit digitalen Messwerten am Beispiel des Terrestrischen Laserscannings (TLS) angeregt und diskutiert werden. Ankerpunkt des Beitrags ist die Auseinandersetzung mit dem Begriff „geometrische Messqualität" und welche Möglichkeiten zur Quantifizierung bestehen, also die Konfrontation der Ergebnisse einer TLS-Vermessung mit den an das Betrachtungsobjekt gestellten Anforderungen, um die geometrische Messqualität als quellenkritische Kategorie zu etablieren.

Eine bewährte Vorgehensweise in der Messtechnik, sich dem Problemkreis Messqualität zu nähern, ist die Bereitstellung standardisierter TLS-Prüfverfahren. Mit diesen werden spezielle anwendungsorientierte Kenngrößen innerhalb eines „worst case"-Szenariums bestimmt. Die Kennwerte, wie Antastabweichung und Auflösungsvermögen, können praxisrelevantere Aussagen liefern als dies bei einer konventionelle Betrachtung der Messgenauigkeit eines Einzelpunktes der Fall ist. Die Qualität einer TLS-Vermessung wird damit zudem bewertbar, womit eine zentrale Voraussetzung zur quellenkritischen Betrachtung von Messergebnissen erreicht ist.

EINLEITUNG

Der Versuch, die Ergebnisse eines optoelektronischen Messverfahrens einer Quellenkritik zu unterziehen bedarf einer Begründung. Ausgangspunkt unserer Überlegungen sind verschiedene Entwicklungen und Tendenzen der vergangenen Jahre sowie ihre Auswirkungen auf archäologische und bauhistorische Dokumentationsverfahren. Für unsere Fragestellung besonders relevant sind die fortschreitende Spezialisierung optoelektronischer Messverfahren, die zunehmende Digitalisierung von Information und davon abzuleiten die wachsenden Möglichkeiten der Digitalisierung der Dokumentation historischer, materieller Hinterlassenschaften. Diese Entwicklungen sind unabhängig voneinander zu betrachten. Sie haben sich in dem vergangenen Jahrzehnt nicht bedingt, sondern parallel entwickelt. Messverfahren wie das hier im Mittelpunkt stehende terrestrische Laserscanning (TLS) sind nicht der Grund für die Bemühungen, die Befunddokumentation in digitale Formate zu überführen. Gleichwohl sollen synergetische Effekte nicht in Abrede gestellt werden: Die Ergebnisse von TLS-Messungen sind digital und erleichtern die digitalen Dokumentationsstrategien.

In diesen Entwicklungen ist eine Tendenz zum Gegensätzlichen wahrnehmbar. Moderne Messverfahren und das traditionelle Handaufmaß werden gegenübergestellt und in vermeintliche Opposition zueinander gesetzt, als handele es sich um zwei gleichartige Prozesse. Damit verschiebt sich der Fokus weg von methodischer Diskussion hin zu einem wenig fruchtbaren Austausch schwer begründbarer Meinungen.

Das hier postulierte Phänomen ist in der Forschung zu disziplinübergreifenden Forschungsprojekten wohlbekannt. Karsten Weber etwa bemerkt die Befürchtung, „dass bei der interdisziplinären Zusammenarbeit die Standards der jeweiligen Disziplinen verloren gehen und somit die Qualität der wissenschaftlichen Arbeit sinken kann" [WEBER 2001, S. 83]. Häufig aber überlagern derartige Befürchtungen, die sich nicht zuletzt auf die Institutionalisierung von Forschungsdisziplinen zurückführen lassen, eine Vielzahl wohl verborgener Gemeinsamkeiten. An dieser Stelle wird versucht, in einem zentralen Aspekt beider Disziplinen derartige Übereinstimmungen aufzuzeigen.

QUELLENKRITIK UND QUALITÄTSBEURTEILUNG

Sowohl den geisteswissenschaftlicher Methodik verpflichteten Disziplinen der Archäologie und Bauforschung als auch den ingenieurwissenschaftlichen Fächern ist die Systematisierung des kritischen Umgangs mit dem Gegenstand und den Ergebnissen der jeweiligen Untersuchungen bekannt. Der in der historischen Forschung etablierten Quellenkritik entspricht die qualitative Beurteilung von Messergebnissen geodätischer Arbeiten.

Beide methodischen Ansätze zu vereinen, wie es hier versucht werden soll, ist kein bemühter Versuch der Interdisziplinarität, sondern eine Notwendigkeit, die sich aus den angesprochenen Herausforderungen der Digitalisierung von Dokumentationen ergibt.

Es lohnt sich an dieser Stelle, den Bogen etwas weiter zu spannen und die altertumswissenschaftlichen Diszi-

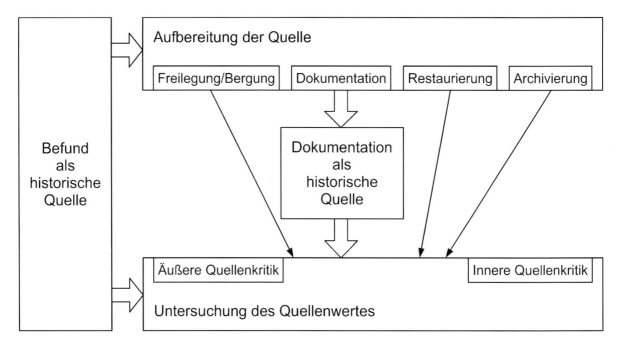

Abb. 1: Schema der quellenkritischen Auseinandersetzung mit archäologischen Befunden nach [EGGERT 2008, S. 105f.]. Ergänzt ist ein entscheidender Schritt, in dem die Dokumentation als Ergebnis der Aufbereitung der Quelle in Nachuntersuchungen zum Gegenstand äußerer und innerer Quellenkritik wird.

plinen als Ganzes in den Fokus zu nehmen. Zuletzt hat Manfred Eggert die quellenkritische Methode der archäologischen Forschung zusammengefasst [EGGERT 2008, S. 105–122]. Seine Konzentration auf die prähistorische Archäologie ist für unsere Fragestellung zu vernachlässigen, denn die grundlegende Argumentation kann Gültigkeit für jede altertumswissenschaftliche Disziplin beanspruchen.

Eggert unterscheidet zunächst die Aufbereitung der Quellen von der Untersuchung des Quellenwertes. Zur Aufbereitung zählt er dabei alle Maßnahmen, die von der Freilegung bis zur Publikation an der Quelle vorgenommen werden. Davon getrennt sieht er die eigentliche Quellenkritik in der Untersuchung des Quellenwertes, die sich der in der Textwissenschaft etablierten Methode der äußeren und inneren Kritik der Quellen bedient [SELLIN 2005, S. 44–53]. Problematisch ist an seiner ausführlichen Diskussion auch der Abhängigkeiten zwischen der Aufbereitung und der Untersuchung, dass in der archäologischen Praxis bereits publiziertes Material und häufig die originale Dokumentation einer kritischen Überprüfung unterzogen werden. Damit werden Fragen der Aufbereitung zentraler Gegenstand der Untersuchung des Quellenwertes (Abb. 1). Diese These ist vor dem Hintergrund konventioneller Dokumentationsverfahren nicht besonders spektakulär, gewinnt aber angesichts der umfassenden Ergänzung dieser Verfahren durch moderne Messtechnik an Brisanz. Es ist absehbar, dass die teilweise ausschließlich digital vorliegenden Ergebnisse insbesondere optoelektronisch gewonnener Dokumentationen in eine kritisch-historische Analyse einfließen werden.

Letztlich geht auch Eggerts quellenkritischer Diskurs auf die grundlegenden Studien von Johann Gustav Droysen zurück, der schon im 19. Jh. festhielt: „Aber es gilt Methoden zu finden, um für dies unmittelbare und subjektive Auffassen – zumal da von Vergangenem uns nur noch Auffassungen anderer oder Fragmente dessen, was einst war, vorliegen – objective Maße und Controlen zu gewinnen, es damit zu begründen, zu berichtigen, zu vertiefen" [DROYSEN 1868, S. 82]. Für die hier gestellte Frage ließe sich die häufig zusammengefasste Formel Droysens wie folgt verändern: Quellenmäßig haben wir nie mit objektiven Tatsachen sondern immer nur mit Messungen im Sinne einer statistischen Stichprobe von solchen zu tun.

Aus dem Einsatz moderner Messtechnik in der archäologischen Dokumentation ergibt sich somit die Notwendigkeit, die kritischen Verfahren der beteiligten Fachdisziplinen zu verbinden. Bezogen auf die historische Bauforschung gilt dies in besonderer Weise für das immer häufiger eingesetzte Terrestrische Laserscanning. Die Ergebnisse dieses Dokumentationsverfahrens müssen einer quellenkritischen Betrachtung standhalten, um in eine historische Diskussion eingeführt werden zu können.

QUELLENKRITK BEIM TERRESTRISCHEN LASERSCANNING

BAUAUFNAHME ALS GESCHLOSSENER ERKENNTNISPROZESS

Die Bauaufnahme als Dokumentationsverfahren der historischen Bauforschung kann vom ingenieurtechnischen Blickwinkel aus als Prozesskette aufgefasst werden, in der mehrere Einzelprozesse hintereinander abgearbeitet werden (Abb. 2). Kann am Beginn dieses Prozesses vorausgesetzt werden, dass das Ziel oder die zu erreichenden Ergebnisse in ihrem Inhalt und in ihrer Form feststehen, so steht am Anfang die Aufgabe der Modellbildung oder der Festlegung einer Fragestellung. Daran anschließen werden sich Beobachtungen am Objekt mittels menschlicher, d.h. der Wahrnehmung, und/oder unter Zuhilfenahme technischer Sensorik. Die Wahrnehmung und Sensorik liefert Messinformationen, die das Objekt geometrisch oder physikalisch beschreiben, und Informationen zur Bedeutung der Messinformationen (Semantik). Die so gewonnenen Informationen gilt es zu speichern. Damit ist der Prozess der Dokumentation abgeschlossen. In der herkömmlichen Bauaufnahme wird vielfach die analoge Speicherung in Form von Skizzen oder Kartierung vorgenommen, der gleichzeitig nicht nur eine Dokumentations-, Archivierungs- sondern auch eine Visualisierungsfunktion zugesprochen wird. Die Kartierung ist auch Grundlage zur Darstellung und Visualisierung in anderen Formen, z.B. als Grafik oder Skizze im Rahmen einer wissenschaftlichen Publikation. Die gezielte Darstellung und Visualisierung von Auszügen der gespeicherten Informationen oder in Kombinationen mit anderen Informationen in spezieller Form ermöglicht dann eine Analyse, Interpretation, Deutung oder Erklärung zur eingangs gestellten Fragestellung. Es können sich daraufhin neue Fragestellungen erge-

ben, die den Gesamtprozess erneut in Gang setzen und z.B. andere Messmethoden zur feineren Untersuchung von Teilbereichen des Objektes nötig machen.

Vom Standpunkt eines Bauforschers aus können die Einzelprozesse nicht streng in der oben beschriebenen Reihenfolge abgearbeitet werden, da in der Regel die Eingangsfragestellung und damit auch das Ziel der Untersuchung nicht klar umrissen ist. Für den Ingenieur schwer nachvollziehbar ist die enge Verknüpfung von Erkenntnis- und Dokumentationsprozess. Sobald die Bauforschung ein aussagekräftiges Merkmal im Befund wahrnimmt, kann sich die Fragestellung ändern und eine andere Art der Messwerterfassung erforderlich werden. Eine Variation in der Messtechnologie wiederum kann die Art der Informationsspeicherung verändern; z.B. die Umstellung von der analogen zur digitalen Speicherung und Verwaltung. Analysiert man diese und ähnliche Abläufe in der Bauaufnahme weiter, stellt man fest, dass sämtliche Teilprozesse in starker Wechselbeziehung zueinander stehen, was für den Ingenieur schwer umzusetzen ist, da er beispielsweise aus ökonomischen Gründen bestrebt ist, in festen Ablaufschemata zu denken und zu arbeiten.

Das hier skizzierte Bild beschreibt die Bauaufnahme nicht nur als reine Modellierungsaufgabe, wie es von [WEFERLING 2001] vorgeschlagen wurde, oder als reines Anfertigen von zeichnerischen Baudokumentationen, wie es eine Publikation wie [ECKSTEIN 1999] suggerieren könnte. Bei der Bauaufnahme ist immer

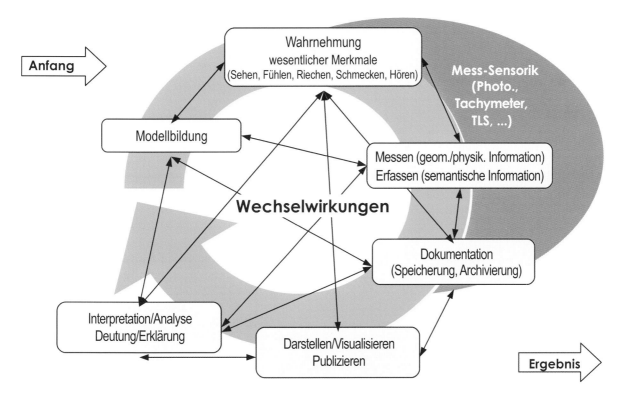

Abb. 2: Die Bauaufnahme stellt sich als komplexer, mehrstufiger Erkenntnisprozess dar, wobei die Einzelphasen miteinander auf vielfältige Weise wechselwirken. Das TLS beeinflusst diesen nur im Bereich der technischen Wahrnehmung wesentlicher Merkmale, der Erfassung geometrischer Informationen und deren Dokumentation.

das Verständnis die treibende und lenkende Kraft und auf dem Weg dorthin sind viele Einzelaufgaben im Verbund zu lösen.

Das fein gewobene Netzwerk der Bauaufnahmeprozesse erfährt durch den Einsatz moderner Messsensorik, wie z.B. photogrammetrische Verfahren, Tachymetrie und Laserscanning, eine unbehagliche Stringenz für den Bauforscher. An die Stelle der subjektiven Wahrnehmung des Bauforschers tritt der vermeintlich „fehlerfreie", objektiv arbeitende technische Sensor, der die Messinformationen nicht nur sammelt, sondern zugleich digital speichert und per Knopfdruck auf vielfältige Weise visualisieren kann.

Inwieweit aber können Messungen mit einem Terrestrischen Laserscanner einer historischen Quellenkritik unterzogen werden? Der Ingenieur ist mit den Elementen der Quellenkritik durchaus vertraut, nur nennt er dies Qualitätsbeurteilung. Was also lässt sich über die Qualität von TLS-Messungen übertragen auf eine historische Quellenkritik sagen?

ÄUSSERE QUELLENKRITIK

Bei der äußeren Quellenkritik von TLS-Messungen geht es um die Beurteilung der physischen Qualität bzw. um die Art und Beschaffenheit der Quelle. Da lässt sich für das TLS festhalten, dass die Messungen in der physischen Gestalt eines digitalen Datensatzes vorliegen, in dem eine Punktwolke, bestehend aus vielen Millionen Einzelpunkten, gespeichert ist. Die diskrete 3D-Punktwolke beschreibt dabei eine Objektoberfläche in ihrer geometrischen Form. Diese, durchaus als lückenlos zu bewertende, Diskretisierung ist sehr ähnlich derjenigen, die einem Foto beigemessen wird. Wo hingegen ein Foto die Radiometrie, z.B. einer Fassadenansicht, vollständig dokumentiert, wird in einer TLS-Punktwolke ihre geometrische Struktur vollständig festgehalten.

Die physische Qualität einer Punktwolke kann mit den in der Metrologie üblichen Begriffen Präzision und Richtigkeit beschrieben werden (Abb. 3) [PFEIFER 2001]. Die Präzision (oder innere Genauigkeit) beschreibt das Messrauschen, die Streuung also der unvermeintlichen und systembedingten zufälligen Messabweichungen [DIN 1319-1], unabhängig von

einem Vergleich zum richtigen Wert. Inwieweit ein TLS richtige Messwerte, d.h. den Sollwerten entsprechende Geometrien liefert, wird mit der äußeren Genauigkeit oder Zuverlässigkeit beschrieben. Neben den zufälligen Messabweichungen wird die Qualität jeder Messtechnologie durch die Art und Größe von systematischen Messabweichungen gekennzeichnet. Bei einer Messkamera gehören z.B. Objektivverzeichnungen und ein fehlerhafter Weißabgleich zu den allseits bekannten systematischen Messabweichungen. Beim TLS sind insbesondere systematische Streckenmessabweichungen an Kanten und flach angeschnittenen Flächen zu beobachten („Kometenschweif" nach [STAIGER 2003]). Hinzukommen Ablagen, Maßstäbe, Überstrahlungen und Spiegelungen, die vom Material der Oberfläche abhängig sind.

Eine erste einfache Abschätzung der physischen Qualität einer Punktwolke lässt sich anhand der in den Datenblättern der Hersteller angegebenen Qualitätskennwerte vornehmen. Zudem gilt die Gesetzmäßigkeit, dass je geringer die spektrale, also auf die Wellenlänge des Lasers bezogene, Reflektivität einer Objektoberfläche ist, desto höher ist das Signal-Rausch-Verhältnis und desto geringer ist die erzielbare geometrische Qualität; zufällige und systematische Messabweichungen vergrößern sich.

INNERE QUELLENKRITIK

Die innere Quellenkritik, auf eine TLS-Punktwolke angewandt, führt zu der Frage nach der Qualitätsbeurteilung der in ihr enthaltenen Informationen. Zu klären ist, inwieweit eine Punktwolke ein Objekt den Anforderungen entsprechend vollständig erfasst, wie aktuell die Messungen sind und wie homogen die Punktwolke bezogen auf das gleichmäßige Abtasten der Oberfläche ist. Die Vollständigkeit und Homogenität einer Punktwolke ist unmittelbar abhängig von der Granularität des gewünschten Geometriemodells. Die Granularität einer Punktwolke ergibt sich insbesondere aus der eingestellten Abtastschrittweite in Kombination mit der Entfernung zum Objekt, also der gewählten Ortsauflösung. Hinzu kommen die beschränkte Auflösungsmöglichkeit der Distanzmessung und die mit der Messentfernung variierende Spotgröße des Laserstrahls auf Grund der Strahldivergenz. Die Wahl einer Ortsauflösung, z.B. alle 3 cm ein Messpunkt auf der Objektoberfläche, entspricht der Wahl eines Bildmaßstabes oder Brennweite bei der Fotografie/Photogrammetrie. Bei einem Foto ist die innere Qualität hauptsächlich durch die „Pixelauflösung", der Farbtiefe und der spektralen Empfindlichkeit definiert (Abb. 4).

Wie in der Fotografie und der Photogrammetrie ist beim TLS der wesentliche Parameter bezüglich der Informationsqualität der gewählte Modellmaßstab, mit

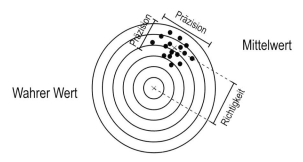

Abb. 3: Anerkannte Begriffe aus der Metrologie zur Beschreibung der physischen Qualität von Messinformationen[1]

[1] Siehe hierzu auch den Artikel zum Begriff Messunsicherheit von [KESSEL 1999].

| Gelber Fleck | Gelbe Person | Läufer in gelbem Trikot | Laufwettbewerbs-teilnehmer | Prof. Kern als Laufwettbewerbs-teilnehmer |

Abb. 4: Informationsqualität verdeutlicht am Beispiel einer Fotografie

dem das Realobjekt abgebildet werden soll. Da in der Regel der Modellmaßstab von der Fragestellung an das Objekt abhängt, ist es theoretisch unzulässig und praktisch schwer zu realisieren, eine für alle denkbaren und zukünftigen Fragestellungen, nutzbare TLS-Punktwolke einmalig und abschließend zu erfassen. Hierbei nimmt das TLS also keine Sonderstellung ein. Es verhält sich diesbezüglich so wie jede andere Messtechnologie einschließlich dem Aufmaß mit Messband, Stift und Lineal. Auch mit dem TLS ist streng genommen keine Informationsgewinnung auf Vorrat möglich, und der Modellmaßstab muss für jedes Dokumentationsprojekt begründet festgelegt werden.

TLS-PRÜFRICHTLINIE

Das Problem der Qualitätsbeurteilung von TLS-Systemen und deren Messergebnissen wird zur Zeit unter Hochschulvertretern, Herstellern und Anwendern im Rahmen eines Offenen Forums[2] intensiv diskutiert. Insbesondere der durch den Gebrauch sehr unterschiedlicher Qualitätskennwerte in den Datenblättern der Hersteller schwer durchführbare Vergleich verschiedener Systeme miteinander führte zum Entwurf einer TLS-Prüfrichtlinie mit vereinheitlichten Kennwerten [KERN 2009]. Die TLS-Prüfrichtlinie definiert vier praxisbezogene Kennwerte und Verfahren zu deren Bestimmung [KERN, HUXHAGEN 2009]. Die Antastabweichung dient der quantitativen Beschreibung der inneren Genauigkeit (Präzision), die Abstandsabweichung liefert Aussagen zur Richtigkeit der Messwerte ebenso wie die Kugelradiusabweichung. In der Praxis der Bauaufnahme von besonderem Interesse könnte der Kennwert „Auflösungsvermögen" sein, mit dem z.B. quantifiziert werden soll, welche minimale Fugenbreite in einer Steinmauer ein TLS-System auflösen kann. Die modernsten Geräte erzielen hierbei Werte von ca. 6 mm (Abb. 5) [HUXHAGEN, KERN, SIEGRIST 2010]. In Anbetracht der Möglichkeit, dass bei diesen Geräten Ortsauflösungen von unter 1 mm eingestellt werden können, sind Feinstrukturen

nicht in der Qualität per TLS erfassbar, wie man vielleicht anhand der Datenblätter vermuten würde.

ERGEBNISSE

Die Ergebnisse von Dokumentationsarbeiten müssen einer quellenkritischen Prüfung standhalten. Daraus ergibt sich die Forderung, dass auch die Resultate optoelektronischer Vermessungsarbeiten der quellenkritischen Methode gewachsen sein müssen. Nach der hier exemplarisch versuchten Überprüfung der Ergebnisse des TLS kann ein weitestgehend positives Fazit gezogen werden. Eine Quellenkritik an Punktwolken ist möglich. Gleichzeitig werden aber auch die Voraussetzungen dafür deutlich:

Für die physische Beurteilung der Punktwolke als Quelle ist festzuhalten, dass die äußere Genauigkeit und Zuverlässigkeit der Messungen entscheidende Qualitätsparameter sind. Hinzu kommt das Material und die Oberfläche der erfassten Objekte, die Auswirkungen auf die Qualität der Messergebnisse haben. All diese Qualitätsparameter also müssen bekannt sein, um eine Punktwolke beurteilen zu können.

Die innere Kritik der Ergebnisse von TLS ist fundamental abhängig vom Faktor der Ortsauflösung und dem Auflösungsvermögen des Messinstrumentes. Es ist unzulässig, eine Punktwolke als vollständige Repräsentation der Geometrie der Objektoberfläche jenseits der Ortsauflösung anzusehen. Oberhalb der Ortsauflösung darf die geometrische Vollständigkeit, natürlich abgesehen von Verdeckungen, angenommen werden. Die Bestimmung des Kennwertes „Auflösungsvermögen" ist Teil der im Entwurf befindlichen TLS-Prüfrichtlinie, die sich als eine Ausgangsbasis für das standardisierte Vorgehen in der Bauforschung und Archäologie anbietet.

[2] Offenes Forum Terrestrisches Laserscanning, www. laserscanning.org. Weitere Informationen zum Thema TLS-Qualitätsbeurteilung sind im TLS-Wiki zu finden, http://apps. geoinform.fh-mainz.de/wiki/TLS.

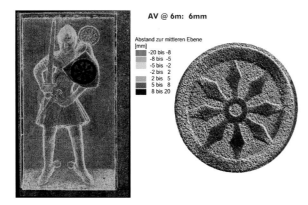

Abb. 5: An einem neuzeitlichen Steinrelief (Kurfürstenzyklus, Mainz) wurde das im Labor bestimmte minimale Auflösungsvermögen von AV=6 mm verifiziert. Die Eintiefung im Zentrum des Wappens beträgt 8 mm (Handaufmaß). Das eingesetzte TLS konnte, wie der Kennwert Auflösungsvermögen es erwarten ließ, diese Feinstruktur anhand der Punktwolke auflösen.

Das TLS ist nur eine unter vielen Methoden für die Dokumentation von Objektgeometrien. Sie kann die vorhandene Dokumentationsmethodik vielfach sinnvoll und gewinnbringend ergänzen. Sie hat sich in das vielschichtige Netzwerk des Erkenntnisprozesses „Bauaufnahme" zu integrieren und kann diesem zu neuen Impulsen in der historischen Interpretation verhelfen.

AUSBLICK
Die Digitalisierung der bauhistorischen und archäologischen Dokumentation eröffnet neue Wege auch der Verbreitung und Publikation der Ergebnisse. Eine ganze Reihe wissenschaftlicher Disziplinen hat daher die Publikation auch der primären Forschungsdaten, etwa von Messwerten und Datenbankinhalten, eingeführt und das Gremium der „European Heads of Research Councils" hält diesen Schritt für unverzichtbar. Unter Punkt acht der Anforderungen an ein angestrebtes „globally competitive European Research Area" ist eindeutig formuliert: „Open access to the output of publicly funded research and permanent access to primary quality assured research data" [ESF-EUROHORCS 2007, S. 2]. Ähnliche Initiativen sind auch auf nationaler Ebene etabliert. Die „Schwerpunktinitiative Digitale Information der Allianz der deutschen Wissenschaftsorganisationen" verabschiedet voraussichtlich noch 2010 „Grundsätze zum Umgang mit Forschungsdaten"[3].

Die altertumswissenschaftlichen Disziplinen werden sich diesen Forderungen nicht entziehen können. Sie müssen sich darauf einstellen, dass zukünftige Publikationen von Forschungsergebnissen die Offenlegung nicht nur der Resultate der wissenschaftlichen Auswertung und Interpretation, sondern aller erfassten Informationen, insbesondere auch der originären Messwerte, erfordert. Es muss zukünftigen Forschungsprojekten möglich sein, Fragen an den Datenbestand zu stellen,

die gegenwärtig keine Berücksichtigung finden. Die damit zusammenhängende, viel diskutierte Problematik der Datenformate, der Langzeitarchivierung und der Interoperabilität digitaler Datenbestände können hier nicht erörtert werden. Vielmehr soll unser Beitrag zu einer intensiveren Auseinandersetzung mit den technischen Grundlagen digitaler, optoelektronischer Messverfahren in Dokumentationsarbeiten und deren Überprüfung auf die Möglichkeit der kritischen Bewertung der gewonnenen Ergebnisse anregen. Nur als Ergebnis einer breiten interdisziplinären Diskussion könnten eines Tages auf ihre Qualität überprüfbare, primäre Forschungsdaten auch von der Altertumsforschung zur Verfügung gestellt werden.

[3] http://www.allianzinitiative.de/de/handlungsfelder/forschungsdaten/ (28.3.2010)

Anschrift:
Prof. Dr.-Ing. Fredie Kern, Prof. Dr. phil Kai-Christian Bruhn. i3mainz – Institut für Raumbezogene Informations- und Messtechnik, Fachhochschule Mainz, Lucy-HillebrandStraße 2, 55128 Mainz.
E-Mail: kern@fh-mainz.de, bruhn@fh-mainz.de

Abbildungsnachweis:
Abb. 1: K.-C. Bruhn, Abb. 2–5: F. Kern

Literatur:
DROYSEN, J.G. (1868): Grundriss der Historik, Veit & Comp., Leipzig.
ECKSTEIN, G. (1999): Empfehlungen für Baudokumentationen, Landesdenkmalamt Baden-Württemberg, Arbeitsheft 7, Konrad Theiss Verlag, Stuttgart.
EGGERT, M. K. H. (2008): Prähistorische Archäologie: Konzepte und Methoden, A. Francke Verlag, Tübingen, Basel.
ESF-EUROHORCS (2007), The EUROHORCs and ESF Vision on a Globally Competitive ERA and their Road Map for Actions to Help Build It, ESF-EUROHORCs Science Policy Briefing 29, November 2007. URL: http://www.eurohorcs.org/SiteCollectionDocuments/EUROHORCs_ESF_ ERA_RoadMap.pdf (24.3.2010)
HUXHAGEN, U., KERN, F., SIEGRIST, B. (2010): Proposal for a Full Testing Procedure for Terrestrial Laser Scanners (TLS). Journal of Applied Geodesy, im Druck.
KERN, F., HUXHAGEN, U. (2008): Zur standardisierten Überprüfung von terrestrischen Laserscannern (TLS). In:

Niemeier, W., Schäfer, M. (Hrsg.): Terrestrisches Laser-Scanning (TLS 2008), DVW-Schriftenreihe Band 54, Wißner-Verlag, Augsburg, S. 111 – 124.

KERN, F. (2009): Richtlinie zur Abnahme und Überwachung von Terrestrischen Laserscanner-Systemen. Entwurf 1.0.0. URL: http://www.laserscanning.org (28.03.2010).

KESSEL, W. (1999), Meßunsicherheit, ein wichtiges Element der Qualitätssicherung, URL: http://www.ptb.de/de/publikationen/download/pdf/kessel.pdf (28.03.2010).

PFEIFER, T. (2001): Fertigungsmesstechnik, Oldenbourg, München, 2. Aufl.

SELLIN, V. (2005): Einführung in die Geschichtswissenschaft, Vandenhoeck & Ruprecht, Göttingen.

STAIGER, R. (2003): Terrestrial Laser Scanning, Technology, Systems and Applications. In: Proceedings 2nd FIG Regional Conference, Marrakech, December 2 – 5 2003, Session TS12, URL: http://www.fig.net/pub/morocco/proceedings/TS12/TS12_3_staiger.pdf (15.09.2010).

WEBER, K. (2001): Falsifizierbarkeit als Kriterium erfolgreicher interdisziplinärer Forschung. In: Russ, H.: Realismus, Disziplin, Interdisziplinarität, S. 83 – 107.

WEFERLING, U. (2002): Bauaufnahme als Modellierungsaufgabe, Deutsche Geodätische Kommission, Reihe C, Dissertationen, Heft Nr. 561, München.

DIN 1319-1 (1995): Grundlagen der Messtechnik – Teil 1: Grundbegriffe. In: Deutsches Institut für Normung e.V. (Hrsg.): DIN-Taschenbuch 303, Längenprüftechnik 1, Grundnormen. 2. Aufl., Beuth, Berlin, 2008.

OPTISCHE 3D-MESSTECHNIK FÜR DIE BERÜHRUNGSLOSE, DETAILLIERTE ERFASSUNG VON OBJEKTOBERFLÄCHEN IN ARCHÄOLOGIE UND DENKMALPFLEGE

Martin Floth – Michael Breuer

EINLEITUNG

In der Archäologie, Bauforschung und Denkmalpflege gibt es eine erhöhte Nachfrage zum Einsatz optischer 3D-Messtechnik zur Reproduktion und zur Dokumentation [SCHAICH 2009, S. 35]. Doch auf Grund der geometrischen Komplexität und der Einzigartigkeit der Objekte ist eine Kostenrechnung für die 3D-Erfassung und Weiterverarbeitung heute immer noch mit hohen Risiken behaftet. So wird die Aufnahme der Objekte oft als zu kostspielig eingeschätzt.

Aus diesem Grund werden die folgenden zwei Schwerpunkte näher untersucht. Zum einen wird eine geschlossene Prozesskette entwickelt und getestet, die von der Objektvermessung über die Modellierung bis hin zur virtuellen Visualisierung und realen Reproduktion von Einzelstücken bzw. Kleinserien reicht. Zum anderen erfolgt eine Wirtschaftlichkeitsanalyse der einzelnen Prozessierungsschritte, um dann daraus Optimierungspotentiale abzuleiten. Alle Untersuchungen werden jeweils an unterschiedlich komplexen Objekten durchgeführt.

AUFNAHMEPRINZIP

Zur Aufnahme der Objekte wird ein Streifenlichtscanner der Firma Polygon Technology GmbH (www.polygon-technology.de) verwendet. Das Aufnahmeprinzip soll im Folgenden kurz dargestellt werden.

Der Streifenlichtprojektor projiziert ein definiertes Streifenlichtmuster in drei Frequenzen auf das Objekt, welches dann simultan von zwei CCD-Kameras aus unterschiedlichen Richtungen erfasst wird. Durch die vorherige Kalibrierung des gesamten Messsystems können korrespondierende, von beiden Kameras erfasste Punkte durch Triangulation im übergeordneten Objektkoordinatensystem hochgenau berechnet werden. Bei jeder Aufnahme entsteht so eine Punktwolke. Das Objekt wird anschließend von weiteren Standpunkten aus erfasst. Die daraus entstandenen Punktwolken werden entweder automatisch, bei der Aufnahme mit Drehtisch, oder interaktiv durch Angabe von Startwerten in Form von identischen Punkten zueinander registriert. Die so entstandene GesamtPunktwolke wird in einem automatischen Prozess trianguliert und liefert ein hochgenaues 3D-Modell. Darüber hinaus sind auch Texturaufnahmen möglich, die nach der Dreiecksvermaschung halbautomatisch auf das Objekt aufgebracht werden können [AKCA 2007, S. 35–46; GÜHRING 2002, S. 14–82].

NUTZUNGSMÖGLICHKEITEN UND BEISPIELE

In diesem Abschnitt werden Beispiele zur Nutzung der optischen 3D-Messtechnik, unterteilt in drei Bereiche, vorgestellt. Hierbei wird in *wissenschaftliche Anwendungsbereiche* und *Einsatz zu Visualisierungszwecken* unterschieden. Im Besonderen wird auf das Thema *Anwendungen für das Internet* eingegangen.

WISSENSCHAFTLICHE ANWENDUNGSBEREICHE

Ein Anwendungsprojekt im wissenschaftlichen Bereich ist beispielsweise der Aufbau eines virtuellen Archivs, d.h. einer Datenbank, in der dreidimensionale Objekte erfasst werden. Dies kann man sich in kleinem Rahmen bei einzelnen Sammlungen vorstellen, um dadurch die Archivierung, Dokumentation und Recherche zu verbessern. Eine andere Motivation besteht darin, gedruckte Kataloge durch vergleichbare digitale Medien abzulösen. Ein Grund dafür ist, dass die Möglichkeiten digitaler Publikation denen von Printmedien weit überlegen sind. Belege hierfür liefern aktuelle internationale Bestrebungen auf diesem Gebiet, wie z.B. das europäische Verbundprojekt 3D-Conform oder die archäologische Sammlung Carnuntum des Landes Niederösterreich (www.3d-coform.eu, www.carnuntum-db.at), in denen ein virtuelles Archiv für Kunstgegenstände und andere archäologische Fundstücke aufgebaut wird. Sie zeigen den Nutzen der optischen 3D-Messtechnik für dieses Anwendungsgebiet.

Virtuelle Sammlungen, ob im großen oder kleinen Rahmen, werden vor allem Forschern die Suche nach Vergleichsobjekten erleichtern. Diese Datenbanken sollten intelligent sein und gespeicherte Objekte selbstständig finden und verknüpfen können. Abfragen, wie die Angabe von Epoche, Objektart, Fundort und spezielle Eingrenzungen wie Größe, Farbe und Form müssen möglich sein. Die Datenbank muss alle gespeicherten Exponate liefern können, die einer solchen Abfrage entsprechen.

Die Dreidimensionalität bietet große Vorteile gegenüber der heute noch üblichen Dokumentation mit Fotos und beschreibendem Text. Der texturierte, detailgetreue 3D-Datensatz erlaubt dem Wissenschaftler zu jedem Zeitpunkt die Objekte von allen Seiten zu betrachten. Bei fotografischer Dokumentation von Objekten wünscht man sich im Nachhinein oft ein weiteres Bild aus einer anderen Perspektive [SCHAICH 2009, S. 36].

Ferner bieten die 3D-Datensätze die Möglichkeit, mit Hilfe von anwenderfreundlichen, frei verfügbaren Viewern (z.B. Adobe Reader 8.1 von Adobe: www.adobe.com, Deep Viewer von Right Hemisphere: www.righthemisphere.com) interaktiv Informationen abzufragen. Wie in Abbildung 1 zu sehen, können damit sehr einfach Schnitte und Maße generiert werden. Außerdem ist es möglich, Kommentare direkt am Modell zu platzieren und die Anzeigemodi per Knopfdruck zu ändern.

Mit umfangreicher kommerzieller 3D-Software (z.B. LupoScan von Lupos3D: www.lupos3d.de, RapidForm von INUS Technology: www.rapidform.com) können auch Soll-Ist Vergleiche, d.h. der Vergleich von Kopie und Original vorgenommen oder 3D-Daten in Bezug auf Ebene, Zylinder oder Kugel berechnet werden; siehe dazu Abbildung 2. Zur Veranschaulichung des Abstandes jedes einzelnen Punktes zum Regelkörper erhält jeder Punkt eine Farbe in Bezug zum Abstand.

Abb. 1: Anwenderfreundliche Darstellung einer antiken Kleinfigur mit der Software Deep Viewer (Original im Archäologischen Landesmuseum im Paulikloster, Brandenburg)

EINSATZ ZU VISUALISIERUNGSZWECKEN
Die Visualisierung von 3D-Objekten bietet besonders Museen eine neue Möglichkeit der Werbung. Besucher können schon auf der Internetseite des Museums sehr einfach und intuitiv Objekte interaktiv in 3D betrachten, drehen und verstehen. Die neue Präsentationstechnik soll Interesse wecken, das Museum zu besuchen und nicht, wie vielleicht befürchtet werden kann, den Museumsbesuch ersetzen. Im Museum können 3D-Animationen zum Verständnis beitragen und dem Museumsbesucher Zusammenhänge – auch in Bezug zur vierten Dimension, der Zeit – darstellen. Virtuelle 3D-Objekte lassen sich mit speziellen Verfahren, bekannt aus den neuesten 3D-Kinofilmen (Avatar, Ice Age und Alice im Wunderland) in 3D darstellen und von allen Perspektiven betrachten. „Vasen, historische Speere oder gar ganze Tempel können dreidimensional animiert werden. Museumsbesucher werden damit in einigen Jahren römische Amphoren am Bildschirm drehen oder um Tempel herumfliegen können." [Fraunhofer-Gesellschaft 2009]. Die ersten Ansätze sind schon gemacht. Ein gutes Beispiel liefert das Virtual Hampson Museum in Arkansas/USA (hampsonmuseum.cast.uark.edu). Die Aufnahme von Objekten in 3D ermöglicht außerdem die Herstellung von geometrisch exakten Kopien. Diese können beliebig skaliert werden. Die einfachste Variante, reale 3D-Objekte herzustellen, bieten 3D-Drucker. Diese sind zur Herstellung von sehr kleinen Objekten (Zentimeterbereich) bis zu Objekten mittlerer Größe (25 cm x 20 cm x 35 cm) sehr gut geeignet. Mit den neuesten 3D-Druckern sind auch farbige 3D-Drucke möglich. Somit können auch texturierte Modelle gedruckt werden [Z Corporation 2010].

Mit CNC-Fräsmaschinen ist eine Erhöhung der Genauigkeit, der Qualität des Materials und der Flexi-bilität in der Größe möglich. Ein sehr gutes Beispiel ist die Kopie der Statue von Konstantin dem Großen [SCHAICH 2007].

ANWENDUNGEN FÜR DAS INTERNET
Die meisten Institute, Firmen und Museen präsentieren sich mittlerweile im Internet und nutzen die Möglichkeiten der Werbung, des Austauschens und Präsentierens von Ergebnissen und der Veröffentlichung. Das Internet wird im Bereich Archäologie, Denkmalpflege und Bauforschung fast ausschließlich in 2D, also mit Bildern und Beschreibungen genutzt. Nur wenige Beispiele, z.B. das Hampson Museum (s.o.), arbeiten mit der dritten und sogar mit der vierten Dimension – der Zeit.

Alle dreidimensional erfassten Objekte lassen sich, wie im bereits erwähnten Virtual Hampson Museum zu sehen, mit Animationen oder Adobe 3D PDF beeindruckend hochaufgelöst und mit Textur versehen darstellen. Um die Performance beim Drehen, Bewegen, Zoomen und Messen auf einem hohen Niveau zu halten, liegt die Auflösung meist nicht bei 100 Prozent, sondern wird deutlich reduziert, um das Datenvolumen zu begrenzen. Höher aufgelöste Daten sollten zusätzlich als Download im VRML/OBJ/STL-Format angeboten werden. Frei verfügbare 3D-Viewer sind weit verbreitet. Die Bekanntesten (VRML-View, GLC-Player, Mesh-Lab, BS Contact, Deep View) bieten erfahrungsgemäß mehr Optionen als bloß das einfache Betrachten des Objektes.

Als Beispiel für weitere Möglichkeiten für die Präsentation im Internet soll die Internetseite eines Forschungsprojektes dienen, das zum Thema an der Beuth Hochschule für Technik Berlin durchgeführt wird. Sie wird in Kürze veröffentlicht werden und wird über folgende Adressen erreichbar sein: (www.beuth-

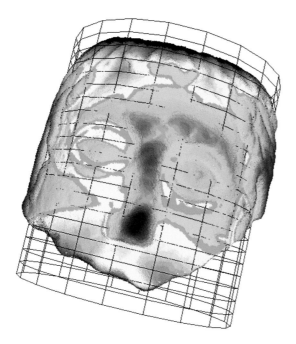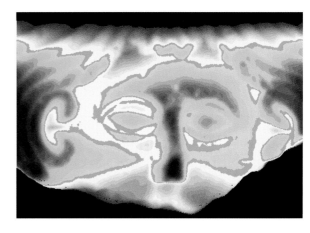

Abb. 2: Berechnung mit LupoScan, links: Engelskopf (vgl. Abb. 3) in Bezug zu einem Zylinder; rechts: Darstellung als Abwicklung (Original im Archäologischen Landesmuseum im Paulikloster, Brandenburg)

hochschule.de/forschungsassistenz → Forschungsassistenz V → Fachbereich III) und (www.lupos3d.de).

PROZESSKETTE UND WIRTSCHAFTLICHKEITSANALYSE

ENTWICKLUNG UND TEST EINER PROZESSKETTE

Der Zeitaufwand von der Aufnahme bis zum Endprodukt ist zwar variabel und muss in Abhängigkeit vom Objekt immer individuell abgeschätzt werden. Dennoch ist eine gewisse Standardisierung möglich, indem zur Vereinfachung der gesamte Prozess in folgende Arbeitsschritte unterteilt wird:

- Planung (Objektanalyse, Aufnahmeplanung)
- Datenerfassung
  • 3D-Datenerfassung
  • Vorregistrierung
  • Texturaufnahme
- Datenbearbeitung
  • Registrierung
  • Triangulierung
  • Optimierung
  • Texturierung
- Extras
  • Herstellung von Repliken (3D-Druck, Fräsen)
  • Video oder Interaktive Animation
  • Internetpräsentation

Die Datenerfassung ist unterteilt in Geometriedatenerfassung (3D-Datenerfassung), Vorregistrierung und Texturaufnahme, wobei letzteres schon bei der 3D-Datenerfassung einen großen Zeitanteil einnimmt. Die Datenbearbeitung ist in Registrierung, Triangu-

lierung, Optimierung und Texturierung unterteilt. Hierbei erfolgt der größte Zeitanteil der Registrierung schon bei der 3D-Datenerfassung, da die Vorregistrierung fast immer parallel zur Geometriedatenerfassung erfolgt, um Löcher (noch nicht erfasste Bereiche) in der Punktwolke zu vermeiden. Die Herstellung einer Textur ist optional. Unter dem Punkt Extras, werden die Zeiten für Herstellung der verschiedenen Ergebnisse aufgeführt. Das können sein: Anfertigung von Kopien, Animationen und Internetpräsentation. Bei der Herstellung von Repliken durch 3D-Druck oder Fräsen sind die Zeiten abhängig vom Volumen und der Komplexität der Objekte. Die Anforderungen an die Daten zum Drucken und Fräsen werden durch die verwendete Software meist automatisch erfüllt. Es werden so genannte „wasserdichte" Modelle erwartet. Die Herstellung von Kopien mit CNC-Fräsen wird in der Regel von Fachleuten durchgeführt, da hierfür Spezialwissen in der Maschinenprogrammierung erforderlich ist. Der 3D-Druck dagegen ist vergleichsweise einfach zu realisieren. Man benötigt hierfür allerdings einen speziellen 3D-Drucker.

Die Erstellung von Videos oder interaktiven Animationen kann so unterschiedlich gestaltet sein, dass auch hier sehr schwer pauschal Zeiten angegeben werden können. Animationen reichen von einfachen Videos, in denen sich das Objekt nur um die eigene Achse dreht, bis hin zu kleinen minutenlangen Filmen mit Hintergrundbild, Musik, Sprache und Handlungsabläufen. Der Aufwand lohnt sich aber in den meisten Fällen, da durch Animationen mit Bewegung, Zoom, Sound und anderen Hilfsmitteln, Interesse geweckt und die Aufmerksamkeit auf das Wesentliche gelenkt werden kann.

Das Format Adobe 3D PDF erlaubt ein sehr schnelles und einfaches Einbinden von 3D-Objekten in das Internet. Dies ist innerhalb weniger Minuten zu realisieren. Auch das Bereitstellen von hochaufgelösten Objekten zum Download stellt kein Problem dar.

ZEITAUFWAND FÜR DIE EINZELNEN ARBEITSSCHRITTE

Der benötigte Zeitaufwand wurde an drei konkreten Beispielen untersucht. Die Ergebnisse sind in Tabelle 1 dargestellt. Die drei Objekte stehen jeweils exemplarisch für eine bestimmte Objektklasse, die sich in Größe, Material, Auflösung und Komplexität unterscheiden. Diese Klassifizierung ist entscheidend für die Berechnung des Zeitaufwandes. Durch Objektgröße und Auflösung kann grob eine Aussage zum Zeitaufwand gemacht werden. Es bleibt dennoch festzuhalten, dass auch Material, Oberflächeneigenschaften und Komplexität wichtige Faktoren sind, die den Aufwand erheblich beeinflussen können.

Bei der Berechnung des Zeitaufwandes ist auch die Vorbereitung des Messsystems, also der Aufbau und die Kalibrierung, hinzuzurechnen. Der Aufbau und die Kalibrierung des Streifenlichtscanners der Firma Polygon Technology GmbH (www.polygon-technology.de) ist mit circa einer Stunde zu veranschlagen. Bei der Aufnahme mehrerer Objekte mit der gleichen Auflösung ist eine Wiederholung der Kalibrierung nicht notwendig. In diesem Fall relativiert sich der Zeitaufwand mit der Anzahl der aufzunehmenden Objekte. Im Folgenden werden die Zeiten ohne diese Vorbereitungszeit angegeben.

Als erstes und einfachstes Beispiel ist ein etwa faustgroßer Engelskopf aus Stein aus dem 10. bis 11. Jahrhundert im Archäologischen Landesmuseum im Paulikloster in Brandenburg aufgenommen worden (siehe Abb. 3). Die schnelle Aufnahme und Bearbeitungszeit, wie Tabelle 1 zu entnehmen ist, resultieren aus der Objektbeschaffenheit und der Anforderung an die Auflösung. Bei diesem Objekt gibt es keine Hinterschneidungen oder filigranen Objektteile; außerdem war nur eine Genauigkeit im Bereich eines Zehntelmillimeters gefordert.

Das zweite Beispiel, die Büste des Namensgebers der Beuth Hochschule für Technik Berlin, Peter Christian Wilhelm Beuth (1781–1853), ist lebensgroß. Schon wegen der Größe kam es hier zu einem deutlich erhöhten Zeitaufwand bei der Aufnahme und der Nachbearbeitung. Am Haaransatz und an den Ohren kam es zu Hinterschneidungen, welche die Aufnahme und Nachbearbeitung darüber hinaus erschwerten. Die Zeiten der Triangulierung und Optimierung lassen sich etwas relativieren, da hier oft automatische Prozesse genutzt werden konnten. Jedoch mussten die Ergebnisse überprüft und die Parameter mehrfach angepasst werden.

Der betende Knabe ist das komplexeste und größte Objekt in dieser Reihe (1,40 m hoch). Der Aufnahmeprozess gestaltete sich kompliziert, nicht nur wegen der

Größe, sondern auch auf Grund der vielen Hinterschneidungen und filigranen Objektteile (Finger, Füße). Deren Modellierung machte einen erheblichen Teil an Mehrarbeit besonders in der Nachbearbeitung aus. Hinzu kam die schwierige Texturierung, die selbst mit dem leistungsfähigen Texturwerkzeug von QTSculpture-Software (Polygon Technology GmbH s.o.) sehr viel Mühe, Zeit und Erfahrung erforderte.

Abb. 3: Engelskopf, 10.-11. Jahrhundert
(Original im Archäologischen Landesmuseum im
Paulikloster, Brandenburg)

Abb. 4: Lebensgroße Büste von P.C.W. Beuth (Original in
der Beuth Hochschule für Technik Berlin)

FAZIT UND AUSBLICK

Die in der Industrie bereits seit langem etablierte optische 3D-Messtechnik bietet auch für Museen, Archäologie, Denkmalpflege und Bauforschung neue Möglichkeiten. Diese wurden in einem Forschungs-projekt an der Beuth Hochschule für Technik Berlin während der letzten zehn Monate untersucht, indem geeignete Objekte der Archäologie und Denkmalpflege exemplarisch erfasst wurden. Anhand der Beispiele wurden Prozessketten entwickelt und optimiert, um qualifizierte und besser quantifizierbare Aussagen zum Zeitaufwand und später auch zu den Kosten ableiten zu können. Insofern stellen die gemachten Aussagen nur einen Zwischenstand der Untersuchung dar. In den verbleibenden acht Monaten des Forschungsprojek-tes sollen die Prozessketten weiter optimiert werden. Außerdem werden eine Wirtschaftlichkeitsanalyse und ein Vergleich mit anderen 3D-Messsystemen im Vor-dergrund stehen.

DANK

Besonderer Dank gilt dem Archäologischen Landes-museum im Paulikloster, Brandenburg, für die Möglichkeit der Erfassung exemplarischer Objekte, dem Europäischen Sozialfonds für die Förderung des Projektes und der Firma LUPOS3D für die engagierte Zusammenarbeit.

Anschrift:
M. Sc. Dipl.-Ing. (FH) Martin Floth, Prof. Dipl.-Ing. Michael Breuer, Beuth Hochschule für Technik Berlin, Fachbereich III Bauingenieur- und Geoinformationswesen, Luxemburger Straße 10, 13353 Berlin.
E-Mail: Floth@beuth-hochschule.de,
Breuer@beuth-hochschule.de

Abbildungsnachweis: Abb. 1–5: Verfasser

Abb. 5: Kopie des betenden Knaben vom Südwestkirchhof in Stahnsdorf

Literatur:
AKCA, D. u.a. (2007): Performance evaluation of a coded structured light system for cultural heritage applications, In: Beraldin, J.-A., Remondino, F., Shortis, M.R. (Hrsg.): Videometrics IX, Proc. of SPIE-IS&T Electronic Ima-ging, URL: www.photogrammetry.ethz.ch/general/persons/devrim/2007US_Akca_etal_Videometrics.pdf (31.3.2010).
FRAUNHOFER-GESELLSCHAFT (2009): Der dreidimen-

Zeitaufwand mit Vertretern verschiedener Objektklassen	Engelskopf	Beuth Büste	Betender Knabe
3D-Datenerfassung/ Vorregistrierung	1h	2h	4,5h
Texturaufnahme	0,5h	-	3,5h
Registrierung /Triangulierung	5 min	2h	4h
Optimierung	0h	4h	4h
Texturierung	1h	-	9h
Gesamtzeit	**2,5h**	**8h**	**25h**

Tab. 1: Zeitaufwand

sionale Museumskatalog, Archäologie Online: URL: www.archaeologie-online.de/magazin/nachrichten/view/der-drei-dimensionale-museumskatalog (31.3.2010).

GÜHRING J. (2002): 3D-Erfassung und Objektrekonstruktion mittels Streifenprojektion, Dissertation eingereicht bei der Fakultät für Bauingenieur- und Vermessungswesen der Universität Stuttgart. URL: elib.uni-stuttgart.de/opus/volltexte/2006/2715/pdf/Guehring_diss.pdf (31.3.2010).

SCHAICH, M. (2009): 3D-Scanning-Technologien in der Bau- und Kunstdenkmalpflege und der Archäologischen Feld- und Objektdokumentation, In: Faulstich, E., Hahn-Weishaupt, A. (Hrsg.): Dokumentation und Innovation bei der Erfassung von Kulturgütern, Schriften des Bundesverbands freiberuflicher Kulturwissenschaftler, Band 2, S. 35–46, URN: urn:nbn:de:0258-200900010.

SCHAICH, M. (2007), Case Study Das „Konstantin-Projekt". 3D-HighTech-Verfahren in der Archäologie. 3D-Scanning, 3D-Modellierung, 3D-Rekonstruktion, 3DReproduktion. URL: www.arctron.de/3D-Vermessung/ 3D-Laserscanning/ Beispiele/Konstantin/PresseArcTron3D.pdf (31.3.2010).

Z CORPORATION (2010): Funktionsweise des 3D-Drucks. Die Vision, die Innovation und die Technologien hinter dem Tintenstrahl-3D-Druckverfahren. URL: www.zprinter.de (31.3.2010).

DER IMAGE LASERSCANNER – EIN MULTITALENT! KANN DER 3D-LASERSCANNER EIN KONVENTIONELLES BAUAUFMASS ERSETZEN?

Gerold Eßer – Jan Kanngießer – Mathias Ganspöck

Ein exaktes Bauaufmaß kann nicht den Bauforscher ersetzen. Ein exaktes Aufmaß aber ist die Basis jeder Bauforschung. Laserscanning ist insofern einem herkömmlichen Bauaufmaß zunächst einmal gleichzusetzen. Es ist ein Bauaufmaß mit anderen Mitteln! Messergebnisse jedweder Provenienz müssen allerdings – und diese Aussage kann beinahe als ein Allgemeinplatz bezeichnet werden – mit einem Bewusstsein für ihre inhaltlichen Aussagen herbeigeführt und vor dem Hintergrund eines übergeordneten Forschungszieles interpretiert werden.

Die Interpretation der Messergebnisse ist also im Hinblick auf eine doppelte Fragestellung erforderlich: Welcher Art und Qualität sind die Planergebnisse, die aus der Summe der Messungen abgeleitet werden können? Und wie können anschließend die Planergebnisse hinsichtlich der Baugeschichte eines historischen Bauwerks gedeutet werden?

Der Begriff „Beobachtung" erscheint dabei in beiderlei Hinsicht das Schlüsselwort zur Erkenntnis: So wie für einen Vermessungsingenieur jede präzise Messung eine Beobachtung darstellt, die in hohem Maß die Qualität des finalen Messergebnisses beeinflusst, enthält auch für den Bauforscher jeder Messpunkt – und sei er nun per Hand oder mittels einer Maschine aufgenommen – bereits die baugeschichtliche Erkenntnis. Beobachtet werden muss das historische Objekt also in unterschiedlicher Weise: zunächst hinsichtlich seiner Geometrie und in der Folge – auf einer exakten Aufnahme aufbauend – zur Erfassung seiner sonstigen baulichen Erscheinungsformen.

Messung und Beobachtung müssen deshalb im Zuge einer bauhistorischen Untersuchung – und daran hat

Abb. 1: Stiftskirche Millstatt (Kärnten); perspektivischer Blick auf einen Ausschnitt der Punktwolke des Innenraums erstellt mit dem Impulslaufzeit-Scanner RIEGL LMS Z420i (Studien-Projekt der TU Wien 2009)

sich mit dem Aufkommen digitaler Messmethoden nichts geändert – bewusst und sorgfältig durchgeführt und unter Abgleich der Ergebnisse beider Vorgänge gedeutet werden.

EINFÜHRUNG

Absicht des Beitrages ist es, den Blick auf das Problem, mit welchen Messgeräten wir Bauforscher heute aufnehmen sollen, ein Stück weit zu versachlichen. Unsere zentrale Frage muss dabei lauten: Was können heute Mensch und Maschine gemeinsam für ein bauarchäologisches Aufmaß leisten, und welche Erwartungen an die neue Aufmaßtechnik erscheinen vor dem Hintergrund des Standes der Technik gerechtfertigt? Und schließlich: Welche sind die Kriterien, nach denen die Qualität eines solchen Maschinenaufmaßes mit dem Laserscanner beurteilt werden kann?

Um einen Einstieg zu schaffen, sollen daher zunächst im Überblick die unterschiedlichen, heute verfügbaren Laser-Messsysteme Erwähnung finden, die uns zur Lösung der breit gefächerten Aufgabenbereiche – von der genauen Aufnahme feinster Baudetails über hochpräzise zu vermessende bauliche Objekte bis hin zum Maßstab der städtebaulichen und landschaftlichen Großstrukturen – zur Verfügung stehen. Den Entwicklungsstand der Lasermesstechnik präzisierend, werden sodann die technischen Spezifikationen einzelner Aufnahmegräte herausgearbeitet, die als „harte" Faktoren einen direkten Einfluss auf die Qualität der Messergebnisse haben. In einem darauf folgenden Schritt sollen die „weichen" Faktoren berührt werden, die sich positiv auf eine gesteigerte Produktivität und Arbeitseffektivität des Aufnahmevorgangs auswirken. Als ein Sonderpunkt wird anschließend die Frage diskutiert werden, welche zusätzlichen informationellen Kategorien – neben jener zentralen Kategorie der geometrischen Dokumentation – die Laserscanner schon heute bedienen. Und abschließend sollen Produkte diskutiert werden, die als Weiterverarbeitung der Laser-Rohdaten der historischen Bauforschung als Plangrundlagen zur Verfügung gestellt werden können.

LASERMESSSYSTEME IM ÜBERBLICK

Unter Berücksichtigung der Spannbreite denkbarer Anwendungsbereiche in der historischen Bauforschung bieten sich heute bereits eine stattliche Anzahl von auf die verschiedenen Anwendungssituationen zugeschnittenen Laser-Messsystemen an. Mit Blick auf den gängigsten Fall eines durchschnittlichen Gebäudeaufmaßes in den üblichen Maßstäben, welches wie auch im Vergleichsfall tachymetrischer Aufnahmen mit Hilfe bodengebundener (terrestrischer) Messsysteme durchgeführt werden soll, sind zwei technisch grundverschiedene Messprinzipien zu unterscheiden, die beim Bau von Laserscannern zur Anwendung kommen.

IMPULS-LAUFZEIT-MESSVERFAHREN
Terrestrische Laserscanner, die nach dem Prinzip des so genannten „Impuls-Laufzeit-Messverfahren" arbeiten,[1] sind in der Bauaufnahme insbesondere für die Anwendungsfelder Stadtraum, Architektur und Baudetail geeignet. Ihre Reichweite umfasst heute einen Messabstandsbereich von minimal einem Meter bis maximal 800 Metern. Nach enormen technologischen Fortschritten der letzten Jahre kann beim Einsatz von Scannern dieses Typs mit einem durchschnittlichen Messfehler der Einzelmessungen in Strahlrichtung von rund 3 – 5 mm ausgegangen werden.[2] Nach diesem Messverfahren konzipierte Messgeräte sind u.a. die Scanner der Herstellerfirmen RIEGL[3] und LEICA[4].

PHASEN-VERGLEICHS-MESSVERFAHREN
In Konkurrenz dazu stehen die nach dem „Phasen-Vergleichs-Messverfahren" arbeitenden Scanner, deren Einsatzfeld auf Grund ihres Bauprinzips derzeit vom Architekturmaßstab über das Baudetail bis hin zur bauplastischen Oberfläche reicht.[5] Die Reichweite dieser Scanner beginnt derzeit bei einem Messabstand von ca. 30 – 40 cm und endet – in Abhängigkeit der größten Wellenlänge des emittierten Lasersignals – bei einem Maximalabstand von 120 Metern. Der Messfehler dieses Scannertyps ist mit Werten zwischen 1 – 5 mm in signifikanter Weise von der Messentfernung und den Reflexionseigenschaften der zu vermessenden Oberflächen abhängig.[6] Nach dem Phasen-Vergleichs-Verfahren konzipierte Scanner sind u.a. jene der Hersteller FARO[7] und ZOLLER+FRÖHLICH[8].

Abb. 2: Impulslaufzeit-Scanner RIEGL LMS VZ-400, Systemkomponenten und typischer Ausschnitt einer Punktwolke zur Darstellung der hohen Messgenauigkeit des Scanners

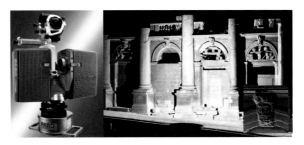

Abb. 3: Phasenvergleichs-Scanner FARO PHOTON 120, Punktwolke und Ausschnitt, welcher deutlich das geringe Rauschen der Messwerte zeigt

NAHBEREICHS-SCANNING
Eine Erweiterung des Einsatzfeldes von Scanning-Systemen in den Maßstab der Oberflächen von Bauplastik, Skulptur und Kleinstobjekten hinein stellen Messarme dar, die mit hochgenau aufnehmenden, handgeführten Scanning-Einheiten ausgestattet sind. Mit einem Messfehler von 0,03 – 0,20 mm können auch feinste Materialstrukturen, flachplastische Reliefs, Ritzungen und Werkzeugspuren erfasst werden. Die Messarme sind mit frei drehbaren Kugelgelenken ausgestattet, deren Winkelmaße online abgegriffen werden. Auf diese Weise kann eine Registrierung der

---

[1] Eine Beschreibung unterschiedlicher Messverfahren für die optische Abstandsmessung findet man unter http://de.wikipedia.org/wiki/Abstandsmessung_%28optisch%29 (13.05.2010).

[2] Der Distanzmessfehler, das so genannte „Rauschen" einer Punktwolke, ist definiert als Standardabweichung der gemessenen Entfernungswerte in der Schrägstrecke vom tatsächlichen Abstand der Ziele, wobei die Angabe des Fehlers – in unserem Beispiel 3 – 5 mm – in positiver wie auch negativer Richtung rechnerisch durch rund 67% der Messwerte nicht überschritten wird.

[3] Hersteller-Homepage: http://www.riegl.com/nc/products/terrestrial-scanning (07.09.2010); Flaggschiff ist derzeit der RIEGL VZ-400.

[4] Hersteller-Homepage: www.leica-geosystems.com/hds (07.09.2010); Der aktuelle Scanner dieses Herstellers ist die LEICA ScanStation C10.

[5] Beim Phasen-Vergleichs-Messverfahren wird der Laserstrahl

in Teilstrahlen unterschiedlicher Wellenlängen aufgesplittet. Die Entfernungsmessung ergibt sich durch Abgleich des Phasenabschnitts der Wellenlängen beim Eintreffen in der Empfangseinheit. Die maximale Modulationswellenlänge bestimmt die größte Entfernung, die eindeutig gemessen werden kann.

[6] Kurze Entfernungen bis 10 Meter und ein hoher Reflexionsgrad nahe 100% ermöglichen Messungen mit geringen Messfehlern; größere Messabstände ab 25 Meter und geringe Reflexionsgrade der reflektierenden Bauwerksoberflächen dagegen führen zu einem etwas stärkeren Rauschen der Messdaten; vergleiche beispielsweise das Datenblatt des FARO Photon 120 unter: http://laser-scanner.faro.com/de/faro-laser-scanner-photon/ (07.09.2010).

[7] Hersteller-Homepage: http://www.faro.com/content.aspx?ct=ge&content=pro&item=5 (07.09.2010); das neueste Modell ist der FARO Photon 120/20.

[8] Hersteller-Homepage: http://www.zf-laser.com/ (07.09.2010); das aktuell verkaufte Modell ist der Z+F IMAGER 5006i.

Messdaten in Echtzeit durchgeführt werden. Messarme gewährleisten Arbeitsradien bis 2,50 m, sodass von einem Standpunkt aus bequem auch Objekte bis Menschengröße aufgenommen werden können. Die verfügbaren Laserstreifen-Sensoren emittierten linear nebeneinander angeordnete Lasersignale mit Austrittsbreiten zwischen 40–200 mm, die – bei gleich bleibender Anzahl der Lasersignale je Zeile – die Punktdichte der Messungen bestimmen. Erhältlich sind Messarme der Hersteller FARO[9], METRIS[10] und ROMER[11].

MOBILE-LASERSCANNING
Im Gegensatz dazu erschließen weitere Gruppen von Laser-Messsystemen Anwendungsbereiche im Stadt- und Landschaftskontext. Beim so genannten Mobile-Laserscanning (MLS) werden Laserscanner auf unterschiedlichen beweglichen Plattformen wie PKW, Schienenfahrzeugen oder Schiffen befestigt. Ziel ist die 3D-Aufnahme in der kontinuierlichen Bewegung entlang einer stabilen, online kontrollierten Trajektorie. Durch Verbindung des Laserscanners mit einer Inertial Measurement Unit (Inertialmesssystem, IMU)[12] kann mit hoher Frequenz eine kontinuierliche Echtzeit-Bestimmung der Lage und Ausrichtung des Scanners gewährleistet werden, sodass auch mit diesem System eine hochgenaue Registrierung der in der Bewegung aufgenommen 3D-Koordinaten gewährleistet werden kann. Entsprechend der erdgebundenen Bewegung entlang einer vorgegebenen Linie sind im Bereich der Bauforschung und Archäologie Aufnahmen von Straßen- und Stadträumen (Fassaden) und linear organisierten Landschaftsräumen (entlang von Eisenbahnwegen, Bergwerksstollen, Flüssen, Kanälen und Seeufern) möglich. Mit Hilfe dieser Technologie sind Messgenauigkeiten um 10–15 mm erreichbar bei gleichzeitigen Reichweiten zwischen 1,5–500 Metern.[13]

AIRBORNE-LASERSCANNING
In Erweiterung der Idee des Mobile-Laserscannings können Laserdaten auch von fliegenden Plattformen aus – wie beispielsweise Kleinflugzeugen und Hubschraubern – gewonnen werden.[14] Die per Airborne-Laserscanning (ALS) vermessenen 3D-Geländedaten

werden ebenfalls mit Hilfe einer IMU registriert und georeferenziert. Das Einsatzfeld dieser Technologie entspricht dem der Vermessung der Topografie und der Stadt. Mit Reichweiten zwischen 10–3000 Metern und einem Rauschen der Messdaten von 20–25 mm können aus der Luft Datensätze mit einer gleichmäßigen Verteilung der Messdaten am Boden gewonnen werden.[15] In vielen europäischen Ländern ist eine flächendekkende Vermessung der Territorien aus der Luft weit fortgeschritten, sodass stellenweise bereits einfach und relativ kostengünstig auf Bestandsdaten zurückgegriffen werden kann.[16] Für die Vermessung terrestrisch schwer erreichbarer Bauwerke – wie zum Beispiel über steilen Felsabhängen situierte Burgen – ist jedoch eine eigene Vermessung von sensibel steuerbaren Hubschraubern aus angeraten. In der Gesamtheit der Möglichkeiten der diskutierten Laser-Messtechnologien ergibt sich in der kombinierten Nutzung die Möglichkeit der 3D-Aufnahme von bauarchäologischen Objekten vom großen Maßstab der Stadt und Topografie über den Maßstab des Gebäudes bis hin zum feinen Detail der Beschreibung der Oberflächen von Bauwerk, Bauplastik und Skulptur.

„HARTE FAKTOREN" DES LASERPULSES
Im Folgenden sollen diejenigen im Rahmen der Auswahl eines Messgerätes oder seiner Steuerung beeinflussbaren Eigenschaften des Laserpulses diskutiert werden, die einen ganz direkten Einfluss auf die Qualität des Ergebnisses einer Bauwerksvermessung haben. Es sind dies die Messgenauigkeit, die Registriergenauigkeit, die Punktdichte, die Reichweite sowie die Auswertbarkeit des Laserpulses im Hinblick auf weitere Signaleigenschaften. Diese Faktoren sollen unter besonderer Berücksichtigung der im Terrestrischen Laserscanning (TLS) meistgebrauchten Scanner betrachtet werden, die unter Verwendung der Prinzipien der Laufzeit-Messung oder der Phasenvergleichs-Messung arbeiten.

MESSGENAUIGKEIT
Messfehler, Rauschen, Accuracy und Precision sind Begriffe, mit deren Hilfe die Distanzmessgenauigkeit der Laserscanner auf unterschiedliche Weise beschrieben werden kann.[17] Mit einem Distanz-

[9] Die FARO-Homepages finden sich unter http://www.faro.com/content.aspx?ct=ge&content=pro&item=2 für die Messarme Quantum, Platinum und Fusion bzw. http://www.faro.com/content.aspx?ct=ge&content=pro&item=1 für die Laserköpfe V2 und V3 (je 07.09.2010).
[10] Der von der belgischen Firma METRIS hergestellte Messarm MCA mit dem Laserscanner ModelMaker D wird im deutschsprachigen Raum von DESCAM 3D Technologies vertrieben: http://www.descam.de/ (07.09.2010).
[11] Hersteller-Homepage: http://romer.eu/ (07.09.2010).
[12] Begriffsdefinition unter: http://en.wikipedia.org/wiki/Inertial_measurement_unit (07.09.2010).
[13] Eine Vorreiterrolle in der Erschließung dieser Scanning-Technologie spielt derzeit seitens der Hersteller die Fa. RIEGL

mit den Scan-Systemen VQ 180, VQ 250 und VMX-250: http://www.riegl.com/nc/products/mobile-scanning/ (07.09.2010).
[14] Auch die Ausstattung von Ultraleichtflugzeugen und Drohnen mit Laserscannern ist derzeit bereits in der Erprobung.
[15] Auch im Bereich des ALS spielt die Fa. RIEGL weltweit eine wichtige Rolle in der Nutzbarmachung dieser Technologie: http://www.riegl.com/nc/products/airborne-scanning/ (07.09.2010).
[16] In Österreich werden die ALS-Daten durch die Vermessungsämter der Landesregierungen beauftragt und vertrieben. Mit einer Punktdichte von zehn Messpunkten je Quadratmeter ist die Scandichte hier bereits sehr hoch.
[17] Eine tiefer gehende Diskussion über Inhalt und Aussagekraft dieser Begriffe erscheint an dieser Stelle nicht sinnvoll.

Abb. 4: Punktwolke eines älteren Laufzeitverfahren-Scanners mit einer Messgenauigkeit von ± 10 mm; dargestellt sind Möglichkeiten der direkten Abnahme von Streckenmaßen aus dem Rohdatensatz (Projekt der TU Wien, Burg Hochosterwitz 2009)

Abb. 5: Orientierung von zwei Punktwolken über fein gescannte, reflektierende Targets (Studien-Projekt der TU Wien, Gemeindewohnbauten in Wien, 2008)

messfehler zwischen ± 1 – 5 mm (Standardabweichung) in der Strahlrichtung (Schrägstrecke) liegen die Laserscanner der den beiden wichtigsten Messprinzipien angehörenden Gruppen heute bereits dicht beieinander. Gerade im Bereich naher und mittlerer Entfernungsmessungen sind mit Phasenvergleichs-Scannern Messungen möglich, die mit ihrer Messgenauigkeit jener einer modernen Totalstation sehr nahe kommen.[18] Per Handaufmaß sind lokale Abstandsmessungen über eine kurze Distanz in etwa mit gleicher Genauigkeit möglich; bei größeren Abständen oder komplexen geometrischen Bezügen – etwa eine Abstandsmessung um eine Mauerecke herum ohne direkten Sichtbezug – schleichen sich im Handaufmaß allerdings schnell signifikante Fehler ein.

Beachtenswert ist die Entfernungsunabhängigkeit des Messfehlers mancher Laserscanner, die eine erhöhte Kontrolle der Messung erlaubt. Einige Laserscanner des Phasenvergleichs-Verfahrens liefern sehr hohe Genauigkeiten bei kurzen Abständen, sind aber bei größeren Distanzen wieder ungenauer.[19] Die neueren Laufzeit-Scanner der Fa. RIEGL weisen eine

entfernungsunabhängige Lasermessung auf, so dass auch bei größeren Entfernungen immer noch mit der gleichen Präzision der Messung gerechnet werden kann.[20]

REGISTRIERGENAUIGKEIT

Die Registrierung – oder Orientierung – der einzelnen Scan-Positionen zueinander kann auf unterschiedliche Weise erfolgen. Verbreitet und sehr effektiv ist die Methode, die mit hochfein eingescannten oder tachymetrisch eingemessenen Kontrollpunkten arbeitet. In kleineren Scan-Projekten, bei denen nur wenige Scan-Positionen zueinander zu registrieren sind, und in übersichtlichen geometrischen Räumen, die einen einfachen Bezug der Scanpositionen auf eine große Anzahl immer wieder verwendbarer Targets zulassen, sind ausreichende Registriergenauigkeiten im mm-Bereich auch ohne den zusätzlichen Einsatz einer Totalstation möglich. Die Genauigkeit der „Positionierung" der Einzel-Scans im Raum entspricht aber hier nichtsdestoweniger in etwa der Genauigkeit, die beim Arbeiten mit der Totalstation unter Verwendung der Methode „Freie Stationierung" möglich ist. Bei noch höheren Ansprüchen an die Genauigkeit der Registrierung, die bei großen Scan-Projekten unumgänglich sind, ist die zusätzliche tachymetrische Vermessung der Kontrollpunkte allerdings unbedingt angeraten. Die Registriergenauigkeit der Scans zueinander ist bei dieser Methode ausschließlich von der Präzision abhängig, mit der ein die Kontrollpunkte einschließender Polygonzug gemessen wurde.

Eine alternative Strategie der Registrierung der einzelnen Scanpositionen zueinander bietet das „Flächenmatching", welches mit dem Vergleich von identischen geometrischen Ebenen arbeitet, die in einander überlappenden Scans detektiert werden können. Das Tool, das bei einem ausreichenden Anteil von ebenen Gebäudeoberflächen (Fassaden- und Deckenebenen etc.) mit einer der oben beschriebenen Methoden der Referenzierung über Kontrollpunkte vergleichbaren Genauigkeit arbeitet, erlaubt – wieder ähnlich der Methode der freien Stationierung – das Aneinanderhängen von Einzelscans zu größeren Clustern.[21]

---

[18] Die Distanzmessgenauigkeit modernster elektronischer Tachymeter (Totalstationen) erreicht heute einen Fehlerwert von 2 mm; siehe dazu als Beispiel die Angaben auf der LEICA-Homepage zum System TPS 1200+ unter: http://www.leica-geosystems.com/en/Leica-TPS1200_4547.htm (13.05.2010).

[19] Siehe Fußnote Nr. 6.

[20] Siehe Datenblatt des RIEGL VZ-400 unter http://www.riegl.com/nc/products/terrestrial-scanning/produktdetail/product/scanner/5/ (07.09.2010).

[21] Im PostProcessing-Modul der RIEGL-Aufnahmesoftware RISCAN PRO ist das Tool unter dem Namen „Multi Station Adjustment" mit einer Registrierung über Kontrollpunkte – im Falle der RIEGL-Daten sind das feingescannte reflektie-

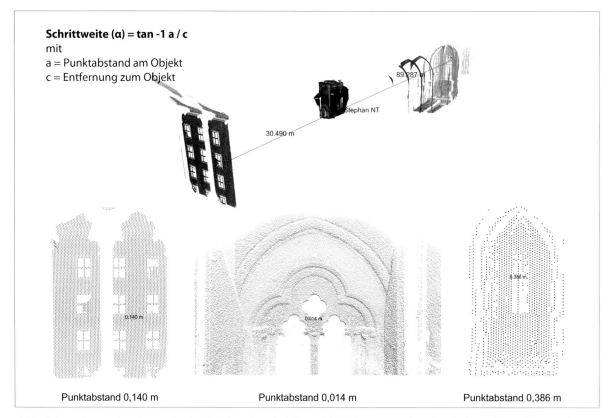

Schrittweite (α) = tan -1 a / c
mit
a = Punktabstand am Objekt
c = Entfernung zum Objekt

Punktabstand 0,140 m   Punktabstand 0,014 m   Punktabstand 0,386 m

Abb. 6: Berechnung der einzustellenden Schrittweite a in Abhängigkeit des gewünschten Punktabstandes und der gegebenen Messentfernung (Studien-Projekt der TU Wien, Stephansdom in Wien 2008)

PUNKTDICHTE

Die Punktdichte am Objekt wird über das Verhältnis der Aufnahmeentfernung zur gewählten Schrittweite bestimmt.[22] Faktisch sind heute – bei im Bauwerkskontext sinnvollen Aufnahmeabständen zwischen einem und rund 20 Metern – unter den gegebenen Steuerungsmöglichkeiten der verschiedenen Scanner Punktdichten realisierbar, die eine sehr dichte, faktisch kontinuierliche geometrische Beschreibung nicht-ebener Bauwerksoberflächen gewährleisten. Es ist damit eine Möglichkeit gegeben, die für die historische Bauforschung insofern essentiell ist, als dadurch gerade die für den Erkenntnisprozess so wichtigen Detailbefunde wie Geometrie- und Materialwechsel im geometrischen Abbild des Bauwerks erhalten bleiben.

Allerdings sollte die Beurteilung eines vor dem Hintergrund der bauforscherischen Fragestellung noch sinnvollen Punktabstandes auf der Bauwerksoberfläche immer im Verhältnis zur Messgenauigkeit des eingesetzten Scanners festgelegt werden. So erscheint es nicht sinnvoll, einen Punktabstand anzustreben, der kleiner ist als der gerätespezifische Messfehler in der Strahlrichtung, weil durch eine solche Vorgehensweise zwar die Datenmenge wächst, nicht aber eine detailliertere Beschreibung der Oberfläche erzielt werden kann.

Unter Anwendung der trigonometrischen Formel [$\sin \alpha = a / c$][23] und Umstellung derselben nach der Unbekannten α kann bei einem gewünschten Punktabstand am Objekt „a" und einer geschätzten Entfernung „c" die einzustellende Schrittweite durch [$\alpha = \tan^{-1} a / c$] bestimmt werden. Ein Beispiel sei zwecks Verdeutlichung des Sachverhaltes kurz angeführt. Unter Nutzung des RIEGL VZ-400, dessen Messfehler mit 5 mm angegeben wird, und einer kleinsten einstellbaren Schrittweite von 0,0024° wird ein Punktabstand von ebenfalls 5 mm immer noch aus einer Entfernung von 120 m realisiert. Bei Annahme einer hypothetischen Entfernung zum Gebäude von

---

rende Zielmarken – kombinierbar. Sein Name verrät zudem, dass hier die Position einer Anzahl von Scanpositionen unter Berücksichtigung der unterschiedlichen Registriermöglichkeiten (Flächen / Zielmarken) mit Hilfe einer Ausgleichsrechnung noch weiter optimiert werden kann. Nähere Informationen unter www.riegl.com, Datenblatt RISCAN PRO steht zum Download bereit.

[22] Die horizontale und vertikale Schrittweite kann in den meisten Steuerprogrammen der Hersteller von 3D-Scannern jeweils über ein Winkelmaß in beiden Achsen separat eingestellt werden.

[23] Die Bedeutung der Kurzzeichen ist „α" für die Schrittweite, „a" für den Punktabstand und „c" für den Messabstand zum Objekt.

10 m ist nach der obigen Formel die Einstellung der Schrittweite von 0,029° ausreichend, um denselben Punktabstand aus der kürzeren Entfernung zu realisieren.

REICHWEITE
Die Reichweite des Scanners sollte auf den Maßstab des zu dokumentierenden Objektes abgestimmt sein. In der Bauwerksdokumentation ergeben sich in aller Regel im weiteren Entfernungsbereich keine Erfassungsschwierigkeiten, da auch die mit dem Phasenvergleichs-Verfahren arbeitenden Scanner mittlerweile Reichweiten bis 79 bzw. 120 m aufweisen. Genau sollte man aber hinschauen, wenn es um die Vermessung enger Innenräume geht, in denen es gerade an Kreuzungspunkten enger Gänge und in Treppenräumen sowie bei Aufstellungen in Türbereichen zu Abschattungen kommen kann.

WEITERE SIGNALEIGENSCHAFTEN
Die Reflektivität einer gescannten Bauwerksoberfläche und deren Entfernung zum Scanner ergeben in Summe die Stärke, mit der ein ausgesendeter Laserpuls reflektiert und von der Empfangseinheit aufgenommen wird.[24] In der 3D-Information kann der Signalstärke jeder einzelnen gemessenen 3D-Koordinate ein Grauwert zugeordnet werden, wobei stärker reflektierende Objekte heller dargestellt werden als schwächer reflektierende. Ergaben die Grauwertbilder älterer Punktwolken noch keine zufriedenstellenden optischen Ergebnisse, sind heute bereits um den Entfernungswert bereinigte Grauwertbilder der Standard. In 3D-Ansichten einerseits, für die Bauforschung jedoch viel wichtiger in den zu Grauwert-Orthofotos umgewandelten Punktwolken andererseits, ergeben sich hieraus Darstellungsmöglichkeiten, die einer foto-ähnlichen Wiedergabe der Messdaten recht nahe kommen. Eine verbesserte Interpretierbarkeit der Laserdaten ist die Folge.

In vielen Fällen werden Lasersignale nicht nur einmal, sondern – durch Brechung an Bauwerkskanten oder an Vegetation – mehrfach reflektiert und dementsprechend in Richtung der Empfangseinheit des Laserscanners zurückgeworfen. Die „Multitarget-Fähigkeit" eines Laserscanners bewirkt, dass die separat zurückkehrenden Einzelsignale aufgefangen und gleichzeitig jedoch dem ursprünglichen Ausgangssignal zugeordnet werden können.[25] Durch eine „Last target"-Filterung können nun all jene Signale automatisiert eliminiert werden, die nicht aus einer Einzel- oder Last target-Reflexion des Ausgangssignals hervorgegangen sind. In der Regel sind das die den kürzeren Messdistanzen entsprechenden Signale, sodass 3D-Koordinaten aus störender Vegetation oder aus Gebäudekanten

Abb. 7: Unterschiede der Grauwertdarstellung von Punktwolken; links: ohne Berücksichtigung der Messentfernung, rechts: entfernungsbereinigt (Aufnahmen der TU Wien, Burg Hochosterwitz und Domitilla-Katakombe in Rom, beide 2009)

resultierende unsichere Messwerte ohne großen Aufwand aus der Gesamtmessung ausgeschlossen werden können [DONEUS u.a. 2006]. Erkennbar sind Einzel- oder Totalreflexionen allerdings auch an der Form des zurückkehrenden Signals, ein weiteres Merkmal, anhand dessen die oben genannten „nutzlosen" Signale herausgefiltert werden können. Über diesen Zweck hinausgehend sind bereits Forschungen im Gang, die unter anderem ermöglichen könnten, in Zukunft mit Hilfe einer so genannten Full-Waveform-Analyse der empfangenen Signale die Erkennung von Materialien aus Laserscan-Daten durchzuführen [DONEUS u.a. 2009]. Ob sich aus diesen Untersuchungen Vorteile für die historische Bauforschung ziehen lassen, ist heute noch nicht abzusehen.

„WEICHE FAKTOREN" MIT EINFLUSS AUF DIE ARBEITS-PRODUKTIVITÄT
Im Folgenden werden diejenigen im Rahmen der Auswahl eines Messgerätes relevanten Ausstattungsmerkmale angesprochen, die zwar keinen direkten Einfluss auf die Qualität des Messergebnisses haben, dafür aber als „Soft skills" wesentlich zu einer Steigerung der Arbeitsproduktivität einer Messkampagne beitragen können. Es sind dies das Sichtfeld der Laserscanner, ihre Messgeschwindigkeit, unterschiedliche Stationierungshilfen wie GPS, Laserlot und Neigungssensor, eine kompakte, unterschiedliche Komponenten integrierende Bauweise („Stand-Alone"), Energiequellen, Laserklasse und Gewicht.

SICHTFELD DER LASERSCANNER
Die im Rahmen dieser Untersuchung betrachteten Laserscanner verstehen sich insofern als „Raum"-Scanner, als sie die Wirklichkeit in 3D-Koordinaten abbilden. Eine 360°-Drehung der Sende- und Emp-

---

[24] Je besser ein Material Licht reflektiert und je kürzer die Distanz dieses Materials zum Scanner ist, desto stärker ist der Reflexionsgrad eines 3D-Punktes.

[25] Dem Wissensstand der Autoren nach ist der RIEGL VZ-400 der erste und bis heute einzige auf dem Markt befindliche 3D-Scanner, der über diese Funktion verfügt.

fangseinheit um die vertikale Stehachse ist allen mit Blick auf die Aufgabe der Bauwerksdokumentation näher betrachteten 3D-Scannern gemein. Unterschiede bestehen jedoch im Bezug auf den vertikalen Öffnungswinkel der Lasermessgeräte. Die meisten Laserscanner verfügen heute über einen vertikalen Öffnungswinkel zwischen 270° und 320°. Sie ermöglichen so das Scanning eines nahezu vollständigen Kugelausschnitts der Wirklichkeit; eine Tatsache, die insbesondere in Innenräumen die Erfassung von Wänden, Decke und Boden aus nur einer Scan-Position erlaubt.[26] Scanner, deren Öffnungswinkel im oberen Bereich begrenzt wird, ermöglichen eine panorama-artige 3D-Aufnahme der Wirklichkeit (horizontaler Streifen).[27] Werden oberhalb dieses Öffnungsbereichs befindliche aufnahme-relevante Gebäudeteile nicht erfasst, müssen diese Scanner von der selben Position aus in gekippter Lage erneut in Gang gesetzt werden mit Folgen für die Arbeitsgeschwindigkeit.

MESSFREQUENZ
Die Messgeschwindigkeiten (Frequenz, Datenrate) der Laserscanner haben sich in den vergangenen Jahren ungefähr um den Faktor 10 gesteigert. Dies führt zu einer maximalen Datenrate von 125.000 p/s (Punkten pro Sekunde) bei Puls-Laufzeit-Scannern[28] und bis zu 976.000 p/s bei den Phasenvergleichs-Scannern[29]. Es werden damit Geschwindigkeiten erreicht, deren Ausnutzung in der Bauwerksdokumentation nur selten Anwendung finden werden, da auch schon bei weit geringeren Datenraten bei gleichzeitig annehmbarem Zeitbedarf von nur wenigen Minuten je Scanner-Umlauf Punktdichten erreicht werden, die im Verhältnis zur Messgenauigkeit der Systeme sinnvoll erscheinen.[30] Eine weitere Steigerung der Produktivität der Aufnahme ist also auf diesem Wege nicht mehr zu erreichen.

GPS – LASERLOT – NEIGUNGSSENSOR
Die Ausstattung der Laserscanner mit zusätzlichen Positionierungshilfen kann im Feld – insbesondere in messtechnisch weniger erschlossenen Gebieten – sinnvoll sein. So ermöglichen auf dem Scanner fest montierbare GPS-Empfänger die Geo-Referenzierung der Aufnahmen überall dort, wo keine öffentlichen Messpunkte vorhanden oder auffindbar sind. Einige Laserscanner verfügen – ähnlich der Ausstattung einer Totalstation – zusätzlich über eingebaute Laserlote, welche die Aufstellung über bekannten Bodenpunkten

erlauben. Sind weder GPS-Daten noch Bodenpunkte nutzbar, bieten eingebaute Neigungssensoren außerdem die Möglichkeit, die 3D-Daten zu nivellieren. Über die softwaremäßige Eingabe der Nordrichtung – unter Zuhilfenahme eines externen Kompasses – kann die Punktwolke zudem eingenordet werden. Die Summe dieser Möglichkeiten ist insofern durchaus von Bedeutung, als dadurch schon heute der Aufbau eines lokalen Messnetzes mit dem ausschließlichen Einsatz eines Laser-Scanners möglich ist und der Verzicht auf die Verwendung der Totalstation beim Gebäudeaufmaß – zumindest in den weniger komplexen Dokumentationsprojekten – vollzogen werden kann.

„STAND-ALONE"-LÖSUNG – ENERGIEQUELLE – GEWICHT
Eine Reihe von Eigenschaften haben schon heute eine zunehmende Beweglichkeit der Laser-Messsysteme zur Folge. An vorderster Stelle ist hier die Tendenz zu nennen, die eine Vereinigung der bisher separat angeordneten Komponenten in einem Gerät verfolgt. Unter den Begriffen „Stand-Alone" oder „All-In-One" werden heute Laserscanner produziert, welche eine Scaneinheit, die Aufnahme-Software, ein Display, den Datenspeicher und eine aufladbare Energiequelle (Batterie) in einem einzigen Korpus einschließen. Diese erübrigen nicht nur den Gebrauch eines externen PC zur Steuerung des Laserscanners; sie erleichtern darüber hinaus das umständliche Mitführen all dieser Komponenten bei der regelmäßigen Neupositionierung der Aufnahmeeinheit und eliminieren Funktionsfehler, die in der Vergangenheit durch die Übertragung von Daten über notwendige Kabel hervorgerufen wurden. Schlussendlich ist trotz der Integration dieser Komponenten in einem Gerät sogar eine Reduktion des Gesamtgewichts der Aufnahmeeinheit zu beobachten,[31] was neben den oben genannten Faktoren eine deutlich verbesserte Beweglichkeit in unwegsamem Gelände und in Innenräumen zur Folge hat und die Aufstellung der Scanner an erhöhten Standpunkten erleichtert.

LASERKLASSE
Nicht unwesentlich gerade für die Aufnahme von sehr häufig touristisch frequentierten Orten des kulturellen Bauerbes ist auch die Frage der Laserschutzklasse der eingesetzten Geräte.[32] Beachtenswert ist, dass lediglich ein Laser der Klasse 1 vom Gesetzgeber als „ungefährlich und augensicher" eingeordnet wird.[33] Laser der Klasse 3R dagegen gelten als „gefährlich für das

---

[26] Vertikales Sichtfeld einiger Laserscanner:
FARO Photon mit 320° – Z+F Imager 5006i mit 310° – LEICA ScanStation C10 mit 270°.
[27] RIEGL VZ-400 mit vertikalem Öffnungswinkel von 2x 100°.
[28] Spitzenwert des RIEGL VZ-400.
[29] Spitzenwert des FARO Photon.
[30] Siehe Ausführungen weiter oben.

[31] Gesamtgewichte laut Herstellerangaben:
RIEGL VZ-400: 9,8 kg – Z+F Imager 5006i: 14,0 kg – FARO Photon: 14,5 kg – LEICA Scanstation C10: 15,2 kg.
[32] Laserklasse der betrachteten Aufnahmegeräte:
RIEGL VZ-400: Klasse 1 – Z+F Imager 5006i: Klasse 3R – FARO Photon: Klasse 3R – LEICA Scanstation C10: Klasse 3R.
[33] Nach DIN 60825-1.

Auge", und ihr Einsatz ist daher in Zonen, die von an der Messung unbeteiligten Personen frequentiert werden, nicht unproblematisch.

FARBOPTION – INFORMATIONELLER UPGRADE EINER MESSUNG

Die Möglichkeit der zusätzlichen Aufnahme von Materialfarben im Zuge einer Laservermessung stellt gegenüber einer rein geometrischen Vermessung eine entscheidende Aufwertung der Dokumentation dar. Dabei sind Echtfarben nicht nur dem „schönen Schein" animierter 3D-Präsentationen dienlich. Gerade im Bereich der Restaurierungsdokumentation oder der Aufnahme von Materialfarben im Rahmen einer historischen Bauforschung stellen Texturen zweifellos einen Mehrwert an Information dar.

Durch Zusatz von Materialfarben kann der Schritt von einer geometrischen Dokumentation hin zu einer bildhaften 3D-Dokumentation vollzogen werden. Sind die mit den Laserpulsen abgespeicherten Reflexionswerte bereits geeignet, den Geometriedaten – beispielsweise mit der Erstellung von Orthofotos aus der Punktwolke – eine „quasi-realistische" Graufärbung zu geben, so wird der Schritt zur bildhaften Darstellung erst durch eine qualitativ hochwertige Verbindung von Laserscanning und Photogrammetrie wirklich vollzogen. Um diese in vollem Maße zu gewährleisten, müssen die beiden unterschiedlichen Datengruppen durch zwei getrennte Messgeräte aufgenommen werden: einen Laserscanner und eine Digitalkamera. Existieren dadurch zuerst einmal zwei voneinander getrennte Datenbanken, so wird eine punktgenaue Überlagerung der digitalen Farbpixel einer Kamera mit den 3D-Daten des Laserscanners möglich, falls für die verwendete Kamera die innere und äußere Kalibrierung vorliegt, also die optischen Parameter, die den inneren Aufbau der Kamera sowie deren Lage und Orientierung im Raum im Moment der Aufnahme beschreiben. In der Variante der heute schon bei den meisten Scanner-Herstellern gebräuchlichen fixen Montage der Digitalkamera auf dem Scanner lassen sich so mittels eines automatisierten Programmablaufs die Geometriepunkte eines Scans oder Scanclusters mit hoher Präzision einfärben. Ergebnis ist die kolorierte Punktwolke. Wichtig hierbei ist jedoch die Erkenntnis, dass die Qualität des Ergebnisses – neben Fragen der Beleuchtung – grundlegend abhängig ist von technischen Parametern wie der Auflösung (Dichte!) der Punktwolke am Objekt, der Anzahl der farbigen Pixel auf der Bauwerksoberfläche (Dichte!) und nicht zuletzt der Güte der Kalibrierung der Kamera, die für die Passgenauigkeit der Fotodaten auf den Geometriedaten verantwortlich ist.

Unter besonderen Voraussetzungen kann – neben der beschriebenen Vorgangsweise – eine weniger automatisierbare, dafür aber flexibel verwendbare Alternativ-Strategie eingeschlagen werden. In all jenen Fällen, in denen auch durch einen zusätzlichen Aufwand keine

ausgeglichenen Beleuchtungsverhältnisse herzustellen sind – wie das beispielsweise bei schnell wechselnden Lichtbedingungen im Außenbereich (Schlagschatten, schnell durchziehende Bewölkung) oder bei unausgeglichenen Lichtbedingungen im Innenbereich (vorhandene Lichtquellen unterschiedlicher Farbtemperatur, Mischlicht, vollständige Dunkelheit) der Fall ist – ist eine Herstellung brauchbarer Fototexturen nur möglich, indem Laserscanning und Fotoaufnahmen zeitlich voneinander getrennt werden. Aus dieser Trennung ergibt sich in der Folge eine größere Freiheit der Beeinflussung der Lichtverhältnisse, und Fotoaufnahmen können dann – bei gleichmäßigem natürlichem Licht im Außenraum oder mit Hilfe studio-ähnlicher Ausleuchtung von Innenräumen – mit zufriedenstellender Bildqualität hergestellt werden. Die auf diese Weise frei – also ohne die notwendige Orientierung im Raum – erstellten Fotos müssen dann allerdings anschließend händisch Bild für Bild anhand einer Vielzahl von Referenzpunkten mit der Geometrie verknüpft werden. Ein deutlicher Mehraufwand für Aufnahme und Auswertung im Vergleich zu automatisiert hergestellten, orientierten Fotoaufnahmen im Zuge des Scannings ist die Folge.

INTERPRETATION DER MESSDATEN

Nach ausführlicher Behandlung der Aspekte, welche die Aufnahme von Laserdaten betreffen, soll nun abschließend kurz auf die Auswertung der Scandaten mit dem Ziel der Erstellung von Plangrundlagen eingegangen werden. Die wichtigsten im Rahmen historischer Gebäudeforschungen nutzbaren Aufnahmeprodukte aus Laserscanning-Daten sind Profilschnitte, Grundrisse und Vertikalschnitte, Orthofotos und vermaschte und texturierte Raummodelle.

PROFILSCHNITTE

Der Vorgang des Herauslösens von horizontalen oder vertikalen Schnittbereichen aus Punktwolken kann mit dem Erstellen von Schnittprofilen mit Hilfe eines Tachy-

Abb. 8: Ausgereiftes Zusammenspiel von Laserscanning und Photogrammetrie: Qualität der farbigen Punktwolke einer einzelnen Scanposition des RIEGL VZ-400 (Aufnahme RIEGL LMS, TU Wien und ÖAW, Domitilla-Katakombe, 2009)

meters verglichen werden. Ein wichtiger Unterschied zwischen den Vorgangsweisen ist jedoch, dass die mit der Totalstation in einer definierten Schnittebene gemessenen Einzelpunkte diskrete, dezidiert ausgewählte natürliche Messpunkte darstellen. Die Verteilung und Lage der beim Laserscanning innerhalb einer ja erst im späteren *Post-Processing* zu definierenden Schnittebene – zum Beispiel der Schnitthöhe eines Grundrisses – liegenden Messpunkte sind dabei vom Standort des Messgerätes im Verhältnis zum gemessenen Objekt und der eingestellten Schrittweite abhängig, und alle relevanten Messpunkte werden zunächst sozusagen nur „zufällig" innerhalb dieser Messebene erstellt. Während in der Vergangenheit das „Nicht-Auswählen" definierter Messpunkte bei großen Punktabständen einer Scannermessung dazu führte, dass möglicherweise gerade die für das Erfassen der Bauwerkscharakteristik wichtigen natürlichen Messpunkte nicht erfasst wurden, so ist es heute auf Grund der erzielbaren hohen Dichte der Messungen an der Bauwerksoberfläche, vor allem aber durch die allen neueren Lasermessgeräten eigene hohe Distanzmessgenauigkeit möglich, Bauwerksoberflächen mit Hilfe eines extrem engmaschigen, hochpräzisen Netzes von Einzelpunkten darzustellen.

Aus diesen qualitativ hochwertigen Daten können in der Folge Schnittprofile selektiert werden, die über einen sehr hohen Detaillierungsgrad verfügen. Dabei bedeutet die freie Wahl der Schnittebene horizontal, vertikal oder beliebig schräg im Raum liegend eine große Flexibilität in der Anpassung an die Vorgaben des Bauwerks. Serienschnitte mit frei wählbaren regelmäßigen Abständen der Schnitte zueinander oder radiale Schnitte rund um eine vertikale Stehachse erweitern zusätzlich die Anwendungsmöglichkeiten. Schnittprofile können in erster Linie als Grundlage für geometrische Gebäudeanalysen im Zuge von Deformationsstudien, statischen Analysen, Monitoring-Prozessen oder architekturgeschichtlichen Studien, welche die Planung und Umsetzung idealgeometrischer Vorgaben thematisieren, eingesetzt werden.

GRUNDRISSE UND VERTIKALSCHNITTE
Die aus einer Punktwolke selektierten Profilschnitte bilden in weiterer Folge die geometrische Basis für die Erstellung von Bestandszeichnungen.[34] Ein grund-

legender Richtwert für den erzielbaren Maßstab – und damit für den im Druck noch darstellbaren Detaillierungsgrad – einer Zeichnung sollte dabei in erster Linie wieder die Distanzmessgenauigkeit des Scanners sein. Stellt man sich beispielsweise vor, dass unter guten oder optimalen Messbedingungen[35] mit einem Distanzfehler von ± 5 mm (Standardabweichung) gemessen wurde – ein Messfehler, den alle hier vorgestellten Scanner unterschreiten –, so erscheint eine Detaillierung und Darstellung der Zeichnung in den Maßstäben 1:20 oder gar 1:10 vertretbar.[36] Der weiter oben bereits diskutierte, maximal realisierbare Punktabstand von ebenfalls 5 mm auf der Bauwerksoberfläche gewährleistet darüber hinaus, dass auch feine Bauwerksdetails in ihrer tatsächlichen geometrischen Form in die Zeichnung übertragen werden können, und es obliegt nunmehr – genau wie im Falle des Handaufmaßes oder eines durch Tachymetrie unterstützten teilautomatisierten Aufmaßes – der Fertigkeit des Zeichners, die Fülle und Detailliertheit der vorhandenen geometrischen Information in eine aussagekräftige, detailscharfe und gut lesbare Zeichnung zu übersetzen.

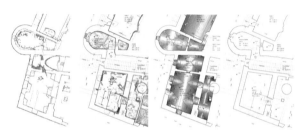

Abb. 9: Bearbeitungsprozess von der Punktwolke zum Bestandsplan: Selektion von aussagekräftigen Horizontalprofilen, Planausarbeitung unter Zuhilfenahme von Bodenaufsichten und Gewölbeprojektionen, Endprodukt im Originalmaßstab 1:100 (Projekt der TU Wien, Burg Hochosterwitz, 2009)

ORTHOFOTOS ALS KARTIERUNGSGRUNDLAGE
In Ergänzung der Profilschnitte sind daneben Bauteilansichten als zweiter wichtiger Bestandteil von Architekturplänen in 2D-Schnittdarstellungen einzuarbeiten. Bei diesen Ansichten handelt es sich um nichts anderes als um orthogonale Projektionen kontinuierlicher Bauwerksoberflächen in der Bildebene einer Schnittdar-

---

[34] Vgl. zur Problematik der Erstellung von Planzeichnungen aus Laserdaten zuletzt [ESSER u.a. 2009].

[35] Sinnvoll sind ein Messabstand im unteren Messbereich eines Scanners ab dem Minimalwert bis ca. 10 oder 20 m und gute Reflexionseigenschaften der Bauwerksoberflächen über ca. 30 bis 100%. Zu vermeiden sind dagegen Störungen der Messumgebung durch extreme Luftfeuchtigkeit, Nebel, Regen oder Schnee.

[36] Im Maßstab 1:10 wirkt sich der Distanzmessfehler eines Laserscanners von 5 mm (Standardabweichung) mit einem maximalen Lagefehler von 0,5 mm eines Bauteils in der Zeichnung aus, wenn die Ansichtsrichtung der Zeichnung orthogonal zur Richtung des Laserstrahls im Raum liegt. Das

entspricht einem Fehler, der kaum noch mit dem Auge wahrgenommen werden kann und der im Übrigen in [ECKSTEIN, G., GROMER, J. (1986): Empfehlungen für Bauaufnahmen: Genauigkeitsstufen, Planinhalte, Kalkulationsrahmen, Landesdenkmalamt Baden-Württemberg, Stuttgart] für Dokumentationen mit erhöhten Anforderungen (statische Sicherheit) in der Genauigkeitsstufe IV empfohlen wird. Entspricht dagegen die Projektionsrichtung einer Zeichnung – zum Beispiel die Ansicht eines Fensters oder einer Fassade – in etwa der Richtung des Messstrahls im Raum, so wirkt sich der Distanzmessfehler in der Regel – weil eine Fassade sinnvollerweise von vorn und nicht in der Schrägansicht gemessen wird – weit geringer aus.

stellung. Die Vorgehensweise zur Herstellung dieser Bauteilansichten entspricht in weiten Teilen exakt der Selektion der Schnittprofile aus Punktwolken. Einziger Unterschied ist, dass die Stärke der aus der Punktwolke auszuwählenden „Raumscheibe" entsprechend der Tiefenausdehnung der abzubildenden Oberflächen – zum Beispiel einer Fassade inklusive aller vorspringenden Gebäudedetails wie Gesimsen oder Balkonen etc. – bestimmt werden muss und der Export der Geometriedaten in der Regel in einem auf die 2D-Information reduzierten Bildformat ausgegeben wird. Schnittprofile und Gebäudeansichten können anschließend im CAD überlagert und gemeinsam ausgewertet werden.

Zudem sind die so erstellten Orthofotos allerdings als eigenständig zu handhabende Bauwerksansichten oder auch als komplexe, aus mehreren Teilen zusammengestellte Wandabwicklungen von hohem Dokumentationswert. In technischer Hinsicht sind sie auf zwei unterschiedliche Weisen herstellbar: Während ihre Erzeugung aus der nicht-reduzierten, rohen Punktwolke die Nutzung der ursprünglichen Geometrieinformation bedeutet und auf diese Weise eine maximale Informationsdichte und Nähe zum tatsächlichen Befund garantiert werden kann, erlaubt der optionale Zwischenschritt der Dreiecksvermaschung der Punktwolken zu einem Gitternetzmodell die Erstellung von Ansichten aus kontinuierlichen Oberflächen, die mit Hilfe einer künstlichen Beleuchtung in plastischer Weise visualisiert werden können. Allerdings ist mit dem sogenannten Meshing eine Software-gesteuerte „intelligente" Reduzierung der Geometrieinformation mit Blick auf die räumliche Komplexität und Plastizität der Oberflächen verbunden, die für den datentechnischen Laien in ihrem Ergebnis meist nur schwer vorhersehbar und nachvollziehbar ist. Die Ergebnisse sind stark von dem durch die jeweilige Software genutzten Algorithmus abhängig, und für die Bauforschung brauchbare Planergebnisse sind besonders bei scharfkantigen Oberflächen auf diesem Weg nur schwer erzielbar. Einer Erstellung von Orthofotos aus hochauflösenden Punktwolken ist deshalb – trotz der größeren Menge der zu prozessierenden Daten – im Feld der Bauforschung derzeit noch der Vorzug zu geben.

RAUMMODELLE

Im Vorangegangenen wurden aus Laserdaten herstellbare Dokumentationsprodukte vorgestellt, die auf dem Grundprinzip einer Reduktion der vollständigen 3D-Information zu 2D-Materialien beruhen und die ein weiteres Vorgehen auf den etablierten Pfaden der 2D-Bearbeitung unterstützen. Als Schlusspunkt der Betrachtung soll jedoch an dieser Stelle ein Ausblick in den Bereich der Befunddokumentation und Befundkartierung im virtuellen 3D-Raum gewagt werden.

Der vielleicht wichtigste Vorteil des Laserscannings gegenüber einer konventionellen, auf einzelnen diskreten Punkten basierenden Aufnahme ist ja

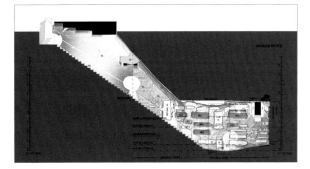

Abb. 10: Orthofoto aus einer Punktwolke mit Kartierung des archäologischen Befunds (Projekt TU Wien und ÖAW, Domitilla-Katakombe, Rom, 2006–2010).

sozusagen die vollflächige und detailgetreue räumliche Erfassung des historischen Bestandes. Eine echte Herausforderung für den zukünftigen Alltag des Bauforschers stellt daher sicher die Nutzung der 3D-Informationen in den unterschiedlichen Leistungsstufen von der Erfassung über die Dokumentation bis hin zur analytischen Auswertung dar.

Wie oben dargelegt, ist schon heute die 3D-Erfassung in allen Maßstäben und Detailgraden machbar und den Anforderungen an die erhofften Ergebnisse entsprechend steuerbar. Aber auch die Verarbeitung der Aufnahmedaten zu unterschiedlichen 3D-Produkten gehört für einen Teil der Nutzer schon heute zum erprobten Spektrum ihrer Dokumentationstätigkeit. Virtuelle Raummodelle beweisen gegenüber 2D-Planmaterialien überall dort ihre Überlegenheit, wo Geometrien schwer erfassbar oder auf einfache Weise generalisierbar sind. Besonders in amorphen Raumstrukturen oder im Falle stark deformierter Bauwerke können aus Laserdaten gewonnene 3D-Modelle deshalb den Weg zu einer vollständigen und verformungsgerechten Darstellung weisen. Wegen der Durchlässigkeit – oder Durchsichtigkeit – von Punktwolken ist in diesen Fällen eine Verarbeitung der Messdaten zu vermaschten, sozusagen „wasserdichten" Oberflächen unumgänglich. Diese wiederum können durch *Shading* und künstliche Lichtsetzung eine räumliche Anschaulichkeit vermitteln, die unter Umständen erst ein erweitertes (gehobenes) Verständnis komplexer räumlicher Strukturen ermöglicht. In einem weiteren Schritt können diese kontinuierlichen Oberflächen dann mit echten Materialfarben belegt werden, die aus speziell für diesen Zweck angefertigten digitalen Farbaufnahmen gewonnen werden.[37] Seit einigen Jahren auf dem Markt befindliche Software-Produkte belegen, dass – auf den vermasch-

[37] Es würde den Rahmen dieses Beitrages sprengen, unterschiedliche Vorgehensweisen bei der Erstellung der Aufnahmen und bei der Texturierung der Modelle zu schildern. Es sei stattdessen verwiesen auf [ZIMMERMANN; ESSER 2008], [ESSER; MAYER 2008] und [ABDELHAFIZ u.a. 2009].

ten Raummodellen aufsetzend – eine 3D-Kartierung machbar ist und dadurch in vielen Fällen erweiterte Rückschlüsse auf den komplexen räumlichen Gebäudebestand ermöglicht werden.[38] Eine nur langsame Anpassung der Sehgewohnheiten der Nutzer hat derzeit aber immer noch zur Folge, dass eine Umstellung auf neue Arbeitsweisen nur schleppend Umsetzung findet.

ZUSAMMENFASSUNG

Drei Erkenntnisse verdeutlichen Einflussfaktoren, mit denen Laserscanning künftig auf den Vorgang des bauhistorisch intendierten Gebäudeaufmaßes einwirken wird.

Erstens: Eine geometrische Aufnahme per Laserscanning ist – wie im konventionellen Aufmaß – nichts anderes als die Aufnahme von Referenzpunkten, die zur maßlichen Charakterisierung des Bauwerks herangezogen werden sollen. Der Vorgang des „Maß-Nehmens" sollte aber – und das gilt für jede der heute verfügbaren Messmethoden – in seinen technischen Einzelheiten vollständig durchdrungen und vor dem Hintergrund dieses Wissens mit Blick auf die Qualität der gewünschten Messergebnisse bewusst gesteuert werden.

Abb. 11: Mit Echtfarben texturiertes, „wasserdichtes" 3D-Modell (Projekt TU Wien und ÖAW, Domitilla-Katakombe, Rom, 2006–2010).

Zweitens: Der gegenüber der Aufnahme von diskreten Einzelpunkten veränderte Vorgang der Verspeicherung einer großen Menge unspezifischer Punkte beim Laserscanning führt wegen der hohen erzielbaren Dichte der Messpunkte und des geringen Distanzmessfehlers im Millimeter-Bereich zu einer faktisch vollflächigen, kontinuierlichen Beschreibung der Bauwerksoberflächen. Dieses „Mehr" an Geometrie-Information bedeutet auch ein Mehr an Bauwerks-Information: Flächenhafte Dokumentationsprodukte wie formtreue Orthofotos und der Realität des Bauwerks abgeformte 3D-Modelle verdeutlichen diesen Mehrwert in der Beschreibung der Objekte.

Und drittens: Laserscanning ist erweiterbar. Vollflächige und formtreue Bauwerksgeometrie und aus Digitalfotos gewonnene Echtfarben lassen sich schon heute passgenau zur Deckung bringen. Anders als reine Geo-

metrie enthalten Farben zudem Materialinformationen. In der Kombination von Geometrie und Farbe in einem System enthüllt sich eine neue Dimension für die Dokumentation von historischen Bauwerken. Der Laserpuls enthält aber noch weitere Informationen: Die Charakteristik des reflektierten Lasersignals (Full-Wave-Form-Analyse) wird, wie Studien zeigen,[39] vielleicht schon bald – und wiederum in perfekter Lagepassung – die automatisierte Bestimmung von Materialeigenschaften großer Bauwerksflächen ermöglichen.

Laserscanning erweist sich damit als ein potentes, flexibel an sehr unterschiedliche Bedürfnisse anpassbares und sich rasant entwickelndes Arbeitsmittel, welches schon längst dazu angesetzt hat, die gängigen Methoden des Bauaufmaßes herauszufordern.

[38] Siehe vor allem die Software ASPECT 3D der Fa. ARC-TRON unter http://www.arctron.de/.
[39] Vgl. [DONEUS; BRIESE 2006] sowie [DONEUS u.a. 2009]

Anschrift:
Dr.techn. Gerold Eßer, TU Wien, Institut für Architektur- und Kunstgeschichte, Bauforschung und Denkmalpflege, FG Architekturgeschichte Bauforschung, Karlsplatz 13, A – 1040 Wien.
Dipl.-Ing. Jan Kanngießer, Dipl.-Ing. cand. Mathias Ganspöck, EKG-BAUKULTUR GmbH, Floragasse 5, A – 1040 Wien.
E-Mail: gerold.esser@tuwien.ac.at, kanngiesser@ekg-baukultur.com, ganspoeck@ekg-baukultur.com

Abbildungsnachweis:
Abb.1–11: Verfasser; Abb. 2 (links und Mitte): www.riegl.com; Abb. 3 (links): www.faro.com

Literatur:
ABDELHAFIZ, A., ZIMMERMANN, N., ESSER, G., MAYER, I. (2009): Generating a photo realistic virtual model for the large Domitilla-Catacomb in Rome. In: Proc. of the 9th Conference on Optical 3-D Measurement Techniques, Vienna University of Technology, Wien 1.–3. Juli 2009.
DONEUS, M., BRIESE, C. (2006): Digital terrain modelling for archaeological interpretation within forested areas using full-waveform laserscanning, In: Ioannides, M. u.a. (Hrsg.): The 7th International Symposium on Virtual Reality, Archaeology and Cultural Heritage VAST, S. 155–162.
DONEUS, M., PFENNIGBAUER, M., STUDNICKA, N., ULLRICH, A. (2009): Terrestrial Waveform Laser Scanning for Documentation of Cultural Heritage. In: Takase, Y. (Hrsg.): Proc. of the 22nd CIPA Symposium, October 11–15, 2009, Kyoto, Japan. CIPA International Archives For Documentation Of Cultural Heritage Vol. XXII- 2009, Commission VI, WG VI/4, URL: http://cipa.icomos.org/text%20files/KYOTO/48.pdf (25.06.2010)
ESSER, G. (2006a): Der Einsatz der Image-Laser-Scanning-Technologie am Beispiel der Bauaufnahme des Propylons des Orakelheiligtums der Fortuna Primigenia in Palestrina

(Latium). In: 9. Internationaler Kongress "Cultural Heritage and New Technologies" Workshop „Archäologie & Computer", Wien 3.–5. Nov. 2004, CD-Publikation Deutsche Bibliothek, Phoibos Verlag, Wien.

ESSER, G. (2006b): 3D-Laserscanning am Propylon des antiken Praeneste – Erfahrungen mit einer neuen Messtechnologie aus der Sicht der Bauforschung. In: Von Handaufmaß bis Hightech II. Modellieren, Strukturieren, Präsentieren. Informationssysteme in der historischen Bauforschung. Tagungsband zum Interdisziplinären Kolloquium, Cottbus 23.–26. Februar 2005, Philipp von Zabern, Mainz am Rhein, S. 43–53.

ESSER, G., KANNGIESSER, J. (2006): Erfassung des Kuppelprofils der Melker Stiftskirche mittels 3D-Laserscanning zur Bestimmung von Bauwerksdeformationen. Studie im Auftrag des Stiftes Melk, Abt-Berthold-Dietmayr-Str.1, 3390 Melk, Schlussbericht Dezember.

ESSER, G., KANNGIESSER, J., GANSPÖCK, M. (im Druck): Laserscanning at Castle Hochosterwitz in Carinthia. Optical documentation techniques in service of a time-efficient, highly precise, and distortion-free 3d architectural survey. In: 14th International Congress "Cultural Heritage and New Technologies", Workshop „Archäologie und Computer", Sektion „Archaeology and Technology – Applied Research", Wien 16.–18. November 2009, Veröffentlichung als CD-Publikation im Tagungsband voraussichtlich 2010.

ESSER, G., MAYER, I. (2008): 3d-geometry and 3d-texture. Documenting early-Christian wall paintings at the Domitilla Catacomb in Rome. In: 12. Internationaler Kongress "Cultural Heritage and New Technologies" Workshop „Archäologie & Computer", Wien 5.–7.November 2007, erschienen als CD-Publikation "Archäologie und Computer 2007, Workshop 12", Wien.

ZIMMERMANN, N., ESSER, G. (2008): Showing the Invisible – Documentation and Research on the Roman Domitilla Catacomb based on Image-Laser-Scanning and 3D-Modelling. In: Proc. of the 35th Annual Conference of Computer Applications and Quantative Methods in Archaeology (CAA) "Layers of Perception", Berlin 2.–6. April 2007, Kolloquien zur Vor- und Frühgeschichte, Band 10, Bonn, S. 58–64.

PHOTOGRAMMETRISCHE AUSWERTUNG HISTORISCHER FOTOGRAFIEN AM POTSDAMER STADTSCHLOSS

Gunnar Siedler – Gisbert Sacher – Sebastian Vetter

Die Architekturphotogrammetrie in Deutschland begann mit der systematischen Architekturdokumentation durch die Königlich Preußische Messbildanstalt unter Albrecht Meydenbauer in der zweiten Hälfte des 19. Jahrhunderts. Im heutigen Messbildarchiv im Brandenburgischen Landesamt für Archäologie und Denkmalpflege in Wünsdorf befinden sich etwa 20.000 Glasplatten im Format 40 x 40 cm aus der Zeit von 1885 bis zum Beginn des 1. Weltkrieges [KOPPE 1997]. Der besondere Wert dieses Archivs liegt in der hohen Qualität der Aufnahmen, die mit speziell für diese Anwendung konstruierten Kameras immer unter Berücksichtigung einer speziellen Aufnahmekonfiguration angefertigt wurden. Diese Aufnahmekonfigurationen ermöglichen die grafische Auswertung von Fassadenansichten.

Das auf Bildern basierende Messverfahren der Photogrammetrie stellt eine hochwertige Art der Dokumentation dar, weil es Informationen über ein Objekt zu einem ganz bestimmten Zeitpunkt liefert. Liegen mehrere Aufnahmen in geeigneter Aufnahmekonfiguration vor und stehen Referenzmaße zur Verfügung, lässt sich eine dreidimensionale photogrammetrische Auswertung durchführen. Wichtige Kriterien für eine erfolgreiche Auswertung sind die radiometrische und geometrische Qualität und der Aufnahmemaßstab der Bilder. Liegen Negative vor, so können diese hochauflösend mit bis zu 2500 dpi gescannt werden. Glasnegative verfügen darüber hinaus über eine sehr hohe geometrische Stabilität. Bei der Analyse der Aufnahmekonfiguration ist zu untersuchen, ob genügend Aufnahmen vorliegen, die mit geeigneten Schnittwinkeln das auszuwertende Objekt vollständig erfassen. In der Regel wurden die überlieferten Bilder mit unterschiedlichen Kameras aufgenommen. Kameraparameter wie Brennweite, Bildhauptpunkt und Negativformat sind meist nicht bekannt. Für eine hohe Genauigkeit der Auswertung sind die Qualität und die Verteilung der Referenzmaße im Bild entscheidend. Im Idealfall können am Objekt bzw. in dessen Umgebung 3D-Koordinaten bestimmt werden. Dabei ist zu prüfen, ob am Objekt bauliche Veränderungen erfolgt sind oder ob die Objektmaße durch Kriegsschäden oder andere Deformationen verändert worden sind. Existiert das Objekt nicht mehr, muss – sofern vorhanden – auf alte Handaufmaßskizzen bzw. Planunterlagen zurückgegriffen werden.

Ziel des hier beschriebenen Projektes (vom Frühjahr 2008) ist die maßliche Rekonstruktion der Fassadenansichten des ehemaligen Stadtschlosses in Potsdam in Form von maßstabsgerechten Bildplänen und 3D-CAD-Stützpunkten. Diese sollten u.a. als Grundlage für die Erstellung von grafischen Grundriss- und Fassadenzeichnungen dienen, die wiederum als Grundlage für einen Architekturwettbewerb zum Neubau des brandenburgischen Landtages am Standort des ehemaligen Stadtschlosses dienen sollten.

Die Autoren verfügen über langjährige Erfahrungen im Bereich der photogrammetrischen Auswertung historischer Aufnahmen. Zu nennen wären hier die Arbeiten am Marmorpalais in Potsdam (1995 – 98), Schloss Paretz (1998), Rathaus Halberstadt (1999 – 2002), am Dresdner Schloss (seit 2000), am Schloss Charlottenburg (seit 2007) und am Kolberger Dom (2007). Das Spektrum der Aufgabenstellungen für die fokus GmbH Leipzig ist dabei sehr vielfältig: es reicht von der maßlichen Rekonstruktion zerstörter Kirchenfenster, Parkett-Fußböden, Tapeten und Deckengemälde über die Rekonstruktion von Ausstattungsdetails wie Kaminen, Mobiliar und Leuchtern bis hin zu großen Fassadenabschnitten und deren Architekturelementen wie Dachaufbauten, Turmhelmen und plastischen Details.

	Archiv	Anzahl der Aufnahmen	Bemerkungen
Brandenburgisches Landesamt für Denkmalpflege	Messbildarchiv	49	Meydenbauer-Aufnahmen
Sächsische Landesbibliothek, Staats- und Universitätsbibliothek Dresden	Deutsche Fotothek	15	
Stiftung Preußische Schlösser und Gärten	Bildarchiv	8	
	Plankammer	11	entzerrte Messbilder 1960

Tab. 1: Bildübersicht

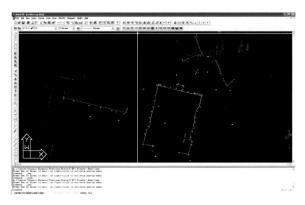

Abb. 1: Passpunktkoordinaten an der vorhandenen Bebauung sowie mit Handaufmaß 1910/1960 konstruierte Lotpunkte für den Schlossgrundriss

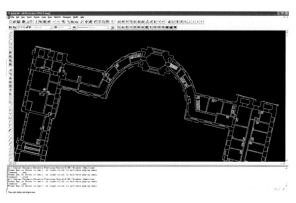

Abb. 2: Digitalisierter Schlossgrundriss 1910 kombiniert mit Grabungsdokumentation Archäologie-Manufaktur GmbH

BILDRECHERCHE / SCAN

Im Rahmen der Bildrecherche erfolgte die Sichtung des vorhandenen Bildmaterials sowie die Koordinierung der nachfolgenden Arbeiten mit dem Ziel, hochauflösende Scans in bestmöglicher Bildqualität für die nachfolgenden photogrammetrischen Auswertungen zu erhalten. Dabei wurden das Bildarchiv der Stiftung Preußische Schlösser und Gärten Berlin-Brandenburg sowie deren Plankammer, die Deutsche Fotothek der SLUB Dresden, das Messbildarchiv im Brandenburgischen Landesamt für Denkmalpflege sowie das Bildarchiv Foto Marburg einbezogen. Die Negative/Kontaktabzüge wurde von einem Teil der Archive direkt als Scan zur Verfügung gestellt (SPSG, Fotothek – SLUB Dresden). Speziell bei den Negativen von A. Meydenbauer wurden zunächst direkt von den Originalplatten Abzüge auf Film im Format 20 x 20 cm angefertigt. Diese Filmabzüge wurden bei der Aphos AG Leipzig mit einem dafür geeigneten Luftbildscanner mit einer Auflösung von 2500 dpi gescannt (Dateigröße ca. 40.000 x 40.000 Bildpunkte). Im Anschluss erfolgte eine Nachbearbeitung der digitalen Bilder durch Anpassung der Tonwerte, Kontrastbearbeitung und Schärfung der historischen Vorlagen.

HERSTELLUNG KOORDINATENBEZUG FÜR PHOTOGRAMMETRISCHE ORIENTIERUNG

Als Grundlage für die photogrammetrische Orientierung wurden an der in der heutigen Umgebung noch vorhandenen Bebauung 3D-Passpunkte tachymetrisch gemessen. Hier wurden insbesondere die Fassaden von Nikolaikirche, Rathaus und Marstall sowie die an Marstall und Lustgarten angrenzende Bebauung erfasst. Für diese Arbeiten wurde der Anschluss zum staatlichen Lage- und Höhensystem hergestellt. Auf dieser Grundlage konnten so auch die Dokumentationsergebnisse der aktuellen archäologischen Grabung (Fundamente des Stadtschlosses) mit herangezogen werden.

Von der Grabungsfirma Archäologie Manufaktur GmbH wurden im staatlichen Koordinatensystem dokumentierte Verläufe von Fundamenten sowie aufsteigendem Mauerwerk zur Verfügung gestellt. Ergebnisse der im Rahmen der Grabungsdokumentation ebenfalls erstellten terrestrischen Laserscans der baulichen Reste konnten durch den Scan-Dienstleister innerhalb des Projektzeitraumes von drei Monaten nicht bereitgestellt werden. Parallel dazu erfolgte die CAD-Rekonstruktion eines Außengrundrisses auf der Grundlage der vermaßten Grundrisspläne von 1910 und 1960, die sich in der Plankammer der Stiftung Preußische Schlösser und Gärten fanden.

Abb. 3: Drei Meydenbauer-Aufnahmen von der Nord- und der Ostfassade, welche ausschließlich mit Hilfe von heutigen Passpunkte an Nikolaikirche und Rathaus sowie Lotlinien an den Gebäudekanten orientiert werden konnten.

Abb. 4: Zwei Meydenbauer-Aufnahmen der Südfassade, welche ausschließlich mit Hilfe von neu bestimmten Punkten orientiert wurden

Mit einer einfachen Geometrie-Entzerrung der Mauer-krone des Stadtschlosses aus einer britischen Luftbild-aufnahme nach der Zerstörung im Jahre 1944 konnten Fehler in den Maßketten der historischen Pläne korri-giert werden. Der auf diese Weise ermittelte Gebäude-grundriss wurde über die Grabungsdokumentation in das übergeordnete Koordinatensystem transformiert. Die Gebäudeecken dienten in der späteren photogrammetri-schen Bildauswertung als Näherungswerte.

BILDORIENTIERUNG / BÜNDELAUSGLEICHUNG

Die historischen Aufnahmen werden zuerst über 3D-Passpunkte photogrammetrisch als Einzelbilder orientiert. Im Prozess der Einzelbildorientierung über

photogrammetrischen Rückwärtseinschnitt erfolgt die Berechnung von Näherungswerten für die verwendete Kamera und die entsprechende Aufnahmeposition für die spätere Bündelausgleichung. Bei der Orientierung der Einzelbilder erfolgte zuerst die Auswahl der Bilder mit einer größtmöglichen Überdeckung mit der heute noch vorhandenen Bausubstanz. Auf diese Weise konn-ten im Norden und im Süden des Schlosses die ersten Bilder ausschließlich unter Verwendung der tachyme-trisch gemessenen Passpunkte sowie der Lotlinien der näherungsweise ermittelten Gebäudekanten orientiert werden.

In einem Zwischenschritt wurden mit Hilfe dieser ersten Bildauswahl die ersten 3D-Passpunkte an den Schlossfassaden photogrammetrisch bestimmt. Diese

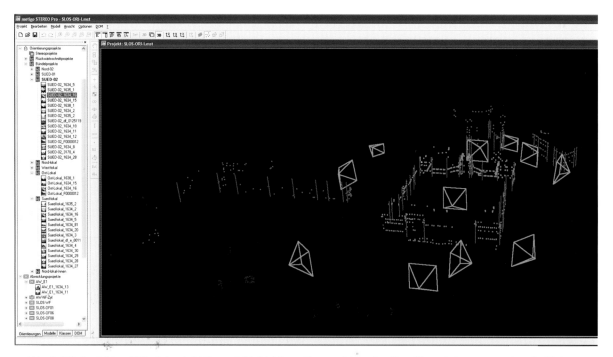

Abb. 5: 3D-Ansicht auf Bündelprojekt Gesamtobjekt: blau – Passpunkte an heutiger Bausubstanz; magenta – Lotlinien an Gebäudeecken; hellblau – Kamerastandpunkte mit deren Blickrichtungen; grün – Neupunkte/Verknüpfungspunkte an den Fassaden des Stadtschlosses

Abb. 6: Passpunktbestimmung für Bildentzerrung an der Westfassade; rechts in der Tabelle werden die Punktfehler der einzelnen Punkte angezeigt.

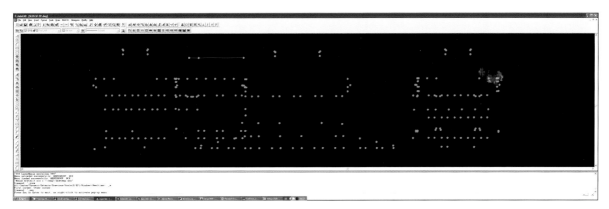

Abb. 7: Die für die Bildentzerrung bestimmten Passpunkte wurden ins CAD importiert und als maßliche Grundlage für die Erstellung der Fassadenzeichnungen (Beispiel Südfassade) übergeben.

Punkte wurden dann für die Orientierung aller weiteren Bilder verwendet, die auf Grund ihrer Aufnahmeentfernung und ihrer Aufnahmerichtung nur Teilausschnitte der Fassaden abdecken. In diesem Prozess werden die einzelnen Aufnahmen bezüglich der Bildqualität (Auflösung, Bildschärfe, Verzeichnung), der Aufnahmekonfiguration (Standpunkt, Blickrichtung, erfasster Objektbereich, etc.) sowie der erreichten Orientierungsgenauigkeit bewertet und selektiert. Bilder mit ungenauen Orientierungsergebnissen, einer geringen Bildauflösung, geometrischen Fehlern (z.B. Sprung in der Glasplatte) sowie sich wiederholenden Aufnahmerichtungen werden in diesem Prozess aussortiert.

Auf diese Weise wurden von den 62 in Frage kommenden Aufnahmen insgesamt 39 Aufnahmen über die Einzelbildorientierung orientiert und weiterverwendet.

Im zweiten Schritt werden alle Bilder in einem Bildverband ausgleichend photogrammetrisch orientiert (Bündelausgleichung). Hierzu werden in allen Bildern identische Verknüpfungspunkte und Geometrieinformationen (Lote an Gebäudekanten) gemessen und als zusätzliche Beobachtungen eingeführt. Im Ergebnis der Bündelausgleichung können Aussagen über die erreichte photogrammetrische Auswertegenauigkeit getroffen werden. Diese kann in Abhängigkeit der zur Verfügung stehenden historischen Aufnahmen, deren

Aufnahmekonfiguration und geometrischer sowie radiometrischer Qualität über die einzelnen Fassadenbereiche des auszuwertenden Objektes auch sehr unterschiedlich sein.

Da die von Meydenbauer geführten Aufnahmetagebücher im Verlauf der Verlagerungen des Messbildarchives im Zweiten Weltkrieg verloren gingen, ist eine Zuordnung der Aufnahmen zu den jeweiligen verwendeten Kameras und deren Kameraparametern ausgeschlossen. Eine Herstellung der inneren Orientierung der Aufnahmen mit Hilfe der im Bild vorhandenen Rahmenmarken ist nachträglich nicht mehr möglich. Jede Meydenbauer-Aufnahme musste also mit eigener unbekannter Kamera in der Bündelausgleichung eingeführt werden, wobei hier die Verzeichnungsparameter auf 0 gesetzt wurden. Bereits in den 1990er Jahren an der TU Berlin durchgeführte Untersuchungen zur nachträglichen Kalibrierung der Meydenbauer-Aufnahmen führten zu keinem verwertbaren Erfolg, d.h. es wurden Parameter ermittelt, welche schwankten bzw. unsicher waren [LI 1997].

Auf Grund der nur sehr begrenzt zur Verfügung stehenden Projektbearbeitungszeit wurde darauf verzichtet, alle Aufnahmen in einem Bildverband auszuwerten. Zunächst wurde daher ein Bildverband mit elf Aufnahmen zusammengestellt, welcher alle

Schlossfassaden einmal vollständig erfasst. Die Aus-wahlkriterien hierfür waren eine möglichst unab-hängige Einzelbildorientierung mit Hilfe heutiger Passpunkte, ein großer Überlappungsbereich mit mindestens zwei Aufnahmen in beiden Richtungen (um das Schloss herum) und eine gute Bildqualität bezüglich Bildauflösung und Bildschärfe. Danach

Abb. 8: Die für die Bildentzerrung bestimmten Passpunkte des 1. OG und des 2. OG im Grundriss dargestellt; im Bereich der Ostfassade (rechts) konnte ein Großteil der Neupunkte auf Grund der fehlenden Auswertegenauigkeit nicht überge-ben werden. Die südlichen Fassaden des Innenhofes waren nicht Bestandteil des Auftrages.

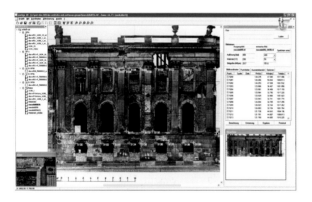

Abb. 9: Überlagerung des entzerrten Messbildes aus dem Jahr 1960 mit den photogrammetrisch bestimmten Pass-punkten der Bündelausgleichung

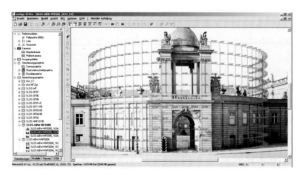

Abb. 10: Flächentreue Zylinderabwicklung der Nordfassade auf Fensterebene der Fassade

wurde für jeden Fassadenabschnitt (Nord, Süd, Ost, West, nördl. Hof – innen) je ein lokales Bündelprojekt angelegt und diese auch getrennt ausgewertet. Sicher-lich ist das aus photogrammetrischer Sicht keine wünschenswerte Vorgehensweise, aber auf Grund des bestehenden Terminzwanges war die Bearbeitung des Gesamtprojektes innerhalb von nur sechs Wochen nicht anders möglich. Auf diese Weise konnte nach Abschluss des Teilprojektes Nord mit der Entzerrung und Montage der digitalen Bildpläne der Nordfassade begonnen werden, während parallel dazu das nächste lokale Bündelprojekt im Süden zur Verdichtung der Passpunkte bearbeitet werden konnte. Auf Grund der sehr großen Anzahl von Passpunkten und Neupunkten aus dem ersten Bündelprojekt konnten in den nach-folgenden lokalen Bündelprojekten keine nennens-werten Differenzen bei den ermittelten Koordinaten zwischen dem Ergebnis des ersten Bündelprojektes und den lokalen Teilprojekten festgestellt werden.

In Abhängigkeit der Schnittkonfiguration der Aufnahmen zeichneten sich bei diesem ersten Bün-delprojekt Ergebnisse ab, die später auch in den lokalen Bündelprojekten bestätigt wurden. In den Fassadenabschnitten Nord, West und Süd liegt bei einem Großteil der Neupunkte der Punktfehler in allen Koordinatenachsen bei max. 2 – 3 cm, wobei bei mehr als der Hälfte der Neupunkte der Fehler im Bereich von 1 – 2 cm liegt. Problematischer war die Situation an der Ostfassade. Hier kann eine vergleichbare Genauigkeit nur am nördlichen und südlichen Kopfbau erreicht werden. In der langen Fassadenfront lag der Punktfehler im Bereich von 3 – 8 cm. Auf Grund der engen baulichen Situation lagen hier von Meydenbauer nur Schrägaufnahmen vor, und es waren nur eingeschränkt heutige Pass-punkte messbar.

An der Westfassade gibt es diese Genauigkeits-probleme nicht, aber auf Grund des Baumbestandes konnten im nördlichen Fassadenteil nur sehr wenige Neupunkte bestimmt werden.

Auf der Grundlage der in der Bündelausgleichung orientierten Bilder erfolgt die photogrammetrische Auswertung/Verdichtung von Passpunkten und Pro-filen für die Erstellung von digitalen Bildplänen (projektive Entzerrung und Montage) sowie für die Abwicklungen für den Nordflügel. In diesem Schritt der Auswertung werden die Orientierungen der histo-rischen Aufnahmen (Kameradaten und Aufnahme-standpunkte mit Aufnahmerichtung) festgehalten, und es werden ausschließlich die Koordinaten der Neupunkte durch ausgleichenden photogrammetri-schen Vorwärtseinschnitt berechnet. Dabei werden vorher je Fassadenabschnitt die zusätzlich benötigten Passpunkte für die jeweiligen verspringenden Fassa-denteile ausgewertet. Die vorher im Bündelprojekt bestimmten Neupunkte/Verknüpfungspunkte werden für die Bildentzerrung mit verwendet.

Abb. 11: Digitaler Bildplan, 1:50 Gesamtansicht Südfassade

BILDENTZERRUNG / ABWICKLUNG / ORTHOPROJEKTION / MONTAGE

Mit Hilfe der Ergebnisse der photogrammetrischen Auswertung erfolgte anschließend die Entzerrung und Montage der Fassadenansichten für den Maßstab 1:50 bei einer Auflösung von 400 dpi. Die Auswahl der historischen Aufnahmen für die Bildentzerrung erfolgt dabei nach anderen Gesichtspunkten als bei der Bündelausgleichung. Hier werden die Aufnahmen ausgewählt, die möglichst senkrecht auf die Fassade ausgerichtet sind und über entsprechende Bildauflösung verfügen.

Bei der Analyse der Aufnahmekonfiguration wurde deutlich, dass speziell von den Schauseiten des Schlosses, d.h. der Nord- und der Südfassade, durch Meydenbauer eine sehr konsequente Dokumentation erfolgte. Neben den Schrägaufnahmen für die grafische Auswertung im „Einschneideverfahren" liegen auch immer die entsprechenden Senkrechtaufnahmen für jeden einzelnen Fassadenabschnitt vor. An der West- und Ostfassade beschränkte sich Meydenbauer auf die Schrägaufnahmen.

Um hier eine vollständige Abbildung der Fassade durch Bildpläne zu erreichen, musste zum Teil auf die Nachkriegsaufnahmen zurückgegriffen werden. Speziell an der Ostfassade wurden auch die entzerrten Messbilder von 1960 eingebunden. Wenn man die fehlende Bildauflösung auf Grund des geringen Auswertemaßstabes der vorliegenden analogen Bildpläne vernachlässigt, haben die entzerrten Bildpläne doch, den Umständen entsprechend, eine erstaunlich gute maßliche Qualität.

In den Fassadenabschnitten, in denen keine Passpunkte ermittelt werden konnten, erfolgte die „Entzerrung" (perspektive Korrektur) der Fassadenebenen über die geometrische Rekonstruktion der Lage der Fassadenebenen im Objektraum. Hierfür wurden die fehlenden Fassadenabschnitte über die bereits ermittelten Passpunkte (siehe Abb. 8) im Grundriss als vertikale Ebenen konstruiert. Im zweiten Schritt wurden diese Ebenen mit Hilfe der orientierten Auf-

nahmen texturiert. Über die Rechtwinkligkeit der Bildabschnitte wird die Parallelität der angenommenen Ebenen geprüft und über die bereits ermittelten Höhendifferenzen der Gesimse und Traufhöhen die richtige Tiefe der angenommenen Ebenen.

An der Nordfassade erfolgte einmal die flächentreue Abwicklung der Hof- und Außenfassade nach den aus den Passpunkten ermittelten Zylinderparametern (siehe Abb. 10). Für die Montage einer Gesamtansicht der Nordfassade erfolgte die Orthoprojektion des Zylindermantels auf die Ansichtsebene der Nordfassade (siehe Abb. 12).

Nachdem für alle Fassadenabschnitte einzelne Bildpläne – versehen mit Gitterkreuzen für das übergeordnete Koordinatensystem – erstellt waren, wurden abschließend die Gesamtansichten montiert, d.h. die verspringenden Bildebenen wurden auf einer Maßstabsebene montiert. Die Firsthöhen der Dächer wurden photogrammetrisch bestimmt und bei der Montage der Gesamtansicht maßstabsgetreu dargestellt.

Die Bearbeitung von Fassadendetails im Maßstab 1:10, obschon das bei einem Teil der Meydenbauer-Aufnahmen als Bildplan oder Detailprofil durchaus möglich gewesen wäre, wurde im Rahmen des beschriebenen Projektes nicht realisiert.

Die Ausführungen der hier beschriebenen Arbeiten erfolgten mit der firmeneigenen Software metigo 3D für die Bildorientierung, Bündelausgleichung sowie Abwicklung und Orthoprojektion. Für die Bündelausgleichung wurde die Algorithmik des Photogrammetrischen Institutes der TU München (CLIC) verwendet. Die Bildentzerrung und Bildmontage erfolgten mit metigo 2D und Adobe Photoshop.

Die Autoren möchten sich hiermit bei allen beteiligten Personen für die geleistete Unterstützung bedanken, insbesondere bei Frau Dr. Mikolaietz und Frau Jeserig vom Messbildarchiv im Brandenburgischen Landsamt für Archäologie und Denkmalpflege in Wünsdorf, bei Herrn Dr. Manfred Stephani für die Unterstützung bei der Einbindung und Nutzung der

Abb. 12: Digitaler Bildplan, 1:50 Gesamtansicht Nordfassade

Bündelblockausgleichung CLIC des Photogrammetrischen Instituts der TU München in unsere Software metigo 3D sowie bei Herrn Dr. Hans-Ulrich Schulz von der Aphos AG Leipzig für die Scan-Dienstleistung der Meydenabauer-Aufnahmen.

Anschrift:
Dipl.-Ing. Gunnar Siedler, Dipl. Ing. Gisbert Sacher, fokus GmbH Leipzig, Lauchstädter Str. 20, 04229 Leipzig.
E-Mail: siedler@fokus-gmbh-leipzig.de,
sacher@ fokus-gmbh-leipzig.de

Abbildungsnachweis:
Alle in den Abbildungen verwendeten Meydenbauer-Aufnahmen entstammen dem Messbildarchiv im Brandenburgischen Landsamt für Archäologie und Denkmalpflege in Wünsdorf. Im folgenden werden nur die Bildnummern der einzelnen abgebildeten Meydenbauer-Aufnahmen anggeben.
Abb. 1, 2, 5, 7, 8: Verfasser
Abb. 3: Meydenbauer, A., von links: Bild-Nr. 1638_1, 3170_1, 1638_3 (Messbildarchiv)
Abb. 4: Meydenbauer, A., von links: Bild-Nr. 1634_2, 1634_4 (Messbildarchiv)
Abb. 6: Meydenbauer, A., oben, von links: Bild-Nr. 1634_6, 1634_9; unten, von links: Bild-Nr. 1634_7, 3137_1 (Messbildarchiv)
Abb. 9: Messbild 056, Plankammer, Stiftung Preußische Schlösser und Gärten,
Abb. 10: Meydenbauer, A., Bild-Nr. 1634_11 (Messbildarchiv)
Abb. 11, 12: fokus GmbH Leipzig, 2008

Literatur:
HEMMLEB, M., SIEDLER, G. (2000): Photogrammetrische Arbeiten für die Restaurierung des Marmorpalais im Neuen Garten in Potsdam, Vermessung Brandenburg 02/2000, Ministerium des Inneren des Landes Brandenburg, S. 12–19.
HEMMLEB, M., SIEDLER, G., SACHER, G. (2001): Digitale Bildentzerrungen und -abwicklungen für die Anwendung in Denkmalpflege, Bauforschung und Restaurierung. In: Weferling, U. u.a. (Hrsg.): Von Handaufmaß bis High Tech: Aufnahmeverfahren in der historischen Bauforschung, Verlag Philipp von Zabern, Mainz, S. 72–84.
KOPPE, R. (1997): Zur Geschichte und zum gegenwärtigen Stand des Meßbildarchivs. In: Albertz, J., Wiedemann, A. (Hrsg.): Architekturphotogrammetrie gestern-heute-morgen. Wissenschaftliches Kolloquium zum 75. Todestag des Begründers der Architekturphotogrammetrie Albrecht Meydenbauer in der Technischen Universität Berlin am 15. November 1996, TU Berlin, S. 41–57.
LI, C. (1997): Nachträgliche Kalibrierung der historischen Meydenbauer-Kameras. In: Albertz, J., Wiedemann, A. (Hrsg.): Architekturphotogrammetrie gestern-heute-morgen. Wissenschaftliches Kolloquium zum 75. Todestag des Begründers der Architekturphotogrammetrie Albrecht Meydenbauer in der Technischen Universität Berlin am 15. November 1996, TU Berlin, S. 63–77.
REGENSBURGER, K. (1990): Photogrammetrie, Anwendungen in Wissenschaften und Technik, Verlag für Bauwesen, Berlin.
SIEDLER, G., SACHER, G. (2006): Photogrammetrische Auswertung historischer Fotografien und Messbilder. In: Fuhrmeister, Ch. u.a. (Hrsg.): „Führerauftrag Monumentalmalerei“. Eine Fotokampagne 1943–1945, Veröffentlichungen des ZIKG, Band XVIII, Böhlau Verlag, S.189–198.

VOM 3D-LASERSCAN ZUR ARCHÄOLOGISCHEN PUBLIKATION – DER BYZANTINISCHE MÜHLENKOMPLEX IN EPHESOS/TÜRKEI

Anja Cramer – Guido Heinz – Hartmut Müller – Stefanie Wefers

GEOMETRISCHE DOKUMENTATION

Geometriedaten und dazugehörige Informationen zu erfassen, zu dokumentieren und zu präsentieren, ist Grundanliegen des Vermessungswesens. Bei den Daten handelt es sich überwiegend um Punkte im zwei- oder dreidimensionalen Raum, denen Attribute zugeordnet werden. Sie können von anderen Disziplinen wie Architektur, Archäologie, Bauwesen oder von der Industrie als Grundlage für weitere Interpretationen verwendet werden. Dabei kann die geeignete Aufarbeitung der Daten und die daraus folgende Präsentation für verschiedene Anwendungen auch von den Vermessern durchgeführt werden. Auf Grund des steigenden Einsatzes computergestützter Präsentationen ist ein wachsendes Interesse an Geometriedaten spürbar, sie können Basis für z.B. detailgenaue Rekonstruktionen sein.

Verschiedene Instrumente stehen zur Verfügung, die Auswahl des geeigneten hängt von der geforderten Lagegenauigkeit, der Objektgröße, der Zugänglichkeit und weiteren Eigenschaften des zu vermessenden Objektes ab. Gerade in der Archäologie sind die zu dokumentierenden Objekte sehr vielfältig, und dementsprechend vielfältig sind auch die geforderten Ergebnisse. Die Auswahl des Instruments und der jeweiligen Aufnahmemethode ist deswegen anspruchsvoll und wichtig. Nachfolgend werden am Beispiel eines byzantinischen Mühlenkomplexes in Ephesos die Ziele, Ergebnisse und aufgetretenen Probleme bei den Arbeiten dargestellt.

PROJEKT

Im Verlauf der bereits über 100 Jahre zurückreichenden archäologischen Forschungen des Österreichischen Archäologischen Instituts (ÖAI) in Ephesos wurde in den 1970er und 1980er Jahren im so genannten Hanghaus 2 (Abb. 1) Reste eines wassergetriebenen Mühlenkomplexes entdeckt. Entlang der Westseite des Hanghauses sind auf einer Länge von knapp 100 Metern mehrere Werkstätten, die durch Wasserräder mit Energie versorgt wurden, hintereinandergeschaltet. Der Höhenunterschied von der obersten bis zur untersten Werkstatt beträgt etwa 30 m. Der Komplex setzt sich aus Staubecken, Kanälen, Wasserradgerinnen und unterschiedlich großen Werkräumen zusammen. Eine Kooperation des Römisch-Germanischen Zentralmuseum Mainz (RGZM) mit dem i3mainz (Institut für Raumbezogene Informations- und Messtechnik der Fachhochschule Mainz) einerseits und dem ÖAI sowie dem Institut für Kulturgeschichte der Antike der Öster-

reichischen Akademie der Wissenschaften (ÖAW) andererseits ermöglicht es, diesen Werkstattkomplex im Rahmen des Projekts „Die Wassermühlen von Ephesos (TR) – Eine interdisziplinäre Studie zur Technik- und Wirtschaftsgeschichte des Byzantinischen Reiches" zu untersuchen. Die Vermessung des Befunds und seine Präsentation erfolgt durch das i3mainz.

Abb. 1: Blick von Nordosten auf das mit einem Schutzdach versehene Hanghaus 2 von Ephesos

ZIELE DER DREIDIMENSIONALEN AUFNAHME DES MÜHLENKOMPLEXES

Das interdisziplinär ausgerichtete Projekt am RGZM hat zum Ziel, den aktuellen Zustand des Baubefunds festzuhalten, die Wasserkraft nutzenden Werkstätten in räumlicher und zeitlicher Hinsicht zu interpretieren, die Produktionsabläufe zu rekonstruieren sowie den Einfluss auf die Bevölkerung und die Stadtentwicklung von Ephesos darzulegen. Neben der geometrischen Dokumentation spielen auch geologische Analysen[1] eine wichtige Rolle, um die Ziele des Projekts zu erreichen. Den aktuellen baulichen Zustand zu erfassen und zu dokumentieren sowie die geometrischen Daten für wissenschaftliche Untersuchungen in geeigneter Form bereitzustellen, ist Aufgabe des i3mainz. Für die Publikation sollen die dreidimensionalen Daten zum einen in zweidimensionalen Plänen präsentiert werden, zum anderen wird jedoch auch eine computergestützte Bereitstellung der dreidimensionalen Daten in anwenderfreundlicher Form angestrebt.

Somit ist die primäre Anforderung an die Vermessung, die möglichst vollständige dreidimensionale Erfassung des gesamten Werkstattkomplexes, so dass Befundzusammenhänge am Computer nachvollzogen

---

[1] Die geologischen Analysen werden von der Johannes-Gutenberg-Universität Mainz durchgeführt.

werden können. Das teilweise noch bis in 3 m Höhe stehende Mauerwerk, das aus Sicherheitsgründen die praktischen Arbeiten einschränkt, und der mit älteren Mauerstrukturen stark verschachtelte gesamte Mühlenkomplex stellen große Anforderungen an die Vermessung. All dies spricht für den Einsatz eines berührungslosen Verfahrens und führte zu der Entscheidung, einen terrestrischen 3D-Laserscanner in Kombination mit einer digitalen Spiegelreflexkamera einzusetzen. Den dreidimensionalen Punkten werden als Attribute RGB-Farbwerte aus den digitalen Bildern zugeordnet. Neben einer schnellen Dokumentation komplexer Strukturen besteht auf Grund des hohen Informationsgehalts der Punktwolke die Möglichkeit, falls sich von archäologischer Seite neue Erkenntnisse und Fragestellungen ergeben, die gewünschten Ergebnisse wie z.B. Schnittansichten oder Pläne während der Datenauswertung zu einem späteren Zeitpunkt anzupassen. Als Alternative stand ein Tachymeter zur Diskussion, womit allerdings nur ausgewählte Punkte erfasst werden können, der Scanner erfasst hingegen eine Vielzahl von Punkten, die die Oberfläche beschreiben. Zusätzlich hätten in diesem Fall bereits während der Aufnahme der Geometriedaten die Positionen der Schnitte festgelegt sowie Informationen und Attribute analog zu den zu erstellenden Plänen erfasst werden müssen. Die Möglichkeit, zu einem späteren Zeitpunkt weitere Schnitte aus den erfassten Daten zu erzeugen, sofern dies infolge neuer Erkenntnisse und Fragestellungen wünschenswert gewesen wäre, hätte nicht bestanden.

DOKUMENTATION MIT TERRESTRISCHEM 3D-LASERSCANNER UND DIGITALKAMERA

TERRESTRISCHER 3D-LASERSCANNER
Für die geometrische Aufnahme des Werkstattkomplexes wurde ein terrestrischer 3D-Phasenscanner der Firma Leica (HDS6000) eingesetzt. Neben der schnellen berührungslosen Dokumentation sind die hohe Aufnahmegeschwindigkeit und die schnelle Erfassung komplexer Strukturen von Vorteil. Mit dem eingesetzten Phasenscanner wurde eine Punktauflösung von 5 mm angestrebt. Die maximale Scanentfernung beträgt ca. 50 m, abhängig von Oberflächenbeschaffenheit und -farbe, welche in den Werkstätten mit ihren Ausmaßen von drei bis 20 Metern hinreichend ist. Messungen mehrerer lokaler 3D-Punktwolken lassen sich mittels Targets zu einer globalen Punktwolke miteinander verknüpfen. Dies ermöglicht es, komplexe Befundsituationen komplett aufzunehmen, sodass aus mehreren Punktwolken nicht direkt sichtbare benachbarte Geometrien erschlossen werden können. So können beispielsweise Wanddicken in unterschiedlichen Höhenhorizonten problemlos abgegriffen werden. Durch die im Hanghaus angebrachten Kugel- und Schwarz/Weiß-Targets ließen sich

sowohl einzelne Scans bzw. Punktwolken miteinander verknüpfen wie auch die gesamte Punktwolke in das übergeordnete Koordinatensystem transformieren. Mittels reflektorloser Tachymetermessung wurden die 3D-Koordinaten von ausgewählten Targets im übergeordneten Koordinatensystem bestimmt. Problematisch waren die Aufstellungen des Scanners in den schmalen Wasserradgerinnen (Abb. 2), da ein Mindestabstand zum Messobjekt einzuhalten ist und weiterhin Sicht zu mindestens drei Targets benötigt wird, um die lokalen Punktwolke miteinander zu verknüpfen. Messungen außerhalb des Hanghauses waren notwendig, um den räumlichen Bezug zwischen Innen und Außen herzustellen. Das übergeordnete Koordinatensystem gewährleistete auf diese Weise eine problemlose Verknüpfung der Punktwolken und ermöglichte auch den räumlichen Bezug zu anderen ephesischen Bauwerken.

DIGITALE SPIEGELREFLEXKAMERA
Zusätzlich zu den Geometriedaten wurden Bilder mit einer externen digitalen Spiegelreflexkamera aufgenommen. Die Aufnahmen erfolgten unter Verwendung eines Panoramastativs exakt von den Aufnahmepositionen des Scanners. Anschließend wurden die Daten zu Panoramabildern weiterverarbeitet. Diese dienten einerseits zum Texturieren der mittels des Laserscanners erstellten Punktwolken und andererseits als eigenständiges Arbeits- und Dokumentationsmaterial. Auf Grund wechselnder Lichtverhältnisse durch Sonneneinstrahlung sowie zur deutlicheren Darstellung unterschiedlich weit entfernter sowie heller und dunkler Bereiche wurden die Mehrfachaufnahmen mit verschiedenen Belichtungszeiten durchgeführt.

AUSWERTUNG UND ERGEBNISSE
Im ersten Schritt der Datenprozessierung wurden die Panoramabilder berechnet und die Punktwolken koloriert. Dabei wurden zunächst aus den Bildern mit unterschiedlichen Belichtungszeiten HDR[2]-Panoramabilder

Abb. 2: Ein von oben fotografierter Werkstattraum (rechts) mit Wasserradgerinne (links)

generiert und diese anschließend mittels Tone-Mapping in 24-Bit Panoramabilder (LDR[3]) umgewandelt. Diese Bilder besitzen eine sehr hohe Detailerkennbarkeit im gesamten dargestellten Bildbereich. Somit dienen die Bilder nicht nur zum Kolorieren der 3D-Punktwolke, sondern stellen selbst eine wichtige Dokumentation der aktuellen Situation des Werkstättenkomplexes dar. Grundsätzlich ist die bei Panoramabildern angewendete Projektion abhängig von der Verwendung. Beim Kolorieren einer Punktwolke mit der Scan-Software von Leica werden zum Beispiel Würfelbilder benötigt, für die Präsentation im Internet sind hingegen eher Zylinder- oder Kugelprojektionen üblich.

Aus den eingescannten Punktwolken wurde eine gemeinsame dreidimensionale kolorierte Punktwolke der Anlage (Länge 100 m, Breite 25 m, Höhenunterschied 30 m) in hoher Auflösung generiert. Die Software *Cyclone* wurde für die Verknüpfung (Registrierung) der einzelnen Punktwolken sowie zur Transformation in das übergeordnete Koordinatensystem verwendet. Die entstandene kolorierte 3D-Punktwolke kann mittels des kostenlosen Viewers *TruView* von Leica digital zur Verfügung gestellt werden. Die Software kann von Anwendern, die keine Erfahrungen mit Laserscanning, CAD-Programmen oder mit sonstigen 3D-Technologien besitzen, problemlos genutzt werden. Die auf diese Weise präsentierten Daten lassen sich mit dieser Software ebenfalls zur gemeinsamen Nutzung im Internet verwenden. In dem Viewer werden Punktwolken in Panoramaansicht vom Standpunkt des Scanners während der Aufnahme präsentiert, d.h. der Benutzer hat unter anderem die Möglichkeit die Blickrichtung zu verändern, den Bildausschnitt zu vergrößern oder zu verkleinern, 3D-Koordinaten abzugreifen und Distanzen in der 3D-Punktwolke zu messen (Abb. 3).

Eine andere Möglichkeit, die Scandaten ohne großen Aufwand zu präsentieren, ist die Darstellung von 2D-Wandansichten, die aus den kolorierten Punktwolken erstellt werden. Die bereinigten Wandansichten werden als maßstabsgetreue Orthofotos exportiert und lassen sich dann in einem GIS- oder CAD-Programm öffnen und mit wenig Aufwand kartografisch aufbereiten (Abb. 4). Das selbe Verfahren lässt sich natürlich auch im horizontalen Bereich zur Darstellung von Wandstärken und Ausdehnungen im Grundriss in bestimmten vordefinierten Höhenebenen durchführen. Die Wandansichten dienen der Dokumentation des baulichen Ist-Zustandes sowie der Baubestandsanalyse.

Aus der vorliegenden Punktwolke wurden weiterhin in einem CAD-Programm Grundrisspläne und Schnittansichten digitalisiert (Abb. 5). Dies ist der zeitaufwändigste Bearbeitungsschritt, was auf den hohen Informationsgehalt der Scandaten sowie die komplexe Geometrie der aufgenommenen Situation zurückzuführen ist. Die Definition der Pläne, ihr Maßstab, ihr Karteninhalt und ihre Darstellung, wurde auf die Ziele des Projektes ausgerichtet. So wurde beispielsweise nicht,

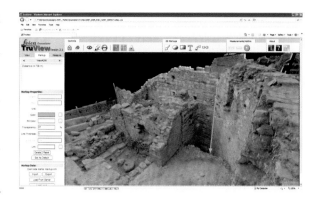

Abb. 3: Snapshot des Programms TruView mit angewendeter Distanzfunktion: Blick in einen Werkstattraum

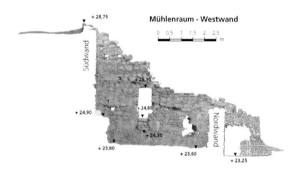

Abb. 4: Aus der kolorierten Punktwolke generierte zweidimensionale Wandansicht

wie im Bauwesen üblich, die horizontale Schnittlinie für Grundrisspläne bei einem Meter Höhe festgelegt, sondern in diesem Fall auf die Höhe der Wasserradaufhängung bezogen.

RESÜMEE

Bei der Erarbeitung von Plänen und Ansichten des Mühlenkomplexes in Ephesos wurden Genauigkeitsgrenzen der eingesetzten Messverfahren beachtet, um korrekte Aussagen über die zur Verfügung gestellten Daten zu gewährleisten und somit den Nutzern die Datenanalyse zu ermöglichen. Nicht nur die vom Hersteller angegebenen Genauigkeiten des Scanners spielten dabei eine Rolle, sondern auch die Definition der Targets in der Scan-Software und deren Koordinatenbestimmung mittels Tachymeter. Im Mühlenkomplex lag das Augenmerk auf den Kanälen, Wasserradgerinnen und Werkstätten, da diese wichtig für die archäologische Interpretation und Bauanalyse sind. Vor Ort wurde der derzeitige Ist-Zustand und nicht der Zustand in der aktiven Phase der Werkstätten erfasst, was bei restauratorischen Maßnahmen beachtet werden muss.

---

[2] HDR (High Dynamic Range).
[3] LDR (Low Dynamic Range).

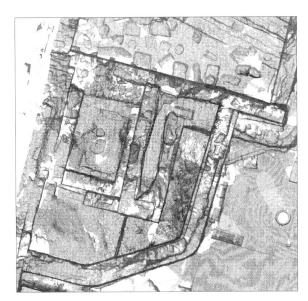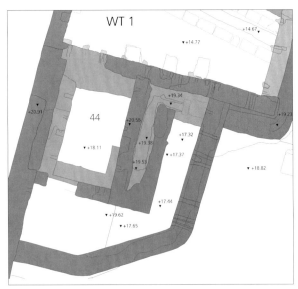

Abb. 5: Links: Draufsicht auf die Punktwolke, rechts: Derselbe in CAD-Software umgezeichnete Ausschnitt

Die Aufnahme der Daten vor Ort mit den im Projekt eingesetzten Instrumenten und Verfahren betrug in etwa ein Zehntel des gesamten Zeitaufwandes der Dokumentation und Präsentation der Geometriedaten, was an dem hohen Informationsgehalt der erfassten Daten liegt. Auf eine relativ kurze Arbeitszeit vor Ort folgte eine intensive Prozessierung der Rohdaten, eine Umwandlung in publikationsfähige zweidimensionale Pläne mit einer CAD-Software und eine Erarbeitung von internetfähigen Daten. Im Vergleich ist die Dokumentationszeit mit Tachymeter deutlich höher und der Informationsgehalt der Daten sehr viel geringer. Es verringert sich jedoch die Prozessierung der Rohdaten, lediglich die Umwandlung der Daten zu publikationsreifen zweidimensionalen Plänen benötigt ein ähnliches Vorgehen. Der Aufwand der Datenprozessie-

rung von Scandaten muss als hoch eingestuft werden. Im Verhältnis zum gewonnenen Mehrwert jedoch – in Hinblick auf die wissenschaftliche Auswertung sowie auf ein anschauliches Präsentieren für ein breites Publikum – ist das gewählte Vorgehen mit der Nutzung eines 3D-Laserscanners empfehlenswert und lohnend.

Anschrift:
Dipl.-Ing. (FH) Anja Cramer, Prof. Dr.-Ing. Hartmut Müller, Fachhochschule Mainz, Institut für Raumbezogenen Informations- und Messtechnik (i3mainz), Lucy-Hillebrand-Str. 2, 55128 Mainz
E-Mail: anja.cramer@fh-mainz.de

Dipl.-Ing. (FH) Guido Heinz, Dr. Stefanie Wefers, Römisch-Germanisches Zentralmuseum Mainz

Abbildungsnachweis:
Abb. 1–5: A. Cramer (i3mainz)

Literatur:
BOOCHS, F., CONSEIL, N., HUXHAGEN, U. (2007): Dokumentation von Objekten der Denkmalpflege unter Einsatz hybrider Messmethoden, Verlag Wichmann, Heidelberg.
BOOCHS, F., HEINZ, G., HUXHAGEN, U., MÜLLER, H. (2006): Digital Documentation of Cultural Heritage Objects Using Hybrid Recording Techniques. In: Ioannides, M.,

Arnold, D., Niccolucci, F., Mania, K. (Hrsg.): The e-volution of Information Communication Technology in Cultural Heritage, ARCHAEOLINGUA. The 7th International Symposium on Virtual Reality, Archaeology and Cultural Heritage VAST, Budapest 2006, S. 258–262
CYCLONE External Camera Workflow, Version 1.1. (Leica Geosystems HDS).
LEICA HDS 6000 Gebrauchsanweisung, Version 1.0 (Leica Geosystems AG).
WIPLINGER, G., WLACH, G. (1995): Ephesos. 100 Jahre österreichische Forschungen, Böhlau, Wien u.a.

3D-DATEN AUF KNOPFDRUCK

Frank Niemeyer – Matthias Naumann – Görres Grenzdörffer

ZUSAMMENFASSUNG

An der Professur für Geodäsie und Geoinformatik der Universität Rostock wird unter anderem an der Erfassung von 3D-Oberflächen mit Hilfe von Low-Cost-Systemen geforscht. Für die 3D-Rekonstruktion kleiner Objekte, wie z.B. archäologischen Artefakten, kommt neben der klassischen Nahbereichsphotogrammetrie vor allem das preiswerte berührungsfreie Lichtschnittsystem „DAVID", welches an der TU Braunschweig entwickelt wurde [WINKELBACH u.a., 2006], zum Einsatz. Dabei wird das zu vermessende Objekt vor einer Kalibrierleinwand mit einer Webcam aufgenommen, während mit einem Fächerlaser per Hand eine Laserlinie auf Objekt und Hintergrund projiziert wird. Um möglichst genaue Ergebnisse zu bekommen, müssen verschiedene Einflussfaktoren wie z.B. Helligkeitsverhältnisse und Stabilität der Laserlinie während des Messvorgangs, der einige Minuten dauern kann, möglichst konstant bleiben. Um dies zu gewährleisten, wurde ein Messstand entwickelt, der das Messobjekt selbstständig und vollautomatisch vermessen soll. Das Messobjekt steht dabei auf einem Drehteller und wird mit einem automatisch bewegten Lasermodul je nach Bedarf aus mehreren Richtungen abgetastet. Nach jedem Scanvorgang wird der Drehteller um einige Grad um die Z-Achse gedreht und der Vorgang bis zur Vollendung von 360° wiederholt. Die Sensorik und die Programmierung der angeschlossenen Schrittmotoren mit Hilfe eines Mikrocomputers basieren auf dem LEGO-System „Mindstorms". Die Videobilder der Kamera werden über ein USB-Kabel auf einem Laptop zur Verfügung gestellt. Während des Scans werden die Koordinaten der projizierten Laserlinie sofort berechnet und angezeigt. Für die Erzeugung komplexer 3D-Modelle sind mehrere Scans notwendig, die zunächst relativ zueinander registriert und anschließend zu kompletten 3D-Objekten verschmolzen werden. Schwerpunkte des Beitrags werden die Entwicklung des Messstandes und Aussagen zu erzielbaren Genauigkeiten und der Performanz anhand mehrerer Beispiele unter anderem aus der Archäologie, der Geotechnik sowie der Baustoffforschung sein.

FUNKTIONSWEISE DES DAVID-LASERSCANNERS

Das DAVID-Laserscannersystem wurde am Institut für Robotik und Prozessinformatik der Technischen Universität Braunschweig entwickelt [WINKELBACH u.a. 2006]. Es besteht aus zwei im rechten Winkel zueinander stehenden Projektionsebenen mit einem bestimmten Kalibrierpunktmuster, einer digitalen Kamera zur Aufzeichnung bewegter Bilder (z.B. WebCam), einem Linienlaser („Fächerlaser") für die Projektion einer Laserebene und der PC-Software DAVID-Laserscanner. DAVID Vision Systems GmbH bietet die einzelnen Komponenten im eigenen Online-Shop an (https://ssl.david-vision-systems.de/shop/index.php/language/de).

Es ist jedoch auch möglich, die Hardware-Komponenten selber herzustellen oder von anderen Anbietern zu beziehen. Druckvorlagen des Kalibriermusters sind als pdf-Dateien in verschiedenen Maßstäben online verfügbar. Die Kalibrierwände können selbst hergestellt werden, z.B. indem die ausgedruckten Seiten auf stabilen ebenen Unterlagen im rechten Winkel befestigt werden. Einfache Linienlaser können schon ab 12,- € erworben werden. Eine WebCam gehört in der Regel zur Ausstattung von neueren Computersystemen.

Die Software ist in zwei Versionen erhältlich. Die Free-Edition der DAVID-Laserscanner Software bietet einen eingeschränkten Leistungsumfang an und kann aus dem Internet geladen werden. Mit ihr ist es gar nicht oder nur in geringeren Auflösungen möglich Ergebnisse zu speichern. Den vollen Funktionsumfang bietet die Professional Version (USB-Stick-Einzelplatzlizenz) für 229,-€.

Für 399,-€ wird ein Komplettpaket als Starter-Kit angeboten. Es besteht aus einer 2 MegaPixel WebCam (Logitech Quickcam 9000 PRO, maximale Auflösung 1600 x 1200 Pixel) incl. Halterung, einem fokussierbarem Lasermodul (rot, 650 nm), Kalibrierwänden mit drei unterschiedlichen Maßstäben incl. 90°-Grundplatte, der DAVID-Laserscanner Software Professional Edition (USB-Stick) und einer Bedienungsanleitung.

Das Messprinzip basiert auf der Verschneidung von Raumebenen, die durch Kalibrierwände und die Fächerlaserebene realisiert sind. Die Kamera muss vor dem Kalibrierhintergrund aufgestellt werden. Dazu wird die Kamera so positioniert, dass alle 25 Punkte auf der Leinwand gut sichtbar und formatfüllend abgebildet werden. Sind Kamera und Kalibrierhintergrund fixiert, kann eine äußere Orientierung der Kamera stattfinden. Nach der Kalibrierung wird das zu vermessende Objekt so in der Szene platziert, dass es gut in das Kamerabild passt und zudem die Kalibrierwände an den Seiten zu sehen sind.

Abbildung 1 skizziert das Messprinzip. Die Fächerlaserebene projiziert sowohl auf das Objekt als auch auf den Kalibrierhintergrund eine Schnittlinie. Abbildung 2 zeigt die gesamte Szenerie aus Kamerasicht.

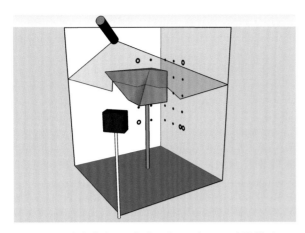

Abb. 1: Schnittlinien zwischen Laserebene und Kalibrierwänden sowie Laserebene und Objekt

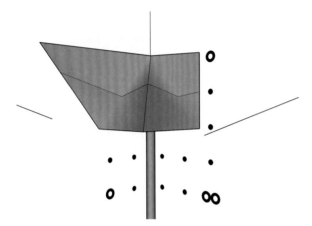

Abb. 2: Schnittliniendarstellung aus Sicht der Kamera

Zu erkennen sind die Schnittlinien zwischen Kalibrierwänden und Laserebene (rechts und links) und die
Schnittlinie (Profillinie) auf dem Objekt. Mit Hilfe der
Linien auf den Leinwänden kann die DAVID-Software
die Laserebene parametrisieren. Sind die Laserebenen-
parameter bekannt, kann die Profillinie auf dem Objekt
dreidimensional berechnet werden.

Jedes Bild präsentiert dabei eine Messung sowie
eine 3D-Profillinienberechnung. Damit sich aus mehreren Linienberechnungen eine Oberfläche ergibt, wird
während der Messung der Videomodus aktiviert. Maximal 30 Bilder pro Sekunde (bei maximaler Auflösung
fünf Bilder pro Sekunde) können so erfasst werden.
Der Laser wird während der Messung (z.B. per Hand)
über das Objekt geführt. Mit genügend Rechenleistung
werden in Echtzeit die berechneten 3D-Koordinaten
farblich abgestuft angezeigt.

Die DAVID-Software teilt sich in drei chronolo-
gisch ineinander greifende Benutzermenüs auf. Im
ersten Hauptmenü wird die Kamera kalibriert. Das
zweite Hauptmenü „3D Laserscanner" ermöglicht dem
Benutzer, das Objekt in 3D zu erfassen, die erzeugte
Punktwolke zu texturieren, sowie Datenlücken zu
interpolieren und zu glätten. Die Punktwolke kann

an dieser Stelle im OBJ-Format (Wavefront-Format)
gespeichert werden und steht so anderen 3D-Software-
paketen zur Verfügung. Im dritten Hauptmenü „3D
Shapefusion" (kostenpflichtig) können die einzelnen
Scans zueinander orientiert und miteinander zu einem
kohärenten 3D-Objekt verbunden werden. Die DAVID-
Software bietet eine halbautomatische und eine automatische Oberflächenregistrierung zur Verknüpfung
von zwei Punktwolken an. Dabei werden sowohl die
Oberflächenbeschaffenheit als auch optional die Textur
berücksichtigt. Sind alle Scans zueinander registriert,
kann eine rausch-reduzierende Fusion durchgeführt
werden, deren Ergebnis ein texturiertes 360°-Dreiecks-
netz des gescannten Objektes ist.

EINFLUSSFAKTOREN AUF DIE GENAUIGKEIT DES SCANS

EINSTELLUNG DER KAMERA

Vor jedem Scaneinsatz muss die äußere Orientierung
der Kamera in Bezug auf die Kalibrierwände ermittelt werden. Dazu müssen nicht nur Kalibrierwände
und Kamera fixiert, sondern auch alle automatischen
Einstellungen an der Kamera, wie z.B. Fokussierung
und Helligkeitsanpassung, deaktiviert sein. Dies setzt
voraus, dass die Kamera im Vorfeld manuell richtig
eingestellt wurde. Ändern sich diese Parameter während des Scanvorgangs, entstehen die Objektkoordinaten im virtuellen Raum an falscher Stelle, oder ein
Scanvorgang wird unmöglich.

BELEUCHTUNG DES OBJEKTES

Da das DAVID-Laserscanner-System auf einem
Lichtschnittverfahren basiert, bei dem leuchtende
Linien detektiert werden, können sich Schattenwurf
oder ständig wechselnde Helligkeitsbedingungen
negativ auf den Scan auswirken. Bei starken Hellig-
keitsunterschieden konnte starke Artefaktbildung im
Hintergrund festgestellt werden. Während des Scan-
nens ist es daher besser, die Objektumgebung abzu-
dunkeln und die Helligkeitsregler der Kamera (kein
Einfluss auf die Orientierung) auf sehr dunkel ein-
zustellen. Das Kamerabild sollte während des Scans
lediglich die Laserlinie vor einem schwarzen Hintergrund zeigen. Es ist zudem darauf zu achten, dass die
Laserlinie ohne Kontrastlücken homogen dargestellt
wird. Das Laserlicht muss zudem auf Objekt und Hintergrund fokussiert sein. Je schmaler die Laserlinie
auf dem Objekt abgebildet wird, desto genauer wird
das Ergebnis.

Um die Textur des Objektes zu erfassen (Kamera-
foto), muss die Szene richtig ausgeleuchtet werden.
Oberflächenelemente können Schatten auf das Objekt
werfen. Wird das Objekt gedreht, entstehen die Schatten an anderer Stelle auf dem Objekt. Das Registrieren der Einzelscans über die Texturierung kann sich
dadurch erschweren.

OBERFLÄCHENBESCHAFFENHEIT SOWIE OBERFLÄCHENFARBE

Unterschiedliche Materialien reflektieren das Laserlicht unterschiedlich stark. Bei sehr glatten Oberflächen, wie z.B. bei einer Porzellantasse, wird der reflektierte Laserstrahl ohne scharfe Abgrenzung sehr breit im Kamerabild dargestellt und dadurch die Messgenauigkeit herabgesetzt. Teilweise war es gar nicht möglich zu messen, da durch Reflexionen zusätzliche Laserlinien abgebildet wurden, bei deren Detektion die Software Probleme aufwies und Datenlücken entstanden. Hinzu kommt, dass die Farbe einer mittels Laserlicht abgetasteten Oberfläche die Reflektanz beeinflusst, da sie bestimmt, welche Frequenzanteile des Lichtes von ihr absorbiert und welche reflektiert werden [GORDON 2008]. Infolgedessen können einige Farben die verwendete Wellenlänge des Laserlichtes absorbieren, also nicht mehr sichtbar abbilden. Daher sollten für jeden Scanvorgang die Kamera und die Laserlinie individuell eingestellt werden. Dies führt zwangsläufig zu einer Erhöhung der Scandauer. Außerdem sollten Objekte mit stark unterschiedlichen Reflexionseigenschaften entsprechend dieser Teilbereiche separat gescannt werden. Eine andere Möglichkeit, starke Reflexionen bzw. Absorptionen zu verhindern, ist, die Reflektanz der Objektoberfläche durch Puder oder Kreidespray zu manipulieren. Allerdings äußert sich dies negativ bei der Erfassung der Textur.

AUFTREFFWINKEL DER LASEREBENE AUF OBJEKT

Die Laserlinienbreite hat maßgeblichen Anteil an der 3D-Genauigkeit der virtuellen Abbildung. Bei rechtwinkligem Auftreffen des Lasers auf die Objektoberfläche ist die Linienbreite minimal. Flache Auftreffwinkel (schleifende Schnitte) sollten vermieden werden. Wird die Laserlinie per Hand über das Objekt geführt, kann der Auftreffwinkel bei geschultem Auge entsprechend variiert werden. Einige automatische Systeme scannen das Objekt mit unterschiedlichen Einfallswinkeln mehrfach. Hier sollten Punktwolken, die durch schleifende Schnitte erzeugt wurden, aus der Gesamtpunktwolke entfernt werden. Außerdem kann es vorkommen, dass höherwertig gescannte Flächen durch die Verstellung des Auftreffwinkels wieder verschlechtert werden. Eine sehr charakteristische Punktwolke wird dabei mit ungenaueren Messungen überlagert bzw. verrauscht. Die DAVID-Laserscannersoftware bietet hierfür Glättungsmethoden an. In vielen Fällen ist der Eingriff des Operateurs noch notwendig.

LASER VS. KAMERA

Einige Laserlichtfarben sind in Abhängigkeit des Kamerasensors besser geeignet. Die mitgelieferte WebCam (Logitech Quickcam Pro 9000) enthält einen CMOS-Farbsensor. Der CMOS-Sensor arbeitet nach dem Konzept der Bayer-Matrix. Jeweils 4 Fotozellen sind quadratisch angeordnet. Auf den diagonal gegenüberliegenden Zellen befinden sich die Farben Rot und Blau sowie Grün und Grün [LUHMANN u.a., 2006]. Dabei wurde berücksichtigt, dass das menschliche Auge auf Grün empfindlicher reagiert als auf andere Farbtöne. Der rote Laser wird nur durch die roten Fotozellen erkannt. Im Gegensatz dazu stehen doppelt so viele Fotozellen für einen grünen Laser zur Verfügung. Besser wäre ein Kamerasystem, bei dem jede Fotozelle die Laserlinie erkennt. Hier eignen sich besonders Kameras mit einem panchromatischen Sensor.

Hochauflösende Kameras sind für das Prinzip von DAVID nur bedingt tauglich, da sich ab einer bestimmten Auflösung die Aufnahmequalität nicht mehr verbessert. Hohe Auflösungen gehen zudem einher mit der Herabsetzung der Bildrate, was eine noch langsamere und gleichmäßigere Bewegung des Lasers voraussetzt.

EINFLUSS DER AUFNAHMESZENERIE

Zur Aufnahmeszenerie gehören u. a. die Realisierung des rechten Winkels der Kalibrierwände, aber auch die Bewegung des Lasers im Raum. Grundsätzlich kann der Laser beliebig im Raum gedreht oder verschoben werden. Alle Bewegungen lassen sich aus einer Folge dieser Bewegungen reproduzieren. Welche Bewegung geeignet ist, hängt vom Objekt ab. Es konnte festgestellt werden, dass der Winkel zwischen Laserebene und Kcamerablickrichtung bei der Rotation länger optimal bleibt (>30°), da Kamera und Laser weiter auseinander stehen. Ein Nachteil bei der Rotation besteht im unterschiedlichen Auftreffwinkel des Lasers auf das Objekt. Eine Ebene würde dabei durch schleifende Schnitte an den Rändern größere Ungenauigkeiten aufweisen. Bei einer Translation werden alle koplanaren Ebenen des Objektes durch den konstanten Auftreffwinkel gleich gut bestrahlt. Als Nachteil erwies sich, dass dabei der Winkel zwischen Laserebene und Kamerablickrichtung schnell kleiner wird, da der Laser sich der Kamera nähert.

Außerdem sollte das Objekt so platziert sein, dass die Laserlinie rechts und links auf der Kalibrierwand gut zu sehen ist. Das Größenverhältnis zwischen Objekt und Kalibrierhintergrund sollte stimmig gewählt werden. Langsame und gleichmäßige Laserbewegungen erzielen genauere Ergebnisse.

Außerdem gehört zur Aufnahmeszenerie der Abstand der Kamera zum Objekt. Hier muss ein Optimum gefunden werden, damit das Objekt formatfüllend aufgenommen wird und der Hintergrund an den Seiten zu sehen ist.

FORM UND ERFASSUNG DES OBJEKTES

Für ein späteres Zusammensetzen (Registrieren) einzelner Scans nach dem Flächenvergleichskriterium eignen sich besonders Objekte mit vielen charakteristischen Oberflächenkrümmungen. Zudem müssen die Einzelscans in Abhängigkeit der Objektoberfläche ausreichend Flächenüberlappungen besitzen, damit die bestmögliche Korrelation zusammengehöriger Oberflächenelemente von DAVID-Shapefusion stabil errechnet werden kann. Außerdem kann die relative Registrierung der Scans zueinander durch die Berücksichtigung der Textur unterstützt werden. Bei homogen texturierten Objekten sind hierfür Passpunkte an der Oberfläche hilfreich.

Neben oberflächenbedingten Helligkeitsschwankungen der Laserlinie verursachen insbesondere komplexe Geometrien wie Objektkanten Schwierigkeiten bei der präzisen Lokalisierung der Linie.

STROMQUELLEN

Die Strahlungsintensität des Lasers nimmt bei sinkender Versorgungsspannung der Batterie ab. Die Laserlinie wird dabei dünner oder verschwindet gänzlich. Das LEGO Mindstorms System drosselt für langsame Bewegungen die Servomotoren über die zugeführte Spannung. Sinkt die Spannung während einer Bewegung durch Abnahme der Batteriekapazität, kann es passieren, dass sehr langsame Bewegungen nicht mehr ausführbar sind.

KONZEPT UND REALISIERUNG DES SCANSTANDES

Das wesentliche Ziel der Erweiterung des DAVID-Laserscanner-Systems besteht in der Stabilisierung und der Automation des Scanvorganges auf Low-Cost-Niveau. Eine Rahmenkonstruktion aus Aluminiumprofilen bildet das stabile Grundgestell des Messstandes, dessen Außenhülle aus PVC-Platten besteht, die der Verdunklung sowie dem Schutz der innen liegenden Scanumgebung dienen. Weitere Einbauten dienen – neben der Versteifung – der statischen Platzierung (Kalibrierleinwand) oder variablen Platzierung (Webcam, Linienlaser und Objektteller) der Basis-Komponenten des DAVID-Systems (siehe Abb. 3 und Abb. 4).

Die Kameraposition und der Objektdrehteller sind im Abstand und in der Höhe zum Hintergrund mechanisch veränderbar. Das Lasermodul ist im Innenraum nahezu an jeder Stelle durch einen Schwenkarm und im Winkel von -30° bis +30° gegenüber dem Horizont zum Objekt positionierbar. Die Entfernung zwischen Lasermodul und Objekt ist aus Gründen der Fokussierung konstant. Servomotoren sorgen für eine gleichmäßige Laserbewegung in verschiedenen Geschwindigkeiten (siehe Abb. 4). Die Translationsbewegung steht dabei im Mittelpunkt, da ein konstanter Einfallswinkel realisiert werden sollte. Eine nachträgliche Aufrüstung durch ein Rotationsmodul ist möglich. An den Enden des Schwenkarms wird der Laser durch eine Umkehreinrichtung mechanisch in die jeweils andere Lage gedreht.

Um den Low-Cost-Ansatz hinsichtlich der Automatisierung realisieren zu können, eignet sich das preisgünstige Basispaket LEGO Mindstorms NXT 2.0 zur

Entwicklung interaktiver und autonomer Multisensor-Robotiksysteme. Dieses System umfasst einen programmierbaren Mikrocontroller, Servomotoren, verschiedene Sensoren (z.B. Taster, Farberkennung, Distanzmessung) und kann durch die Integration preis-

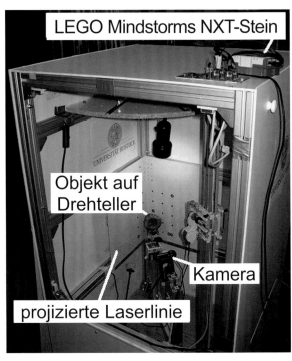

Abb. 3: Scanstand

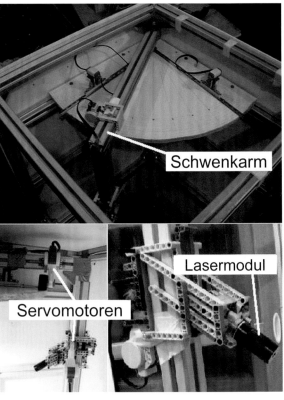

Abb. 4: Mechanische Bauteile aus LEGO mit Servomotoren

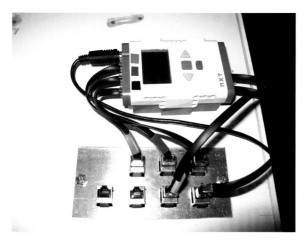

Abb. 5: LEGO MindStorms Hauptbaustein (zentrale Steue-
rungseinheit)

Abb. 6: Oberflächenvermessung einer Ebene

werter LEGO-Standardbausteine oder Sensoren anderer Hersteller erweitert werden. Das Herzstück, der
so genannte NXT-Stein (siehe Abb. 5), verfügt neben
Lautsprecher-, Bluetooth- und USB-Anschluss, vier
Sensor- und drei Servomotoranschlüssen über einen
32-Bit-Prozessor sowie einen 256 kByte Flash-Spei-
cher. Programmroutinen können gespeichert und ausgeführt werden.

Tabelle 1 zeigt manuell oder automatisch veränderbare
Komponenten des derzeitigen Entwicklungsstandes.

Für bestimmte, wiederkehrende Scanaufgaben, z.B.
Scannen von Objekten ähnlicher Dimension und Form,
können Bewegungsabfolgen der Servomotoren mit Hilfe
einer grafischen Programmieroberfläche für LEGO
Mindstorms relativ schnell in Routinen programmiert
und gespeichert werden. Vier unterschiedliche Sensor-
abfragen stehen zudem gleichzeitig bei Bedarf zur Entwicklung von Scanprogrammen zur Verfügung, (z.B.
Drehung des Schwenkarms bis zum Erreichen des Tast-
Sensors und danach Absenken des Laser-Liftes).

Die Arbeitsabfolge am Scanstand teilt sich in zwei
aufeinanderfolgende Arbeitsschritte. Während der
Initialisierung werden Objekt- und Kamera manuell
positioniert. Die Kamera wird fokussiert, den einzelnen
Beleuchtungseinstellungen angepasst und ihre Position
und Ausrichtung bezüglich des Passpunktfeldes durch

Kalibrierung bestimmt. Das Lasermodul wird ange-
schaltet und mit Hilfe des Kamerabildes auf Objekt
und Hintergrund fokussiert. Anschließend wird es in
die Ausgangsstellung gebracht.

Der zweite Arbeitsschritt beinhaltet die digitale
Erfassung des Objektes. Der Messstand wird durch
Schließen der Öffnungsklappe verdunkelt. Vor oder
nach dem Scan sollte die Textur erfasst werden. Eine
eingebaute Lampe sorgt für eine optimale Ausleuchtung. Das Erfassen der Objekttextur bzw. die Ausleuchtung des Objekts sind noch manuell durchzuführen.
Nach Abdunklung kann die eigentliche 3D-Erfassung
beginnen. Die Bewegung des Lasermoduls wird dabei
über LEGO Mindstorms automatisch gesteuert.

SCANERGEBNISSE UND AUSWERTUNG
In ersten Tests wurde die erreichbare Genauigkeit der
Oberflächenerfassung mit dem Scanstand in bisheriger
Ausbaustufe an verschiedenen Objekten untersucht.
Als Basis dienen dabei die DAVID Laserscanner-Kom-
ponenten des Starter-Kits.

EBENE
Bei Genauigkeitsuntersuchungen von Punktwolken
werden in der Regel Referenzkörper, wie z.B. Kugeln,
Zylinder, Kegel oder Ebenen vermessen und einem

Manuell verstellbar	Motorisiert verstellbar über LEGO Mindstorms
- Position der Kamera in Abstand und Höhe zum Kalibrierhintergrund	- Ausrichtung des Objektes zur Kamera über Drehteller
- Position des Objektes in Abstand und Höhe zum Kalibrierhintergrund	- Translation des Laser-Liftes an vertikaler Zahnstange
- Neigungswinkel des Lasermoduls (± 30° gegenüber Horizont)	- Stellung des Laser-Fahrbügels (ca. 80° Schwenkbereich)
- Dimension und Skalierung der Kalibrierwände	

Tab. 1: Manuelle und motorisierte Einstellungsmöglichkeiten

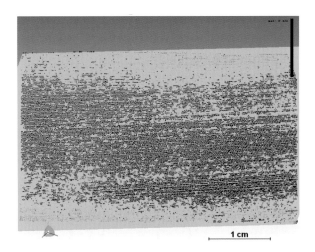

Abb. 7: Ausgleichende Ebene (Cyan), Oberflächenpunkte
(Blau)

SOLL-IST-Vergleich unterzogen. Leider standen keine kalibrierten Prüfkörper zur Verfügung. Daher wurde zu Testzwecken aus einer beschichteten Faserplatte ein etwa 4,5 cm x 2,5 cm großes Stück gesägt und anschließend gescannt (siehe Abb. 6). Die Kamera befand sich in einem Abstand von etwa 20 cm zur 90°-Ecke der Kalibrierwand (18 mm Punktabstand).

Die Laserebene wurde im konstanten Auftreffwinkel (Translation) über das Objekt sowohl von oben nach unten als auch umgekehrt in einem Scanvorgang geführt. Die Punktwolke wurde anschließend gespeichert und mit dem unter GNU General Public License (GPL) lizenzierten Programm „fxGeoFit" visualisiert (Quelle: http://sourceforge.net/projects/geofit/). „fxGeofit" ist in der Lage, mathematisch leicht beschreibbare Oberflächen (Ebene, Kugel, Zylinder) per Ausgleichungsrechnung (Methode der kleinsten Fehlerquadrate) der Punktwolke anzunähern. Die Abweichungen der Messpunkte können als so genannte Error Maps visualisiert werden.

In Abbildung 7 sind die ausgleichende Ebene (Cyan) und die Punktwolke (blaue Punkte) gemeinsam dar-

gestellt. Die Größe der dargestellten Ebene entspricht in etwa der der Punktwolke. Einige Punkte liegen auf der darunter liegenden Seite und werden somit von der ausgleichenden Ebene verdeckt. Die Punktverteilung lässt auf einen systematischen Einfluss schließen, da die Punktwolke sich zu den Rändern offenbar krümmt. Dieser systematische Einfluss kann verschiedene Ursachen haben, dies soll hier aber nicht weiter untersucht werden. Der Scan umfasst 36408 Einzelpunkte. „fxGeo-Fit" gibt die maximalen Abweichungen von der Ebene mit 0,426 mm und -0,323 mm an. Damit konnten wir das im DAVID-Laserscanner-Forum publizierte Genauigkeitspotential des DAVID-Laserscanner-Systems bestätigen. Durch die hohe Punktdichte ergab sich ein mittlerer Fehler der Einzelmessung von 0,053 mm.

FLIESENSCHERBE
Anhand einer Fliesenscherbe sollten die Möglichkeiten zum Registrieren und Fusionieren der DAVID-Software untersucht werden. Dazu wurde eine etwa 4 cm x 3 cm x 1 cm große Scherbe in 7 Einzelaufnahmen gescannt (siehe Abb. 8). Die Dichte der Punktwolke jedes Einzelscans ist in diesem Beispiel wesentlich höher als in den Versuchen „Ebene" oder „1-Euro-Münze" (s.u.). Sie bestehen aus mindestens vier „Überfahrten" des Lasers aus verschiedenen Richtungen. Die Entfernung der Kamera und der Maßstab waren identisch zum Versuch „1-Euro-Münze". Durch die günstige Oberflächenfarbe und -beschaffenheit bildete sich die Laserlinie scharf auf dem Objekt ab ohne negativ beeinflussende Reflexionen.

Mit der DAVID-Software können die einzelnen Scans ohne Texturierung (siehe Abb. 9) in verschiedenen Einfärbungen oder mit zugehöriger Fototexturierung (siehe Abb. 10) angeordnet werden.

Jeweils zwei Einzelscans wurden anhand ihrer Form automatisch zueinander orientiert, was nicht in allen Fällen gelang. Lieferte die automatische Orientierung eine Fehlzuordnung, wurden die Einzelscans per Hand grob zueinander ausgerichtet und abschließend über

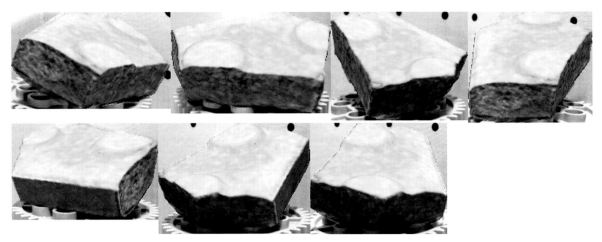

Abb. 8: Kameraansichten der Teilscaneinstellungen einer Fliesenscherbe

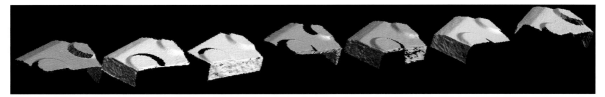

Abb. 9: Einzelscans ohne Textur nebeneinander angeordnet

Abb. 10: Einzelscans mit Textur nebeneinander angeordnet

eine automatische Feinregistrierung zur Übereinstimmung gebracht.

Nachdem zwei Einzelscans zueinander registriert waren, konnte die nächste Punktwolke nach dem gleichen Verfahren an diesen ausgerichtet werden. Die Software bietet auch die Möglichkeit, multiple Scans, die bereits optimal zueinander registriert sind, zu gruppieren. Allerdings kann dabei kein Texturfoto zugeordnet werden. Alle Punktwolken wurden zu einer Gesamtpunktwolke zusammengesetzt. In Abbildung 11 sieht man oben links alle Einzelscans in ihrer jeweils zugeordneten Farbe zueinander registriert. Oben rechts wurden zusätzlich die Texturen der Einzelscans eingeblendet. Unten links wurde aus den zusammengefügten Einzelscans eine geglättete Gesamtoberfläche durch Fusionierung der Dreiecksnetze generiert und unten rechts mit geglätteter Textur dargestellt. Beim Fusionieren werden die zueinander registrierten Dreiecksnetze durch Reduzierung von Ausreißern zu einem geglätteten 360°-Oberflächennetz verschmolzen. Dabei werden auch die verschiedenen Texturfotos verrechnet (Quelle: http://www.david-laserscanner.com/wiki/benutzeranleitung/shape_fusion).

Es zeigte sich, dass besonders auf ausreichend überlappende Flächen der Einzelscans zu achten ist. Zudem müssen die Punktwolken bereits vor dem Registrieren von Messfehlern oder Punkten, die nicht zum Objekt gehören, bereinigt werden. Auf Grund der günstigen Materialeigenschaften und der Farbe konnte eine hohe Messgenauigkeit erreicht werden, was sich im Vergleich mit dem Original vor allem in der deutlichen Darstellung der runden Erhöhungen auf der Scherbe widerspiegelt. Das während der Fusion entstandene geglättete 3D-Oberflächenmodell kommt visuell dem Original schon sehr nahe.

KAKTUS

Im nächsten Beispiel wurden zwei sehr unterschiedliche Materialien gleichzeitig gescannt. Unter Berücksichtigung eines möglichen Anwendungsszenarios in der Phytomedizin wurde hier ein Kaktus in einer Porzellantasse gescannt. Der Kaktus hat eine Höhe von ca. 12 cm und besitzt im Gegensatz zur Tasse nur geringe Reflexionseigenschaften. Der Punktabstand der Kalibrierwand betrug 60 mm und der Abstand der Kamera etwa 40 cm. Jeder Teilscan besteht aus vier bis acht „Laserüberfahrten". Das in Abbildung 12 dargestellte 3D-Modell besteht aus zwölf Einzelscans.

Dieses Objekt war eines der ersten Scanobjekte. Mit der inzwischen gewonnenen Erfahrung würde ein wiederholtes Scannen wahrscheinlich ein deutlich verbessertes Ergebnis bringen. Jedoch kann man in diesem Beispiel an der Porzellantasse den Einfluss von spiegelnden Reflexionen und schleifenden Schnitten gut erkennen. Hieraus begründet sich auch die Empfehlung, unterschiedlich reflektierende Oberflächen nach Möglichkeit getrennt zu scannen. Glatte, stark reflektierende Oberflächen sollten vermieden, oder es

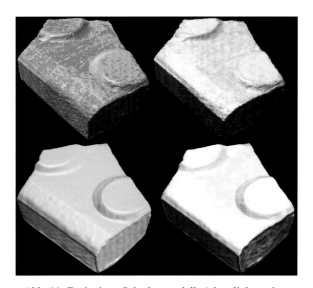

Abb. 11: Fusionierte Scherbenmodelle (oben links: orientierte Einzelscans in jeweiligen Farben, oben rechts: orientierte Einzelscans mit jeweiliger Textur, unten: geglättetes Oberflächenmodell ohne (links) und mit Textur (rechts))

sollte durch aufgetragene Substanzen ihre Reflektanz vermindert werden. Bei ihnen ist die Messgeometrie besonders sorgfältig zu optimieren. Das Ergebnis des 3D-Kaktus ist bereits zufriedenstellend.

Abb. 12: Gleichzeitiges Scannen unterschiedlicher Materialien

Abb. 13: Stein mit Gravur

STEIN MIT GRAVUR

Um die Genauigkeit unseres Scanstandes für eine Anwendung in der Archäologie oder Bauforschung zu zeigen, wurde ein glatter Stein (9 cm x 3,5 cm x 3,5 cm) mit Gravur zweimal (von links und rechts) gescannt. Die Gravurtiefe beträgt hier ungefähr 2 mm. Das Logo hat die Dimensionen von 2,5 cm x 2,5 cm. Die Aufnahmeszenerie entspricht etwa dem Versuch „Kaktus".

In Abbildung 13 ist gut zu erkennen, dass feinere Vertiefungen (Buchstabenabtrennung) in dieser Aufnahmeanordnung zum Teil sehr schlecht erfasst wurden. Das Material ermöglichte eine sich gut abzeichnende Laserlinie. Allerdings haben hier Kameraposition und Einfallswinkel der Laserebene maßgeblichen Ein-

fluss auf Vollständigkeit und Genauigkeit der Punktwolke. Leider kann die Ausarbeitung nicht in einem Detailscan mit wesentlich geringer Kameraentfernung und anderem Maßstab durchgeführt werden, da dann der Stein über das Sichtfeld der Kamera hinausgeht und die erforderliche Detektion der Laserinie unmöglich macht. Vertiefungen stellen ein generelles Problem bei allen 3D-Scannern dar. Trotz der Umstände ist die Gravur insgesamt gut zu erkennen. Im Beispiel der Texturüberlagerung wird das 3D-Modell zudem gut durch den Informationsgehalt des texturierenden Fotos ergänzt.

1-EURO-MÜNZE

Am Beispiel der geringen Reliefhöhe auf einer 1-Euro-Münze erkennt man dann die Leistungsgrenzen des Scanners. Die Aufnahmeszenerie war etwa identisch mit dem Ebenenscan. Die Münze wurde sorgfältig ausgerichtet, bis sehr günstige Auftreffwinkel garantiert waren. In Abbildung 14 links sieht man die Punktwolke der einmal von oben nach unten gescannten Euromünze. Die den Materialeigenschaften entsprechend stark reflektierende Oberfläche wird so verrauscht abgebildet, dass die Konturen der Prägung schwer erkennbar sind. Blendet man die Textur ein, werden die Konturen durch die Überlagerung mit ihrem fotografischen Abbild deutlicher.

FAZIT

Nach einem halben Jahr Entwicklungszeit schaltet die vorliegende Konstruktion eines Scanstandes mit den Komponenten des DAVID-Laserscanner-Systems und der Servomotorensteuerung über das LEGO-System Mindstorms die wesentlichen Stör- und Fehlereinflüsse einer rein manuellen Messung aus. Zudem wurde ein wichtiger Schritt in Richtung automatisierte Low-Cost-3D-Scanner gegangen. Die von den Entwicklern vorgegebene Genauigkeit von 0,4 mm wurde mit diesem System erreicht. Jedoch dauert das Scannen, geschuldet der Translationsbewegung über einen großen Bereich der Fahrschiene, noch sehr lange. Das Scannen der Scherbe nahm etwa zwei bis drei Stunden in Anspruch. Für den Kaktus als erstem Testobjekt lag dieser Wert auf Grund mangelnder Erfahrung deutlich höher; die Zeiten reduzierten sich jedoch schnell. Durch Optimierung der Translationsgeschwindigkeit in Abhängigkeit von der Objektgröße konnte die Scandauer zudem verringert werden.

Das preisgünstige Scansystem von DAVID erfreut sich großer Beliebtheit in der Bastlergemeinde. Tipps und Tricks sowie Scanergebnisse werden in Foren und auf Wiki-Seiten diskutiert. Dort sind auch Ergebnisse ausgestellt, die z.B. an Münzen das mit höherwertigen Komponenten (Kamera und Linienlaser) erreichbare Potential dokumentieren. Es ist daher abzuwägen, inwieweit ein Low-Cost-System mit höherwertigeren Komponenten ausgerüstet werden kann.

Der Scanstand bildet eine gute Basis für weitere Untersuchungen. Durch die Leichtbauweise ist es möglich, Gerätschaften und Module unkompliziert zusätzlich zu integrieren oder zu entfernen. Scanabfolgen können außerdem durch den schon erreichten Automationsgrad reproduziert werden.

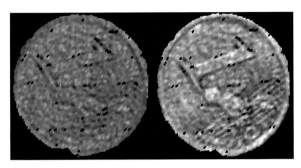

Abb. 14: Gescannte 1-Euro-Münze (eingefärbt vs. texturiert)

AUSBLICK

Ein wichtiges Optimierungsziel bei diesem Scanstand muss die Herabsetzung der Scandauer ohne (große) Qualitätsverluste sein. Daher wird an einer Rotationsbewegungseinheit des Lasermoduls an bestimmten Stellen am Fahrarm gearbeitet. Das Lasermodul muss dann keine langen Wege zurücklegen und kann sehr schnell in eine Ausgangsstellung zurückgebracht werden. Inwiefern sich dann die bei einer ebenen Oberfläche veränderlichen Auftreffwinkel negativ auswirken, wird zu untersuchen sein.

Da die DAVID-Software seit einer neueren Version über eine virtuelle COM-Schnittstelle Feedback über den derzeitigen Scan gibt, wäre hiermit eine genauere Steuerung des Lasermoduls möglich. So könnte beispielsweise die Laserbewegung in dem Moment gedrosselt werden, wenn die Laserebene auf das Objekt trifft, oder der Scan könnte abgebrochen werden, wenn die Scanqualitätsparameter zu schlecht werden.

Ferner ist über eine Verknüpfung zwischen DAVID-Scan und der LEGO NXT-Hardware (z.B. über deren Programmierschnittstelle) nachzudenken, um den Eingriff des Operators zwischen den Teilscans einzusparen (automatische Wiederholung der Teilscans, Beleuchtung einschalten, Texturfoto machen und Abspeichern, Beleuchtung ausschalten, nächsten Scan starten, alles wiederholen bis 360°-Scan fertig ist).

Denkbar ist auch die Entwicklung eines kompakten 3D-Laserscanners in Aktenkoffergröße. Archäologen könnten dann vor Ort kleine Architekturfragmente, Artefakte oder auch bestimmte Biofakte mit vertretbarem Zeitaufwand vermessen und auf digitalem Weg eine zielgerichtete Dokumentation vornehmen.

Anschrift:
Dipl.-Ing. Frank Niemeyer, Dipl.-Ing. (FH) M.Sc. (GIS)
Matthias Naumann, Dr.-Ing. Görres Grenzdörffer, Universität Rostock, Professur für Geodäsie und Geoinformatik,
Justus-von-Liebig-Weg 6, 18059 Rostock.
E-Mail: frank.niemeyer@uni-rostock.de,
matthias.naumann@uni-rostock.de,
goerres.grenzdoerffer@uni-rostock.de

Abbildungsnachweis:
Abb. 1–7, 14: F. Niemeyer; Abb. 8–13: M. Naumann

Literatur:
GORDON, B. (2008): Zur Bestimmung von Messunsicherheiten terrestrischer Laserscanner. Dissertation, TU Darmstadt, 2008. URL: http://tuprints.ulb.tu-darmstadt.de/1206/ (17.03.2010).
LUHMANN, T., ROBSON, S., KYLE, S., HARLEY, I. (2006): Close Range Photogrammetry: Principles, methods and applications, Whittles Publishing, Dunbeath.
WINKELBACH, S., MOLKENSTRUCK, S., WAHL, F.M. (2006): Low-Cost Laser Range Scanner and Fast Surface Registration Approach. In: Franke, K. u.a. (Hrsg.): DAGM 2006, LNCS 4174, Springer, Berlin Heidelberg, S. 718–728.
DAVID Vision Systems: URL: http://www.david-laserscanner.com/ (rev.: 11.12.2009), (09.03.2010)

QUADRATUR DER PUNKTWOLKE –
VON DER PUNKTWOLKE ZUM KONSISTENTEN BAUTEIL-MODELL

Oliver Bringmann

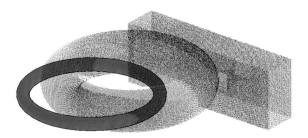

Abb. 1: Geschätzte, initiale Parameter eines Torus

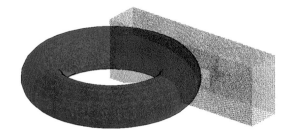

Abb. 2: Torus nach der optimalen Anpassung an die Wolke

MUSTERERKENNUNG IN PUNKTWOLKEN

Die automatisierte Interpretation von 3D-Laser-Scans ist ein relativ neues Thema, das Informatik-Disziplinen wie Mustererkennung und künstliche Intelligenz vor neue Herausforderungen stellt. Erfahrungen aus den Bereichen der Bildverarbeitung, Sprachanalyse und Expertensystemen können und sollten vor diesem Hintergrund bewertet und adaptiert werden. Natürlich muss die Punktwolke nicht in jedem Fall in ein Gefüge von intelligenten Bauteilen überführt werden. Ein gutes Beispiel dafür ist die Kollisionsanalyse zwischen der durch die Wolke gemessenen Realität und neuen CAD-Modellen, die geplante Anbauten darstellen. Aus Sicht der Computerwissenschaft ist jedoch der Anwendungsfall der Modellierung von besonderem Interesse, weil hier ein besonderer Bedarf an Automatisierung vorliegt. Man kann verschiedene Aufgaben bei der Mustererkennung identifizieren, z. B.:

- Erkenne lokale Merkmale wie Kanten, Ecken, Flächen.
- Aggregiere lokale Merkmale zu einem konsistenten Gesamt-Modell, syntaktischen Regeln entsprechend.
- Bestimme die Parameter (Lage, Ausdehnung) eines Körpers, ausgehend von einer Schätzung.

In diesem Text soll es um einen Beitrag zur dritten Aufgabe gehen. Durch eine grundlegende Beschleunigung des gängigen Verfahrens werden auch Echtzeitprobleme und die Optimierung sehr komplexer Körper möglich.

DER KLASSISCHE ANSATZ

Die Aufgabe der Anpassung von Körpern an die Punktwolke wird häufig durch Minimierung der Summe der quadratischen Abstände der Punktwolke zur Oberfläche des Objektes gelöst. Im Weiteren wird diese Summe kurz als *Abweichung a* bezeichnet. Für komplizierte Objekte kommen für die Optimierungsaufgabe

iterative Verfahren zur Anwendung. Hier wird das sehr einfache und leistungsstarke Verfahren des Simulated Annealings betrachtet [LENGAUER 1990]. Es kann wie folgt skizziert werden:

1. Bestimme die *Abweichung a*.
2. Variiere die Parameter des Objektes geringfügig.
3. Bestimme die *Abweichung a'*.
4. Ist *a'* kleiner geworden, nimm den neuen Parametersatz an. Ist *a'* größer geworden, nimm den neuen Parametersatz mit einer abklingenden, sehr geringen Wahrscheinlichkeit. Andernfalls bleibe beim alten Parametersatz.
5. Wiederhole den Prozess ab 2. bis sich die *Abweichung* nicht mehr verringert.

Die Reihenfolge der Variation der Parameter, beim Torus sind dies die Radien und die Parameter der starren Transformation, kann dabei frei gewählt werden. Charakteristisch und problematisch ist, dass während eines iterativen Verfahrens die *Abweichung* sehr häufig berechnet werden muss.

DAS PROBLEM

Der Aufwand der Suche nach einer minimalen Abweichung, d. h. die Anzahl der Schleifendurchläufe beim

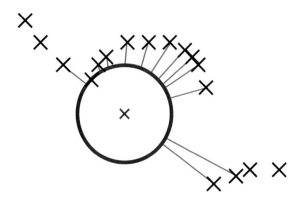

Abb. 3: Abweichung eines Kreises von einer 2D-Punktwolke

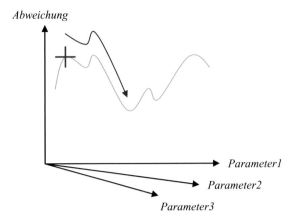

Abb. 4: Abweichung des Kreises als Funktion der drei Kreis-Parameter

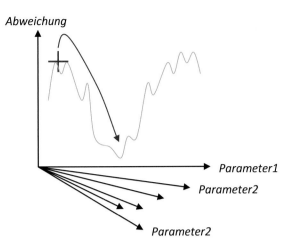

Abb. 5: Abweichung eines Polygons als Funktion der 2n Parameter

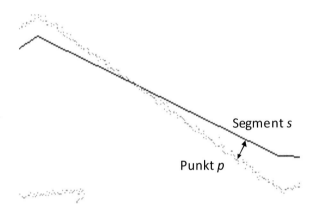

Abb. 6: Abstand zwischen Punkt und Polygonsegment

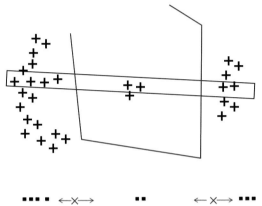

Abb. 7: Schnitt durch eine 2D-Punktwolke

Simulated Annealing, richtet sich vor allem nach der Komplexität des Parameterraums. Sind wenige Parameter zu bestimmen, ist der Suchraum gering dimensional und zügig zu „durchwandern". Abbildung 3 symbolisiert die Anpassung eines Kreises an eine zweidimensionale Punktwolke.

In diesem Fall sind drei Parameter (Radius, x-, und y-Koordinate des Mittelpunktes) zu bestimmen. Die zu minimierende Abweichung ist eine Funktion eines dreidimensionalen Parameterraumes (Abb. 4).

Sollen Objekte mit mehr Parametern an die Punktwolke angepasst werden, entsteht ein höher dimensionaler Parameterraum. Beispielsweise können bei der Anpassung eines Polygons alle n Ecken paarweise unabhängig bewegt werden. Es ergeben sich also 2n Parameter. In Abbildung 5 wird dies durch eine Funktion mit wesentlich mehr lokalen Optima symbolisiert.

Die Konsequenz ist, dass die Schleife der Optimierung sehr häufig durchlaufen werden muss. Dies wiederum zieht eine ebenso häufige Berechnung der *Abweichung* nach sich. Wie wird nun die Abweichung berechnet?

Für ein Polygon ergibt sich das folgende herkömmliche Verfahren (Abb. 6):

1. *Abweichung a = 0*
2. Für alle relevanten Punkte *p* der Wolke
    a. Bestimme dichtestes Oberflächensegment *s*
    b. Bestimme *Abstand* von *p* und *s*
    c. *a = a + abstand(p,s)*

Wird die *Abweichung a* für jede Parametervariation, d. h. einige 100.000 mal berechnet, ist dieses – eigentlich nicht komplizierte – Verfahren der extrem enge Flaschenhals der Optimierung bezüglich der zeitlichen Performance.

Ein weiteres Problem des klassischen Ansatzes besteht darin, dass die *relevante* Punktmenge bestimmt werden muss. Dies wird häufig pragmatisch erledigt, indem man um das Objekt in geschätzter Lage einen Schlauch definiert und alle Punkte innerhalb des Schlauches als relevant erklärt.

EIN VORSCHLAG: POTENTIALGEBIRGE

Betrachtet man die Punkte der Wolke als Funktion ihrer räumlichen Lage, ergibt sich eine unstetige Funktion; in diesem Fall ein Schnitt durch eine Punktwolke. Zwei

Segmente des anzupassenden Körpers, wieder ein Polygon, werden geschnitten (Abb. 7).

Die Idee des Potentialgebirges besteht darin, die Funktion zu verstetigen. Dadurch ist am aktuellen Ort des Segments der Abstand zum nächstgelegenen Punkt der Wolke direkt ablesbar (Abb. 8).

Wählt man das Raster entsprechend des Rauschens der Punktwolke, entsteht ein Filterungseffekt, welcher zu einer Unterdrückung von Ausreißern und einer besseren Näherung an die oben als Summe der Abstandsquadrate definierte *Abweichung* führt. Die deutlicheren Maxima sind in Abbildung 9 erkennbar. Diese diskrete Funktion soll im weiteren *Potentialgebirge* genannt werden.

Die Darstellung des Potentialgebirges für Volumenkörper würde vier Dimensionen erfordern; deshalb hier wieder der bewährte Rückgriff auf das 2D-Problem des Polygon-Fittings (Abb. 10). Das zugehörige Potentialgebirge sieht dann aus wie in Abbildung 11 dargestellt. Das Polygon ist als gerissene Linie übergeblendet.

Statt der Berechnung der Abweichung wird nun ein *Optimalitätskriterium Ok* berechnet. Dazu wird das Polygon äquidistant abgetastet. Für jeden Punkt dieser Abtastung kann aus dem Potentialgebirge *potential* direkt ein partieller Anteil der globalen Bewertung ausgelesen werden. Die Berechnung des neuen *Optimalitätskriteriums* gestaltet sich wie folgt:

1. *Optimalitätskriterum Ok = 0*
2. Abtastung der Oberfläche des Körpers. Es ergeben sich die Punkte *pa*.

3. Für alle Punkte *pa* der Abtastung
   a. *Ok = Ok + potential(pa)*

Statt umfangreicher Berechnungen von Abständen muss nur in einer Look-Up-Tabelle das partielle Gütemaß ausgelesen werden. Die Berechnungszeit ist unabhängig von der Anzahl der Punkte der Wolke. Die Relevanz der Punkte der Wolke wird nicht durch ein heuristisches Verfahren festgestellt, sondern ergibt sich automatisch.

Vor der Simulated Annealing-Optimierung muss das Potentialgebirge ein einziges Mal berechnet werden. Es steht dann für alle Schleifendurchläufe zur Verfügung. Die Berechnung des Potentialgebirges erfolgt sehr einfach in zwei Pässen und kann mittels eines in [ROSENFELD; PFALZ 1968] beschriebenen Verfahrens geschehen.

Anschrift:
Dr.-Ing. Oliver Bringmann, kubit GmbH, Fiedlerstraße 36, 01307 Dresden.
E-Mail: Oliver.Bringmann@kubit.de

Abbildungsnachweis:
Abb. 1–11: Verfasser

Literatur:
LENGAUER, T. (1990): Combinatorial Algorithms for Integrated Circuit Layout, B.G.Teubner, Stuttgart.
ROSENFELD, A., PFALZ, J. (1968): Distance Functions in Digital Pictures, Pattern Recognition Vol. 1, S. 33–61.

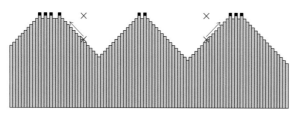

Abb. 8: Verstetigung der Punktfunktion

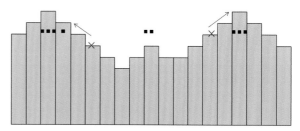

Abb. 9: Potentialgebirge

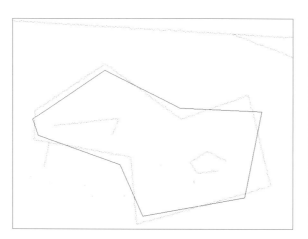

Abb. 10: Punktwolke mit geschätzter Lage eines Polygons

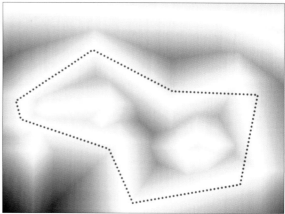

Abb. 11: Zur Punktwolke aus Abbildung 10 zugehöriges Potentialgebirge

WISSENSCHAFTLICHE ERKENNTNISSE DURCH MANUELLES KONSTRUIEREN VON 3D-MODELLEN

Götz Echtenacher

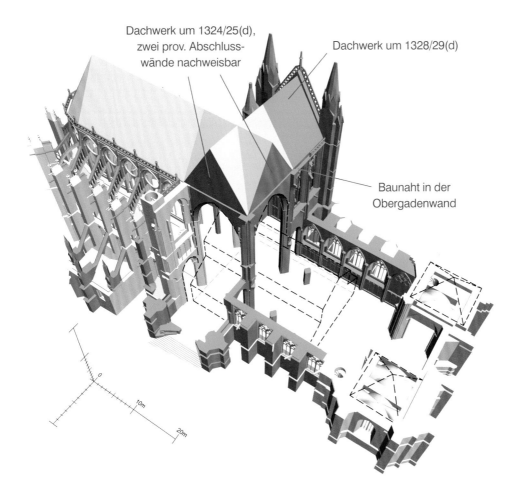

Abb. 1: Auxerre, Phase 3, um 1330, mit den Konturen des damals wohl schon abgebrochenen Vorgängerbaus

Besser als jedes andere Medium erlauben 3D-Modelle die räumliche und zeitliche Erfassung von komplexen Bauwerken, besonders bei einer komplizierten Baugeschichte. Im Gegensatz zu Handzeichnungen, die immer zweidimensional bleiben und deren Parameter schon vor Beginn festgelegt werden müssen, werden 3D-Modelle im virtuellen Raum nachgebaut und bleiben dadurch bis zum Schluss flexibel. Der offenkundigste Vorteil ist dabei die Möglichkeit, Perspektive und ggf. Schattenwurf frei wählen zu können. Bei komplexen Bauwerken ist dieser Aspekt nicht zu unterschätzen, denn so kann ein optimaler Betrachtungswinkel für jeden Einzelfall gefunden werden. Um diese Flexibilität zu erhalten, müssen allerdings vorab alle betroffenen Bauteile erstellt werden, einschließlich später möglicherweise verdeckter Bereiche. Zusätzlich ist es notwendig, sämtliche Elemente zeitlich einzuordnen und abgegangene Bauteile bis zu einem gewissen Grad zu rekonstruieren. Da das Gebäude immer in einheitlicher Detaillierung behandelt werden sollte, sind die Grenzen des aktuellen Forschungsstandes recht schnell erreicht. Was durch den teilweise erheblichen Bearbeitungsaufwand zunächst als Nachteil erscheint, ist, wie sich in den beiden hier vorgestellten Projekten gezeigt hat, gleichzeitig auch der größte Vorteil dieser Herangehensweise: Durch die sowohl räumlich als auch zeitlich übergreifende Betrachtung wird es möglich, das gesamte Bauwerk in sonst unerreichbarer Tiefe zu bearbeiten, unterschiedliche Thesen zur Baugeschichte aufeinander abzustimmen, diese Ansätze gegebenenfalls weiterzuführen und im Idealfall bestehende Forschungslücken zu schließen.

KATHEDRALE ST. ÉTIENNE IN AUXERRE

Nach erheblichen Beschädigungen durch das Sturmtief Lothar im Dezember 1999 wurde die Kathedrale St. Étienne in Auxerre im Rahmen einer langjährig angelegten Kampagne umfassend saniert und restauriert. Ein speziell einberufener, international besetzter *conseil scientifique* initiierte begleitende wissenschaftliche Untersuchungen und Dokumentationen. Dies erschien sinnvoll, da durch die geplanten, teilweise erheblichen Eingriffe Verluste an der historischen Bausubstanz zu erwarten waren und zugleich die Zugänglichkeit über die umfangreiche Einrüstung für eine weiterführende baugeschichtliche Forschung genutzt werden konnte.

Das Institut für Architekturgeschichte (IfAG) der Universität Stuttgart[1] übernahm das Thema der Bauforschung und arbeitete dabei mit dem Centre d'Études Mediévales d'Auxerre (CEM)[2] zusammen. Nach zwei

einleitenden Forschungskampagnen im Herbst 2002 und Frühjahr 2003, die das IfAG selbst finanzierte, wurden die folgenden zwei Jahre bis 2005 von der DFG gefördert. Das Thema beschränkte sich zunächst auf die relative Chronologie der Portale. Um die Zusammenhänge zwischen den einzelnen Portalen klären zu können, wurde die Bearbeitung aber so weit auf die verbindenden Bauteile im Langhaus und Querhaus ausgedehnt, wie es zur erschöpfenden Beantwortung der Fragestellung nötig war. Durch die Ergebnisse dieser Forschungen sowie eine Bearbeitung der Dachwerke der Kathedrale[3] konnte die Baugeschichte dieser Bereiche weitgehend geklärt werden.[4]

ZIELSETZUNG

Bereits ältere Untersuchungen[5] der Kathedrale St. Étienne zeigten, dass der Bauablauf äußerst komplex

---

[1] Das Institut war damals noch unter der Leitung von Dieter Kimpel, Projektleiterin war Heike Hansen.

[2] Von Seiten des CEM waren in erster Linie Sylvain Aumard und Stéphane Büttner beteiligt.

[3] Die Dächer wurden in den einleitenden Kampagnen durch eine Studentengruppe bearbeitet, betreut durch Stefan King, Freiburg.

[4] Die Ergebnisse wurden in dem Kolloquium „La cathédrale

Saint-Étienne d'Auxerre, résultats récents des recherches pluridisciplinaires et internationales" am 27.–28. September 2007 in Auxerre vorgestellt. Der Tagungsband wird parallel zur vorliegenden Publikation fertiggestellt.

[5] Harry Titus untersuchte in seiner Dissertation die gesamte Kathedrale hauptsächlich unter kunsthistorischen Aspekten. TITUS, H. (1984): The Architectural History of Auxerre Cathedral, Princeton (Mikrofilm).

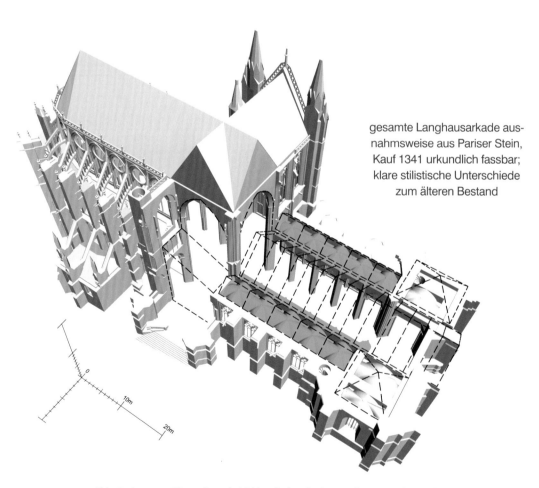

gesamte Langhausarkade ausnahmsweise aus Pariser Stein, Kauf 1341 urkundlich fassbar; klare stilistische Unterschiede zum älteren Bestand

0
10m
20m

Abb. 2: Auxerre, Phase 4, nach 1341, mit den fertiggestellten Langhausarkaden

ist. Der Grund sind mehrere, teilweise längere Bau-unterbrechungen gepaart mit einer ungewöhnlichen Beständigkeit in der Bauplastik. Dies führt dazu, dass sich Triforium und Obergaden des Langhauses aus der Mitte des 14. Jh. stilistisch kaum von den entsprechenden Teilen aus dem frühen 16. Jh. unterscheiden lassen. Die neuen Untersuchungen erbrachten außerdem zahlreiche Befunde, die auf ungewöhnliche, der gängigen Lehrmeinung widersprechende Bauabläufe hindeuteten, was sowohl intern, als auch mit den internationalen Kollegen zu kontroversen Diskussionen führte. Um eine effektive Grundlage für die Analyse und Argumentation zu schaffen, wurde verhältnismäßig früh im Projektverlauf mit der Erstellung eines 3D-Modells begonnen. Schnell stellte sich heraus, dass schon das bloße Konstruieren der einzelnen Bauteile das Verständnis der baulichen Zusammenhänge in der Kathedrale erheblich förderte. Teilweise konnte durch das notwendige Einordnen der Elemente in verschiedene Bauphasen auch in vorher ungeklärten Bereichen eine sinnvolle, detaillierte Chronologie erarbeitet werden. So konnte u.a. der Bauablauf an der Vierung und am Nordquerhaus bis ins Detail geklärt werden.

Neben dem direkten Nutzen für die Erforschung der Baugeschichte, bestätigte sich der Wert des 3D-Modells gegen Ende des Projekts bei der Abstimmung mit den französischen Kollegen des CEM. Bei einem Treffen konnte die komplette Baugeschichte in allen Details, einschließlich der neuen Ergebnisse, innerhalb von nur zwei Stunden präsentiert und diskutiert werden. Als weiterer Aspekt kam natürlich der Wunsch hinzu, das Modell im Rahmen der Publikation zu verwenden.[6] Deshalb wurden insbesondere der Chor, die Seitenkapellen des Langhauses und der Westturm – Bereiche, die für das Forschungsprojekt nicht relevant und daher zunächst nur schematisch dargestellt waren – nun ebenfalls konstruiert. Völlig unerwartet kamen bei den Arbeiten am 3D-Modell im Chor zahlreiche, bisher unbekannte Befunde zum Vorschein. Die anschließende Auswertung führte zu umfassenden neuen Erkenntnissen zur frühen Bau- und Umbaugeschichte des Chores (Abb. 4).

DARSTELLUNG
Für die Festlegung der insgesamt neun Hauptphasen wurden folgende Kriterien definiert: Eine Phase liegt vor, wenn ein gesichertes Datum für Beginn oder

[6] Die Fertigstellung des 3D-Modells wurde von der Stadt Auxerre finanziert.

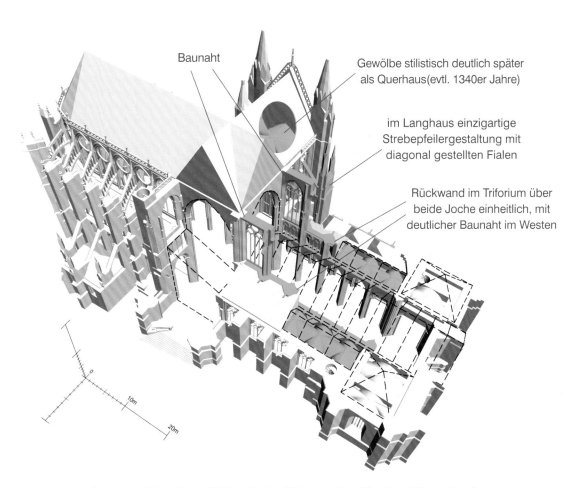

Baunaht

Gewölbe stilistisch deutlich später als Querhaus (evtl. 1340er Jahre)

im Langhaus einzigartige Strebepfeilergestaltung mit diagonal gestellten Fialen

Rückwand im Triforium über beide Joche einheitlich, mit deutlicher Baunaht im Westen

0
10m
20m

Abb. 3: Auxerre, Phase 5, vor 1357, nach dem Einbau des Gewölbes im südlichen Querhaus

Abb. 4: Auxerre, Bauphasen in der Hochchorwand: Rot und Gelb waren bekannt, Grün und Blau basieren auf neuen Erkenntnissen.

Abschluss einer Bauetappe bekannt oder ein stilistischen Wechsel deutlich erkennbar ist. Darüber hinaus wurden Unterphasen dargestellt, wenn sich ein Aufeinanderfolgen von größeren Abschnitten innerhalb der Hauptphase eindeutig nachweisen ließ, ohne dass diese näher datiert werden konnten.

Vor allem die Unterphasen bilden idealisierte Zeiträume ab; es ist denkbar und auch wahrscheinlich, dass sie sich in der Realität zeitlich überschnitten haben. Beispielsweise werden die Strebepfeiler und -bögen im Modell erst zum Zeitpunkt des Gewölbeeinbaus dargestellt; sie können aber auch schon früher – zusammen mit der Obergadenwand – begonnen worden sein. Dasselbe gilt für die Maßwerke: Sie werden im Modell der Bauphase des umliegenden Mauerwerks zugeordnet, sofern es keine eindeutigen Hinweise auf einen späteren Einbau gibt.

Ist die exakte Form von Bauteilen nicht bekannt, sind diese nur durch gesicherte Rückschlüsse rekonstruierbar oder ist deren zeitliche Einordnung nicht eindeutig, werden sie in einem helleren Farbton dargestellt. Gestrichelt umrissene Bauteile können nur durch indirekte Rückschlüsse angenommen werden. Da ihre Form weitgehend unbekannt ist, werden sie nur idealisierend skizziert.

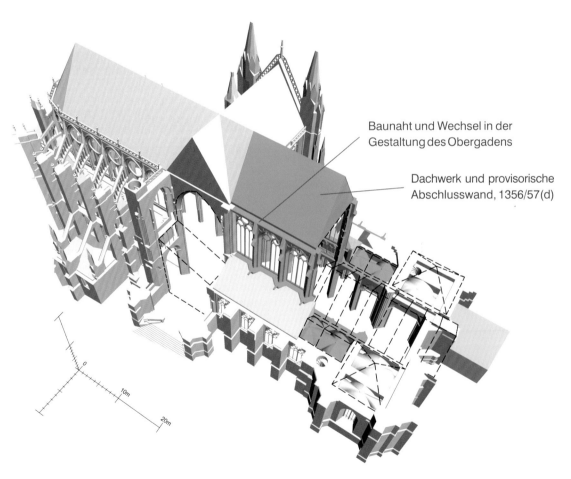

Baunaht und Wechsel in der Gestaltung des Obergadens

Dachwerk und provisorische Abschlusswand, 1356/57(d)

Abb. 5: Auxerre, Phase 6, nach 1357, mit Dach über den ersten drei Langhausjochen

BEISPIEL

Um die Vorzüge des 3D-Modells zu demonstrieren, soll an dieser Stelle ein beispielhafter Befundkomplex wiedergegeben werden. Ideal eignen sich hierfür die eher ungewöhnlichen Bauzusammenhänge der Vierung, da zu deren Verständnis mehrere Bauphasen erläutert werden müssen. Mit Hilfe des Bauphasenmodells und einigen zielgerichteten Beschriftungen können die Erläuterungen auf ein überschaubares Maß reduziert und anschaulich vermittelt werden.[7]

Vierung und südliches Querhaus bilden eine weitgehende bauliche Einheit (Abb. 1). Durch die dendrochronologische Datierung kann die Fertigstellung der Vierung um 1324/25 gut gefasst werden. Eine Baunaht und das etwas spätere Dendrodatum (um 1328/29) für das Dach über dem südlichen Querhaus sprechen dafür, dass die Vierung etwas früher fertiggestellt war und daher wohl zunächst nicht nur auf zwei, sondern sogar auf drei Seiten freistand. Dass dies auf der Nord- und Westseite für einen längeren Zeitraum so vorgesehen war, belegen die Reste temporärer Abschlusswände nach diesen beiden Richtungen, die schon beim Abzimmern des Vierungsdachwerks berücksichtigt worden sein müssen. Es erscheint sehr ungewöhnlich, dass der nordwestliche (und wohl für kurze Zeit auch der

südwestliche) Vierungspfeiler bis auf die Scheidbögen zu den Seitenschiffwänden über die komplette Höhe freigestanden hat. Nach dem allgemeinen Verständnis für statische Gesetzmäßigkeiten dürfte dies bei den weit gespannten Vierungsbögen ohne weitere Abstrebung eigentlich nicht möglich sein. Die Befunde zu der nachfolgenden Bauetappe lassen aber keinen anderen Schluss zu (Abb. 2). Sämtliche Arkadenbögen im Langhaus sind stilistisch einheitlich und auch bis auf die untere Hälfte eines Pfeilerpaares komplett aus demselben Steinmaterial erstellt, das nur in diesem Kontext innerhalb der gesamten Kathedrale verbaut wurde. Es stammt aus Paris und kann durch eine glücklicherweise erhaltene Rechnung aus dem Jahr 1341 gut in den Bauablauf eingeordnet werden. In der nächsten Etappe werden Teile der Hochschiffwand in abtreppen-

---

[7] Da die Baugeschichte der Kathedrale in diesem Artikel nicht im Mittelpunkt steht, versteht sich der folgende Absatz als beispielhafte Beschreibung. Eine ausführliche Erörterung der wesentlichen Befunde und Datierungen sowie Referenzen zur weiterführenden Literatur finden sich im Tagungsband des Kolloquiums in Auxerre (s. Anm. 4). Siehe u.a. die Beiträge von Stéphane Büttner, Lise Leroux, Heike Hansen und Stefan King.

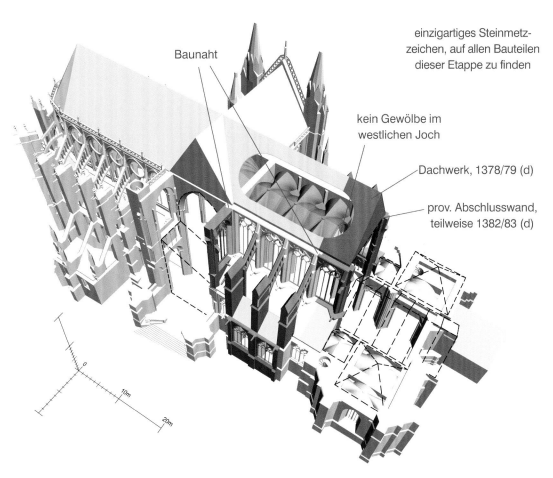

Abb. 6: Auxerre, Phase 8, um 1390, nach dem Gewölbeeinbau in der Vierung und den ersten drei Langhausjochen

der Form an die Vierung angebaut, wie es eigentlich schon vorher zu erwarten gewesen wäre (Abb. 3). Die Gestaltung der Obergadenzone orientiert sich noch deutlich an der Westwand des südlichen Querhauses. Der Anbau geschieht offensichtlich im Hinblick auf den Einbau des Gewölbes im südlichen Querhausarm, was sich aber nur im Zusammenhang mit zwei weiteren Beobachtungen zu einem schlüssigen Bild fügt: Das Gewölbe kann stilistisch später als das Querhaus selbst eingeordnet werden (wohl 1340er Jahre), und der westlich benachbarte Strebepfeiler unterscheidet sich auffällig von allen weiteren, wurde also offensichtlich früher erbaut. Im nächsten Schritt wurden die drei östlichen Langhausjoche fertiggestellt, wobei sich die Außengestaltung der Obergadenzone in den beiden westlichen Jochen von dem östlichen Joch unterscheidet (Abb. 4). Das Dachwerk datiert um 1356/57 und besitzt wiederum eine Abschlusswand nach Westen. Die Bauteile der nächsten Bauphase, die die Einwölbung der Vierung und der drei östlichen Langhausjoche umfasst (Abb. 5), können durch ein markantes Steinmetzzeichen zusammengefasst werden, das sich an keiner anderen Stelle in der Kathedrale findet. Die Einwölbung wird durch das Dach mit Abschlusswand über dem neu angefügten Langhausjoch auf ca. 1378/79 bzw. 1382/83 (d) datiert, wobei dieses nicht erst am Ende der Etappe errichtet worden sein muss, sondern vermutlich den Gewölben vorausging. Interessant ist dabei, dass die zu wölbenden Joche durch den Anbau der angrenzenden Obergaden abgestrebt wurden, wie dies schon bei der Einwölbung des Südquerhauses der Fall war. Erst damit verfügt die Vierung über ringsum ansetzendes Mauerwerk. Man muss also davon ausgehen, dass die Vierungsbögen für sich alleine vor dem Einbau der Gewölbe noch nicht soviel Schub erzeugten, um die fast freistehenden Vierungspfeiler statisch zu gefährden. Ob dabei provisorische Zuganker oder gar Abstrebungen aus Holz unterstützend zum Einsatz kamen, konnte nicht geklärt werden.

FREIBURGER MÜNSTER
Der Freiburger Münsterbauverein hat kürzlich eine neue Publikation zur Kunst- und Baugeschichte des Münsters veröffentlicht, in der der aktuelle Wissensstand in verschiedenen Beiträgen einem breiten Publikum präsentiert werden soll. Um den historischen Bauablauf angemessen illustrieren zu können, wurde für die Darstellung repräsentativer Bauzustände ein 3D-Modell erstellt, das wissenschaftlichen Ansprüchen genügen sollte (Abb. 7). Im Gegensatz zur Kathedrale von Auxerre gibt es über das Freiburger Münster eine Fülle an detaillierten Forschungserkenntnissen. Dafür wurden aber fast immer Einzelaspekte herausgegriffen, die auf Grund der Komplexität meist nicht das gesamte Bauwerk berücksichtigen. Um die dadurch entstandenen Unstimmigkeiten für die 3D-Rekonstruktion möglichst auszuräumen, wurde der Wissensstand mit

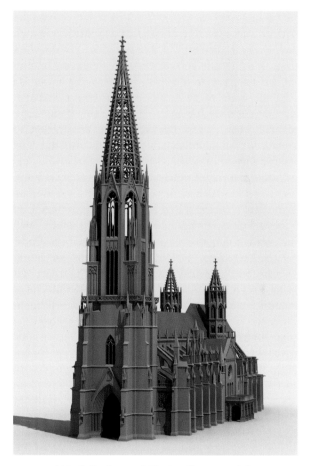

Abb. 7: Freiburger Münster, Gesamtansicht.

einigen der Autoren erneut diskutiert.[8] Natürlich konnte eine Klärung nicht überall gelingen, und einige Fragen mussten offen bleiben. Dringende Fragestellungen waren z.B. der Beginn der Umplanung am Hauptturm, der genaue Bauverlauf bei der Fertigstellung des Langhauses und die Anbindung der sog. Sakristei auf der Südseite an den noch nicht fertiggestellten Chor. Der Bauablauf von ca. 1140 bis ca. 1620 wurde letztendlich in elf Stufen dargestellt. Sie konnten bei einer abschließenden Besprechung mit zehn beteiligten Autoren in nur etwa drei Stunden umfassend diskutiert werden. Als Ergebnis dieser Diskussion konnten einige bisher noch nicht dargestellte Bauzustände sowie ein neuer, leicht modifizierter Rekonstruktionsversuch für den spätromanischen Chor ausgearbeitet werden (Abb. 8).[9]

DARSTELLUNG
Im Hinblick auf die breitere Zielgruppe der geplanten Publikation waren leicht lesbare Darstellungen gewünscht, weswegen auf unterschiedliche Farben für

[8] Für die Hilfe bei der Aufarbeitung der Baugeschichte und zahlreiche Diskussionen vor Ort danke ich Stefan King.
[9] Die hier vorgeschlagene Rekonstruktion des spätromanischen Chores wurde in enger Zusammenarbeit mit Volker Osteneck erstellt.

die Bauphasen verzichtet wurde. Ein fotorealistischer Effekt wurde aber bewusst nicht angestrebt, vielmehr sollte ein abstrakter Modellcharakter gewahrt bleiben. Als Grundfarbe war ein dem typischen rotbraunen Steinmaterial ähnlicher Farbton nahe liegend. Um die intuitive Lesbarkeit zu verbessern, wurde er für die Dachdeckung und Holzbalken etwas abgedunkelt (Abb. 7, 10). Bei den Holzbalken erzeugt der dunkle Ton durch die Kleinteiligkeit nur zufällig einen holzähnlichen Eindruck. Alle rekonstruierten Bauteile wurden grau eingefärbt. Die Elemente, deren ursprüngliche Form unbekannt, bzw. deren ehemaliger Bestand nur durch Rückschlüsse angenommen werden kann (wie z.B. die Turmdächer), wurden zusätzlich leicht transparent dargestellt (Abb. 8). Um auch die frühen Phasen in einen verständlichen Kontext zu setzen, wurde der Grundriss des heutigen Zustandes auf dem Boden angelegt. Für die anstehende Publikation wurden vorerst nur die von außen sichtbaren Teile des Münsters konstruiert, die Fertigstellung des Modells ist aber für die nahe Zukunft vorgesehen.

Abb. 8: Freiburger Münster, Ansicht von Südosten mit Rekonstruktionsversuch für den Chor des 13. Jhs.

ERFAHRUNGSWERTE

Durch das inzwischen weit verbreitete Laserscanning und die oft in diesem Zusammenhang erstellten Oberflächenmodelle sind die Erwartungen an die Genauigkeiten von virtuellen 3D-Modellen sehr hoch. Wie die Erfahrung aus den erörterten Projekten gezeigt hat, war aber für diesen Zweck ein absolut zentimetergenaues virtuelles Abbild der Bauwerke nicht notwendig, sondern ein nach sorgfältig erarbeiteten Kriterien vereinfachtes Arbeitsmodell völlig ausreichend. Die Vereinfachung wirkte sich erheblich verkürzend auf die Bearbeitungszeit aus, wodurch eine projektinterne

Erstellung, und vor allem Benutzung, erst möglich war. Trotz der Vereinfachungen wurde an beide Modelle der Anspruch gestellt, dass alle relevanten Bauteile repräsentiert werden und eindeutig identifizierbar sind, d.h. sich leicht mit dem Original in Verbindung bringen lassen.

GENAUIGKEIT

Im Allgemeinen lag die Zielsetzung für die Genauigkeit der 3D-Konstruktion bei 5 cm für größere Bauteile (z.B. Wandstärken oder Maßwerke), bei 2,5 cm für kleinere (z.B. kleine Säulen oder Gesimse) und bei 5–10 cm für Gesamtmaße von Bauteilen (z.B. Höhe der Strebepfeiler). Für eine rationellere Bearbeitung wurden die Bauteile soweit möglich rechtwinklig konstruiert, was bei einer sorgfältigen Planung meist sehr gut möglich war und nur selten zu Schwierigkeiten führte. Dies gilt besonders für die Außenwände, die Pfeilerstellung und damit die Jochbreite. Durch diese Abstraktion ließen sich zeitintensiv zu konstruierende Elemente wie Gewölbekappen mehrfach verwenden. Diese Vereinfachungen führten in Einzelfällen zu maßlichen Abweichungen vom Original von bis zu 30 cm. Da dieser Betrag aber gleichmäßig auf benachbarte Bereiche verteilt wurde, ergab sich keine merkliche Beeinflussung für die Proportionen der aufgehenden Architektur.

DETAILLIERUNG

Für die Vereinheitlichung bei der Modellierung war es sinnvoll, die Abstufungen in der Detaillierung der architektonischen Gliederungen beizubehalten, damit der Charakter des Vorbilds realistisch wiedergegeben wird. Dies bedeutet, dass alle Elemente gleichmäßig vereinfacht wurden, anstatt schnell zu konstruierende Elemente (wie z.B. extrudierte Säulengrundrisse oder Gesimsquerschnitte) in höchster Detaillierung zu erstellen und dafür auf andere wichtige Elemente komplett zu verzichten. Für einen realistischen Schattenwurf bei einem Wasserschlag spielt es keine Rolle, ob unterhalb der Schräge runde Wülste und Hohlkehlen sitzen, oder lediglich eckige Vor- und Rücksprünge. Das Ergebnis ist täuschend ähnlich (Abb. 9, 10), aber mit der eckigen Variante war sowohl die Handhabbarkeit im CAD einfacher, als auch die Rechenzeit für die gerenderten Abbildungen kürzer.

Alle weiteren dekorativen Elemente (Krabben, Kapitellknospen, etc.) wurden bei der Modellierung nur berücksichtigt, wenn sie für die gestalterische Wirkung unabdingbar sind, und Skulpturen nur, wenn sie ins Mauerwerk integriert sind (wie z.B. Wasserspeier). Dienste in Bündelpfeilern wurden grundsätzlich zu Schrägen vereinheitlicht, einzelne Dienste nur dann separat modelliert, wenn sie einen Durchmesser von mindestens 20 cm haben oder, abhängig von der jeweiligen Bautechnik, monolithisch ausgebildet sind. Während Säulenbasen für eine realistische Wirkung von

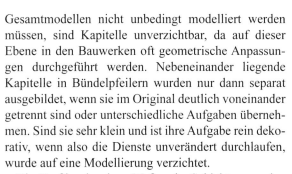

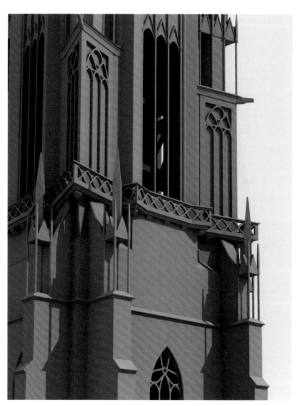

Abb. 9: Freiburger Münster, Uhrengeschoss am Hauptturm, Fotografie (Stefan King, 2010)

Abb. 10: Freiburger Münster, Uhrengeschoss am Hauptturm, 3D-Modell

Gesamtmodellen nicht unbedingt modelliert werden müssen, sind Kapitelle unverzichtbar, da auf dieser Ebene in den Bauwerken oft geometrische Anpassungen durchgeführt werden. Nebeneinander liegende Kapitelle in Bündelpfeilern wurden nur dann separat ausgebildet, wenn sie im Original deutlich voneinander getrennt sind oder unterschiedliche Aufgaben übernehmen. Sind sie sehr klein und ist ihre Aufgabe rein dekorativ, wenn also die Dienste unverändert durchlaufen, wurde auf eine Modellierung verzichtet.

Die Profile einzelner Maßwerks-Schichten wurden jeweils vereinfachend aus einer Platte ausgestanzt und hintereinander gesetzt. Die innerste Schicht, häufig die Nasung, wurde in der Regel nicht dargestellt. Baunähte wurden so exakt wie möglich nachempfunden, bei symmetrischen Bauteilen (z.B. spiegelbildlichen Partnern auf Nord- und Südseite) wurde manchmal generalisiert. Wartesteine und Abtreppungen wurden nur verallgemeinernd modelliert. Je nach Feingliedrigkeit der Architektur konnten sie auch komplett unberücksichtigt bleiben, ohne dass die Lesbarkeit beeinflusst wurde.

MODELLIERUNG

Die Modelle wurden komplett in CAD-Programmen erstellt. Die meisten Teile sind aus 3D-Volumenkörpern zusammengesetzt, die auf geometrischen Grundformen basieren. So wurden alle Bögen und Gewölberippen geometrisch auf der Basis von aus Spannweite und

Scheitelhöhe hergeleiteten Kreissegmenten konstruiert, die im Kämpferpunkt exakt senkrecht sind. Splines kamen lediglich in Ausnahmen, z.B. für Flamboyant-Maßwerke, zum Einsatz. Nur die Gewölbe sind keine Volumenkörper, sondern bestehen aus Ober- und Unterfläche. Hierfür wurde ein Befehl verwendet, der eine Fläche anhand von vier begrenzenden Linien erstellt. In den meisten Fällen (bei einer halben Kappe) sind dies: Der Kappenscheitel, zwei Linien entlang der Diagonalrippe und des Schild- bzw. Gurtbogens sowie schließlich eine Verbindungslinie der beiden letzten, da diese in fast allen Fällen auf unterschiedlichen Höhen oder Grundrisspositionen enden. Das Ergebnis ist eine räumlich gekrümmte Fläche, die der tatsächlichen Gewölbeform sehr nahe kommt und für die Zwecke des Modells absolut ausreichend ist. Obwohl nachträgliche Verformungen in aller Regel nicht berücksichtigt wurden, führte dies zu wirklichkeitsgetreuen Ergebnissen. Kam es bei der Konstruktion in den Modellen zu räumlichen Unstimmigkeiten, so konnten diese fast immer auch im Original beobachtet werden.

VORLAGEN

Im Gegensatz zu der oft geäußerten Meinung, für digital erstellte Modelle seien auch vektorbasierte Planvorlagen mit 3D-Informationen erforderlich, war dies hier nicht notwendig. Da die Modelle ohnehin manuell konstruiert wurden, spielte es keine Rolle, wo die Maße abgegriffen wurden. Detailreiche Vektorpläne hätten für eine effektive Bearbeitung sogar hinderlich sein können. Viel wichtiger war es, in möglichst vielen verschiedenen Bereichen und Höhenlagen zumindest über grundlegende Maßinformationen zu verfügen. Hochgenaue, formgerechte Bauaufnahmen sind natürlich ideal, liegen aber oft nur in begrenztem Umfang vor. Historische Pläne waren eine sinnvolle Ergänzung, denn nicht selten weisen diese ebenfalls eine hohe Genauigkeit auf. Da Pläne aber immer zweidimensional sind und daher keine lückenlose Darstellung aller Elemente erlauben, waren ergänzende, speziell für die Bedürfnisse des Modellbaus angefertigte Fotografien unabdingbar.

VISUALISIERUNG

Für das Auxerre-Modell wurden die Renderings komplett mit einem CAD-internen Raytracer erstellt. Schatten kamen damals nicht zum Einsatz, weil das programminterne Werkzeug keine zufriedenstellenden Ergebnisse lieferte. Linien wurden als TIFs aus dem CAD exportiert und dann in einem Bildbearbeitungsprogramm auf die Renderings montiert und retuschiert.

Da das Freiburg-Modell in einem CAD-Programm erstellt wurde, das keinen internen Raytracer besitzt, musste hier ein anderer Weg beschritten werden. Das fertige Modell wurde als DWG in das Freeware-Programm SketchUp importiert[10] und dort mit einem kleinen Raytracer-Plugin gerendert. Die Ergebnisse sind trotz der günstigen und sehr einfach zu bedienenden Software von hoher Qualität.

FAZIT

Wie die Erfahrungen aus beiden Projekten zeigen, können 3D-Bauphasenmodelle weit mehr sein als ein rein grafisches Präsentationsprodukt. Durch das Konstruieren des Modells, idealerweise sollte dies schon

parallel zu den Forschungsarbeiten geschehen, kann der Bauablauf in einer viel höheren Dichte und Genauigkeit nachempfunden und definiert werden, als dies mit einer nur auszugsweisen Kartierung in Baualtersplänen möglich wäre. Für das Verstehen des Bauwerks hat es sich als sehr förderlich erwiesen, dass für ein „manuelles" Erstellen des Modells alle Bauteile explizit begutachtet werden müssen. Die so gewonnenen Erkenntnisse, die durch ein automatisiertes Erfassungsverfahren möglicherweise übersehen worden wären, können erheblich zu den Ergebnissen des Forschungsprojektes beitragen. In dieser Hinsicht hat das Konstruieren eines 3D-Modells Ähnlichkeit mit dem klassischen Handaufmaß. In beiden Fällen spiegelt das Resultat – das Modell bzw. der Plan – nur einen Teilaspekt der Untersuchung wider. Mindestens genauso wichtig sind die Erkenntnisgewinne durch genaues und lückenloses Beobachten während der Vermessung des Bauwerks. Zwar ist die absolute Genauigkeit der 3D-Arbeitsmodelle im Vergleich zum Handaufmaßplan sehr viel geringer, dafür wird das Objekt jedoch in allen drei Dimensionen erfasst.

[10] Verwendet wurde SketchUp Version 7. Beim Importieren kam es gelegentlich zu kleinen Lücken in den Oberflächen, die meist an den Fügungspunkten von komplexen Bauteilen auftraten. Diese Fehler ließen sich jedoch leicht beheben.

Anschrift:
Dipl.-Ing. (FH) Götz Echtenacher M. A., Wilhelmstraße 11, 74348 Lauffen a. N.
E-Mail: goetz@echtenacher.de

Abbildungsnachweis:
Abb. 1–8, 10: Verfasser; Abb. 9: Stefan King, Freiburg.

NUTZUNG VON DIGITALEN BILDERN UND 3D-PUNKTWOLKEN FÜR EINE KOMBINIERTE DATENAUSWERTUNG

Nadine Stelling

Abb. 1: Einzelbildentzerrung zur Erstellung von Fassadenplänen

EINLEITUNG

Neben dem Handaufmaß und der tachymetrischen Aufnahme kommen bei der Bauaufnahme auch photogrammetrische Methoden zum Einsatz. Hierbei kann zwischen der Einzelbildauswertung und der Anwendung von Mehrbildverfahren unterschieden werden. Ist nur eine 2D-Auswertung z.B. in Form von Fassadenplänen oder Strichkartierungen gewünscht, kann dies durch Entzerrung eines Bildes in der Projektionsebene erreicht werden (Abb. 1). Die Beseitigung der projektiven Verzerrungen kann durch die Definition von Passpunkten oder parallelen Linien realisiert werden. Ist das Objekt durch einen Regelkörper (z.B. Zylinder) beschreibbar, ermöglicht auch eine Abwicklung dieses Körpers eine orthogonalprojektive Darstellung des abgebildeten Objektes. Anschließend können Längen- und Flächenmaße maßstabsgetreu abgegriffen und Kartierungen angefertigt werden. Die Generierung eines 2D-Plans des Objektes ist durch das Zusammensetzen mehrerer entzerrter Bilder möglich.

Ist die 3D-Erfassung eines Objektes gewünscht oder erforderlich, müssen mehrere Bilder in geeigneter Konfiguration aufgenommen werden. Zu unterscheiden ist hierbei zwischen der Aufnahme von Stereobildern (Abb. 2a) und einer konvergenten Aufnahmekonfiguration (Abb. 2b). In beiden Fällen werden die 3D-Koordinaten eines Punktes durch Schnitt von mindestens zwei Bildstrahlen erhalten. Konvergentaufnahmen haben jedoch den Vorteil einer schnelleren und flexibleren Aufnahme vor Ort. Durch den frei wählbaren Strahlenschnittwinkel kann außerdem die Genauigkeit und Zuverlässigkeit der 3D-Koordinatenbestimmung gesteigert werden. Auf Grund der annähernd parallelen Bildebenen eignet sich die Stereophotogrammetrie für die 3D-Modellierung einzelner Fassaden. Die komplette Erfassung komplexer Objekte kann dagegen durch eine konvergente Aufnahmekonfiguration realisiert werden.

Eine Möglichkeit, mit einem Einzelbild Objekte dreidimensional zu modellieren, stellt das Monoplotting dar, bei dem Kameradaten und 3D-Laserscannerpunktwolken kombiniert werden. Ist die Lage und Orientierung des Bildes zur Punktwolke bekannt, kann der Anwender im Bild zweidimensional messen, und die Tiefenkoordinate wird durch Rekonstruktion des Projektionsstrahls und Interpolation in der Punktwolke

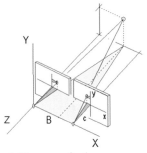 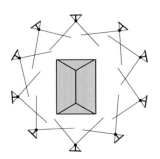 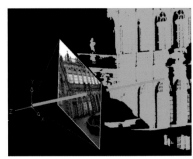

a) Stereoaufnahme   b) Konvergente Aufnahmen   c) Kombination von Kamera und 3D-Laserscanner durch Monoplotting

Abb. 2: Verfahren zur photogrammetrischen 3D-Datengewinnung

Abb. 3: 3D-Punktwolke des Nymphenbads, aufgenommen mit einem Laserscanner Riegl LMS-Z420i

Abb. 5: Detailscan von Nymphenfiguren als 2D-Ansicht

Abb. 6: Digitales Bild vom Nymphenbad aufgenommen mit einer Nikon D100

erhalten (Abb. 2c). Dieser Ansatz kombiniert die Vorteile beider Datenquellen: die hohe geometrische Auflösung und den hohen visuellen Interpretationsgrad der Kameradaten und die effiziente und zuverlässige Erfassung der 3D-Geometrie eines Objektes durch terrestrische Laserscanner.

Grundlage für eine kombinierte Auswertung von Bilddaten und Laserscannerdaten ist die Bestimmung der Lage und Orientierung des Bildes im Referenzsystem der Punktwolke. Dies stellt den Schwerpunkt dieses Beitrags dar und wird im dritten Abschnitt behandelt. Die entwickelten Methoden wurden an dem im nächsten Abschnitt vorgestellten Datensatz erläutert und getestet.

DATENAUFNAHME

Im Mai 2005 wurde das Nymphenbad aufgenommen. Das Nymphenbad, eine barocke Brunnenanlage des 18. Jahrhunderts, befindet sich im nordwestlichen Bereich des Dresdner Zwingers. Es hat eine Ausdehnung von ca. 20 x 30 m und erhielt seinen Namen auf Grund der zahlreichen Nymphenfiguren.

Die Aufnahme mit dem terrestrischen Laserscanner Riegl LMS-Z420i erfolgte von vier verschiedenen Standpunkten aus (Abb. 3). Hierbei wurde vom Standpunkt 1 zunächst ein 360°-Scan des gesamten Objektes durchgeführt (Abb. 4). Außerdem wurden mehrere Detailscans des Objektes angefertigt (Abb. 5). Der Punktabstand der ca. 4 Mio. erfassten Punkte schwankt je nach Scandistanz zwischen 1,4 und 13 mm. Die mittlere Punktmessgenauigkeit des verwendeten Panorama-Scanners liegt bei ca. 5 – 10 mm.

Zusätzlich zur Laserscanneraufnahme wurden Einzelbilder des Objektes erfasst. Hierfür wurde eine Nikon D100 mit einem 14 mm Objektiv verwendet. Die Kamera hat eine Auflösung von ca. 6 Mio. Pixeln mit einer Pixelgröße von ca. 7,8 µm. Vor der Aufnahme wurde keine Kalibrierung der Kamera durchgeführt, so dass die innere Orientierung der Kamera (Kamerakonstante und Bildhauptpunkt) nur näherungsweise bekannt ist.

Abbildung 6 zeigt das für die Auswertung verwendete digitale Bild. Um die Rechenzeit zu minimieren, wurde die Laserscannerpunktwolke manuell auf den zugehörigen Bereich zugeschnitten.

Abb. 4: 360°-Scan des Nymphenbades als 2D-Ansicht

GEOMETRISCHE REFERENZIERUNG VON BILD UND PUNKTWOLKE

PRINZIP DER BILDORIENTIERUNG

Voraussetzung für eine kombinierte Auswertung von beliebig aufgenommenen Kameradaten und Laserscannerdaten ist eine korrekte geometrische Referenzierung beider Datensätze. Diese Thematik wurde vom Institut für Photogrammetrie und Fernerkundung der TU Dresden zusammen mit der *kubit GmbH* in Dresden im Rahmen eines SAB-Projektes bearbeitet.

Realisiert wird die geometrische Referenzierung über eine Einzelbildorientierung mit Hilfe des räumlichen Rückwärtsschnittes. Im Standardverfahren erfolgt die Bestimmung der äußeren Orientierung $(X_0, Y_0, Z_0, \omega, \varphi, \kappa)$ über Passpunkte, deren Objektkoordinaten bekannt sind und deren Bildpunktkoordinaten durch Messung im Bild ermittelt werden. Aus dem geometrischen Zusammenhang, dass ein Objektpunkt (X, Y, Z), das Projektionszentrum (X_0, Y_0, Z_0) und der zugehörige Bildpunkt (x, y) auf einer Geraden liegen, lassen sich die Lage und die Orientierung der Kamera im Referenzsystem der Objektpunkte ermitteln. Mathematisch beschrieben wird dieser Zusammenhang durch die Kollinearitätsgleichungen (Glg. 1). Für die Bestimmung der äußeren Orientierung sind mindestens drei Passpunkte erforderlich. Die Verwendung von mehr Punkten führt zu einer Überbestimmung des Modells, die durch eine Kleinste-Quadrate-Schätzung gelöst wird. Dies ermöglicht auch Aussagen über die Zuverlässigkeit und Genauigkeit des Verfahrens. Bei geeigneter Passpunktkonfiguration und ausreichender Passpunktanzahl können zusätzlich die Parameter der inneren Orientierung der Kamera (c, x_h, y_h) sowie Abbildungsfehler (dx, dy) mitgeschätzt werden.

$$x = x_h - c \cdot \frac{r_{11} \cdot (X - X_0) + r_{21} \cdot (Y - Y_0) + r_{31} \cdot (Z - Z_0)}{r_{13} \cdot (X - X_0) + r_{23} \cdot (Y - Y_0) + r_{33} \cdot (Z - Z_0)} + dx$$

$$y = y_h - c \cdot \frac{r_{12} \cdot (X - X_0) + r_{22} \cdot (Y - Y_0) + r_{32} \cdot (Z - Z_0)}{r_{13} \cdot (X - X_0) + r_{23} \cdot (Y - Y_0) + r_{33} \cdot (Z - Z_0)} + dy \qquad [1]$$

Wenn keine Passpunkte vorhanden sind bzw. am Objekt angebracht werden können, müssten in diesem speziellen Fall der Bildorientierung direkt in der Punktwolke diskrete Objektpunkte gemessen werden. Auf Grund der Unterabtastung des Laserscanners wird ein diskreter Punkt jedoch nicht immer durch einen Laserscannerpunkt repräsentiert. Dies beeinflusst die Punktmessgenauigkeit und somit die Orientierungsgenauigkeit nachteilig. Dieser Effekt verstärkt sich mit größer werdendem Punktabstand.

Alternativ zu Punktmerkmalen können auch Linienmerkmale für die Bildorientierung verwendet werden. Dies hat zum einen den Vorteil, dass die Problematik der Unterabtastung gelöst werden kann, indem die Objektgeraden durch Ebenenfitting in die Punktwolke

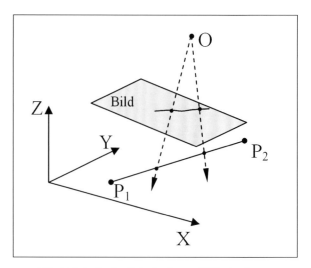

Abb. 7: Prinzip der linienbasierten Bildorientierung

und Verschneidung der Ebenen extrahiert werden können. Dadurch ist eine höhere Genauigkeit der Bildorientierung zu erwarten. Zum anderen weisen vor allem Gebäude häufig geradlinige Elemente auf, die als Merkmale verwendet werden können.

Der Ansatz zur linienbasierten Bildorientierung nach [SCHENK 2004] basiert auf Korrespondenzen zwischen Objektgeraden, die in der Punktwolke definiert werden, und Bildpunkten auf den zugehörigen Linien im Bild. Für eine korrekte Orientierung des Bildes muss der Projektionsstrahl vom Projektionszentrum durch den Bildpunkt die zugehörige Objektgerade schneiden (Abb. 7). Mathematisch wird dieser Zusammenhang durch Erweiterung der Kollinearitätsgleichungen (Glg. 1) beschrieben, indem die Objektpunktkoordinaten durch die jeweilige Zeile der 3D-Geradenbeschreibung (Glg. 2) ersetzt werden. Für die Beschreibung der Objektgeraden wird die 4-Parameter-Gleichung nach [ROBERTS 1988] verwendet.

$$\begin{pmatrix} X \\ Y \\ Z \end{pmatrix} = \begin{pmatrix} x_0 \cos \alpha \cos \theta - y_0 \sin \alpha + t \cos \alpha \sin \theta \\ x_0 \sin \alpha \cos \theta + y_0 \cos \alpha - t \sin \alpha \sin \theta \\ -x_0 \sin \theta + t \cos \theta \end{pmatrix} \qquad [2]$$

Wie auch beim punktbasierten Rückwärtsschnitt reichen für die Bestimmung der äußeren Orientierung mindestens drei Objektgeraden aus, wenn pro Bildlinie mindestens zwei Punkte gemessen wurden. In der Regel wird jedoch eine Redundanz angestrebt, und die Schätzung der Parameter erfolgt über die Methode der kleinsten Quadrate.

Ein wesentlicher Vorteil dieser Methode gegenüber anderen Verfahren der Linienphotogrammtrie (z.B. [SCHWERMANN 1995]) ist, dass auf Grund der Bildpunkt-Objektgerade-Korrespondenz Objektgeraden nicht als Geraden abgebildet sein müssen. Das heißt, der Ansatz erlaubt auch die Verarbeitung von verzeichneten Bildern.

MÖGLICHKEITEN DER AUTOMATISIERUNG

Der Prozess der Bildorientierung setzt sich aus verschiedenen Teilschritten zusammen (Abb. 8). Zunächst müssen Bild- und Objektmerkmale extrahiert und anschließend einander zugeordnet werden, so dass bekannt ist, welche Objektgerade zu welcher Bildlinie gehört. Ein weiterer Teilschritt ist die Bestimmung von Näherungswerten für die äußere und innere Orientierung. Da der Anwender weitestgehend durch die Software unterstützt werden soll, ist eine Automatisierung der einzelnen Teilschritte wünschenswert.

Aus diesem Grund soll im Folgenden jeweils ein Ansatz für die automatische Extraktion der Bildpunkte und Objektgeraden gezeigt werden, die in [MEIER-HOLD; SCHMICH 2009] detaillierter dargestellt sind. Ein weiterer wichtiger Schritt ist die Automatisierung der Merkmalszuordnung, die z.B. durch Kombination des Rückwärtsschnittes mit einem Random Sample Consensus (RANSAC) Ansatzes [FISCHLER, BOLLES 1981] möglich wäre. Dieser Ansatz ermöglicht die Schätzung eines Modells innerhalb von Messwerten auch bei einer großen Menge von Ausreißern und groben Fehlern.

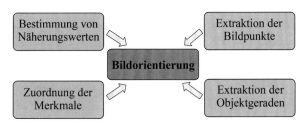

Abb. 8: Teilschritte der Bildorientierung

EXTRAKTION DER BILDMERKMALE

Das Ziel der Methode ist die Extraktion von Merkmalen, die physische Objektkanten repräsentieren. Dies ist eine Voraussetzung, um die zugehörigen Geraden auch in der Punktwolke modellieren zu können. Die Schritte der Merkmalsextraktion sind in Abb. 9 zusammengefasst.

Der erste Schritt ist die Detektion von Kantenpixeln. Dazu wird das Originalbild zunächst in ein 8-bit Grauwertbild umgerechnet. Auf dieses Bild wird ein Canny-Operator [CANNY 1986] angewendet, so dass ein Binärbild entsteht, das schwarze Kantenpixel auf einem weißen Hintergrund darstellt. Im nächsten Schritt wird auf das Kantenbild eine Konnektivitätsanalyse angewendet, bei der zusammenhängende Kantenregionen gebildet werden. Dabei entstehen vor allem in Bereichen von Ornamenten und Verzierungen eine Reihe von Regionen, die nicht als Merkmale für die Bildorientierung geeignet sind, da sie z.B. nicht von Objektgeraden stammen oder zu kurz sind. Deshalb wird das entstandene Regionenbild analysiert und verfeinert, so dass nur Kanten ab einer definierten Mindestlänge und konstanter Krümmungsrichtung übrig bleiben (Abb. 9, Mitte).

Der letzte Schritt dient der Vektorisierung der verbleibenden Kantenregionen. Da am Ende der Merkmalsextraktion jede Bildkante durch eine Sequenz von Punkten beschrieben sein soll, erfolgt die Vektorisierung über einen angepassten Douglas-Peucker-Algorithmus [DOUGLAS; PEUCKER 1973]. Bei diesem Ansatz wird eine Startlinie, die den Anfangs- und Endpunkt der Kante verbindet, sukzessive geteilt, bis der Abstand aller Kantenpunkte zur entstehenden Polylinie unterhalb eines Schwellwertes liegt (Abb. 9, rechts). Die Teilungspunkte stellen anschließend die Bildmerkmale für die Bildorientierung dar.

EXTRAKTION DER 3D-GERADEN AUS DER LASERSCANNERPUNKTWOLKE

Die Grundidee für die Merkmalsextraktion aus der Punktwolke ist, den zuvor beschriebenen Ansatz zur Extraktion der Bildmerkmale zu verwenden. Dazu wird die 3D-Punktwolke zunächst mit Hilfe der vom Laserscanner gemessenen Polarkoordinaten in eine 2D-Darstellung in Form eines Intensitäts- und Entfernungsbildes umgerechnet. Hierbei sind die Breite der Bilder durch den gemessenen Horizontalwinkelbereich und die Höhe durch den Vertikalwinkelbereich definiert. Die Auflösung der Bilder ist von der gewählten

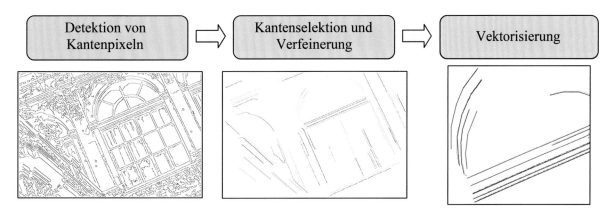

Abb. 9: Prinzip der Extraktion der Bildmerkmale

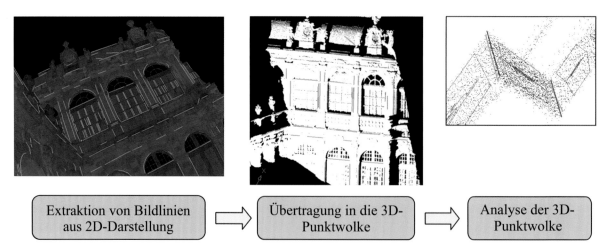

Abb. 10: Prinzip der Extraktion von Objektgeraden aus der Punktwolke

Scanauflösung abhängig. Im Falle des Entfernungsbildes repräsentieren die Grauwerte die gemessene Distanz und im Falle des Intensitätsbildes die Amplitude des empfangenen Laserimpulses.

Ausgehend von dieser Grundlage ist der Ansatz für die Extraktion der 3D-Geraden in Abbildung 10 dargestellt.

Der erste Schritt ist die Extraktion von Bildlinien im Intensitäts- und Entfernungsbild der Punktwolke (Abb. 10, links). Da diese Bilder perfekt zum Laserscanner referenziert sind, ist es möglich, die einzelnen Bildpunkte, die die Bildlinien beschreiben, wieder in den 3D-Raum zurück zu transformieren. Wird eine Bildlinie durch mehr als zwei Punkte beschrieben, werden die zugehörigen 3D-Punkte berechnet und für die Schätzung einer ausgleichenden 3D-Geraden nach der Methode der kleinsten Quadrate verwendet. Abbildung 10, Mitte zeigt die Punktwolke und die extrahierten Objektgeraden. Wie in Abbildung 10, rechts gut zu sehen ist, reicht die Genauigkeit der auf diese Weise extrahierten Objektgeraden (grüne Geraden) nicht aus. Aus diesem Grund sollen die Objektgeraden im letzten Schritt durch eine Analyse der Punktwolke verfeinert werden. Dazu wird der Bereich der Punktwolke, der die Objektgerade umgibt, ausgeschnitten und Ebenen eingepasst. Die Objektgeraden, die aus der Verschneidung dieser Ebenen resultieren, repräsentieren die eigentliche Objektkante wesentlich besser (Abb. 10, rechts, rote Geraden).

DATENAUSWERTUNG

ERGEBNISSE DER BILDORIENTIERUNG
Der punktbasierte und linienbasierte Rückwärtsschnitt wurde in eine Entwicklerversion der Software *PointCloud* der kubit GmbH implementiert. *PointCloud* ist ein Softwaremodul für die Visualisierung und Interpretation von großen Punktwolken in *AutoCAD* und erlaubt unter anderem eine kombinierte Auswertung von Bildern und Punktwolken. In der CAD-Umgebung

wurden drei verschiedene Versionen der Bildorientierung an dem vorgestellten Datensatz getestet:
- Punktbasierter Rückwärtsschnitt mit 22 manuell gemessenen Bildpunkten (Punkte)
- Linienbasierter Rückwärtsschnitt mit 16 manuell gemessenen Bildlinien (Linie1)
- Linienbasierter Rückwärtsschnitt mit 23 automatisch extrahierten Bildlinien (Linie2)

Bei allen drei Methoden wurden neben den Parametern der äußeren Orientierung des Bildes auch die Parameter der inneren Orientierung der Kamera sowie die radial-symmetrische Verzeichnung bestimmt.

Die manuelle Messung der Bildmerkmale (Abb. 11) und der 3D-Geraden in der Punktwolke erfolgte direkt in *PointCloud*. Für die automatische Extraktion der Bildlinien wurde ein separates Programm entwickelt. Die Merkmale können über eine definierte Schnittstelle in *PointCloud* importiert werden und stehen dort für die Bildorientierung zur Verfügung.

Die Bildorientierung konnte mit allen drei Methoden erfolgreich durchgeführt werden. Abbildung 12 zeigt ein orientiertes Bild überlagert mit der Laserscannerpunktwolke. Die Standardabweichungen der Ausgleichungen und der ermittelten Unbekannten sind in der nachfolgenden Tabelle gegenübergestellt.

Es ist erkennbar, dass die linienbasierten Verfahren für die geometrische Referenzierung von digitalen Bildern und Laserscannerpunktwolken geeignet sind. Ein Vergleich der Standardabweichungen der Bildorientierungen zeigt, dass mit den manuell gemessenen

Abb. 11: Manuell in PointCloud gemessene Bildpunkte (links) und Bildlinien (rechts)

Abb. 12: Orientiertes Bild überlagert mit der Laserscanner-punktwolke

Abb. 13: Punktwolke eingefärbt mit orientiertem Bild

Bildlinien annähernd die gleiche Genauigkeit erreichbar war wie bei der Verwendung von Punktmerkmalen. Die Bildorientierung unter Verwendung von automatisch extrahierten Bildlinien konnte etwa mit doppelter Genauigkeit durchgeführt werden. Dies liegt hauptsächlich an der höheren Redundanz bei Methode „Linie2". Damit zeigt sich ein wichtiger Vorteil der Automatisierung: Ohne Mehraufwand für den Anwender stehen mehr Merkmale für die Bildorientierung zur Verfügung, was die Genauigkeit und Zuverlässigkeit des Verfahrens stärkt.

MÖGLICHKEITEN DER KOMBINIERTEN DATENAUSWERTUNG

Es gibt verschiedene Arten der kombinierten Datenauswertung. Eine Anwendung ist die Generierung von Orthofotos. Auf Grund der bekannten Bildorientierung kann das Bild auf Grundlage der Laserscannerpunktwolke differentiell entzerrt werden, wodurch projektive und perspektivische Versätze im Bild eliminiert werden. Damit liegt das Bild in einer Orthogonalprojektion vor, und es können maßstabsgetreu 2D-Auswertungen, wie z.B. Kartierungen, durchgeführt werden.

Eine weitere Anwendung ist das Einfärben der Punktwolke mit Hilfe eines oder mehrerer orientierter Bilder (Abb. 13). Durch die bekannte Orientierung des Bildes kann der Projektionsstrahl jedes Laserscannerpunktes rekonstruiert und mit dem Bild verschnitten werden. Der Farbwert wird dann durch Interpolation im Bild erhalten und dem jeweiligen Laserscannerpunkt zuge-

wiesen. Die eingefärbte Punktwolke kann zum einen Visualisierungszwecken dienen. Zum anderen erleichtert es die Navigation in der Punktwolke und kann somit das manuelle Modellieren in der Punktwolke unterstützen.

Das Monoplotting ist ein Verfahren, bei dem der Anwender zweidimensional im Bild misst und automatisch die dritte Koordinate durch Verschneidung und Interpolation des Projektionsstrahls mit der Punktwolke erhalten wird. Es stellt somit ein Verfahren für eine anwenderfreundliche 3D-Modellierung dar und setzt die Kenntnis über die Orientierung des Bildes voraus. Abbildung 14 zeigt beispielhaft eine in *PointCloud* durchgeführte 3D-Modellierung mittels Monoplotting.

In grün dargestellt sind die modellierten 3D-Elemente. Auffällig ist die fehlerhafte Modellierung im unteren Bereich der Punktwolke. Diese resultiert aus einer unvollständigen Punktwolke. Der Bereich dieses Türbogens konnte vom Scanner nicht eingesehen werden, was zu Scanschatten führte. Dies hatte zur Folge, dass der Projektionsstrahl die Punktwolke an einer falschen Stelle geschnitten hat und somit fehlerhafte 3D-Koordinaten ermittelt wurden. Eine erfolgreiche 3D-Modellierung mittels Monoplotting ist demzufolge von verschiedenen Faktoren abhängig:
- Genauigkeit der Bildorientierung
- Datenaufnahme
- Objekteigenschaften

Die Genauigkeit der Bildorientierung hat einen Einfluss auf jede Form der kombinierten Datenauswertung.

Methode	σ_0 [Pixel]	Standardabweichungen der Unbekannten								
		σ_{X0} [m]	σ_{Y0} [m]	σ_{Z0} [m]	σ_ω [°]	σ_φ [°]	σ_κ [°]	σ_c [mm]	σ_{xh} [mm]	σ_{yh} [mm]
Punkte	1,05	0,004	0,008	0,003	0,063	0,061	0,064	0,017	0,016	0,029
Linie1	1,08	0,011	0,036	0,007	0,094	0,080	0,090	0,039	0,026	0,048
Linie2	0,53	0,008	0,053	0,018	0,061	0,052	0,059	0,052	0,025	0,041

Tab. 1: Innere Genauigkeiten der Bildorientierungen

Eine unzureichende Genauigkeit führt zu einer falschen Rekonstruktion des Projektionsstrahls, wodurch

- das Orthofoto fehlerhaft generiert wird,
- beim Einfärben der Punktwolke der Farbwert an der falschen Stelle im Bild ermittelt wird
- und beim Monoplotting die 3D-Koordinate an der falschen Stelle in der Punktwolke interpoliert wird.

Bei der Laserscanneraufnahme sollte darauf geachtet werden, dass das Objekt bzw. der interessierende Bereich des Objektes möglichst vollständig erfasst wird. Zur Beseitigung von Scanschatten sind meist mehrere Standpunkte erforderlich. Die Anzahl der notwendigen Standpunkte ist dabei u.a. von den Gegebenheiten des Objektes abhängig. Bei einem Gebäude mit vielen Vorsprüngen und Absätzen wird es mehr Verdeckungen geben als bei einer ebenen Fassade. Der Detailreichtum des Objektes hat auch einen direkten Einfluss auf die Genauigkeit des Monoplottings. So führen kleine Ungenauigkeiten in der Bildorientierung bei einem inhomogenen Objekt zu größeren Abweichungen in der 3D-Punktbestimmung als bei einem ebenen Objekt.

ZUSAMMENFASSUNG

Das Thema dieses Beitrages war die kombinierte Verarbeitung von digitalen Kameradaten und Punktwolken, die durch einen terrestrischen Laserscanner erzeugt wurden. Die Verwendung von Laserscannern für die Bauaufnahme hat den Vorteil der schnellen und berührungslosen 3D-Datenerfassung vor Ort. Bilder liefern nicht nur geometrische Informationen, sie haben zusätzlich den Vorteil eines hohen Dokumentationswertes. Sie erlauben z.B. Aussagen über Texturen und den Zustand des Objektes zum Zeitpunkt der Aufnahme.

Um die Vorteile beider Daten zu kombinieren, ist die Kenntnis über die Lage und Orientierung des Bildes in Bezug zum Referenzsystem des Laserscanners erforderlich.

Der dargestellte Ansatz zur Bildorientierung erlaubt es, jedes beliebige, vom Scanner unabhängig aufgenommene Bild zur Punktwolke zu orientieren. Dies ermöglicht die Verwendung von hoch auflösenden Kameras, die nicht auf einem Laserscanner montiert werden können. Überdies erlaubt es dem Nutzer, die Standpunkte für die Bilddatenaquisition so zu wählen, wie sie für die spätere Auswertung sinnvoll sind. Es konnte gezeigt werden, dass der vorgestellte Ansatz zur linienbasierten Bildorientierung eine gute Alternative darstellt, wenn keine Signalisierung von Passpunkten am Objekt möglich ist. In diesem Fall ist durch die Verwendung von Linienmerkmalen mit einer höheren Genauigkeit bei der Bildorientierung zu rechnen, da, mit sinkender Punktdichte, 3D-Geraden aus der Punktwolke mit einer höheren Genauigkeit extrahiert werden können als natürliche Punkte.

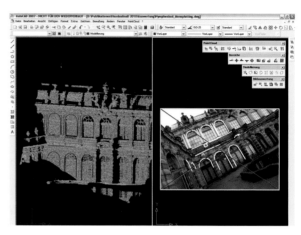

Abb. 14: 3D-Modellierung mittels Monoplotting in *PointCloud*

In diesem Beitrag wurden erste Ansätze für die automatische Extraktion von Bild- und Objektmerkmalen aufgezeigt. Zukünftige Arbeiten werden sich mit der Weiterentwicklung dieser Methoden und mit einer stärkeren Automatisierung des gesamten Bildorientierungsprozesses beschäftigen.

Anschrift:
Dipl.-Ing. Nadine Stelling, TU Dresden, Institut für Photogrammetrie und Fernerkundung, Helmholtzstraße 10, 01069 Dresden.
E-Mail: Nadine.Meierhold@tu-dresden.de

Abbildungsnachweis:
Abb. 1: Fokus GmbH; Abb. 2 – 14: Verfasser

Literatur:
CANNY, J. (1986): A computational approach to edge detection. IEEE Transactions on Pattern Analysis and Machine Intelligence, 8 (6), S. 679–698.
DOUGLAS, P., PEUCKER, T. (1973): Algorithms for the reduction of the number of points required to represent a digitized line or its caricature, Cartographica, 10 (2), S. 112–122.
FISCHLER, M.A., BOLLES, R.C. (1981): Random Sample Consensus: A Paradigm for Model Fitting with Applications to Image Analysis and Automated Cartography, Graphics and Image Processing, Vol. 24, no. 6, S. 381–395.
MEIERHOLD, N., SCHMICH, A. (2009): Referencing of images to laser scanner data using linear features extracted from digital images and range images. In: Proceedings of the ISPRS Workshop on Laserscanning, Paris, France, Vol. XXXVIII-3/W8, S. 164–171.
ROBERTS, K. S. (1988): A New Representation for Lines. In: IEEE Proceedings of Computer Vision and Pattern Recognition, S. 635–640.
SCHENK, T. (2004): From point-based to feature-based aerial triangulation, ISPRS Journal of Photogrammetry and Remote Sensing, 58, S. 315–329.
SCHWERMANN, R. (1995): Geradengestützte Bildorientierung in der Nahbereichsphotogrammetrie. Dissertation, Veröffentlichung des Geodätischen Instituts der Rheinisch-Westfälischen Technischen Hochschule Aachen, Nr. 52.

ZUKUNFT UND VERGANGENHEIT –
4D-MODELLIERUNG ALS WERKZEUG FÜR DIE BAUPLANUNG UND DIE BAUGESCHICHTLICHE FORSCHUNG

André Borrmann – Katja Heine

EINLEITUNG

Unter 4D-Modellen versteht man die Verknüpfung einzelner Objekte eines 3D-Modells mit Zeitpunkten bzw. Zeiträumen [MCKINNEY u.a. 1996]. Für die Bauplanung bedeutet dies zumeist, dass ein 3D-Modell des zu errichtenden Bauwerks mit den antizipierten Konstruktionszeiträumen bzw. Fertigstellungszeitpunkten verknüpft wird. Ergebnis dieser Verknüpfung ist eine animierte Darstellung, die Aussagen über die Machbarkeit bzw. potentielle Probleme im Bauablauf ermöglicht. Darüber hinaus können jedoch auch die Bewegungsabläufe von Geräten und Hilfsmitteln in das 4D-Modell aufgenommen werden, um das eingesetzte Bauverfahren detailliert zu beschreiben.

Die 4D-Modellierung von Bauabläufen bildet einen wesentlichen Schwerpunkt des Bayerischen Forschungsverbundes „ForBAU – Die virtuelle Baustelle", der von 2008 bis 2010 von der Bayerischen Forschungsstiftung gefördert wird. Der Forschungsverbund konzentriert sich dabei auf die Planung und Realisierung von Infrastrukturmaßnahmen, genauer von Trassen und darin befindlichen Brückenbauwerken. Hierzu werden Verfahren für eine integrative dreidimensionale Modellierung des gesamten Bauvorhabens entwickelt und mit Methoden der Prozesssimulation verknüpft [BORRMANN u.a. 2009].

Dieser Beitrag gibt einen Überblick über den aktuellen Stand der Forschung zur 4D-Modellierung in der Bauplanung und schlägt eine Brücke zur möglichen Verwendung im Kontext der bauhistorischen Forschung: Die Verknüpfung eines bauhistorischen 3D-Modells mit den zugehörigen Bauphasen erlaubt nicht nur eine zeitlich sequentielle Darstellung der Bauphasen zum Zwecke der Validierung bauhistorischer Annahmen und Präsentation gegenüber Dritten, sondern bildet auch eine geeignete Grundlage für die formale Analyse mit Hilfe einer raum-zeitlichen Anfragesprache.

4D-MODELLIERUNG IN DER BAUPLANUNG

4D-ANIMATION VON BAUABLÄUFEN

In der Bauplanung werden zunehmend moderne, computergestützte Methoden eingesetzt, die auf Building Information Models (BIM) beruhen [EASTMAN u.a. 2008]. Dabei handelt es sich um intelligente Modelle des geplanten Bauwerks, die neben der 3D-Geometrie auch semantische Informationen zu den einzelnen Bauteilen (wie Typ, Material, Brandschutzklasse etc.) und deren Beziehungen untereinander beinhalten.

Der Bauablauf wird hingegen mit Hilfe von Projektplanungsprogrammen geplant, in denen einzelne Vorgänge als Balken in einem Gannt-Diagramm modelliert werden. Kombiniert man die darin festgehaltenen Konstruktions- bzw. Fertigstellungszeiträume mit den betreffenden Bauteilen des 3D-Modells, lässt sich auf einfache Weise eine 4D-Animation des geplanten Bauablaufs erzeugen. Diese erlaubt eine visuelle Analyse des Bauablaufs durch den verantwortlichen Planer hinsichtlich der grundsätzlichen Machbarkeit sowie die Identifikation potentieller Probleme [MCKINNEY u.a. 1996, MCKINNEY; FISCHER 1998].

In Abbildung 1 ist beispielhaft die Verknüpfung eines 3D-Brückenmodells mit dem zugehörigen Projektplan sowie das resultierende 4D-Modell dargestellt. Die gerade im Bau befindlichen Teile werden farbig hervorgehoben.

Werden neben der zeitlichen Konstruktionsreihenfolge von Bauteilen auch Hilfskonstruktionen wie

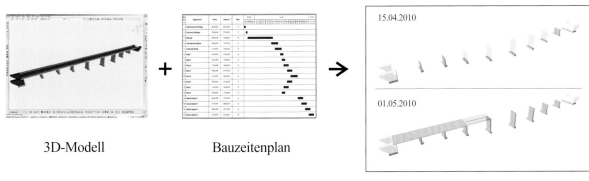

3D-Modell   Bauzeitenplan   4D-Animation

15.04.2010

01.05.2010

Abb. 1: Die Verknüpfung eines 3D-Modells mit einem Projektplan erlaubt eine 4D-Animation des Bauablaufs.

Schalung und Rüstung modelliert und die Bewegungen einzelner Maschinen und Hilfsgeräte in die
Animation integriert, können der Bauablauf noch
präziser erfasst und beispielsweise mögliche räumliche Konflikte identifiziert werden. Als Beispiel seien
die Arbeiten von Sampaio et al. an der Technischen
Universität Lissabon genannt, die detaillierte Anima-
tionsmodelle für unterschiedliche Verfahren im Brük-
kenbau erstellt haben, u.a. für das Freivorbau- und das
Vorschubverfahren[1] [SAMPAIO 2003, MARTINS;
SAMPAIO 2009]. Eine derartige Animation kann im
Rahmen der Arbeitsvorbereitung und als Diskussi-
onsgrundlage für die ausführenden Firmen verwendet
werden. Darüber hinaus eignet sie sich auch hervorragend für die Lehre im konstruktiven Ingenieurbau.

Es ist jedoch wichtig festzuhalten, dass bei jeder
Form der 4D-Animation die einzelnen Zeitpunkte,
zu denen bestimmte Ereignisse eintreten, durch den
Modellierer vorgegeben werden. Im Unterschied zur
Simulation werden beispielsweise weder Abhängig-
keiten zwischen einzelnen Arbeitsschritten noch die
Verfügbarkeit der notwendigen Ressourcen geprüft.
Entsprechend können aus einer 4D-Animation keiner-
lei Aussagen hinsichtlich der tatsächlichen Durchführ-
barkeit des Vorhabens innerhalb eines vorgegebenen
Zeitraums abgeleitet werden.

4D-SIMULATION

Die Prozesssimulation wird eingesetzt, wenn verlässliche Aussagen zum Auslastungsgrad von Ressourcen
und zur Gesamtprozessdauer gewünscht sind. Dabei
werden einzelne Arbeitsschritte modelliert sowie
deren Abhängigkeit untereinander und die benötigten
Ressourcen berücksichtigt. Für die eigentliche Simulation können verschiedene Methoden zum Einsatz
kommen, darunter die Petri-Netz-Modellierung und
die ereignisdiskrete Simulation. Letztere hat sich
vor allem im Bereich der Fabrikplanung weitgehend
durchgesetzt. Das Verfahren der ereignisdiskreten
Simulation wird im Rahmen des ForBAU-Projekts für
die Untersuchung von Erdbau- und Brückenbaupro-
zessen eingesetzt [JI u.a. 2009].

Ergebnis des Simulationslaufs ist ein detaillierter Zeitplan, dem einzelne Prozessschritte mit ihrer
jeweiligen Zeitdauer entnommen und ggf. zu größeren funktionalen Einheiten aggregiert werden
können. Verknüpft man diesen Zeitplan wiederum
mit einer 3D-Repräsentation des Bauvorhabens
einschließlich der eingesetzten Geräte und Hilfskonstruktionen, erhält man eine 4D-Simulation des
Baugeschehens.

In Abbildung 2 ist beispielhaft ein Schnappschuss
einer 4D-Erdbausimulation dargestellt. Dabei wird
der Aushub von Erdmaterial mittels eines Baggers
sowie der Transport des Erdmaterials von der Aus-
hubstelle zu einer Deponie mittels zweier Dumper-
Fahrzeuge simuliert. Wesentlich ist dabei, dass der

[1] Ein daraus generierter Film ist verfügbar unter http://www.
octaviomartins.com/lancamentoIncremental/ (09.09.2010) .

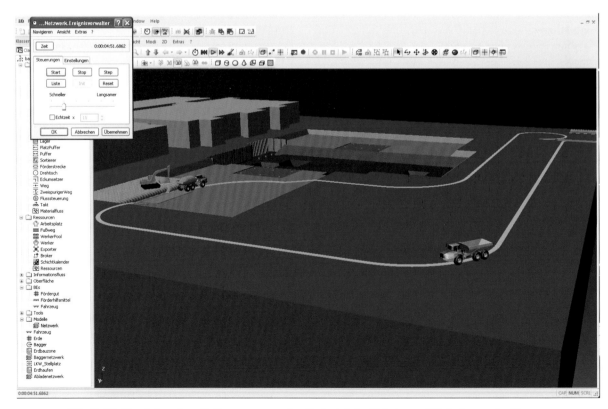

Abb. 2: 4D-Simulation eines Erdbauprozesses; simuliert wird das Beladen und Entladen zweier Dumper.

 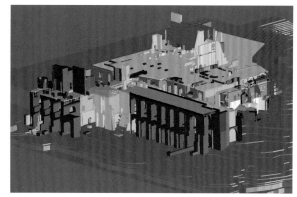

Abb. 3: Ansicht von Süden (links) und 3D-Modell (rechts) der Domus Severiana

zugrundeliegende Bagger-Simulationsbaustein so lange den Aushub vornimmt, bis der bereitgestellte Dumper voll beladen ist. Danach unterbricht er den Aushubvorgang und wartet, bis der nächste Dumper zum Beladen bereitsteht. Auf diese Weise wird die Abhängigkeit der beiden Prozessbausteine abgebildet, und es lässt sich die Gesamtprozessdauer bei der vorliegenden Konfiguration bestimmen. Sowohl das Bagger-Spiel als auch die Transportzeiten unterliegen dabei statistischen Schwankungen. Das Ergebnis der Simulation ist damit wiederum eine stochastisch verteilte Gesamtprozessdauer. Des Weiteren lässt sich die Simulation hinsichtlich des Auslastungsgrads von Bagger und Dumper auswerten. Wird eine zu starke Unterauslastung des Baggers durch häufiges Warten festgestellt, kann die Anzahl der eingesetzten Dumper erhöht und eine neue Simulation gefahren werden. Somit lassen sich schnell und flexibel verschiedene Konfigurationen durchspielen.

Problematisch bei der Verwendung der ereignisdiskreten Simulation für Bauprozesse ist, dass die Reihenfolge von Prozessschritten weitgehend starr vorgegeben werden muss. Dies bildet die Realität in der stationären Industrie ab, wo häufig Fließbänder eingesetzt werden, nicht jedoch die zumeist spontan ablaufenden Prozesse auf Baustellen. Um dem zu begegnen, wurde von König et al. die Constraint-basierte Simulationsmethode entwickelt [BEISSERT u.a. 2007, KÖNIG u.a. 2007]. Diese gibt keinen starren Prozessablauf vor, sondern wählt den nächsten auszuführenden Arbeitsschritt dynamisch unter Verwendung einer Zufallsfunktion. Dabei werden die zum Ausführen einzuhaltenden Randbedingungen, wie benötigte Ressourcen und notwendig abgeschlossene Prozessschritte, als so genannte Constraints modelliert. Nur Arbeitsschritte, für die alle Constraints erfüllt sind, werden in die Liste aufgenommen, aus der der nächste auszuführende Arbeitsschritt ausgewählt wird. Im Rahmen des ForBAU-Projekts wird die Constraint-basierte Methode zur Simulation von Brückenbauabläufen eingesetzt [WU u.a. 2009].

4D-MODELLIERUNG IN DER BAUHISTORISCHEN FORSCHUNG

Die Methoden der 4D-Modellierung lassen sich auch in der bauhistorischen Forschung gewinnbringend einsetzen. Beispielsweise können mit Hilfe von 4D-Animationen bauhistorische Annahmen und Theorien auf Plausibilität untersucht werden. Um dies zu illustrieren, wurde auf Grundlage des 3D-Modells der Domus Severiana auf dem Palatin in Rom ein 4D-Modell generiert und sequentiell in den einzelnen Entstehungsphasen animiert. Darüber hinaus scheint es sinnvoll, die Möglichkeiten der 4D-Simulation für die Untersuchung und Validierung von Bauabläufen an historischen Bauwerken und von historischen Bautechniken zu nutzen.

AUFNAHME UND BAUHISTORISCHE DOKUMENTATION DER DOMUS SEVERIANA

Die Domus Severiana und das Gartenstadion auf dem Palatin in Rom wurden in den Jahren 1998–2003 von den Lehrstühlen für Baugeschichte und Vermessungskunde der BTU Cottbus detailliert vermessen und dokumentiert [WULF 2001, RIEDEL; WEFERLING 2002]. Auf Grund der Komplexität des Bauwerkes wurde eine ausschließliche Dokumentation des Gebäudekomplexes in klassischen 2D Grundriss-, Schnitt- und Ansichtszeichnungen als nicht ausreichend erachtet und ergänzend ein digitales 3D-Gebäudemodell erstellt [BRASSE; RIEDEL 2006]. Um die Geometriedaten mit Informationen zu den einzelnen Bauteilen verknüpfen zu können, wurde ein Bauwerksinformationssystem für die Domus Severiana entwickelt. Dieses wurde so konzipiert, dass es grundsätzlich zur Dokumentation beliebiger Bauwerke einsetzbar ist und in das webbasierte Informationssystem CISAR für die Dokumentation archäologischer und bauhistorischer Forschungen, welches ebenfalls an der BTU Cottbus als openSource-Lösung entwickelt worden ist, als Modul integriert werden konnte [HEINE u.a. 2006, BRASSE u.a. 2009].

Basis-Objekte des Bauwerksmodells sind Wände und horizontale Elemente wie Decken und Fußböden, welche zunächst als Volumenkörper in AutoCAD®

modelliert und anschließend, um sie im Internet einfach visualisieren zu können, ins VRML-Format exportiert wurden. Diesen Basisobjekten wurden mittels einer umfangreichen Datenbank Sachinformationen, wie Typologien, Konstruktionsdetails und Datierungen, aber auch Fotos und Zeichnungen zugeordnet. Topologische Beziehungen, wie die Nachbarschaft von Räumen, wurden explizit in der Datenbank hinterlegt. Dem Entwurf der Datenbank wurde eine sehr hohe Bedeutung beigemessen, da die Inhalte und Beziehungen der einzelnen Tabellen den physikalischen Aufbau und die Funktionalität des Bauwerkes widerspiegeln müssen. Die Abbildung 4 zeigt das Konzept der „Raumbuch"-Datenbank und verdeutlicht die Komplexität der Datenbankstruktur. Die Datensätze der Sachdatentabellen wurden mit den Geometriedaten im VRML-Format verknüpft, so dass es möglich ist, Abfrageergebnisse aus der Datenbank in Form der zugehörigen 3D-Geometrieobjekte zu visualisieren oder aber auch Sachdaten zu den einzelnen Objekten im Geometriemodell anzuzeigen.

Ein Nachteil des derzeitigen Konzeptes des Bauwerksinformationssystems besteht darin, dass die Geometrie der Bauwerksobjekte ausschließlich in Form der VRML-Daten existiert, weshalb räumlich-topologische Abfragen nur dann möglich sind, wenn diese Informationen, wie zum Beispiel Wandstärken oder eben die Nachbarschaft von Räumen, als Sachdaten in der Datenbank explizit hinterlegt sind.

4D-MODELLIERUNG DER DOMUS SEVERIANA
Da im Bauwerksinformationssystem für jedes Bauteil sowohl die detaillierte 3D-Geometrie vorgehalten wird als auch eine Verknüpfung zur zugehörigen Bauphase existiert, war die Generierung eines 4D-Modells problemlos möglich. Auf dieser Basis wurde eine 4D-Animation[2] erstellt, aus der Sequenzen in Abbildung 5 gezeigt werden. Zu sehen sind die folgenden Entstehungsphasen:
1. vorflavisch
2. flavisch
3. hadrianisch
4. severisch
5. maxentianisch
6. aktueller Zustand

FORMALE ANALYSE AUF BASIS EINER RAUM-ZEITLICHEN ANFRAGESPRACHE
Neben der rein visuellen Analyse eines bauhistorischen Modells sind weitergehende computergestützte Analysefunktionalitäten für die bauhistorische For-

[2] Der produzierte Film ist unter http://www.cie.bv.tum.de/de/component/content/article/31/159 verfügbar (09.09.2010).

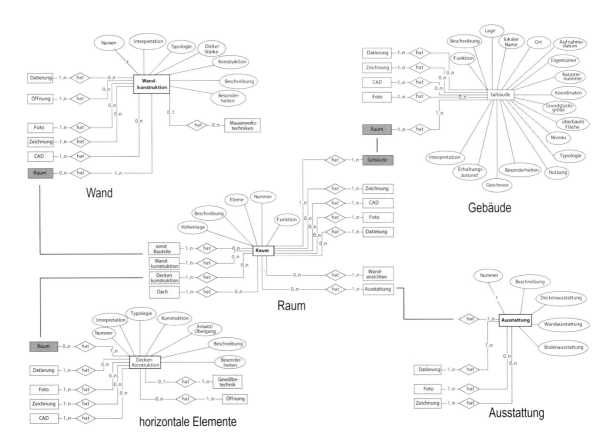

Abb. 4: Datenbankstruktur (ERM) des „Raumbuches" des Bauwerksinformationssystems

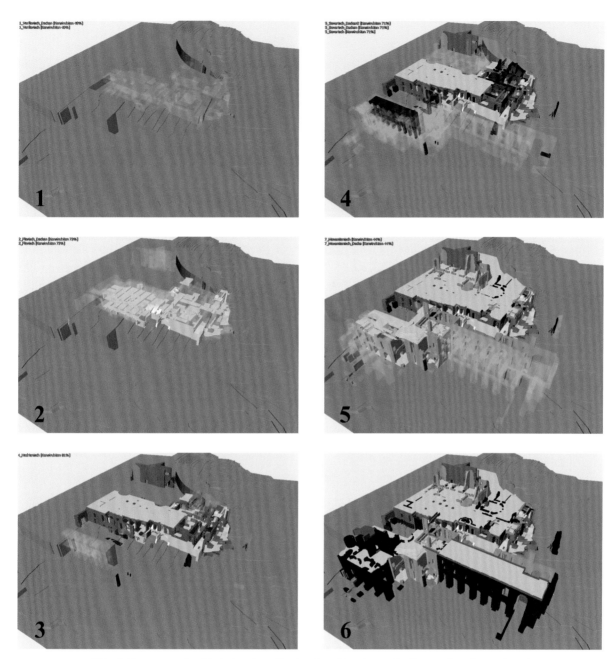

Abb. 5: Sequenzen der 4D-Animation, die einzelnen Bauphasen der Domus Severiana zeigend

schung wünschenswert. In diesem Zusammenhang planen die Autoren die Umsetzung einer raum-zeitlichen Anfragesprache für bauhistorische Bauwerksmodelle. Die Basis hierfür bildet die am Lehrstuhl für Computation in Engineering der Technischen Universität München entwickelte räumliche Anfragesprache für 3D-Bauwerksmodelle [BORRMANN; RANK 2009c]. Diese stellt verschiedene Klassen von räumlichen Operatoren zur Verfügung, die in einer Erweiterung der Anfragesprache SQL als Selektionskriterium eingesetzt werden können. Dazu gehören im Einzelnen

- metrische Operatoren (wie näher als, ferner als, …) [BORRMANN u.a. 2009]

- direktionale Operatoren (wie oberhalb, unterhalb, nördlich, südlich, …) [BORRMANN; RANK 2009a]
- topologische Operatoren (wie innerhalb, überlappt, berührt, …) [BORRMANN; RANK, 2009b].

Diese Operatoren ermöglichen Anfragen wie:

- „Finde alle Wände oberhalb von Decke 4."
- „Finde alle Unterzüge in Raum 24."
- „Gibt es Türen im Umkreis von 15 m?"

Für jede dieser Operatorklassen wurden formale Definitionen geschaffen und verschiedene Algorithmen für ihre Implementierung entwickelt. Zur Verarbeitung geometrischer Informationen kommt dabei u.a. eine

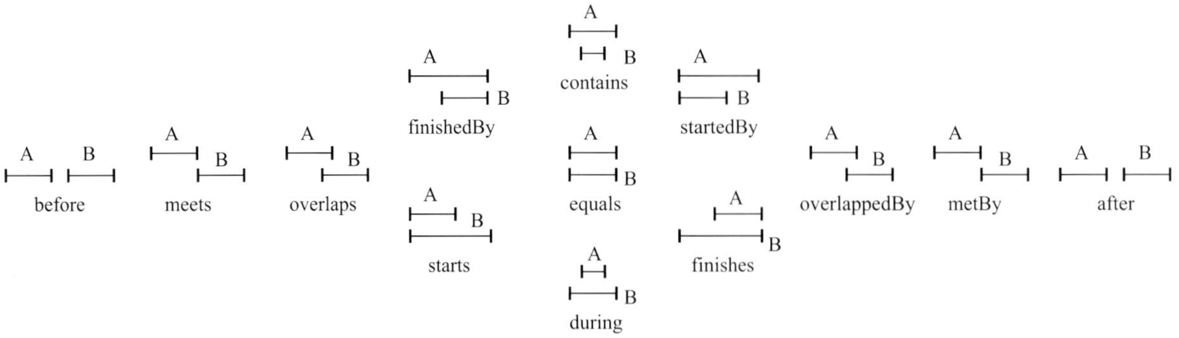

Abb. 6: Die in [ALLEN 1983] identifizierten Beziehungen zwischen Zeitintervallen.

oktalbaumgestützte Repräsentation der Bauteile zum Einsatz.

Für die Entwicklung einer raum-zeitlichen Anfragesprache ist eine Erweiterung der räumlichen Anfragesprache um zeitliche Operatoren notwendig. Als Grundlage bietet sich hierbei die von Allen vorgenommene Klassifikation von Intervallrelationen an [ALLEN 1983], bei der 13 qualitativ verschiedene Beziehungen zwischen Zeitintervallen unterschieden werden.

Die Kombination von räumlichen mit zeitlichen Operatoren wird Anfragen an 4D-Modelle erlauben wie

-   „Welche Objekte wurden in der direkt vorhergehenden Phase gebaut und berühren Stütze 17?"
-   „Welche Objekte liegen oberhalb Decke 4, wurden aber früher gebaut?"
-   „Gibt es nördlich von Wand 4 Objekte, die zum selben Zeitpunkt gebaut wurden?"

Eine zeit-räumliche Anfragesprache wird damit die Navigation in komplexen 4D-Datenbeständen vereinfachen und kann u.a. zur Überprüfung von bauhistorischen Hypothesen und Theorien herangezogen werden. Zur Implementierung der raum-zeitlichen Operatoren sind verschiedene technische Ansätze denkbar. Dazu zählt die Codierung des 4D-Modells in einem Hexadeca-Baum als Grundlage einer simultanen Bearbeitung von räumlichen und zeitlichen Operatoren.

Zur Umsetzung der konzipierten raum-zeitlichen Anfragesprache für bauhistorische Modelle ist umfangreiche Forschungs- und Entwicklungsarbeit notwendig.

ZUSAMMENFASSUNG

Der Beitrag gibt einen Überblick zur 4D-Modellierung in der Bauplanung. Dabei wurde zwischen 4D-Animationen und 4D-Simulationen unterschieden. Während zur Realisierung einer 4D-Animation ein bestehendes 3D-Modell mit festgesetzten Konstruktionszeiträumen bzw. Fertigstellungszeitpunkten verknüpft wird, werden diese Zeitpunkte bei der 4D-Simulation durch die Abbildung einzelner Prozessschritte und ihrer Verknüpfungen berechnet. Beide Methoden dienen der Vorbereitung und Prüfung von Bauabläufen.

Die Methoden der 4D-Modellierung sind auch in der bauhistorischen Forschung gewinnbringend einzusetzen. So kann durch Verknüpfung eines 3D-Bauwerksmodells mit seinen bauhistorischen Phasen eine 4D-Animation geschaffen werden, um zum einen die Ergebnisse bauhistorischer Forschung einer breiten Öffentlichkeit in intuitiver Weise zugänglich zu machen und zum anderen die getroffenen bauhistorischen Annahmen zu validieren.

In Zukunft soll verstärkt an einer weiteren Computerunterstützung für die Schaffung und Validierung bauhistorischer 4D-Modelle gearbeitet werden. Hierzu ist die Umsetzung einer formalen raum-zeitlichen Anfragesprache geplant.

DANKSAGUNG

Die Autoren danken Frau Dr. Ulrike Wulf-Rheidt vom Deutschen Archäologischen Institut und Frau Dipl.-Ing. Christiane Brasse von der BTU Cottbus für die freundliche Bereitstellung des 3D-Modells der Domus Severiana. Die Autoren danken außerdem den Fördermittelgebern Thyssen-Stiftung und Bayerische Forschungsstiftung.

Anschriften:
Dr.-Ing. André Borrmann, Lehrstuhl für Computation in Engineering, Technische Universität München, Arcisstraße 21, 80290 München.
E-Mail: borrmann@bv.tum.de
Dr.-Ing. Katja Heine, BTU Cottbus, Lehrstuhl Vermessungskunde, K.-Wachsmann-Allee 2, 03046 Cottbus.
E-Mail: Katja.Heine@tu-cottbus.de

Abbildungsnachweis:
Abb. 1–3, 5, 6: Verfasser;
Abb. 4: BRASSE; RIEDEL 2006, Abb. 7

Literatur:
ALLEN, J. (1983) Maintaining Knowledge about Temporal Intervals. Communications of the ACM, 1983, 26 (11), S. 832–843.

BEISSERT, U.; KÖNIG, M.; BARGSTÄDT, H.-J. (2008): Generation and Local Improvement of Execution Schedules Using Constraint-Based Simulation; Electronic Proceedings of the XIIth International Conference on Computing in Civil and Building Engineering, Beijing, China.

BORRMANN, A., SCHRAUFSTETTER, S., RANK, E. (2009) Implementing metric operators of a Spatial Query Language for 3D Building Models: Octree and B-Rep approaches. Journal of Computing in Civil Engineering 23 (1), S. 34–46.

BORRMANN, A., RANK, E. (2009a) Specification and implementation of directional operators in a 3D spatial query language for building information models, Advanced Engineering Informatics 23 (1), S. 32–44.

BORRMANN, A. RANK, E. (2009b): Topological analysis of 3D building models using a spatial query language, Advanced Engineering Informatics 23(4). S. 370–385.

BORRMANN, A., RANK, E. (2009c): Query Support for BIMs Using Semantic and Spatial Conditions. In: Underwood. J., Isikdag. U. (Hrsg.): Handbook of Research on Building Information Modeling and Construction Informatics: Concepts and Technologies, IGI Global, S. 405–450.

BORRMANN, A., JI, Y., WU, I-C., OBERGRIESSER, M., RANK, E., KLAUBERT, C., GÜNTHNER, W. (2009): ForBAU – The virtual construction site project. In: Proc. of the 24th CIB-W78 Conference on Managing IT in Construction. Istanbul, Turkey, S. 527–534.

BRASSE, CH., RIEDEL, A. (2006): Ein Bauwerksinformationssystem für die "Domus severiana" und das Gartenstadion auf dem Palatin in Rom – Möglichkeiten und Grenzen. In: Riedel, A., Heine, K., Henze, F. (Hrsg.): Von Handaufmaß bis High Tech II – Informationssysteme in der historischen Bauforschung, Verlag Phillip von Zabern, S.150–156.

BRASSE, CH., HEINE, K., ZHAO, D., WULF, U. (2009): A 3D Solution for a Web-based Building Information System. In: Posluchny, A., Lambers, K., Herzog, I. (Hrsg.): Layers of Perception, Proceedings of the 35th International Conference on Computer Application and Quantitative Methods in Archaeology (CAA), Berlin, April 2–6, 2007, Dr. Rudolf Habelt GmbH Verlag, Bonn, 2009, S. 241, CD.

HEINE, K., BRASSE, CH., WULF, U. (2006): WWW-Based Building Information System for "Domus Severiana" Palace at Palatine in Rome by Open Source Software. In: Ioannides, M., Arnold, D., Niccolucci, F., Mania, K.: VAST 2006 –Joint Event of VAST/CIPA/EG/ EuroMed, Nikosia, 2006, Eurographics Association, Aire-la-Ville, 2006, S. 75–82.

HEINE, K., HENZE, F. (2009): CISAR – ein modulares Informationssystem für raumbezogene Daten aus Archäologie und Bauforschung. In: Przybilla, H., Grünkemeier, A. (Hrsg.): Denkmäler3.de – Industriearchäologie. Shaker Verlag Aachen, 2009, S. 83–90.

HENZE, F., LEHMANN, H., LANGER, W. (2009): CISAR – A Modular Database System as a Basis for Analysis and Documentation of Spatial Information. In: Posluchny, A., Lambers, K., Herzog, I. (Hrsg.): Layers of Perception, Proceedings of the 35th International Conference on Computer Application and Quantitative Methods in Archaeology (CAA), Berlin, April 2–6, 2007, Dr. Rudolf Habelt GmbH Verlag, Bonn, S. 228–233.

JI, Y; BORRMANN, A., RANK, E., WIMMER, J., GÜNTHNER, W.A. (2009): An Integrated 3D Simulation Framework for Earthwork Processes. In: Proc. of the 26th CIB-W78 Conference on Managing IT in Construction, Istanbul, Turkey, S. 29–36

KÖNIG, M., BEISSERT, U., STEINHAUER, D., BARGSTÄDT, H-J. (2007): Constraint-Based Simulation of Outfitting Processes in Shipbuilding and Civil Engineering. In: Proc. of the 6th EUROSIM Congress on Modelling and Simulation.

MARTINS, O, SAMPAIO, A.Z. (2009): Virtual visual simulation of the incremental launching method of bridges construction, in: 17° Portuguese Meeting of Computer Graphics, University of the Interior Beira, Covilhã, Portugal, S. 29–33.

MCKINNEY, K., FISCHER, M. (1998): Generating evaluating and visualizing construction schedules with CAD tools. Automation in Construction 7, S. 433–447.

MCKINNEY, K., KIM, J., FISCHER, M., HOWARD, C. (1996): Interactive 4D-CAD. In: Proc. of the 3rd Congress on Computing in Civil Engineering, S. 383–389.

RIEDEL, A., WEFERLING, U. (2002): From pencil drawing to computer model: a method combining strategy for the documentation of the „Domus Severiana" at the Palatine in Rom. In: Albertz, J. (Hrsg.): Surveying and documentation of historic buildings-monuments-sites, (Proc. XVIII int. Symposium CIPA 2001), 2002, S. 132–139.

SAMPAIO, A.Z. (2003): Definition of a bridge deck geometrical modelling process to automate design graphical representations. In: Digital Proc. of IKM 16th International Conference on the Applications of Computer Science and Mathematics in Architecture and Civil Engineering, Weimar.

SAMPAIO, A. Z., HENRIQUES, P. G., CRUZ, C. O. (2009): Virtual environment in Civil Engineering education: Construction of a wall, a bridge and a roof. In: Proc. of the m-ICTE2009 Conference on Research, Reflections and Innovations in Integrating ICT in Education, S. 598–602.

WU, I. C., BORRMANN, A., RANK, E., BEISSERT, U., KÖNIG, M. (2009): A Pattern-Based Approach for Facilitating Schedule Generation and Cost Analysis in Bridge Construction Projects. In: Proc. of the 26th CIB-W78 Conference on Managing IT in Construction. Istanbul, Turkey, S. 93–100.

WULF, U. (2001): Mit welcher Methode sollen wir aufnehmen? Kombinierter Einsatz von Aufnahmemethoden am Beispiel der „Domus Severiana" auf dem Palatin in Rom. In: Weferling, U, Heine, K., Wulf, U. (Hrsg.): Von Handaufmaß bis High Tech– Aufnahmeverfahren in der historischen Bauforschung, Verlag Phillip von Zabern, 2001, S. 153–164.

RESEARCH ON THE THEATRE AT HIERAPOLIS IN PHRYGIA: AN INTEGRATED APPROACH

Filippo Masino – Giorgio Sobrà – Francesco Gabellone – Massimo Limoncelli

Fig. 1: Leon De Laborde, Pamboukkalesi. Vue generale de la ville prise du haut du Theatre. General view of the city taken from the top of the Theater, 1838.

Since 2004 the Theatre at Hierapolis in Phrygia has been the centre of a new research programme, led by Prof. Dr. Francesco D'Andria of Università del Salento, that incorporates architectural study, restorations and the monument's presentation to the public.

The programme has been conducted by the architectural historians from Politecnico di Torino[1] and experts in 3D modelling and graphical restoration from IBAM-Lecce[2].

ILLUSTRATIONS OF THE RUINS AND GRAPHICAL RECONSTRUCTIONS IN THE PAST

In the Theatre at Hierapolis, which was constructed under the reign of Augustus, the old *scaenae frons* was replaced during the early 3rd century by a new, more monumental one.[3] The new columnar façade was organized on three storeys and flanked by two imposing *paraskenia*. Sculptural reliefs, displaying mythological subjects, were placed on the different storeys, while dedicatory inscriptions ran along the entablatures. The transformation was outstanding due to the size of the structures, the high quality of workmanship and materials employed.

An earthquake in Hierapolis in the 7th century caused the collapse of the entire building as well as the ultimate abandonment of the city. Since the 18th century, the monument's striking ruins have become a recurrent theme in European travellers' descriptions and engravings.[4]

Many splendid drawings from the 19th century illustrate the ruins of the Theatre at Hierapolis that have been observed from the top of the *cavea* and placed in the suggestive landscape of the valley of the Meander. The drawings are often used by scholars due to the detailed representation of the architectural structures and the individual blocks that remain in position after the collapse. However, they often show errors or approximations in the representation. This may be due to their production for publication, which was often finished at home and on the basis of drafts taken on the site.[5]

Approximately ninety percent of the marble fragments of the columnar structure were preserved in the *cavea*. Its subsequent ancient appearance has attracted several scholars. The first graphical representation was made by the Italian architect Giovanni Battista Borra during an expedition to Palmyra that was led by Robert Wood (1750-53) and stopped at the Theatre at Hiera-

[1] The Politecnico di Torino founded the Italian Archaeological Mission at Hierapolis in 1957, thanks to the interest of Paolo Verzone, which has also been the first Director of the Mission [RONCHETTA 2005]. Since that date, this university has continuously worked in the architectural study of the monuments, dealing with the historical aspects, as well as with the building techniques, geomatic and architectural surveys, restoration and enhancement. The team working in the Theatre is composed by architects, Ph.D. students and Ph.D. graduates.

[2] IBAM (CNR Institute for the Archaeological and Monumental Heritage) is an interdisciplinary scientific structure with competences in the fields of knowledge, documentation, diagnosis, preservation, enhancement and fruition of the cultural and monumental heritage. It collaborates with several public and private instituitions both in Italy and abroad. The team involved in the 3D modelling of the Theatre is composed of architects, archaeologists and computer scientists.

[3] Recent studies have proposed a new chronology for the building phases; for an updated outline [MASINO; SOBRÀ 2010].

[4] DE LABORDE 1838, p. 83, pl. XXXIV; ALLOM, WALSH 1838, pl. 87; TEXIER 1839, pl. 53, 55.

[5] De Laborde, for example, is very accurate in representing the marble blocks on the ground, but the *cavea* shows some approximations, including the elimination of the arched gates in the *diazoma*; more correct instead, despite the „romantic" taste, the drawing by Thomas Allom, also in the depiction of the stonework of the stage building. Even the photographs made some years later by Trémaux show some errors: the excessive handmade retouching made before the publication led the author to trace normal courses of blocks above the lateral door of the *scaenae frons*, instead of the relieving arch. See below.

polis. Borra was most likely impressed by the rich decoration of the ancient architectural blocks of the *scaenae frons* and thus made detailed representations of elements, such as the central door frame, the jamb of a side door, the entablature of the second storey and a strigil-fluted column shaft with a composite capital.[6]

The first photographs of the Theatre were published by Pierre Trémaux in 1863 as well as drawings of some blocks and their possible reassembly. He was also the first scholar who tried to graphically reconstruct the whole monument through a general plan, a cross-section and a plan of the second storey.[7] Although his proposal was largely ill-founded, it still, until very recently, influenced studies on the Theatre.[8]

The members of the German expedition to Hierapolis in 1887 mainly focused on the epigraphy. Certain measurements of the inscribed blocks of the Theatre were published under the names of the participants.[9]

Until then, all documentation had been exclusively based on the observation of the blocks lying in the upper layer of the collapsed structure and of the wall structures preserved. The systematic excavation did not start until the Italian Mission in 1957. Daria De Bernardi Ferrero coordinated the instrumental geometric survey of the entire building and thousands of marble elements were moved outside the *cavea*, measured and inserted into a huge data-base. In the meantime, the epigraphic studies on the inscriptions made by Tullia Ritti and the studies on the sculptural reliefs of the podia clarified the sequence of many blocks and provided indepth knowledge of the iconographical programme.[10] The first general graphic reconstruction was published in

---

[6] Despite all the data collected during this expedition, the part regarding Asia Minor was not published: concerning the Theatre at Hierapolis see the words by Wood in his diaries (nowadays in the Library of the Society for the Promotion of Hellenic Studies, London) [HUTTON 1927, p. 119]; and the drawings by Borra (currently stored in the Yale Center for British Art, New Haven – Connecticut) [WILCOX 2001; ZOLLER 1996, pl. 18.12].

[7] TREMAUX 1862–1868, pl. 5, 7, 8, 11, 12. See note 5.

[8] His interpretation of the blocks with Hadrianic inscrip-

tion as part of a *porticus in summa gradatione*, for example, has been considered a proper intuition and maintained in its general principle in every publication concerning the Theatre until 2007. Recent studies have clarified that these blocks belong instead to a Monumental Altar dedicated to the Twelve Gods of the City [MASINO; SOBRÀ (in press)].

[9] HUMANN; CHICORIUS; JUDEICH; WINTER 1898 (in part. 60–65)

[10] RITTI 1985, p. 108–113; D'ANDRIA; RITTI 1985

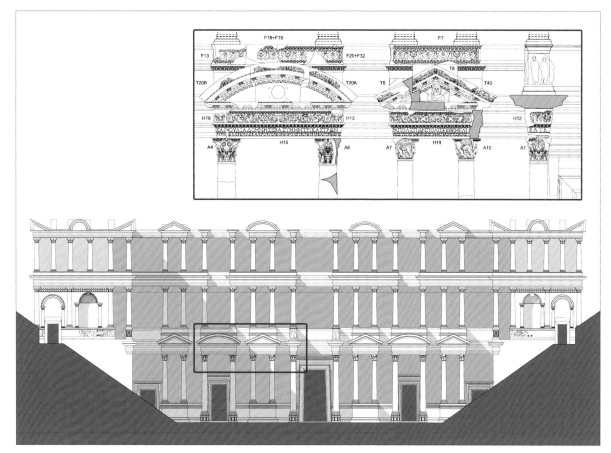

Fig. 2: Reconstructive drawings of the scaenae frons: complete view and detail of the block-to-block mapping

2002[11] and illustrated the general layout of the façade and, despite its schematic approach and estimations, it provided the fundamental basis for further studies. (F.M.)

ANALYSIS AND RECONSTRUCTION OF THE MONUMENT

The research that has been conducted by our group since 2004 has focused on the stage building, its marble decoration and its inner functional organization and has sought to achieve an ultimate reconstruction of the Severan *scaenae frons*.

Due to the lack of documentation for the excavation of the *cavea*, the study has been based on a depth analysis of the elements preserved *in situ* and in the store yards. In particular, we analyzed the different typological groups of elements and prepared a large number of sketches of the prominent blocks, using colours and symbols to indicate their main features:

- types of marble[12];
- different treatments applied to the surfaces;
- traces of the assemblage system of the blocks (pivots holes, seats for iron clamps, holes for the insertion of lifting means e.g.);
- characters of the decoration, especially outlining the presence of unusual or unfinished items and the variations in the execution of the iconographic patterns.

A key step for the study of the ancient building has been the formulation of working hypotheses about its shape, the relationship between the different marble blocks and the different possibilities of their assembly. The large production of free-hand sketches that were made on site, often produced quickly and with several approximations, has therefore been an integral part of our work. Subsequently, the collected data were transferred into CAD drawings and presented to the scientific community.[13] This equally dynamic and attentive approach enabled us to recognize the exact sequences of a large part of the blocks, to formulate hypotheses that were different from those previously published and allowed for an elaboration of newsworthy remarks on the building process.[14]

In 2007, a synergic collaboration between the architectural historians and the experts of the IBAM was

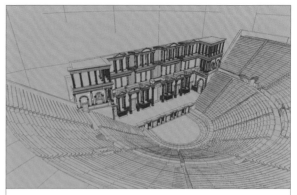
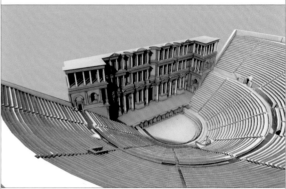

Fig. 3: Phases of the 3D modelling

established. Our group carried out an attentive supervision of the modelling process to ensure the matching between the 3D reconstruction and the results of the analyses. The first 3D model was completed in 2007 and was used as a preliminary working sketch to be updated in further studies. In addition, it has been used

---

[11] [CERESA 2002, p. 64] In particular, the reconstruction by De Bernardi had a typological character, suggesting the general layout of the columnar structure basing on the sequences of the inscribed entablatures of the first and second order and on some statistical considerations about the consistency of the different types of architectural elements, but without taking into account all the blocks preserved. Another drawing has been published in [DE BERNARDI 2007, pl. XX], with some variations.

[12] The marbles used for the construction of the *scaenae frons* came mostly from quarries near the city, such as those in Thiountas and Laodikeia, or from those far more distant from it, such as Aphrodisias and, less frequently, Dokimion

(Afyon) [PENSABENE 2007, p. 294–302]. The data derived from the autoptic examination of the stone materials have been useful in identifying the mutual compatibility of some fragments and the position of full blocks [MASINO; SOBRÀ 2010].

[13] The results of these studies were presented for the first time in the symposium "Methodologies of restoration and enhancement of Ancient Theatres in Turkey", Karahayit-Pamukkale – 7 and 8 September 2007.

[14] For example, the analysis of the decoration showed that at least two different teams or workshops may have operated in the Theatre, one in the southern half, and one in the northern half [MASINO; SOBRÀ 2010].

for the composition of didactic panels, simulations and photomontages utilized for the presentation of the project of anastylosis of the first order of the *scaenae frons* that has been recently approved and financed by the Turkish Government.[15]

The ongoing collaboration between us and IBAM, both on the site and in Italy, allowed for regular updates of the 3D model of the building. The most recent research has helped us to increase the knowledge of the material preserved by means of a publication on a new reconstruction of the *scaenae frons*. Here, all sculptural reliefs have been placed and the architecture of the two large *paraskenia,* that flank the stage and whose size and decoration have created an *unicum* in Asia Minor, has been clarified.

The integrated approach of the two research units has played an extremely positive role in the studies: the special attention to the relationship between the wall structure and the architectural decoration that was required by the 3D modelling, has been a fertile phase of verification and implementation of the knowledge concerning the monument. (G.S.)

THE VIRTUAL RESTORATION OF THE THEATRE IN HIERAPOLIS

The reconstructive study of the *scaenae* of the Theatre has been conducted with regards to a procedure that has been widely applied in the field of Virtual Archaeology[16] and Virtual Restoration[17]. Using integrated Computer Graphics methods, the archaeological approach to reconstructive studies seeks to create a virtual three-dimensional model, in which all the information provided by the various disciplines involved in archaeological research converges into a single "knowledge model".

The main characteristic of an architectural artefact is the series of close relations between *materials and structures – structure and function – function and form – form and style – style and materials*, which provide the foundation for its creation.[18] Due to Virtual Restoration, information technology enables us to create a three-dimensional reproduction of an archaeological or architectural item, via innovative and immersive forms of visualisation that present it to us as complete (or nearly complete) and integral constructions.

In Virtual Archaeology, 3D reproduction is no longer seen as a way of achieving an ideal reconstruction of an architectural item, but rather as a method for the verification and the merging of analytical data collected from studies of the functional and structural logic of a building. Another aspect of Virtual Restoration is the understanding of the so-called "technology aspect".[19] The starting point is the consideration of the theatre with regards to what anthropologists call "the technical objective" of the builder.[20] This refers to the aim of the individual or individuals who, in a coordinated series of operations and as their ultimate goal, sought to build a structure. Considered in this way, none of

[15] Coordination of the project: Prof. F. D'Andria; design team: Arch. P. Mighetto, Eng. F. Galvagno; historical analyses: Arch. F. Masino, Arch. G. Sobrà.
[16] GABELLONE 2006, pp. 417–426; LIMONCELLI 2009, pp. 493–503

[17] BENNARDI-FURFERI 2007
[18] MANNONI 2000, p.9
[19] BIANCHI 1996, p. 53
[20] ANGIONI 1984, p. 63

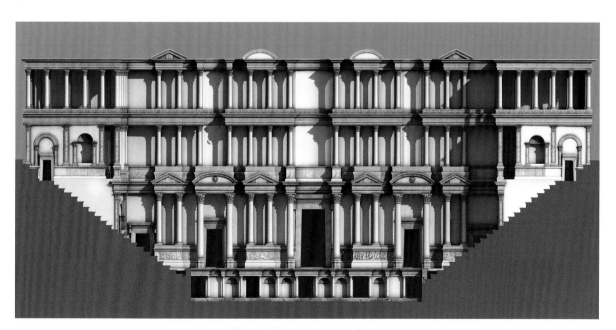

Fig. 4: 3D prospect of the façade

Fig. 5: The versurae in the model compared to the traditional 2D drawing

the phases of construction is the result of a random choice. Instead, each operation directly reflects both the technical knowledge of the builders and the cultural and economic situation of those who commissioned the building. Reconstructive study can also be seen as a form of ethnoanthropological analysis that seeks to understand "the relationship between the evidence of the buildings themselves and the dynamics of the relevant technological and cognitive processes, as well as the mechanisms of transmission of such knowledge, and their link to the cultural environment and the political and social organisation of the time"[21].

The Virtual Hierapolis project also includes the study of the production cycle and the building materials. This includes developing hypotheses concerning the decision-making about the acquisition of supplies, the initial processing of the materials, their improvements made on site and during the construction of the structure itself, and the choice of exactly what to build. In short, it incorporates the various phases of the construction process, known as constructive activities that have been envisaged in the architectural project.[22]

In terms of the methodology of reconstructive study, one must first conduct a documentation of the current state of the building and then gather all the information that is still retrievable from a direct analysis of the architectural item. This includes the data from the archaeological excavation, the analysis of the individual architectural elements and the direct or indirect survey of the building. Once all the information has been obtained, the second step involves a shift from the survey to the 3D restitution. This is carried out with the creation of one or more three-dimensional virtual models of the individual historic phases of the buildings by employing the Hand Made Modelling technique (solid and polygonal modelling, nurbs, subdivision

surfaces, etc). In this phase particular attention has to be paid to the texturing, such as the application of the materials to the objects that constitute the model. In our case a photographic survey was conducted in order to sample all the materials used in the construction and to create a restitution that not only demonstrates the volumetric and spatial appearance of the building, but also highlights its aesthetic appearance. Here, the relationship between the materials, their colours and the decorations all help the viewer to gain a greater understanding of the architectural composition of the original project.

The reading of a monument via 3D modelling is thus a necessary premise for understanding the object's history. Unlike a three-dimensional drawing, 3D modelling enables the viewer to virtually enter the internal space of the monument, which is a key characteristic of architectural perception. Three-dimensional virtual models thus represent the last stage of a chain of inquiry and constitute a point of convergence and a rigorous method for verifying the scientific data that have been obtained by historical and archaeological research. In addition, 3D modelling makes it possible to comprehend the original architectural plans via the technical analysis of the building.

Regarding the Theatre of Hierapolis, whose study is still in progress and thus subject to subsequent modifications, the main difficulties in the creation of the 3D model were the considerable quantity of architectural elements that were to be modelled. This resulted in a model composed of 7000 objects with a total of more than 11 million polygons. Due to the quantity of polygons, it was not possible to model the form of each

[21] BIANCHI 1996, p. 53
[22] CAGNANA 2000, p. 21

individual architectural element in detail. This was particularly true for the capitals, architraves and door jambs, the cornices and the figurative reliefs found on the podia of the stage, above the architrave of the first order of the *scaenae* and along the two lateral *versurae*. This technical problem was overcome by using texturing and rendering algorithms, including bump and displacement, which provided the model with geometric precision and a perception of the original architectural forms. (M.L.)

THE THEATRE AT HIERAPOLIS: A HOLISTIC APPROACH TO RECONSTRUCTIVE STUDY

The holistic philosophy is based on the idea that the properties of a system – ranging from microscopic particles to the most complex stellar systems – should be considered as a whole. In other words, particular systems or organisations cannot be explained exclusively through the analysis of their individual components. The specific nature of an object thus derives from the interaction and the relations between its components. This interaction is synergic and generates "emergent properties"[23], such as new possibilities and values that are not predictable from the characteristics of their separate parts. Taking steel as an example, one can notice that its resistance to traction is far more superior in total than the individual resistance to traction of its components iron and nickel. Bearing this in mind, this approach may be termed holistic: the functional sum of the object's elements is always greater than (or at least different to) the sum of its individual components. A typical example of a holistic structure is the biological organism: a living being should always be considered as a whole that cannot be expressed by the sum of its individual parts. Recently, it has been argued that the study of Cultural Heritage does not deal with static entities. Instead, considering the continuous discovery of new finds, scholars must regularly revise what seemed to be certainties. Thus Cultural Heritage can no longer be perceived as the sum of a number of individual objects, kept and catalogued in museums or collections and without a link to the historic and social context. The very mechanisms and evidence on which the proposed interpretation of a datum is based must be clearly described and presented to the wider public. This allows for a clear definition of the research process and the fact that the public can be involved in the assessment and interpretation of an archaeological find and its relevant reconstruction. These considerations prompt a reflection on the study of ancient monuments – also described as complex and intricate creations that form the basis of a Cultural Heritage object that has been constructed by human beings through the addition of juxtaposed and connected elements. Such elements are organised in a way that allows for an elevation to "architectural organisms," which, just like organic forms, are incorporated into this holistic vision. This

clearly refers to cities, roads, monuments, houses and settlements, in which the approaches towards the construction are repeated and it is evident that they belong to one domain. The city is clearly a "domain" in which a holistic vision finds full application: the construction of a building generates unique conditions that influence the adjacent as well as subsequent constructions. The basic architectural elements, such as cornices, capitals and columns, refer to an overarching "idea of the city"[24]. Thus the task of reconstructing an ancient building must necessarily encompass the interpretation and the study of the entire urban complex. This includes the identification and representation of the "idea of the city", which is composed of individual buildings. The results of this reconstructive study show that the Theatre of Hierapolis is highly representative of those expressive and historical features that we find in all monuments of the city. Thus, in congruence with the theatre, the overall physiognomy of the entire ancient context begins to take shape: *Virtual Hierapolis* is an interdisciplinary study and representation project based on Virtual Reality systems, which includes the Nymphaeum of the Tritons, "Frontinus Street", the Martyrion of Saint Philip, the Stoà-Basilica, the marble Stoà, etc.

The construction of a VR-based knowledge system[25] presupposes that the connections between items (in our case individual monuments) and their fundamental coherence will facilitate intelligent or cognition-based behaviour, which in turn enables even non-expert users to grasp the "idea of the city" and the cultural identity that is reflected by these items. However, the holistic approach, such as the one that is based on an understanding of the monuments considered together, does not preclude the possibility of using an inductive method, which proceeds from the detail to the general picture to find solutions to specific interpretative problems. The reconstruction of the theatre, as described below, was accomplished by "digital anastylosis". This involves the three-dimensional restitution of the individual architectural and sculptural elements that are detectable. Each of these elements has been re-processed in three dimensions using NURBS modelling (*Non Uniform Rational Beta Spline*) and *Subdivision Surfaces*. The detailed two-dimensional survey drawings was used as a starting point.

Regarding the Theatre, although the quantity of collapsed architectural elements is sufficient for the formulation of a plausible reconstructive hypothesis, the fragmented nature of the surviving pieces and in some cases (fortunately rare) the total absence of the originals poses a problem. The reconstruction of ancient contexts caracteristically faces serious problems of reliability

[23] SMUTS 1926
[24] ROSSI 1978
[25] GABELLONE 2009

caused by the more or less fragmentary information concerning the original appearance of a monument. In addition to the hyper-realistic reconstructive proposal, we have therefore presented a *correspondence model* of the original elements. It will enable scholars to retrace the criteria used for the reconstruction and to formulate alternative proposals. Hopefully it will also help soften the diffidence that is occasionally demonstrated towards 3D technologies that are frequently cited in reconstructive proposals.   (F.G.)

Address:
Dr. Arch. PhD Filippo Masino, Dr. Arch PhD Giorgio Sobrà, Politecnico di Torino, Dipartimento Casa – Città, Viale Mattioli 39, 10125 Torino, Italia
E-Mail: filippo.masino@polito.it, giorgio.sobra@polito.it

Dr. Arch. Francesco Gabellone, Dr. Massimo Limoncelli, IBAM CNR, Via Monteroni, 73100 Lecce, Italia
E-Mail: f.gabellone@ibam.cnr.it, max.limoncelli@libero.it

List of figures:
Fig.1: [DE LABORDE 1838, p. 83, pl. XXXIV]
Fig. 2 – 5: authors

Bibliography:
ALLOM, T., WALSH, R. (1838): Constantinople and the Scenery of the Seven Churches of Asia Minor, London.
ANGIONI, G. (1984) Tecnica e sapere tecnico nel lavoro pre-industriale, La ricerca folkloristica, IX, pp. 61 – 70.
BENNARDI, D, FURFERI, R. (2007) Restauro Virtuale. Tra ideologia e metodologia, Firenze.
BIANCHI, G. (1996) Trasmissione dei saperi tecnici e analisi dei procedimenti costruttivi di età medievale, Archeologia dell'Architettura, I, pp. 53 – 64.
CAGNANA, A. (2000) Archeologia dei materiali da costruzione, Firenze.
CERESA, F. (2002): Geometrie formali per il rilievo del teatro di Hierapolis. In: De Bernardi Ferrero, D. (ed.): Saggi in onore di Paolo Verzone, Roma, 51 – 68.
D'ANDRIA, F., RITTI, T. (1985): Le sculture del Teatro. I rilievi con i cicli di Apollo e Artemide. Hierapolis scavi e ricerche II, Roma.
DE BERNARDI FERRERO, D. (2007): Il teatro di Hierapolis di Frigia. In: De Bernardi Ferrero, D., Ciotta, G., Pensabene, P. (eds.): Il teatro di Hierapolis di Frigia. Restauro,

architettura ed epigrafia, Genova, 17 – 228.
DE LABORDE, L. (1838): Voyage de l'Asie Mineure, Paris.
GABELLONE, F. (2007) La ricostruzione virtuale di contesti antichi in archeologia. Un'esperienza di studio condotta sul sito di Jure Vetere. In: Fonseca, D.; Roubis, D., Sogliani, F. (eds.): Jure Vetere. Ricerche archeologiche nella prima fondazione monastica di Gioacchino da Fiore, pp. 417 – 426.
GABELLONE, F. (2009) Ancient contexts and Virtual Reality: From reconstructive study to the construction of knowledge models, Journal of Cultural Heritage, Vol. X, Supp. I, 112 – 117.
HUMANN, C., CHICORIUS, C., JUDEICH, W., WINTER, F. (1898): Altertümer von Hierapolis, Berlin.
HUTTON, C. A. (1927): The travels of Palmyra Wood in 1750 – 51, The Journal of Hellenic Studies, vol. XLVII, part I, London, 102 – 128.
LIMONCELLI, M. (2009) Virtual Archaeology a Hierapolis di Frigia: restauro virtuale e restituzione 3d degli edifici di ordine dorico. In: Ismaelli, T. (ed.): Hierapolis III, Istanbul, pp. 493 – 503.
MANNONI, T. (2000) Introduzione. In: Cagnana, A.: Archeologia dei materiali da costruzione, Firenze.
MASINO, F., SOBRÀ, G. (2010): La frontescena severiana del Teatro di Hierapolis di Frigia. Architettura, decorazione e maestranze. In: Ramallo, S., Röring, N. (eds.): Proceedings of the Symposium "La Scaenae Frons en la arquitectura teatral romana".
MASINO, F., SOBRÀ, G. (in press): A monumental Altar of Hadrianic age at Hierapolis in Phrygia. In: Proceedings of the XI Coloquio de Arte Romano Provincial, "Roma y las Provincias: Modelo y Difusión", Merida 18 – 21.05.2009.
PENSABENE, P. (2007): Gli elementi marmorei della scena: classificazione tipologica e inquadramento nella storia degli studi della decorazione architettonica in Asia Minore. In: De Bernardi Ferrero, D., Ciotta, G., Pensabene, P. (eds.): Il teatro di Hierapolis di Frigia. Restauro, architettura ed epigrafia, Genova, 17 – 228.
RITTI, T. (1985): Fonti letterarie ed epigrafiche. Hierapolis scavi e ricerche I, Roma.
RONCHETTA, D. (ed.) (2005): Paolo Verzone. 1902 – 1986. Tra storia dell'architettura restauro archeologia, Torino.
ROSSI, A. (1978) L'architettura della Città, Padova.
SMUTS, J.C. (1926) Holism and evolution, London.
TEXIER, C. (1839) Description de l'Asie Mineure faite par ordre du gouvernement français de 1833 à 1837, vol. I, Paris.
TREMAUX, P. (1862 – 1868): Exploration archeologique en Asie Mineure, Paris.
WILCOX, S. (2001): Eighteenth-century British draftsmen abroad, The Magazine Antiques.
ZOLLER, O. (1996): Die Architekt und der Ingenieur Giovanni Battista Borra (1713 – 1770), Bamberg.

ZUR DOKUMENTATION UND 3D-MODELLIERUNG VON DENKMALEN MIT DIGITALEN FOTOGRAFISCHEN VERFAHREN

Günter Pomaska

Abb. 1: Screenshot von MS Photosynth, Einzeldarstellung 110 Bilder vom Wasserturm Langeoog

EINLEITUNG

Mit der Einführung digitaler Fotografie wurde nicht nur der Entwicklungsprozess in der Dunkelkammer weitgehend abgeschafft. Einhergehend mit der Fortschreibung der Internettechnologien bis hin zum Web 2.0 haben sich für die Fotografie völlig neue Anwendungen ergeben. Da wären zu nennen: Fotocommunities wie Flickr oder Panoramio und deren Integration in Google Earth, GPS-Tagging, Panoramatechnologien und der Trend zur Publikation extrem großer Bilddatenmengen.

Das Foto ist ein Container von hoher Informationsdichte. Es liefert sowohl geometrische als auch radiometrische Informationen. Auf Grund der Informationsvielfalt und einfachen Handhabung ist es anderen Aufnahmesensoren überlegen. Parallele Entwicklungen in der Photogrammetrie sowie im Bereich Computer Vision (der maschinellen Wahrnehmung von Bildinhalten) führten zu Verfahren der automatischen Objektrekonstruktion aus digitalen Bildaufnahmen.

Am oberen Ende dieser Entwicklung stellt Microsoft mit Photosynth einen Image Browser zur Verfügung, der die interaktive Navigation durch ein Fotomodell ermöglicht. Dieses Fotomodell wird durch die Registrierung von Fotos eines Objektes, unter Berücksichtigung der EXIF-Informationen der digitalen Bilder, automatisch ermittelt. Neben den Fotostandpunkten wird auch eine Punktwolke des Objektes erzeugt.

Diese Punktwolke hat zwar nicht die Qualität, die ein kontinuierlicher Scanvorgang liefert, kann aber durchaus der Objektrekonstruktion dienen.

Der vorliegende Beitrag beschreibt Verfahren der 3D-Objektrekonstruktion auf der Basis der Photosynth-Punktwolken. Die Arbeitsschritte vom Download der Binärdateien über die Bereinigung der Daten bis zur Weiterverarbeitung mit den Open-Source-Werkzeugen MeshLab und Blender werden erläutert.

MS PHOTOSYNTH: VON DER AUFNAHME BIS ZUR NAVIGATION IM FOTOMODELL

Photosynth ist eine neue Technologie zur Betrachtung von 3D-Fotomodellen auf Windows-Plattformen. Die Software wurde in Kooperation zwischen Microsoft und der University of Washington entwickelt. Der Bildverband eines Objektes, auch mit erheblicher räumlicher Ausdehnung, wird analysiert und rekonstruiert. Die Anzahl der beteiligten Bilder kann dabei einige hundert betragen. Da Photosynth auf die EXIF-Informationen eines digitalen Bildes zugreift, sind unterschiedliche Auflösungen und Brennweiten innerhalb eines Bildverbandes möglich. Alle Bilder müssen im Vollformat vorliegen. Die Aufnahmeanordnung orientiert sich an photogrammetrischen Vorgaben. Zwischen den Bildern muss eine Basis liegen. Auf hinreichende Überdeckung ist zu achten.

Nach Installation des Photosynth-Plugins für die Web-Browser MSIE oder Firefox und Registrierung, können die Bilder auf den Microsoft-Server hochgeladen werden. Die Software kachelt die Bilder zunächst und sucht Features, die auch nach der Bildbewegung erkennbar sind. Durch dieses Feature-Tracking werden die Bilder zueinander orientiert, und die Aufnahmesituation wird rekonstruiert. Nunmehr sind eine Punktwolke des Objektes und die Fotostandpunkte (Position und Aufnahmerichtung) verfügbar.

Der Betrachter kann sich frei und mit Zoom-Möglichkeiten in dem Fotomodell bewegen. Es erfolgt ein weicher Übergang von Foto zu Foto. Zu betrachten sind die Einzelbilder, und bei Installation von Microsoft Silverlight kann auch zwischen der Punktwolke und den Fotos umgeschaltet werden.

Als nachteilig bei der Anwendung photogrammetrischer Methoden wurden immer die notwendige Nutzung von kalibrierten Kameras und der Orientie-

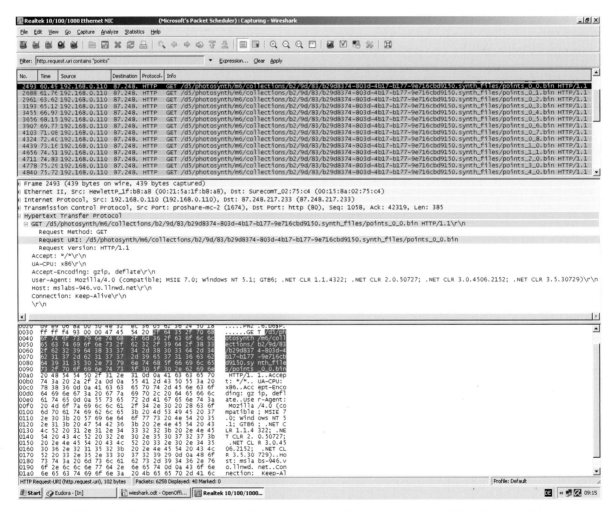

Abb. 2: Wireshark Network Packet Analyzer; das obere Panel zeigt Informationen, das mittlere Details und das untere Byteinformationen der Pakete

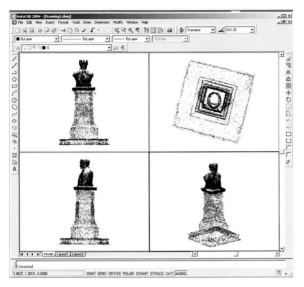

Abb. 3: Vorbereitung der Punktwolke zur Weiterverarbeitung

Abb. 4: Konstruktion diskreter Strukturen

rungsvorgang angesehen. Durch Computer Vision ist die völlig automatische Rekonstruktion eines Objektes, mit der Herleitung eines texturierten Geometriemodells, ohne jegliche Kenntnis von Kameradaten und Fotostandpunkten möglich. Eine Alternative zu Photosynth kann in dem Webservice ARC3D (*www.arc3d.be*) gesehen werden. ARC 3D ermöglicht das Hochladen eines Bildverbandes mit einem Uploader auf den Server der Universität Leuven. Das Ergebnis der dort prozessierten Bilddaten kann vom Server heruntergeladen und mit dem ARC 3D-Viewer betrachtet werden. Zur Weiterverarbeitung der Daten besteht eine Schnittstelle zu MeshLab. [VERGAUWEN, VAN GOOL 2006]

Eine weitere Software, die in diesem Zusammenhang genannt werden muss, ist Bundler. Bundler kann als Grundlage von Photosynth angesehen werden. Das Programm ist unter *phototour.cs.washington.edu/bundler* verfügbar. Der wesentliche Unterschied von Bundler zu Photosynth besteht in der Nutzung als Offline-Werkzeug.

OBJEKTREKONSTRUKTION AUS DER PHOTOSYNTH PUNKTWOLKE

Bei Aufruf eines Photosynth-Objektes werden verschiedene Dateien vom Server geladen. Darunter befinden sich auch die Punktwolken im Binärformat in Dateien mit der Bezeichnung *points_n_n.bin* (*_n_n* steht für eine laufende Generationsnummer). Je nach Größe der Punktwolke kann diese in mehrere Dateien aufgeteilt sein. Zum Zugriff auf die Punktwolke ist zunächst der Server und die URI der Dateien zu bestimmen. Hierbei hilft der Einsatz eines Network Packet Analyzers.

Wireshark ist ein Open-Source-Werkzeug, mit dem die Netzwerk-Kommunikation beobachtet werden kann. Es arbeitet wie ein Messgerät, das den Datenstrom der Netzwerkverbindung überwacht. Das Benut-

zerinterface von Wireshark ist in Panels unterteilt, in denen die gefilterten Informationen, Details und die Bytepakete angezeigt werden. Von Interesse ist hier ausschließlich der Filter *http.request.uri contains „points_"*. Bei Anwendung dieses Filters werden die ankommenden Informationen auf den Bereich der interessierenden Punktwolkendaten „points_" begrenzt. Der Wireshark Analyse-Prozess muss vor Aufruf von Photosynth gestartet werden.

Bei Übertragung der Punktdaten werden Detailinformationen über den Host und die Filereferenz angezeigt. Diese Informationen kopiert man in die Adresszeile des Internetbrowsers und kann nun die einzelnen Dateien auf den Clientrechner herunterladen.

Da die Punktwolke in binärer Form übertragen wird, muss diese zur weiteren Verarbeitung in ein lesbares ASCII-Format konvertiert werden. Hierzu wird von *http://binarymillenium.com/2008/08/photosynth-export-process-tutorial.html* eine Python-Prozedur bereitgestellt. Die Programmbefehle zur Ausgabe der Punktwolke in dieser Prozedur werden so modifiziert, dass im Ergebnis des Konvertierungsvorgangs ein AutoCAD-Scriptfile vorliegt, das ausschließlich das Grafikelement _point beinhaltet:

```
sys.stdout.write('_point\n')
sys.stdout.write(str(fbin[0])+','+str(fbin[1])+','
                          +str(fbin[2])+'\n')
```

Zur Vorbereitung der Punktwolke für das Mesh-Processing sind die Objektpunkte zu extrahieren, muss das Objekt horizontiert werden, und es kann eine Maßstabsanpassung erfolgen. Die Rohdaten werden mit dem AutoCAD Script-Befehl geladen. Hilfreich bei der Eliminierung nicht interessierender Punkte ist eine

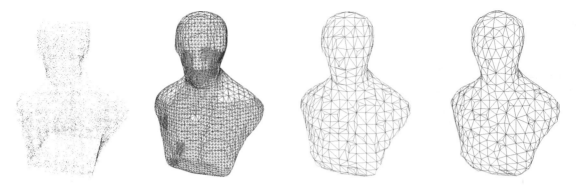

Abb. 5: Mesh-Processing mit MeshLab: Punktwolke, Vermaschung, Reduktion, Glättung

Mehrfachansicht, wie in Abbildung 3 gezeigt. Diskrete Objektstrukturen können unmittelbar mit dem CAD-System konstruiert werden. Die amorphen Strukturen erfordern eine Weiterverarbeitung, hier mit dem Open-Source-Programm MeshLab. Das AutoCAD Kommando *wblock* wird zur Ausgabe der benötigen Punkte in das DXF-Format benutzt. Da MeshLab als Importformat das Polygon-File-Format PLY erwartet, ist noch ein weiterer Konvertierungsvorgang notwendig. Der Verfasser stellt unter *www.imagefact.de/monuments* eine ausführbare Java-Klasse *DXFtoPLY.jar* hierfür bereit.

MeshLab ist ein Open-Source 3D-Mesh-Processing-System, entwickelt am ISTI-CNR (Institute of Information Science and Technology – National Research Council, Italy) innerhalb des europäischen Frameworks EPOCH. Die Software kann von *www.meshlab.org* bezogen werden. Sie stellt alle Funktionen der Verarbeitungskette von den sog. Range Maps bis zum 3D-Polygon-Modell bereit. Die Software umfasst Funktionen zur Registrierung benachbarter Punktwolken (Alignment), Algorithmen zur Oberflächenmodellierung, Reduzierung und Glättung der Oberflächen sowie Editierfunktionen einschließlich der Unterstützung gängiger 3D-Formate.

Der Ablauf einer Polygon-Rekonstruktion setzt sich aus folgenden Schritten zusammen: Normalenberechnung in den Punkten, Punktvermaschung mittels Poisson-Rekonstruktion sowie Glättung und Reduzierung der Dreiecksmaschen auf ein für das spätere Texturmapping und für Real-Time-Anwendungen vertretbares Maß.

TEXTUR-MAPPING

Die stückweise Texturierung ebener Flächen mit realen Fototexturen erfolgt durch Kachelung oder Zuordnung von Texturkoordinaten zu Objektkoordinaten. Im ersten Fall wird die Fläche des Objektes durch Wiederholung mit einer Texturkachel gefüllt. Die Anzahl der Wiederholungen wird dabei durch die anzugebenden Texturabmessungen bestimmt. Texturen, die kachelungsfähig sind, lassen keine Nahtstellen erkennen. Bei nicht-kachelungsfähigen Bitmaps entstehen ungewollt künstliche Effekte auf Grund der vielfachen Wiederholung.

Abb. 6: Texturiertes 3D-Modell

Ist die Objektfläche mit nur einer Instanz der Fototextur zu belegen, so kann die Projektion auf die Fläche durch die Zuordnung von vier Punkten des Fotos zu den korrespondierenden Punkten des Objektes erfolgen. Beste Ergebnisse werden bei vorheriger Korrektur der Objektivverzeichnung und radiometrischer Anpassung des Fotos erzielt. Im Anschluss an die projektive Transformation ist der Bildausschnitt auf den interessierenden

Bereich zu begrenzen und die Bildgröße für eine sinnvolle Objektauflösung zu wählen. Es ist zu beachten, dass die Bilddateien in der 3D-Modelldatei häufig auch intern mitgeführt werden. Die Nutzung des Originalfotos mit der ursprünglichen Auflösung und nicht-relevanten Bildteilen ist daher nicht sinnvoll.

Komplexer gestaltet sich das Textur-Mapping bei unregelmäßig begrenzten Objekten, die durch Oberflächenpatches approximiert sind. Sofern keine strenge photogrammetrische Lösung angewandt werden kann, ist ein 3D-Programm anzuwenden. Die 3D-Programme sind mit unterschiedlich leistungsfähigen UV-Image-Editoren ausgestattet. Mit einem UV-Image-Editor werden die zweidimensionalen Texturkoordinaten (U, V) den dreidimensionalen Objektkoordinaten (X, Y, Z) zugeordnet. Das Augenmerk liegt dabei auf der interaktiven Korrektur der Projektion von Oberflächen-Maschen auf die (ebene) Textur. Voraussetzung für ein hinreichendes Ergebnis ist die geeignete Auswahl der Bildsäume und die Vermeidung des *Christo-Effekts*, der bei zu flachen Projektionen auftritt.

Das in Abbildung 6 gezeigte Ergebnis wurde mit Blender erzielt. Es zeigt im unteren Sockelbereich die Kachelung einer Textur, bei den Inschriften die Zuordnung einer Instanz eines Bitmaps und im Bereich der Büste das sog. UV-Mapping.

Als weiteres Ergebnis einer 3D-Objektrekonstruktion aus Photosynth-Punktwolken wird hier der Innenraum mit Kuppel eines Badehauses gezeigt. Die Texturierung des Geometriemodells und der Export in das X3D Echtzeitformat erfolgten bei dieser Anwendung mit Google SketchUp (vgl. Abb. 7). Links ist der Blick im Innenraum nach oben unter die Kuppel zu sehen, rechts eine Ansicht von außen bei beidseitig texturierter Kuppel.

ZUSAMMENFASSUNG

Microsoft Photosynth ist ein Bildbrowser für 3D-Fotomodelle. Die Software stellt Funktionalitäten zur Rekonstruktion eines Bildverbandes bereit. Neben den Fotopositionen wird eine Punktwolke des Objektes berechnet. Das Verfahren arbeitet ohne Benutzereingriff.

Zugriff auf die Punktwolke besteht bei Kenntnis der URI durch Download der Binärdateien. Die Qualität der Punktwolke kann mit der von Laserscannern nicht konkurrieren. Ursache hierfür sind u.a. die nicht-kontinuierliche Abtastung, die Oberflächeneigenschaften des Objektes und grobe Fehler der Punktbestimmung. Unter Berücksichtigung der beabsichtigten Anwendung und Anforderungen an das Modell ist die leichte Handhabung des Aufnahmesystems Digitalkamera zu bewerten.

Es wurde gezeigt, dass auch für komplexe Auswertevorgänge leistungsfähige Open-Source-Software verfügbar ist. Andere Anwendungsbeispiele und Links sind unter *www.imagefact.de/monuments* aufgeführt. Zu weiteren Modellen gelangt man über die Google 3D-Galerie *sketchup.google.com/3dwarehouse.* und der Eingabe des Suchbegriffs *Obelisk Oelper*. Die Eingabe der Position 52.319121 lat, 8.918364 long führt ebenfalls zu einer 3D-Objektrekonstruktion aus einer Photosynth-Punktwolke.

Anschrift:
Prof. Dr.-Ing. Günter Pomaska, FH Bielefeld, FB Architektur und BauIngenieurwesen, Artilleriestrasse 9, D-32427 Minden,
E-Mail: gp@imagefact.de

Abb. 7: Innenraumaufnahme und Rekonstruktion der Photosynth-Punktwolke mit Google SketchUp

Abbildungsnachweis: Abb. 1–7: Verfasser

Literatur:

BERNHARDINI, F., MITTLEMAN, J., RUSHMEIER, H., SILVA, C., TAUBIN, G. (1999): The Ball-Pivoting Algorithm for Surface Reconstruction, IEEE Transactions on Visualization and Computer Graphics, 5(4), Oct.-Dec. 1999, S. 349–359.

KAZDAHN, M., BOLITHO, M., HOPPE, H. (2006): Poisson Surface Reconstruction. In: Fellner, D., Spencer, S.: SGP 2006 – Fourth Eurographics Symposium on Geometry Processing, S.61–70.

POMASKA, G. (2007): Web-Visualisierung mit Open Source, Wichmann Verlag, Heidelberg.

POMASKA, G. (2008): The Impact of GPS Tagging on Image Based Documentation and 3D Reconstruction of Cultural Assets. In: Proceedings of the 14th International Conference on Virtual Systems and Multimedia (VSMM), Project Papers, Limassol, Cyprus, S. 1–8.

POMASKA, G. (2009): Utilization of Photosynth Point Clouds for 3D Object Reconstruction. In: Takase, Y. (Hrsg.): Proc. of the 22nd CIPA Symposium, October 11–15, 2009, Kyoto, Japan. CIPA International Archives For Documentation Of Cultural Heritage Vol. XXII/2009, URL: http://cipa.icomos.org/text%20files/KYOTO/34.pdf (25.06.2010)

SINHA, N.S., STEEDLY, D., SZELISKI, R., AGRAWALA, M., POLLEFEYS, M. (2008): Interactive 3D Architectural Modeling from Unordered Photo Collections, ACM Transactions on Graphics, Vol. 27, No 5, Article 159.

SNAVELY, N., SEITZ, M.S., SZELISKI, R. (2008): Modeling the World from Internet Photo Collections, International Journal of Computer Vision, Vol. 80, No 2, S. 189–210.

VALLET, B., LEVY, B. (2009): What you seam is what you get: automatic and interactive UV unwrapping, Technical Report, INRIA – ALICE Project Team.

VERGAUWEN, M.; VAN GOOL, L. (2006): Web-Based 3D Reconstruction Service, Machine Vision Applications 17, S. 411–426.

ERHALT EINES UNESCO WELTKULTURERBES: 3D-LASERSCAN DOKUMENTATION UND VIRTUELLE REKONSTRUKTION DES KLEINEN BUDDHAS VON BAMIYAN

Georgios Toubekis – Michael Jansen

Abb. 1: Tal von Bamiyan mit Blick auf die Nischen des Großen und des Kleinen Buddhas

EINLEITUNG

Das Tal von Bamiyan in Afghanistan ist eine Hochebene auf etwa 2500 m über N.N. innerhalb des Hindukusch-Gebirges mit 3500–4500 m hohen Gipfeln. Es erstreckt sich über mehrere Kilometer in Ost-West Richtung entlang des Bamiyan-Flusses. Hohe Bergpässe bedingen eine relative Abgeschiedenheit von der nur ca. 200 km entfernt gelegenen Hauptstadt Kabul. Die alluviale Ebene des Tales ist durchzogen von einem Netz von historischen Wasserkanälen, welche der Bewässerung für die Landwirtschaft dienen. Entlang der Nordseite des Kliffs befinden sich mehrere tausend in das weiche Konglomeratgestein eingehauene Höhlen, die zu Wohn- und Kultzwecken genutzt wurden. Der Bereich der großen Buddhafiguren von Bamiyan erstreckt sich über eine Distanz von ca. 1,5 km in der Mitte des Tales, an der es sich im Zuflussbereich des Fuladi-Flusses aus dem gleichnamigen Tal etwa 1 km breit nach Süden öffnet (Abb. 1). Die privilegierte Lage an den Handelsrouten der Seidenstraße zwischen den Zivilisationen Chinas, Indiens, Persiens und dem Mittelmeerraum führte zwischen dem 5. und 9. Jh. n. Chr. zu einer kulturellen Hochblüte.

In den Figuren und Malereien der ehemaligen Klosterhöhlen von Bamiyan spiegeln sich künstlerische Merkmale des Westens wie des Ostens wider. Sie sind ein herausragendes Beispiel buddhistischer Kunst und Kultur mit großem Einfluss auf die Entwicklung des Buddhismus in ganz Zentralasien. Für die späteren islamischen Epochen unter ghaznavidischer und ghuridischer Herrschaft sind bemerkenswerte Stadt- und Festungsanlagen nachweisbar, allerdings ist über das Reich von Bamiyan wenig Wissen überliefert. Der schriftliche Reisebericht des chinesischen Pilgermönchs Xuanzang aus dem Jahre 629 n. Chr. erwähnt die prachtvolle Ausstattung der Figuren und verschiedene, heute nicht mehr erhaltene Klosteranlagen mit besonderen Reliquien. In Quellen arabischer Geografen sind die Figuren benannt, allerdings ohne Kenntnisse über ihren Ursprung oder den Bezug zum Buddhismus erkennen zu lassen. Neuere Ergebnisse von C14-Analysen der Malereien verschiedener Höhlen sowie von Lehmfragmenten der Buddhafiguren weisen auf eine kontinuierliche Bearbeitung der Oberflächen vom 5.–9. Jh. n. Chr. hin [NRICP 2006]. Die Entstehung der Buddhafiguren selbst kann dabei auf die Zeit zwischen dem Ende des 6. Jh. bis Mitte des 7. Jh. n. Chr. eingegrenzt werden.

Die Kolossalfiguren von Bamiyan markieren die westlichste Ausbreitung der Kunst von Gandhara, in welcher im 1. Jh. n. Chr. die Glaubenslehren des Buddhismus zum ersten Mal mit künstlerischen Merkmalen der hellenistischen Welt dargestellt wurden. Sie waren bis zu ihrer Zerstörung im Jahre 2001 die weltweit größten historischen Darstellungen eines stehenden Buddhas. Die Figuren wurden mit einem Abstand von etwa 800 m aus dem weichen Konglomeratgestein gearbeitet. Die absolute Höhe des Großen Buddhas im Westen betrug etwa 55 m, die des Kleinen Buddhas im Osten etwa 38 m. Zwischen beiden Figuren befinden sich Reste verschiedener kleinerer sitzender Buddhafiguren, welche einst Teil von komplexen Klosteranlagen im Kliff waren.

Erste bildliche Darstellungen der Figuren gelangten mit den Erlebnisberichten britischer Offiziere [BURNES 1834] über die militärischen Konflikte der Kolonialmächte England und Russland zwischen Asien und dem indischen Subkontinent im Laufe des 19. Jhs. nach Europa [RITTER 1838]. Die ersten wissenschaftlichen Erkundungen wurden durch die Mitglieder der Délégation Archéologique Française en Afghanistan (DAFA) im Jahre 1923 initiiert. Bis zum

Abb. 2: Kleiner Buddha von Bamiyan vor und nach der
Zerstörung

Ausbruch des Zweiten Weltkrieges wurden umfangreiche Dokumentationen der zugänglichen Höhlen-
komplexe sowie erste Konservierungsmaßnahmen
an Malereien und instabilen Höhlenbereichen durchgeführt [HACKIN 1933, 1939, 1959]. In der zweiten
Hälfte des 20. Jhs. wurden neben verschiedenen kunsthistorischen Untersuchungen [MIYAJI 1976, TARZI
1977, KLIMBURG-SALTER 1989] die umfangreichen
Dokumentations- und Konsolidierungsmaßnahmen an
den Figuren fortgesetzt. Japanische Teams realisierten eine umfassende fotografische Dokumentation, die
mit zeitgenössischen photogrammetrischen Methoden
durchgeführt wurde [HIGUCHI 1984]. Unter der Leitung des Archaeological Survey of India (ASI) wurden
zwischen 1964–76 umfangreiche Felssicherungsarbei-
ten an den beiden Kolossalfiguren durchgeführt, mit
dem Ziel die Anlage für den Tourismus zu erschließen.

Im Rahmen einer systematischen landesweiten Kampagne zur Zerstörung nicht-islamischer Kulturgüter
auf dem Höhepunkt des inner-afghanischen kriegerischen Konflikts, wurden die Figuren im März 2001
auf direkte Anordnung der religiösen Taliban-Führung
gesprengt. Die UNESCO nahm das Tal von Bamiyan

mit seinen archäologischen Hinterlassenschaften im
Jahre 2003 in die Liste der Welterbestätten gemäß der
UNESCO-Welterbekonvention von 1972 auf.

UNESCO-ICOMOS PROJEKT FÜR DEN ERHALT DES WELTERBES BAMIYAN

Bereits kurz nach dem Fall des Taliban-Regimes im
Jahr 2002 organisierte die UNESCO eine Begutachtung
der Zerstörungen durch internationale Experten, an der
auch der Verfasser Prof. Michael Jansen teilnahm. Die
Untersuchungen ergaben, dass durch mutwillige Zerstörung, Raub und Verfall seit der Sprengung bis zu
80% der dokumentierten Malereien zerstört worden
waren. Die Auswirkungen der Detonationen waren vor
allem am Großen Buddha gewaltig. Es entstand dort
ein ca. 8 m hoher Schuttkegel, in dem sich sehr viele
Fragmente mit sichtbaren Resten der Originaloberflä-
che befanden.

Beim Kleinen Buddha blieben sogar Teile des
Putzes der originalen Oberfläche und einige Konturen
von der vollständigen Zerstörung verschont. Allerdings waren dort durch dauerhaften Beschuss die
Flanken der Nische so geschwächt, das die Gefahr des
unmittelbaren Kollapses der gesamten Nischenstruk-
tur bestand (Abb. 2).

Ein Konzept für den dauerhaften Erhalt der Fragmente wurde bereits im selbem Jahr vom damaligen
Präsidenten von ICOMOS International, Prof. Michael
Petzet, präsentiert [PETZET 2002]. Die Konservierungsmaßnahmen begannen im Jahre 2003, an denen
sich seitdem Teams aus Italien, Japan und Deutschland gemeinsam mit afghanischen Experten unter der
Gesamtkoordination der UNESCO beteiligen.

Topografische Karten für den Bereich der Buddha-
Nischen wurden von einem japanischen Vermesser-
team erstellt sowie mittels eines 3D-Laserscans erste
Aufnahmen zur Dokumentation des Nischenzustands
realisiert [PASCO 2003]. Japanische Archäolo-
gen und Konservatoren unter der Leitung von Prof.
Kosaku Maeda und Kosaku Yamauchi vom Japan
Center for International Cooperation in Conservation

Abb. 3: Räumungsarbeiten von ICOMOS in der Nische des Großen Buddhas von Bamiyan

am National Research Institute for Cultural Properties Tokyo (NRICP) dokumentierten die Schäden an dem Höhlenmalereien und führen Restaurierungsarbeiten in ausgewählten Höhlenbereichen durch, um den weiteren Verfall der Malereien einzudämmen [NRICP 2004]. Wissenschaftliche Untersuchungen ergaben neue Erkenntnisse zur Verwendung von Pigmenten und Maltechniken im zentral-asiatischen Raum, unter anderem gelang der Nachweis für die früheste Verwendung von Farben auf Basis verschiedener Öle [IWAI 2007, COTTE u.a. 2008].

Dank einer Förderung durch das Auswärtige Amt und die Deutschen Botschaft in Kabul ist die Deutsche Sektion von ICOMOS aktiv an der internationalen Kampagne beteiligt. Ziel ist die Bergung der Fragmente der Buddhafiguren und die Sicherung in temporären Bauten (Abb. 3). Weiterhin konnten die Konservatoren den verbliebenen Originalputz in situ sichern und sich um die dauerhafte Stabilisierung der Rückwand sowie der Buddha-Fragmente kümmern [PETZET 2009]. In Kooperation mit italienischen Fachkräften wurden felsmechanische Konsolidierungen der einsturzgefährdeten Nischenzonen erfolgreich durchgeführt. Ein zentrales Problem, welches den Fortgang der Arbeiten über Jahre behinderte, war die starke Kontaminierung der gesamten Region mit Minen und weiterer Munition aus der Zeit der jahrzehntelangen kriegerischen Konflikte im Tal, so dass die Arbeiten teilweise nur unter Aufsicht von Sprengstoffexperten durchgeführt werden konnten. Das RWTH Aachen Center for Documentation and Conservation begleitet den Fortgang der gesamten Kampagne in enger Zusammenarbeit mit den Restauratoren von ICOMOS und UNESCO. Neben der Dokumentation der Bergungsarbeiten und der Koordination mit nationalen Behörden steht die Entwicklung eines nachhaltigen Konzeptes für das gesamte Welterbe Bamiyan im Zentrum der Arbeiten. Dafür wurde unter anderem ein *Cultural Master Plan* entwickelt, der auch Aspekte der Regionalentwicklung berücksichtigt. Alle Aktivitäten sind eingebettet in die Empfehlungen der *UNESCO Bamiyan Expert Working Group for the Preservation of the Bamiyan Site* [UNESCO 2006], die sich gemeinsam mit nationalen Behörden um den dauerhaften Erhalt des Welterbes Bamiyan bemüht.

3D-LASERSCAN DER NISCHE DES KLEINEN BUDDHAS VON BAMIYAN

Nach Abschluss der Räumarbeiten in der Nische des Kleinen Buddhas konnte erstmals eine genaue Übersicht über den Zustand der Rückwand sowie der zerstörten Bereiche im unteren Bereich der Nische gewonnen werden. Um die komplizierte Geometrie sowohl der Nische als auch der zerstörten Bereiche möglichst exakt zu erfassen, wurde ein 3D-Laserscan durchgeführt mit der Absicht, Daten für die Erstellung

Abb. 4: Laserscanner Riegl LMS Z420i

weiterer detaillierter Schadenskartierungen im Rahmen der Dokumentationskampagne der RWTH Aachen zu gewinnen.

Im Herbst 2006 führte Irmengard Mayer vom Fachgebiet Architekturgeschichte und Bauforschung (Prof. Marina Döring-Williams) der TU Wien den Scan durch. Es wurde ein *Riegl LMS Z420i* in einer systemspezifischen Kombination mit der Digitalkamera Canon EOS 1Ds (f = 20 mm, 10 Megapixel) eingesetzt (Abb. 4).

Der Scanner arbeitet mit dem Puls-Laufzeitverfahren in einer Reichweite von 1,5 m bis max. 800–1000 m Entfernung zur gemessenen Objektoberfläche. Die Auflösung des Scanners lässt sich flexibel entsprechend der Entfernung und Größe des Objektes anhand der Winkelstellung des Laserstrahles (0,02 – 0,12 deg) anpassen. Das Standardrauschen des Scanners wird mit ± 8 mm angenommen. Die Digitalkamera ist fest auf dem Scannergehäuse montierbar und auf die direkte Kommunikation mit der Scannersoftware ausgelegt. Jedes Mal, wenn die digitale Kamera auf dem Scanner befestigt wird, ist eine manuelle Kalibrierung (mounting calibration) notwendig. Diese wird durch manuelles Zuordnen von gescannten Punkten mit eindeutig sichtbaren Merkmalen in den digitalen Bildern durchgeführt. Eine Totalstation LEICA TCR 1105 wurde für die Einmessung aller Scanner-Positionen benutzt. Als Referenz-

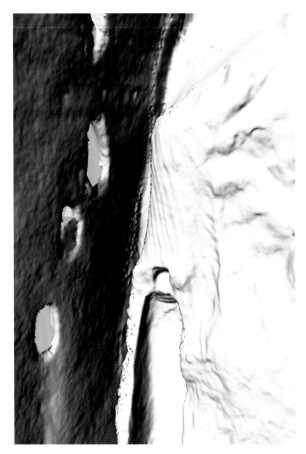

Abb. 5: Rückwand mit Detail der Schulterpartie am
38 m Buddha

system dienten die Kontrollpunkte, welche durch das japanische Team während der Kartierungsmaßnahmen im Jahre 2003 gesetzt worden waren.

Da ein topografischer Fixpunkt durch zwischenzeitige Arbeiten des afghanischen Kampfmittelräumdienstes verloren gegangen war, wurde ein neuer Fixpunkt direkt vor der Nische des Kleinen Buddhas in den Boden gesetzt und in das übergeordnete System eingebunden. Um die Nische des Kleinen Buddhas in seiner Gesamtheit zu erfassen, waren insgesamt 23 Scanner-Positionen notwendig. Da viele Bereiche aus Gründen der Sicherheit nicht zugänglich waren, konnten die Scanner-Positionen nicht frei gewählt werden. Damit blieben einige Zonen der Rückwand für die Laserstrahlen nicht erreichbar. Insgesamt 40 runde, flache Reflektoren (5 cm/10 cm) wurden gleichmäßig über die zu scannende Oberfläche der Nische verteilt, mit der Totalstation eingemessen und in das übergeordnete Referenzsystem eingebunden. Biaxiale-Bireflex Reflektoren (5 cm) wurden an verschiedenen Stellen der Seitenwände angebracht und dienten als Verknüpfungspunkte für die automatische Registrierung der einzelnen Aufnahmen des Scanners aus den unterschiedlichen Positionen.

Um eine hohe Abbildungsgenauigkeit zu erzielen, wurde ein Abstand von 8 mm der Messpunkte des

Scanners an der Oberfläche der Kliffwand manuell in der Software für jede Scannerposition neu eingestellt. Nach jedem Scan-Durchgang macht die auf dem Gerät montierte Digitalkamera Canon EOS 1Ds eine Reihe von Fotos. Dabei werden die Farbwerte der Pixel aus den digitalen Bildern mit Hilfe der Kalibrierungswerte automatisch den Messpunkten aus dem Laserscan zugeordnet, und man erhält eine kolorierte Punktwolke. Durch diesen Vorgang können die Pixel der Bilder in dem später generierten Dreiecksmodell direkt auf das 3D-Objekt übertragen werden (mapping). Die verwendete Software RiScan Pro 1.2 ist Teil des Gesamtsystems Riegl LMS Z420i.

In der Nachbearbeitung wurde die Software *QTSculptor v2.85* (*Polyworks Technology*) zur Triangulation der Messpunkte verwendet. Das zur Verfügung stehende Computersystem (Pentium D CPU 3,2 GHz, 4 GB RAM, NVIDIA GeForce 7900 GT) konnte allerdings die insgesamt 4 GB an Messdaten nicht bearbeiten. Daher wurde das Objekt in drei Teile zerlegt und getrennt voneinander prozessiert, um es in einem abschließenden Schritt wieder zu vereinigen. Bei der Aufteilung der Punktwolke ist sowohl auf ausreichende Überlappungsbereiche zu achten als auch auf die Anzahl der generierten Dreiecke. Diese Anzahl bestimmt die endgültige Dateigröße und ebenso die letztlich erzielte Abbildungstreue und Lesbarkeit von Details.

Im vorliegenden Fall generierte *QTSculptor v2.85* 1,2 Millionen Dreiecke aus den 77 Millionen Messpunkten. In einem letzten Schritt wurden dann die digitalen Bilder auf das 3D-Objekt gemappt. Dieser Vorgang erfolgt automatisch, da die notwendigen Kalibrierungen bereits vor Ort (mounting calibration)

Abb. 6: Ergebnis des Laserscans

durchgeführt werden. Aus diesem 3D-Modell lassen sich weitere Pläne (Ansichten, Schnitte, Orthofotos) je nach Bedarf erzeugen.

Obwohl die Detonationen den größten Teil der Buddhafigur zerstört haben und im unteren Bereich der Nische die Felsbereiche zwischen den drei rückwärtigen Zeremoniehöhlen vollkommen zerstört sind, lassen sich einige an ihrem originalen Ort verbliebenen Figurreste sowie die Konturen der Figur sowohl im 3D-Modell als auch in der Realität an Ort und Stelle eindeutig erkennen (Abb. 5–6).

VIRTUELLE REKONSTRUKTION DER BUDDHAFIGUR UND KONSOLIDIERUNG DER ZERSTÖRTEN STRUKTUREN

Das gesamte Bamiyan-Kliff mit den beiden Figuren und allen zwischen diesen beiden Nischen liegenden Höhlenkomplexen wurde durch das Team von Prof. Takayasu Higuchi (Archaeological Mission to Central Asia/Kyoto University) in den Jahren 1972–78 fotografisch dokumentiert und in Teilen stereoskopisch vermessen [HIGUCHI 1984]. Obwohl die ursprünglichen Stereo-Fotografien im Archiv nicht mehr auffindbar sind, konnte das Institute for Research in Humanities der Kyoto University die originale Isohypsenzeichnung ausfindig machen, welche aus der Stereo-Fotografie erstellt worden war. Zur Ermittlung der Hüllfläche der zerstörten Figur des 38 m hohen Kleinen Buddhas wurde von der originalen Isohypsenzeichnung (Tusche, Maßstab 1:50) ein hochauflösender Scan (6800 x 10400 pixel) gefertigt. Von diesen Zeichnungen wurden die im Abstand von 10 cm verlaufenden Isohypsen manuell digitalisiert, und anschließend wurde die ursprüngliche Oberfläche des Kleinen Buddhas als 3D-Objekt in *Geomagic Studio v.10* modelliert (Abb. 7). Diese 3D-Oberfläche der Figur wurde daraufhin mit dem Modell aus den Laserscandaten anhand der visuellen Interpretation eindeutig erkennbarer Merkmale zusammengeführt.

Das rekonstruierte Modell (Abb. 8) zeigt deutlich die Struktur der Figur, die als Hochrelief aus dem weichen Konglomerat gearbeitet wurde. Die Tiefe der Zerstörung lässt sich durch den Abstand der jetzigen Steinoberfläche zu der Oberfläche der zerstörten Figur ermitteln und beträgt 10–170 cm. Weiterhin konnte die räumliche Konfiguration der zerstörten Höhlen im unteren Bereich der Nische analysiert und das allgemeine Schadensbild von Rissen und großen Klaffungen in Decken und Nischenrückwand besser verstanden werden. Es wurde festgestellt, dass sich die physische Rekonstruktion dieser zerstörten Höhlenpartien positiv auf die Gesamtstabilität der Nischenrückwand auswirken würde.

Aus dem 3D-Modell wurden in einem weiteren Schritt Schnitte, Ansichten und Orthofotos generiert, entsprechend dem Bedarf der laufenden Konservierungsarbeiten. Die Pläne aus der hochpräzisen Vermessung

der Nische werden u.a. für die genaue Dokumentation des geologischen Profils und zur genauen Kartierung der Risse der Nischenrückwand genutzt (Abb. 9). Sie dienen als Planungsgrundlage für die Stabilisierung und physische Rekonstruktion der zerstörten Höhlenpartien im Bodenbereich der Nische, die mittlerweile erfolgreich abgeschlossen werden konnten. Die Räume wurden in Grund- und Aufriss der originalen Struktur nachempfunden. In die neu errichteten Wände wurde nach Möglichkeit originales Felsmaterial integriert (Abb. 10). Mit Hilfe der aus dem Modell gewonnenen Plangrundlagen ist es nun möglich, die Ergebnisse aus laufenden geophysikalischen Untersuchungen der verbliebenen Fragmente sowie vor allem das geologi-

Abb. 7: Links: Stereo-Auswertung von 1978, rechts: Rekonstruiertes Modell des Kleinen Buddhas auf der Basis der Strichzeichnung von 1979

Abb. 8: Modell der Laserscanmessung der Nische und virtuelle Rekonstruktion mit Texturinformation des Kleinen Buddhas von Bamiyan

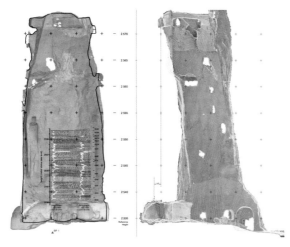

Abb. 9: Dokumentation (Ansicht, Schnitt) der
Nischenrückwand mit geologischem Profil

Abb. 10: Physische Rekonstruktion der Kulthöhlen am Fuße
des Buddhas

sche Profil der Rückwand präzise zu verorten und in
die Pläne einzutragen. Damit ist die Grundlage für die
Entwicklung und die Überprüfung von technischen
Möglichkeiten einer evtl. Anastylose oder teilwei-
sen Zusammenfügung von Originalfragmenten in der
Zukunft geschaffen.

Tests vor Ort haben bestätigt, dass die geologischen
Merkmale jedes Fragmentes eine genaue Bestimmung
der Konglomeratzusammensetzung ermöglichen und
sich zusammen mit weiteren geologisch-magnetischen
Messungen die ursprüngliche Herkunft des Fragmentes
durch Abgleichung des geologischen Profils der Rückwand ermitteln lässt [URBAT 2009]. Somit ist eine
Methode zur Identifikation der ursprünglichen Position
jedes Steinfragments empirisch bestätigt worden.

NEUE TECHNOLOGIEN UND AUSBLICK IM
CULTURAL HERITAGE MANAGEMENT

Neben gängigen 3D-Visualisierungen wird von dem
virtuellen Modell im Rahmen von Besprechungen mit
Experten zur Einsatzplanung vor Ort direkt Gebrauch
gemacht. Im Virtual Reality Center der RWTH Aachen
ist eine *CAVE (Cave Automatic Virtual Environment)*

von *BARCO ™* installiert, die zur Echt-Zeit 3D-Visua-
lisierung von komplexen numerischen und technischen
Simulationen verwendet wird. Sie ist eine technische Weiterentwicklung des ursprünglichen Systems
[CRUZ-NEIRA u.a. 1993]. Der volle 3D-Effekt wird
mit Hilfe einer stereoskopischen Bild-Projektion erzielt.
Der Raum besteht aus fünf Projektionsflächen mit den
Maßen 3.60 x 2.70 x 2.70 m (Breite x Tiefe x Höhe).
Jede Seitenwand wird von zwei digitalen Projektoren
bespielt (vier Seitenwände als Rückprojektion, Boden
als Aufprojektion) und ist mit einer Spezial-Folie
beschichtet, welche die Polarisation der projizierten
Lichtstrahlen erhält. Eine Brille mit polarisierten Glä-
sern (Zirkularpolarisation) filtert das für das linke und
für das rechte Auge bestimmte Bild aus den projizierten
Bildpaaren heraus. Der Augenabstand kann über die
Software gesteuert werden. Die zehn Projektoren verfügen über eine Auflösung von 1600 x 1200 Bildpunkten (verglichen mit üblichen 1280 x 1024) und erlauben
somit wesentlich schärfere und detailreichere Darstellungen. Die immersive Umgebung erlaubt zusätzlich
zum stereoskopischen 3D-Effekt auch das "Eintauchen"
in die 3D-Szene. Dazu wird die Projektion des Bildes
durch optische Erfassung der Brillenposition (tracking)
mit Hilfe von sechs *ART track1* Kameras in Echtzeit
an die wechselnde Blickrichtung des Betrachters angepasst. Die Prozessierung der Bewegungsdaten und
der Bildprojektion wird durch einen angeschlossenen
Rechencluster aus zehn Computern realisiert, der aus
jeweils zwei Render Clients für eine Projektionsfläche
besteht (ein Rechner pro Projektor). Die Applikation
für Berechnung und Darstellung der Szene innerhalb
der CAVE ist in Eigenentwicklung von Mitarbeitern
der RWTH Aachen mit Hilfe des VR framework *VISTA*
entworfen worden und verarbeitet alle gängigen Aus-
gabeformate aus kommerzieller 3D-Software.

Im Falle von Bamiyan ist unsere Arbeit darauf ausgerichtet, Erhaltungs- und Restaurierungsarbeiten
am Original-Objekt zu unterstützen. Primäres Ziel ist
es gewesen, ein genügend präzises digitales Modell
als Mittel der Kommunikation einzusetzen, in welches sich genauere Detailbeobachtungen und Fest-
stellungen zu einem späteren Zeitpunkt entsprechend
dem Projektfortschritt einfach integrieren lassen. Im
Rahmen der internationalen Kooperation innerhalb des
UNESCO-Projekts dient es dazu, Diskussionsbeiträge
zu konkretisieren, indem Untersuchungsergebnisse
integriert werden können, um daraus Planungsgrund-
lagen für zukünftige Interventionen auf dem Gelände
zu entwickeln und darzustellen. Mit Hilfe des digitalen Modells der Laserscanmessung und der virtuellen
Rekonstruktion konnte die ursprüngliche komplexe
räumliche Konfiguration auch für Nicht-Experten
nachvollziehbar und verständlich gemacht werden.
Ansätze für eine zukünftige teilweise oder vollständige Anastylose können durch den Einsatz der CAVE
im Virtual Reality Center der RWTH Aachen durch

verschiedene Modellstudien umfassend simuliert und studiert werden und zum besseren Verständnis der Situation beitragen (Abb. 11).

Kritisch anzumerken ist hier, dass der zunehmende Einsatz von 3D-Technologien im Alltag der Bauforschung erhöhte Anforderungen an Datenhaltung und -sicherung der erfassten Messdaten und der daraus prozessierten 3D-Modelle stellt. Dies gilt vor allem bei der Generierung von komplexen 3D-Modellen, von denen im Projektfortgang zu unterschiedlichen Zeitpunkten zweckbestimmte und datenmäßig reduzierte „Kopien" hergestellt werden müssen (z.B. für Visualisierungen oder als Vorlage für 3D-Plotter).

Neben dem bereits allseits bekannten Problem der Formatvielfalt digitaler Daten kommen die „Modell-Klone" als ein neuer Aspekt dazu. Gerade bei der Arbeit mit unterschiedlichen Varianten eines komplexen digitalen 3D-Modells ist der Grad seiner Abbildungstreue nur über technische Metadaten (z.B. Erstellungsdatum, Anzahl von Punkten und Dreiecken) erschließbar. Für die Zukunft ist die Entwicklung von klaren Standards und Richtlinien dringend geboten, mit denen sich die Qualität von 3D-Modellen anhand nachvollziehbarer Parameter einordnen lässt. Die mit Hilfe von hochpräzisen Messtechniken erzeugte Fülle von Detailinformationen wirft zu Recht die Frage auf, wie man all diese Informationen umfassend nutzen kann, um das Denkmal als Ganzes beschreiben zu können. Duch die hohe

Präzision und Dichte der Laserscanmessungen werden selbst kleinste Details der Oberfläche (original Putze, Risse und Klaffungen) erfasst und ermöglichen die Erzeugung von herkömmlichen detaillierten 2D-Plänen der Geometrie (Schnitte, Ansichten). Dies erlaubt die Untersuchung von unzugänglichen Teilen des Denkmals, Bereiche, die der direkten Beobachtung des Bauforschers bisher nicht zugänglich waren. Sie stellen die Frage in den Raum, wie eine Deutung von Befunden zu bewerten ist, die sich aus der Interpretation eines 3D-Modells ergeben. Dramatischer wird dieser Aspekt noch, wenn auf Grund schadensträchtiger Ereignisse das Original-Bauwerk und damit die Primärquelle verschwindet (Umweltkatastrophe, Krieg) und somit das mediale Artefakt (digital/analog) Quellencharakter erhält und alleiniger Ausgangspunkt für die Interpretation wird.

Im Rahmen des von der DFG an der RWTH Aachen geförderten Excellenzclusters *UMIC* (*Ultra High Speed Mobile Information and Communication*) werden in dem Teilprojekt *Virtual Campfire* neben diesen angeführten, rein technischen Aspekten auch neue soziale und gesellschaftliche Komponenten untersucht, z.B. inwieweit der Einfluss von modernen und vor allem hoch-mobilen Kommunikationstechnologien auch die Arbeitsweisen von Experten im Sektor Cultural Heritage beeinflusst wird (*http://www.bamiyan-development.org*). Der zukünftige Umgang mit dem

Abb. 11: Links: Blick in der CAVE Umgebung der RWTH Aachen, rechts: Blick auf Kleinen Buddha von Bamiyan (1978)

Abb. 12: Storytelling Prototyp – Kontextualisierung von
Medienartefakten im Diskurs

gesamten UNESCO-Welterbe Bamiyan geht über die
Betrachtung der Behandlungsmöglichkeiten für die
zerstörten Figuren hinaus. Gerade in einem Umfeld,
in dem auf Grund der jahrelangen kriegerischen Ereignisse, Lehr- und Lerntraditionen zerstört worden sind,
werden neue Formen der Wissensvermittlung notwendig, um in einem fach- und kulturübergreifenden
Dialog zu einem gemeinsamen Verständnis von Begriffen wie Denkmalwert, Erhalt, Entwicklung und Wandel
zu gelangen. Das Projekt verwendet Medienartefakte
als Zeugnisse menschlichen Handelns an einem Ort.
Dazu ist es notwendig, das Medienartefakt über seine
rein technische Beschreibung hinaus mit inhaltlicher
Beschreibung zu versehen. Diese Anreicherung von
Kontextdaten kann sowohl strukturiert gemäß definierter Standards (Thesauri, Dublin Core, CIDOC) oder
auch vollkommen frei (tagging) erfolgen. Verknüpfungen von Medienartefakten untereinander werden
ebenfalls als inhaltliche Beschreibung verstanden.
Diese ständige Re-Kombination von einzelnen Medienartefakten erzeugt nicht-lineare Geschichten, die als
Instrument der Wissensübermittlung gesehen werden
können. Wissen wird hier verstanden als Fähigkeit zur
Deutung, der in der Quelle kodierten Handlung. Dabei
reicht die Palette der Medienartefakte von Bildern über
Videos bis hin zu 3D-Modellen (Abb. 12).

Anschrift:
Univ.-Prof. Dr. Ing. Michael Jansen, Dipl.-Ing. Georgios
Toubekis, RWTH Aachen University, Lehr- und Forschungs-
gebiet Stadtbaugeschichte, RWTH Aachen Center for Docu-
mentation and Conservation, Templergraben 49, 52062
Aachen.
E-Mail: toubekis@sbg.arch.rwth-aachen.de,
jansen@sbg.arch.rwth-aachen.de

Abbildungsnachweis:
Abb. 1–6, 7 rechts, 8–12: RWTHacdc
Abb. 7 links: Kyoto University Archaeological Mission
-Takayasu Higuchi / Institute for Research in Humanities
Kyoto University / National Research Institute for Cultural
Properties Tokyo

Literatur:
BURNES, A. (1834): Travels into Bokhara: being the account
of a journey from India to Cabool, Tartary and Persia: also,
narrative of a voyage on the Indus from the sea to Lahore
(Facsimile of the edition published in London in 1834), Asian
Educational Services, New Delhi, 1992.
COTTE, M., SUSINI, J., SOLÉ, V.A., TANIGUCHI, Y.,
CHILLIDA, J., CHECROUN, E., WALTER, P. (2008):
Applications of Synchrotron-Based Micro-Imaging Techni-
ques to the Chemical Analysis of Ancient Paintings, Journal
of Analytical Atomic Spectrometry, 23, S. 820–828.
CRUZ-NEIRA, C. u.a. (1993) Surround-Screen, Projection-
Based Virtual Reality: The Design and Implementation of the
CAVE. In: Computer Graphics, Vol. 27 (Proc. SIGGRAPH
93), S. 135–142.
HACKIN, J., CARL, J. (1933): Nouvelles Recherches
Archéologiques à Bamiyan, Mémoires de la Délégation
Archéologique en Afghanistan (MDAFA) Tome III, Paris.
HACKIN, J., HACKIN, R. (1939): Bamian. Führer zu
den Buddhistischen Höhlenklöstern und Kollossalstatuen
(German Translation of the French version: Le site archéo-
logique the Bâmiyân), Les Édition d´Art et d´Histoire, Paris.
HACKIN, J. (1959): Recherches Archéologiques à Bamiyan
en 1933. In: Diverses Recherches Archéologique en Afgha-
nistan (1933–1940), Mémoires de la Délégation Archéolo-
gique en Afghanistan (MDAFA) Tome VIII, Hackin, Carl,
Meunie (Hrsg.), Paris.
HIGUCHI, T. (1983–1984): Bamiyan. Art and Archaeological researches on the Buddhist cave temples in Afghanistan
1970–78. Publication of the Kyoto Archaeological Mission
to Central Asia (4 vols), Dohosha.
ICOMOS (2005), Afghanistan: ICOMOS Actions in Afghani-
stan. In: Truscott, M. u.a. (Hrsg.): Heritage at Risk 2004/2005,
K.G. Saur, München, S. 26–31.
IWAI, S. (2007): Radiocarbon Dating and Art Historical
Studies in Central Asian Mural Paintings. In: Yamauchi,
K., Taniguchi, Y., Tomoko, U. (Hrsg.): Mural Paintings of
the Silk Road. Proceedings of the 29th Annual International
Symposium on the Conservation and Restoration of Cultural
Property, NRICP, January 2006, Tokyo: National Research
Institute for Cultural Properties, S. 54–59.
JANSEN, M. u.a. (2008): Laser scan measurement of the niche
and virtual 3D representation of the Small Buddha in Bamiyan.
In: Posluschny u.a. (Hrsg.): Layers of perception. Proceedings
of the 35th International Conference on Computer Applications
and Quantitative Methods in Archaeology (CAA), Berlin, Ger-
many, April 2–6, 2007, Berlin, 2008, S. 83–90.
KLIMBURG-SALTER, D. (1989): The Kingdom of Bami-
yan, Istituto per il Medio ed Estremo Oriente (ISMEO),
Neapel.
MIYAJI, A. (1976): Wall paintings of Bamiyan Caves: a styli-
stic analysis. In: Kyoto University Archaeological Mission to
Central Asia (Hrsg.): Japan-Afghanistan Joint Archaeological
Survey in 1974, Kyoto, S. 17–31.

NRICP (2004): Protecting the World Heritage Site of Bamiyan. Key issues for the Establishment of a Comprehensive Management Plan, National Research Institute for Cultural Properties (NRICP), Tokyo.

NRICP (2006): Radiocarbon Dating of the Bamiyan Mural Paintings. Recent Cultural Heritage Issues in Afghanistan (Volume 2), National Research Institute for Cultural Properties (NRICP), Tokyo.

PASCO (2003): Final Report for the Preparation of Topographic Maps and 3-Dimensional Model of the Bamiyan and Foladi Cliffs. UNESCO/Japan Funds-in-Trust Project for the Safeguarding of the Bamiyan Site, Pasco Corp., Tokyo.

PETZET, M. (2002): Anastylosis or Reconstruction – the conservation concept for the Remains of the Buddhas of Bamiyan. In: Proc. of the ICOMOS 13th General Assembly. Strategies for the World's Cultural Heritage. Preservation in a globalised world: principles practices and perspectives, Madrid, S. 189–192.

PETZET, M. (2004): Principles of Conservation. In: International Charters for Conservation and Restoration, Monuments and Sites I, München, S. 19–24.

PETZET, M., MELZL, E. (2007): Small Samples from the Giant Buddhas. In: Small Samples Big Objects, Proceedings of the EU-Artech Semimar, May 2007, München, S. 65–79.

PETZET, M. (Hrsg.) (2009): The Giant Buddhas of Bamiyan. Safeguarding the Remains, Monuments and Sites Vol. 19, Berlin.

RITTER, C. (1838): Die Stupa's (Topes) oder die architectonischen Denkmale an der Indo-Baktrischen Königsstraße und die Colosse von Bamiyan, Nicolaische Buchhandlung, Berlin.

TARZI, Z. (1977): L′ Architecture et le Décor Rupestre des Grottes de Bamiyan (2 vol), Paris.

TOUBEKIS, G. u.a. (2009): Preservation of the UNESCO World Heritage Site of Bamiyan: Laser Scan Documentation and Virtual Reconstruction of the destroyed Buddha Figures and the Archaeological Remains, In: Proceedings of the 22nd CIPA Symposium on Digital Documentation, Interpretation & Presentation of Cultural Heritage, October 11–15 2009, Kyoto, URL: http://cipa.icomos.org/text%20files/KYOTO/185-2.pdf (10.09.2010).

URBAT, M. (2009): A combined geological and Paleomagnetic approach towards the repositioning of fragments from the Buddha Statues (Report 2006). In: Petzet, M. (Hrsg.): The Giant Buddhas of Bamiyan - Safeguarding the Remains, S.89–102.

UNESCO (2006): Recommendations of the UNESCO/ICOMOS Bamiyan Expert Group for the preservation of the Bamiyan Site, Aachen 14–16 Dec 2006, http://whc.unesco.org/en/events/354 (31.05.2010).

ANALYSE, METHODIK UND VISUALISIERUNG

MEHR ALS GEOMETRIE –
KOMBINATION VON BAUWERKSERFASSUNG UND BAUWERKSDIAGNOSTIK AUF BASIS EINES DIGITALEN GEBÄUDEMODELLS

Jörg Braunes – Torsten Thurow – René Tatarin

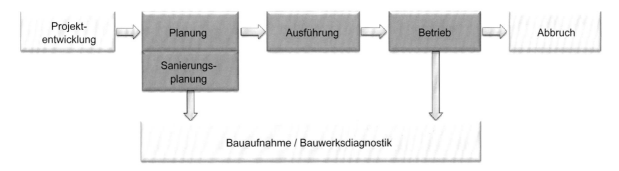

Abb. 1: Bauaufnahme und Bauwerksdiagnostik im Lebenszyklus eines Bauwerkes

EINFÜHRUNG

Bauvorhaben im Altbau sind gekennzeichnet durch eine im Lebenszyklus des Gebäudes gewachsene und oftmals einzigartige Informationsbasis. Die heutige Praxis und die bisherige informationstechnische Unterstützung sind durch eine sequentielle Arbeitsweise und damit isolierte Betrachtung und Unterstützung von einzelnen Teilaspekten gekennzeichnet. Insbesondere die Verwaltung von Daten verschiedener, am Projekt beteiligter Fachdisziplinen ist derzeit nicht gelöst. Während im Neubaubereich sich der Einsatz von digitalen Bauwerksmodellen (Building Information Modelling – BIM) immer weiter etabliert, sind solche Modelle auf Grund ihrer mangelnden Flexibilität in der Bestandsplanung derzeit unzureichend. Gerade bei der Sanierungsplanung gilt es eine Vielzahl unterschiedlicher Informationen, angefangen von der Geometrie über Mängel und Zustände bis zu spezifischen Bauteileigenschaften, zu sammeln und effektiv zu verwalten. Im Rahmen eines aktuellen Forschungsprojektes an der BauhausUniversität Weimar wird daher der Einsatz eines digitalen Bauwerksmodells vorgeschlagen, welches die Daten verschiedener am Bau beteiligter Fachdisziplinen verwaltet.

NUTZERORIENTIERTE BAUSANIERUNG

Das Bauen im Bestand ist in zunehmendem Maße ein wichtiges Tätigkeitsfeld für Architekten und Ingenieure. Verschiedene Studien belegen, dass bereits heute das Volumen an Modernisierungs- und Sanierungsmaßnahmen das Neubauvolumen übertrifft, Tendenz steigend. [HOMMERICH u.a. 2005, HEINZE 2008].

Vor diesem Hintergrund hat sich das Forschungsvorhaben „nuBau – Methoden und Baustoffe zur nutzerorientieren Bausanierung", gefördert durch das Bundesministerium für Bildung und Forschung, zum Ziel gesetzt, innovative Methoden und Verfahren für die Planung und Durchführung von Bauvorhaben im Bestand zu entwickelt. Nutzerorientierte Bausanierung bedeutet eine gegenüber dem herkömmlichen Vorgehen deutlich stärkere Ausrichtung des Planungs- und Sanierungsprozesses auf die Anforderungen sowohl der am Bau Beteiligten als auch der Gebäudenutzer.

Das Vorhaben wird als Gemeinschaftsprojekt der Bereiche Informatik in der Architektur, Bauphysik sowie Materialentwicklung und Prüfung durchgeführt. Einen wesentlichen Schwerpunkt der Forschung bilden dabei die Vernetzung der einzelnen Fachbereiche und die Schaffung einer gemeinsamen Datenbasis für alle planungs- und ausführungsrelevanten Informationen in Form eines digitalen Bauwerksmodells.

ZERSTÖRUNGSFREIE UNTERSUCHUNG VON BAUWERKSTEILEN

Bei der Erhaltung und Sanierung des Gebäudebestandes, insbesondere von denkmalgeschützten Bauwerken, kommt dem schonenden Umgang mit der bestehenden Bausubstanz eine wesentliche Bedeutung zu. Zerstörungsfreie Untersuchungsmethoden ermöglichen Aussagen zur Bewertung des Zustands von Bauwerksteilen, ohne schädigende Eingriffe in die erhaltungswürdige Bausubstanz vorzunehmen. Daher hat die Anwendung zerstörungsfreier Untersuchungsmethoden im Bauwesen zunehmend an Bedeutung gewonnen. Auch die Einsatzmöglichkeiten der akustischen zerstörungsfreien Untersuchung von Bauwerksteilen haben sich in den vergangenen Jahren deutlich erweitert. Wesentliche

Anwendungsgebiete sind die Bauzustandsanalyse, die Qualitätssicherung während bzw. nach der Bauphase sowie die Bewertung der Eigenschaften von Baustoffen [WIGGENHAUSER 2006, ERFURT u.a. 1998, ERFURT 2002]. Während der Sanierung von Bestandsbauwerken kommen akustische Untersuchungsmethoden bisher lediglich vereinzelt zum Einsatz. Aus Sicht der Autoren sind derartige Methoden ein unerlässliches Werkzeug für die nutzerorientierte Bausanierung.

TAKTILES ULTRASCHALL-TRANSMISSIONSVERFAHREN

Zur Realisierung von Umnutzungskonzepten an bestehenden Bauwerken ist es zunächst erforderlich, die Homogenitäts- und Festigkeitseigenschaften einzelner Bauwerksteile zu bewerten, um zu beurteilen, inwiefern sie für veränderte Anforderungen geeignet sind. Als konventionelle Untersuchungsmethoden im Rahmen der Bauzustandsanalyse werden der Rückprallhammer nach Schmidt, Bohrkernentnahmen oder Sondierungsbohrungen für endoskopische Untersuchungen angewandt. Die Anwendung zerstörungsfreier Prüfverfahren zur Ermittlung von Baustoffkennwerten bietet wesentliche Vorteile, da größere Bereiche von Bauwerksteilen wiederholt und ohne Eingriff in die vorhandene Bausubstanz untersucht werden können. Das taktile Ultraschall-Transmissionsverfahren erlaubt die akustische Bestimmung von elastischen Kennwerten zwischen gegenüberliegenden Messpunktpaaren. Dazu wird die Ultraschalllaufzeit durch mechanische Ankopplung der Schallwandler gemessen und die Schallgeschwindigkeit der Longitudinalwelle unter Einbeziehung des Schallweges berechnet.

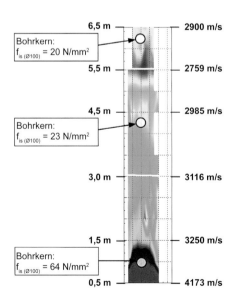

Abb. 2: Verteilung der Schallgeschwindigkeit v_p einer Stahlbetonstütze aus Ortbeton (1960er Jahre)

Zudem können Korrelationsbeziehungen zwischen der Schallgeschwindigkeit und den mechanischen Kennwerten des untersuchten Betons erstellt werden [BUNKE 1991]. In Abbildung 2 ist beispielhaft die Verteilung der Schallgeschwindigkeit an einer Stahlbetonstütze eines Industriebauwerks aus den 1960er Jahren dargestellt. Im Bereich des Stützenfußes treten größere Schallgeschwindigkeiten auf, die mit zunehmender Stützenhöhe deutlich kleiner werden. Dies ist auf die Betonzusammensetzung und den Stand der Betoniertechnologie zum Zeitpunkt der Herstellung des Bauwerkteils zurückzuführen. Die zerstörungsfrei gewonnenen Werte können direkt unter Einbeziehung der Rohdichte und der dynamischen Querdehnzahl des Betons zur Berechnung des dynamischen Elastizitätsmoduls herangezogen werden. Die auf der Basis der Schallgeschwindigkeit ermittelten Homogenitätsunterschiede spiegeln sich auch in den an Bohrkernen ermittelten Druckfestigkeiten wider. Die Wahl der Untersuchungsbereiche für die zerstörende Bauwerksbeprobung konnte gezielt aus den zerstörungsfrei gewonnenen Ergebnissen abgeleitet und dementsprechend eingeschränkt werden.

Die Zielstellung bei der zerstörungsfreien Bestimmung der Verteilung von elastischen Parametern liegt primär in der Gewinnung eines globalen Abbildes von monolithischen Bauwerksteilen. Durch die globale Sicht auf das Bauwerksteil werden relevante Untersuchungsbereiche für weitere, auch zerstörungsbehaftete, Untersuchungsmethoden der Bauzustandsanalyse gezielt identifiziert [ERFURT, TATARIN 2006].

INTEGRATION DES TAKTILEN ULTRASCHALL-TRANSMISSIONSVERFAHREN IM DIGITALEN BAUWERKSMODELL

Das taktile Ultraschall-Transmissionsverfahren birgt auf Grund des manuellen Charakters der Messmethode verbunden mit der mechanischen Ankopplung der Schallwandler eine Reihe von Nachteilen, die das Verfahren besonders dann aufwendig gestalten, wenn eine große Anzahl von Messpunktpaaren untersucht wird und die Bauwerksteile eine komplexe Geometrie (z.B. Ausbrüche) aufweisen oder Öffnungen zum Abgleich von Referenzpunkten weit auseinander liegen [TATARIN, THUROW, ERFURT 2005]. Im Rahmen des vorgestellten Forschungsprojektes wurde daher eine Methode entwickelt, den Messablauf durch Techniken des computergestützten Bauaufmaßes zu unterstützen und die Ergebnisse der Ultraschallmessung direkt in das digitale Bauwerksmodell zu überführen. Die Integration des taktilen Ultraschall-Transmissionsverfahrens steht dabei stellvertretend für weitere Verfahren der zerstörungsfreien Bauwerksuntersuchung bzw. der Bauzustandsanalyse im Allgemeinen mit ähnli-

chen Problemstellungen, bei denen Untersuchungsbereiche in direkten Bezug zur Bauwerksgeometrie
gebracht werden müssen.

Ein wesentliches Problem der bisherigen Messtechnik liegt im Aufbau von zwei gegenüberliegenden Messrastern für den Ultraschallgeber und
Ultraschallsensor. Bisher wird dies manuell mit Wasserwaage und Zollstock durchgeführt. Neben dem
hohen Aufwand stellt die Genauigkeit der Messmethode ein Problem dar. Gerade die Kenntnis des
genauen Abstands von Ultraschallgeber und -sensor
ist wichtig, um aus der gemessenen Ultraschalllaufzeit ihre Geschwindigkeit berechnen zu können. Um
diese Aufgabe besser zu lösen, sind Techniken erforderlich, welche immer wieder für Probleme dieser
Art notwendig sind:
- Die Erfassung von Oberflächen und Messpunkten in einem gemeinsamen Geometriemodell,
- die Projektion von Punkten, Rastern usw. auf
  Oberflächen, um ein Aufzeichnen mit Kreide
  usw. entweder zu vereinfachen oder sogar zu
  ersetzen und
- die Bestimmung von Gerätestandorten zueinander, um ihre „lokalen Koordinatensysteme" in
  ein gemeinsames Koordinatensystem umrech-
  nen zu können und umgekehrt. Mit Geräten sind
  dabei sowohl Geräte zur Erfassung von Geometrie wie auch zu ihrer Projektion gemeint.

Für die ausgesuchte Aufgabenstellung wurde der
Einsatz von motorisierten Tachymetern mit sicht-
barem Laserstrahl gewählt. Sie erlauben sowohl die
Erfassung der Bauteiloberflächen, die Projektion von
Punktpositionen auf die Oberflächen (Projektion der
Messraster) als auch die automatische Detektion und
Positionserfassung von Ultraschallgeber und -sensor
per Infrarot. Hierfür wurde eine Ankoppelvorrichtung
entworfen, an welcher ein Miniprisma zur automati-
schen Detektion angebracht ist (Abb. 3).

MESSABLAUF DES TAKTILEN ULTRASCHALL-TRANSMISSIONSVERFAHRENS

Zunächst werden gegenüber den beiden Oberflächen
des zu untersuchenden Bauteils die Motortachyme-
ter aufgebaut. Wesentlich ist das exakte Einmessen
beider Gerätestandorte zueinander bzw. zur zuvor
aufgenommenen Geometrie des digitalen Bauwerksmodells insgesamt. Hierzu kann beliebig vorgegangen
werden, es wird keine bestimmte Aufmasstechnik
erzwungen. Gerade dies ist ein wesentlicher Aspekt,
da vor Ort unterschiedliche Situationen vorliegen
können. Beispielsweise befindet sich kein Durchbruch
in dem zu untersuchenden Bauteil, über welchem
Gerätestandorte zueinander orientiert werden können.
Der geometrische Bezug kann hierbei nur über die
Gesamtgeometrie des zuvor aufgenommenen Bauwerkes erfolgen.

Im nächsten Schritt werden die Oberflächen mittels
der Tachymeter grob als planar angenommen erfasst
und die beiden gegenüberliegenden Messraster berechnet. Die Tachymeter fahren die dabei jeweils zusam-
mengehörigen Messpunktpositionen auf den beiden
Seiten des Bauteils an. Die Aufnehmenden orientieren
die Tastköpfe anhand des sichtbaren Lasers. An beiden
Tastköpfen wird per Auslöseknopf ein Auslösesignal
gegeben. Liegen bei beiden Tastköpfen die Auslöse-
signale vor, wird die eigentliche Messung gestartet.
Ein Ultraschallgenerator liefert ein Leistungssignal
zum Tastkopf mit Ultraschallgeber und gleichzeitig ein Signal zum Triggern einer Messkarte für den
Ultraschallsensor am zweiten Tastkopf. Gleichzeitig
startet der Computer die Feinjustierung der motorisierten Tachymeter. Diese schalten von sichtbarem
Laser auf Infrarot um und erfassen an den Tastköpfen
befindliche Miniprismen. Auf diese Weise ist es den
Aufnehmenden möglich, sich bei z.B. Ausbrüchen
an den Oberflächen nicht strikt an die vorgegebenen
Rasterpositionen halten zu müssen. Anschließend
werden die genauen Positionen der Miniprismen

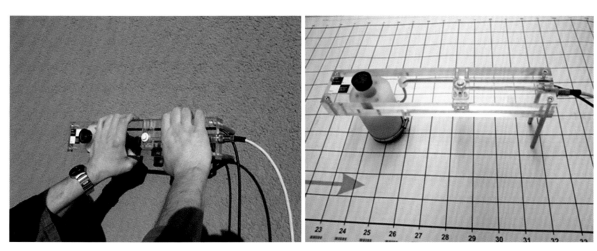

Abb. 3: Ankoppelvorrichtung für Ultraschallgeber bzw. Ultraschallsensor mit aufgebrachtem Miniprisma

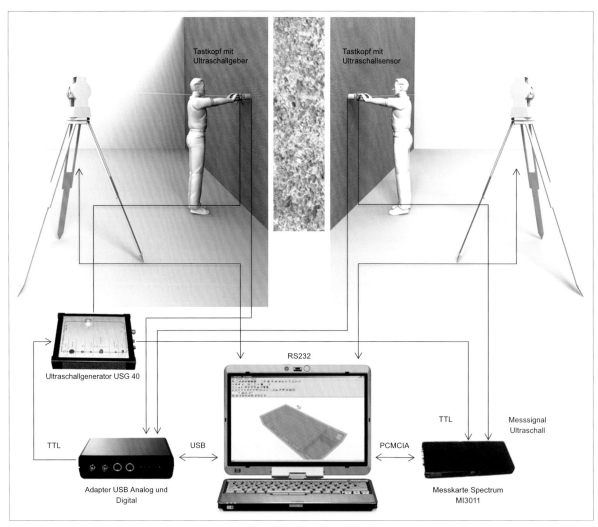

Abb. 4: Schematische Übersicht des Messaufbaus für das taktile Ultraschall-Transmissionsverfahren

durch die Tachymeter bestimmt. Somit sind die Positionen der Tastköpfe sowie der zeitliche Verlauf des Ultraschallsignals bekannt. Aus dem gewonnenen Zeitsignal einer Ultraschallmessung wird mit semi-automatischen Algorithmen der Ersteinsatz der Ultraschallwelle detektiert. Aus der hierdurch bestimmten Laufzeit der Ultraschallwelle durch das Bauwerksteil und dem Abstand der Tastköpfe wird die Ultraschallgeschwindigkeit als integraler Wert für den jeweiligen Untersuchungsbereich berechnet.

Die bei der Messung gewonnenen Werte fließen direkt in das digitale Bauwerksmodell ein und werden dem jeweiligen Bauteil zugeordnet. Die Visualisierung der Messergebnisse soll im direkten Bezug zur Bestandsgeometrie erfolgen. Eine entsprechende prototypische Implementierung befindet sich derzeit noch in Arbeit.

ZUSAMMENFASSUNG UND AUSBLICK
Die hier vorgestellte Methode der Integration zerstörungsfreier Untersuchungsmethoden in ein digitales Bauwerksmodell stellt zwar eine ausgesuchte Detail-

anwendung dar, steht damit aber exemplarisch für weitere ähnliche Anwendungsfälle. Im Rahmen des Forschungsprojektes wird u.a. auch die Integration von Untersuchungsergebnissen der Ultraschall-Scherwellen-Tomografie und Impuls-Georadar untersucht.

Die verschiedenen Methoden der zerstörungsfreien Bauwerksuntersuchung liefern unterschiedliche Anhaltspunkte zur Bewertung von Bauteilen. Die Integration von Messdaten in ein digitales Bauwerksmodell und damit der unmittelbare Bezug zur aufgemessenen Bauwerksgeometrie erlauben die kombinierte Auswertung der unterschiedlichen Methoden in direktem Bezug zueinander und damit eine qualitativ höherwertige Aussage zum Zustand von Bauwerksteilen.

Im Gesamtkontext des Forschungsprojektes „nuBau" stellt die Kombination von Bauwerkserfassung und Bauwerksdiagnostik auf Basis eines digitalen Gebäudemodells nur einen Teilaspekt der Forschungstätigkeit dar. Das digitale Bauwerksmodell dient vielmehr als umfassende Datengrundlage zum Ist-Zustand eines Bauwerks, auf dessen Basis eine Sanierungsplanung durchgeführt werden kann. Weitere Teilaspekte des Forschungsprojektes sind die Kombination verschiedener Bauaufmaßverfahren sowie die bauphysikalische Simulation, insbesondere die von Planungsalternativen auf Basis dieses digitalen Modells.

Anschrift:
Dipl.-Ing. Jörg Braunes, Dr.-Ing. Torsten Thurow, Bauhaus-Universität Weimar, Professur Informatik in der Architektur, Belvederer Allee 1, 99423 Weimar
Dipl.-Ing. René Tatarin, Bauhaus-Universität Weimar, F.A. Finger-Institut für Baustoffkunde, Coudraystr. 11A, 99421 Weimar
E-mail: joerg.braunes@uni-weimar.de, torsten.thurow@uni-weimar.de, rene.tatarin@uni-weimar.de

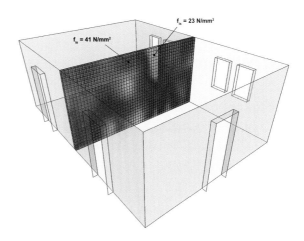

Abb. 5: Exemplarische Darstellung der Messergebnisse in direktem Bezug zur Bauwerksgeometrie

Literatur:
BUNKE, N. (1991): Prüfung von Beton – Empfehlungen und Hinweise als Ergänzung zur DIN 1048. Deutscher Ausschuss für Stahlbeton, Heft 422.
ERFURT, W., KÖHLER, W. (1998): Homogenitätsuntersuchungen an Betonbauwerken mittels Ultraschall. In: Thesis, Wissenschaftliche Zeitschrift der Bauhaus-Universität Weimar 44 (1998), Nr. 1/2, S. 127–132.
ERFURT, W. (2002): Erfassung von Gefügeveränderungen in Beton durch Anwendung zerstörungsfreier Prüfverfahren zur Einschätzung der Dauerhaftigkeit. Bauhaus-Universität Weimar, F.A. Finger-Institut für Baustoffkunde, Dissertation.
ERFURT, W., TATARIN, R. (2006): Untersuchungen zur Homogenität von Bauwerksteilen mit Lasertechniken, Bautechnik 83 (2006), Heft 1, S. 46–49.
HEINZE MARKTFOSCHUNG (2008): 5. Studie zum Modernisierungsmarkt - Aktuelle Befragung bei Haushalten, Architekten/Planern und Verarbeitern zu Modernisierungsaufgaben im Wohn- und Nichtwohnbau, URL: http://www.heinze.de/data/news/psfile/file/5/0253_034_F4863b2f-3c88ae.pdf (07.10.2010).
HOMMERICH, C., HOMMERICH, N., RIEDEL, F. (2005): Zukunft der Architeken – Berufsbild und Märkte. Eine Untersuchung im Auftrag der Architektenkammer Nordrhein-Westfalen, 2005, URL: http://www.bakcms.de/bak/daten-fakten/architektenbefragungen/Zukunft_der_Architekten_Endbericht.pdf (07.10.2010).
TATARIN, R., THUROW, T., ERFURT, W. (2005): Automatisierte Schallwegerfassung bei der Durchschallung von Bauwerksteilen, Schriften der Bauhaus-Universität Weimar 117, S. 73–79.
WIGGENHAUSER, H. (2006): Bauwerksdiagnose mit zerstörungsfreien Prüfverfahren – Einführung und neue Entwicklungen. In: Fachtagung Bauwerksdiagnose, Praktische Anwendungen Zerstörungsfreier Prüfungen, 23.–24. Februar 2006, Berlin, URL: http://www.ndt.net/article/bau-zfp2006/v01.pdf (07.10.2010).

ARCHAEOKM: REALIZING KNOWLEDGE OF THE ARCHAEOLOGISTS

Ashish Karmacharya – Christophe Cruz – Frank Boochs – Franck Marzani

INTRODUCTION

The progress in data acquisition technology has caused tremendous improvements in the method of data collection. It is now possible to collect data with very high accuracy. On the one hand, this provides countless advantages in data manipulation; on the other hand, it creates challenges in managing data simply due to sheer quantity. Regarding an industrial archaeological project with limited time for excavation work, this problem is even more severe. Hence, there is a lot of research concerning the topics of data indexation and information retrieval in order to reach the next level, where knowledge could be used to manage the findings. This level aims to identify and apply this knowledge to the data provided by archaeological activities. Archaeologists collect the data they need and manage this data themselves. *ArchaeoKM* facilitates this by guiding them through the knowledge that has been generated. It identifies the objects that have been excavated and records them. It provides a dynamic framework for relating the objects with one another in order to be able to create new relationships. In fact, only archaeologists are able to carry out these tasks due to their knowledge of the excavation sites and the objects excavated.

Industrial archeology produces a large amount of data in a very short period. The data is then stored in a repository without any relevant structure. Once the data is stored as the data repository, industrial objects are identified through the identification process. Three major issues have to be emphasized here: First, the most appropriate storing structure has to be decided on. It should provide easy access to the data repository as it consists of complex and heterogeneous data such as 3D point clouds, pictures, images, videos, notes and others. Second, the archaeologists should allow an interactive platform for annotating, indexing, searching and retrieving data and documents. Third, archaeologists should be allowed to define rules on the objects through their behaviors and relationships. These rules are very important as they enhance the knowledge base for efficient knowledge management. They could be based on semantic as well as spatial relationships of the object and are both supported by *ArchaeoKM.*

Shifting from conventional methods, *ArchaeoKM* is a web platform based on semantic web technologies and knowledge management. It is used to store data during the excavation process, to generate knowledge during the identification process and to manage the knowledge through the rules formulated by the archaeologists. The platform facilitates the collaborative process so that archaeologists are able to extract knowledge from the data set. In general, *ArchaeoKM* consists of two distinct functionalities: knowledge generation and knowledge management. The descriptions and observations made by the archaeologists are understood within the field of ontology, i.e. the representation of the site. The identification of the objects is done through the tagging on the Google map. Once, the objects are tagged, they are populated in the ontology thus transforming it to a knowledge base.

PREVIOUS WORKS

This section presents the aforementioned management of spatial data and its limitation for knowledge management. This section also includes an introduction to knowledge management through the Semantic Web technologies.

SPATIAL DATA

We consider all the geometric data that can be rendered into 3D objects models and placed in a 3D environment as spatial data. A large amount of studies have been carried out in the fields of 3D object modelling and virtual reconstruction.

The approach taken in 3D MURALE [COSMAS, et al. 2001] is one of the most comprehensive information systems in the field of archaeology. The main aim of this information system is to measure, reconstruct and visualize archaeological ruins in virtual reality such as the ancient city of Sagalassos in Turkey. The system is composed of a recording component, a reconstruction component, a visualization component and database components. The findings are managed through a database management system, which takes into account various data types. Research work like DILAS [WÜST, LANDOLT 2004] is also a good example of a comprehensive 3D object modelling project, which is used to model cultural heritage sites. DILAS is a generic, fully object-oriented model for 3D geo-objects. The 3D geometry model is based on a topologically boundary representation and supports most basic geometric types. It also incorporates the concept of multiple levels of detail (LOD), as well as, texture information. Different multi-resolution strategies were developed for spatial objects. 3D objects are represented in 3D bounding boxes with 2D object boundaries and the actual 3D geometry. This supports efficient research and has automatically derived from the main 3D representation.

As all fully oriented geometry management systems, the main issue of those projects is the lack of semantic information used for the management of knowledge on geometrical objects. Interesting concepts on how to represent an object through the semantic information have been addressed through the applications in virtual reality [CRUZ, NICOLLE, NEVEU 2004]. The use of spatial relationships of objects with each other and the surroundings represent them in the real world environment. We believe, the concepts and methods we propose in this paper for developing semantic relations through the spatial properties are a major contribution to the Semantic Web technology.

KNOWLEDGE MANAGEMENT

Knowledge about documents has traditionally been managed through the use of metadata. The Semantic Web proposes an annotation of document contents, using semantic information from the field of ontology [BERNERS-LEE, HENDLER, LASSILA 2001]. The result is a set of web pages which could be interpreted by machines through machine readable markups. The goal is to create annotations (manually or automatically) with well-defined vocabulary. Within the context of the Semantic Web, the content of a document can be described and explained through knowledge, such as RDF and OWL. The Resource Description Framework (RDF) [RDF WORKING GROUP, W3C 2004] is a form of knowledge representation that has developed from the field of semantic networks. It is mainly used to describe resources, such as an electronic web document, using a set of metadata (author, data, source, etc.) and a set of descriptors. This metadata has three components: (objet 1, relationship, objet 2) or (resource, property, value), each according to the specific description that is required. Web Ontology Language (OWL) [MCGUINNESS, HARMELEN 2004] is used to specify ontological elements, or more generally, certain ontological and terminological resources, by defining a concept that is used to represent a domain of knowledge. Each concept consists of a set of properties, relations and constraints. The OWL stems from the description logic fields and has the capability to infer new information from existing knowledge.

Compared with these systems Semantic Web annotation has two advantages, enhanced information retrieval and improved interoperability. The acquisition of information is supported through searches, which use the concept of ontology to come to conclusions about data from heterogeneous resources [WELTY, IDE 1999, UREN et al. 2006].

Semantic Web standards used for explanations tend to assume that the documents that are examined are presented in web-native formats such as HTML and XML. Annotea [KAHAN et al. 2001] is a W3C project, which outlines a framework for the illustration of web documents. The Annotea framework has been used as an example in a number of tools including Vannotea [SCHROETER, HUNTER, KOSOVIC 2003]. The CREAM [HANDSHUH, STAAB 2002, RUSSELL, MURPHY, FREEMAN 2008] framework specifies components that are required for an annotation system including the annotation interface. Those approaches have limited value for knowledge management regarding this project. Actually, documents will be presented using different formats as clouds of points that are not XML-based [semantic annotation]. The project LabelMe is a web-based annotation tool used for images that provides a drawing interface. Based on ontology, the user is able to label images by clicking on them and by adding a key word thereby enriching the ontology. The user is able to label as many objects illustrated in the image as they choose. The knowledge that is managed within this framework is a terminological definition of graphical objects. It is therefore not possible to define an object, which can be found in several documents.

In order to overcome this limitation, our platform instantiates the concepts within the knowledge base through the identification process and annotates the data and documents to the relevant instance. The instances in the ontology thus link the objects in different data sets providing the data integration within these data sets. An example would be an oven identified in the point cloud can be linked to the same in a site plan or an image or even in GIS map through the instance of that oven populated in the ontology. It is then possible to use the ontology and its components as a directory for the extraction of information and documents. The second aim of our platform is to enable archaeologists to manage index cards on findings. Those index cards represent the knowledge illustrated by archaeologists and are managed through a 3D scene where 3D objects are linked to index cards.

DATA COLLECTION AND PATTERNS

Industrial Archaeology is possibly the field in archaeology best suited to demonstrate our research, as Industrial Archaeological Sites (IASs) are available for a very short amount of time because unlike conventional archaeological sites they are not preserved for excavation for long time. It makes time availability for data collection very short and hence these collected data cannot be stored in proper formats. With the current cutting edge technologies the amount of data collected in even this short time span is large and diverse. *ArchaeoKM* is applied to the Krupp factory in Essen, Germany which covers 200 hectares and was used for steel production during early 19th century. It was destroyed during the Second World War. Most of the area has never been rebuilt and thus provides an ideal site for industrial archaeological excavation. The area will be used as a park within the

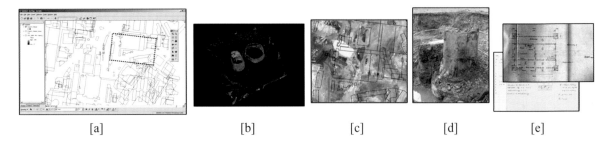

[a]   [b]   [c]   [d]   [e]

Fig. 1: Heterogeneous nature of data [a] Site Plan layed out as GIS data in ArcGIS (highlighted the area of Oven) [b] Point Cloud of Oven [c] Orthophoto from aerial image overlayed with the Site Plan (Oven area). [d] Image of the Oven. [e] (top) Floor Plan (down) Archaeological notes

ThyssenKrupp main building in 2010 and hence there is no time to store the data collected in proper format. These collected data are stored in a data repository as they are collected. The first challenge is to create a proper data structure, which enables efficient data retrieval. With consideration to the large amount of data, the structure of the database should be able to handle huge datasets. The next challenge is to help archaeologists to determine the rules within the data in order to extract the knowledge from the database. Actually, we are running out of time to collect data.

The nature of the dataset generated during the project is heterogeneous. This is illustrated in figure 1. The acquired data ranges from point clouds obtained with terrestrial laser scanners to historic floor plans found in archives. The primary source of geometric information is illustrated through point clouds. The point clouds have resolutions of 0.036 degrees and are presented in the Gauss Krüger coordinate system (GK II). It is the main data set used for the 3D object modelling. Beside point clouds, there is a large amount of images produced during the excavation. Most of them have been taken with non-calibrated digital cameras and therefore do not contain any information about the referencing system. However, they contain important semantic information and could be used for the formulation of knowledge. In addition photogrammetric flights were used to acquire aerial images of the area. The aerial images were used to generate a digital orthophoto with a resolution of 10 cm. The digital orthophoto can also be seen in Gauss Krüger referencing system (GK II). Furthermore, a large amount of archive data has been collected, containing floor plans, historic pictures and other semantic information. At the same time, the notes taken by archaeologists were also important to acquire semantic information of the findings. ArcGIS databases are also available depending on the site and nature of the project. These databases can be found in the GK II reference system. For our example, this database gives an overview of the site and can be compared to the orthophoto to identify the interesting locations as illustrated in figure 1[c].

ARCHAEOKM – THE PRINCIPLE AND THE PROCESS

The main principle behind *ArchaeoKM* is the use of the Semantic Web and knowledge management to enable archaeologist to manage their data. However, it does not completely replace the conventional database system. It still uses the spatial functionalities of existing database systems to create its spatial rules. Details on how they are managed can be found in papers like [CRUZ, et al. 2010, KARMACHARYA, et al. 2009]. It is a collaborative web platform that is based on Semantic Web technologies RDF [RDF WORKING GROUP, W3C 2004], OWL [BECHHOFER, et al. 2004], SPARQL [PRUD'HOMMEAUX, SEABORNE 2008], SWRL [HORROCKS, et al. 2004] and knowledge management in order to handle the information provided by several archaeologists and technicians.

THE ARCHITECTURE

ArchaeoKM is a web-based system that works on three main levels. Each level has its own distinct function yet is dependent on the other levels. Figure 2 shows the structure of system.

The bottom level is the syntactic level. This level contains all the information excavated from the site. As discussed earlier, they are either stored in the file formats like images or archive data or collected in the relational database management system, such as archaeological notes or scanned/GIS data. Today, almost all database systems have incorporated spatial extension, which has enabled a convenient retrieval of geometric data. Additionally, they provide spatial operations and functions, which allow for a comprehensive analysis of the geometric data. The geometric information acquired through the terrestrial laser scanners is stored in the database system as spatial data types. Basically, these geometric data are the set of point clouds with three-dimensional coordinates. They present the most important data regarding the *ArchaeoKM* as they provide visual representations of the findings during the excavation. With the help of spatial operations we can create the bounding boxes of the object during the storing or after the retrieval of the data. Additionally, the site plan of the area, which is digitized and stored as shape-files (*.shp) in ArcGIS, will also be kept in the RDBMS. The progress in database technology has enabled the storage of point clouds as Binary Large Object (BLOB) data types as found in Oracle 11g with spatial extension or Extended Well Known Text (EWKT) found in Post-GIS 1.3, the spatial extension of PostgreSQL 8.3. The ArcGIS data can be exported to the aforementioned database system, either through the tools developed by ESRI or tools found within the database systems themselves. The loader (shp2pgsql) and dumper (pgsql2shp) tools are examples of such mechanisms, within the PostGIS that allows for a conversion of a shape-file to spatial data of PostgreSQL and vice versa. The *Archae-oKM* intends to use PostgreSQL to store its data due to the latter's flexibility and cost efficiency compared to other database systems.

One of the main tasks of the syntactic level is to explain the data. For a proper identification, the data need to be analyzed with reference to the objects illustrated in the index. The semantic analysis generates knowledge. This is illustrated in figure 3 which highlights the different methods used for the analysis that are applied according to the data pattern. Three distinct methods have been applied: Common Identifier regarding the spatial data set, Uniform Resource Iden-

tifier (URI) regarding images and archaeological notes regarding the set of data. RDF technology is used for all investigations. The technology also allows for linking these annotations to the components of ontology in the semantic level.

The next level is the semantic level, which manages the extracted knowledge. It is achieved through the ontological structure established through the rules defined by the archaeologists. Within this level the domain ontology evolves through each of the valid rules defined. Archaeologists are involved actively in this phase as they are experts providing entities and their relationships needed to build up the domain ontology. Norms such as CIDOC CRM or other archaeological standards used by the archaeologists are outlined to maintain similar definitions and terms within the applied ontology. However, it should be noted that the definition of new archaeological standards or the modification of existing standards is beyond the scope of this project.

The semantic annotations from the syntactic level will be indexed semantically to the entities of the domain ontology in this level. This semantic index is the building block of the domain ontology and through semantic annotations it provides semantic views of the data. It also provides global schema between various data sources making the data integration possible at

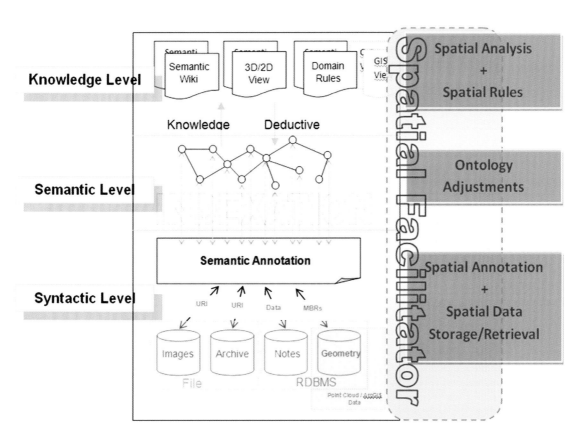

Fig. 2: System architecture

certain levels. This level represents a bridge between interpretative semantics in which users interpret terms and operational semantics in which computers handle symbols [GUARINO 1994].

The top most level is the most concrete one as it represents the organization of the knowledge on the semantic map through different visualizing tools. This level provides the user interfaces and they are visualized in form of web pages as illustrated in figure 2. These web pages represent knowledge which is generated through the knowledge management process discussed above. The pages are interrelated and can be used according to their relevance. The main representation of the knowledge is, however, demonstrated by the semantic wiki [OREN, BRESLIN UND DECKER 2006]. These wiki pages are not only designed to illustrate the knowledge that has been generated and to manage it through the bottom two levels, but also to perform semantic research in order to gain new knowledge. This is possible through the interface that is found in the semantic wiki – it provides a platform through which users can launch their research and which displays the results in the language of RDF like SPARQL [PRUD'HOMMEAUX, SEABORNE 2008] or SWRL [PRUD'HOMMEAUX, SEABORNE 2008]. This

renders them different from the existing wiki pages. *ArchaeoKM* is therefore similar to the semantic extension of Wikipedia. However, data handling and data management exceeds textual data. It also handles 3D or 2D object models of the findings besides the textual and image data. This is referred to as the knowledge level due to its specification of the archaeologist's knowledge regarding the industrial findings.

In addition, the three levels contain components that facilitate the validation, upgrade and generation of the knowledge acquired. The spatial facilitator is illustrated in figure 2. This component is responsible for analyzing the spatial data and providing results; either to update the current ontological structure in the semantic level or to populate the knowledge base. Through the inference capabilities in Semantic Web technology, this can then be used to explore new theories. *ArchaeoKM* provides interfaces to apply these spatial operations within different user interfaces in the knowledge level. The interfaces also provide users with the functionalities to infer the knowledge base through reasoning engines and rule engines. In fact the highlight of *ArchaeoKM* is its ability to infer spatial knowledge along with semantic knowledge making it a comprehensive tool for handling data through knowledge.

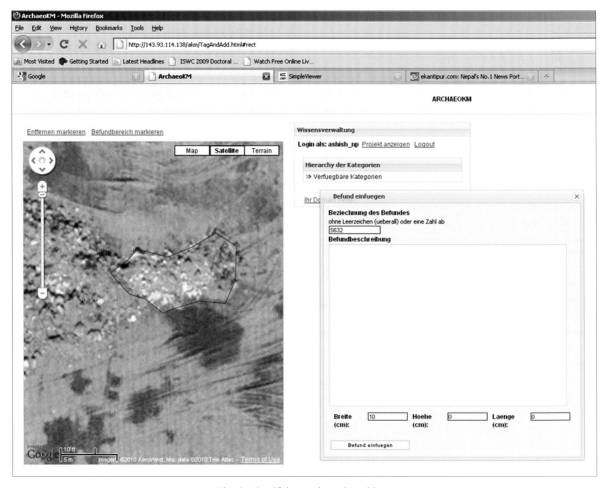

Fig. 3: Identifying and tagging object

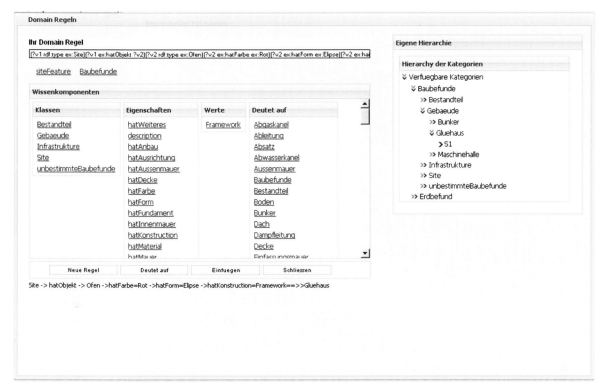

Fig. 4: The rule interface

THE PROCESS

The initial phase of *ArchaeoKM* primarily involves designing the domain ontology which is basically a descriptive representation of the site represented in a network graph. The process within *ArchaeoKM* can be divided into two broader parts: knowledge generation and knowledge management. The first part deals with identifying objects in the excavation site and maps the data and documents related to the object. *ArchaeoKM* provides interfaces to support these tasks. As shown in figure 3, the objects are identified and tagged on the Google map provided within *ArchaeoKM* and proper identifications are given to the tagged objects. They are mapped to relevant data and documents through the semantic annotation interfaces. This provides a common element for data integration of different data types. In this way the object is first created and populated within the domain ontology.

The second part is basically managing the knowledge generated by identifying the object. *ArchaeoKM* provides two approaches. The first one is through interfaces which demonstrate relationships between objects. This is possible when the archaeologists know exactly how they are related. The second approach is through the domain rules which archaeologists can formulate at any time. An example is provided in figure 4. In this figure, we can observe a rule stating that a site with an oven which is red in color and elliptical in shape and with a framework as construction type then that site will be a *Glühhaus*. This in fact is a very simple and fictitious rule but *ArchaeoKM* can handle more complex and real rules.

CONCLUSION

It is apparent that the data of an archaeological site can be best managed through the knowledge possessed by the archaeologist. *ArchaeoKM* provides an ideal platform to manage this through its knowledge generation, knowledge management and knowledge visualization tools. The prototype is almost finished and will shortly be uploaded for the wider audience. The spatial components are being integrated within the tool and will be available shortly. When a complete version of *ArchaeoKM* is uploaded, we believe the tool will be very useful in the archaeological community.

Adress:
Ashish Karmacharya M.Sc., Prof. Dr. Frank Boochs, Institut i3mainz, am Fachbereich1 – Geoinformatik und Vermessung Fachhochschule Mainz, Holzstrasse 36, 55116 Mainz
E-Mail: ashish@geoinform.fh-mainz.de, boochs@geoinform.fh-mainz.de

Dr. Christophe Cruz, Prof. Dr. Frank Marzani, Laboratoire Le2i, UFR Sciences et Techniques, Université de Bourgogne B.P. 47870, 21078 Dijon Cedex, France
E-Mail: christophe.cruz@u-bourgogne.fr
franck.marzani@u-bourgogne.fr

Bibliography:

BERNERS-LEE, T., HENDLER, J., LASSILA, O. (2001): The Semantic Web. In: Scientific America, 2001, pp. 34–43.

COSMOS, J., ITAGAKI, T., GREEN, D., GRABCZEWSKI, M., WAELKENS, M.,DEGEEST, R. (2001): 3D MURALE: A Multimedia System for Archaeology. In: Arnold, D. et al. (Eds.): Proc. of the 2001 Conference on Virtual Reality, Archaeology and Cultural Heritage (VAST). ACM, 2001, pp. 297–306.

CRUZ, C., NICOLLE, C., NEVEU, M. (2004): Using Semantics to Manage 3D Scenes in Web Platforms. In: Pagani, M. (Ed.): Encyclopedia of Multimedia Technology and Networking, 2004, pp. 1027–1032.

GUARINO, N. (1994). The Ontological Level. In: Casati, R., Smith, B., White, G. (Eds.): Philosophy and the cognitive sciences, Verlag Hölder-Pichler-Tempsky, Wien, pp. 443–457.

HANDSHUH, S., STAAB, S. (2002): Authoring and annotation of Web pages in CREAM. Presented in: 11th International World Wide Web Conference. Hawaii: WWW 2002, 2002.

HORROCKS, I., SCHNEIDER, P. F., BOLEY, H., TABELT, S., GROSOF, B., DEAN, M. (2004): SWRL – A Semantic Web Rule Language – Combining OWL and RuleML. December 21, 2004. URL: http://www.w3.org/Submission/SWRL/ (22.05.2010).

KAHAN, J., KOIVUNEN, M, J., PRUD'HOMMEAUX, E., SWICK, R. (2001): Annotea: an open RDF infrastructure for shared web annotations. Presented In: International World Wide Web Conference. Hong Kong: WWW 2001.

McGUINNESS, D. L., HARMELEN, F, v. (2004): OWL Web Ontology Language. February 10, 2004. URL: http://www.w3.org/TR/owl-features/ (20.01.2010).

OREN, E., BRESLIN, J., DECKER, S. (2006): Semantic Wikis for Personal Knowledge Management. In: Proc. Database ands Expert Systems Applications, 17th International Conference DEXA, Krakow: Dexa, September 4–8, 2006, pp. 509–518.

PRUD'HOMMEAUX, E., SEABORNE, A. (2008): SPARQL Query Language for RDF. January 2008, 2008. URL: http://www.w3.org/TR/rdf-sparql-query/ (22.05.2010).

RDF WORKING GROUP, W3C. (2004): Resource Description Framework (RDF). 02 10, 2004. URL: http://www.w3.org/RDF/ (28.06.2010).

RUSSEL, B, C., MURPHY, A., FREEMAN, K, P. (2008): LabelMe: A Database and Web-Based Tool for Image Annotation. International Journal for Computer Vision, Vol 77, No 1, 1 May 2008, pp 157–173.

SCHROETER, R., HUNTER, J., KOSOVIC, D. (2003): Vannotea: A Collaborative Video Indexing, Annotation and Discussion System For Broadband Networks, Knowledge Markup and Semantic Annotation. K-CAP. Florida, 2003.

UREN, V., CIMIANO, P., IRIA, J., HANDSHUH, S., VARGASVERA, M., MOTTA, E., CIRAVEGNA, F. (2006): Semantic annotation for knowledge management: Requirements and a survey of the state of the art. Journal of the Web Semantics: Sciences and Agents on the World Wide Web, Vol. 4, No 1, Elsevier, pp. 14–28.

WELTY, C., IDE, N. (1999): Using the right tools: enhancing retrieval from marked-up documents. J. Computers and the Humanities, 1999, pp. 59–84.

WÜST, T., NEBIKER, S., LANDOLT, R. (2004): Applying the 3D GIS DILAS to Archaeology and Cultural Heritage Projects – Requirements and First Results. International Archives of Photogrammetry Remote Sensing and Spatial Information Sciences Vol 35, Part 5. Natural Resources, Canada. Great Britain, pp. 407–412.

DAS ADLITZGRABENVIADUKT DER SEMMERINGBAHN VIRTUELL DOKUMENTIERT

Irmengard Mayer – Peter Ferschin – Ulrike Herbig – Iman Kulitz

Abb. 1: Adlitzgrabenviadukt an der Semmeringbahn

Die angemessene Präsentation von Kulturgutdokumentationen stellt trotz der Entwicklungen der vergangenen Jahre, vor allem außerhalb des Museumsbereiches, noch immer ein Problem dar. Gerade jene Dokumentationen, die mittels 3D-Laserscanner erfolgten, benötigen eine besondere Plattform, um einerseits ein einfaches Aufbereiten der Daten für den Bauforscher zu ermöglichen und andererseits dem Nutzer unterschiedliche Möglichkeiten der Datenanalyse zu bieten.

Das Projekt „Das Adlitzgrabenviadukt der Semmeringbahn virtuell dokumentiert" wurde von den Österreichischen Bundesbahnen[1] zur Erforschung von berührungslosen und automatisierten Datenerfassungsmethoden für Infrastrukturanalagen an den Fachbereich Architekturgeschichte::Bauforschung[2] der Technischen Universität Wien vergeben.[3]

Im ersten Teil des Projektes werden Daten verschiedener scannender Verfahren, dem Airborn Laserscanning und dem terrestrischen Laserscanning, für vergleichende Untersuchungen miteinander verknüpft und verglichen. Ein anderer Teil des Projektes befasst sich mit der Visualisierung der baulichen Veränderungen des Viaduktes und einer damit verbundenen Verwaltung von Daten und Dokumenten zu den entsprechenden Zeitabschnitten. Die Scandaten des Adlitzgrabenviaduktes wurden dafür in einer Google Earth Webapplikation implementiert, die eine Visualisierung des Objektes in realistischer Form ermöglicht.

[1] Österreichische Bundesbahnen Infrastruktur AG, Stab Forschung, Entwicklung und Systemtechnik

[2] Am Institut für Kunstgeschichte, Bauforschung und Denkmalpflege

[3] Unser Dank gilt der ÖBB Infrastruktur AG, Stab Forschung, Entwicklung und Systemtechnik unter der Leitung von Ing. Friedrich Brimmer und Dr. Günter Dinhobl, die das Projekt in Auftrag gab. Für die Durchführung der Archivarbeiten danken wir Mag. Birgit Haehnel.

Das Ziel ist die Entwicklung eines Systems zur Darstellung und Verwaltung von Daten unterschiedlicher Typen und Herkunft in Raum und Zeit, durch das die baugeschichtliche Entwicklung eines Objektes für administrative, restaurative und auch öffentlichkeitswirksame Zwecke in einem Tool zusammengefasst werden kann. Diese Visualisierung wurde in Zusammenarbeit mit dem IEMAR[4] der Technischen Universität Wien erarbeitet.

Abb. 2: Streckenführung Semmeringbahn

SEMMERINGBAHN

Die Semmeringbahn ist ein 41 km langes Teilstück der Südbahn in Österreich. Sie verläuft von Gloggnitz über den Semmering nach Mürzzuschlag und überwindet dabei 459 Höhenmeter. Das Adlitzgrabenviadukt liegt in der letzten Kurve vor dem Semmering. Insgesamt 14 Tunnel und 16 Viadukte – von denen mehrere zweistöckig sind – helfen, die Berge und Täler auf dem Weg zum Semmering zu überwinden. Die Semmeringbahn war die erste normalspurige Gebirgsbahn Europas, für die sogar in einem Wettbewerb eine geeignete Zugmaschine gesucht werden musste, die die Neigung von 28 Promille bewältigen kann.

Geplant wurde die Strecke von dem österreichischen Ingenieur Carl von Ghega, und sie wurde nach nur sechs Jahren Bauzeit bereits 1854 eröffnet. Strecke und Lokomotivbau der Semmeringbahn gelten als Meilensteine der Eisenbahngeschichte. Seit 1998 gehört die Strecke zum UNESCO-Weltkulturerbe.

Das Viadukt über den Hinteren Adlitzgraben stellte eine besondere Herausforderung an die Planer und Errichter der Semmeringbahn dar. Für das Überbrükken des breiten, schräg abfallenden und feuchten Talgrundes musste die Fundamentierung dieses Viaduktes besonders sorgfältig geplant und durchgeführt werden: Die beiden Widerlager und der vierte Pfeiler wurden auf einem doppelten Pfostenbelag errichtet. Der erste und der sechste Pfeiler stehen auf einem Schwellrost und der zweite, dritte, fünfte und siebte Pfeiler sogar auf einem etwa 6 m tief in den Boden gerammten Pfahlrost.

Trotz der soliden Fundamentierung fiel der oberirdische Teil des achtbogigen Viaduktes zu zierlich aus und ausschließlich dieser musste noch zu Ghegas Lebzeiten baulich verstärkt werden. Obwohl – wie bei allen großen Viadukten üblich – die Neigung der Strecke zurückgenommen wurde, entstanden durch die auftretenden Fliehkräfte (der Bogenradius liegt bei 189,7 m) sowie durch den feuchten Untergrund bald nach Betriebseröffnung Deformationen und in weiterer Folge Risse. Bereits 1855 – also ein Jahr nach der Eröffnung – wurden die Bögen durch das Einfügen zusätzlicher Innenringe, welche bis auf den Pfeilerfuß reichen, und das Errichten von drei Strebepfeilern an der Außenseite des Viaduktes verstärkt. Weitere Verstärkungen durch Strebepfeiler wurden 1893 und 1911 durchgeführt. Und 1937 mussten sowohl die Bögen als auch teilweise die Fundamente noch einmal verstärkt werden. Somit ist nur der 6. Pfeiler ohne zusätzliche Stütze geblieben, welche bis zum heutigen Tag nicht notwendig war.

Im Allgemeinen sind die Viadukte der Semmeringbahn massiv entworfen und gebaut worden, was durchaus auf die noch in den Kinderschuhen steckende Eisenbahn-Brückenbautechnik zurückgeführt werden kann. Das Adlitzgrabenviadukt stellt hier eine Ausnahme unter den 16 Viadukten dar. Die Viadukte hielten den ständig gestiegenen Verkehrsbelastungen während der letzten 150 Jahre hervorragend stand und bestehen sie noch heute. Nach der Beurteilung von Experten sind die Erhaltungsarbeiten vor allem in den 1950er Jahren von Menschen mit sehr guten handwerklichen Fähigkeiten ausgeführt worden.

DOKUMENTATION

Die Aufnahme des Viaduktes erfolgte mit dem terrestrischen Laserscanner Riegl LMS z420i. Um alle Bögen von beiden Seiten aufnehmen zu können, waren insgesamt 18 Standpunkte nötig. Der Gleiskörper konnte mit dem terrestrischen Laserscanner nicht erfasst werden,

---

[4] Digitale Architektur und Raumplanung am Institut für Architekturwissenschaften

Abb. 3: Scanstandpunkte Adlitzgrabenviadukt

da eine Gleissperre aus sicherheitstechnischen Gründen zwar notwendig, aus wirtschaftlichen Gründen aber nicht möglich war. Für die Erstellung des vermaschten Modells wurden Scans mit einer Auflösung von 0,2° aufgenommen. Zusätzlich wurden Scans mit einer Auflösung von 0,014° durchgeführt. Die hochauflösenden Scans bilden die Geometrie des Viaduktes weit präziser ab und ermöglichen es außerdem, in einer orthogonalen Projektion oder Abwicklung der Punktwolke mit ihren Intensitätswerten eine Schadenskartierung durchzuführen. Mittels GPS[5] wurden für die Registrierung der terrestrischen Scans Bodenpunkte eingemessen, die es ermöglichten, die aufgenommenen Daten in das übergeordnete Koordinatensystem der Österreichischen Bundesbahnen zu überführen. Dafür wurden die notwendigen Passpunkte von den mit GPS eingemessenen Bodenpunkten mit einer Totalstation[6] vermessen.

Für die Texturierung des 3D-Modells wurden Fotos mit einer handelsüblichen Digitalkamera[7] aufgenommen. Die Österreichischen Bundesbahnen stellten außerdem die von ihnen aufgenommenen Airborn-Laserscandaten zur Verfügung, die es erlaubten, ein Modell der Trasse und des Geländes der Umgebung zu erstellen.

Um den Istzustand des Viaduktes darstellen zu können, wurde aus den Scan- und Fotodaten ein texturiertes vermaschtes 3D-Modell erstellt. Nach dem groben Reinigen der Scandaten und dem Auswählen der relevanten Daten in RiScan Pro[8] wurden die Punkte in Geomagic[9] importiert, dort noch einmal gereinigt und zu einem dreidimensionalen Modell vermascht. Für die Texturierung des Modells wurde die Registrierung der Fotos aus RiScan Pro übernommen und in QTS[10] eingespielt. Um eine ausreichende Texturqualität zu erhalten, wurde das vermaschte Modell des Adlitzgrabenviaduktes in vier Teilmodelle zu je zwei Bögen geteilt und nach der Berechnung der Textur aus QTS als VRML exportiert.

Aus den Airborn-Scandaten wurde unter Zuhilfenahme von Rapidform[11] und Geomagic ein separates Modell der Trasse erstellt. Luftbildfotos wurden für die manuelle Texturierung der Trasse in Geomagic verwendet. Im Anschluss wurden alle Teilmodelle wieder zusammengespielt.

Weiters wurde aus den von den Österreichischen Bundesbahnen zur Verfügung gestellten Airborn-Scandaten ein vermaschtes Geländemodell erstellt und ebenfalls mit Luftbildern als Textur bespielt.

BACKWARD EDITING

Eine umfassende Recherche im Zentralarchiv der Österreichischen Bundesbahnen sowie im Österreichischen Staatsarchiv brachte eine Vielzahl von Bildern, Plänen und Textquellen zum Adlitzgrabenviadukt hervor. Eine umfassende Analyse dieser Quellen ermöglichte das Herausarbeiten von fünf Bauphasen: Die erste filigrane Ausführung des Adlitzgrabenviaduktes erforderte

Abb. 4: Hochauflösender Scan

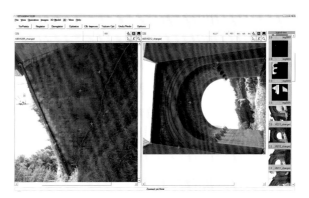

Abb. 5: Texturieren der Teilmodelle in QTS

bereits ein Jahr nach der Eröffnung der Semmeringbahn eine massive Verstärkung. Durch den Kurvenradius des Viaduktes, die leichte Hanglage sowie den teilweise weichen Untergrund kam es bereits 1855 zu Rissbildungen. Zur Stabilisierung des Viaduktes wurden die Bögen verstärkt und an den Außenseiten der mittleren drei Pfeilern zusätzlich Strebepfeiler errichtet.

Auch die zwei folgenden Bauphasen zeigen eine Verstärkung des Viaduktes mit Strebepfeilern. In der zweiten Bauphase 1893 wurden die beiden ersten Pfeiler von Wien kommend verstärkt und 1911 in der dritten Bauphase der letzte Pfeiler. Zwischen 1936 und 1937 kam es zu umfassenden Maßnahmen zur Stärkung des Viaduktes, das dem gestiegenen Verkehrsaufkommen und wahrscheinlich auch den höheren Geschwindigkeiten der Züge nicht mehr ganz gewachsen schien. Im Zuge dieser Baumaßnahmen, der vierten Bauphase, wurden sämtliche Bögen ein weiteres Mal durch das

[5] Leica GPS 1200
[6] Leica TCRM 1103
[7] Canon Eos 1Ds mit 20 mm Objektiv
[8] RiScan Pro 1.4.3 der Firma Riegl Laser Measurement Systems
[9] Geomagic Studio 10 64bit
[10] QTSculptor, Polygon Technologies
[11] Rapidform 2006 von Inus Technology, Inc. & Rapidform, Inc.

Einmauern von Ringen ertüchtigt. Außerdem wurden die Pfeilerfundamente bis auf die bestehende Fundamentsohle verstärkt. Die abschließende fünfte Bauphase, eine der wichtigsten im Eisenbahnbau, war die Elektrifizierung der Strecke über den Semmering, die in den Jahren zwischen 1956 und 1959 schrittweise durchgeführt wurde.

Grundlage für das Backward Editing war das bereits vermaschte Modell. Die aus dem datierten Plan- und Fotomaterial erarbeiteten Bauphasen wurden, eine Phase nach der anderen, beginnend mit der jüngsten, aus dem Modell herausgeschnitten. Die so entstehenden Löcher im Modell wurden geschlossen und die unter der Erde liegenden Fundamente und Grundierungen nach dem bestehenden Planmaterial modelliert. Ebenfalls modelliert wurden die Masten für die Elektrifizierung der Semmeringbahn. Zur Erstellung der einzelnen Bauphasenmodelle kamen Geomagic, AutoCAD®[12] und die Open Source Software Blender[13] zum Einsatz.

BAUHISTORISCHES INFORMATIONSSYSTEM
Zur Darstellung der Baugeschichte des Viaduktes wurde Google Earth als Basis-Plattform gewählt, da das Programm die Integration der für die Dokumentation, für das Verständnis und für die Wiedergabe der baugeschichtlichen Veränderungen notwendigen, unterschiedlichen Medien und Informationsträger (Fotos, Videos, 3D-Modelle, Text- und Plandokumente)

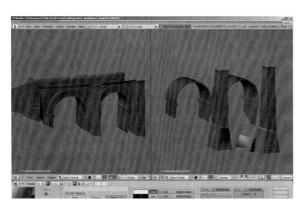

Abb. 6: Backward Editing in Blender

Abb. 7: Bauhistorisches Informationssytem
Adlitzgrabenviadukt

erlaubt. Darüber hinaus können diese Daten sowohl örtlich als auch zeitlich referenziert werden. Die freie Navigation in Google Earth durch Raum und Zeit ermöglicht ein interaktives Abfragen der Daten. Da das bauhistorische Informationssystem über das Internet betrachtet wird, eignet es sich als Publikations- und Austauschplattform sowohl für Experten als auch für die interessierte Öffentlichkeit.

DATENAUFBEREITUNG
Google Earth erlaubt zwar die Einbindung von 3D-Modellen, die maximal mögliche Auflösung solcher Modelle ist aber stets sehr gering. Das hat zum einen mit dem Datentransfer über das Internet zu tun, der trotz hoher Datenübertragungsraten bei einem hochauflösenden 3D-Modell sehr lange dauern kann, und zum anderen auch mit dem Server, von dem die Daten heruntergeladen werden. Natürlich spielt ebenfalls die Anzahl der gleichzeitigen Zugriffe eine Rolle beim Datentransfer.

In einem ersten Versuch wurden die bereits erstellten Modelle direkt in Google Earth geladen, was auf Grund der Größe von ca. 1 Million Polygonen pro Modell nicht möglich war. Das Programm erlaubt pro geladenes 3D-Modell nur eine bestimmte Größe, die im Vergleich zur Aufnahmedichte sehr gering ist. Um die Präzision des Modells in einem vertretbaren Bereich zu halten, wurde die bereits für die Texturierung vorgenommene Teilung des Viaduktes in vier Teilmodelle übernommen und jedes dieser Teilmodelle auf die von Google Earth zugelassene Größe reduziert. Trotz dieser starken Reduktion der Polygonzahl handelt es sich noch immer um Echtdaten und nicht um modellierte Modelle. Die Reduktion der Modelle passierte in Geomagic. Ebenfalls erforderlich war eine Rotation der Teilmodelle auf Grund unterschiedlicher Koordinatensysteme. Diese Rotation wurde in der Software MeshLab[14] durchgeführt. Für die anschauliche Darstellung der Bauphasen in Google Earth wurden die Modelle der einzelnen Bauphasen in SketchUp[15] unterschiedlich koloriert und von dort als COLLADA-Datei exportiert.

PRÄSENTATION
Die reduzierten und kolorierten Bauphasenmodelle wurden dann in Google Earth geladen, wo sie an der richtigen Stelle entlang der Semmeringbahn platziert wurden. Zusätzlich erhielt jedes einzelne Modell ein zeitliches Attribut. Verändert man nun in Google Earth die Zeit mittels des Zeitreglers, erscheinen die entsprechenden Bauphasen. Eine Legende zur Erklärung der Farbkodierung und der baulichen Veränderung

---

[12] Autodesk AutoCAD 2010 64bit
[13] Blender Version 2.49b 64bit
[14] MeshLab v1.2.1b entwickelt vom Visual Computing Lab – ISTI – CNR; htt://meshlab.sourceforge.net/
[15] Google SketchUp Version 7.1.6860

wird als fester Bestandteil der Szene eingeblendet. Auch sie verändert sich entsprechend der dargestellten Zeit. Das Geländemodell wurde ebenfalls eingefügt, da es besonders an der Stelle des Adlitzgrabenviaduktes eine weit bessere Auflösung in Geometrie und Textur bietet als Google Earth selbst. Zusätzlich zur abstrakten Darstellung der einzelnen Bauphasen wurde das texturierte 3D-Modell als Abbild des Istzustandes eingefügt.

Ergänzend zu den 3D-Modellen werden zur Dokumentation der einzelnen Bauphasen Foto-, Text- und Plandokumente integriert und ebenfalls mit dem passenden Zeitattribut versehen. So ist es möglich, diese Dokumente sowohl in einer Übersichtsdarstellung anzuzeigen als auch in einer interaktiven Navigation innerhalb des Dokuments bestimmte Bereiche genauer zu betrachten oder zu bestimmten Seiten innerhalb der Textdokumente zu springen. Eine weitere Ergänzung besteht in der Einbindung von Mediendatenbanken. Es wurden Schnittstellen zu unterschiedlichen Mediendatenbanken (Bilder, Videos) implementiert. Die Ergebnisse der Suchabfrage werden als Vorschaubilder angezeigt. Die Bilder und Videos können auch einzeln im Vollbildmodus dargestellt werden.

Die eingebaute Benutzerschnittstelle gestattet eine komfortable Navigation durch Raum und Zeit. Über das Menüsystem können sowohl Bauphasen als auch unterschiedliche vordefinierte Ansichten ausgewählt werden. Die Definition von thematischen Touren (z.B. Übersichtstouren oder Touren durch die Bauphasen) mit der Möglichkeit, gesprochene Kommentare zu integrieren, ergänzen die multimedialen Darstellungsmethoden dieses bauhistorischen Informationssystems.

AUSBLICK

Aufbauend auf den Erfahrungen des Pilotprojektes „Das Adlitzgrabenviadukt der Semmeringbahn virtuell dokumentiert" soll die Dokumentation aller 16 Viadukte der Semmeringbahn erfolgen. Für dieses Vorhaben ist es notwendig, einige Arbeitsschritte des Workflows und der Präsentation weiter zu entwickeln. In erster Linie muss ein Level-of-Detail-Konzept für große Datenmengen entwickelt werden, das es erlaubt, viele Modelle mit für Google Earth relativ hohen Polygonzahlen darzustellen. Eine Layerkontrolle soll es zukünftig zum Beispiel ermöglichen, einzelne Viadukte, Bauphasen, Fotos oder Pläne nicht nur über die Zeitleiste ein- oder auszuschalten. Externe und auch interne Datenbanken sollen eingebunden werden. Die interne Datenbank soll nicht nur in der Lage sein, Daten anzuzeigen, sondern dem interessierten Publikum ebenfalls die Möglichkeit bieten, eigene Daten wie Bilder einzubinden. Gerade im Eisenbahnwesen wäre es auf diese Weise möglich, eine Vielzahl von Informationen zu erhalten, die über die klassischen Archive hinausreichen.

Abb. 8: Texturiertes Modell des Adlitzgrabenviaduktes

Abb. 9: Implementierte Dokumente wie Fotos und Textdokumente

Abb. 10: Implementierte Mediendatenbanken

Eine Suchfunktion innerhalb einzelner Dokumente kann bei einer Dokumentation über die gesamte Semmeringbahn helfen, Gemeinsamkeiten und Unterschiede der einzelnen Viadukte herauszuarbeiten und darzustellen. Denkbar sind des weiteren zwei unterschiedliche Modi; einer für Experten mit einem umfassenden Zugang sowie hoher Datendichte und ein vereinfachter Webmodus zur Präsentation für Laien, der nur ausgewählte Informationen in reduzierte Dichte wiedergibt.

Google Earth ist ein einfaches und auch leicht zugängliches Tool, das es uns auf relativ einfache Weise ermöglicht drei- und auch vierdimensionale Modelle darzustellen. Es ist auch nicht mehr auf modellierte Modelle beschränkt, sondern kann unter bestimmten Voraussetzungen auch mit Echtdaten arbeiten und bietet somit dem Bauforscher eine einfache Möglichkeit für die Präsentation seiner Ergebnisse.

Anschrift:
Dipl.-Ing. Irmengard Mayer, Dr. Ulrike Herbig, TU Wien,
Fachgebiet Architekturgeschichte und Bauforschung, Karls-
platz 13/251-1, 1040 Wien
E-Mail: irmengard.mayer@tuwien.ac.at,
ulrike.herbig@tuwien.ac.at,
Dr. Peter Ferschin, Mag. Iman Kulitz, TU Wien, IEMAR,
Treitlstraße 3, 1040 Wien
E-Mail: ferschin@iemar.tuwien.ac.at,
kulitz@iemar.tuwien.ac.at

Abbildungsnachweis: Abb. 1 – 10: Verfasser

Literatur:
FERSCHIN, P., KULITZ, I., JONAS, A., RAUE, D. (2008): Spatial and Temporal Visualization in Archaeology. Examples from the Excavation on Elephantine, Egypt. In: Posluschny, A. u.a. (Hrsg.): Layers of Perception. Proceedings of the 35th International Conference on Computer Applications and Quantitative Methods in Archaeology (CAA), Berlin, April 2 – 6, 2007, Koll. Vor- u. Frühgesch. 10, Bonn, S. 143 bzw. auf beiliegender CD.

KULITZ, I., FERSCHIN, P., JONAS, A. (2007): Virtuelle Ägyptologie. In: G. Dreyer u.a. (Hrsg): Begegnungen mit der Vergangenheit – 100 Jahre in Ägypten. Deutsches Archäologisches Institut Kairo 1907–2007, Verlag Philipp von Zabern, Mainz, S. 308 – 319.

MAYER, I., ESSER, G., (2007): 3d-geometry and 3d-texture. Documenting early-Christian wall paintings at the Domitilla Catacomb in Rome, In: Archäologie und Computer 2007 – Workshop 12: Kulturelles Erbe und Neue Technologien, Phoibos Verlag.

JANSEN, M., TOUBEKIS, G., u.a. (2008): Laser Scan Measurement of the Niche and Virtual 3D Representation of the Small Buddha in Bamiyan, In: Posluschny, A. u.a. (Hrsg.): Layers of Perception. Proceedings of the 35th International Conference on Computer Applications and Quantitative Methods in Archaeology (CAA), Berlin, April 2 – 6, 2007, Koll. Vor- u. Frühgesch. 10, Bonn, S. 83 – 90.

ZECH, S. u.a. (2008): World Heritage Semmering Railway Management Plan – Current state of discussion, Wien, St. Pölten, Graz u.a.m.

LASERGESTÜTZTE BAUGEOMETRISCHE BESTANDSAUFNAHME DER WALLFAHRTSKIRCHE TUNTENHAUSEN FÜR DIE BEWERTUNG DER STANDSICHERHEIT

Jessica Glabsch – Hans Heister – Otto Heunecke – Wolfgang Liebl – Kay Nichelmann

Abb. 1: Wallfahrtskirche Tuntenhausen; Doppeltürme und Mittelschiff mit Altar

EINFÜHRUNG

Die Wallfahrtskirche Mariä Himmelfahrt in Tuntenhausen weist erkennbare Schiefstellungen der Außenwände auf. Im Deckengewölbe sind mehrere, zum Teil große Risse vorhanden. Auch im Dachstuhl sind Verformungen sichtbar. Im Zuge anstehender Sanierungsarbeiten war eine umfassende dreidimensionale baugeometrische Bestandsaufnahme durchzuführen.

Da zum Zeitpunkt der Bauaufnahme nicht alle für eine detaillierte statische Bewertung wichtigen Stellen identifiziert waren, ist das Messkonzept so angelegt, dass aus den Messungen heraus Untersuchungen zu markanten Stellen (u.a. Bereiche größter Schiefstellung und Biegung, Bereiche besonders dünner Außenwände, Quantifizierung von Deformationen der Gewölbeschalen) möglich sind. Eine vollständige Erfassung der Geometrie des Bauwerks ist gefordert, weil zur Beurteilung der Standsicherheit eine Bewertung aller vorhandenen Deformationen Voraussetzung ist.

WALLFAHRTSKIRCHE TUNTENHAUSEN

Bereits vor Bau der dreischiffigen Hallenkirche in den Jahren 1628 – 1630 war Tuntenhausen, Landkreis Rosenheim, Oberbayern, ein bekannter Wallfahrtsort, was den Ort bis heute nachhaltig prägt.[1] 1942 wurde die Wallfahrtskirche zur Basilika erhoben und zählt heute zu den bedeutendsten Kirchenwallfahrten Bayerns. Der Innenraum der Kirche ist mit barockem Stuck reichlich ausgestattet (Abb. 1, rechts). Über das denkmalgeschützte Bauwerk gibt es nur wenige Bestandsunterlagen, die z.B. den Aufbau des Mauerwerks dokumentieren. Auch ist unklar, wann die Verformungen im Einzelnen eingetreten sind; zum Teil geschah dies vermutlich bereits während der Bauphase. In jüngster Zeit ist eine fortschreitende Rissbildung im Bereich des Deckengewölbes eingetreten. An der Kirche sind umfangreiche Sanierungsarbeiten geplant, u.a. im Bereich des Dachstuhls.

[1] vgl. www.tuntenhausen.de (23.07.2010)

Abb. 2: Messungen im Dachstuhl mit dem Präzisionstachymeter Leica TCRP 1201; zentrischer Aufbau eines Prismas über einer Deckenöffnung des Gewölbes vom Hauptschiff

DURCHGEFÜHRTE MESSUNGEN

AUFGABENSTELLUNG, MESSKONZEPT
Primäre Ziele der Vermessung sind:
- die Feststellung von Schiefstellungen und Verformungen der Außenwände und Säulen,
- die Erfassung der Geradlinigkeit und Dicke der Mauern im Grundriss auf unterschiedlichen Ebenen
- und das Aufmaß des Deckengewölbes zur Form- und Dickenbestimmung der Gewölbeschalen.

Die pauschale Forderung an die Bestimmung der verschiedenen Größen für den gesamten zu erfassenden Bereich inklusive der Doppeltürme und der Sakristei ist kleiner 1 cm. Die gewünschten Größen sind überwiegend nur indirekt, durch Bestimmung von Punkten auf der Außen- und Innenwand bzw. der Gewölbeober- und -unterseite, zu ermitteln. Für die Bewertung von Schiefstellungen ist der exakte Bezug der Ergebnisse zur Lotrichtung von Bedeutung.

Das Messkonzept unterstützt darüber hinaus das nahtlose Einbinden ergänzender Messungen sowie die Möglichkeit, aus zukünftig durchzuführenden Messungen u.a. durch Formvergleiche auf zwischenzeitlich stattgefundene geometrische Veränderungen schließen zu können.

Von grundlegender Bedeutung für die gesamte Konzeption ist ein dreidimensionales geodätisches Netz mit dauerhaft vermarkten Punkten, gerade auch im Hinblick auf Ergänzungs- und Wiederholungsmessungen. Dabei sind die folgenden drei Teilbereiche zu unterscheiden: der Außenbereich der Kirche, der Innenbereich (Hauptschiff, Seitenschiffe) und der Dachstuhl mit dem Augenmerk auf der Bestimmung der Oberseite des Deckengewölbes. Die Verknüpfung der drei Teilbereiche ist über Sichtschneisen (Türen, Fenster, schmale Öffnungen im Deckengewölbe; siehe Abb. 2) gegeben. Als Messverfahren kamen Tachymetrie und Nivellement zum Einsatz. Die Anbindung des Bereiches im Dachstuhl erfolgte darüber hinaus durch Lotungen mit dem Präzisionslot Wild ZNL über drei ausgewählte Öffnungen im Deckengewölbe (vgl. Abb. 4 rechts).

Die eigentliche 3D-Bestandsaufnahme erfolgte durch terrestrisches Laserscanning, ergänzt um ein Handaufmaß des Balkenwerkes im Dachstuhl. Das terrestrische Laserscanning erlaubt die integrale Erfassung der Geometrie in einem dichten Raster vieler einzelner Punkte. Grundlegendes Ziel ist die Ableitung aller gewünschten geometrischen Größen zum Verformungszustand des Bauwerks aus der Punktwolke. Dabei können zum einen unmittelbar Maße abgegriffen werden, insbesondere aber sind Schnitte im Grund- und Aufriss zu extrahieren, mit denen die indirekte Bestimmung von Mauerwerks- und Gewölbestärken möglich ist. Voraussetzung ist, dass die Punktwolke in einem einheitlichen Koordinatensystem vorliegt und eine möglichst homogene Genauigkeit und Dichte aufweist. Obwohl die Punktwolke eine umfassende 3D-Information darstellt, war für die Ergebnisse ein Übergang auf 2D-Darstellungen in Form von Schnitten gewünscht. Das

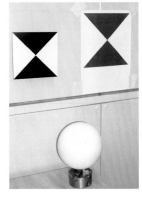

Abb. 3: Adaptionssystem für Messungen mit Tachymeter, Nivellier und Laserscanner inklusive Verschlusskappe im mittleren Bild. Der Stehbolzen im linken Bild ist mit einer Adapterkugel für das Nivellement zu versehen. Im Bild rechts eine Kugel und Aluminiumplatte als zentrierbare Zielzeichen sowie ein Papierzielzeichen für die Nutzung als temporärer, nicht koordinierter Verknüpfungspunkt.

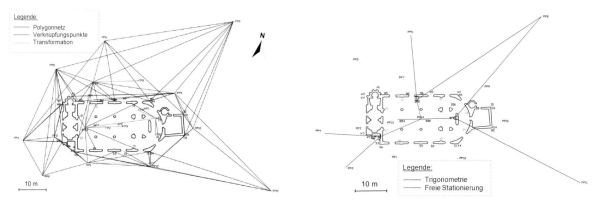

Abb. 4: Netzbild Außenbereich und Kirchenschiff (links); Anbindung des Bereichs im Dachstuhl (rechts)

Erstellen der Schnitte erfolgte insbesondere an Stellen, an denen markante Verformungen aus der Punktwolke abzuleiten sind, im Dialog mit dem Staatlichen Bauamt Rosenheim. Als Nebenprodukt wurden bei einzelnen Scanneraufnahmen Digitalfotos mit einer adaptierten Kamera gemacht, mit denen eine visuelle Dokumentation der Punktwolke gegeben ist (siehe Abb. 7).

GRUNDLAGENNETZ
Die Genauigkeit der Bestandsaufnahme beruht maßgeblich auf der Qualität des Grundlagennetzes. Daher sind dauerhaft und stabil vermarkte Punkte innerhalb und außerhalb der Kirche anzubringen, die insbesondere im Innenbereich so anzulegen sind, dass sie für den Laien nicht bzw. kaum sichtbar sind, um den optischen Eindruck in der Kirche nicht zu beeinträchtigen. Die Adaptierungen sind so ausgebildet, dass sie unter Berücksichtigung bekannter Offsets für alle benutzten Messverfahren Tachymetrie, Nivellement und Laserscanning identische Punktlagen liefern (siehe Abb. 3). Somit sind die im Grundlagennetz bestimmten Punkte als koordinierte Verknüpfungspunkte für die Georeferenzierung der Scanneraufnahmen unmittelbar zu nutzen.

Für das Grundlagennetz wurden tachymetrische Messungen mit einem Präzisionstachymeter Leica TCRP 1201 durchgeführt, die Höhenbestimmung erfolgte über ein geometrisches Nivellement mit dem Präzisionsnivellier Leica DNA03. Neben 23 Standpunkten wurden 65 koordinierte Verknüpfungspunkte für die Georeferenzierung geschaffen. Der benötigte Zeitaufwand für die Messungen inklusive der Vermarkungsarbeiten lag bei drei Tagen, wobei eine eingehende Erkundung vorausgegangen war. Das lokale Koordinatensystem ist so angelegt, dass die Orientierung an den Achsen des Bauwerks ausgerichtet ist. Einige bereits durch das Staatliche Bauamt Rosenheim bestimmte Vermessungspunkte sind in das Grundlagennetz eingebunden, um eine Transformation aller bisher erfolgten Messungen zu ermöglichen. Die Auswertung erfolgte mit dem Programmsystem CAPLAN[2] und wurde als freie Netzausgleichung

durchgeführt. Die durchschnittlichen Standardabweichungen lagen bei 1,5 mm in der Lage und 0,9 mm in der Höhe. Damit sind optimale Voraussetzungen für die eigentliche 3D-Bestandsdokumentation durch das terrestrische Laserscanning geschaffen.

TERRESTRISCHES LASERSCANNING
Die Scanneraufnahmen der Basilika erfolgten mit dem Imager 5006 der Firma Zoller & Fröhlich[3]. Die spezifizierte Genauigkeit des Gerätes ist < 10 mm/50 m. Es sind fünf verschiedene Auflösungsstufen einstellbar, wobei die Stufen „High" (6,3 x 6,3 mm Raster auf 10 m) und „Superhigh" (3,1 x 3,1 mm Raster auf 10 m) bei den durchgeführten Scans benutzt wurden. Im Bereich des Dachstuhls erfolgte die Steuerung über PDA mittels WLAN-Schnittstelle, um mögliche Bewegungen des Gebälks bei Bedienung zu vermeiden. Da der Scanbereich unterhalb des Scanners konstruktiv bedingt nicht erfasst werden kann, wurden im Dachstuhl Überkopfscans (siehe Abb. 5) durchgeführt, um die Gewölbeoberfläche optimal erfassen zu können.

[2] www.cpentw.de (23.07.2010)
[3] www.zf-laser.com (23.07.2010)

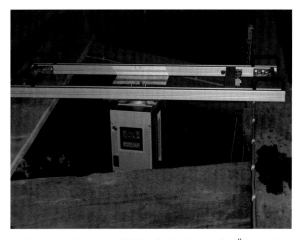

Abb. 5: Z+F Imager 5006 in der Halterung für Überkopfaufnahmen im Bereich Dachstuhl

Abb. 6: Punktwolke mit Intensitätseinfärbung. Zu erkennen
sind die an den Fenstern außen angebrachten verspann-
ten Träger, die ein weiteres Verkippen der Außenwände
verhindern sollen.

Abb. 7: Ein coloriertes Bild in Z+F LaserControl[4] mit
exemplarischem Maßabgriff.

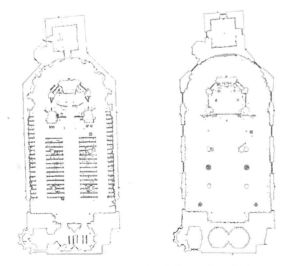

Abb. 8: Horizontale Schnitte durch die Punktwolke in unterschiedlichen Ebenen mittels Cyclone: Bodenhöhe mit zu
erkennenden Bankreihen (links), Fensterhöhe (rechts)

Für die komplette Erfassung der Basilika waren 64 Scannerstandpunkte erforderlich, wobei sich 14 im Außenbereich, 22 im Innenbereich und 28 im Dachstuhl befanden. Im Bereich des Dachstuhls war eine hohe Standpunktdichte infolge der Abschattungen durch das dichte Gebälk notwendig. Zusätzlich zu den koordinierten Punkten des Grundlagennetzes wurden temporäre Verknüpfungspunkte angelegt, um eine robustere Geometrie für die Registrierung zu erhalten. Der Zeitaufwand für die Durchführung der Scanneraufnahmen lag bei 2,5 Tagen.

Die Auswertung der Scanneraufnahmen wurde im Wesentlichen mit der Software Cyclone[5] von Leica Geosystems durchgeführt. Für die Georeferenzierung wurden die koordinierten Verknüpfungspunkte als so genannte „Home Scanworld" festgesetzt, auf die alle anderen „Scanworlds" transformiert wurden. Die Registrierung der Punktwolken erfolgte im selben Arbeitsschritt wie die Georeferenzierung. Auf Grund der großen Menge an koordinierten und zusätzlichen temporären Verknüpfungspunkten entstanden dabei ca. 3200 Zwangsbedingungen zwischen den einzelnen Aufnahmen. Die Registrierung ist somit hoch redundant. Als Maß für die erreichte Genauigkeit dienen die Restklaffungen aller verwendeten Verknüpfungspunkte. Nach Eliminierung von Verknüpfungspunkten mit schlechten Schnittbedingungen verbleiben ca. sieben bis zwölf Verknüpfungen pro Standpunkt, bei denen die maximale Restklaffung bei 6 mm und die mittlere Restklaffung bei 3 mm liegt. In dem Projekt wurde auf Grund der geforderten und entsprechend nachzuweisenden Genauigkeit der konventionellen Registrierung über Verknüpfungspunkte Vorrang gegenüber einer Registrierung mittels identischer Objekte oder ICP-Algorithmen [STAIGER, 2007] eingeräumt.

Vor der weiteren Bearbeitung war die Punktwolke von Störpixeln zu bereinigen. Störpixel können zum Beispiel durch Partikel in der Luft oder Brechungen an Objekten mit lichtdurchlässigen und spiegelnden Oberflächen entstehen. Überschüssige Bereiche der Punktwolke (umliegende, nicht interessierende Bereiche) wurden entfernt. Wegen des Datenumfangs war dieser Arbeitsschritt zeitaufwendig. Die verbleibende Datenmenge (Abb. 6) besteht aus ungefähr drei Milliarden Punkten.

ABLEITUNG VON ERGEBNISSEN

BILDEN VON LÄNGS- UND QUERSCHNITTEN
In der Punktwolke ist ohne weitere Modellierungsschritte, wie das Bilden geometrischer Primitive (Ebenen, Zylinder, etc.), ein direkter Maßabgriff zwi-

[4] www.zf-laser.com/Z+F_LaserControl_7.6.kompr.pdf (23.07.2010)
[5] www.leica-geosystems.com/de/HDS-Software_3490.htm (23.07.2010)

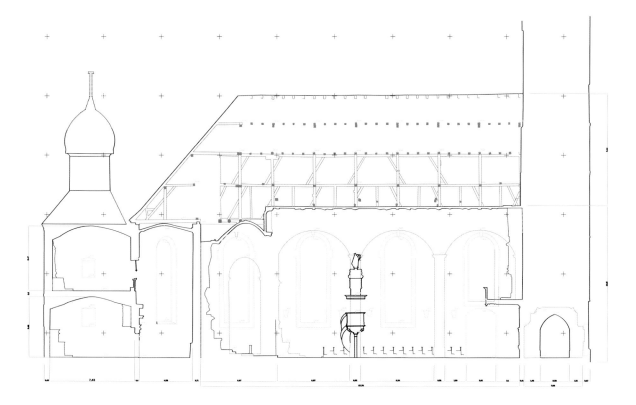

Abb. 9: Längsschnitt der Basilika in AutoCad; links die Sakristei, rechts der Turmbereich

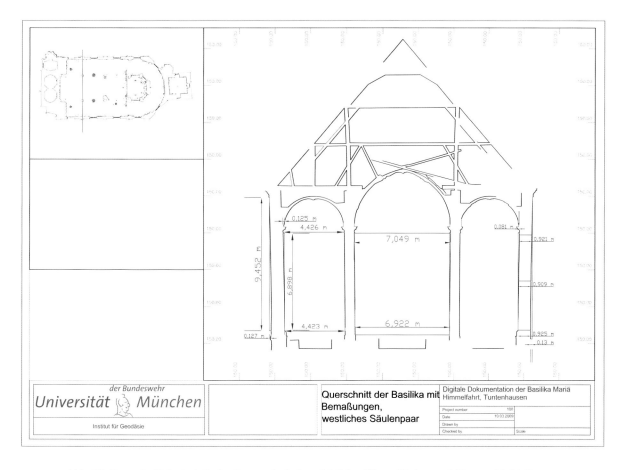

Abb. 10: Querschnitt in AutoCad mit exemplarischem Maßabgriff von Säulen- und Mauerschiefstellungen

schen aufgenommenen Punkten möglich (vgl. Abb. 7). Weiterhin können leicht in jeder möglichen Position und Ausrichtung Schnitte erzeugt werden, wobei es sich als günstig erweist, wenn das Koordinatensystem an den Bauwerksachsen orientiert ist. Dabei handelt es sich im Prinzip um „Scheiben", die aus der Punktwolke geschnitten und die in ihrer Dicke frei gewählt werden können. Beispiele sind die in Abbildung 8 wiedergegebenen horizontalen Schnitte (Dicke 2 cm) in unterschiedlichen Ebenen. Die Farbgebung resultiert aus den Intensitätswerten.

Aus solchen Schnitten können durch Maßabgriffe Informationen wie Mauerdicken oder Schiefstellungen von Wänden an jeder beliebigen Position bestimmt werden. Bereiche größter Verformungen lassen sich so im Rahmen der Auswertung identifizieren, ohne dass bereits vor oder während der Messung solche Bereiche bekannt sein müssen; dies ist ein wesentlicher Vorteil einer lasergestützten baugeometrischen Aufnahme. Auch wenn für den einzelnen Scanpunkt eine durchaus bessere Genauigkeit gewährleistet ist, sind solche abgegriffenen Maße in der Punktwolke mit etwa 1 cm Genauigkeit zu ermitteln und wesentlich von der Ansprache und Zuordnung der aufgenommenen Rasterpunkte abhängig. Über die Schnittbildungen und einfache Modellierungen geometrischer Primitive lassen sich zügig auch Aussagen über die Geradlinigkeit von Wänden oder der Ebenheit des Fußbodens ableiten sowie allgemein über Symmetrien des Bauwerks.

Um aus den einfachen Punktwolkenschnitten bemaßte Schnitte nach üblichem Verständnis abzuleiten, ist ein Export der Daten in eine CAD-Software erforderlich, auch aus Gründen des Zugriffs auf die Daten mit allgemein verfügbaren Programmen. Die Bearbeitung von Punktwolken in einem CAD wird erst durch entsprechende Plug-Ins [KERSTEN u.a. 2008] möglich gemacht. Bei dem Programm CloudWorx[6] von Leica Geosystems handelt es sich um ein solches Plug-In. Der exportierte Ausschnitt der Punktwolke befindet sich gewissermaßen im Hintergrund, und es können darauf aufbauend Linien oder andere geometrische Formen konstruiert und bemaßt werden. Ein Beispiel eines solchen Ergebnisses ist mit Abbildung 9 dargestellt, wobei hier verschiedene Vertikalebenen übereinander gelegt abgebildet sind. Durch die geometrisch exakte Integration mehrerer Ebenen entsteht ein Mehrwert an Informationen.

ERMITTLUNG VON SCHIEFSTELLUNGEN
Vertikalschnitte der Punktwolke wurden genutzt, um die Neigungen der Außenwände und Säulen zu ermit-

[6] www.leica-geosystems.com/de/Leica-CloudWorx_60696. htm (23.07.2010)

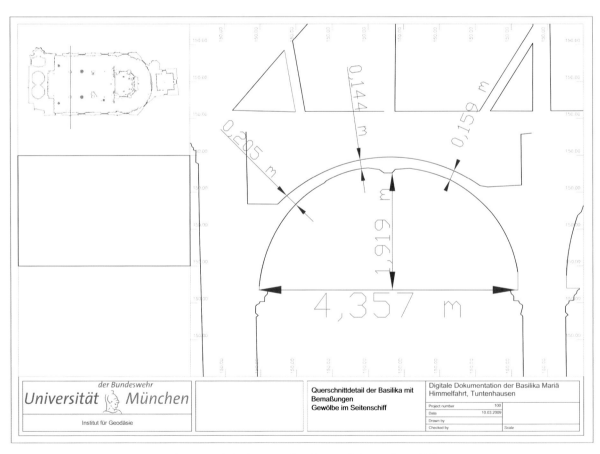

Abb. 11: Schnitt des Gewölbes im nördlichen Seitenschiff

teln (siehe Abb. 10). Der Maßabgriff in Abbildung 10 erfolgt alternativ in AutoCAD. Die maximale Schiefstellung der Nordwand liegt bei 1,49 gon, was einem Stichmaß von 19 cm auf 8 m Höhe entspricht. Die maximale Neigung der Südwand fällt mit 1,00 gon etwas geringer aus. Die Neigungen beider Wände zeigen nach außen. Auch die Säulen weisen Neigungen in etwas kleinerer Dimension in die Richtung der jeweiligen Außenwand auf. Es lässt sich hier wie auch an den anderen Vertikalschnitten eine Symmetrie erkennen, wobei die größten Werte in der Mitte der Kirche liegen; die Außenwände sind also auch gebogen.

Die indirekte Bestimmung einer Gewölbedicke sowie der Gewölbegeometrie ist in Abbildung 11 exemplarisch veranschaulicht.

Abb. 12: Intensitätsbild aus LaserControl zur Dokumentation von Rissen, Nutzen der Zoomfunktion

DOKUMENTATION VON RISSEN
Eine weitere Nutzung besteht in der (georeferenzierten) Dokumentation von Rissbildungen im Bauwerk (siehe Abb. 12). Aus wiederholten Messungen können hier beispielsweise Veränderungen abgeleitet werden, da in der Punktwolke ein direkter Koordinatenabgriff möglich ist.

NUTZEN DER ERGEBNISSE
Die Ergebnisse der 3D-Bestandsaufnahme dienen als Grundlage für eine FE-gestützte Analyse zur Bewertung der Standsicherheit des Bauwerks. Neben Schiefstellungen und Mauerwerksstärken wurden hierbei Abgriffe zu Gewölbegeometrien genutzt, um etwa Krafteinleitungen des Daches in die tragenden Wände

und Säulen detailliert modellieren zu können. Die FE-Analyse kommt zu dem Ergebnis, dass das Bauwerk für den Lastfall Eigengewicht standsicher ist, jedoch für den Lastfall Eigengewicht und Wind bzw. Eigengewicht und Schnee die Standsicherheit nicht gewährleistet ist. Derzeit wird durch das Staatliche Hochbauamt Rosenheim ein Sanierungskonzept geplant.

ZUSAMMENFASSUNG
Durch das entwickelte, auf Nachhaltigkeit ausgelegte Messkonzept und seine Umsetzung konnten alle Ziele der baugeometrischen 3D-Bestandsdokumentation erreicht werden. Ohne ein hochwertiges Grundlagennetz wäre die Messaufgabe allein durch Laserscanning nicht zu lösen. Die Zeitersparnis bei der Datenerfassung des Laserscannings gegenüber einem klassischen Handaufmaß und den qualitativen Gewinn thematisiert z. B. auch [CHRISTOFORI 2007].

Als großer Vorteil erwies sich, in der Punktwolke noch während der Auswertung festlegen zu können, welche aussagekräftigen Schnitte benötigt werden. Insbesondere da im Rahmen der Auswertung und Ergebnisdiskussionen wesentlich mehr Schnitte durch das Bauamt gewünscht wurden als ursprünglich besprochen. Visualisierungen, wie diese oft bei Laserscanneraufnahmen gezeigt und gewünscht werden, waren für die hier gestellte Aufgabe nicht von Bedeutung. Die Punktwolke der Basilika stellt eine umfassende geometrische Ist-Dokumentation des gesamten Bauwerks dar. Nachteilig bei einer lasergestützten Bauaufnahme ist die zeitintensive Auswertung, die im Falle der Wallfahrtskirche Tuntenhausen mehrere Arbeitswochen für einen Auswerter umfasst hat. Dem gegenüber steht der Mehrwert an Information für vielfältige Aufgaben, den die Punktwolke potentiell zwar beinhaltet, der andererseits jedoch erst vermittelt werden muss.

Anschrift (für das Autorenteam des Instituts für Geodäsie, UniBw München):
Prof. Dr. Ing Otto Heunecke, UniBw München, Institut für Geodäsie, Werner-Heisenberg-Weg 39, 85577 Neubiberg
E-Mail: Otto.Heunecke@unibw.de

Abbildungsnachweis: Abb.1–12: Verfasser

Literatur:
CHRISTOFORI, E. (2007): Anwendungsberichte TLS in der Denkmalpflege. Technisch sinnvoll? Wirtschaftlich?. In: Terrestrisches Laserscanning (TLS 2007), Beiträge zum 74. DVW-Seminar am 5. und 6. Dezember 2007 in Fulda, Schriftenreihe des DVW, Band 53, Wißner Verlag, Augsburg, S. 151–173.
KERSTEN, TH., STERNBERG, H., MECHELKE, K., LINDSTAEDT, M. (2008): Datenfluss im terrestrischen Laserscanning – Von der Datenerfassung bis zur Visualisierung. In: Terrestrisches Laserscanning (TLS 2008), Beiträge zum 79. DVW-Seminar am 6. und 7. November 2008 in Fulda, Schriftenreihe des DVW, Band 54, Wißner Verlag, Augsburg, S. 31–56.
STAIGER, R., WEBER, M (2007): Die passpunktlose Verknüpfung von Punktwolken – ein Erfahrungsbericht. In: Terrestrisches Laserscanning (TLS 2007), Beiträge zum 74. DVW-Seminar am 5. und 6. Dezember 2007 in Fulda, Schriftenreihe des DVW, Band 53, Wißner Verlag, Augsburg, S. 91–111.

MIT LAPTOP, LOT UND LASERSCANNER?
LEHRERFAHRUNGEN IM FACH „BAUDOKUMENTATION" AN DER UNIVERSITÄT BAMBERG

Jürgen Giese

Zu den Schlüsselqualifikationen von Denkmalpflegern, Bauforschern, Architekturhistorikern sowie Architekten und Fachplanern, die mit dem Bauen im Bestand befasst sind, gehört es, fachgerechte Baudokumentationen existierender Architektur entweder selbst anzufertigen oder diese auf ihre Qualität überprüfen und im Anschluss auswerten zu können. Aus diesem Grund hat das Fach „Baudokumentation" an der Universität Bamberg sowohl innerhalb des Masterstudienganges Denkmalpflege als auch im Nebenfach „Kulturgutsicherung" einen besonderen Stellenwert. Der Begriff „Baudokumentation" wird dabei ähnlich wie von G. Eckstein sehr weit gefasst und und bezieht außer dem, was üblicherweise unter „Bauaufnahme" subsumiert wird, auch zahlreiche weitere Verfahren mit ein, die vorwiegend aus den archäologischen und naturwissenschaftlichen Disziplinen stammen.[1]

In Abbildung 1 sind die Verfahren der Baudokumentation in zwei mit „Basisverfahren" und „Zusatzverfahren" übertitelte Gruppen unterteilt. Die Basisverfahren umfassen mit der zeichnerischen, verbalen und fotografischen Beschreibung

von Architektur einen Dreiklang, der als „Bauaufnahme" bezeichnet werden kann.[2] Im praktischen Gebrauch und in seiner Verwendung in der Fachliteratur jedoch wird mit diesem Begriff zuweilen sehr stark das reine Bauaufmaß verbunden, so dass leicht in Vergessenheit gerät, dass die verbale und fotografische Beschreibung ebenso wie auch das Bauaufmaß Spezialwissen, Erfahrung und Zeit erfordert und untrennbar mit der Baudokumentation verbunden ist.[3] Nur wenn die drei Verfahren gleichberechtigt angewendet werden, entstehen wissenschaftlich auswertbare Dokumentationen.

[1] Siehe die Beiträge in [ECKSTEIN 2003, S. 34–52].
[2] Siehe – mit unterschiedlichen Gewichtungen – beispielsweise [CRAMER 1984; WANGERIN 1986, S. 10–12].
[3] Siehe beispielsweise die explizite Betonung des Aufmaßes bei [ECKSTEIN 2003, S. 34] oder die versehentliche Auslassung der Fotografie bei [WANGERIN 1986, S. 10–12]. Zutreffend ist dagegen die explizite Einschränkung durch die Verwendung des Begriffes „zeichnerische Bauaufnahme" z.B. von [SCHULLER 2005, S. 10].

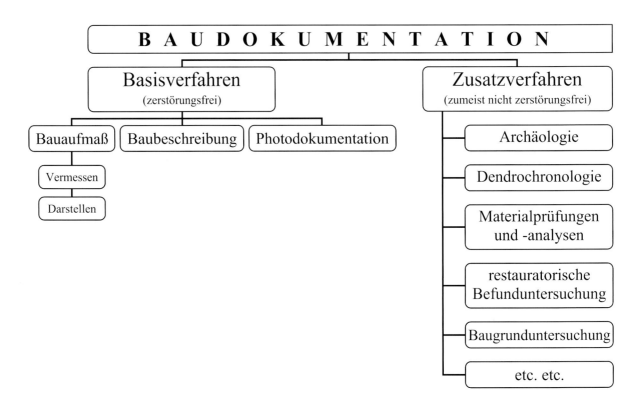

Abb. 1: Verfahren der Baudokumentation

Die drei Basisverfahren zeichnen sich zunächst dadurch aus, dass sie zerstörungsfrei anwendbar sind, überschaubare Kosten verursachen und in der Regel von einem Spezialisten ohne Hinzuziehung weiterer Fachleute anderer Disziplinen eingesetzt werden können. Gerne werden sie daher als Standardverfahren des Bauforschers bezeichnet. Ihre Bedeutung liegt aber vor allem darin, dass sie die Grundlage und Voraussetzungen für die zielgerichtete Anwendung weiterer, hier unter Zusatzverfahren angeführter Verfahren liefern. Eine Baudokumentation unter Anwendung von Zusatzverfahren ist ohne vorausgehende Anfertigung einer Basisdokumentation in der Regel nicht sinnvoll.

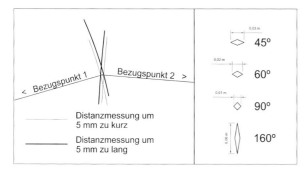

Abb. 2: Abschätzen der Güte von Schnittbedingungen bei Bogenschlagmessungen durch Auswertung von Fehlerrauten. Links die Bildung der Fehlerraute von zwei Distanzmessungen mit ± 5 mm Standardabweichung, die sich unter 160 Grad schneiden. Rechts Vergleich der Fehlerrauten für unterschiedliche Schnittwinkel.

Die in Abbildung 1 ohne Anspruch auf Vollständigkeit genannten Zusatzverfahren kommen zumeist nicht ohne Eingriffe in die Bausubstanz aus und erfordern immer verfahrensspezifisches Fachwissen sowie meist auch hochwertige technische Ausstattung.[4] Sie werden daher gerne als Spezialverfahren bezeichnet, um den besonderen Aufwand für ihre Realisierung zu verdeutlichen. Gleichwohl erhöhen sie den Kenntnisstand zu einem Bauwerk oft in maßgeblicher Weise, man denke nur an die Erkenntnisgewinne durch archäologische, dendrochronologische und restauratorische Untersuchungen. Es ist daher fast immer wünschenswert, Zusatzverfahren anzuwenden. Die sich zumeist aus personellen, technischen und finanziellen Gründen ergebende Grenzziehung zwischen Standard- und Spezialverfahren ist daher inhaltlich nicht sinnvoll – es ist im Gegenteil erstrebenswert, möglichst viele Verfahren als Standard zu etablieren. An der Universität Bamberg ist dieser Schritt für die Disziplinen Archäologie, Dendrochronologie und Restaurierungswissenschaften bereits vollzogen, deren Verfahren in studentischen Abschlussarbeiten routinemäßig zur Anwendung kommen, sofern sie denkmalpflegerisch zu vertreten sind. Die Grenzen zwischen Standard- und Spezialverfahren sind also fließend, sehr von der individuellen

Ausbildung und der technischen Entwicklung abhängig und werden sich ständig verändern. Davon unberührt bleibt jedoch die in Abbildung 1 vorgeschlagene Trennung von Basis- und Zusatzverfahren.

Nachdem das Fach „Baudokumentation" kurz umrissen ist, soll es im Folgenden im Rahmen des Themas dieses Kolloquiums nur um einen Teilbereich der Basisverfahren gehen, dem formtreuen Bauaufmaß und seiner Lehre an der Universität Bamberg. Das Ziel dieser Lehre ist heute noch dasselbe, das bereits R. Koldewey vor gut 100 Jahren treffend auf den Punkt gebracht hat: Der Verfasser eines formtreuen Bauaufmaßes soll als „denkendes Objektiv" arbeiten, d.h. ein gutes Aufmaß zeichnet sich durch die geometrische Exaktheit, die gewissermaßen durch das Objektiv bereitgestellt wird, sowie durch inhaltliche Genauigkeit und Sinnhaftigkeit aus, die durch das Denken erzeugt werden.[5] Das eine ist ohne das andere nicht denkbar. Die notwendige enge Verzahnung dieser beiden Voraussetzungen ist auf dem ersten Cottbusser Kolloquium „Von Handaufmaß bis High Tech" intensiv thematisiert worden.[6]

Die Mittel für die Erstellung von Aufmaßen waren, zumindest für Gebäude überschaubarer Dimensionen, zu Koldeweys Zeiten und noch bis vor 15–20 Jahren sehr einfach und sind in den einschlägigen Handbüchern unter dem Begriff des Handaufmaßes dargestellt.[7] Zum Messen kommen dabei beispielsweise Schlauchwaage, Meterstab, Maßband, Schnur und Wasserwaage zum Einsatz, die grafische Umsetzung der Messergebnisse übernimmt der mit der Hand geführte Zeichenstift.

Die Einfachheit der Mittel darf jedoch nicht darüber hinwegtäuschen, dass die geometrische Exaktheit der Aufmaßzeichnung nur bei Beachtung elementarer vermessungstechnischer Prinzipien gewährleistet ist. So ist fast immer von einem künstlichen, d.h. bauteilunabhängigen Messsystem aus- und grundsätzlich vom Großen ins Kleine vorzugehen. Weitere Beispiele für vermessungstechnisches Denken sind die Bevorzugung durchgehender statt additiver Messungen, die Beschränkung der Verlängerung von Messlinien auf maximal die Hälfte ihrer ursprünglichen Länge oder das Abschätzen der Güte von Schnittbedingungen bei Bogenschlagmessungen, die durch sog. Fehlerrauten auch ohne mathematische Berechnungen verdeutlicht werden können (Abb. 2). Ein Bauforscher, der diese Techniken in der Praxis sicher beherrscht und deren fehlertheoretische Grundlagen berücksichtigt, darf sich bereits geodätisch fortgebildet nennen.

[4] Siehe auch die Klassifizierung der Verfahren bei [ECKSTEIN 2003, S. 34, 42, 48].
[5] REUTHER 1955, S. 31 f.
[6] Vgl. dazu die Beiträge von [HANSEN, C. G., AMT, S., MADER, G. T., SCHULLER, M. und GANZERT, J., In: WEFERLING u.a. 2001] sowie [SCHULLER 2005, S. 9–22].
[7] CRAMER 1984; WANGERIN 1986.

Die rasante technische Entwicklung, zunehmende Benutzerfreundlichkeit und fallende Preise bei geodätischen Hard- und Softwaresystemen haben der historischen Bauforschung in den vergangenen 10 Jahren ein verlockendes Spektrum zusätzlicher Messverfahren beschert, die – richtig eingesetzt – Bauaufmaße deutlich effektiver und kostengünstiger machen und somit aus kommerziellen wie auch rein wissenschaftlichen Projekten nicht mehr wegzudenken sind.[8] Die Welt des Bauforschers ist dadurch zwar vielfältiger und bunter, aber auch wesentlich komplizierter geworden, als sie es noch vor 15 Jahren war. Einerseits soll er nun Stärken und Schwächen von Handmessung, Tachymetrie, Photogrammetrie, Laserscanning und satellitengestützten Vermessungssystemen kennen und gegeneinander abwägen. Zusätzlich hat sich aber auch das Aufmaßprodukt grundlegend gewandelt: Während es vorher zur handgezeichneten Aufmaßzeichnung keine Alternative gab, gilt es nun auch noch mit digitalen Vektorzeichnungen, Bildplänen sowie computergenerierten 3D-Modellen mit und ohne Texturierung zu jonglieren. Die Vielfalt der Aufmaßtechniken und -produkte erfordert deren auf die jeweilige Fragestellung zugeschnittene Kombination. Für den Bauforscher als Leiter eines Aufmaßprojektes erwächst daraus die zusätzliche Aufgabe, technische, organisatorische und personelle Schnittstellen zwischen den eingesetzten Systemen einzurichten. Der Optimierung von Arbeitsabläufen kommt dabei eine wesentliche Bedeutung zu.

Diese Situation stellt die universitäre Lehre jetzt und auf Grund der kurzen technischen Innovationszyklen immer wieder vor die Frage, in welcher Form das noch zu Koldeweys Zeiten selbstverständliche Ideal des geodätisch fortgebildeten Bauforschers, der die zur Verfügung stehenden Verfahren selbständig anwendet, aufrecht erhalten werden kann. In welcher Form können wir heute das Objektiv des denkenden Bauforschers ausbilden, um die so fruchtbare Symbiose aus „Denken" und „Objektiv" weiterhin am Leben zu erhalten?

Am Beginn der Ausbildung steht in Bamberg – wie sicherlich an den meisten anderen Hochschulen auch – die üblicherweise als Handaufmaß bezeichnete Kombination aus einfachen Aufmaßtechniken und Handzeichnungen als Aufmaßprodukt. Nur hiermit können sowohl vermessungstechnische Grundkenntnisse als auch das so wichtige Verständnis für die inhaltliche Genauigkeit vermittelt werden. Auch wenn die Aufnahme kompletter Gebäude ausschließlich mit diesen Techniken heutzutage schlichtweg unwirtschaftlich ist, muss man diese Fähigkeiten beispielsweise für einzelne Räume, Raumteile oder auch nur Bauteile bereithalten – sie gehören also zwingend zur Basisausbildung.

Nachteilig bei diesen Verfahren ist besonders das zeitraubende und zuweilen Eingriffe in die Bausubstanz erfordernde Einrichten von Schnüren und Loten

für die Bezugssysteme. Diese können vollständig entfallen, wenn in einem ersten Schritt der „Technisierung" ein 3-Ebenen-Kreuzlinienlaser verwendet wird. Im Gegensatz zum klassischen Rotationslaser projiziert er gleichzeitig drei zueinander rechtwinklig stehende Laserebenen in den Raum, über die man mit drei Messungen beispielsweise mit einem Meterstab sehr präzise 2D- oder 3D-Koordinaten ermitteln kann (Abb. 3), die ohne Umrechnungen in die Zeichnung übertragen werden. Dadurch ist das Gerät mit einer Aufstellung sowohl für Grundrisse und Schnitte einsetzbar und kann mit mehreren Aufstellungen auch für komplette Gebäude als Ein-Mann-System betrieben werden. Eigentlich für den Innenausbau entwickelt, ist der Kreuzlinienlaser nicht nur sehr leicht zu bedienen, sondern auch handlich und robust. Die genannten Eigenschaften führen zu großer Akzeptanz bei den Studierenden.

Sehr deutlich sind allerdings auch die Grenzen dieser Technik aufzuzeigen, da die Standardabweichungen der Laserebenen nur Messungen bis ca. 50 m Entfernung vom Gerätestandort empfehlenswert machen – eine Entfernung, die für Einzelgebäude üblicher Größenordnungen aber ausreicht.

---

[8] Vgl. dazu beispielsweise die Projektbeispiele in [WEFERLING u.a. 2001; RIEDEL u.a. 2006] und auch in diesem Kolloquiumsband.

Abb. 3: Messung mit dem 3-Ebenen-Kreuzlinienlaser, Laserlinien sind verstärkt dargestellt. In Richtung auf den Betrachter werden ebenfalls alle 3 Ebenen projiziert.

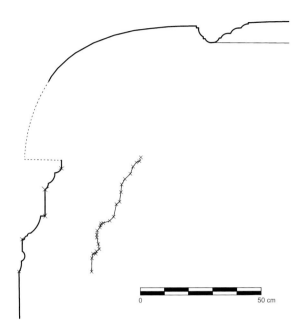

Abb. 4: Forchheim, Pfarrkirche St. Martin, Mittelschiff, Querschnittdetail. Links das mit wenigen Stützpunkten gemessene Stuckprofil, rechts dasselbe Stuckprofil aus zahlreichen, aber wahllos gemessenen Punkten zusammengesetzt.

Aus didaktischer Sicht ist besonders das durch die drei Laserebenen förmlich greifbare dreidimensionale Koordinatensystem, in dem gemessen wird, von Bedeutung (Abb. 3). Da derartige Koordinatensysteme Grundlage aller anderen geodätischen Verfahren sind, dort aber nur am Computerbildschirm bearbeitet werden oder – noch abstrakter – nur als Koordinatenlisten erscheinen, ist diese „haptische" Erfahrbarkeit von großer Wichtigkeit.

Darüber hinaus lässt sich hier bereits aufzeigen, wie eine händische Messung keineswegs auch in Handzeichnungen ausgewertet werden muss. Das direkte Ermitteln kartesischer 2D- oder 3D-Koordinaten ist geradezu prädestiniert dafür, in CAD-Systemen ausgewertet zu werden. Bereits hier wird deutlich, dass Messverfahren und Aufmaßprodukt heutzutage keine untrennbare und voneinander abhängige Einheit bilden, wie sie etwa durch den Begriff „Handaufmaß" noch vorgegeben wird. Den Studierenden wird klar, dass der Begriff heutzutage in „Handmessung" und „analoge Strichzeichnung" zerlegt werden muss, um beispielsweise auch die Kombination aus „Handmessung" und „digitaler Strichzeichnung" als selbstverständlich zuzulassen.

Über diese Basisausbildung hinaus werden den Studierenden verschiedene Vertiefungsmöglichkeiten angeboten. Einen hohen Stellenwert in der Lehre genießt dabei die Tachymetrie mit Online-Auswertung, die für Bauaufmaße derzeit das beste Kosten-Nutzen-Verhältnis besitzt. Dabei kommen ausschließlich solche Systeme zum Einsatz, die den Tachymeter als

Eingabegerät in ein vollwertiges 3D-CAD-System einbinden.[9] Der Nutzer bewegt sich ausschließlich in einer CAD-Umgebung, die auch von anderen Anwendungen bekannt ist, und die Gerätebedienung reduziert sich auf wenige Handgriffe. Trotz der im Bamberger Studiengang zur Verfügung stehenden effektiven Übungszeit von derzeit nur drei Tagen werden die meisten Studierenden mit dem System so vertraut, dass es sich zum Standardverfahren für solche Abschlussarbeiten entwickelt hat, bei denen Bauaufmaße ein Bestandteil sind. Dank dieses Systems ist ein deutlicher Trend ablesbar, heute Abschlussarbeiten mit hohem dokumentarischen Anteil von ein bis zwei Bearbeitern anzufertigen, die noch vor 10 Jahren nur mit drei oder vier Bearbeitern zu bewältigen gewesen wären. Die hohe Akzeptanz des Systems bei den Studierenden basiert auf seiner leichten Bedienbarkeit sowie der unmittelbaren und grafischen Kontrolle des Gemessenen am Bildschirm. Beim Erlernen dieses Verfahrens sind allerdings stets die Teilnehmer im eindeutigen Vorteil, die über fundierte CAD-Kenntnisse verfügen – wenn am Schluss der Übungen Unsicherheiten zurückbleiben, dann liegt dies in der Regel nicht an der Tachymetrie, sondern an fehlender Routine im Umgang mit dem CAD-System.

Mit dem Tachymeter wird den Studierenden ein hochwertiges Gerät nahe gebracht, dessen geodätischen Grundlagen allerdings nur in Grundzügen vermittelt werden können. Die anwendungsorientierte Lehre muss hier einen schmalen Grat beschreiten, indem sie einerseits auf traditionelle Elemente der geodätischen Ausbildung verzichtet und andererseits verhindern muss, dass die Nutzer die Messdaten unreflektiert übernehmen und den Tachymeter mit einer an der Supermarktkasse erworbenen Computermaus verwechseln. Je einfacher die CAD-Programme mit Tachymeteranbindung zu bedienen sind, desto genauer gilt es darauf zu achten, geodätischen Leichtsinn zu verhindern.

Als Beispiel für diese Gratwanderung nenne ich, dass das Anlegen und Berechnen von Polygonzügen oder -netzen in diesen Kursen nicht gelehrt wird, stattdessen jedoch intensiv Strategien für das Anlegen von Netzen vorwiegend aus freien Stationierungen entwickelt werden, so dass auch ohne durchgreifende Fehlerbehandlung eine hohe Zuverlässigkeit des Netzes erreicht wird.[10] Der Zeitgewinn durch die schnellere Arbeit vor Ort und die Einsparung von Fachwissen wird natürlich mit der Beschränkung erkauft, dass mit

---

[9] Zur Technik s. vor allem [KOKSCH 2005]. Vgl. auch [MESSMER 2001] mit allerdings inzwischen teilweise veralteter Technik. Dieses Verfahren ist in den auf historische Bausubstanz spezialisierten Büros für Baudokumentation derzeit das am weitesten verbreitete Messverfahren.

[10] Vgl. dagegen die aus geodätischer Sicht natürlich richtige Empfehlung zur durchgreifenden Fehlerbehandlung von [WIEDEMANN 2004, S. 274–278].

diesem Rüstzeug nur Gebäude bis maximal 150 m Länge zuverlässig aufgenommen werden können. Die Studierenden müssen deshalb sehr deutlich darauf hingewiesen werden, dass für die Bearbeitung größerer Objekte zusätzliches geodätisches Wissen erforderlich ist.

Einen größeren Raum als die klassischen Grundlagen der Tachymetrie nehmen die praktischen Probleme ein, deren sichere Beherrschung die geometrische, besonders aber die inhaltliche Genauigkeit eines Bauaufmaßes nachhaltig beeinflussen. Als Beispiele seien das bekannte Problem der reflektorlosen Distanzmessung beim Anmessen von Ecken und Kanten angeführt, mit dem sich die Studierenden in Laborversuchen auseinandersetzen oder die Aufstellungsprobleme auf schwankendem Boden wie beispielsweise einem Baugerüst oder innerhalb eines Dachwerkes. Stets wird auch die Diskussion geführt, warum beispielsweise ein ausschließlich aus tachymetrierten Punkten gezeichneter Fensterflügel niemals die inhaltliche Genauigkeit eines mit dem Meterstab gemessenen und zeichnerisch durchkonstruierten Fensterflügels haben kann, wann also händische Messungen die tachymetrischen zwingend ergänzen müssen.

Eine ebenfalls sehr typische Problematik betrifft die Erfassung von Architekturprofilen, bei denen eine scannende Punkterfassung zwar viele geometrisch richtige Daten liefert, die den Profilen aber stets innewohnende Logik nicht erfasst wird (Abb. 4). Empfohlen wird daher, Profile zunächst geistig in ihre Bestandteile zu zerlegen und dann mit wenigen, aber für die inhaltliche Aussage wichtigen Stützpunkten zu erfassen. Wichtig für die Qualität des Aufmaßes ist auch die Ehrlichkeit, etwa wenn, wie in Abbildung 4 zu sehen, der Rücksprung über einem Profil nicht mit vertretbarem Aufwand angemessen werden kann und deshalb nur als Punktlinie erscheint.

Als optimale Ergänzung zur Online-Tachymetrie wird eine zweitägige Vertiefung in Photogrammetrie angeboten, die jedoch auf die Einbildentzerrung nach der projektiven Transformation reduziert wird.[11] Dank dieser einfachen Technik, die wie auch die Tachymetrie in die vertraute 3D-CAD-Umgebung nahtlos integriert ist, können mit nur geringem geodätischem und softwaretechnischem Zusatzwissen präzise und schnell Ergebnisse erzielt werden. Als Beispiele für das geo-

[11] Zum Verfahren s. beispielsweise [WIEDEMANN 2004 S. 206–217].

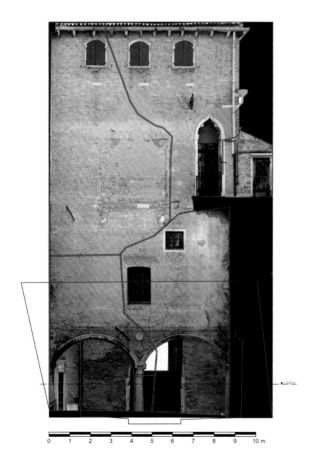
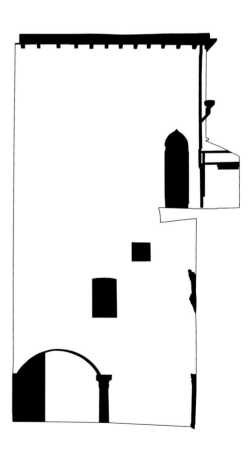

Abb. 5: Venedig, Palazzo Soranzo Van Axel, Hoffassade. Bildplan aus sieben entzerrten Bildern mit angegebenen Schnittkanten (links). Fassadenübersicht mit den versetzt bzw. umgeklappt abgebildeten Bereichen in Schwarz (rechts).

dätische Zusatzwissen nenne ich die Berücksichtigung
der radialsymmetrischen Verzeichnung bei den von
uns verwendeten handelsüblichen Spiegelreflexkame-
ras sowie die rechnerische Abschätzung der zumeist
unvermeidlichen Umklappungseffekte.[12] In Abschlussarbeiten mit Aufmaßanteilen hat sich diese Technik
für die Aufnahme von Fassaden und Innenwänden als
Standardverfahren etabliert.

Auch bei der Einbildentzerrung liegt ein Schwerpunkt der Lehre auf der Sensibilisierung für alltäg-
liche Probleme. Als Beispiel mag die Diskussion um
die möglichst sinnvolle Führung von Schnittkanten zur
Herstellung optisch ansprechender Bildpläne dienen
(Abb. 5 links) oder die Einführung in die Handhabung
unserer Hochstative, die mit sehr geringem Aufwand
qualitätvolle Fassadenaufnahmen aus 3–17 m Höhe
ermöglichen. Doch die Qualität eines Bildplanes aus
entzerrten Bildern wird nicht allein an seiner geometrischen Zuverlässigkeit und seinem optischen Erscheinungsbild gemessen. In Abbildung 5 ist rechts der
Vorschlag für eine schematisierte Fassadendarstellung
abgebildet, die – als verkleinertes Logo in der Legende
eines Bildplanes aufgenommen – die auf Grund von
Umklappungseffekten geometrisch falsch dargestellten
Bereiche geschwärzt hervorhebt. Die Schwärzungen
machen den Nutzern dieser Bildpläne die Grenzen
ihrer Aussagekraft unmissverständlich klar, sind also
ein Mittel, die erreichten geometrischen Qualitäten in
ehrlicher Weise darzustellen.

Als weitere Vertiefungsmöglichkeit wird den Studierenden die Arbeit mit den an der Universität vorhandenen 3D-Scannern angeboten. Zunächst ist hier
der 3D-Laserscanner zu nennen, der auf Grund seiner
Auflösung und Geschwindigkeit für die Erfassung
kompletter Bauwerke oder Raumschalen geeignet ist.[13]
Auch hier sind für die erfolgreiche Nutzung wenig
geodätische Kenntnisse notwendig, allerdings fehlt
bislang die vollständige und nahtlose Integration in
die vertrauten CAD-Systeme, wie sie für den Tachymeter und die Einbildentzerrung schon realisiert ist.
Im Verlauf der Auswertung werden mehrere komplexe
Schritte durchlaufen, die teilweise in unterschiedlichen Programmumgebungen ablaufen, so dass hier
besonders viel Übungszeit notwendig ist und Ergebnisse, die im Sinne der Bauforschung verwertbar sind,
erst nach längerer Einarbeitung erzielt werden. Soll
die gemessene Punktwolke durch eine digitale Vek-
torgrafik ausgewertet werden, erweist es sich für die
Akzeptanz dieser Technik ebenfalls als Nachteil, dass
die Erfassung des Objektes in den virtuellen Raum
verlegt wird. Gerade für noch unerfahrene Bearbeiter besteht die Unsicherheit, wichtige Befunde, die in
der Punktwolke nicht zu erkennen sind, zu übersehen.
Die durch die fortschreitende technische Entwicklung
zu erwartende Steigerung der Punktdichte gekoppelt
mit Graustufeninformationen wird dieses Manko in
Zukunft zwar zumindest teilweise beseitigen, dennoch

Abb. 6: Oberflächenaufnahme mit einem handgeführten,
optisch getrackten Triangulationsscanner, Hersteller: Fa.
Steinbichler.

wird die Erstellung inhaltlich genauer Aufmaße mit
dem 3D-Laserscanner auch in Zukunft mehr Erfahrung
mit historischer Bausubstanz erfordern als die anderen
genannten Verfahren.

2009 konnte ein Triangulations-Handscanner mit
optischem Tracking beschafft werden, wie er bislang in
der historischen Bauforschung noch selten verwendet
wird. Das Handgerät dieses Scanners wird in ca. 8 cm
Abstand über das Objekt geführt und liefert – optische Verbindung zum Tracking-Balken vorausgesetzt
– einen mittleren Punktabstand von 0,14–1,9 mm
(Abb. 6).[14]

Die Handhabung und der Punktabstand prädestinie-
ren diesen Scanner vor allem für einzelne Bauteile und
Ausstattungselemente wie beispielsweise Portale und
Bauplastik. Durch das Führen des Handscanners über
und um das Objekt wird der Bearbeiter gezwungen, alle
zugänglichen Seiten des Objektes zu betrachten, um
Messschatten möglichst zu vermeiden. Das Kennen-
lernen des Objektes findet also im realen Raum statt,
so dass die Frage nach der Vollständigkeit der Befunderfassung auch von unerfahrenen Bearbeitern sicher
beantwortet werden kann. Die visuelle Kontrolle des
Gemessenen erfolgt in Echtzeit am Bildschirm und

[12] Zur radialsymmetrischen Verzeichnung siehe [KRAUS
1996, S. 31–36; WIEDEMANN 2004, S. 194]. Zum Umklap-
pungseffekt, der auch als radiale Bildversetzung bezeichnet
wird siehe [KRAUS 1996, S. 292 f.; WIEDEMANN 2004,
S. 206 f.].
[13] Die Technik befindet sich hier in besonders rasanter Entwicklung, so dass am besten auf die Internet-Seiten der einschlägigen Hersteller zu verweisen ist. Zur Einführung s.
beispielsweise [WIEDEMANN 2004, S. 248–251; MARBS
2005, S. 150–174].
[14] Zur grundsätzlichen Funktionsweise siehe überblickshaft
[MARBS 2005, S. 152].

liefert auf Grund der hohen Punktdichte bereits als schattierte Punktwolke ein überzeugendes Ergebnis (Abb. 7). Abstraktes und somit schwerer verständliches Post-Processing kann vielfach entfallen.

Die Reihe der 3D-Scanner beschließt der Weißlicht-Streifenprojektionsscanner, der auf Grund seiner hohen Punktdichte von 0,055–0,5 mm nur für Objekte sehr begrenzter Ausdehnung ohne größeren Aufwand einsetzbar ist.[15] Er wird an der Universität Bamberg vorwiegend durch die Professur für Restaurierungswissenschaften und von den archäologischen Fächern für die Funderfassung genutzt.

Alle drei Scanner werden den Studierenden innerhalb einer einwöchigen Übung nähergebracht und können von ihnen bei entsprechenden Fragestellungen auch für Abschlussarbeiten genutzt werden.

Der Überblick über die Lehre der Aufmaßtechniken an der Universität Bamberg hat gezeigt, dass das Ideal des geodätisch fortgebildeten Bauforschers, also die Zusammenfassung von „Denken" und „Objektiv" in einer Person zu einem gewissen Grad auch bei Nutzung moderner Messtechnik noch aufrechterhalten werden kann, sofern die Lehre streng anwendungsori-

entiert ausgerichtet wird. Angesichts der Komplexität der verwendeten Geräte und Auswerteprogramme ist der Bauforscher hier reiner Anwender, der allenfalls Anregungen für Weiterentwicklungen geben kann. Ein Bereich existiert jedoch, wo er zur Verbesserung von Aufmaßverfahren selbst beitragen kann und muss: die Definition der Schnittstellen zwischen Aufmaßverfahren und -produkten, die ein Aufmaßprojekt erst zum Erfolg werden lassen. Schließlich lautet die erste Frage bei einem Bauaufmaß heute nicht mehr „Mit welcher Technik oder welchem Verfahren sollen wir messen?" sondern „Welche Aufmaßprodukte haben die Qualitäten, die wir haben wollen?" Zur Verfügung stehen dabei die traditionelle analoge Strichzeichnung, die digitale Strichzeichnung, der Bildplan aus entzerrten Bildern, das dreidimensionale Oberflächenmodell mit und ohne Textur, das oftmals auch Volumenmodell genannte Bauteilmodell sowie schließlich Hybridprodukte aus allen hier genannten Produkten. Grundsätzlich kann fast jede der hier vorgestellten Aufmaßtechniken – und natürlich auch die hier nicht genannten wie beispielsweise die Mehrbild- und die Stereophotogrammetrie – Beiträge zur Erzeugung dieser Produkte liefern. Die Aufgabe des Bauforschers besteht darin, die Schnittstellen zwischen verschiedenen Techniken und Produkten auszuwählen und so zu definieren, dass ein reibungsloses und somit effektives Ineinandergreifen sichergestellt ist, um die eigentliche Aufgabe nicht aus den Augen zu verlieren: die Erstellung nicht nur geometrisch exakter sondern auch inhaltlich genauer Aufmaße.

Handreichungen für die Optimierung von Schnittstellen und Arbeitsabläufen nehmen daher in zunehmendem Maß Raum innerhalb der Ausbildung im Bauaufmaß ein. Beispiele dafür sollen hier nur für die Herstellung zweier Produkte genannt werden, die nach wie vor die größte Bedeutung in Bauforschung und Denkmalpflege haben: die analoge und die digitale Strichzeichnung, die beide vollständig im Angesicht des Objektes entstehen und somit auch dem noch weniger erfahrenen Bearbeiter große Sicherheit in der Befundansprache verschaffen.

Auf dem Weg zur Handzeichnung ist die populärste Technikkombination diejenige aus tachymetrisch gewonnenen Punkt- und Linienplots, photogrammetrischen Rohauswertungen bzw. hinterlegten Bildplänen und ergänzenden Handmessungen. Zunehmend werden auch schattierte Punktwolken als Grundlage für händische Auswertungen besonders von Fassaden dienen.[16] Als Beispiel ist in Abbildung 8 die Kombination von Einbildentzerrung und tachymetrischem Punktplot dargestellt, die derzeit die am einfachsten zu beherrschenden und kombinierbaren Zwischen-

Abb. 7: Bamberg, Am Kranen 12, Portal zum Treppenturm. Schattierte Punktwolke des handgeführten Scans.

---

[15] Zur Funktionsweise s. überblickshaft [MARBS 2005, S. 52]. Vgl. zum Einsatz der Technik auch für größere Objekte das von U. Quatember in diesem Band vorgestellte Projekt.
[16] Vgl. den Beitrag von M. Gussone in diesem Band.

produkte auf dem Weg zur analogen Strichzeichnung sind, und die vor Ort durch Handmessungen ergänzt werden. Die Effektivität dieser Technikkombination hängt entscheidend davon ab, wie die Schwächen der einen Technik durch die Stärken der anderen aufgefangen werden. Als Beispiel nenne ich die Herstellung tachymetrischer Linienplots, bei denen durch die direkte CAD-Anbindung oft der Fehler begangen wird, über die reinen Rohlinien hinaus zu weit in Richtung auf eine vollständige digitale Zeichnung zu gehen. Hier wird gerne vergessen, dass das digitale Konstruieren gerade von Details oftmals langwieriger ist als das händische.

Analoge Strichzeichnungen haben auf Grund ihrer hohen Informationsdichte zwar für die Forschung einen hohen Stellenwert, werden jedoch im Kontext der Denkmalpflege, wo die historische Bauforschung die Voraussetzungen für Planungsprozesse liefern soll, nur noch ungern akzeptiert, da sie von Planungsbüros nicht nahtlos und fehlerfrei, d.h. ohne Zusatzkosten weiterverarbeitet werden können. In diesem Kontext ist es daher unumgänglich, dass die digitale Strichzeichnung zum Primärprodukt wird. Für den geodätisch fortgebildeten Bauforscher ergibt sich auf der Seite der Aufmaßtechniken daraus keine Veränderung, da die Wege zur digitalen genau dieselben sind wie die zu einer analogen Strichzeichnung, bis hin zur stets notwendigen Ergänzung durch Handmessungen.

Auf der Seite des jetzt digitalen Aufmaßproduktes dagegen ergibt sich gravierender zusätzlicher Ausbil-

Abb. 9: Plotkopf des Stiftplotters Wild Aviotab TA 10S

dungsbedarf, um die Effektivität des digitalen Zeichnens an die des händischen Zeichnens anzunähern. Neben dem routinierten Umgang mit CAD-Systemen erweist sich dabei als besonders zu thematisierendes Problem der Vorgang der maßstababhängigen Generalisierung. Diese erfolgt bei einer analogen Strichzeichnung unbewusst und ständig, da sie schlichtweg von der Darstellbarkeit von Details abhängt. Beim digitalen Zeichnen dagegen, das zunächst ohne Maßstab auskommt und sogar Darstellungen von Maßstäben größer als 1:1 zulässt, muss die Generalisierung sehr bewusst erfolgen und erfordert Erfahrungen, die aus dem Umgang mit analogen Strichzeichnungen gespeist werden. Darüber hinaus wird in der Lehre auch die inhaltliche Grenzziehung zwischen den beiden Zeichnungsarten diskutiert, die vor allem bei der Oberflächenporträtierung und der Darstellung kleinteiliger amorpher Befunde liegt. Die genannten Details sind derzeit noch die Domäne der Handzeichnung, da sie durch digitales Zeichnen noch nicht in gleicher Qualität und Geschwindigkeit erfassbar sind.

Auch wenn in denkmalpflegerischem Kontext die digitale Strichzeichnung zum Primärprodukt wird, heißt dies keineswegs, dass die unbestrittenen Stärken der Handzeichnung auf der Strecke bleiben müssen. Als Schnittstelle zwischen beiden Welten legen wir unseren Studierenden die Nutzung einer eigentlich aus der computertechnischen Steinzeit stammenden Technik nahe: den Bleistiftplot (Abb. 9). Hierfür wird zunächst eine vollständige digitale Strichzeichnung mit allen für ein Planungsbüro relevanten Daten erstellt, diese in Bleistift entweder auf Folie oder Karton ausgeplottet und je nach Bedarf durch zusätzliche Befundung partiell oder vollständig zu einer hochwertigen Handzeichnung weiterentwickelt. Fast ohne Zusatzaufwand entsteht einerseits ein Endprodukt, das schnell und nahtlos als Planungsgrundlage zur Verfügung steht, und andererseits ein Produkt, mit dem detaillierte Bauforschung betrieben werden kann und das darüber hinaus auch archivfähig ist. Dieser Weg ist

Abb. 8: Messene, Turm Nr. 8 der Stadtbefestigung, Ansicht von Süden. Hybridprodukt aus entzerrten Bildern und tachymetrischem Punktplot als Vorlage für eine analoge Strichzeichnung.

deutlich effektiver und weniger fehleranfällig als der umgekehrte Weg, analoge Strichzeichnungen nachträglich zu vektorisieren.

Der hier vorgelegte Beitrag hat versucht, schlaglichtartig zu beleuchten, welche Möglichkeiten an der Universität Bamberg genutzt werden, um die Studierenden in kompakter und anwendungsbezogener Form im Bauaufmaß mit Laptop, Lot und Laserscanner auszubilden. Eine derartige Ausbildung mit stark reduzierten geodätischen Grundlagen befähigt natürlich nicht dazu, große und komplizierte Objekte ohne das Hinzuziehen geodätisch versierter Fachleute zu bearbeiten, doch sehen wir diese Lehre als Beitrag dazu, die Masse der Denkmäler dokumentarisch effizienter und qualitätvoller zu betreuen. Trotz und mit der weiter

fortschreitenden technischen Entwicklung soll hier weiterhin versucht werden, „denkende Objektive" auszubilden, die einerseits die vielfältigen Kombinationen aus Aufmaßprodukten, Aufmaßtechniken und Schnittstellen zielgerichtet einsetzen können und andererseits nie das Ziel dieser Arbeiten aus den Augen verlieren: die inhaltlich genaue Baudokumentation.

Jürgen Giese, Otto-Friedrich-Universität Bamberg, Institut für Archäologie, Denkmalkunde und Kunstgeschichte, Professur für Bauforschung und Baugeschichte, Am Kranen 12, 96045 Bamberg
E-Mail: juergen.giese@uni-bamberg.de

Abbildungsnachweis:
Abb. 1–5, 8–9: Verfasser
Abb. 6–7: P. Bellendorf

Literatur:
CRAMER, J. (1984): Handbuch der Bauaufnahme. Aufmaß und Befund, Stuttgart.
ECKSTEIN, G. (2003): Empfehlungen für Baudokumentationen, Stuttgart.
KRAUS, K. (1996): Photogrammetrie I, Bonn.
KOKSCH, M. (2005): Tachymetrische Bauaufnahme – 3D messen 2D darstellen. In: Bruschke (Hrsg.): Bauaufnahme in der Denkmalpflege, Stuttgart, S. 133–139.
MARBS, A. (2005): Denkmalerfassung mit Hilfe von 3D-Scannern, In: Bruschke (Hrsg.): Bauaufnahme in der Denkmalpflege, Stuttgart, S. 150–174.
MESSMER, E. (2001): Moderne Aufnahmetechnologie im

Online-Betrieb. In: Weferling, U. u.a. (Hrsg.): Von Handaufmaß bis High Tech. Aufnahmeverfahren in der historischen Bauforschung, Mainz, S. 111–115.
REUTHER, O. (1955): Erinnerungen an Robert Koldewey. In: Festschrift zum 80. Geburtstag von Ernst Walter Andrae, Karlsruhe, S. 31–34.
RIEDEL, A. u.a. (Hrsg.) (2006): Von Handaufmaß bis High Tech II. Informationssysteme in der historischen Bauforschung, Mainz.
SCHULLER, M. (2005): Building Archaeology – Bauforschung. In: Bruschke (Hrsg.): Bauaufnahme in der Denkmalpflege, Stuttgart, S. 9–22.
WANGERIN, G. (1986): Bauaufnahme. Grundlagen, Methoden, Darstellung, Braunschweig.
WEFERLING, U. u.a. (Hrsg.) (2001): Von Handaufmaß bis High Tech. Aufnahmeverfahren in der historischen Bauforschung, Mainz.
WIEDEMANN, A. (2004): Handbuch Bauwerksvermessung. Geodäsie, Photogrammetrie, Laserscanning, Basel.

PARADIGMENWECHSEL IN DER HISTORISCHEN BAUFORSCHUNG? ANSÄTZE FÜR EINE EFFEKTIVE NUTZUNG VON 3D-INFORMATIONEN

Alexandra Riedel – Frank Henze – Andreas Marbs

Abb. 1: Links: Architekturstudentin bei der Erstellung einer Zeichnung direkt vor dem Baudetail, rechts: Vermesser bei der Geometrieerfassung vor dem Computer

EINLEITUNG

Im Rahmen des ersten Kolloquiums „Von Handaufmaß bis High Tech" vor nunmehr 10 Jahren wurde der Einsatz neuer 3D-Messmethoden für die Bauaufnahme sowie die Visualisierung und Rekonstruktion historischen Baubestandes in 3D-Modellen noch grundsätzlich hinterfragt und z.T. sehr kontrovers diskutiert.[1] Mittlerweile haben die damals neuen 3D-Techniken einen festen Platz in der historischen Bauforschung, und es herrscht ein breiter Konsens über die Vorteile der neuen Arbeitsmethoden.

Beim diesjährigen Kolloquium konnten die aktuellen Möglichkeiten der Erfassung und Nutzung von 3D-Daten aufgezeigt werden – das Spektrum reicht hier vom vollständigen 3D-Scan komplexer baulicher Anlagen über die Reproduktion gescannter Bauteile für Restaurierungszwecke bis hin zur Erstellung detaillierter virtueller Welten für die Visualisierung historischer baulicher Zusammenhänge.[2] Die Vorträge haben aber auch gezeigt, dass nach wie vor großer Diskussionsbedarf in Bezug auf einen effizienten und sinnvollen Einsatz der neuen Methoden in der historischen Bauforschung besteht. In der Regel fehlen Konzepte und Werkzeuge für eine durchgängige Nutzung von 3D-Daten, angefangen von der Erfassung bis hin zur Präsentation der Forschungsergebnisse. Der Beitrag soll daher diskutieren, inwieweit die historische

---

[1] Siehe z.B. MADER, G.T. (2001): Vergleich händischer und rechnergestützter Verfahren; Anwendung, Wirtschaftlichkeit. In: Weferling, U. u.a. (Hrsg.): Von Handaufmaß bis High Tech, Aufnahmeverfahren in der historischen Bauforschung, Verlag Philipp von Zabern, Mainz am Rhein, S. 99–110.

[2] Siehe u.a. die Beiträge von M. Breuer und M. Floth, A. Cramer u.a., G. Hell oder G. Echtenacher in diesem Tagungsband.

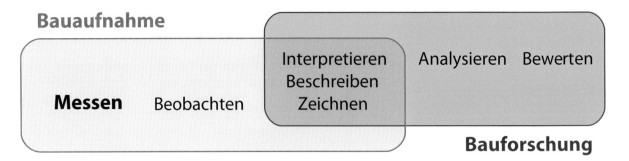

Abb. 2: Schematische Darstellung des Arbeitsprozesses der Bauaufnahme und Bauforschung

Bauforschung tatsächlich in der dritten Dimension angekommen ist oder ob wir uns noch immer in einer „3D-Testphase" befinden. Dafür werden die derzeitigen Arbeitsabläufe in 2D und 3D hinterfragt und zugleich Ideen und Ansätze für einen effektiveren Umgang mit 3D-Informationen vorgestellt. Schließlich soll eine Antwort auf die Frage gefunden werden, ob allein der Einsatz neuer 3D-Werkzeuge und -Methoden zu einem Paradigmenwechsel in der historischen Bauforschung führen kann.

BAUAUFNAHME UND BAUFORSCHUNG

Die wesentlichen Grundlagen baugeschichtlichen Forschens beschreibt Cord Meckseper als: „Am Anfang staunende Betroffenheit [...] In der Folge die systematische Annäherung, um die fremde Gegebenheit mit dem Zollstock zu messen, d.h. sich rationalisierend mit ihr auseinanderzusetzen und sie sich durch zeichnerische Darstellung anzueignen. Schließlich der über diesen Vorgang erst mögliche Schritt, hinter dem architektonischen Gegenüber die Konturen seiner geschichtlichen Dimension zu umreißen und damit ein Hauptmerkmal seiner Qualität zu definieren."[3]

Der beschriebene Prozess der baugeschichtlichen Erforschung ist vereinfacht in Abbildung 2 dargestellt. Der erste Schritt, die Annäherung und Erfassung des Objektes beim Messen, Beobachten, Zeichnen und Beschreiben, entspricht in unserem Verständnis der Bauaufnahme. Der zweite Schritt, das Interpretieren der Befunde, das Analysieren und Bewerten ist die eigentliche Erforschung des Objektes – die Bauforschung. Jedoch erfolgt die Bauaufnahme, die Erstellung der Grundlagen für eine wissenschaftliche Bearbeitung, nie losgelöst von der baugeschichtlichen Fragestellung. Bereits die Ergebnisse der Bauaufnahme beinhalten eine erste Interpretation des Objektes, sei es durch die bewusste Festlegung von Schnitten und Ansichten, oder die Auswahl der im Plan abgebildeten Informationen. Durch das Ineinandergreifen von Interpretieren und Zeichnen bzw. Beschreiben sind Bauaufnahme und Bauforschung untrennbar miteinander verbunden.

Diese Beschreibung der Bauaufnahme und Bauforschung charakterisierte bereits das Vorgehen von Architekten wie Filippo Brunelleschi und Leon Battista Alberti,[4] die in der Renaissance die antiken Bauten studierten. Sie beschreibt aber auch treffend die Arbeit des heutigen Bauforschers. Am Grundprinzip der baugeschichtlichen Forschung hat sich somit seit einem halben Jahrtausend kaum etwas geändert. Gewandelt haben sich einerseits unser Blickwinkel auf die Geschichte und die Fragestellungen, denen wir heute nachgehen. Andererseits hat sich aber auch das Methodenrepertoire verändert, mit welchem wir heute Bauwerke aufnehmen und erforschen. Nicht zuletzt zeigen dies am deutlichsten die Beiträge auf dieser Tagung. Der Zollstock als Aufmaßwerkzeug hat inzwischen weitgehend an Bedeutung verloren (Abb. 1). Neue 3D-Vermessungsmethoden ermöglichen die Aufnahme ganzer Baukomplexe und Stadtanlagen in hoher Genauigkeit und in kürzester Zeit. Als berührungslose Verfahren können sie den Kontakt zum eigentlichen Untersuchungsobjekt immer mehr verkürzen, verändern dadurch aber auch den Prozess der Auseinandersetzung des Bauforschers mit dem Bauwerk.[5]

3D-AUFNAHMEVERFAHREN

Die Bezeichnung 3D-Aufnahmeverfahren trifft streng genommen auf alle Vermessungsverfahren zu, bei denen die Lage eines Objektpunktes in einem räumlichen Koordinatensystem bestimmt wird. Während bei Tachymetrie, GPS und Photogrammetrie die Ermittlung von 3D-Koordinaten offensichtlich ist, kann bei entsprechender Vorgehensweise auch im Handaufmaß die Geometrie eines Objektes in allen drei Dimensionen erfasst werden. Kennzeichnend für diese inzwischen klassisch zu nennenden Aufnahmeverfahren ist die manuelle Messung diskreter, bewusst gewählter

[3] MECKSEPER, C. (1985): Zum Selbstverständnis der Baugeschichtsforschung. In: Baugeschichte und europäische Kultur 1, Forschung und Information, Colloquium-Verlag, Berlin, S. 9–18.
[4] Ebd., S. 9f
[5] Zur Definition von Bauaufnahme und Bauforschung siehe u.a.: MECKSEPER, C. (1985) op. cit.; GRUBEN, G. (2007): Klassische Bauforschung, Hirmer Verlag GmbH, München, S. 2–65 oder WULF-RHEIDT, U. (2002): Zur Lage der Bauforschung an den Universitäten in Deutschland, www.koldewey-gesellschaft.de/de/bauf/wulf.html (07.07.2010).

Objektpunkte für definierte Schnitte, Grundrisse und Ansichten. Im Gegensatz dazu erfolgt bei 3D-Aufnahmeverfahren wie Laserscanning, Streifenlichtscanning oder automatischer Stereobildauswertung eine weitgehend automatisierte Erfassung des Objektes durch direkte oder indirekte Abtastung der Objektoberfläche mit einer sehr hohen Auflösung und Genauigkeit in kürzester Zeit (Abb. 7, oben rechts).

Primäres Ergebnis der Aufnahme ist hierbei eine sehr dichte 3D-Punktwolke, die einem uninterpretierten, „neutralen" 3D-Abbild des Objektes entspricht und damit weitgehend unabhängig von der späteren Auswertung ist. Zusätzlich zu den 3D-Koordinaten können radiometrische Informationen zu jedem Punkt erfasst und gespeichert werden, entweder in Form eines Grauwertes entsprechend der Intensität des reflektierten Lasersignals oder mit Hilfe hochauflösender Bilder, die während oder nach dem Scan mit einer externen Kamera aufgenommen und deren Farbinformationen anschließend den 3D-Punkten zugeordnet werden.

DIE PUNKTWOLKE UND WEITERFÜHRENDE AUSWERTEVERFAHREN

Das Ergebnis der automatisierten 3D-Aufnahmeverfahren ist eine 3D-Punktwolke, welche die Oberfläche des Originals beschreibt. In einer geeigneten Darstellung kann dieses Geometrieabbild bereits als Grundlage für bauforscherische Untersuchungen dienen. Unmittelbar nach der Aufnahme können die Daten direkt vor Ort bereinigt und über Passpunkte oder benachbarte Punktwolken ins Objektkoordinatensystem transformiert werden. Anschließend lassen sich Schnitte, Ansichten und Grundrisse aus der Punktwolke extrahieren, die der Bauforscher als maßstäbliche Zeichengrundlage benutzen kann (Abb. 5 und Abb. 6; orthogonale Ansichtsprojektion als Grundlage für Bauaufnahmezeichnungen).

Die 3D-Punktwolke kann darüber hinaus auch als Grundlage für die Erstellung abgeleiteter Produkte dienen. So lassen sich aus der Kombination von Panorama-Bild und Punktwolke für jeden Bildpunkt sofort 3D-Informationen bestimmen, und es können u.a. Entzerrungen oder Orthofotos erstellt werden.

Beim Monoplotting erfolgt eine grafische Auswertung in einem orientierten Einzel- bzw. Panoramabild, wobei sich die 3D-Informationen aus dem Schnitt der Bildstrahlen mit der darunter liegenden Punktwolke ergeben. Dieses Vorgehen bietet gegenüber der klassischen Stereobildauswertung auch für photogrammetrisch ungeübte Bearbeiter eine einfache und intuitive Möglichkeit der bildbasierten 3D-Auswertung.

Schließlich können direkt auf Grundlage von Punktwolken 3D-Modelle erstellt und ggf. um Texturinformationen ergänzt werden. Entsprechende Funktionalitäten sind nicht mehr nur professionellen Modellierungs- und Visualisierungswerkzeugen vorbehalten. Kostengünstige und teilweise auch sehr einfach zu bedienende Programme (wie u.a. Google SketchUp (http://sketchup.google.com/) oder MeshLab (http://meshlab.sourceforge.net/)) werden vermehrt auch von Fachanwendern eingesetzt.[6]

AUSWIRKUNGEN AUF DIE BAUAUFNAHME

Beim Einsatz der „klassischen" 3D-Aufnahmeverfahren, wie Handaufmaß, Tachymetrie und Photogrammetrie werden, in Abhängigkeit von einem zuvor definierten Planmaßstab, ausgewählte Objektpunkte gemessen, um daraus für bestimmte Bereiche des Gesamtobjektes Grundriss-, Schnitt- oder Ansichtspläne zu erstellen (siehe Abb. 3). Die Messungen dienen als Grundlage für die Planerstellung vor Ort und werden in der Regel durch Beschreibungen des Bestandes ergänzt. Durch das gezielte Messen für vordefinierte Pläne ergeben sich jedoch gewisse Zwänge im Arbeitsprozess der Bauaufnahme. Oft muss der gleiche Bereich mehrmals gemessen werden, nämlich jeweils getrennt für Längsschnitt, Querschnitt und Grundriss. Vielfach werden mit entsprechendem Aufwand größere Objektbereiche nur deshalb gemessen, damit sich eine vollständige Plandarstellung ergibt, ohne dass ein inhaltlicher Mehrgewinn zu erwarten ist. Und nicht zuletzt können zwar kleinere Planmaßstäbe aus den fertigen Plänen abgeleitet werden, für größere Maßstäbe fehlen jedoch die nötigen Detailinformationen. Die fertigen Plansätze werden als Ergebnis der Bauaufnahme am Schreibtisch ausgewertet. Häufig zeigt sich erst hier, welche Informationen für die Untersuchung noch fehlen, so dass erneut Messungen vor Ort durchgeführt werden müssen.

Nicht selten nimmt so die reine Geometrieerfassung einen erheblichen zeitlichen und personellen Anteil im Gesamtprozess der Bauaufnahme ein und lässt damit weniger Zeit für die tatsächliche *inhaltliche* Annäherung an das Objekt. Die gewonnenen Messdaten können im besten Falle für weitere Pläne oder ggf. für ein vereinfachtes 3D-Modell verwendet werden, sie werden am Ende der Arbeiten aber als Zwischenprodukt zu den Akten gelegt oder gar gelöscht, weiterführende Informationen lassen sich daraus in der Regel nicht gewinnen.

Bei einer automatisierten 3D-Erfassung mit scannenden Verfahren wird das Untersuchungsobjekt so genau wie möglich oder nötig, „vollständig" erfasst – es wird ein dreidimensionales geometrisches Abbild der Oberfläche des Objektes in Form einer sehr dichten

---

[6] Siehe u.a. Beiträge von G. Echtenacher, I. Mayer und G. Pomaska in diesem Tagungsband.

[7] Abbildung 3 zeigt den Arbeitsprozess des Bauforschungsprojektes an der Kathedrale in Santiago de Compostela. Projektleiter: Klaus Rheidt, Lehrstuhl Baugeschichte, BTU Cottbus; Projektpartner: Hochschule RheinMain, Institut für Kunstgeschichte der Universität Bern, Lehrstuhl Vermessungskunde der BTU Cottbus, i3mainz.

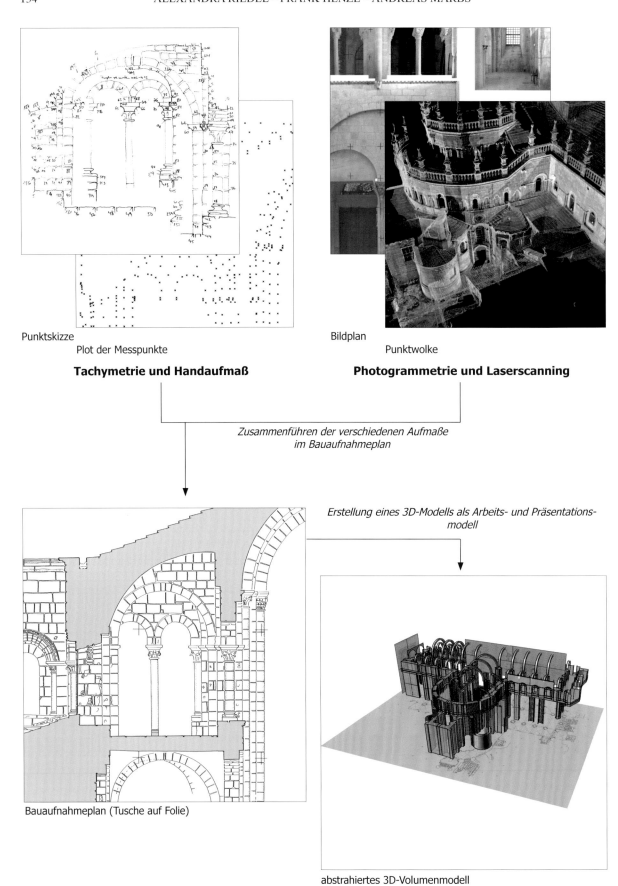

Punktskizze

Plot der Messpunkte

Bildplan

Punktwolke

Tachymetrie und Handaufmaß   **Photogrammetrie und Laserscanning**

*Zusammenführen der verschiedenen Aufmaße
im Bauaufnahmeplan*

*Erstellung eines 3D-Modells als Arbeits- und Präsentations-
modell*

Bauaufnahmeplan (Tusche auf Folie)

abstrahiertes 3D-Volumenmodell

Abb. 3: Häufig realisierter Arbeitsprozess resultierend aus der Kombination verschiedener Aufmaß-, Arbeits- und
Präsentationsmethoden[7]

Punktwolke erstellt. Zunächst muss zwar auch eine von Objekt und Fragestellung abhängige, prinzipielle Entscheidung für eine bestimmte Aufnahmetechnik getroffen werden, innerhalb bestimmter Maßstabsbereiche erfolgt die Objekterfassung dann aber weitgehend unabhängig vom späteren Auswertemaßstab oder den gewünschten Planansichten. Auf Grund der sehr hohen Informationsdichte stellt das uninterpretierte, originäre 3D-Geometrieabbild bereits eine eigene Dokumentationsform dar.

Die Punktwolke bildet im folgenden Arbeitsprozess die zentrale Grundlage für die Ableitung ganz unterschiedlicher Darstellungsformen und Abbildungsmaßstäbe. Zunächst lassen sich daraus u.a. wieder die gewohnten Ansichten, Schnitte und Grundrisse erstellen. Darüber hinaus kann die Punktwolke auch als Grundlage für die 3D-Modellierung sowie für die Erstellung virtueller Rekonstruktionen dienen (Abb. 5). Und schließlich kann ein solches Geometrieabbild über das eigene Forschungsinteresse hinaus Informationen für weiterführende Untersuchungen und Fragestellungen auch für andere Fachrichtungen liefern, wie z.B. für Restaurierungen, statische Berechnungen, Bauplanungen oder auch Tourismuskonzepte.

Ein in dieser Hinsicht recht außergewöhnliches Beispiel für eine zunächst völlig losgelöste Vermessung und die anschließende freie Bereitstellung von 3D-Bestands-Dokumentationen ist die Heinz-Rüther-Collection innerhalb der digitalen Wissens-Plattform Aluka.[8] Das Projekt hat sich zur Aufgabe gemacht, möglichst umfassende und genaue geometrische Dokumentationen afrikanischer Kulturerbestätten allgemein im Netz zugänglich zu machen. Die Objekte werden, völlig unabhängig von einer konkreten baugeschichtlichen Fragestellung, mittels Laserscanning, Tachymetrie und Photogrammetrie erfasst. Die aufbereitete Dokumentation wird für weitere Analysen über die Internetseite des Projektes zur allgemeinen Nutzung bereitgestellt, darunter auch die originären Messdaten wie Punktwolken oder photogrammetrische Aufnahmen samt Orientierungsparametern.

Die automatisierten 3D-Aufnahmeverfahren haben das Potential, den Prozess der herkömmlichen Bauaufnahme zu verändern. Ihr konsequenter Einsatz ermöglicht oder erfordert sogar die Trennung der Geometrieerfassung von den weiteren Schritten der Bauaufnahme und Bauforschung (Abb. 4). Während beim Einsatz der „klassischen" Messverfahren die Qualität der Bauaufnahme vor allem durch das Wissen und die Erfahrung des Aufnehmenden und weniger durch die technische Apparatur bestimmt wird,[9] kann dies auf automatisierte 3D-Aufnahmemethoden nicht übertragen werden. Für die Erfassung der Geometrie spielt bei diesen Verfahren das Verständnis für das Bauwerk und seine Geschichte allenfalls eine untergeordnete Rolle. Vielmehr steht das technische Können und der an das Objekt und die Fragestellung angepasste Messprozess im Vordergrund. Mit den entsprechenden Vorgaben zur Genauigkeit und Dichte des benötigten Geometrieabbildes kann das reine Messen durch einen Geodäten weitgehend losgelöst im Vorfeld der eigentlichen Bauaufnahme erfolgen. Das Zeichnen und Beschreiben des Bauwerkes und der Befunde obliegt weiterhin dem Bauforscher, der entsprechend seiner Fragestellung und auf der Basis seines Wissens die Bauaufnahme vor Ort am Untersuchungsobjekt durchführt.

Aber noch aus einem zweiten Grund sollte beim Einsatz der neuen 3D-Aufnahmeverfahren die Trennung von Geometrieerfassung und Bauaufnahme gefordert

[8] Das Projekt und nähere Informationen sind zu finden unter www.aluka.org (10.11.2010).
[9] SCHULLER, M. (2001): Mehr Denken statt nur Messen. In: Weferling, U. u.a. (Hrsg.): Von Handaufmaß bis High Tech, Aufnahmeverfahren in der historischen Bauforschung, Verlag Philipp von Zabern, Mainz am Rhein, S. 217.
[10] Abbildung 5 zeigt einen möglichen Arbeitsprozess am Beispiel der 3D-Erfassung des so genannten Römischen Kiosks in Naga/Sudan für Forschung und Restaurierung. Projektleiter: Dietrich Wildung, Karla Kroeper, Ägyptisches Museum und Papyrussammlung Berlin; 3D-Erfassung mittels Streifenlichtscannens: Thomas Bauer; Bauaufnahme/Bauforschung: A. Riedel, Lehrstuhl Baugeschichte der BTU Cottbus.

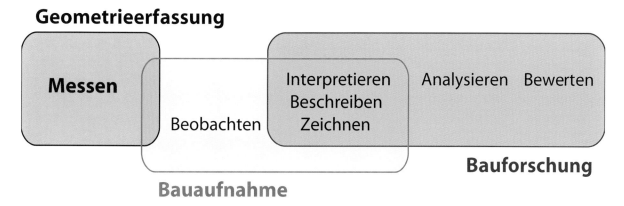

Abb. 4: Veränderung des Arbeitsprozesses durch automatisierte 3D-Aufnahmeverfahren

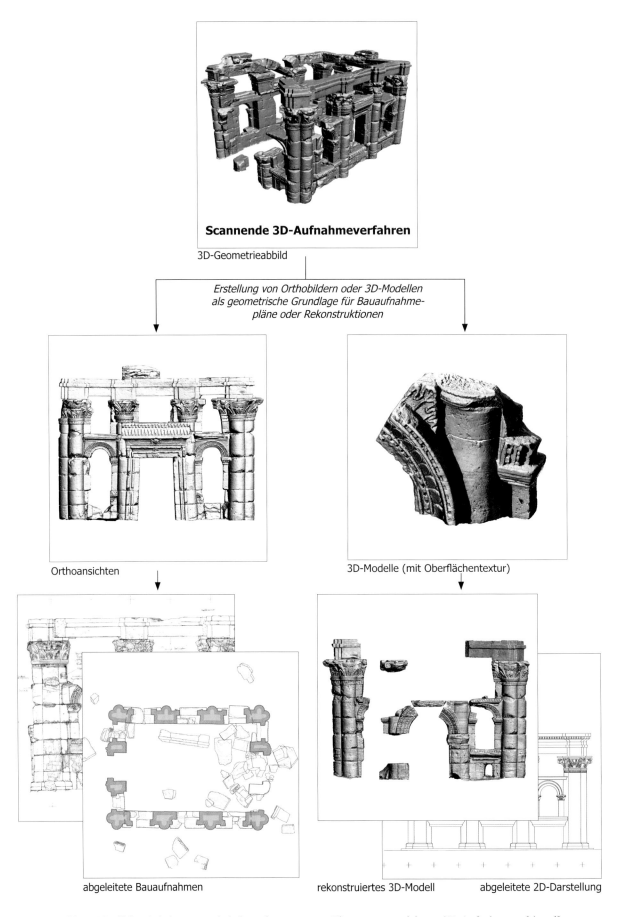

Abb. 5: Möglicher Arbeitsprozess bei einem konsequenten Einsatz automatisierter 3D-Aufnahmeverfahren[10]

werden: Ein Bauforscher ist in der Regel ein ausgebildeter Architekt mit einem vertieften Wissen in der Beurteilung und Analyse historischer Bausubstanz, jedoch ist er kein gelernter Vermesser. Die komplexen Verfahren zur Erfassung und Weiterverarbeitung von Punktwolken und Oberflächenmodellen sollten Spezialisten überlassen werden und nicht angelernten Laien. Die Kernkompetenz des Bauforschers ist die Erforschung der Bauwerke; idealerweise sollte er die Möglichkeit haben, sich darauf zu konzentrieren.

Die Auslagerung der reinen Geometrieerfassung aus dem Bauaufnahmeprozess kann einerseits zu einer Steigerung der Effizienz im Arbeitsprozess führen, da sich Vermesser und Bauforscher auf ihre originären Aufgabenfelder konzentrieren können. Andererseits schafft die klare Aufgabenteilung für den Bauforscher „freie" Zeit, die er nicht mit dem Anzielen und Messen mehrerer hundert Punkte pro Tag verbringen muss, sondern in welcher er z.B. die Befundaufnahme vor Ort und damit die eigentliche Bauaufnahme und Bauforschung intensivieren kann.

AUSWIRKUNGEN AUF DIE BAUFORSCHUNG

Der herkömmliche Arbeitsprozess der Bauforschung beginnt mit der Interpretation des Bestandes, der Erstellung grafischer 2D-Pläne (Bauaufnahmepläne) und dem Beschreiben der Befunde vor Ort am Bauwerk. Ausgewählte Bereiche des Untersuchungsobjektes werden vereinfacht und maßstäblich in Grundrissen, Schnitten und Ansichten dargestellt. Die für die Fragestellung des Projektes benötigten Informationen werden dabei abstrahiert abgebildet. Demzufolge ist ein grafischer 2D-Plan immer eine vereinfachte, interpretierte Darstellung, die es erlaubt bzw. erleichtert, Zusammenhänge unmittelbar zu erkennen oder vergleichen zu können (Abb. 6, links). So werden z.B. Unregelmäßigkeiten in der Geometrie oder im Mauerwerksverband, die Anzeichen für Baufugen sein können, oft erst durch die fokussierte Darstellung des Bauaufnahmeplans deutlich.

Eine Alternative zum grafischen 2D-Plan sind 2D-Bildpläne, bei denen die fotografische Aufnahme durch eine Transformation (z.B. ebene Entzerrung, Abwicklung, Orthobildentzerrung) in eine geometrisch richtige 2D-Ansichtsprojektion umgebildet wird (Abb. 6, Mitte). Im Gegensatz zum grafischen Plan werden dabei neben der korrekten Geometrie der betreffenden Bildbereiche alle sichtbaren Eigenschaften der Objektoberfläche dargestellt. Bildpläne sind uninterpretierte Abbildungen und lassen sich daher als Grundlage für verschiedene Fragestellungen einsetzen. Jedoch erschwert die ungefilterte fotografische Abbildung die unmittelbare Erkennbarkeit von Zusammenhängen.

Eine an den Bildplan angelehnte Darstellungsform ist die orthogonale Projektion eingefärbter Punktwolken für eine definierte Ansicht (Abb. 6, rechts). Als Farbinformationen können z.B. die Intensitätswerte des reflektierten Signals beim Laserscanning oder die Bildinformationen aus zusätzlichen photogrammetrischen Aufnahmen verwendet werden.

Abb. 6: Bauaufnahmeplan, Bildplan und orthogonale Projektion der Punktwolken im Vergleich (Santiago de Compostela)

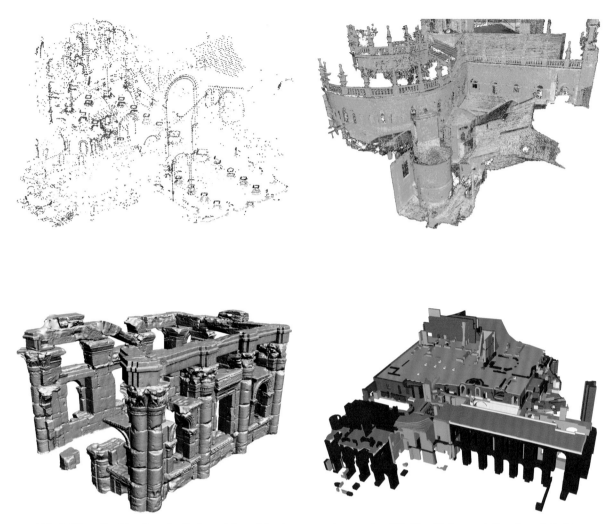

Abb. 7: Oben: Punktwolken der Tachymetrie und des Laserscannings; unten: 3D-Oberflächenmodell und vereinfachtes 3D-Volumenmodell

Für die folgenden Arbeitschritte, die Analyse und Bewertung des Bauwerks, bilden die 2D-Pläne die Grundlage. Sie werden immer wieder modifiziert, weiter abstrahiert, dienen z.B. zur räumlichen Markierung von Befunden oder dem objektübergreifenden Vergleich ausgewählter Aspekte. Für vergleichende Analysen, die eine historische Einordnung erst ermöglichen, sind Abbildungen mit dem gleichen Informationsgehalt, der gleichen Abbildungsebene sowie dem gleichen Maßstab unerlässlich. In der herkömmlichen 2D-Darstellung haben sich hierfür seit Jahrhunderten gewisse Standards und Sehgewohnheiten entwickelt; worunter die Darstellung in Grundrissen und Ansichten zu zählen ist, wie auch die projizierte Abbildung von Gewölben, Deckenbalken und ähnlichem. Den letzen Arbeitsschritt im Prozess der Bauforschung bildet die Visualisierung und Präsentation der Ergebnisse. Hierfür werden wiederum die erstellten Planunterlagen verwendet, um Rekonstruktionszeichnungen daraus abzuleiten oder Zusammenhänge zu visualisieren. Zusätzliche konstruierte Axonometrien oder Perspektiven sollen eine unmittelbare räumliche Vorstellung vom ursprünglichen Aussehen des Untersuchungsobjektes vermitteln.

Bei der Verwendung von 3D-Daten bzw. 3D-Modellen im Prozess der Bauforschung muss zunächst die Art der vorliegenden Daten unterschieden werden. Prinzipiell gibt es die originären Messdaten in Form einer Punktwolke, ein darauf aufbauendes, vermaschtes Oberflächenmodell oder ein 3D-Volumenmodell, das aus vereinfachten Volumenkörpern zusammengesetzt wurde (Abb. 7). 3D-Punktwolken bestehen aus einer sehr großen Anzahl von Geometriepunkten. Die sehr dichten Punktwolken der automatisierten 3D-Aufnahmeverfahren sowie die aus der Punktwolke generierten Oberflächenmodelle stellen ein uninterpretiertes 3D-Abbild des Untersuchungsobjektes dar. 3D-Volumenmodelle sind hingegen abstrahierte und damit auch interpretierte, für eine konkrete Fragestellung erstellte Darstellungen des Bauwerks. Sie können dadurch auch Informationen enthalten, die über eine reine Geometrieerfassung hinausgehen.

3D-Punktwolken und 3D-Oberflächenmodelle sind zu einem festen Element bei der Erfassung und Beschreibung des Bestandes geworden. Das Geometrieabbild wird zur Erläuterung von Befunden verwendet, kann aber auch selbst Grundlage für Kartierungen und Beschreibungen sein.[11] Orthobilder, die aus den Geometrieabbildern des Bauwerks abgeleitet werden, finden als Bildplan Verwendung und sind eine Grundlage für die Erstellung von 2D-Bauaufnahmeplänen.

Auch für die Analyse und Bewertung werden die erfassten 3D-Daten eingesetzt. Am heimischen Schreibtisch erlaubt das Geometrieabbild das Abgreifen von zusätzlichen Maßen und die Überprüfung baulicher Zusammenhänge, wie Baufluchten oder die Lage von Wänden in verschiedenen Geschossebenen. Darüber hinaus ist es möglich, auch während des Analyseprozesses beliebige weitere Schnitte und Ansichten in Form von Orthobildern zu generieren. 3D-Modelle von Bauteilen können zu Baugruppen bzw. ganzen Gebäuden virtuell zusammengesetzt und rekonstruiert werden.[12] Und nicht zuletzt stellen die 3D-Abbilder des Untersuchungsobjektes eine ideale Grundlage für Präsentationen und Visualisierungen dar.

3D-Volumenmodelle werden meist erst während der Analyse als Arbeitsmodell oder für Präsentationen erstellt. Es ist kompliziert, sie direkt aus 3D-Punktwolken zu generieren, weshalb sie häufig mit erheblichem Arbeitsaufwand aus den 2D-Plänen, zum Teil unter Verwendung einzelner Messpunkte, komplett neu aufgebaut werden.

Allgemein geben 3D-Punktwolken und 3D-Modelle im Gegensatz zu 2D-Plänen *unmittelbar* einen räumlichen Eindruck des Objektes wieder. Parameter wie Standpunkt, Perspektive, Beleuchtung, Farbigkeit und Darstellung können beliebig variiert werden. Ideen lassen sich im Modell schnell kontrollieren bzw. darstellen und räumlich überprüfen. Für die Analyse von Einzelaspekten und für objektübergreifende Vergleiche eignet sich eine 3D-Darstellung jedoch nur eingeschränkt. So erschwert die Informationsfülle eines größeren Baukomplexes die Erkennbarkeit von Zusammenhängen, und für einen Vergleich von Objekten in 3D ist einerseits die Anzahl der 3D-Modelle noch zu gering, und andererseits fehlen bisher Standards, die eine vergleichende Darstellung unterschiedlicher 3D-Modelle einfach ermöglichen.

Aus einzelnen Bereichen im Bauforschunsprozess wie dem Aufnehmen oder Präsentieren sind 3D-Punktwolken und 3D-Modelle nicht mehr wegzudenken, ein durchgehender Arbeitsprozess in der dritten Dimension wird jedoch noch kaum realisiert. Einheitliche Konzepte für eine konsequente Nutzung von 3D-Daten, angefangen von der Erfassung über die Bearbeitung und Analyse bis hin zur Präsentation und Publikation, werden gerade erst entwickelt und sind Thema verschiedener Fachtagungen.[13] So werden in der

Praxis nicht selten aus dreidimensionalen Messdaten 2D-Pläne generiert, um aus diesen dann in einem weiteren Schritt ein 3D-Volumenmodell für Analyse und Präsentation zu erstellen (Abb. 3). Noch immer fehlen anwendungsorientierte Werkzeuge für die Nutzung von 3D-Geometrien, so dass oft eine Fülle unterschiedlicher 3D-Spezialanwendungen eingesetzt werden muss. Die Technologie z.B. zur Erstellung von vereinfachten 3D-Volumenmodellen aus Punktwolken existiert zwar (Reverse Engineering im industriellen Bereich), wird in der archäologischen Bauforschung jedoch kaum eingesetzt. Auch Verfahren für ein automatisches Zusammenfügen (Matching) gescannter Bruchstellen oder Stoßfugen von Bauteilen sind verfügbar,[14] werden in der Praxis aber noch selten genutzt. Das Potential der 3D-Daten ist also noch lange nicht ausgeschöpft. Da ein Bauforscher einen Bau aber in drei Dimensionen „denken" muss, wäre es nur sinnvoll, wenn er den Bestand auch direkt in drei Dimensionen analysieren könnte. Dafür braucht er leicht bedienbare Werkzeuge, um selbst mit den Daten arbeiten zu können. Er muss die Möglichkeit haben, sowohl 3D-Darstellungen als auch Ansichten und Schnitte generieren und auf Einzelaspekte fokussieren zu können. Ziel muss es sein, einen ununterbrochenen Arbeitsprozess in 3D zu ermöglichen, um dadurch letztendlich den bei der Erfassung bereits geleisteten Arbeitsaufwand zu nutzen und die Effektivität der Projektbearbeitung zu steigern. Derzeit befindet sich die historische Bauforschung also eher noch in einer „3D-Testphase".

Die Möglichkeit des Arbeitens in der dritten Dimension ist jedoch nicht automatisch die bessere Wahl. 2D-Pläne sind auf Grund ihrer fokussierten Darstellungsmöglichkeiten sowie für objektübergreifende Vergleiche unverzichtbar. 3D-Punktwolken und Modelle liefern im Gegensatz dazu zwar einen unmittelbaren räumlichen Eindruck, stehen aber noch ganz am Anfang der Entwicklung, wenn es z.B. um Darstellungsstandards oder um die Abbildung einzelner Aspekte geht. 2D-Pläne und 3D-Modelle sind Werkzeuge, die dem Bauforscher helfen sollen, Bauwerke zu erfassen, zu analysieren und seine Ideen darzustellen. Die Auswahl des Werkzeugs hängt von der jeweiligen Aufgabe und dem Bearbeiter ab. 3D- Punktwolken und 3D-Modelle stehen gleichwertig neben

---

[11] Ein Programm zur 3D-Dokumentation ist z.B. *a*SPECT*3D*. Siehe www.arctron.de (07.07.2010).

[12] Siehe z.B. Beitrag von Thuswaldner, B.: Das Oktogon in Ephesos, in diesem Kolloquiumsband.

[13] Siehe u.a. die Tagungen und Workshops der Internationalen Gesellschaft für Photogrammetrie und Fernerkundung (ISPRS) unter dem Titel „3D-ARCH – 3D Virtual Reconstruction and Visualization of Complex Architectures" (www.3d-arch.org, 10.11.2010).

[14] Siehe z.B. GRUEN, A., AKCA, D. (2005): Least squares 3D surface and curve matching, ISPRS Journal of Photogrammetry and Remote Sensing, 59 (3), S. 151–174.

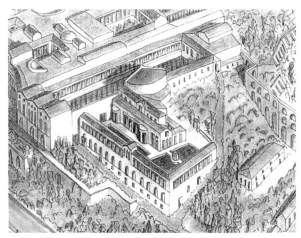 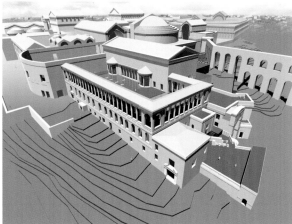

Abb. 8: Handzeichnung und 3D-Modell zur Darstellung der gleichen Aussage

dem 2D-Plan. Dass sie ihn jemals ersetzen, ist unwahrscheinlich und aus Sicht der Bauforschung auch nicht erstrebenswert. Welches Werkzeug und welche Art der Darstellung gewählt werden, bleibt letztlich eine Frage des Geschmacks (Abb. 8).

3D – SOFTWARE, FORMATE UND PUBLIKATIONSMÖGLICHKEITEN

Die nach wie vor recht begrenzten Möglichkeiten des Austauschs und der Publikation von 3D-Daten stellen ein nicht zu unterschätzendes Problem innerhalb der Bauforschung dar. Um das Potential von 3D-Informationen für die Bauforschung nutzbar zu machen, wird ein ganzer Werkzeugkasten spezieller 3D-Software benötigt:

- Software zur Scannersteuerung
- Programme zur Bearbeitung von Punktwolken
- Werkzeuge zur Erstellung von 3D-Modellen
- Software für die Visualisierung
- 3D-Viewer für eine Zusammenarbeit mit anderen Projektbeteiligten oder die Publikation

Hinzu kommt eine Vielzahl von Dateiformaten, die einen Austausch und die Veröffentlichung von 3D-Messdaten und 3D-Modellen erheblich erschweren. Kaum ein Format konnte sich als offener Standard für 3D-Daten etablieren, so dass eine langfristige Bereitstellung der Daten nicht gesichert ist. Während gedruckte oder gezeichnete Pläne auch nach vielen Jahren oder Jahrzehnten unverändert nutzbar bleiben, müssen Software und digitale Daten regelmäßig aktualisiert, gesichert und fortgeführt werden. Aus diesem Grund werden 3D-Modelle zumeist lediglich in einzelnen Ansichten oder Perspektiven veröffentlicht, wodurch der Informationsgehalt der räumlichen Daten verloren geht bzw. nicht für weitere Forschungen zur Verfügung steht.

Die Publikation von Forschungsergebnissen ist wesentlicher Bestandteil im Arbeitsprozess der Bauforschung. Für eine Veröffentlichung von 3D-Geometrien müssen Werkzeuge bereitstehen, die eine einfache

Weitergabe, Betrachtung und ggf. weiterführende Analyse der Daten erlauben. In Analogie zur Nutzung zweidimensionaler Darstellungen in der Bauforschung (u.a. maßstäbliche Schnitte und Ansichten) ergeben sich grundlegende Anforderungen an Werkzeuge für eine nachhaltige Bereitstellung von 3D-Daten:

- plattformübergreifende, möglichst webbasierte und kostenlose Nutzung
- einfache Bedienbarkeit sowie
- die Unterstützung zahlreicher standardisierter 3D-Formate

Eine Anwendung, die all diese Anforderungen erfüllt, ist bisher allerdings nicht verfügbar.

Zudem sind 3D-Daten ausschließlich digital, d.h. am Rechner nutzbar und scheiden damit für gedruckte „analoge" Publikationen aus. Ob und wie lange die derzeitigen Datei-Formate und die jeweils benötigten Programme auch in Zukunft unterstützt und weiterentwickelt werden, ist ungewiss. Eine Lösung für eine langfristige Bereitstellung von 3D-Daten ist derzeit nicht verfügbar oder absehbar, so dass die klassische 2D-Darstellung nach wie vor für die Publikation von Bauforschungsergebnissen unentbehrlich ist.

RESÜMEE

Wie die zahlreichen Projektvorstellungen in den Beiträgen dieses Tagungsbandes zeigen, stehen heute verschiedene bereits etablierte und neue 3D-Aufnahmetechniken sowie 3D-Bearbeitungswerkzeuge zur Verfügung und können einen Mehrwert sowohl für die Bauaufnahme als auch für die Bauforschung erbringen.

Eine wirkliche Neuerung, die das Potential hat, den Prozess der *Bauaufnahme* zu verändern, stellen die automatisierten 3D-Aufnahmeverfahren dar. Die neuen Techniken ermöglichen die Erstellung hoch aufgelöster, uninterpretierter 3D-Geometrieabbilder des Originals, die als Grundlage für die Bestandserfassung des Bauforschers dienen können. Die eigentliche Vermessung der Geometrie wird dabei immer mehr zu einem technischen Vorgang, der aus der Bauaufnahme/Bauforschung ausgegliedert werden kann und auch sollte. Wurde vor 10 Jahren auf der ersten „Von Handaufmaß bis High Tech"-Tagung noch eine größere interdisziplinäre Zusammenarbeit von Bauforschern und Vermessern gefordert,[15] soll diese nun zwar nicht wieder abgeschafft, aber zumindest hinterfragt werden. Es kann nicht die Aufgabe eines Bauforschers sein – als Multitalent – neben seinem eigenen Fachgebiet auch noch die hochkomplexen modernen Vermessungsmethoden zu durchdringen, 3D-Messdaten zu bereinigen oder riesige Punktwolken aufzuarbeiten. Stattdessen sollte der Bauforscher sich wieder auf seine Kernkompetenz – auf die Erforschung historischer Bauwerke – konzentrieren und den Bereich der Geometrieaufnahme den Spezialisten, dem Vermesser, überlassen.

An den Grundprinzipien der *Bauforschung* hat sich jedoch durch den Einsatz der neuen 3D-Techniken nichts geändert. Zwar können Ideen leichter in einer 3D-Punktwolke oder in einem 3D-Modell überprüft werden als am Original, und die Arbeit in der dritten Dimension ist flexibler als in einem fest definiertem 2D-Plan, jedoch ist und bleibt Bauforschung im Wesentlichen eine Denkarbeit. Dabei kann für die Entwicklung einer These das Untersuchungsobjekt selbst genauso wie ein 3D-Modell oder auch ein 2D-Plan als Arbeitsgrundlage dienen. Im einfachsten Fall reichen Fotos oder Skizzen, um zu einer relevanten Aussage über ein Bauwerk zu gelangen. Aus diesem Grund kann sicher nicht von einem Paradigmenwechsel in der Bauforschung gesprochen werden. Vielmehr stellen die neuen Werkzeuge eine Bereicherung des Methodenrepertoires dar. Jedoch fehlen noch angepasste Analysesoftware sowie programmübergreifende einheitliche Standards, die dem Bearbeiter den unkomplizierten Umgang mit 3D-Daten und deren Publikation ermöglichen. Das eigentliche Potential dreidimensionaler Daten für die Analyse und Auswertung wird bisher weitgehend verschenkt. Im Hinblick auf eine effiziente Projektbearbeitung kann aber bereits mit dem Beginn der Bauaufnahme auf einen aufeinander aufbauenden Arbeitsprozess geachtet werden.

Der Titel des Beitrags von Manfred Schuller zum ersten Kolloquium lautete „Mehr Denken statt nur Messen".[16] Auch wenn sich seitdem die Messtechniken wie auch die weiterführenden Bearbeitungs- und Präsentationsmethoden weiter entwickelt haben, ist die Forderung dieses Titels nach wie vor aktuell. Entscheidend für das Ergebnis einer bauforscherischen Untersuchung ist weder der „schöne" Bauaufnahmeplan noch die gelungene Visualisierung der Rekonstruktion, sondern viel mehr der Erkenntnisgewinn in der Aussage des Bearbeiters. Wenn die neuen Mess- und Bearbeitungswerkzeuge sinnvoll und effizient eingesetzt werden, kann der Prozess der Geometrieerfassung, die Erstellung von Plänen oder 3D-Modellen sowie die Aufarbeitung und Visualisierung zielgerichteter erfolgen. Prozessabläufe können optimiert und dadurch beschleunigt werden. Die historische Bauforschung ändert sich durch die neuen 3D-Techniken nicht, aber ihr überlegter Einsatz kann zu einem Zeit-Gewinn führen; Zeit, die sinnvoller für die Interpretation, die Analyse und die Bewertung des Objektes eingesetzt werden kann – für die eigentliche Arbeit: das baugeschichtliche Forschen.

[15] Siehe u.a. WEFERLING, U. (2001): Bauaufnahme – eine Modellierungsaufgabe. In: Weferling, U. u.a. (Hrsg.): Von Handaufmaß bis High Tech, Aufnahmeverfahren in der historischen Bauforschung, Verlag Philipp von Zabern, Mainz am Rhein, S. 39.

[16] SCHULLER, M. (2001): Mehr Denken statt nur Messen. In: Weferling, U. u.a. (Hrsg.): Von Handaufmaß bis High Tech, Aufnahmeverfahren in der historischen Bauforschung, Verlag Philipp von Zabern, Mainz am Rhein, S. 213–226.

Anschrift:
Dipl.-Ing. Alexandra Riedel, BTU Cottbus, Lehrstuhl Baugeschichte, K.-Wachsmann-Allee 2, 03046 Cottbus.
E-Mail: Alexandra.Riedel@tu-cottbus.de

Dipl.-Ing. Frank Henze, BTU Cottbus, Lehrstuhl Vermessungskunde, K.-Wachsmann-Allee 2, 03046 Cottbus.
E-Mail: Frank.Henze@tu-cottbus.de

Andreas Marbs M.Eng., i3mainz–Institut für Raumbezogene Informations- und Messtechnik, Lucy-Hillebrand-Str. 2, 55128 Mainz.
E-Mail: Andreas.Marbs@fh-mainz.de

Abbildungsnachweis:
Abb. 1: LS Baugeschichte (Alexandra Riedel, Roland Wieczorek)
Abb. 2, 4: Verfasser
Abb. 3, 6: Verf. unter Verwendung von Material des Santiago de Compostela-Projektes (Anm. 7)
Abb. 5: Verf. unter Verwendung von Material des Naga-Projektes (Anm. 10)
Abb. 7: Verf. unter Verwendung von Material des Santiago de Compostela-Projektes, des Naga-Projektes und des Palatin-Projektes
Abb. 8: Palatin-Projekt, Architekturreferat des DAI (Ulrike Wulf-Rheidt – links; Armin Müller nach Angaben von Ulrike Wulf-Rheidt – rechts)

ANGEMESSEN MESSEN – „BEST DEMONSTRATED PRACTICE"

Silke Langenberg – Bernhard Irmler – Martin Sauerbier

Abb. 1: Bauernhaus Bischofsberg in Heiden (Frühjahr 2009)

Die Möglichkeiten der digitalen Bauaufnahme nehmen seit Jahren stetig zu. Dabei stellen sich grundsätzlich die Fragen nach der Angemessenheit des Einsatzes digitaler Messtechniken, dem tatsächlichen Nutzen dreidimensionaler Gebäudemodelle und dem noch immer nicht gelösten Problem der Datensicherung. Zwar werden die Anwendungen einfacher, die Schnittstellenproblematik scheint jedoch bislang höchstens ansatzweise gelöst. Das Potential liegt unserer Ansicht nach in der sinnvollen Kombination verschiedener Methoden und im ergänzenden Einsatz technischer Systeme. Im Wissen um den neusten Stand der Technik und deren Möglichkeiten wird daher die Frage nach der „best demonstrated practice"[1] gestellt: nach bewährten kostengünstigen Methoden, technischen Systemen und Prozessen, die es erlauben Fragestellungen zielgerichtet beantworten zu können. Anhand von zwei ausgewählten Projekten des Instituts für Denkmalpflege und Bauforschung der ETH Zürich soll gezeigt werden, dass das Handaufmaß tatsächlich Grenzen hat und wo der Einsatz technischer Geräte sinnvoll oder gar unumgänglich ist. In Zusammenarbeit mit der Professur Dr. Armin Grün des Instituts für Geodäsie und Photogrammetrie konnte außerdem die Kombination verschiedener Messmethoden erprobt und in einem Fall die ermittelten Daten für eine museale Nutzung auch materialisiert werden.

---

[1] „Best Practices are leadership, management, or operational methods or approches that lead to exeptional performance. Best Practice is a relative term, not an absolute standard. Rather than searching the absolute best, which may not be a cost-effective approach, many benchmarkers optimize by looking for studies with the greatest impact and are satisfied with discovering practices that are innovative, interesting, and identified as contributing to improved performance at leading companies." AMERICAN PRODUCTIVITY AND QUALITY CENTER (1993): Benchmarking Management Guide. New York, S. 10. Ebenso: SCHÄFER, S., SEIBT, D. (1998): Benchmarking – eine Methode zur Verbesserung von Unternehmensprozessen. In: BFuP Betriebswirtschaftliche Forschung und Praxis 4/98, Herne/Berlin, S. 365–380.

Die Methoden der Bauforschung und die unterschiedlichen Techniken der Bauaufnahme sowie ihre Vor- und Nachteile sind bekannt: das auf Grund seiner Genauigkeit, den enthaltenen Beobachtungen des Bauforschers, seiner Alterungsbeständig- und allgemeinen Verständlichkeit noch immer maßgebende, leider jedoch nur zweidimensionale und schwer mit anderen Techniken zu verknüpfende klassische Handaufmaß; die Punkte über weite Distanzen und große Höhenunterschiede erfassende Tachymetrie, welche vor allem durch die Möglichkeit der reflektorlosen Messung das Handaufmaß seit Jahren hervorragend unterstützt, sich aber auch mit anderen digitalen Messtechniken relativ problemlos kombinieren lässt; die in unwegsamen Gelände, schwierigen räumlichen Situationen, unter Zeit- und Kostendruck schnell und einfach dreidimensionale Messdaten und Informationen zur Oberflächenbeschaffenheit liefernde, im Vergleich mit Handaufmaß und Tachymetrie jedoch oft weniger genaue Photogrammetrie; und nicht zuletzt die seit einigen Jahren verstärkt zum Einsatz kommende Laserabtastung, welche es ermöglicht auch schwierige Geometrien relativ schnell dreidimensional zu erfassen, dafür jedoch den Nachteil sehr großer Datenmengen und langer Nachbearbeitungszeiten hat.

Bei der Wahl der für die Aufnahme eines Objektes sinnvollsten Methode sind unserer Ansicht nach Fragestellung und Zweck die grundlegenden Kriterien. Äußere Rahmenbedingungen wie Kosten, Zeit, örtliche Gegebenheiten, Größe des Objektes, Unwegsamkeit des Geländes oder andere räumliche Einschränkungen werden diese zwar immer beeinflussen – sollten jedoch bei wirklich hochrangigen Objekten nicht ausschlaggebend sein.

STRICKBAU IN APPENZELL AUSSERRHODEN
Im Rahmen eines Projektes zu historischen Holzbaukonstruktionen[2] wurde ein Strickbau im Kanton Appenzell Ausserrhoden untersucht. Die kantonale Denkmalpflege hatte das um 1600 errichtete bäuerliche Anwesen am Bischofsberg in Heiden aus dem Inventar entlassen, da es verschiedenen Gutachten zufolge auf Grund von Schädlingsbefall und starken Verformungen der tragenden Holzkonstruktion einsturzgefährdet und nur mit unangebracht großem Aufwand zu erhalten sei.

Eine Besonderheit am Baubestand des Kantons Appenzell Ausserrhoden ist dessen Alterstruktur: Fast 60% der Gebäude des Halb-Kantons wurden vor

1919 errichtet, sehr viele davon als Holzkonstruktion in Strickbau-Technik.[3] Das traditionelle Appenzellerhaus mit Webkeller im Souterrain ist Zeugnis einer früh-industriell organisierten Wirtschaftsstruktur, welche Textilwirtschaft mit landwirtschaftlicher Nutzung verband. Das Überleben des teilweise mehrere Jahrhunderte alten und qualitätvollen Bestands wurde in den letzten Generationen durch unterschiedliche Nach- und Weiternutzungen ermöglicht, dennoch häufen sich in den letzten Jahren Verluste – auch von inventarisierten Objekten.

Im Rahmen einer Bauuntersuchung des Gebäudes in Heiden sollte neben dessen Dokumentation, der Untersuchung seiner konstruktiven Details und verschiedenen Bauphasen daher auch der Frage nach den Gründen für die hohen Verlustzahlen der Appenzeller Strickbauten nachgegangen werden. Unsere These war, dass weniger Schädlingsbefall und Witterungseinflüsse, als vielmehr unsachgemäßer Umgang und Unterhalt sowie unangemessene Bau- und Reparaturmaßnahmen der letzten Generation ausschlaggebend sind.

Vor Beginn der Vermessung und Dokumentation des Untersuchungsobjektes wurde der Sinn der verschiedenen zur Verfügung stehenden Messmethoden im Hinblick auf die bereits formulierten Fragestellungen diskutiert: Für die dauerhafte Dokumentation des historischen, hochwertigen Objektes erschien das klassische Handaufmaß – in zweidimensionalen, verformungsgerechten Grundrissen und Schnitten, im Maßstab 1:20 mit Bleistift auf säurefreiem Karton gezeichnet – die hier angebrachte Methode, da einerseits auf Grund des Abbruchs keine digitalen Daten dieses Objektes für eventuelle Umbaumaßnahmen benötigt wurden, andererseits auch keine räumlichen, personellen oder finanziellen Einschränkungen dagegen sprachen. Darüber hinaus sind die besonderen konstruktiven Strickbaudetails mit bildgebenden Verfahren allein nicht korrekt zu erfassen. Aus zeitlichen Gründen wurden die Grundstruktur des Gebäudes allerdings mit Hilfe des Tachymeters vermessen und die Koordinaten anschließend auf Zeichenkarton übertragen.

Da im Kanton Appenzell das Wissen um die traditionellen Strickbautechniken auszusterben droht, galt bei der Vermessung des Objektes unser besonderes Interesse den beispielhaften Holzbaudetails und Fügeprinzipien: Die Konstruktion des Appenzeller Strickbaus besteht aus einzelnen übereinander gelegten

[2] Modellprojekt „Historische Holzkonstruktionen der Schweiz" im Kompetenzverbund Konservierung des Instituts für Denkmalpflege und Bauforschung der ETH Zürich, Professur Dr. Uta Hassler, in Zusammenarbeit mit der Kantonalen Denkmalpflege Appenzell Ausserrhoden, Fredi Altherr. http://www.idb.arch.ethz.ch (19.03.2010)
[3] Die Wandkonstruktion aus liegenden Hölzern, der Block-

bau, wird in der Ostschweiz als „Strickbau" bezeichnet. Umfangreiche Beschreibungen der Konstruktionen in den Kantonen Appenzell Ausserrhoden und Innerrhoden finden sich in: HERMANN, I. u.a. (2004): Die Bauernhäuser beider Appenzell. Appenzell Ausserrhoden/ Appenzell Innerrhoden. Herausgegeben von der Schweizerischen Gesellschaft für Volkskunde, Basel.

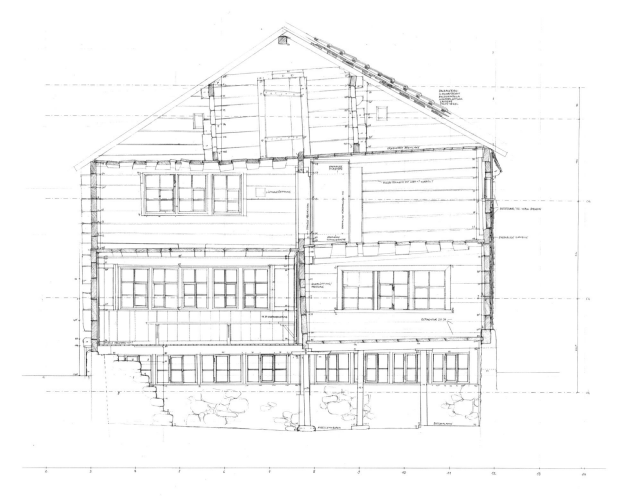

Abb. 2: Querschnitt Objekt Bischofsberg 418 in Heiden, M 1:20 (Zeichnung Norbert Föhn)

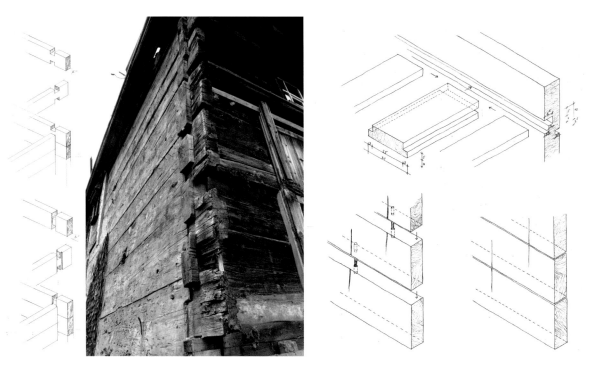

Abb. 3: Konstruktive Details

Abb. 4: Abbruch im August 2009

Kanthölzern, welche an ihren Enden verkämmt sind und Knotenpunkte ausbilden, die erst in ihrer Dreidimensionalität zu verstehen sind. Isometrische Zeichnungen erschienen daher an dieser Stelle besonders hilfreich, zur Veranschaulichung der Fügeprinzipien und deren Ablauf empfahlen sich aber auch dynamische Darstellungen im Rechner.

Als Grundlage für die Erstellung eines dreidimensionalen Modells im Rechner, mit Hilfe dessen die vollständige Konstruktion und Errichtung des untersuchten Appenzeller Strickbaus veranschaulicht werden sollte, aber auch um die starken Verformungen des Objektes nicht nur im Bereich der Schnittebenen zweidimensional zu erfassen, wurde während der zweiten Kampagne entschieden, ein Kantenmodell des Hauptbaus im Schnellverfahren zu erstellen. Hierzu wurden die Eckpunkte aller Räume, das Dach und die Fassaden mit dem Tachymeter vermessen und mit Hilfe der Software TachyCAD in AutoCAD[4] übertragen. Die Verformungen wurden auf diese Weise sehr schnell dreidimensional sichtbar – mögliche Ursachen konnten gezielt noch einmal genauer betrachtet werden.

Es zeigte sich, dass die im Modell und auch in den Plänen sichtbaren großen Verformungen mit der unsachgemäßen Erneuerung des Hinterhauses Mitte des 20. Jahrhunderts zu erklären sind. Darüber hinaus belegen die Beobachtungen aus dem Handaufmaß, vor allem kurz vor Abbruch des Objektes in Skizzen und Fotos erfasster, zuvor hinter Verschalungen versteckter Detailpunkte, dass auch eine Vielzahl kleinerer Eingriffe wesentlich zu den Verformungen und damit letztendlich zum Abriss des Gebäudes beigetragen haben: herausgesägte Türschwellen und -stürze, Vergrößerungen von Fenstern ohne zusätzliche Unterstützung oder die Erneuerung von Balken ohne Herstellung kraftschlüssiger Verbindungen.

Das Untersuchungsobjekt wurde während aller Kampagnen in digitalen und analogen Fotografien dokumentiert. Der Abbruch des Objektes erfolgte im August 2009.

Die vollständig digitale Aufnahme eines Objektes ist vor allem dann sinnvoll, wenn die erfassten Daten oder Pläne später auch in digitaler Form weiterbearbeitet oder verwendet werden sollen – sei es als Grundlage für Reparatur-, Umbau- oder Erweiterungsplanungen, Mengenermittlungen für Ausschreibungen, zur Materialisierung oder auch zur Verknüpfung mit anderen Aufnahmeverfahren. Grundsätzlich ist hier natürlich zu bedenken, dass es noch immer keine konkreten Angaben oder Erfahrungen bezüglich der Dauerhaftigkeit digitaler Daten gibt. Zur Sicherung eines im Rechner erstellten Plans scheint momentan noch immer der

---

[4] TachyCAD® ist eine Applikation für das Zeichenprogramm AutoCAD® der Firma Autodesk®. http://www.kubit.de/ (14.07.2009); http://www.autodesk.de (14.07.2009)

Bleistiftplot auf säurefreiem Karton oder alternativ die Herstellung einer dauerhaften Druckplatte die risiko-ärmste Möglichkeit. Für dreidimensionale Daten sind dauerhafte Sicherungssysteme noch zu entwickeln.

Darüber hinaus ist die Kompatibilität der unter-schiedlichen Vermessungsgeräte und der genutzten Softwares sowie deren Schnittstellen zu berücksich-tigen: Die Übertragung und Weiterbearbeitung digita-ler Daten ist in vielen Fällen noch nicht abschließend gelöst – die meisten der digitalen Aufnahmegeräte sind allein mit herstellerspezifischer Software zu bedienen. In den Schnittstellen zwischen den unterschiedlichen Werkzeugen, Programmen und Datenformaten – der „digitalen Kette" – liegt unserer Ansicht nach eines der größten Probleme beim Einsatz wie auch der sinn-vollen Kombination und Verknüpfung digitaler Mess-methoden.

Die „digitale Kette" bezeichnet eigentlich den Pro-zess von der vollständigen Planung eines Objektes am Rechner über verschiedene digitale Herstellungsver-fahren bis hin zum fertigen Produkt. Dabei ist egal, ob es sich um ein Gebäude, ein Kleidungs- oder Schmuck-stück, ein Kunstobjekt oder Industrieprodukt handelt. Im Fall der rechnergestützen Bauaufnahme muss also genau genommen von der „umgekehrten digitalen Kette" gesprochen werden: Das Objekt existiert bereits, muss ganzheitlich erfasst und mit allen konstruktiven Verbindungen als zweidimensionaler Plan oder drei-dimensionales Modell korrekt im Rechner abgebildet werden. Das Problem hierbei liegt in der Erfassung der konstruktiven Details, welche weder von der pho-togrammetrischen Aufnahme noch vom Laserscanner erfasst werden können. Die automatisierten Verfahren zur digitalen Bauaufnahme sind alle nur bildgebend und daher an dieser Stelle nicht geeignet. Es stellt sich die Frage, ob und falls ja wie die Verfahren weiter-entwickelt oder modifiziert werden können, um „die umgekehrte digitale Kette" in den Griff zu bekommen.

Für die digitale Aufnahme und korrekte Abbildung konstruktiver Details erscheint momentan die rech-nergestützte Tachymetrie das einfachste Werkzeug. Wie am Projekt des Appenzeller Strickbaus gezeigt, ermöglichen verschiedene Softwarelösungen[5] die direkte Übertragung digital gemessener Punkte in CAD-Programme. Nicht vollständig mess- oder sicht-bare Konstruktionspunkte können gegebenenfalls

per Hand im Rechner vervollständigt werden. Eine Verknüpfung mit anderen Aufnahmemethoden wie Photogrammetrie oder Laserabtastung ist über klar definierte Referenzpunkte in der Regel möglich.

In der Photogrammetrie ist die Automatisierung der Auswertungsprozesse nach wie vor eines der Haupt-Forschungsthemen, auch wenn sie in einigen Bereichen – wie beispielsweise der Messung von Verknüpfungs-punkten für die Bildorientierung oder der Generierung von Orthofotos und digitalen Oberflächenmodellen – bereits weit fortgeschritten ist. In der 3D-Modellierung, also der Strukturierung von Punktwolken speziell bei komplexen Objekten, sind dagegen manuelle Arbeiten noch immer in relativ großem Umfang erforderlich, wenn es darum geht, Kanten und Flächen korrekt zu definieren. Dokumentationsansätze, die inzwischen auch kommerziell genutzt werden,[6] erzielen zwar zum Teil recht gute Ergebnisse in Form von Punktwolken, sind jedoch hinsichtlich ihrer Tauglichkeit für die Bau-forschung noch systematisch zu untersuchen bezie-hungsweise auf Grund unzureichender Genauigkeit nicht geeignet und funktionieren nur bei optimalen Bildkonstellationen zuverlässig.

Andere Verfahren für die Erzeugung großflächiger 3D-Stadtmodelle basieren auf luftgestützten Methoden der Datenaufnahme – insbesondere Laserscanning und Luftbildphotogrammetrie – oder werden mit terrestri-schen Verfahren kombiniert. Beispiele für auf diese Weise erzeugte Daten finden sich in Google Earth® oder Microsoft Virtual Earth® – kommerziellen Daten-viewern, in denen Daten aus unterschiedlichen Quellen zusammengefügt werden.[7] Diese luftgestützten Verfah-ren werden in der Regel allerdings unwirtschaftlich, wenn es um eine genauere Dokumentation einzelner Gebäude geht. Als Alternative könnte sich hier die Nut-zung von „Unmanned Aerial Vehicles" abzeichnen.[8]

Neben der Automatisierung von Bildorientierung und 3D-Oberflächenmodellierung zählt die Struk-turierung von 3D-Punktwolken nach wie vor zu den wichtigsten Themen der Forschungs- und Entwick-lungsarbeit in Photogrammetrie und Computer Vision. Um ein Objekt sinnvoll definieren, handhaben und genau repräsentieren zu können, ist die Beschreibung seiner Topologie erforderlich, denn durch Kanten und Flächen kann es unter Umständen sehr viel effizien-

---

[5] Entsprechende Softwarelösungen sind beispielsweise: casop (aadiplan München), MOBI (Ingenieur*Team*2, Rhein-bach), SiteMASTER (Graebert GmbH Berlin), Tachy-Cad® (Kubit GmbH Dresden), TheoCAD (C-Techniken M. Möbius), Vitas (VITRUVIUS GmbH Weimar). Sämtliche Hersteller, Softwarelösungen und Geräte finden sich auch unter: http://www.architektur-vermessung.de, Ingenieur-*Team*2 GmbH (Hrsg.), VDV – Verband Deutscher Vermes-sungsingenieure e.V. (ideeller Träger). (28.10.2009)
[6] Wie beispielsweise Microsoft Photosynth, Google Street-

view, Photomodeler Scanner, Bundler oder PMVS.
[7] KAARTINEN, H., HYYPPÄ, J., GÜLCH, E. u.a. (2005): Accuracy of 3D City Models: EuroSDR Comparison. Inter-national Archives of Photogrammetry, Remote Sensing and Spatial Information Sciences 36 (Part 3/W19), S. 227–232.
[8] EISENBEISS, H., SAUERBIER, M., PÜSCHEL, H. (2008): Kombinierte Auswertung von terrestrischen und UAV-Bildern für die 3D-Modellierung des Schlosses Landenberg, Geomatik Schweiz, 106. Jahrgang, Heft 9, S. 470–473.

ter beschrieben werden als durch eine Punktwolke, die keinerlei Information über Nachbarschaftsbeziehungen enthält. Vereinfacht ausgedrückt: Warum eine ebene Fläche, die sich durch vier Punkte und vier Kanten genau definieren lässt, durch tausende von Punkten beschreiben? Eine Ausnahme sind hier selbstverständlich sehr komplexe Freiformen, die durch Punktwolken viel genauer erfasst und dargestellt werden können.

Mit einem strukturierten dreidimensionalen Modell ist auch dessen Visualisierung mit Texturen einfacher möglich und qualitativ hochwertiger, da den einzelnen Flächen besser Oberflächenbeschaffenheiten zugewiesen werden können, als es bei Punkt-basierten Visualisierungen der Fall ist. Dies trifft sowohl auf photogrammetrisch generierte wie auch auf Laserscan-basierte Punktwolken zu. Je komplexer das zu modellierende Objekt ist, desto wichtiger die Notwendigkeit seiner topologischen Beschreibung. Bei der Modellierung eines kompletten Gebäudes inklusive der Innenräume beispielsweise erscheint eine Punktwolke wenig sinnvoll, wenn nicht zeitliche Einschränkungen bei der Aufnahme andere Methoden unmöglich machen. Denn Böden, Decken, Wände, gegebenenfalls sogar Möbel müssen effizient modelliert werden und bilden dann wiederum selbständige Objekte. Diese haben dann allerdings den Vorteil, dass sie bei Nutzung eines geeigneten Datenformats oder einer strukturierten Datenbank gesondert abfragbar sind.[9]

Die genannten Disziplinen Photogrammetrie und Laserscanning, aber auch reine Dienstleister wie Google Earth bedienen einen relativ großen und differenzierten Markt. Es wird verstärkt in die (experimentelle) Forschung investiert, Innovationen werden gefördert. Hier scheint ein wesentlicher Unterschied zur Bauforschung zu liegen: Zum einen ist der „Markt für Bauforschung" kleiner; darüber hinaus wird in der Bauforschung in erster Linie objektbezogen gearbeitet und auch investiert. Projekte, die allein die Weiterentwicklung der Methoden zum Ziel haben, sind noch immer vergleichsweise selten.

Die Möglichkeiten zur Methoden-Forschung bei klassischen, objektbezogenen Bauforschungsprojekten sind oftmals auf Grund der Rahmenbedingungen von vornherein deutlich eingeschränkt – sei es wegen der Hochwertigkeit des zu untersuchenden Objektes, zeitlichen, finanziellen oder personellen Ressourcen, örtlichen Gegebenheiten oder auch der Unangemessenheit des Einsatzes digitaler Messtechniken. Vorteilhaft wäre es daher sicher, die Methodenforschung unabhängig betreiben zu können.

Neben der Weiterentwicklung einzelner, bereits bewährter Messverfahren und -techniken sollten auch ihre Verknüpfungsmöglichkeiten überprüft werden. Es ist zu vermuten, dass sowohl das Potential der einzelnen Verfahren als auch das ihrer Kombinationen

für die Bauforschung noch nicht ausgeschöpft ist. In der Zusammenarbeit verschiedener Disziplinen und Methoden anstelle von Zuständigkeiten für einzelne Teilbereiche liegt unserer Ansicht nach eine Chance.

Im folgenden Projekt konnte die Kombination von Tachymetrie und Photogrammetrie zumindest ansatzweise erprobt werden.

GIEBELVERSTURZ KALAPODI
Die Heiligtumsgrabung, bei der es sich höchstwahrscheinlich um das Orakel von Abai in der antiken Landschaft Phokis handelt, liegt bei Kalapodi in Mittelgriechenland.[10] Der Ursprung des Kultes liegt in mykenischer Zeit, im 13. Jahrhundert vor Chr. Bis heute wurden acht Tempelbauten übereinander vom 8. Jahrhundert vor bis zum 2. Jahrhundert nach Chr. ausgegraben. 2007 kam der verstürzte Steingiebel des archaischen, hölzernen Südtempels zu Tage, wel-

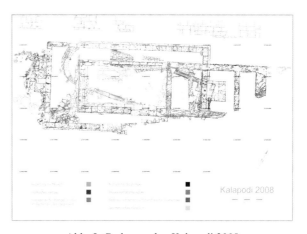

Abb. 5: Grabungsplan Kalapodi 2008

Abb. 6: Giebelversturz

[9] Beispiele wären hier der vom Open Geospatial Consortium (OGC) anerkannte Standard CityGML oder mit einigen Einschränkungen das von Google Earth verwendete KML sowie die Formate VRML, COLLADA und X3D.
[10] Die Grabungen wurden 1972 von Rainer Felsch begonnen und 2004 von der Athener Abteilung des DAI unter Leitung von Wolf-Dietrich Niemeier wieder aufgenommen.

cher während der Brandzerstörung durch die Perser nach 480 v. Chr. vor den Tempel stürzte. In Folge der Brandeinwirkung ist der Kalkstein kalziniert und zersprungen.[11]

Ziel unserer Arbeiten im Herbst 2009 war die dreidimensionale Dokumentation und Modellierung dieses Giebels als Grundlage für Restaurierungsvorschläge, bevor er gehoben und damit unwiederbringlich aus seiner Versturzlage entfernt wird. Es wurde entschieden, das Objekt zu diesem Zweck mittels Tachymeter einerseits und Bildern andererseits aufzunehmen. Während die Tachymetrie eine genaue und selektive Aufnahme von 3D-Punkten erlaubte, konnten aus den photogrammetrischen Bildern weitere geometrische Informationen wie Kanten, dichte 3D-Punktwolken sowie Informationen zur Oberflächenbeschaffenheit extrahiert werden. Die eingesetzte Totalstation[12] ermöglichte hier wiederum in Kombination mit Tachy- und AutoCAD die Erzeugung eines „Kantenmodells" des verstürzten Giebels bereits im Feld. Jeder Stein des Giebels sowie einige darunter liegende oder anschließende Bauteile wurden in ihrer Grundstruktur und genauen räumlichen Lage dreidimensional erfasst, indem zahlreiche Punkte mittels Tachymeters gemessen und die Steinkanten im Rechner direkt miteinander verbunden wurden. Eine Kontrolle konnte unmittelbar erfolgen. Die auf diese Weise sehr zügig entstandene Topologie enthielt allerdings keinerlei Texturen und nur wenige Details, veranschaulichte die genaue räumliche Lage und Verschiebungen einzelner Bauteile jedoch bereits recht gut.

Die Bildaufnahme erfolgte mit einer digitalen Spiegelreflexkamera mit einem Bildformat von 12 Megapixeln. Um eine komplette stereoskopische Abdeckung des Objektes zu erhalten, wurden Aufnahmen vom Boden sowie von einem erhöhten Standort mittels Leiter aufgenommen. Die Parameter der inneren Orientierung der Kamera[13] wurden mit Hilfe von codierten Zielmarken und der Software iWitness bereits im Feld mittels Bündelausgleichung bestimmt.

Im Rahmen der photogrammetrischen Auswertung wurden die aufgenommenen Bilder zunächst durch Messung von Verknüpfungspunkten relativ orientiert. Die Verknüpfungspunkte wurden größtenteils automatisch in LPS (Leica Photogrammetry Suite) gemessen und editiert. Zur absoluten Orientierung konnten die tachymetrisch gemessenen Punkte als Passpunkte verwendet werden. Die Bündelausgleichung wurde

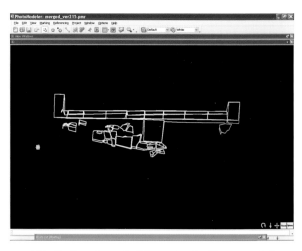

Abb. 7: Abstraktes, dreidimensionales Kantenmodell

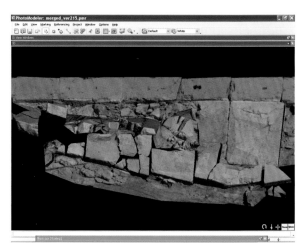

Abb. 8: Texturiertes dreidimensionales Modell aus Fusion von Photogrammetrie und Tachymetrie

auf Grund der konvergenten Aufnahmekonfiguration nach Import der Bild- und Objektkoordinaten der Passpunkte beziehungsweise der Verknüpfungspunkte im Programm Photomodeler® 6[14] durchgeführt. Somit lagen nach erfolgreicher Bündelausgleichung Tachymetermessungen und photogrammetrische Messungen im selben Koordinatensystem vor. Mittels der orientierten Bilder wurde unter Verwendung des in der Software SAT-PP[15] implementierten Matching-Algorithmus eine dichte 3D-Punktwolke automatisch erzeugt, welche als Ergänzung zu den Tachymetermessungen verwendet wurde. Auf Grund der großen Anzahl gut messbarer

[11] HELLNER, N. (2010): Die Anfänge des griechischen Tempelbaus und die Gestaltungsidee der Säulenkannelur in Kalapodi/Phokis (GR). In: Koldewey Gesellschaft (Hrsg.): Bericht über die 45. Tagung für Ausgrabungswissenschaft und Bauforschung vom 30. April bis 4. Mai 2008 in Regensburg, S. 153–160.

[12] Es wurde mit einem Tachymeter TCRA 1205+ der Firma Leica-Geosystems gearbeitet. Die Messung wurde reflektorlos durchgeführt.

[13] Kammerkonstante, Bildhauptpunkt und Verzeichnungsparameter.

[14] Eos Systems Inc., http://www.photomodeler.com.

[15] ZHANG, L. (2005): Automatic Digital Surface Model (DSM) Generation from Linear Array Images, Dissertation ETH No. 16078, IGP Mitteilung Nr. 90, ETH Zürich, Institut für Geodäsie und Photogrammetrie.

Passpunkte konnte die Fusion der beiden 3D-Modelle direkt in Photomodeler durchgeführt, die Oberflächen bei der Modellierung direkt über die bereits gemessenen Kanten definiert werden. Das Endresultat ist ein fusioniertes 3D-Modell des Giebels mit fotorealistischer Textur.

In Zusammenarbeit mit dem Rapid Architectural Laboratory der ETH Zürich konnte dieses Modell anschließend mit Hilfe computergesteuerter Geräte für eine museale Präsentation materialisiert werden.[16]

Ein wichtiger Gesichtspunkt für die sinnvolle Anwendung digitaler Aufnahmeverfahren ist der erforderliche Zeitaufwand – zum einen für die Aufnahme vor Ort, zum anderen für die Nachbearbeitung der Daten im Büro. Für das vorgestellte Aufnahmeprojekt in Kalapodi ist der zeitliche Aufwand für Handaufmaß, Tachymetrie, Photogrammetrie und Laserscanning in Abbildung 10 gegenübergestellt.

Für das Handaufmaß des Giebels, welches vom DAI bereits angefertigt wurde und als zweidimensionaler Grundrissplan vorlag, müssen mindestens zwei Wochen Arbeitszeit gerechnet werden – eine Woche beziehungsweise fünf Arbeitstage für die Messung aller Punkte mit Hilfe des Tachymeters, eine weitere Woche für die Zeichnung. Die photogrammetrische Aufnahme des Giebels mit Hilfe einer Digitalkamera erforderte insgesamt zwei halbe Tage, das gleiche gilt für die tachymetrische Aufnahme zur Erstellung eines einfachen Kantenmodells. Für die vollständige, dreidimensionale Vermessung mittels Tachymetrie und gleichzeitige Erstellung einer vektorisierten Zeichnung im Rechner in einer dem Handaufmaß entsprechenden Genauigkeit wird von mindestens drei Wochen á fünf Arbeitstagen ausgegangen. Der komplette Laserscan des Giebels ist je nach Gerät mit ein bis zwei Arbeitstagen zu rechnen. Je nach geometrischer Komplexität des Objektes beziehungsweise notwendiger Anzahl von Aufstellungen wird der zeitliche Aufwand des Laserscans für die ganzheitliche Erfassung eines Objektes allerdings steigen.

Abb. 9: Materialisierung des Modells (M 1:25) mit computergesteuerter Fräse

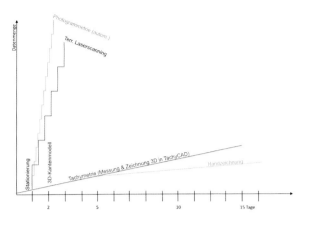

Abb. 10: Projekt Kalapodi: Versuch einer Grafik zu den Aufnahmezeiten verschiedener Messverfahren

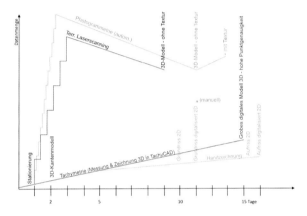

Abb. 11: Projekt Kalapodi: Versuch einer Grafik zu den Aufnahmezeiten verschiedener Messverfahren mit Aufwand für Datenreduzierung – Ergebnisse nach Tagen

Der zeitliche Aufwand für die Auswertung beziehungsweise Nachbearbeitung ist in Abbildung 11 dargestellt. Das Handaufmaß fällt hier mit nur wenigen Stunden für Scan und Bereinigung des handgezeichneten Plans ins Gewicht, liegt dafür allerdings auch nur in zweidimensionaler, nicht-vektorisierter Form vor. Für eine Vektorisierung, also die vollständige „Nachzeichnung" des gescannten Plans im Rechner, wird der Aufwand auf mindestens drei Arbeitstage geschätzt. Er bleibt allerdings zweidimensional. Die Vermessung

[16] Für die Materialisierung müssen die Daten in dem vom ausführenden Gerät verlangten Format vorliegen – für Lasercutter beispielsweise als Windows PC (*.prn)-Datei, Schneidplotter als dxf-Datei, Gipsdrucken im stl- oder ply-Format. Für CNC-Fräsen sind verschiedene 3D-Daten erkennbar. Zahlreiche Informationen, auch zu möglichen Materialien, finden sich auf der Internetseite des Rapid Architectural Prototyping Laboratory (RAPLAB) des Departements Architektur der ETH Zürich unter Leitung von Yves Ebnöther. http://www.raplab.arch.ethz.ch (28.09.2009)

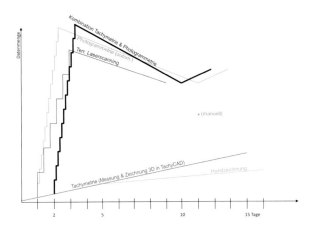

Abb. 12: Projekt Kalapodi: Versuch einer Grafik zu den
Aufnahme-/Auswertungszeiten verschiedener Messver-
fahren – mit kombiniertem Verfahren aus Tachymetrie und
Photogrammetrie

mit Hilfe des rechnergekoppelten Tachymeters erfordert keine weitere Nachbearbeitung. Der Giebel liegt
in digitaler Form als dreidimensionales Modell vor
und kann beispielsweise in Form zweidimensionaler
Pläne geplottet werden. Die Nachbearbeitungszeit für
eine Materialisierung, einen dreidimensionalen Druck
beispielsweise, liegt bei schätzungsweise ein bis zwei
Arbeitstagen. Der notwendige Aufwand zur Strukturierung der mittels Photogrammetrie oder Laserscann
erfassten Daten – der dreidimensionalen Punktwolken
– steigt in Abhängigkeit der Komplexität des aufgenommenen Objektes. In unserem Fall betrug die Nachbearbeitungszeit der photogrammetrisch generierten
Punktwolke zwei Wochen (zehn Arbeitstage). Für das
Laserscanning muss erfahrungsgemäß ein ähnlicher
Aufwand angenommen werden.

Durch die Messung von Passpunkten und die Erstellung von Kantenmodellen kann die Tachymetrie
wertvolle Informationen bezüglich der Topologie des

Objektes liefern und so für beide Verfahren den Model-
lierungsprozess vereinfachen und damit beschleunigen
– eine sinnvolle Kombination verschiedener Aufnahmemethoden, die im Kalapodi-Projekt genutzt werden
konnte. Hinsichtlich der Automation der Modellierung
besteht unserer Ansicht nach weiter Forschungs- und
Entwicklungsbedarf.

„Best demonstrated practice" ist ein aus der Betriebs-
wirtschaft stammendes Verfahren, in welchem alte und
neue Prozesse auf ihre Wirtschaftlichkeit hin überprüft und die Ergebnisse zur Optimierung der Abläufe
genutzt werden. Um ähnliche Erkenntnisgewinne auch
in der Bauforschung erzielen zu können, ist die Weiterentwicklung der gegebenen Methoden und Techniken
sowie deren ständige Überprüfung notwendig. In der
Kombination des Bewährten und Erprobten der einzelnen Verfahren liegt unserer Ansicht nach die Zukunft
der Bauforschung: alte und neue Methoden angemessen zu nutzen und (gegebenenfalls auch nur in Teilbereichen) sinnvoll zu verknüpfen.

Anschrift:
Dr.-Ing. Silke Langenberg, Dr.-Ing. Bernhard Irmler, Dr. sc.
ETH Martin Sauerbier, Institut für Denkmalpflege und Bau-
forschung, ETH Zürich, HIT H 43, 8093 Zürich, Schweiz.
Email: langenberg@arch.ethz.ch,
irmler@arch.ethz.ch, martinsa@arch.ethz.ch

Abbildungsnachweis:
Abb. 1: S. Irmler
Abb. 2, 3, 7, 8, 10, 11: Verfasser
Abb. 4: D. Altenkirch
Abb. 5: mit freundlicher Genehmigung des Deutschen
Archäologischen Instituts, Abteilung Athen
Abb. 6: W.-D. Niemeier
Abb. 9: Y. Ebnöther

VON 3D ZU 2D? MODERNE MESSMETHODEN IM BAUFORSCHUNGSALLTAG

Klaus Rheidt – Corinna Rohn

Abb. 1: Antikes Triphylien, Oberstadt von Platiana mit antiken Siedlungsresten 2008

Die Entwicklung automatisch scannender und satellitengestützter Verfahren hat immense Fortschritte gemacht, und es scheint heute nahezu für jedes Problem bei der Erfassung und Modellierung dreidimensionaler Daten in der historischen Bauforschung eine moderne, technisch versierte und höchsten Anforderungsstandards entsprechende Lösung zu geben. Wie aber vertragen sich diese Hightech-Lösungen bei der Vermessung und Aufnahme historischer Bauten mit dem „Bauforschungsalltag"? Der Einsatz moderner Verfahren bei der Bauaufnahme ist in der Praxis oft von Umständen abhängig, die mit Hightech überhaupt nichts zu tun haben. Örtliche Gegebenheiten begrenzen in erheblichem Umfang die Einsatzmöglichkeiten, aber auch die jeweiligen wissenschaftlichen Ziele der Projekte lassen vielfach Zweifel an Sinn und Nutzen einer umfassenden dreidimensionalen Aufnahme und Modellierung historischer Bauwerke aufkommen.

Unsere Forschungen zur Baugeschichte der Kathedrale von Santiago de Compostela und zur Gestalt und Entwicklungsgeschichte der antiken Städte Triphyliens verdeutlichen nicht nur die Spannweite bauforscherischer Tätigkeit von der Klärung historischer Fragen eines einzelnen Baudenkmals bis hin zur Rekonstruktion ganzer Siedlungsräume, sondern sind auch in vieler Hinsicht typisch für die Genese, die Probleme bei der Durchführung und die Unvollkommenheit groß angelegter Bauforschungsprojekte. Typisch bei beiden Projekten sind die unvermeidbaren Beschränkungen beim Einsatz der Mittel, die von den jeweiligen äußeren Umständen ebenso abhängen wie von den auf bestimmte historische Fragen fokussierten wissenschaftlichen Zielen. Beide – die äußeren Umstände und die erreichbaren wissenschaftlichen Ziele – waren zu Beginn der Unternehmungen nur bedingt abschätzbar. Sie führen immer wieder zu Überraschungen, Änderungen im Projektablauf und bestimmen maßgeblich den Einsatz der technischen Mittel und Dokumentations-methoden.

Die Erforschung der gewaltigen Pilgerkirche von Santiago de Compostela mit ihrem berühmten mittel-alterlichen Skulpturenportal, dem Pórtico de la Gloria, stellt schon allein wegen der Größe des Objektes eine besondere Herausforderung dar. Nicht minder anspruchsvoll ist die Erforschung der Städte der griechischen Landschaft Triphylien, im malerischen

Abb. 2: Westteile der Kathedrale von Santiago de Compo-stela, Bauaufnahmearbeiten am Pórtico de la Gloria 2005: Tachymetrie und Laserscanning

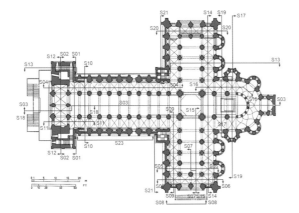

Abb. 3: Schematischer Grundriss der Kathedrale von Santiago de Compostela mit Eintragung der bislang angefertigten Schnitte, Stand Frühjahr 2010

Bergland südlich des berühmten panhellenischen Heiligtums von Olympia gelegen, da es sich hier nicht nur um eine, sondern gleich eine ganze Anzahl teilweise schwer zugänglicher Städte handelt, von denen sich nicht wenige bei genauerer Untersuchung als wesentlich komplexer und größer herausstellten, als bei der Planung der Forschungen angenommen (Abb. 1). In Santiago de Compostela war zu Beginn des Projektes keineswegs klar, ob unsere an archäo-logischen Ruinen erprobten Methoden überhaupt weiterführen würden, und noch weniger, wie sich die Mess- und Dokumentationskampagnen mit dem laufenden Pilgerbetrieb koordinieren lassen würden. Das Projekt war deshalb zunächst klein angelegt: Der hinter der Barockfassade der Kathedrale verborgene romanische Westbau stand im Mittelpunkt ebenso wie die seit 140 Jahren kunstgeschichtlicher Forschung heftig umstrittene Frage, ob das Portal anstelle eines älteren Vorgängers eingefügt oder gemeinsam mit den Westteilen der Kathedrale völlig neu errichtet worden sei (Abb. 2). Diese Frage nach einer vollständigen Neuschöpfung des Westbaus oder Integration des Skulpturenportals in ein bestehendes Bauwerk konnte schon nach der ersten kurzen Kampagne beantwortet werden: Das Skulpturenportal war Teil einer Neu-konzeption, für die der bestehende Westbau tiefgrei-fend umgebaut werden musste. Wie aber sah dieser Vorgängerbau aus?

Die engsten Parallelen für die am Westbau beobachte-ten baukonstruktiven Phänomene lieferte das Bauwerk selbst. Die teilweise in ihrem Urzustand erhaltenen Querhausportale gaben Hinweise auf seine Rekon-struktion und führten zu der Erkenntnis, dass auch der Zustand vor dem Einbau des Pórtico de la Gloria nicht Ergebnis einer einheitlichen Planung war. Im Gegen-teil, es handelte sich um eine Abfolge von Konzeptions-änderungen und Baukampagnen, die sich bis in die Anfänge der Arbeiten an der Kathedrale zurückverfol-gen ließen. Spätestens jetzt wurde klar, dass wir uns mit der gesamten Kathedrale beschäftigen mussten. Und so kamen zu den Fragen am Westbau weitere Fragen nach der Genese des Kathedralbaus insgesamt hinzu, die die detaillierte Untersuchung des Chors, der Querhäuser mit ihren Portalen und Kapellen sowie der westlichen Türme erforderten. Und aus den zunächst geplanten drei Schnitten wurden schließlich 23 verformungs- und steingerechte Schnitte und zusätzlich Grundrisse in allen Ebenen durch die gesamte Kathedrale mit ihren fast 100 m Länge (Abb. 3).

Die unmittelbaren Ergebnisse der tachymetrischen Messungen, photogrammetrischen Aufnahmen und Laserscans – zweidimensionale Handzeichnungen – sind weit davon entfernt, die Möglichkeiten der dreidi-mensionalen Bauwerkserfassung auch nur annähernd in Gänze auszunutzen. Die Kopien der Zeichnungen, die nach jeder Kampagne dem Kathedralarchiv übergeben wurden, haben uns aber – nach und nach – alle Türen in der Kathedrale geöffnet – jede Sakristei, jede Kapelle, jede Abstellkammer und jeden Dachraum – und dies hat die zu dokumentierende romanische Originalsubstanz, gegenüber den ursprünglichen Erwartungen, noch einmal verdoppelt.

Ein zweites Problem war die Finanzierung. Insbesondere die umfassende Dokumentation und bauforscherische Bearbeitung der gesamten Kirche war es, die von den potentiellen Geldgebern kritisch gesehen wurde. Erst seit 2007 finanziert die Fritz Thyssen Stiftung das seit 2004 laufende Unternehmen in großzügiger Weise und ermöglicht uns, die Bauphasen und den Bauablauf der Kathedrale von Santiago

de Compostela – so der Projekttitel – umfassend zu untersuchen, ein Projekt, das, gerade erst richtig begonnen, nach drei Jahren – der maximalen Förderzeit – in diesem Frühjahr auch schon wieder zu Ende geht. Für die Dokumentation eines Bauwerks dieser Größe und Komplexität sind drei Jahre tatsächlich extrem kurz. Und doch sind die 23 Schnitte in der zurückliegenden Frühjahrskampagne fertig geworden (s. Abb. 3), jedes der über 850 erhaltenen mittelalterlichen Kapitelle ist dokumentiert und auch kunsthistorisch bewertet, für wesentliche Teile der Kathedrale wurden die Steinmetzzeichen systematisch erfasst (Abb. 4), und wir sind endlich so weit,

Abb. 4: Kathedrale von Santiago de Compostela, Katalog der Kapitelle und Steinmetzzeichen. Links oben: Figürliches Kapitell im Chor mit einem Raubtier, das einen Vogel reißt, Peláez-Phase (letztes Viertel 11. Jh.), Kapitellnr. H-C3S1c3; rechts oben: Kapitell im Nordquerhaus mit belebter Ranke mit Löwen, Gelmírez-Phase (erstes Viertel 12. Jh.), Kapitellnr. H-n5a; unten: Steinmetzzeichen im Langhaus.

Abb. 5: AutoCAD-Plan von Platiana, Arbeitsstand 2008. Die Farben markieren unterschiedliche Kodierungen beim Messen und Zeichnen.

den Bau anhand der Pläne „lesen" und ihn in seinen Entwicklungsstufen und Planungsphasen interpretieren zu können.

Ziel des Projektes ist es, die Baugeschichte zu klären, das Baugefüge und seine konstruktiven Eigenheiten zu verstehen und den Bauablauf der gesamten Kathedrale in romanischer Zeit zu rekonstruieren – ein Ziel, das sich nach der ersten Beschäftigung mit dem Westbau schnell, aber doch erst im Verlauf der Arbeiten entwickelt hat. Die damit verbundenen Fragen der absoluten Datierung, historischen Bewertung und Relevanz des umfangreichen Quellenmaterials erfordern interdisziplinäres Arbeiten und ständigen Informationsaustausch. Viel Zeit ist deshalb in die Entwicklung eines Datenbank-, Benennungs- und Ablagesystems geflossen, das Informationen über Kapitelle, Skulpturen, Steinmetzzeichen und historische Quellen jeweils mit unterschiedlichen Anforderungen darstellt und so die Daten für alle interpretierbar macht. Erst jetzt ist die „kritische Masse" annähernder Vollständigkeit erreicht, die dieses System auf die Probe stellt und eine qualifizierte Interpretation der Daten im Sinne der Fragestellung ermöglicht. Und erst jetzt liegen vollständige Pläne vor, die Vergleiche zwischen den verschiedenen Teilen des riesigen Bauwerks und erste Rekonstruktionsversuche früherer Bauzustände und Planungen ermöglichen. Vor allem das viele hundert Seiten starke Raumbuch mit allen Informationen zu Baufugen, Bauphasen und konstruktiven Eigenheiten der einzelnen Wände ist erst jetzt soweit gefüllt, dass eine qualifizierte Auswertung im Sinne der Fragestellung möglich ist.

Auch bei der Erforschung der „antiken Siedlungstopografie Triphyliens" war mit der Aufnahme des Projektes in das DFG-Schwerpunktprogramm 1209 „Die helleni-

stische Polis als Lebensform" keineswegs klar, wie und in welchem Umfang die Dokumentation der teilweise schwer zugänglichen Städte möglich sein würde. Insbesondere die Projektpartner in Griechenland waren nicht sofort von der Notwendigkeit topografischer Aufnahmen und baugeschichtlicher Dokumentationen an Orten zu überzeugen, an denen teilweise bereits ältere archäologische Forschungen durchgeführt worden waren. Zudem mussten die Arbeiten schon kurz nach Projektbeginn wegen der verheerenden Flächenbrände auf der Peloponnes im Sommer 2007 abgebrochen werden. Als die Arbeiten 2008 wieder aufgenommen werden konnten, hatte sich das zu dokumentierende Material nahezu verdoppelt, und an Abhängen, die zuvor von undurchdringlicher Macchia und Bäumen bedeckt waren, lagen jetzt – unerwartet – ganze Stadtviertel frei, die bei der Planung des Unternehmens nicht einkalkuliert worden waren. Und auch die beteiligten Archäologen, die die Oberflächenfunde erfassen und auswerten sollten, wussten zunächst nicht, wie viel Fundmaterial überhaupt anfallen und wie viel nötig sein würde, um die Fragen zur Siedlungsgeschichte der Region im 4. und 3. Jh. v. Chr. zu beantworten. Auch bei diesem Projekt erforderte es vier Jahre Feldarbeit, um eine interpretierbare Menge an Material zusammenzutragen und annähernd vollständige Stadtpläne von vier Städten (Abb. 5) sowie Einzeldokumentationen wichtiger Bereiche, wie Theater, Agora und Toranlagen, zu erarbeiten. Diese stellen nun aber eine verlässliche Grundlage für alle Siedlungsforschungen auf der westlichen Peloponnes dar, auch über das Projekt zur Siedlungstopografie Triphyliens hinaus, das mit dem Auslaufen des Schwerpunktprogramms der DFG zügig zum Abschluss gebracht werden muss.

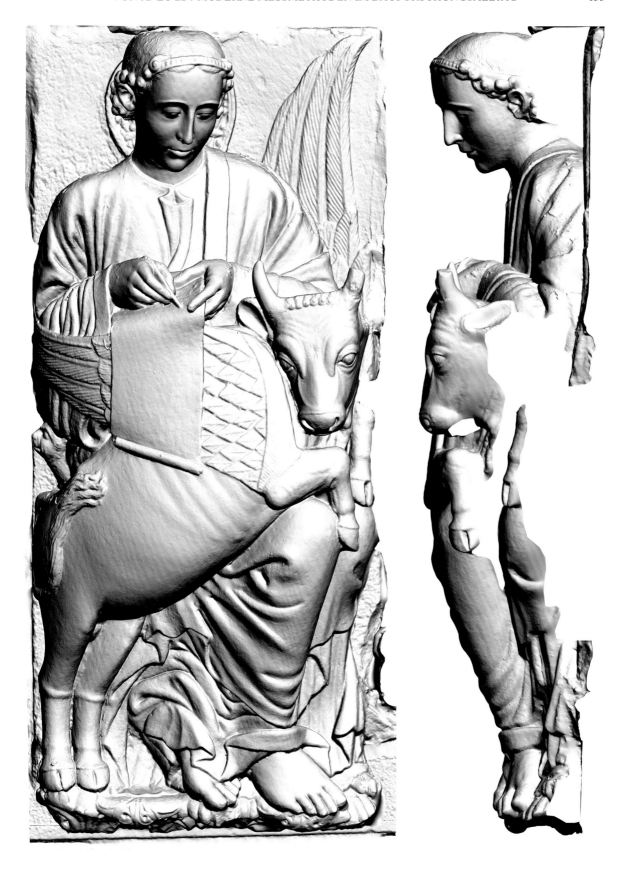

Abb. 6: Kathedrale von Santiago de Compostela, Tympanon des Pórtico de la Gloria, Streiflichtscan der Reliefplatte des Evangelisten Lukas mit geflügeltem Stier, Frontal- und Seitenansicht

Knappe Bearbeitungszeiträume, zum Zeitpunkt der Antragstellung unkalkulierbare Ereignisse sowie die Zusammenarbeit unterschiedlicher Disziplinen und regional weit verteilter Forschergruppen sind nur einige der wesentlichen Probleme bauhistorischer Großprojekte, die zwangsläufig zu einer Strukturierung und Beschränkung der aufzunehmenden Daten führen müssen und zusätzlich von äußeren Umständen wesentlich beeinflusst werden:

1. Interdisziplinarität: Es müssen raumbezogene Daten gesammelt werden, gleichzeitig aber auch Daten ohne Raumbezug, die in andere Bezugssysteme einzuordnen sind, etwa zeitliche (wie Quellen) oder stilistische bzw. ikonografische (wie Bauplastik, Skulptur und archäologische Funde)

2. Der Ablauf der Projekte: Dass der gesamte Umfang der hier angesprochenen Projekte zu Beginn nicht vollständig zu überschauen war, mag man mangelnder Erfahrung zuschreiben. Doch sind diese auch von den jeweiligen äußeren Umständen abhängig, die kaum zu beeinflussen sind. Dass eine Wand von innen, aber erst drei Jahre später von außen dokumentiert werden kann, gehört ebenso zu den Normalitäten wie Einschränkungen durch Wetter und Waldbrände sowie die Rücksichtnahme auf Bedingungen der schwer zu durchschauenden örtlichen Forschungspolitik, die teilweise hohe Hürden für die Erlangung von Lizenzen für die besonders wichtigen Teile des Forschungsvorhabens aufbaut. Die Kluft zwischen der theoretischen Planung und den praktischen Erfordernissen bei der Umsetzung der Projekte erfordert hohe Flexibilität.

3. Reduktion: Dies ist eines der schwerwiegendsten Probleme angesichts der Menge und Unterschiedlichkeit der Informationen, die bei Großprojekten gewonnen werden. Bei der Bauaufnahme bedeutet dies im ersten Schritt die Festlegung auf einen bestimmten Maßstab – eine schwer umkehrbare Vorentscheidung mit erheblichen Folgen für die angestrebte und mögliche Informationsdichte. Im Falle von Triphylien und Santiago wurde für die Stadtplanaufnahmen 1:1000 und die Gebäudeaufnahmen 1:50 gewählt, da die Genauigkeit der reflektorlosen Messungen und die auf Grund der unklaren Steinkanten oft schwierige Punktdefinition zwar keine höhere Genauigkeit als ± 2 cm zulassen, aber eine verformungs- und vor allem steingerechte Darstellung erforderlich war.

Notwendig war in Santiago de Compostela ein Maßstabssprung bei den Skulpturen des Pórtico de la Gloria, was zu einer Zusammenarbeit mit der Firma TrigonArt führte. Hochauflösende Streifenlichtscans aller Skulpturen ermöglichen es, Veränderungen am Skulpturenprogramm und möglicherweise sogar eine ältere Fassung des Tympanons zu rekonstruieren (Abb. 6). Dies hätten wir nie finanzieren können und wurde nur im Rahmen eines Restaurierungsprojektes der galizischen Landesregierung und einer galizischen Stiftung möglich, die uns mit den vorbereitenden Dokumentationsarbeiten beauftragten. Wünschenswert wäre eine detailliertere Dokumentation auch bei der übrigen Bauplastik, dem Südportal und den Kapitellen – doch schon die hierzu notwendige Einrüstung ist zu teuer, an einzelnen Stellen völlig unmöglich und angesichts des Pilgerbetriebs sowieso illusorisch.

Abb. 7: Kathedrale von Santiago de Compostela, Langhaus, Längsschnitt S3 mit schematisch eingetragenem barockem Orgelprospekt (grau) und vorläufiger Kartierung der Bauphasen von ca. 1110 bis in die 1180er Jahre, Originalmaßstab: 1:50

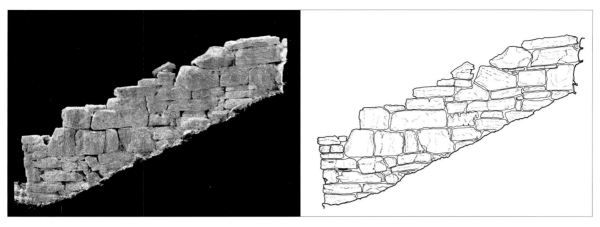

Abb. 8: Platiana, Südosttor der Stadtmauer. Laserscan und graphische Auswertung von Hand (überarbeitete Tuschezeichnung) 2008/09

Ebenfalls zum Thema Reduktion gehört die Beschränkung auf bestimmte – in diesem Fall die mittelalterlichen – Teile der Kathedrale von Santiago de Compostela. Am Ziel der Klärung des mittelalterlichen Bauablaufs orientiert, wollten wir von einer detaillierten Dokumentation der umfangreichen barocken Einbauten Abstand nehmen. Doch als sich im weiteren Verlauf der Arbeiten herausstellte, dass die barocken Ummantelungen in ihren Dimensionen durchaus auf die romanische Substanz schließen lassen, führte dies wiederum zu Nachmessungen und Ergänzungen des geplanten Arbeitsprogramms (Abb. 7).

Reduktion bei der Aufnahme war auch bei den triphylischen Städten eine unabdingbare Voraussetzung: Hier ragen nur die besser erhaltenen Teile der Stadtmauern aus den mit Bäumen und Buschwerk überwachsenen ehemaligen Siedlungsgebieten heraus. Die Mauern und Baufluchten der Siedlungen selbst sind kaum über dem heutigen Erdniveau sichtbar, teilweise sind sie aus ihrer ursprünglichen Flucht heraus gedrückt oder verstürzt, teilweise ist nur die jeweils äußere oder die innere Mauerschale sichtbar. Nur durch Beobachtung und Interpretation des Befundes vor Ort lassen sich einzelne Steine Mauerfluchten zuordnen und kaum wahrnehmbare Mauerteile zu Fluchten zusammenschließen, und nur durch Reduktion auf den Maßstab 1:1000 können diese zügig erfasst und zu Stadtplänen zusammengefügt werden. Detaillierte Bauaufnahmen von Hand, tachymetergestützt oder mit Hilfe von Laserscans, erwiesen sich in ausgewählten Bereichen als notwendig, um Bauphasen einzelner Gebäude nachzuweisen und die Einbindung der Bauten in die Topografie zu untersuchen. Laserscans des Geländes halfen besonders, die Übergänge zwischen gebauter Architektur und geformtem Gelände, wie bearbeitetem Fels, Steinbrüchen oder Steilhängen, zu erfassen, da Aufnahmen mit Hand oder mit dem Tachymeter erheblich langwieriger und schwierig gewesen wären (Abb. 8).

Die wichtigste Entscheidung zur Reduktion der Daten ist jedoch der Schritt von 3D zu 2D – selbst dort, wo 3D-Scan-Daten vorliegen, wurden diese auf 2D reduziert, aus den Rohdaten Schnitte und Grundrisse im gewünschten Maßstab erzeugt und vor Ort am Objekt von Hand oder bei den Stadtplanaufnahmen in CAD durchgezeichnet (s. Abb. 5, 7). Die Überzeichnung der Messdaten ist allerdings mehr als eine bloße, örtlichen Gegebenheiten geschuldete Notlösung. Sie stellt einen wichtigen ersten Abstrahierungs- und Interpretationschritt dar, der in einem sehr frühen Stadium der Datenaufnahme, unmittelbar beim Zeichnen und Beobachten des Objektes selbst, erfolgt. Die zeitaufwändige Überarbeitung der etwa bei automatisch scannenden Aufnahmeverfahren erzeugten Punktwolken ist für diese Arbeiten überflüssig. Die Rohdaten aus der Tachymetrie, dem Laserscanning und der Photogrammetrie können – im Idealfall – unmittelbar vor Ort verwendet werden (s. Abb. 8).

Die Reduktion auf die 2D-Zeichnung ist derzeit im Bauforschungsalltag gängige Praxis und hat für die Arbeit wesentliche Vorteile. Sie zeigt wie der Scan das objektiv Sichtbare, ist aber im Gegensatz zum Scan auf die konstruktiven und für die Fragestellung des Projektes wesentlichen Elemente reduziert und dadurch besser lesbar. Sie enthält zudem Ergänzungen aus dem Erfahrungsschatz des Betrachters, wie die Verlängerung einer nicht erhaltenen Gesimslinie, der Steinkanten im Schnitt oder die Verbindung von nur in geringen Resten sichtbaren Mauerzügen (s. Abb. 1) zu Grundrissen und Gebäudegruppen (s. Abb. 5). Die Zeichnung wird unmittelbar bei ihrer Herstellung um Informationen aus dem kollektiven Erfahrungsschatz ergänzt. Sie ist damit wesentlich mehr als ein bloßes Abbild des Bestandes. Das Zeichnen vor dem Objekt führt vor allem zu einem erheblichen Erkenntnisgewinn, der mit der vor dem Objekt verbrachten Zeit zunimmt.

Dem Bauforscher hilft die 2D-Zeichnung, den Überblick zu behalten – die Reduktion der Daten ist deshalb eine bewusste Vereinfachung der komplizierten räumlichen Situation, trägt in vielen Fällen wesentlich zu deren Verständnis bei und entlastet von technischen Problemen. Die Arbeiten an der Kathedrale von Santiago de Compostela und den antiken Städten Triphyliens haben gezeigt, dass Großprojekte wie diese nicht vollständig von Anfang an geplant werden können. Veränderungen im Arbeitsprogramm und Erweiterungen der Fragestellung sind normal – erfordern dann aber auch neues Planmaterial und neue Detailinformationen. Und es erweist sich als ausgesprochen nützlich, von vielen Bereichen der Kathedrale und von großen Abschnitten der triphylischen Stadtmauern Laserscans als umfangreiches 3D-Daten-Archiv zu besitzen, aus dem fehlende Informationen auch im Nachhinein gezielt abgerufen werden können, auch wenn dies nur geometrische Informationen sind. Doch trotz des Einsatzes unterschiedlicher automatisch scannender Verfahren stellt die Reduktion der 3D-Daten und ihre zeichnerische Umsetzung in 2D derzeit immer noch den besten Kompromiss zwischen schneller Informationserfassung und der Schaffung von Grundlagen für die weitere Kartierung und Interpretation dar.

Welche Aussichten und Wünsche ergeben sich hieraus für zukünftige große Bauforschungsprojekte? Vor allem die Jahre des bloßen Dokumentierens würden wir gerne reduzieren. Eine vollständige, geometrisch richtige Erfassung aller Oberflächen mittels automatisch scannender Verfahren zu Beginn der Projekte wäre phantastisch – daraus könnten beliebig Raumbuchblätter, Schnitte und Grundrisse erzeugt und unmittelbar mit der Interpretation begonnen werden. Leider ist eine solche Vorarbeit wegen des geschilderten Projektablaufs illusorisch, in der Regel kaum finanzierbar und darüber hinaus immer noch ausgesprochen zeitaufwändig – wenn sie neben der automatisierten 3D-Aufnahme die Montage, Georeferenzierung und Bereinigung von störenden Elementen, wie Bewuchs und beweglichem Inventar, beinhalten und so detailliert sein soll, dass alle Steinfugen, Steinmetzzeichen, Dübel- und Klammerlöcher und sogar von Bewuchs oder späterer Verbauung verdeckte Bauteile zu sehen sind.

Es wäre auch vorstellbar, auf die Schnitte und Grundrisse ganz zu verzichten und beschreibende und interpretierende Beobachtungen direkt in diesem Scan – einer Art elektronischem Raumbuch also – dreidimensional zu kartieren. Dies würde allerdings bedeuten, dass der Scan den hierzu notwendigen, in vermutlich langen Diskussionen festzulegenden Detaillierungs- und vor allem Abstrahierungsgrad besitzt – ähnlich wie die Bauaufnahmezeichnung – jene Beschränkung der Darstellung auf das Wesentliche also, die uns den Umgang mit den Daten und die Ergänzung um projektspezifisch wichtige Detailbeobachtungen überhaupt erst ermöglicht.

Und noch schöner wäre es, wenn aus den 3D-Daten heraus unmittelbar Zugriff auf die nichträumlichen

Daten bestünde, die mit dem Bauteil verbundenen Quellen, die Skulptur und die archäologischen Funde und deren kunsthistorische bzw. archäologische Bewertung. Von all dem sind wir, auch nach Handhigh III, im Bauforschungsalltag noch weit entfernt, und so arbeiten wir – pragmatisch und wirtschaftlichen Zwängen folgend – weiterhin mit der zweidimensionalen Reduktionen dreidimensionaler Daten, nehmen nur in einzelnen Teilbereichen 3D-Überprüfungen vor, indem wir aus den 2D-Zeichnungen – immerhin weitgehend auf Grundlage der tachymetrisch gemessenen Punkte und der Laserscans – wieder 3D-Rekonstruktionsmodelle bauen (Abb. 9). Dieses „Bauen" auf der Grundlage von „Plänen" – wie es Architekten gewöhnt sind, als „Arbeitsmodell" also – hilft uns dabei sehr: Es ist so etwas wie das Nachvollziehen des Bauprozesses, das insbesondere komplizierte räumliche Situationen verständlich macht. Und es dient als Grundlage für die Rekonstruktion von Bauwerken und Siedlungen in ihren einzelnen Bauphasen. Es mag anachronistisch erscheinen, 3D-Daten zu erheben, diese auf 2D zu reduzieren, um am Ende wieder 3D-Modelle zu bauen. Aber es hilft über die ganzen Tücken des Objektes hinweg: Mit Zeichenfolie und Bleistift kann man eben auch noch in Räumen ohne Strom, engen Kellertreppen oder Dachböden sowie in der gleißenden griechischen Sonne auf hohen Bergen zwischen Macchia und Bäumen kartieren. Das Ziel jedenfalls, die Bauphasen und den Bauverlauf der romanischen Kathedrale von Santiago de Compostela und die Struktur und Entwicklung der antiken Städte Triphyliens zu klären, haben wir mit unserem Mix der Aufnahmemethoden, der Kartierung in 2D und den 3D-Rekonstruktionsmodellen immerhin erreicht. Mit diesem Kompromiss werden wir im Bauforschungsalltag wohl auch in naher Zukunft noch leben

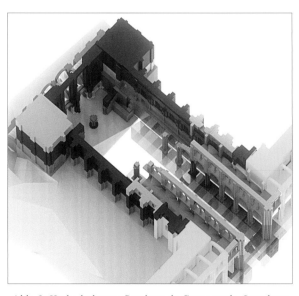

Abb. 9: Kathedrale von Santiago de Compostela, Langhaus und Westbau. Das Arbeitsmodell zeigt den Zustand der Baustelle um 1120

müssen und weiterhin farbige Phasenpläne auf Papier vor Ort herstellen (s. Abb. 7). Und, da diese Form des Arbeitens einfach und anschaulich und ihr Ergebnis auf das Wesentliche, d.h. auf die Beantwortung der jeweils zu Beginn formulierten Forschungsfrage, reduziert ist, spricht aus der Sicht der Bauforschung eigentlich auch in Zukunft nichts dagegen!

Anschrift:
Prof. Dr.-Ing. Klaus Rheidt, BTU Cottbus, Lehrstuhl Bauge-
schichte, K.-Wachsmann-Allee 8, 03046 Cottbus
E-Mail: klaus.rheidt@tu-cottbus.de

Prof. Dr.-Ing. Corinna Rohn, Hochschule RheinMain, Kurt-
Schumacher-Ring 18, 65197 Wiesbaden
E-Mail: corinna.rohn@hs-rm.de

Die Forschungen in Santiago de Compostela sind ein Gemeinschaftsprojekt der Lehrstühle Baugeschichte und Vermessungskunde der BTU Cottbus, des Kunsthistorischen Instituts der Universität Bern und des Labors für Bauaufnahme und Bauforschung der Hochschule RheinMain. Sie werden von der Gerda Henkel Stiftung, der Fritz Thyssen Stiftung und durch eine private Spende von Herrn Alfred W. Doderer-Winkler gefördert.
Die Erforschung der antiken Städte Triphyliens wird als Gemeinschaftsprojekt des Labors für Bauaufnahme und Bauforschung der Hochschule RheinMain, des Deutschen Archäologischen Instituts, Abteilung Athen und der Lehr-stühle Vermessungskunde und Baugeschichte der BTU Cottbus durchgeführt. Das Projekt wird von der Deutschen Forschungsgemeinschaft im Rahmen des Schwerpunktpro-gramms 1209 „Die hellenistische Polis als Lebensform" gefördert.

Abbildungsnachweis:
Abb. 1: C. Rohn
Abb. 2, 3, 7: Santiago-Projekt der BTU Cottbus
Abb. 4: Santiago-Projekt der BTU Cottbus (R. Wieczorek)
Abb. 5: Triphylien-Projekt des Labors für Bauaufnahme und Bauforschung der Hochschule RheinMain
Abb. 6: TrigonArt, Berlin (T. Bauer, M. Prauss)
Abb. 8: Triphylien-Projekt des Labors für Bauaufnahme und Bauforschung der Hochschule RheinMain (scan: S. Wiener, B. Kieferle, i3Mainz; Zeichnung: E. Richter, C. Richter)
Abb. 9: Santiago-Projekt der BTU Cottbus (C. Jarchow)

Literatur:
HEIDEN, J., ROHN, C. (2009): Neue Forschungen zur anti-ken Siedlungstopographie Triphyliens. In: Matthaei, A., Zim-mermann, M. (Hrsg.): Stadtbilder im Hellenismus, Verlag Antike, Berlin, S. 348–364.
NICOLAI, B., RHEIDT, K. (2010): Nuevas investigaciones sobre la historia de la construcción de la catedral de Santiago de Compostela, Ad Limina 1, S. 53–79.

TECHNOLOGISCHE VERSCHWENDUNG IM GEBÄUDEAUFMASS

Tillmann Wallner

KOMMUNIKATION

Im Alltag:

„Hallo Schatz, wie war Dein Tag?"

Mit diesen Worten setze ich mich fast jeden Abend, wenn ich nach Hause komme, an den Tisch und wünsche mir, auf Grund meiner begründeten Müdigkeit eine kurze, aber informative Antwort von meiner Frau, sehe mich aber gleichzeitig der Gefahr ausgesetzt, von einem Redeschwall, einer chronologischen Abfolge ihrer Erlebnisse im 15 Minuten-Takt, überrollt zu werden.

„Das Kind war heute Abend ganz lieb und ist gleich eingeschlafen." so die Antwort.

„... und sonst?" frage ich in Hinblick auf die Erwerbstätigkeit.

„Das Übliche!"

Ich weiß jetzt, auf Grund dieser wenigen Worte, dass meine Frau einen positiven Eindruck vom heutigen Tag hat, denn die für sie wichtigste Information war, dass das Kind keine Schwierigkeiten gemacht hat.

Um meine Verspätung zu erklären, fange ich an zu erzählen:

„Ich war heute in einem schönen Park in Hessen und habe ein Brunnenhaus gemessen. Ein Kuppeldach, getragen von acht Säulen. Anlass des Auftrages war, dass die Säulen sich auf Grund unterschiedlicher Setzungen nach außen wölben."

Im Kopf meiner Frau könnte nun ein Bild wie in Abbildung 1 entstanden sein. Das Foto (Abb. 2) alleine würde den Betrachter nicht auf das Problem hinweisen. Wenige erklärende Worte sagen hierbei mehr als viele Bilder. Womit wir im beim Kern der Problematik sind: Das bloße Wahrnehmen und Abbilden der Realität führt nicht zu deren Verständnis und taugt nur bedingt, einen Sachverhalt mitzuteilen. Erst durch das Filtern von Informationen, können wir diese überhaupt kommunizieren.

ABSTRAKTION

Die Fülle der Informationen, die als Reize auf unsere Sinne einwirken, ist so groß, dass wir viele davon bewusst ausblenden müssen. Zusätzlich müssen wir die Informationen, die wir auswählen, so ordnen, dass sie den Prozess des Verstehens fördern. Dieses Verfahren geht auf Kosten von Details. In der Semiotik spricht man bei diesem Vorgang, bei dem die wahrgenommenen Daten gefiltert und geordnet werden, von Abstraktion.

„Das Wort **Abstraktion** (lat. *abstractus* – „abgezogen", Partizip Perfekt Passiv von *abs-trahere* – „abziehen, entfernen, trennen") bezeichnet meist den induktiven Denkprozess des Weglassens von Einzelheiten und des Überführens auf etwas Allgemeineres oder Einfacheres."[1]

Abstrahieren bedeutet aber nicht nur das Weglassen von etwas, sondern auch das Hervorheben von Wesentlichem. Dafür muss es am Objekt (welches abstrahiert wird) etwas Wesentliches geben, das hervorgehoben werden kann. Andererseits setzt die Abstraktion beim Subjekt (welches abstrahiert)

---

[1] http://www.wikipedia.de (22.02.2010)

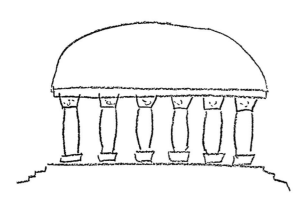

Abb. 1: Gedankenskizze Brunnenhaus

Abb. 2: Foto Brunnenhaus

voraus, dass es einen Blick für das Wesentliche hat. Der Verstand muss bereits wissen, worauf es ankommt. Abstraktion ist also immer auf etwas Bestimmtes ausgerichtet und setzt einen wissenden Verstand voraus. Die Fähigkeit, die Anzahl der Details zu reduzieren oder zu erhöhen, um den passenden Abstraktionsgrad einer benötigten Information zu erreichen, ist ein wesentliches Merkmal unserer menschlichen Kommunikation.

Auch ein Straßenplan ist eine höchst abstrakte Darstellung. Mit wenigen Zeichen, die evtl. noch in einer Legende erklärt werden, können wir Informationen aus diesem Plan herausholen. Ganz anders ist das beim Luftbild. Hier gibt es keine Zeichen und Legenden. Hier müssen wir selbst abstrahieren. Die Zeichenerklärung ist dabei unser Wissen und unsere Erfahrung im Umgang mit solchen Bildern. Flächiges Grün bedeutet Wald oder Wiese, lineare graue oder schwarze Bereiche sind wohl Straßen, rote Punkte könnten Dächer sein etc. Die Bezeichnungen der Elemente wie Ortsnamen, Straßennamen oder wichtige Adressen suchen wir hier vergebens.

Wir stehen immer wieder vor der Aufgabe, ein Gebäude oder eine bauliche Situation zu erfassen, um die gewonnenen Daten einem Auftraggeber zu übergeben, der diese für unterschiedliche Zwecke nutzen will. Der Auftraggeber hat in der Regel einen Kostenrahmen, den er nur ungern durchbrechen wird. Darüber hinaus hat er sehr konkrete Vorstellungen von den Daten, die er von dem Bauwerk braucht. An uns ist es, den richtigen Weg, das richtige Verfahren, die richtige Technologie, auch das geeignete Personal zu finden, um den Ansprüchen des Auftraggebers gerecht zu werden. Da wir mit unserer Leistung meist am Anfang einer langen Wertschöpfungskette stehen – die Grundlagen für weitere Planungen liefern – hängt vieles von unserem Abstraktionsvermögen ab.

Unsere Aufgabe ist es, zu abstrahieren! – Unsere Aufgabe ist es, Informationen aus dem Bauwerk auszuwählen, zu organisieren und zu ordnen, um Sie dem Auftraggeber in einer verständlichen Form zu übergeben. Daher steht grundsätzlich ein Erfassen im Sinne von Begreifen und Verstehen an erster Stelle.

DER VERGLEICH
Im folgenden sollen vier Verfahren im Hinblick auf oben genannte Aspekte der Abstraktion verglichen werden: Handaufmaß, Tachymetrie, Laserscanning und Bildauswertung, wobei die 2D und 3D-Photogrammetrie in eine Kategorie zusammengefasst wird. Auf der einen Seite haben wir mit dem Laserscanning und der Photogrammetrie zwei abbildende Methoden in der Disskussion und auf der anderen Seite zwei portraitierende Verfahren mit dem Handaufmaß und der Tachymetrie.

HANDAUFMASS
Das Handaufmaß ist mit Sicherheit das älteste und einfachste Messverfahren. Mit Hand, Fuß, Elle und Rute hat es begonnen, und heute nehmen wir Maßband, Zollstock oder Laser. Aber der Daumen Heinrich I. aus dem Jahre 1101 ist uns im Angelsächsichen immer noch geläufig. Das erinnert an eine Zeit, in der Messen noch richtiger Körpereinsatz war. Dieses Verfahren hat sich offensichtlich bewährt und wird noch heute überwiegend eingesetzt. Im professionellen Umfeld ist es zwar durch andere Methoden abgelöst worden, aber auch dort wird es immer wieder eingesetzt. In Kombination mit einem Dokumentationswerkzeug (Stift und Papier, Computer) bietet es die Möglichkeit, eine Skizze der gemessenen Situation anzufertigen und diese Skizze noch mit allerlei Zusatzinformationen zu versehen. Wenn man sich für dieses Verfahren entschieden hat, ist der Abstraktionsgrad und die Informationsdichte frei wählbar und auch jederzeit variierbar. Ich erhalte alle benötigten Informationen – so viele wie nötig.

PHOTOGRAMMETRIE
Albrecht Meydenbauer etablierte vor über einhundert Jahren die Photogrammetrie in der Architektur – ein Verfahren, das immer dann sinnvoll eingesetzt werden kann, wenn das zu messende Objekt zwar sichtbar, aber ganz oder teilweise nicht zugänglich ist oder über eine große Detailvielfalt verfügt. Dazu kommen natürlich noch die Vorteile der Fotografie. Schnell und kostengünstig kann auch bei widrigen Bedingungen fotografiert werden; Hauptsache, das Objekt ist auf dem Foto hinreichend gut zu sehen. Ist ein Foto etwas Abstraktes? Ja, wenn es um die Wahl des Motivs geht. Doch diese Wahl haben wir bei der Photogrammetrie nicht – unser Motiv ist das Bauwerk. Das Foto zeigt nicht alles und lässt etwas weg, aber deshalb ist es noch lange keine Abstraktion. Es ist reine Oberflächlichkeit. Begriffen oder Verstanden habe ich das Bauwerk damit noch nicht. Geordnet und organisiert werden die enthaltenen Informationen erst durch die Aufbereitung als Zeichnung oder Modell.

TACHYMETRIE
Die Tachymetrie ist ebenso ein portraitierendes Verfahren wie das Handaufmaß. Es werden nur die bedeutsamen Informationen gemessen und entsprechend beschrieben. Idealerweise geschieht das durch eine simultane grafische Aufbereitung der Messpunkte in Form einer Zeichnung oder eines 3D-Modells und wird ergänzt durch alphanumerische Daten. Die Informationsdichte kann den Bedürfnissen angepasst werden. Die Interpretation erfolgt sofort vor Ort.

LASERSCANNING
Aus der Idee des selbstmessenden Tachymeters geboren, überraschten uns vor gut zehn Jahren die ersten Laserscanner. Das war damals schon recht beein-

druckend, wie innerhalb weniger Minuten der Raum, in dem man sich befand, abgetastet wurde. Doch das Erwachen kam und kommt für den unbedarften Anwender bei der Auswertung der Daten, wenn man auf den ersten Blick alles das sieht, was der Scanner vor Ort nicht gesehen hat und auch nicht gemessen hat. Dann kommt plötzlich der Wunsch nach einer Skizze auf, und man versucht, sich zu erinnern. Das Problem liegt wieder einmal in der Vereinfachung. Wir wollen uns im guten Glauben an die Technik die Arbeitszeit vor Ort verkürzen und meinen, alles erfassen zu können, was da ist. Später sollen diese Daten interpretiert werden. Wir sammeln vor Ort dafür so viele Daten, dass wir sie später manchmal nur schwer oder gar nicht mehr interpretieren können, weil ganz andere Informationen, die in der Realität verfügbar sind, einfach fehlen. Der Laserscanner lässt auch Informationen weg und reduziert das Bauwerk auf einzelne Punkte, die idealerweise lückenlos auf alle Objektflächen verteilt sind. Selbst wenn dieser wünschenswerte Idealzustand einer Punktwolke erreicht ist, fehlen wichtige Informationen. Genau wie bei der Bildauswertung haben wir es nicht mit einer Abstraktion der Realität zu tun, sondern können nur von einer oberflächlichen Erfassung sprechen. Wir kennen den Begriff der Oberflächlichkeit aus der zwischenmenschlichen Kommunikation als fehlende Notwendigkeit beziehungsweise das fehlende Bedürfnis, sich mit dem Gegenüber wirklich und tiefer auf ein Gespräch oder eine Beziehung einzulassen. Auf Räume oder Bauwerke übertragen, bedeutet oberflächliches Erfassen, sich nicht tiefer oder nicht wirklich mit dem Objekt zu beschäftigen.

UNSER AUFTRAG

Nun haben wir in der Realität den Wünschen unseres Auftraggebers Rechnung zu tragen. Wir erinnern uns noch einmal an den vereinbarten Kostenrahmen und den Leistungsumfang und beginnen mit der Arbeit. Je schneller und effektiver wir an die vom Auftraggeber geforderten Daten herankommen, um so lohnenswerter ist der Auftrag für uns.

BEISPIEL

Nehmen wir an, der Auftrag ist die Erfassung eines Schulgebäudes aus den 70er Jahren des 20. Jhs. mit dem Ziel, das Gebäude zu sanieren. – Ein ganz alltäglicher Auftrag in Zeiten von Konjukturpaketen, vielleicht so ähnlich, wie auf einem Flyer eines Anbieters von Laserscannern, wo recht ausführlich beschrieben wird, wie die Erfassung und Datenaufbereitung erfolgen kann: „Es werden [...] Laser Scanner zur Erfassung der Bestände eingesetzt. Durch dieses Messverfahren werden keine sichtbaren Details vergessen, so wird ein Höchstmaß an Effektivität erreicht."[2]

Die Grundsatzentscheidung für ein Schulgebäude (70er Jahre) Laserscanner einzusetzen, ist sehr ambitioniert. Dass keine sichtbaren Details vergessen werden,

ist theoretisch möglich, aber praktisch eher die Ausnahme. Vor dem Hintergrund, dass unsichtbare Details gelegentlich wichtiger sind als sichtbare, ist auch am „Höchstmaß an Effektivität" zu zweifeln.

In genanntem Beispiel wurde die Verarbeitung der Punktwolke in der Umgebung des Systems AutoCAD vorgenommen, da das vom Auftraggeber eingesetzte Architektur-CAD-System Nemetschek Allplan keine Punktwolken bearbeiten kann:

„Im vorliegenden Fall wurden dann aus den Horizontalschnitten die Grundrisse der Schule abgeleitet. Der Auftrag erforderte, dass sämtliche Ergebnisse beim Auftraggeber im Format Allplan Nemetschek zur Verfügung standen. [...] so dass der Zwischenschritt über AutoCAD ADT nötig war. Hier wurden lediglich Grund- und Aufrisse der Räumlichkeiten gezeichnet, die dann direkt als *.dxf an Nemetschek übergeben wurden. So wurde auch das Bestreben erfüllt, mit den erfassten Daten so früh als möglich im Zielsystem zu arbeiten. Nach dem Übergang der 3D-Punktwolke in 2D Schnitte konnte jetzt in Nemetschek das 3D-Modell der Schule in kürzester Zeit generiert werden. Entstanden ist ein umfassendes 3D-Modell der Schule, das Aufschluss über die tatsächliche Geometrie dieses Bauwerks gibt."[3]

Das Vorgehen kann in Kurzform wie folgt beschrieben werden:

- Ein Schulgebäude aus den 50er–70er Jahren wurde mit modernsten Instrumenten hochdetailliert gescannt.
- Aus den Scandaten wurden horizontale und vertikale Schnitte erzeugt, die als Zeichnungen im AutoCAD aufbereitet wurden.
- Übergeben an Nemetschek Allplan wurde auf Grundlage der als dxf importierten Zeichnungen ein generalisiertes 3D-Gebäudemodell erstellt.

Dieses Vorgehen ist technologische Verschwendung im Gebäudeaufmaß par excellence.

WENIGER IST MEHR

„Less is more" so drückte es Ludwig Mies van der Rohe in Bezug auf den Einsatz von Gestaltungselementen in der Architektur aus. Das können wir durchaus auch auf den Einsatz der Erfassungsmethoden übertragen. Erinnern wir uns bitte auch daran: Je schneller und effektiver wir an die vom Auftraggeber geforderten Daten herankommen, um so lohnenswerter ist der Auftrag für uns. Bei einem Gebäude wie dieser Schule können wir den Laserscanner getrost zu Hause lassen und vor Ort in einer Kombination aus Tachymetrie und Handaufmaß eine Grundlage schaffen, die wir direkt in Nemetschek einlesen und dort ausmodellieren. Damit

---

[2] Leica Geosystems GmbH: Leica Geosystems Lösungen – Laser Scanning macht Schule. www.leica-geosystems.de/de/hds_gerst_casestudy_de.pdf (07.07.2010)
[3] Ebd.

haben wir ca. 60% der Arbeitszeit gespart. Und wenn uns doch eine deformierte Wand oder Fassade unterkommt, dann nehmen wir mit dem Tachymeter ein paar mehr Punkte. Das Architektur-CAD-System wird damit ohnehin nicht zurechtkommen.

VERSCHWENDUNG

Arbeit setzt sich zusammen aus Wertschöpfung und Verschwendung. Bearbeitungszeiten an Instrumenten und Geräten sind Wertschöpfung. Das Warten des Bedieners auf das Ende des Bearbeitungsvorgangs oder das Transportieren von Teilen sind Verschwendung. So sagt es das TPS – das Toyota-Produktionssystem. Aus diesem Produktionssystem, das natürlich aus dem Umfeld der Massenfertigung kommt, können wir dennoch einiges für uns ableiten. Dort heißt es beispielsweise, dass man die Probleme vermeiden muss, die durch Verschwendung kompensiert werden sollen. Dies sind in unserem Fall sicherlich andere als in der Automobilbranche, jedoch bleibt zu fragen: Was wird bei uns durch Mehraufwand – Verschwendung kompensiert?

1. Meistens gibt es seitens der Auftraggeber keine konkreten Zielvorgaben. Das ist zum Teil nachvollziehbar, da erst auf Grund der Erfassungsdaten konkrete Fragen formuliert werden können. Ein Auftrag zur Erfassung von Baubestand enthält meistens sehr unkonkrete Formulierungen. Seitens der Dienstleister gibt es daher die Unsicherheit, ob die Daten den Erwartungen genügen werden. Folge dieser Unsicherheit ist, dass zu viele, unnötige Informationen erfasst werden.

2. Der Anspruch einer Mehrfachnutzung der Vermessungsdaten ist ein weiterer Aspekt, welcher meist ein Argument der Dienstleister ist, um einen höheren Aufwand zu rechtfertigen. Die Mehrfachnutzung der Daten wird häufig angestrebt, aber die sekundären Ziele werden nicht formuliert. Es bleibt also dem Dienstleister überlassen, ob und wie er Mehrfachnutzung versteht. Da er sich mit seiner Auffassung von Mehrfachnutzung jedoch nicht sicher sein kann, werden in der Regel mehr oder andere Informationen aufgenommen als die, die später genutzt werden können.

3. Zur Absicherung der Daten und Vermeidung von Fehlern wird vom Dienstleister häufig mehr als nötig oder mehrmals die gleiche Situation erfasst. Auch hierbei ist es wieder der Aspekt der Unsicherheit, der zum Mehraufwand führt.

Bestimmt finden wir noch viele weitere Punkte. Fazit jedoch ist: Die Verschwendung im Gebäudeaufmaß kompensiert die Unsicherheit, die aus unterschiedlichen Einflüssen resultiert. Die Punktwolke scheint uns diese Unsicherheit zu nehmen. Im Idealfall mag das für die Geometrie gelten. Aber zu welchem Preis? Nur weil wir uns vor Ort nicht entscheiden wollen oder entscheiden können, nehmen wir alles mit, was wir bekommen können. Die Herausforderung und Notwendigkeit der Abstraktion wird aus der Örtlichkeit heraus genommen.

- Wann entscheiden wir dann, was relevant ist und was nicht?
- Entscheiden wir es oder andere?
- Ist es außerhalb der Örtlichkeit überhaupt noch zu entscheiden?

Diese Fragen sollten vor dem Einsatz einer Erfassungsmethode beantwortet werden!

WANN UND WOFÜR SETZEN WIR DEN LASERSCANNER AM SINNVOLLSTEN EIN?

UNTERSUCHUNG

Unter dem Titel „Objekterfassung und Objektmodellierung historischer Baukörper mit Laserscannern"[4] wurde der Versuch eines Systemvergleichs unternommen. Nach Ansicht der Autoren dieser Untersuchung „[...] ist der durch 3D-Modelle erzeugte Mehrwert beträchtlich [...] Schnitte, Ansichten und Pläne lassen sich problemlos, einfach und schnell aus dem 3D-Modell ableiten, und bei Bedarf lassen sich zusätzliche Leistungen erzeugen, ohne vor Ort zu messen. Aus diesem Grund sollte die Auswertung nicht nur auf Pläne beschränkt bleiben, sondern auf 3D-Flächen erweitert werden. Dadurch wird aber der Vergleich zwischen dem tachymetrischen Aufmaß und dem Laserscanning etwas verzerrt; denn die Ergebnisse sind nicht unmittelbar miteinander vergleichbar. Die folgende Tabelle [hier Tab. 1] zeigt den Zeitvergleich zwischen den beiden Aufmaßen, wobei die unterschiedliche Qualität der Ergebnisse berücksichtigt werden muss. Der erhöhte Zeitaufwand für die Erstellung des 3D-Modells ist nur zu rechtfertigen, wenn die verbesserte Nutzung der Daten gegenüber dem Auftraggeber plausibel vertreten und im Gegenzug honoriert wird. Nicht immer überwiegt von dieser Seite der Blick auf die Vorteile für die gesamte Bewirt-

Aufmaßform	Tachymetrie	Laserscanning
Aufnahmezeit	240 h	120 h
Verhältnis	2	1
Auswertezeit	360 h	1280 h
Verhältnis	1	4
Gesamtaufwand	600 h	1400 h
Verhältnis	1	2,3

Tab. 1: Zeitvergleich zwischen den Aufmaßformen[5]

4 NEUMEISTER, S., SANDER, R,; SCHMIDT, N. (2006): Objekterfassung und Objektmodellierung historischer Baukörper mit Laserscannern, Hochschule Anhalt FB Vermessungswesen
5 Ebd., S. 4, Tab. 1.

schaftung des Objektes, meist stehen die kurzfristigen, finanziellen Interessen im Vordergrund."[6]

Die Autoren gehen bei ihren Ausführungen davon aus, dass das Ergebnis eines tachymetrischen Aufmaßes ein Plan ist. Die Möglichkeit aus tachymetrisch gewonnenen Daten ein 3D-Modell zu entwickeln, wird nicht betrachtet. Festzustellen bleibt in jedem Falle, dass der Arbeitsaufwand insbesondere bei der Aufbereitung der Daten aus Punktwolken, egal ob Plan oder 3D-Modell, höher ist.

Wir dürfen bei der Beantwortung der Frage, wann wir den Laserscanner einsetzen, aber auch nicht vergessen, dass die Investitionskosten in diese Technik immer noch sehr hoch sind und dass der Zeitvorteil vor Ort, den man unter idealen Bedingungen gegenüber den anderen Verfahren herausholen kann, durch einen überproportionalen Zeitaufwand bei der Datenaufbereitung wieder verringert wird.

Der Einsatz eines Laserscanners ist immer dann gerechtfertigt, wenn ich das Ziel der Vermessung mit einem anderen Verfahren nicht oder nicht wirtschaftlich erreichen kann. Diese Situation ist gegeben, wenn

1. es sich um deformierte Objekte und Flächen handelt, die nicht als eben angenommen werden können oder angenommen werden dürfen,
2. Räume oder Objekte keine nachvollziehbare Geometrie haben, wie höhlenartige Gewölbe,
3. Räume oder Bereiche nicht begehbar sind, oder nicht betreten werden dürfen oder
4. es sich um die Erfassung von Grundgeometrien in komplexen Zusammenhängen handelt.

Der Laserscanner und die Punktwolke werden das Gebäudeaufmaß in Zukunft mit Sicherheit nachhaltig beeinflussen, ähnlich wie die Computertomografie die moderne Medizin beeinflusst hat. Doch der Blick eines erfahrenen Mediziners ins Gesicht des Patienten ist nicht durch ein CT zu ersetzten. In ähnlicher Weise wird der Laserscanner das Gebäudeaufmaß bereichern und im sinnvollen Einsatz zum Verständnis des Gebäudebestands beitragen.

[6] Ebd. S. 3–6

Anschrift:
Dipl.-Ing. Tillmann Wallner, VITRUVIUS GmbH, Schillerstraße 5, 99423 Weimar.
E-Mail: tw@vitruvius.de

Abbildungsnachweis:
Abb. 1, 2: Verfasser

DAS ELEKTRONISCH VIRTUALISIERTE BAUDENKMAL

Stephan M. Bleichner

AUSGANGSSITUATION

Die Aktualität zeigt, dass sich derzeit Verfechter auf elektronische Weise erzeugter „virtueller Realitäten" anschicken, die „reale Realität" nicht nur zu ergänzen und damit zu bereichern, – ein in jeder Hinsicht legitimes Anliegen -, sondern sie partiell oder gänzlich zu ersetzen. Elektronische Techniken nagen gleichsam an der „realen Realität", an der materiellen Substantialität. Die Brisanz liegt darin, dass es sich hierbei auch um Sachzeugnisse der Kulturgeschichte handeln kann. Substantiell-reale Baudenkmale können möglicherweise durch diese neue technische Methode „virtuell" ersetzt werden.

Die kulturpolitische Situation zeigt deutlich, dass eine erhebliche Anzahl von Baudenkmalen vor dem drohenden substantiellen Verlust steht. Institutionen und Unterhaltsverpflichtete, die mit dem Anspruch auftreten, Baudenkmale mit herkömmlichen Mitteln zu erhalten, sind überfordert. Realistisch betrachtet, kann nur ein geringer Teil der substantiell-realen, im Interesse der Öffentlichkeit stehenden Zeugnisse der Kulturgeschichte mit entsprechenden Schutzmaßnahmen der Nachwelt erhalten werden.

Im Wesentlichen wird versucht, Antworten auf folgende Fragen zu finden:

1. Kann die elektronische Virtualisierung die Öffentlichkeit im Umgang mit Baudenkmalen stimulieren?
2. Kann diese Technologie so weit führen, dass sich in der Zukunft das virtualisierte Baudenkmal zum immateriellen Zeugnis der Kulturgeschichte entwickelt?
3. Die Kardinalfrage lautet: Kann das virtualisierte Baudenkmal das substantiell-reale ersetzen, oder sind sie sogar gegeneinander austauschbar? Anders ausgedrückt: Ist eine Totalablösung des substantiell-realen Baudenkmals durch das virtualisierte möglich?

Die Beantwortung dieser Fragen hängt ab von der Perfektion des elektronisch virtualisierten Baudenkmals.[1]

ZUM ANLIEGEN

WIRKLICHKEIT DER VIRTUELLEN REALITÄT

„Virtuell" meint zunächst das Nicht-Wirkliche, das Scheinbare, darüber hinaus auch etwas, das verwirklicht werden kann. Der Begriff „Virtuelle Realität" kann unter derjenigen Bedingung eine sinnvolle Bedeutung gewinnen, dass von der Bildhaftigkeit der „Realität" abstrahiert wird und die Bildinhalte als reale Wirklichkeit aufgefasst werden. „Ein Bild ist etwas, das so beschaffen ist, wie kein anderes, ohne aber selbst das zu sein, was es durch seine Beschaffenheit darstellt. Wenn man mit der Frage ti esti an ein Bild herantritt, kann man nur die Antwort erhalten, dass es eben ein Bild ist, jedenfalls wenn man diese Frage platonisch als eine Frage nach dem Wesen der Sache versteht."[2] Das Bild wird als Repräsentation eines tatsächlichen, eines vergangenen oder möglichen Sachverhaltes verstanden. Der Ausdruck „Virtuelle Realität" verweist bei dieser Betrachtung auf eine konstruierte Differenz von Bild und Realität und bezeichnet das Vergessen der Bildhaftigkeit, seiner medialen Verkörperung. Formal betrachtet, ist zum einen die virtuelle Wirklichkeit nicht „virtuell", denn sie besteht aus realen Aktualisierungen, und zum anderen keine Realität; sie ist als Bild oder Darstellung real, aber keine Realität. Die Bindung als Potentialität an das Aktuelle ändert sich mit dem, was man unter Moderne versteht, indem zunehmend das Virtuelle als eigenständiger Bereich entdeckt wird.[3]

Die reale Wirklichkeit besteht aus unmittelbar Erfassbarem, die virtuelle Wirklichkeit aus elektronisch erzeugten und gespeicherten Daten. Die Wirklichkeit ist relativ; ein historisches Objekt ist nicht allein deshalb schon wirklich, weil es der Mensch visuell wahrnimmt. An einem im Gehirn erzeugten Abbild orientiert er sich und schafft einen Bezug zur Außenwelt. Durch die direkte Konfrontation und durch merkliche Differenzen zwischen realer Wirklichkeit (Bild) und virtueller Wirklichkeit (Abbild) wird das virtuelle Objekt mit der Realität verglichen und dieser angepasst. Kulturelle Erfahrungsformen lassen sich nur auf der Basis der Unterscheidung von „wirklich" und „nicht wirklich" funktionalisieren, wobei Wirkliches und Nicht-Wirkliches (lllusion, Fiktion, Schein) zueinander in Bezug gesetzt werden. Das Reale und das Virtuelle erweisen sich als gegeneinander gleichsam durchlässig und miteinander verwoben. Das Wirkliche schließt virtuelle Anteile ein, wie auch zur Virtualität Wirklichkeitsanteile gehören können.[4]

[1] Der vorliegende Beitrag ist ein Abdruck wesentlicher Textpassagen der Dissertation des Verfassers: [BLEICHNER 2008].
[2] BÖHME 1996, S. 34.
[3] WELSCH 2000, S. 25 – 60.
[4] WELSCH 1998, S. 169 – 212; WELSCH 2000, S. 25 – 60.

Baudenkmal	
Denkmalwert	**Träger des Denkmalwertes**
Bewusstseinstatsache objektiviertes Subjektives	Substantielles Strukturelles Ideelles

	Existenzweisen des Wertträgers:
	- im Konkreten, dem Substantiellen, Strukturellen
	- im Abstrakten, im Bewusstein selbst
	- im Transformierten:
	  als Archivgut, als Dokumentation, z. B. auch
	  mit elektronischen Mitteln
	  (sofern keine wertträgerschaftlichen Verluste
	  vorhanden sind)

Tab. 1: Definition des Baudenkmals

VIRTUELLE REALITÄT IN DENKMALKUNDE, DENKMALSCHUTZ UND DENKMALPFLEGE

Die Diskussion über Denkmalkunde, Denkmalschutz[5] und Denkmalpflege[6], Denkmalwerte und ihre Träger wandelt sich oft in eine selbstreferentielle Debatte über die Funktionsweise der Gesellschaft, über ihre Identität[7] und ihr kulturelles Dasein, auch über das Vergessen als Gegensatz des Erinnerns. Indem sie sich mit dem Denkmal befasst, beschäftigt sie sich mit kulturellem Gedächtnis, in ihrem Bewusstsein faktisch aber mit sich selbst. Im täglichen Umgang mit Baudenkmalen spielt zunehmend die Erkenntnis eine besondere Rolle, dass es mehr als nur eine substantielle Realität gibt, die ein Zurechtfinden in der bekannten realen Wirklichkeit der Denkmalpflege und mit den damit verbundenen Problemen erschwert. Bislang war der Denkmalpfleger nicht in der Lage, in eine andere Wirklichkeit einzutreten. Computer und Peripheriegeräte sind nun die „Wirklichkeitsmaschinen", die ein Nachdenken über die subjektiven und objektiven Konsequenzen erfordern.

Mit „virtueller Realität" wird das neue und außergewöhnlich vielfältige Phänomen bezeichnet, das z.B. die Frage nach der ursprünglichen Form des Baudenkmals angeblich zu beantworten vermag, es tatsächlich aber von einer abstrakten Beschreibung in Wort und Bild auf elektronische Weise in eine immaterielle Realität transformiert. Computertechnologie eröffnet in der Denkmalkunde[8] die Möglichkeit, Baudenkmale, die nicht wirklich und nicht tatsächlich, im herkömmlichen Sinne nicht substantiell-real existent sind, in ihrer wahren Natur, nämlich als axiologische Phänomene des Bewusstseins intelligenter Wesen erfahrbar zu machen.

Die virtuelle Realität wird ausschließlich subjektiv als nicht reale, nicht objektiv erfassbare baulich-räumliche Situation erfahrbar gemacht. Das Gefühl der Immersion und die Möglichkeit der Interaktivität setzen die zur Verfügung stehende Technik, auch die fachliche Kompetenz der CAD- und Visualisierungsfachleute voraus. Ohne technische Geräte zur Wahrnehmung der übertragenen Daten bleibt der Betrachter von dem Gefühl, sich in dem entsprechenden Bau-

---

[5] „Denkmalschutz: Juristisch sanktionierte Obhutspflicht über reale, juristische Denkmale gegen Zweckentfremdungen, die den Denkmalstatus gefährden oder infrage stellen. Denkmalschutz erstreckt sich über (kartografisch) punktuelle und flächenhafte Ausschnitte der (Kultur- und Natur-)Landschaft pauschal, undifferenziert; er bedeutet nicht den einschränkungslosen Schutz vor jeglicher Veränderung, nicht den Schutz alles dessen, was – undifferenziert – unter Schutz gestellt ist. Denkmalschutz bedeutet lediglich, dass alles, was an den unter Schutz stehenden Sachen und Sachgruppen geschieht, unter denkmalbehördlicher Aufsicht und Kontrolle zu geschehen hat." [WIRTH 2003, S. 3–4]

[6] „Denkmalpflege: Alle praktischen Maßnahmen am und im denkmalgeschützten Objekt sowie in dessen Umgebung, die der Erhaltung bzw. Wiederherstellung denkmalwerter Substanz und denkmalwerter Strukturen sowie der Wirkung derselben dienen." [WIRTH 2003, S. 5]

[7] „Identität: Für die Denkmalpflege fundamentaler Begriff in Verbindung mit dem Kulturbegriff: kulturelle Identität. Denkmale sind die baulich-räumlichen Träger kultureller Identität einer Region, eines Ortes, eines Volkes, einer Nation. Identitätsdefinition findet durch Denkmalerklärungen (Denkmale) und Denkmalsetzungen (Denkmäler) statt. Denkmalpflege ist Identitätspflege jedoch nur dann, wenn sie tatsächlich Identi-

denkmal zu befinden, ausgeschlossen. Die Realität in der Virtualisierung am Computer als Konsequenz der Simulierung von entweder tatsächlich festgestellten Befundtatsachen an noch bestehenden Baudenkmalen oder auf Grund von historiologischen Forschungen bzw. durch Analogie vergleichbarer Objekte oder der Substantialität, in der das Baudenkmal noch vorhanden ist, vorhanden bleibt, aber der Gefahr des substantiellen Verlustes nach der Virtualisierung erliegen könnte, bezeichnet die Spannweite, in der das hiesige Thema angesiedelt ist. Der Zusammenhang von substantiell existentem und nicht mehr vorhandenem Baudenkmal einerseits und mittels Computer generierter virtueller Realität andererseits mahnt eine eigene innere Logik und Wahrheit der elektronischen Virtualisierung an. An die Stelle des vormaligen Steinmetzen tritt nun der Computertechniker. Farbe und Struktur der Oberflächen z. B. sind mittels Computertechnik darstellbar; die tatsächlichen spezifischen Eigenschaften des Baumaterials weichen jedoch von den visualisierten Materialeigenschaften ab. Die Wertträgertransformation von dreidimensionalen Objekten in zweidimensionale Abbildungen und anschließend in eine Null-Dimension durch elektronische Virtualisierungen bewirkt eine Veränderung der Bewusstseinsebene.

STUFEN UND TECHNIKEN

DENKMALPFLEGERISCHE ANALYTIK
Von den drei Teilen der denkmalpflegerischen Analytik, der historiologischen, axiologischen und Schadens- und Mangelanalyse, hat die erstere im hiesigen Kontext fundamentale Bedeutung. Ihr Instrumentarium ist die historiologische Bauforschung. Diese begreift das reale Baudenkmal als historisches Sachzeugnis; sie ist in der Denkmalpflege die Voraussetzung für den Umgang mit Baudenkmalen auf der Grundlage wissenschaftlich fundierten Handelns. Die Bewertung der Baudenkmale und ihrer Teile – Inhalt der axiologischen Analyse – wird präzisiert durch die Ergebnisse der historiologischen Bauforschung. Die historiologische Analyse des Baudenkmals – präzise des Trägers des Denkmalwertes – bildet die Datengrundlage der Modellierung. Man kann sie als Filterung der Daten aus verschiedenen Quellen bezeichnen. Rohdaten werden aufgenommen, aufbereitet, vorverarbeitet und vervollständigt. Die Qualität der durch die historiologische Analyse des substantiell-realen Baudenkmals, des Trägers des Denkmalwertes, dokumentierten Befundtatsachen ist ausschlaggebend für die inhaltliche Qualität der elektronischen Virtuali-

sierung. Ob ein Baudenkmal substantiell-real noch vorhanden oder dem substantiellen Verlust erlegen ist, beeinflusst in entscheidendem Maße die virtuelle Kopie bzw. virtuelle Rekonstruktion. Die Voraussetzung der elektronischen Visualisierung von Baudenkmalen – sofern sie einem solchen Anspruch überhaupt zu entsprechen vermag – ist die akkurate Dokumentation des noch Vorhandenen und des Verlorenen, letzteres aus sämtlichen erschlossenen historischen Quellen. Denkmalpflegerisch unbefriedigende elektronische Visualisierungen können in liederlicher Dokumentation und – wenn sie dennoch akkurat vorliegt – in der Missachtung derselben ihre Ursachen haben.

Die wissenschaftliche Beurteilung der elektronischen Virtualisierung eines Baudenkmals basiert auf den Ergebnissen der historiologischen Bauforschung mit ihren jeweils spezifischen Methoden. Eine lückenhafte Baudokumentation lässt Fehler entstehen, die sich in der Bearbeitungskette der elektronischen Virtualisierung akkumulieren. Je nach Quellenlage liefert die historiologische Analyse lückenlose oder lückenhafte Ergebnisse. Es ist notwendig, diese zu klassifizieren, um die Beurteilung der Qualität der Dokumentation und deren Fehler abzuschätzen.[9] Um der Gefahr von Missdeutungen und Fehleinschätzungen nicht zu erliegen, besteht die Möglichkeit der Modellierung nur derjenigen Bauteile, die wissenschaftlich nachweisbar sind. Nicht belegbare Fakten werden offengelassen, was einer virtuellen Teilrekonstruktion entspricht. Ähnlich verhält es sich bei der Modellierung von Unsicherheiten. Durch verschiedene Farben können abgeleitete Daten durch Analogie (z. B. dunkelgrau) und Ergänzungen durch spekulative Vermutungen (z. B. hellgrau) unterschiedlich dargestellt werden. Die Modellierung von verschiedenen Rekonstruktionsvarianten ermöglicht die alternative Darstellung in einer größeren Bandbreite zur Auswahl der wahrscheinlichsten Version, und je nach Quellenlage wird man eine virtuelle Kopie oder eine virtuelle Rekonstruktion zustande bringen; Rücksichten auf materiell-funktionelle Nutzungen von Baudenkmalen sind nicht erforderlich.

MODELLIERUNG
Die Modellierung stellt den grafisch-geometrischen Teil der Virtualisierung dar. Die mit der historiologischen Analytik gewonnenen numerischen Daten werden in ein räumliches Koordinatennetz als Volumen- oder Oberflächenmodell übergeführt, das darstellbare Virtualisierungsobjekte ermöglicht.

tät bewahrt, dafür Sorge trägt, dass das Denkmal sich selbst identisch bleibe und nicht z. B. zum ‚Freiwild' ehrgeiziger Um- und Neugestaltungsabsichten entarte." [WIRTH 2003, S. 6]
[8] Denkmalkunde deckt hier den Begriff der Denkmalfor-

schung ab mit dem Ziel, Denkmalbewusstsein zu wecken, i. S. v. „Wiederbelebung" oder „Wiederhervorbringen" durch denkmalpflegerische Analytik und Wertträgertransformation, Vgl. [BREUER 1991].
[9] Vgl. [MASUCH u.a. 1999, S. 87–90]

VIRTUALISIERUNG

Die Geometrie des Baudenkmals wird beim Modellieren definiert. Szenenbeschreibung und die Techniken des Renderings sind die Grundlagen für die Erzeugung von bildhaften Darstellungen aus CAAD-Modellen. Die Darstellung des Objektes wird wesentlich durch das Aussehen der Oberflächen mittels Materialzuweisung (Mapping) bestimmt. Für eine realitätsgetreue dreidimensional wirkende Darstellung ist die Wahl der Perspektive (Betrachterstandpunkt und Blickfeld) von wesentlicher Bedeutung. Die Augenhöhe, der Blickwinkel und der Blickpunkt bestimmen die Perspektive. Um die Szenenbeleuchtung (Licht und Schatten) darstellen zu können, benötigt der Computer Angaben über Lichtarten (Sonnen-, Scheinwerfer-, Punkt-, Umgebungslicht) und über die Lichteigenschaften. Mit Rendering wird das Verfahren bezeichnet, mit dem flächig gefärbte Modellansichten als eine Pixelabbildung aus einem Vektormodell unter Berücksichtigung von eingestellten Licht- beziehungsweise Beleuchtungseffekten im Modell sowie von Oberflächenbeschaffenheiten der Objekte erstellt werden. Das Ergebnis ist eine Rastergrafik. Durch Animation werden Einzelbilder aus Modellierung und Virtualisierung derselben berechnet und auf Datenträgern gespeichert. Voraussetzung für die Darstellung bewegter Bilder ist die Einführung der Zeit. Interaktive Animation bedeutet die Übertragung der durch den Benutzer gesteuerten Navigation durch virtuelle dreidimensionale Modelle. Über ein Steuergerät kann durch das virtualisierte Baudenkmal navigiert werden; die Befehle werden von dem Computer in Echtzeit bearbeitet, in verschiedene Teilbilder umgesetzt und an die Ausgabe- und Schnittstellengeräte übertragen.

DIE STUFEN DER PERFEKTION

Um in der Diskussion über die Qualität und Grenzen der elektronischen Virtualisierung den Grad der verlässlichen Aussage, die Möglichkeit des Vergleichs und der Überprüfung von Virtualisierungsprozessen unter Berücksichtigung der Wahrnehmungsaspekte zu klassifizieren, wurde der Begriff „Stufen der Perfektion" eingeführt. Er verdeutlicht das Kriterium „Gesamtqualität der Virtualisierung" in einer messbaren Form. Die Gefahr wenig effektiver Virtualisierungen soll reduziert werden. Die Auswahl und Anwendung der geeigneten Stufen und Techniken mit den entsprechenden Qualitäts-Parametern kann den Zweck der Virtualisierung beeinflussen.

TEILQUALITÄTEN

Als eindeutige Messkriterien für die Tauglichkeit eines Virtual-Reality-Systems (VR) können die „fünf Is" (Fünf I) gelten, die im Jahre 1992 von Sherman und Judkins benannt wurden.[10] Sie bestehen aus Immersion, Interaktion, Illustration, Intensität und Intuition. Im Jahre 1996 wurde ein weiterer Ansatz für qualita-

tive Messbestandteile, bestehend aus ästhetischen und kommunikationstheoretischen Eigenschaften, an der Universität Dortmund vorgestellt, der die quantitative Komponente der medienpädagogischen Untersuchungsmethode zur Beurteilung von virtuellen Welten erweitert. Bei diesem Quality Measurement Rating (QMR) beziehen sich die ästhetischen und kommunikationstheoretischen Eigenschaften auf die Inhalte und Absichten einer Virtual-Reality-Installation. Diese Untersuchungsmethode setzt sich aus zwei qualitativen Komponenten (der Ästhetik und der Kommunikation) sowie einer quantitativen Komponente (die Fünf I) zusammen und erlaubt so eine umfassende Analyse von virtuellen Welten. In jüngerer Vergangenheit wurden weitere Untersuchungen hinsichtlich der Faktoren des virtuellen Architekturraumes vorgenommen.[11]

Daten der historiologischen Analyse

Mittels der historiologischen Analyse werden die Menge und die Qualität der Daten festgelegt, die für die Virtualisierung in ausreichender Zahl und Genauigkeit vorliegen sollten, um den Sachverhalt als repräsentativ und aussagekräftig vermitteln zu können. Die Zuverlässigkeit der Daten beeinflusst die Virtualisierungsintention. Die lückenlose Baudokumentation kann ein bereits substantiell verlorenes Baudenkmal und durch Feststellung von gesicherten und wiederholt nachprüfbaren Befundtatsachen ein vollständig oder in Teilen substantiell-reales Baudenkmal bezeugen. Ergänzungen von Lücken oder Fehlstellen sind nicht notwendig. Bei einer lückenhaften Baudokumentation erfolgt die Schließung quellenkundlicher Fehlstellen durch Archivalien, durch Analogien, schließlich durch spekulative Vermutungen. Diese sind in der elektronischen Virtualisierung gesondert zu bezeichnen und als solche deutlich sichtbar darzustellen.

Qualität der Wertträgertransformation

Die Erstellung von Modellierungen z. B. als CAAD-Modelle als dem grafisch-geometrischen Teil geschieht auf der Grundlage der Ergebnisse der denkmalpflegerischen Analytik. Die Qualität wird durch die Be- oder Missachtung, die Interpretation und den tatsächlichen Einsatz sowohl von gesicherten Erkenntnissen als auch von nicht belegbaren, aus Analogie abgeleiteten Details oder von spekulativen Vermutungen beeinflusst. Selbst Fachleute können unterschiedlicher Meinung sein und voneinander abweichende glaubwürdige und wahrscheinliche Alternativen in Betracht ziehen. Daneben können Zeit- und Kostendruck den sorgfältigen Umgang mit den wissenschaftlichen Fakten gefährden. Wegen mangelhafter Qualifizierung von Visualisierungsfachleuten entstehen weitere Fehler, die den Vorwurf der spekulativen Natur des virtualisierten

---

[10] SHERMAN; JUDKINS 1993, S.138 – 145.
[11] REGENBRECHT 1999, FRANZ 2005.

Baudenkmals begründen. Je nach Datenqualität kann die Wertträgertransformation eines Baudenkmals virtuell in Form entweder einer Rekonstruktion oder einer Kopie geschehen, eine Qualitätsunterscheidung ist damit jedoch nicht verbunden.

Axiologische Aspekte der elektronischen Virtualisierung

Dem auf elektronische Weise transformierten Wertträger kann das ausreichende Quantum an historischer bzw. künstlerischer Wertfülle nicht zugebilligt werden; er ist aber dennoch wertvoll. Der ästhetische Wert schließt diese Lücke. Der Ensemblewert als vornehmlich ästhetischer Wert kann diese Aufgabe ebenfalls übernehmen, sowohl für das zu virtualisierende, baulich gefasste Innenraumgefüge als auch für die außenräumliche Gestalt. Er wird assistiert vom Orientierungs- und Identitätswert. Der Seltenheitswert, der sich oft mit dem Alterswert verbindet, erlangt wie dieser keine Eigenständigkeit in dem axiologischen System; er verschwindet durch die beliebig häufige Reproduzierbarkeit der elektronischen Virtualisierung. Das elektronisch virtualisierte Baudenkmal behält zutreffendenfalls den Status des Dokumentes unter Assistenz des rationalen Geschichtswertes (Dokumentarwertes).

Qualität der Virtualisierung der Realität

Wahrnehmungsaspekte klassifizieren die virtuelle Realität. Das kann unter mehreren Gesichtspunkten erfolgen. Es empfiehlt sich, sie nach technischen Ein- und Ausgabegeräten und der Gewichtung von Immersion und Interaktion in Anlehnung an die „fünf Is" nach B. Sherman und P. Judkins vorzunehmen.[12] Bildqualität, Immersions-Interaktions-Qualität und Mehrbenutzerqualität sind wesentliche Differenzierungskriterien.[13] Abhängig von diesen können sie in immersive virtuelle Realität, Desktop-virtuelle-Realität und Pseudo-virtuelle Realität geschieden und graduiert werden.[14] In der immersiven virtuellen Realität empfindet der Benutzer, ein voll integriertes Teil jener Welt zu sein. In ihr kann neben der visuellen Wahrnehmung mittels kopfbasierter Ausgabegeräte in hoher Bildqualität auch die körperliche Erfahrbarkeit durch entsprechende Schnittstellengeräte möglich sein. Es besteht ein hoher Grad an Immersion und Interaktion. Ein soziales Erleben der virtuellen Welt ist ausgeschlossen; der Benutzer agiert darin abgeschottet und bleibt isoliert. Bei einer Mehrbenutzeranwendung können allerdings mehrere

Betrachter durch Avatare in einer Szene dargestellt werden. Die Desktop-virtuelle-Realität wird definiert durch die Ausgabe von Bildern mittels technischer Geräte in mittlerer bis geringer Qualität. Diese können mit projektionsbasierten Ausgabegeräten visuell wahrgenommen werden. Es besteht ein mittlerer Grad an Immersion und ein mittlerer bis hoher Grad an Interaktion. Der Rezipient hat das Gefühl, eingeschränkt Teil dieser virtuellen Realität zu sein. Auf Grund der offenen Ausgabe besteht die Möglichkeit der Kommunikation zwischen mehreren Betrachtern. In der Pseudo-virtuellen Realität werden komplexe Szenen und Objekte, die nicht in Echtzeit vom VR-System dargestellt werden können, voraus berechnet und als Animations-Sequenz abgerufen. Die Bildqualität, die Mehrbenutzeranwendung und der Grad der Immersion sind von den technischen Ausgabegeräten abhängig. Die Interaktionsmöglichkeit ist sehr gering. Zusätzlich spielt das Umfeld der Benutzer eine Rolle.[15] In diesem Zusammenhang ist auf deren Vorwissen zur Interpretation des virtuellen Baudenkmals hinzuweisen. Es liegt nahe, sie in Fachleute und Laien zu unterscheiden, wobei nicht nur das Fachwissen von Bedeutung ist, sondern auch, ob diese mit den unterschiedlichen Darstellungskonventionen und der Bedienung des Computers und der Schnittstellengeräte vertraut sind.

Bedürfnisbefriedigung durch die elektronische Virtualisierung

Durch die Wahrnehmung der realen und virtuellen, der individuellen und sozialen Wirklichkeiten wird die Notwendigkeit erkannt, ein Bedürfnis zu befriedigen. Analytisch wird die Funktion bei jedem substantiell-realen Architekturwerk in eine materielle und in eine ideelle Komponente unterschieden. Weitere Differenzierungen lassen sich durch die Befriedigung von Bedürfnissen z. B. nach Schutz, Orientierung und Repräsentation vornehmen. Auf die quantitative Sättigung durch die materiell-funktionelle Komponente der Architektur folgt z.B. die qualitative Befriedigung des Bedürfnisses durch die ideell-funktionelle. Das mit architektonischen Mitteln errichtete Gebäude wird zum Baudenkmal, wenn die Schwelle, auf der ein ideelles Bedürfnis in ein geistig-kulturelles umschlägt, dauerhaft überschritten und dauernd neu gesetzt wird.[16] Materielle Anteile der Bedürfnisse nach Schutz werden vornehmlich durch die materiellen Eigenschaften der baulichen Elemente befriedigt; deren materielle Funktion ermöglicht dem Benutzer die Technologie des Gebrauchs des Architek-

---

[12] SHERMAN; JUDKINS 1993, S.138–145.
[13] Vgl. [VÖLTER 1995].
[14] Ein Abkömmling der Virtuellen Realität (VR) ist die so genannte Augmented Reality (AR). Hier werden ebenfalls intuitive Ein- und Ausgabetechnologien verwendet, wie sie teilweise aus der Virtuellen Realität bekannt sind. Charakteristisch für die Augmented-Reality-Anwendun-

gen ist jedoch, dass bei ihnen die natürlich-räumliche Umgebung nicht von der virtuellen Umgebung verdrängt, sondern angereichert, erweitert oder ergänzt wird – der Bezug zur realen Realität bleibt bestehen [ELVINS 1998, S. 11–13].
[15] Vgl. [GERFELDER; MÜLLER 1994, S. 44–67].
[16] WIRTH 1994, S. 50.

turwerkes. Ideelle Funktionen setzen einen kulturellen Anspruch; der Aspekt der geistig-kulturellen Funktion lässt ein substantiell-reales Architekturwerk zum Baudenkmal, z. B. zu einem Identitätsträger werden. Die Teilqualität „Bedürfnisbefriedigung durch die elektronische Virtualisierung" beinhaltet die Aussage, dass das virtuelle Architekturwerk zwar in der Lage ist, ausschließlich ideelle Funktionen zu erfüllen, materielle Bedürfnisse durch fehlende materielle Funktionen jedoch nicht befriedigt werden können. Das liegt an der Spezifikation der virtuellen Wertträgerschaft im Unterschied zu körperlich-gegenständlich werttragenden Strukturen. Exemplarisch kann eine elektronische Virtualisierung von Baudenkmalen ideelle Bedürfnisse zur geistig-kulturellen Verwirklichung nach Anschauung, nach Zeichen des Denkens oder Gedenkens, nach Wissensvermittlung, Dokumentation und Archivierung befriedigen.

Subjektive Zeiterfahrung

In der physikalischen Raumzeit sind sämtliche Zeitzustände gleich wirklich und existent; das substantiell-reale Baudenkmal existiert nur in der physikalischen Gegenwart. Die Zeit hingegen subjektiv wahrgenommen, besteht aus einer Dreiteilung in Vergangenheit, Gegenwart und Zukunft. Sie wird als Werden und Vergehen, Wandel und Dauer erfahren. Mittels elektronischer Virtualisierung ist die Vergangenheit durch die Erinnerung und die Zukunft durch die Erwartung wahrnehmbar, die Gegenwart nur durch die fortwährende subjektive Erfahrung. Durch diese Methode der Wertträgertransformation können erinnerte und erwartete Sachverhalte in die Gegenwart projiziert und durch den zwingenden Eindruck der Tatsächlichkeit von der Realität unterschieden werden. In der virtuellen Realität geschehen Zeiterfahrungen unter strukturellen Rahmenbedingungen. Ein vollständig oder in Teilen bestehendes substantiell-reales Baudenkmal oder ein bereits substantiell verlorenes kann je nach Qualität der historiologischen Analyse in der Gegenwart oder zu einem festzulegenden Zeitpunkt in der Vergangenheit durch Projektion in die Gegenwart wahrgenommen werden. Die Teilqualität „subjektive Zeiterfahrung" in der elektronischen Virtualisierung von Baudenkmalen schafft eine Realität, welche die subjektive Erlebnissphäre des virtualisierten Baudenkmals mit dem substantiell realen wiederholt in Bezug setzt, ohne Einfluss von physikalischen Größen, wie z. B. Entfernung oder Geschwindigkeit. Die Qualität der subjektiven Zeiterfahrung ist gleich der physikalischen Zeit, wenn die simulierten Abläufe der elektronischen Virtualisierung die gleiche Zeit wie die tatsächlichen in der realen Welt benötigen.

GESAMTQUALITÄT

Stufe 1: Erhebliche wertträgerschaftliche Verluste

Die Quellenlage ist lückenhaft, das Baudenkmal substantiell-real nicht mehr vorhanden. Die Baudokumentation weist Fehlstellen auf, die durch Analogie und spekulative Vermutungen geschlossen

Gesamtqualität:	Stufe	1	2	3
Kriterium:	wertträgerschaftliche Verluste	erheblich	gering	keine
Wertträgertransformation:		virtuelle Rekonstruktion	virtuelle Kopie	kongruent zum Original
1. Teilqualität:	**Daten der historiologischen Analyse:**	Quellenlage: erheblich lückenhaft Fehlstellenergänzung durch Analogie bzw. Vermutungen	Quellenlage: lückenlos Fehlstellenergänzung durch Analogie nicht erforderlich	Quellenlage: lückenlos Fehlstellenergänzung nicht erforderlich
2. Teilqualität: Wertedifferenzierung (Denkmalwerte)	**axiologische Aspekte:**	Memorialwert Symbolwert Assoziationswert ästhetischer Wert Ensemblewert Orientierungswert Identitätswert	Memorialwert Symbolwert Assoziationswert ästhetischer Wert Ensemblewert Orientierungswert Identitätswert	alle Denkmalwerte
3. Teilqualität: Immersive und interaktive Wahrnehmbarkeit durch Ein- Ausgabeschnittstellengeräte	**Qualität der Realität der Virtualisierung:**	immersive VR Desktop VR Pseudo VR	immersive VR	Kongruenz von Realität und immersiver Virtualität
4. Teilqualität:	**Bedürfnisbefriedigung:**	eingeschränkt	fast uneingeschränkt	uneingeschränkt
5. Teilqualität:	**subjektive Zeiterfahrung**	subjektiv (in die Gegenwart projizierte Vergangenheit)	subjektiv (in die Gegenwart projizierte Vergangenheit u. Gegenwart)	objektiv und subjektiv (subjektive und physikal. Gegenwart)

Tab. 2: Stufen der Perfektion der elektronischen Virtualisierung von Baudenkmalen

werden müssen. Da zu einem überwiegenden Anteil hinreichend gesicherte Erkenntnisse fehlen, lässt die elektronische Virtualisierung das Baudenkmal methodologisch lediglich als eine virtuelle Rekonstruktion wieder erstehen. Die Wahrnehmung des virtuellen Baudenkmals mittels immersiver und interaktiver Ein- und Ausgabegeräte ist unabhängig von anderen Teilqualitäten möglich; eine immersive virtuelle Realität, eine Desktop-virtuelle-Realität und eine pseudo-virtuelle Realität können simuliert werden. Das ideelle Bedürfnis der geistig-kulturellen Verwirklichung durch Anschauung kann nicht befriedigt werden, jedoch das nach Zeichen des Denkens oder Gedenkens und der Wissensvermittlung. Durch subjektive Zeiterfahrung ist die Wahrnehmung eines historischen Sachverhaltes zum festzulegenden Zeitpunkt in der Vergangenheit möglich; er wird in die Gegenwart projiziert und kann auf diese Weise subjektiv erfahren werden. Dadurch, dass das Baudenkmal nicht mehr substantiell-real existiert, werden der Memorialwert, Symbolwert, Assoziationswert, ästhetischer Wert, Ensemblewert, Orientierungswert und Identitätswert dem Träger im Transformierten zusätzlich neu zugeordnet.

Stufe 2: Geringe wertträgerschaftliche Verluste
Durch ein substantiell-reales Baudenkmal ist eine lückenlose Quellenlage vorhanden. Gleiches gilt, wenn es bereits dem substantiellen Verlust erlegen ist und eine Baudokumentation ohne Fehlstellen vorliegt. Die elektronische Virtualisierung lässt das Baudenkmal methodologisch weitgehend als eine virtuelle Kopie wieder erstehen. Die Wahrnehmung des elektronisch virtualisierten Baudenkmals mittels immersiv und interaktiver Ein- und Ausgabegeräte ist unabhängig von anderen Teilqualitäten möglich; die immersive virtuelle Realität muss simuliert werden können. Im Vergleich zum substantiell-realen Baudenkmal können ideelle Bedürfnisse fast uneingeschränkt befriedigt werden. Es kann durch subjektive Zeiterfahrung eines historischen Sachverhaltes zum festzulegenden Zeitpunkt in der Vergangenheit und, sofern das Baudenkmal substantiell-real noch existent ist, auch zum gegenwärtigen wahrgenommen werden. Der jeweilige Zustand wird in die Gegenwart projiziert und kann auf diese Weise subjektiv in Echtzeit erfahren werden. Dadurch, dass das Baudenkmal noch weiterhin existent bleiben soll, werden fast alle Denkmalwerte, nicht jedoch der Anschauungswert (emotionaler Geschichtswert, ästhetischer Wert, Kunstwert) dem neuen Träger zugeordnet. Die Transformation des Wertträgers auf elektronische Weise vom Substantiellen bzw. von dessen Dokumentation ins elektronisch Virtuelle reduziert wertträgerschaftliche Qualitäten und Quantitäten. Das elektronisch virtualisierte Baudenkmal behält den Status des Dokumentes; dadurch kann Vergessen verhindert werden.

Stufe 3: Keine wertträgerschaftliche Verluste
Es besteht eine lückenlose Quellenlage. Ob das Baudenkmal substantiell-real existiert oder nicht, ist belanglos. Die Wahrnehmung des elektronisch virtualisierten Baudenkmals durch den Rezipienten mit sämtlichen Sinnessystemen muss voll immersiv und interaktiv mittels Ein- und Ausgabegeräten simuliert werden können. Im Vergleich zum substantiell-realen Baudenkmal können alle ideellen Bedürfnisse uneingeschränkt befriedigt werden. Die subjektive und objektive Zeiterfahrung des historischen Sachverhaltes ist in der Gegenwart möglich. Der elektronischen Virtualisierung von Baudenkmalen werden ausnahmslos alle Denkmalwerte zugeordnet. Das substantiell-reale Baudenkmal und das elektronische virtualisierte sind einander kongruent. Es besteht in Bezug auf die Wahrnehmung des substantiell-realen oder des virtuellen Baudenkmals mit sämtlichen menschlichen Sinnessystemen hinsichtlich Bedürfnisbefriedigung und in axiologischer Hinsicht kein Unterschied. In diesem Fall würde diese Wertträgertransformation ein neues kongruentes Denkmal schaffen bzw. im Falle eines Totalverlustes ein substantiell-reales Denkmal verlustfrei ersetzen. Gemäß der bestehenden Definition des Baudenkmals ist diese Bedingung mit den zur Zeit bekannten technischen Ausgabe- oder biophysikalischen Schnittstellengeräten nicht zu erfüllen. Das auf elektronischem Wege geschaffene virtuelle Zeugnis der Kulturgeschichte und das substantiell-reale Baudenkmal sind derzeit noch nicht austauschbar.

ERGEBNISSE
Mit der elektronischen Virtualisierung wird durch Transformation in der Denkmalkunde dem Träger des Denkmalwertes z. B. im Abstrakten, im Bewusstein selbst, und dem Substantiellen und real Strukturellen in der denkmalpflegerischen Praxis eine neue, virtuelle Existenzweise des Baudenkmals hinzugefügt; sie entfaltet sich zum neuartigen Identitätsträger eines großen Bereiches der ideellen Kultur. Die elektronische Virtualisierung von substantiell-realen Baudenkmalen und von nicht mehr bestehenden historischen Gebäuden erinnert raum- und zeitunabhängig an die Zeugnisse der Kulturgeschichte, wirbt für die Erhaltung gefährdeter substantiell-realer Baudenkmale, unterstützt vorhandene denkmalpflegerische Methoden als eine neue interaktive Technologie der kulturellen Informationsvirtualisierung und fördert die Vermittlung von Wissen. Dieses computerielle und telematische kulturelle Gedächtnis der Gesellschaft eröffnet neue Informationsperspektiven und Sichtweisen von Darstellungen gegenwärtiger oder vergangener Sachverhalte der Kulturgeschichte, die, in Archiven auf Computer gespeichert, über Internet vernetzt, in Museen oder an Ursprungsorten von existenten substantiell-realen oder verlorenen Baudenk-

malen als der elektronische Ort der Gegenwart und Vergangenheit immersiv und interaktiv wahrgenommen werden können.

Mit virtuellen Darstellungen ist man in der Lage, Forschungsergebnisse zu präsentieren, auch ein realistisches Abbild gegenwärtiger oder vergangener Zustände eines Baudenkmals zu vermitteln und interaktiv erlebbar zu machen. Das virtualisierte Baudenkmal ist eine alternative Art des Baudenkmals. Der Benutzer kann es wahrnehmen, sich darin bewegen, eine aktive Rolle übernehmen, und es kann das menschliche Verhalten beeinflussen. Auch dass es, durch die „Wirklichkeitsmaschine Computer" geschaffen, nicht substantiell-real ist, macht es für den Rezipienten nicht weniger real. Die elektronische Virtualisierung von Baudenkmalen steht, sofern sie nicht nur mit dokumentatorischem Anspruch auftritt, konträr zu den Anliegen von der Aura des „Originals" beeinflusster Denkmalschützer und -pfleger. Die Diskussionen der Denkmalpfleger, die Rekonstruktionen befürworten oder ablehnen, erhalten durch die virtuelle Kopie bzw. virtuelle Rekonstruktion substantiell verlorener Baudenkmale positive oder negative Argumentationshilfen. Der Einsatz elektronischer Medien in der Denkmalpflege bietet sich als eine Interessenkollision verhindernde Alternative an, die vielleicht sowohl eine kostenträchtige substantiell-reale Rekonstruktion vermeiden als auch zu wirtschaftlichen und finanzierbaren Konditionen ein substantiell verlorenes Baudenkmal in eine wahrnehmbare Form transformieren lassen könnte.

Das virtualisierte Baudenkmal bedeutet keine Befreiung vom Substanzverteidigungseifer; sie ist auch nicht als modisches Angebot für die Denkmalpflege zu verstehen, die Verpflichtung zur angemessenen Erhaltung des Denkmals aufzuheben. Substantiell-reale Baudenkmale unterliegen neuen Arten von Gefährdungen, denen durch neue Strategien in der Denkmalpflege zu entgegnen ist. Virtuelle Informationssysteme führen eine neue, zusätzliche Wirklichkeit in die Denkmalpflege ein; sie verweisen auf neue Möglichkeiten der Verbundenheit von Denkmalwert und dessen Träger. Sie machen es möglich, Baudenkmale der Öffentlichkeit neben ihrer substantiell-realen Existenz nicht nur objektiv, sondern in ihrer virtuellen Erscheinungsform auch subjektiv orts- und zeitunabhängig zugänglich zu machen. Sie basieren auf der Grundsätzlichkeit des Erinnerns an

die Kulturgeschichte mittels durch nunmehr auch virtualisierte Zeugnisse, nur nicht mehr als Original,[17] sondern als Ergebnis von Wertträgertransformationen.

Die elektronische Virtualisierung von Baudenkmalen positioniert sich im Spannungsfeld von Wissenschaft und Öffentlichkeit. Das „virtualisierte Baudenkmal" unterliegt keinem kulturellen Wandel. Die elektronische Virtualisierung bietet eine Wahrnehmungsform mit nahezu allen menschlichen Sinnessystemen. Diese Wertträgertransformation birgt die Gefahr, verstärkt ein Nachdenken über dessen möglichen und drohenden substantiellen Verlust zu initiieren. Anders verhält es sich bei nicht mehr bestehenden Baudenkmalen. Vulgärpragmatik als Gegenteil von Toleranz will der Öffentlichkeit immer nahe legen, alles faktisch Geschehene bereits wegen seiner Tatsächlichkeit zu akzeptieren. Die virtuelle Rekonstruktion bzw. Kopie der Baudenkmale, die bereits verloren sind, stellt eine Wertträgertransformation dar, die ehemalige Zustände durch die interessierte Öffentlichkeit sinnlich erfahren lässt. Die Frage nach Substanzerhaltung oder Abbruch stellt sich hier nicht. Durch elektronische Virtualisierung von Baudenkmalen werden deren substantielle Eigenschaften gleichsam losgelöst, ideelle Qualitäten verbleiben.

Virtualisierte Baudenkmale sind immaterielle Objekte, die immaterielle Präsentationsformen der Vermittlung benötigen. Sie bilden auf neue Weise baulich-kulturelles Erbe ab; sie sind mobil, ephemer, nicht von substantieller Beschaffenheit. Sie konstituieren sich aus der Verschiebung von der Substanz auf die Ebene der reinen, ausschließlichen Information. Nicht mehr das Dingliche, sondern die abstrahierte, mit technischen Apparaten generierte Information ist von Bedeutung. Der Begriff „Substitut" erscheint vor dem Hintergrund der computergenerierten Welten in einem anderen Licht. In der Loslösung von der Materialität, in der Wandlung des kulturellen Erbes von Kulturgut zu kulturellem Gedächtnis, findet das Substitut „elektronische Virtualisierung" seinen neuen Inhalt in der Denkmalpflege. Virtualisierte Baudenkmale sind zwar sinnlich und direkt wahrnehmbar, aber nicht mehr gegenständlich-körperlich, sondern nur noch bildlich, was, eingebettet in eine mediale Aura, eine Vielfalt authentischer Erfahrungen ermöglicht. Der interaktive Umgang mit dem virtualisierten Baudenkmal bezieht Authentizität nicht mehr auf das Objekt selbst, sondern auf den Mechanismus, der diese authentische Erfahrung

---

[17] „Original, Originalsubstanz: Ungerechtfertigte synonyme Wortwahl für die (meist älteste) zeitliche Zuordnung denkmalwerter Substanz. Der Original- oder Originalitätsbegriff gewinnt erst dann denkmalpflegerische Relevanz, wenn er im Zusammenhang mit seinem Gegenwort 'Kopie' gedacht wird. Eine Kopie hat 'originalgetreu' – in Bezug auf das überkommene, gegenwärtige oder auf ein quellenkundlich gesichertes frühere Erscheinungsbild – zu sein, sonst ist sie keine, sondern eine Rekonstruktion. 'Original ' – im etymologischen Sinne 'ursprünglich' – ist alles am Denkmal, z. B. die Kernsubstanz des 13. Jahrhunderts, die überformenden Verkleidungen des 18. Jahrhunderts, die Auszierungen des 19. Jahrhunderts, die Verfallsspuren des 20. Jahrhunderts. Selbst die Kopie kann ein Original sein, das Original des Kopisten. Mit dem unkritisch verwendeten Begriff 'Originalsubstanz ' ist in der Regel die denkmalwerte Substanz selbst gemeint." [WIRTH 2003, S. 5–6]

auslöst. Er bietet die Gelegenheit, es in ein wahrnehmbares Erlebnis als eine Kombination des authentisch Immateriellen aus Zukunft und Vergangenheit zu transformieren mit Einwirkung auf die materielle Welt der Gegenwart.

Die elektronische Virtualisierung von Baudenkmalen oder von dem substantiellen Verlust erlegenen historischen Gebäuden unterstützt die Erinnerung an Vergangenes hilft, Gegenwärtiges zu entdecken, und bildet eine Grundlage, um Künftiges zu entwerfen. Die substantiell-realen Träger von Denkmalwerten sind durch ihre physische Anfälligkeit bedroht, durch Missbrauch gefährdet und erzwingen deshalb ihren Schutz. Hingegen unterliegen die durch elektronische Virtualisierung transformierten Wertträger keinen ausgesprochenen Schutzmaßnahmen, ausgenommen der Protektion der Datenträger, Vervielfältigungen und Archivierungen.

Anschrift:
Architekt Dr.-Ing. Stephan M. Bleichner, Neustadt 455,
D-84028 Landshut,
E-Mail: SBleich160@aol.com

Literatur:
BLEICHNER, S. (2008): Das elektronisch virtualisierte Baudenkmal, Dissertation Bauhaus-Universität Weimar, Weimar.
BÖHME, G. (1996): Idee und Kosmos. Platons Zeitlehre – eine Einführung in seine theoretische Philosophie, Frankfurt/Main.
BREUER, T. (1991): Beiträge zur Denkmalkunde. In: Arbeitshefte des Bayerischen Landesamtes für Denkmalpflege, Heft Nr. 56, München.
ELVINS. T. T. (1998): Augmented Reality: „The Future's So Bright, I Gotta Wear (See-through) Shades". In: Computer Graphics, Vol. 32, Nr. 1, hrsg. v. ACM Press.
FRANZ, G. (2005): An empirical approach to the experience of architectural space, Dissertation Bauhaus-Universität Weimar, Weimar.
GERFELDER, N., MÜLLER, M. (1994): Quality Aspects of Computer-Based Video Services. In: SMPTE, Tagungsband der 1994 European SMPTE Conference, Köln, S. 44–67.
MASUCH, M., FREUDENBERG, B., LUDOWICI, B., KREIKER, S., STROTHOTTE, T. (1999): Proceeding of Eurographics, Magdeburg.

REGENBRECHT, H. (1999): Faktoren für die Präsenz in virtueller Architektur, Dissertation Bauhaus-Universität Weimar, Weimar.
SHERMAN, B., JUDKINS, P. (1993): Virtual Reality. Cyberspace – Computer kreieren synthetische Welten, München.
WELSCH, W. (1998): „Wirklich". Bedeutungsvarianten – Modelle – Wirklichkeit und Virtualität. In: Krämer, S. (Hrsg.): Medien – Computer – Realität. Wirklichkeitsvorstellungen und neue Medien, Frankfurt/Main, S. 169–212.
WELSCH, W. (2000): Virtual to begin with? In: Sandbothe, M., Marotzki, W. (Hrsg.): Subjektivität und Öffentlichkeit. Kulturwissenschaftliche Grundlagenprobleme virtueller Welten, Köln, S. 25–60.
VÖLTER, S. A (1995): Virtual Reality in der MedizinI – Stand, Trends, Visionen, Mannheim.
WIRTH, H. (1994): Werte und Bewertung baulich-räumlicher Strukturen. Axiologie der baulich-räumlichen Umwelt, Alfter.
WIRTH, H. (2003): Denkmalpflegerische Grundbegriffe. (Praxis-Ratgeber zur Denkmalpflege, Nr. 10, Informationsschriften der Deutschen Burgenvereinigung e. V.), Braubach.

EIN KONZEPT ZUR TEXTURIERUNG VON KOMPLEXEN 3D-MODELLEN

Michael Moser – Klaus Hanke – Kristóf Kovács

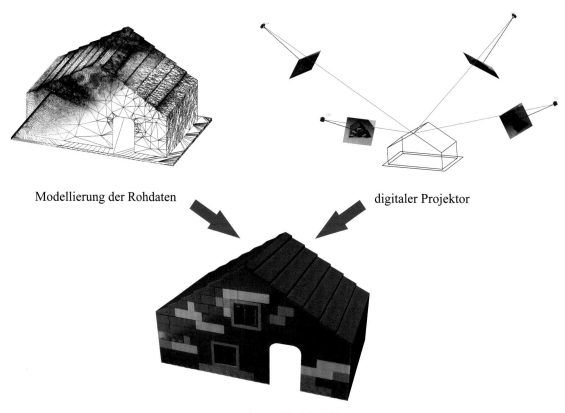

Modellierung der Rohdaten

digitaler Projektor

texturiertes 3D-Modell

Abb. 1: Allgemeiner Arbeitsablauf

Dreidimensionale Dokumentationsmethoden finden schon seit längerer Zeit ihren Einsatz in der Denkmalpflege und Archäologie. Durch die fortlaufende Entwicklung der Hard- und Software ist eine Bearbeitung von immer größeren Datenmengen möglich. Darüber hinaus wurden auch die Arbeitsabläufe der Erfassung und der Auswertung angepasst und optimiert. Das Resultat sind detailreiche und präzise geometrische Modelle. Durch diese Entwicklung haben sich aber auch die Wünsche und Anforderungen bezüglich der Oberflächendarstellung erhöht. Eine hochauflösende Textur aus Originalbildern ist ein wichtiger Informationsspeicher und dient nicht nur zur Visualisierung. Die praktische Durchführung erfordert allerdings einen sehr hohen Aufwand und führt oft zu unbefriedigenden Ergebnissen. Aus diesem Grund hat sich der Arbeitsbereich für Vermessung und Geoinformation der Universität Innsbruck zum Ziel gesetzt, mit der zur Verfügung stehenden Software die bekannten Arbeitsabläufe für eine präzise und hochauflösende

Textur zu verbessern. Das Ergebnis unserer Arbeit ist nicht nur eine korrekte farbliche Darstellung, sondern soll darüber hinaus die Forderung erfüllen, dass die Textur auch die Geometrie kontrollieren soll und umgekehrt.

ALLGEMEINER ARBEITSABLAUF

Der Arbeitsablauf für eine optimale Textur ist dem der photogrammetrischen Mehrbildauswertung ähnlich. Parallel zu der jeweiligen dreidimensionalen Erfassung wird das Objekt mittels einer kalibrierten und hochauflösenden Kamera fotografisch dokumentiert. Die Aufnahmen werden miteinander referenziert, und die Berechnung der äußeren Orientierung des Bildverbands erfolgt durch die Bündelblockausgleichung. Im folgenden Schritt wird das lokale Koordinatensystem in ein gemeinsames System mit dem des Polygonmodells überführt. Die Texturierung des dreidimensionalen Modells erfolgt durch die Umkehrung der Aufnahmesituation (digitaler Projektor). Für eine verbesserte

Textur wurde der Arbeitsablauf einer photogrammetrischen Mehrbildauswertung optimiert und ihr Einsatz anhand von zwei Beispielen beschrieben.

KAMERAPOSITION

Bei der fotografischen Dokumentation steht nicht die Geometrie des Objektes im Vordergrund, sondern die benötigten Texturbilder. Aus diesem Grund sollte bei der Wahl der Kamerapositionen darauf geachtet werden, dass die Schnittwinkel zwischen Oberfläche und Aufnahmerichtungen genähert rechtwinklig sind. Erst dadurch sind exakte Projektionen der Aufnahmen und somit Texturbilder mit einer hohen Schärfe möglich. Bei einer komplexen Geometrie erhöht sich dementsprechend die Anzahl der Bilder.

Um die zur Verfügung stehenden Pixel der Kamera auch für die Textur optimal zu nutzen, sollte das Objekt bildfüllend abgelichtet sein. Nur unter Berücksichtigung dieser Faktoren ist eine hochauflösende Bilddokumentation sinnvoll.

FARBWERTE

Ein weiterer äußerst wichtiger Punkt ist die Beleuchtung des Objektes. Der Idealfall wäre eine gleichmäßige Ausleuchtung ohne Schatten. Somit könnten Farbabweichungen in dunklen Bereichen vermieden werden. Auch der Einsatz eines Farbkeils würde eine radiometrische Kalibrierung ermöglichen. Für eine korrekte Farbdarstellung müssten aber die unterschiedlichen Einfallswinkel der Lichtstrahlen beziehungsweise deren Reflektionen beachtet werden. Schon allein die Vorbereitung zur fotografischen Dokumentation und die folgenden Korrekturen der Farbwerte verursachen einen sehr hohen Aufwand. Ein solches Ergebnis, eine nahtlose und originalgetreue Textur, wäre nur unter Laborbedingungen und bei einfachen Geometrien erreichbar.

Die praktische Durchführung im Feld gestaltet sich leider etwas komplizierter, und man begnügt sich deshalb oft mit der optimalen Nutzung der vorhandenen Situation. Für Außenaufnahmen wünscht sich jeder Photogrammeter bewölkten Himmel. Durch die diffuse Ausleuchtung wird das Objekt gleichmäßig und vor allem schattenarm belichtet. Bei direkter Sonneneinstrahlung sind sofort die Schlagschatten einer strukturierten Oberfläche sichtbar. Auch bei Innenaufnahmen ist es nicht immer möglich, den Raum mit künstlichem Licht optimal zu beleuchten. Auch wenn genügend Leuchtkörper vor Ort sind, kann eine komplizierte Geometrie nicht gleichmäßig ausgeleuchtet werden. Die Folgen sind unterschiedliche Farbwerte, Schlagschatten und lokale Überbelichtungen durch die Fotolampen. Eine nachträgliche Bearbeitung dieser Farbabweichungen in den einzelnen Abbildungen mittels einer Bildbearbeitungssoftware ist sehr zeitraubend und führt selten zum gewünschten Ergebnis.

Eine zielführendere Korrektur der Belichtungswerte ist erst bei einer rückprojizierten oder abgewickelten

Textur möglich. Von diesem Bearbeitungsschritt an können die unterschiedlichen Farbwerte der einzelnen Bilder für eine jeweils identische Position am dreidimensionalen Objekt miteinander verglichen werden. Voraussetzungen dafür sind eine präzise Modellierung sowie eine exakte Rekonstruktion der inneren und äußeren Orientierungen der jeweiligen Abbildungen. Die korrekte dreidimensionale Position der einzelnen Pixel und deren Farbwerte sind nicht nur für den Informationsgehalt der Texturierung entscheidend. Sie sind auch unerlässlich für eine optimale Anpassung der unterschiedlichen Belichtungswerte. Um scharfkantige Farbübergänge zu vermeiden, werden bei den verfügbaren Softwarelösungen meistens die Randzonen der einzelnen Texturbilder überblendet. Fehlerhafte Lagen der Pixel verursachen Falschfarben, die oft als Farbsäume sichtbar sind. Diese können genauso wie eine minderwertige Bildentzerrung einen Verlust an Bildschärfe bewirken.

Eine wichtige Bearbeitungsmöglichkeit ist die Maskierung von Bildern, um störende Bereiche, wie Fremdkörper oder Überbelichtungen, zu entfernen. Die Durchführung dieses Verfahrens ist von der eingesetzten Software abhängig. Ein Weg ist der Import von Maskierungsbildern. Mittels Bildbearbeitungssoftware werden im Vorfeld die unerwünschten Objekte geschwärzt und der für die Rückprojektion verbleibende Bereich weiß hinterlegt.

Eine weitere Variante ist die Übernahme von transparentem Hintergrund. Diese Option unterstützen aber nur wenige Programme, wie zum Beispiel die von uns verwendete Panoramasoftware PTGUI. Mit ihr ist es möglich, Panorama- und HDR-Bilder zu erstellen sowie diverse Bildbearbeitungen durchzuführen. Auch eine nachträgliche Korrektur der Belichtungswerte der Textur ist denkbar. Dazu müssen die einzelnen Aufnahmen jeweils abgewickelt und ihr transparenter Hintergrund exportiert werden. Nach dem Import in die Panoramasoftware erfolgt die Anpassung der Farbwerte

Abb. 2: Verlust an Bildschärfe durch eine falsche Lage der Pixel

und die Fusionierung der Einzelbilder zu dem benötigten Texturbild. Der Vorteil ist, wie schon erwähnt, ein direkter Vergleich der unterschiedlichen Farbwerte an der identischen dreidimensionalen Position.

TEXTUR KONTROLLIERT GEOMETRIE

Der wesentliche Unterschied zu anderen Methoden der Texturierung ist die Erzeugung eines eigenständigen Bildverbandes. Es erfolgt keine Anpassung der äußeren und inneren Orientierung der einzelnen Bilder an das geometrische Modell. Obwohl der Aufwand der unterschiedlichen Varianten ähnlich ist, ergeben sich bei der getrennten Auswertung mehrere Vorteile.

Der wichtigste Nutzen ist die Möglichkeit, dass die Textur die Geometrie kontrolliert. Eine Voraussetzung dafür ist, dass die mitbestimmte Genauigkeit des eigenständigen Bildverbandes mindestens dem der Geometrie entspricht. Weiter sollte die Fotodokumentation des Objektes klar ersichtliche Kanten oder Merkmale für den Vergleich mit dem dreidimensionalen Modell beinhalten. Nach der Rückprojektion der Textur ist das visuelle Aufspüren von lokalen Fehlern oder Abweichungen im 3D-Modell kein Problem mehr.

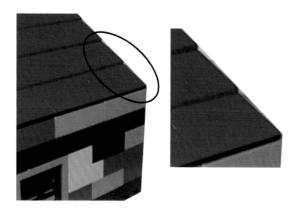

Abb. 3: Modellierungsfehler – Textur kontrolliert Geometrie

Eine zusätzliche Variante wäre eine rein geometrische Kontrolle. Hierfür müssten einige gleichmäßig über das Objekt verteilte Merkmale photogrammetrisch ausgewertet werden. Dadurch wäre ein direkter Vergleich der beiden unabhängig ausgewerteten Geometrien möglich.

TEXTURIERUNG EINER PRÄHISTORISCHEN KUPFERMINE

Bei dieser dreidimensionalen Dokumentation eines prähistorischen Bergbaus enthält die Textur äußerst wichtige Informationen für die Archäologen. Durch Verbrennung von Holz entstehen bei der bronzezeitlichen Feuersetzmethode verrußte Bereiche, die sich deutlich von Werkzeugspuren unterscheiden. Die Grenze zwischen den unterschiedlichen Abbaumethoden ist durch die Geometrie allein nicht zu unterscheiden.

Abb. 4: Eingang Höhle

Schon bei der Datenerfassung ergeben sich mehrere Schwierigkeiten. Durch die exponierte Lage der Höhle ist der Transport der Ausrüstung aufwändig und zeitraubend. Allein der Weg durch das steile Gelände bis zum Eingang des Stollens ist sehr mühsam. Die nächste Hürde ist der schmale Eingangsbereich. Mit einer Größe von ca. 60 x 40 cm beschränkt die Öffnung automatisch die mögliche Ausrüstung.

Eine weitere „Entscheidungshilfe" ist der Stromverbrauch. Da das benzinbetriebene Stromaggregat eine begrenzte Leistung besitzt, bestimmt es somit die Anzahl der elektrischen Geräte. Auch ohne diese Einschränkungen wäre es nicht möglich gewesen, die Höhle optimal zu beleuchten. Wie schon beschrieben, ist es insgesamt äußerst schwierig, bei komplexen Geometrien gleichmäßige Farbwerte zu erzielen.

Ein weiteres Problem sind die kurzen Entfernungen zur Oberfläche. Auch mit einem Weitwinkelobjektiv bleibt der Bildausschnitt des Objektes sehr klein, und eine hohe Anzahl an Abbildungen wäre notwendig. Außerdem besitzt die abgebildete Geometrie meistens zu wenig natürliche und referenzierbare Punkte

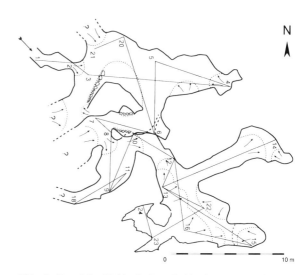

Abb. 5: Grundriss Höhle © Gert Goldenberg, SFB HiMAT

für eine Verknüpfung der Aufnahmen zu einem Bildverband oder mit einem 3D-Modell. Bei einer künstlichen Signalisierung ist die Anzahl der Passmarken so zahlreich, dass wahrscheinlich von der Originaltextur wenig übrig bliebe. Die nachträgliche Retusche würde nicht nur das Ergebnis verfälschen, auch der zeitliche Aufwand wäre enorm.

ARBEITSABLAUF

Eine wichtige Verbesserung der Aufnahmesituation konnte schon bei der Beleuchtung der komplizierten Geometrie erreicht werden. Bei diesem Objekt sind die maximalen Entfernungen zur Oberfläche innerhalb der Reichweite eines Ringblitzes, dadurch entfällt auch der Einsatz zusätzlicher Fotolampen. Die erwähnten Probleme des Transports, der Stromversorgung und von lokalen Überbelichtungen sind daher nicht mehr relevant. Ein weiterer Vorteil dieses Systems ist zudem die schattenarme Ausleuchtung der jeweiligen Situation.

Um den hohen Bearbeitungsaufwand der zahlreichen Bilder zu verringern und den allgemeinen Arbeitsablauf zu optimieren, wurden zur fotografischen Dokumentation Panoramabilder eingesetzt. Die Vorteile bei dieser Technik liegen in dem minimalen Equipment und der automatisierten Bildbearbeitung.

Anstatt der üblichen Konvergenzaufnahmen zur Bilddokumentation wurde das Objekt in einige Panoramabilder unterteilt. Für die Erstellung der einzelnen Aufnahmen pro Standpunkt wird hierbei ein Panoramakopf eingesetzt. Dadurch ist es möglich, die Kamera um das Projektionszentrum zu drehen, sodass der Parallaxenfehler zwischen den einzelnen Bildern minimal ist. Als zusätzliche Option bietet dieses Stativ die Verwendung einer Rasterung bei der Drehung der Kamera. Ohne große Mühen wird das Objekt mit einem gleichmäßigen Winkel zwischen den Aufnahmerichtungen und somit mit einer hohen Überlappung der einzelnen Abbildungen fotografiert. Den Abschluss der Bilddokumentation bildet eine Aufnahme des Bodens ohne Stativ. Der Bezugspunkt der beiden Kamerapositionen in Nähe der Eintrittspupille sollte ähnlich sein.

Ein enormer Vorteil ist die weitere digitale Bearbeitung der ca. 58 Abbildungen, die pro Standpunkt entstehen. Um unnötige Farbverfälschungen durch die Vignettierung zu vermeiden, werden störende Bereiche im Vorfeld bereinigt. Eine Bildbearbeitungssoftware ermöglicht es, die Maskierung und Entfernung der Randabschattung zu automatisieren. Die Korrektur einzelner Fremdobjekte erfolgt manuell.

Im nächsten Schritt übernimmt die Panoramasoftware die transparenten Bereiche und referenziert die Bilder automatisch zueinander. Nach einer Kontrolle der Passpunkte und der Genauigkeit der Referenzierung erfolgt noch der Import der Fotografie des Stativbereichs. Ausgehend von einer gewählten Abbil-

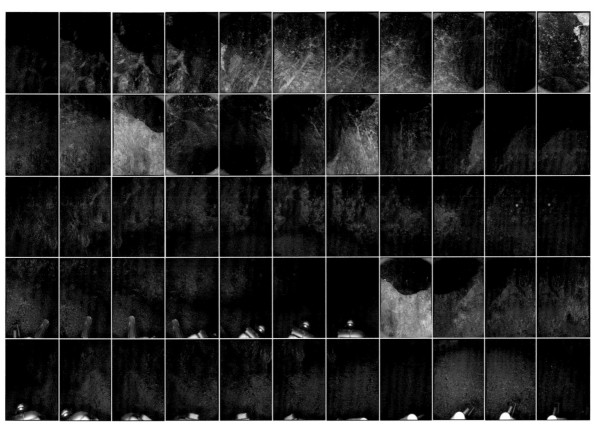

Abb. 6: Einzelaufnahmen für das Panoramabild

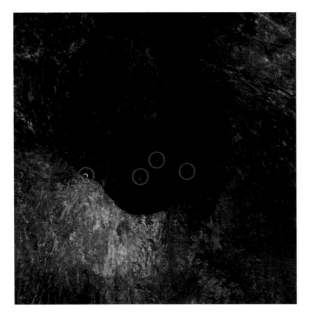

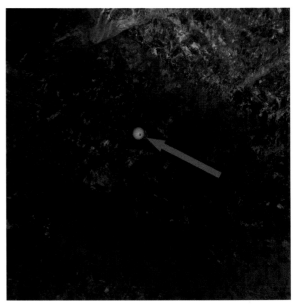

Abb. 7: Pseudobild mit Passkugeln zur Georeferenzierung

Abb. 8: Rückprojizierte Passkugel zur Kontrolle

dung werden die Überlappungsbereiche miteinander verglichen und die Belichtungswerte der einzelnen Bilder korrigiert. Da es uns derzeit nicht möglich ist, 3D-Modelle direkt mit einem Panoramabild zu texturieren, werden das sphärische Panorama und seine innere Orientierung mittels sechs unterteilten Pseudoaufnahmen exportiert.

Eines der Bilder wird georeferenziert und somit die äußere Orientierung bestimmt. Ausgehend von dieser Aufnahmerichtung und den bekannten Rotationen, die notwendig waren, um die restlichen fünf Pseudoaufnahmen zu exportieren, werden die fehlenden Drehwinkel berechnet. Nach deren Kalkulation und Übernahme der Kameraposition der georeferenzier-

ten Aufnahme sind die äußeren Orientierungen aller Pseudoaufnahmen bekannt. Eine Kontrolle ihrer Lage erfolgt durch eine Rückprojektion weiterer Passmarken in die jeweiligen Aufnahmen.

Nach der Integration aller Panoramabilder des Objektes in das zu texturierende Modell erfolgt die weitere Bearbeitung nach der Standardprozedur durch eine erneute Anpassung der Belichtungswerte der Pseudobilder und Rückprojektion der Textur.

ALMWÜSTUNG IN KÜHTAI
Im nächsten Beispiel wird die Flexibilität der Panoramatools ersichtlich. Ursprünglich war bei diesem Projekt nur eine geometrische Dokumentation geplant.

Abb. 9: Vergleich – Textur zur schattierten Darstellung des 3D-Modells

Erst nach der abgeschlossenen Auswertung der terrestrischen Laserscandaten wurde der Wunsch nach einer Visualisierung geäußert. Da aber der Schwerpunkt der Messkampagne auf einer rein geometrischen Erfassung lag, war die Ausgangslage für eine Textur nicht gerade optimal. Die einzig verfügbaren Aufnahmen lieferte die automatische Bilddokumentation der integrierten Kamera des Scanners. Bei aktivierter Funktion wird das Objekt vor der Lasermessung systematisch abfotografiert. Wegen der geringen Auflösung der Videokamera (576 x 768 Pixel) und der vier wählbaren Zoomstufen können sehr viele Einzelaufnahmen entstehen. Da die Aufnahmerichtungen der einzelnen Bilder gespeichert sind, ist nicht die hohe Anzahl oder die Rekonstruktion der äußeren Orientierungen das größte Problem, sondern die unbekannten inneren Orientierungen. Obwohl ein Export der jeweiligen Bildwinkel möglich ist, handelt es sich dabei nur um die Parameter von einer der vier fixierten Zoomstufen. Der Einfluss der individuellen Entfernungseinstellung pro Aufnahme wird leider nicht berücksichtigt. Da auch das Deaktivieren des Autofokus, somit ein Fixieren der Brennweite oder ein Reproduzieren dieser Einstellung nicht möglich ist, ergibt auch eine Kalibrierung der Videokamera keinen Sinn. Eine nachträgliche Berechnung der inneren Orientierung pro Bild erfordert einen sehr hohen Aufwand, und die Chancen auf einen Erfolg sind eher gering. Zum Zeitpunkt der Erfassung war eine gute Schnittgüte zwischen den Aufnahmen nicht entscheidend, der Schwerpunkt bei der Wahl der Gerätestandpunkte lag auf einer flächendeckenden und exakten Lasermessung.

Eine weitere Einschränkung ist die Automatik der eingebauten Kamera. Sie erlaubt keine eigenständige Steuerung der Entfernungseinstellung, der Blende oder der Belichtungszeit. Daher unterscheiden sich

Abb. 10: Grundriss und Scannerstandpunkte der Almwüstung

nicht nur die Brennweiten der einzelnen Aufnahmen, sondern auch deren Belichtungswerte.

Um dennoch ein gleichmäßig texturiertes Modell für eine Visualisierung zu erhalten, war eine Bearbeitung der Bilder notwendig. Für eine Anpassung der Belichtung hätten wir auf herkömmliche Methoden zurückgreifen können. Das größere Problem war weiterhin die fehlende innere Orientierung. Um dennoch angenäherte Parameter zu erhalten, wurde der Anwendungsbereich der verwendeten Panoramasoftware etwas modifiziert. Anstatt die äußere Orientierung der einzelnen Bilder zu verfeinern, erfolgte eine Angleichung ihrer unterschiedlichen Brennweiten pro Standpunkt und eine Reduktion ihrer Verzeichnungen. Ein positives Nebenprodukt ist die Fusion der einzelnen Aufnahmen und die Anpassung der diversen Belich-

Abb. 11: Texturiertes 3D-Modell

tungen. Die weitere Bearbeitung erfolgt nur mit einem Bild pro Standpunkt; die innere und absolute äußere Orientierung ist ja bereits vorgegeben. Die Referenzierung der einzelnen Bilder entfällt, und die Textur kann sofort rückprojiziert werden.

ARBEITSABLAUF

Bei dem verwendeten Scanner ist die Videokamera rechts vom Projektionszentrum des Laserstrahls angebracht. Um die negative Auswirkung auf die Lage der Textur durch diese Parallaxe zu reduzieren, wurde der Hauptanteil dieser Abweichung bezüglich der Kippachse jeweils für die vier Zoomstufen näherungsweise ermittelt. Diese Faktoren ermöglichen eine perspektivische Korrektur der vorhandenen Aufnahmerichtungen. Im nächsten Arbeitsschritt erfolgt eine Begrenzung des Einflusses der Ablage von der Stehachse, hervorgerufen durch die unterschiedlichen Kamerapositionen pro Standpunkt.

Bei der automatischen Generierung von Passpunkten werden die Farbwerte der Pixel in den benachbarten Abbildungen miteinander verglichen. Diese Bildkoordinaten sind die Grundlage zur Ermittlung der fehlenden Parameter. Um den Einfluss der vorhandenen Parallaxenfehler, die sich mit zunehmender Bildtiefe erhöhen, auf diese Berechnung zu minimieren, wird die Aufnahme auf den notwendigen Bildinhalt reduziert. Nach dem Austauschen des Hintergrundes der Abbildung durch eine transparente Ebene könnte außerdem eine Unterteilung in mehrere Tiefenbereiche notwendig sein. Dies ist aber abhängig von der Größe des Objektes und der beabsichtigten Qualität der Textur. Den Abschluss dieser Bearbeitung bildet noch eine Maskierung der vorhandenen Bildfehler.

Zur Erzeugung eines Panoramabildes aus den einzelnen Aufnahmen pro Standpunkt fehlten im Vorfeld nur mehr die Integration der unterschiedlichen Projektionszentren und die daraus resultierenden Verbesserungen der Parallaxenfehler der betroffenen

Aufnahmerichtungen. Aus diesem Grund wird eine zentrale Kamera als Ursprung gewählt und rechtwinklig zu ihrer optischen Achse eine Bezugsebene durch die Mitte des Objektes gelegt. Für die Korrektur der restlichen Bilder definiert der Schnittpunkt der jeweiligen Aufnahmerichtung mit der Bezugsebene den gesuchten Drehpunkt. Von ihm ausgehend findet die dreidimensionale Rotation der äußeren Orientierung der zugehörigen Abbildung statt. Als Bezugspunkt dient ihr Projektionszentrum, und die Drehung erfolgt in Richtung des gemeinsamen Ursprungs. Anschließend geschieht die Translation der momentanen äußeren Orientierung zu dem gewählten Projektionszentrum des Panoramabildes. Mit der Umrechnung der Richtungsvektoren in die benötigten Drehwinkel κ, ω und φ finden die Vorbereitungen ihr Ende.

Die eigentliche Zusammenführung der einzelnen Aufnahmen im Standpunkt findet erst jetzt mittels einer Panoramasoftware statt. Nach dem Import der bearbeiteten Bilder mit einem transparenten Hintergrund und der Übernahme der berechneten Drehwinkel werden die Passpunkte über einen Vergleich der Pixel in den benachbarten Bildern generiert. Sie sind die Grundlage für eine Angleichung der unterschiedlichen Bildweiten sowie der entsprechenden Verzeichnungen nach der Fixierung der inneren Orientierung des gewählten Ausgangsbilds und allen äußeren Orientierungen. Mit der verwendeten Software war es nicht nur möglich, die Einflüsse des Autofokus zu minimieren, sondern auch unterschiedliche Zoomstufen zu vereinen. Nach einer Anpassung der verschiedenen Belichtungswerte der Einzelbilder konnten ein Pseudobild und die jeweilige innere Orientierung pro Standpunkt exportiert werden. Mit den schon bekannten äußeren Orientierungen der Ausgangsbilder erfolgte die Rückprojektion der Pseudobilder. Diese erreicht nicht die Genauigkeit einer Textur einer kalibrierten Kamera, aber für Visualisierungszwecke ist die Qualität bei weitem ausreichend.

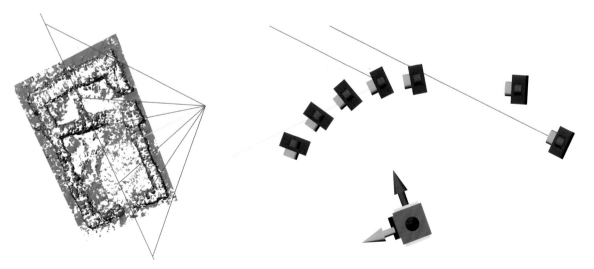

Abb. 12: Anpassung der Richtungsvektoren

DANKSAGUNG

Wir bedanken uns beim Österreichischen Fond zur Förderung der Wissenschaftlichen Forschung (FWF) für die großzügige finanzielle Unterstützung des Spezialforschungsbereichs „HiMAT" (FWF Projekt F3114), sowie bei den Landesregierungen von Tirol, Vorarlberg, Salzburg und Südtirol und den Gemeinden in den Bergbaugebieten für die Förderungen. Herrn Dr. Thomas Weinold, Arbeitsbereich Vermessung und Geoinformation der Universität Innsbruck sowie der Tiroler Wasserkraft AG (TIWAG) gilt unser Dank für die zur Verfügung gestellten Daten des Beispiels Kühtai.

Abb. 13: Rückprojiziertes 3D-Modell zur Kontrolle

Anschrift:
Dipl.-Ing. Michael Moser, ao.Univ.-Prof. Dipl.-Ing. Dr. Klaus Hanke, Dipl.-Geogr. Kristóf Kovács , Universität Innsbruck, Institut für Grundlagen der Bauingenieurwissenschaften, Arbeitsbereich für Vermessung und Geoinformation, Technikerstraße 13a, 6020 Innsbruck, Österreich.
E-Mail: michael.t.moser@uibk.ac.at,
klaus.hanke@uibk.ac.at, kristof.kovacs@uibk.ac.at

Abbildungsnachweis:
Abb. 1, 2, 3, 6 – 13: Verfasser
Abb. 4: Gert Goldenberg
Abb. 5: Gert Goldenberg, SFB HiMAT

Literatur:
HANKE, K., EBRAHIM, M. A. (1999): The „Digital Projector" – Raytracing as a tool for digital close-range photogrammetry, ISPRS Journal of Photogrammetry and Remote Sensing, Vol. 54 / 1, Elsevier Science B.V., S. 35–40.
KAUHANEN, H., HEISKA, N., KUREKELA, M. (2009): Long focal length panoramic imaging for photogrammetric reconstruction. In: Remondino, F., El Hakim, S., Gonzo, L. (Hrsg.): Proc. of the 3rd ISPRS International Workshop, 3D-ARCH 2009, 3D Virtual Reconstruction and Visualization of Complex Architectures, International Archives of Photogrammetry, Remote Sensing and Spatial Information Sciences, Volume XXXVIII-5/W1, URL: http://www.isprs.org/proceedings/XXXVIII/5-W1/pdf/kauhanen_etal.pdf (25.06.2010).
HANKE K., HIEBEL G., KOVACS K., MOSER M. (2009): Surveying And Geoinformation – Contributions To An Interdisciplinary Special Research Program On The History Of Mining Activities. In: Takase, Y. (Ed.): Proc. of the 22nd CIPA Symposium, October 11 – 15, 2009, Kyoto, Japan. CIPA International Archives For Documentation Of Cultural Heritage Vol. XXII/2009, URL: http://cipa.icomos.org/text%20files/KYOTO/144.pdf (25.06.2010)

DARSTELLUNG VON UNSCHARFEM WISSEN IN DER REKONSTRUKTION HISTORISCHER BAUTEN

Dominik Lengyel – Catherine Toulouse

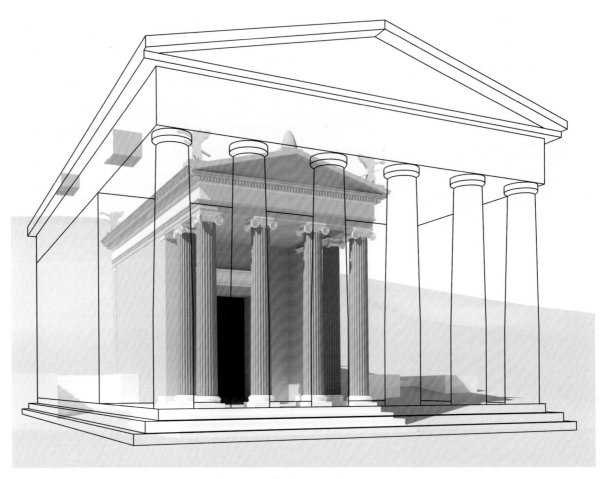

Abb. 1: Konturlinien, Tempel R Pergamon

Die Darstellung von unscharfem Wissen in der Rekonstruktion verfolgt das Ziel, archäologische und architektonische Hypothesen auf der Grundlage archäologischen Wissens visuell zu vermitteln. Die Darstellung erfolgt mit Hilfe eines virtuellen 3D-Modells, das anders als ein physisches Modell sowohl unterschiedliche geometrische Zustände als auch unterschiedliche Reaktionsmöglichkeiten in der Benutzerführung beinhalten kann.

UNSCHARF
Die Unschärfe im virtuellen Modell ist vergleichbar mit der Unschärfe einer Handskizze. Im Vordergrund steht nicht die möglichst wirklichkeitsgetreue Abbildung, sondern die architektonische Intention. Grundlage sind zum einen die in der archäologischen Praxis gängigen Rekonstruktionszeichnungen mit den bildnerischen Möglichkeiten, etwa der Gewichtung und

Verdeckung, zum anderen die aus der Gestaltung in der Architektur üblichen formalen und geometrischen Abstraktionen.

MODELL
Das Ergebnis der Visualisierung, das 3D-Modell, ist also viel mehr als ein virtuelles Spiegelbild eines physischen Modells. Es beinhaltet die Komplexität aus Befunden, Hypothesen und Rekonstruktionen, Gewissheiten also genauso wie Vermutungen und auch Widersprüche. Für das visuelle Erscheinungsbild erweist sich eine Anlehnung an das traditionelle architektonische Gipsmodell als besonders geeignet, da es auch unter Vermeidung hoher Detaillierung räumliche Zusammenhänge treffend wiederzugeben vermag und dem Betrachter darüber hinaus vermittelt, dass es sich um eine bewusst vereinfachte Darstellung handelt, die es zu interpretieren gilt.

ZIELGRUPPEN
Die Darstellung von unscharfem Wissen richtet sich an zwei unterschiedliche Zielgruppen. Zum einen stellt sie der archäologischen Forschung ein Werkzeug zur räumlichen Analyse zur Verfügung. Zum anderen vermittelt sie der interessierten Öffentlichkeit sowohl archäologische Erkenntnisse als auch die archäologische Arbeit im Allgemeinen.

UNTERSUCHUNGSOBJEKTE
Als Grundlage für die Untersuchung werden unterschiedliche antike Stätten herangezogen, darunter die hellenistische Festung Karasis in Kilikien, die Stadt Baalbek am Westrand des Antilibanon sowie im Rahmen des von der DFG geförderten Exzellenzclusters TOPOI die antike Stadt Pergamon nahe der türkischen Ägäisküste (Abb. 2). Die archäologische Beratung und die Bereitstellung weiterer Untersuchungsmaterials erfolgt durch den Lehrstuhl Baugeschichte, Prof. Dr. Klaus Rheidt, durch das Deutsche Archäologische Institut, insbesondere die Pergamongrabung und die Abteilung Istanbul, durch die Antikensammlung der Staatlichen Museum zu Berlin, das Skulpturennetzwerk Berlin u.a.

METHODEN DER DARSTELLUNG
In der ersten Phase wurden Methoden der Darstellung gesucht, die geeignet sind, unscharfes Wissen nicht nur wiederzugeben, sondern eben diese Unschärfe selbst ausdrücklich zu vermitteln. Die hierbei gefundenen Methoden sollten dabei nicht unabhängig voneinander verwendet, sondern möglichst kombiniert werden.

Abb. 2: Übersicht Großbauten Burgberg Pergamon

Abb. 3: Geometrische Vereinfachung, Hestiaheiligtum, Pergamon

Abb. 4: Geometrischer Kontrast, Großer Altar, Pergamon

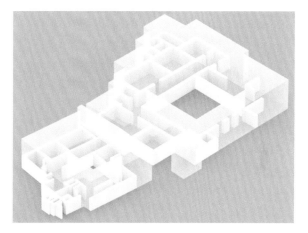

Abb. 5: Transparenz und Axonometrie, Palast IV und V, Pergamon

Die geometrische Vereinfachung (Abb. 3) ist insgesamt gut dazu geeignet, archäologische Aussagen beispielsweise über die räumliche Ausdehnung eines Objektes treffend und anschaulich wiederzugeben, in Kombination mit einer detaillierten Befunddarstellung ergibt sich zusätzlich ein geometrischer Kontrast zwischen Bestand und Ergänzung, der die Unsicherheit deutlich auszudrücken vermag. Das Mittel des Kontrastes lässt sich auch innerhalb der rekonstruierten Geometrie verwenden, um unterschiedliche Grade der Unsicherheit zu verdeutlichen (Abb. 4).

Transparenz dagegen ist, wie optische Unschärfe, als Mittel für die Darstellung inhaltlicher Unschärfe lediglich scheinbar geeignet. Beiden gemein ist, dass sie Geometrie zwar undeutlich und damit unscharf wiedergeben. Beide können jedoch einer möglichen Hypothese nicht die nötige visuelle Präsenz zu verschaffen, um sie als Hypothese lesbar zu machen. Vor allem die Transparenz transportiert lediglich die Information, suggeriert jedoch weder die räumliche Wirkung der Situation einschließlich des betroffenen Objektes noch diejenige ohne das Objekt. Ohne diese Wirkung aber wird keine der beiden Hypothesen wahrnehmbar und damit interpretierbar (Abb. 5).

Weitaus günstiger verhält es sich mit Konturlinien (Abb. 1). Räumliche Drahtgerüste können ähnlich wie eine Linienzeichnung die Information einer Körperlichkeit vermitteln, ohne andere Objekte in ihrer räumlichen Wirkung zu beeinträchtigen. Sie ermöglichen außerdem eine deutliche Gewichtung der Objekte untereinander. Drahtgerüste sind deshalb gut dazu geeignet, Abhängigkeiten zwischen Objekten und deren Teilen zu verdeutlichen.

Die Gleichwertigkeit zweier oder mehrerer Hypothesen wird unmissverständlich deutlich, wenn diese

Abb. 6: Hestia-Tempel Pergamon

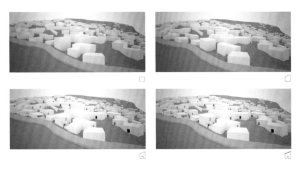

Abb. 7: Byzantinische Stadt Pergamon

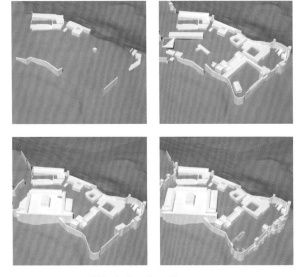

Abb. 8: Burgberg Pergamon

nebeneinander unter identischen Bedingungen dargestellt werden (Abb. 6).

Bei allen bisher genannten Methoden ist der Grad der Detaillierung gesondert zu betrachten und zwar außer beim geometrischen Kontrast vor allem daraufhin, ob die Darstellung über die reine Information hinaus die beabsichtigte Wirkung erzielt. Im Falle von einfachen Wohngebäuden etwa beeinflusst die Verwendung oder das Weglassen von Fenster- und Türöffnungen die Lesbarkeit und mögliche Interpretation der Gebäudeblöcke weitaus weniger als die Neigung der Dachflächen. Während nämlich das Fehlen von Öffnungen als darstellerisches Phänomen interpretiert wird, kann die Frage, ob das Gebäude ein geneigtes oder ein flaches Dach besaß, über dessen geografische und kulturgeschichtliche Zuordnung entscheiden (Abb. 7).

Bei der Darstellung zeitlicher Abfolgen werden diejenigen Objekte besonders wahrgenommen, die sich von einer Phase zur nächsten verändern. Auf die explizite Darstellung von Hypothesen kann hierbei weitgehend verzichtet werden, ohne dass das allgemeine Verständnis darunter leidet. Hierdurch lässt sich die zeitabhängige Veränderung von Objekten als Darstellungsmethode mit allen vorher genannten Methoden kombinieren und als weiteres Mittel der vereinfachten Darstellung von Unschärfe einsetzen (Abb. 8).

KONVENTIONEN

Die Methoden zur Darstellung von unscharfem Wissen bedingen, dass die Darstellung insgesamt unter kontrollierten Bedingungen erfolgt, um die beabsichtigte Wirkung ohne Störeinflüsse zur Geltung kommen zu lassen. Es ist daher von besonderer Bedeutung, die freien Parameter so weit wie möglich zu reduzieren. Aus diesem Grunde ist beispielsweise die Verwendung von Farbe in einer Rekonstruktion, die den Zweck verfolgt, geometrische Hypothesen wiederzugeben, zu vermeiden, da dies von der eigentlichen Information ablenkt und die Rekonstruktion damit schwerer lesbar wird. In diesem Sinne sind Konventionen wichtig, die sicherstellen, dass die Wahrnehmung einerseits möglichst wenigen Störeinflüssen ausgesetzt ist und der Betrachter sich andererseits in der Darstellung von unscharfem Wissen zurechtzufinden lernen kann.

Eine erste Konvention erklärt die Raumwirkung als übergeordnetes Kriterium bei der Darstellung. Das heißt, dass bei der Darstellung von unscharfem Wissen die Raumwirkung immer der archäologischen und architektonischen Intention entsprechen muss. Eine allgemeine Orientierungshilfe bietet hier die Architekturfotografie. Diese mag auf den ersten Blick die abgebildete Szene objektiv darstellen. Die Wirkung und damit die Aussage einer Fotografie ist jedoch in hohem Maße abhängig von einer ganzen Reihe von Entscheidungen, die bei der Aufnahme getroffen werden müssen: Entscheidungen über den Standpunkt, die Blickrichtung, den Blickwinkel, die

Abb. 9: Festung Karasis

Beleuchtung und die Belichtung. Jede einzelne Entscheidung ist eine Interpretation, die unendlich viele
Alternativen ausschließt. In dieser Gestaltungskom-
petenz liegt das Potential nicht nur der Fotografie,
sondern auch der Darstellung von Unschärfe. Als
Konvention lassen sich trotzdem mindestens zwei
Kriterien definieren, nämlich zum einen der Blick
entweder als Passant aus Fußgängerhöhe oder deutlich aus der Luft und zum anderen die Position der
perspektivischen Bildebene entweder exakt senkrecht
oder wiederum deutlich geneigt, sodass senkrechte
Objektkanten entweder präzise senkrecht abgebildet
werden oder deutlich stürzend (Abb. 9).

Zur Raumwirkung gehört auch die Beschränkung
der Verwendung von Transparenz auf schematische
Zeichnungen, da die räumliche Wirkung transparenter
Oberflächen oder Körper weder dem Vorhandensein
noch dem Fehlen dieser Körper entspricht. Transpa-
renzen können jedoch in Axonometrien verwendet

werden, da diese ohnehin keine auf den Betrachter
bezogene räumliche Wirkung entfalten (Abb. 5).

Zuletzt darf die Belichtung die räumliche Wirkung
nicht beeinträchtigen. Schattierungen, die den Grad der
Unschärfe oder unmittelbar Befunde markieren, dürfen
nicht wie Verschattungen wirken, da ansonsten die
Geometrie falsch interpretiert würde.

Eine zweite Konvention ist die Vereinheitlichung
des Dargestellten. Die Einheitlichkeit in der Darstellung ist notwendig, um unterschiedliche Gebäude und
Gebäudetypen unabhängig vom Grad der Unschärfe
als städtisches Gefüge lesen zu können. Die Wirkung
der Stadt als Ganzes kann nur dann zustande kommen,
wenn Unterschiede in der Sicherheit der Rekonstruktion ausgeglichen werden (Abb. 10).

Für eine gesamte Stadt eignet sich ein Raumraster in
einer Auflösung von etwa einem halben Meter. In dieser
Auflösung sind die Gebäudestrukturen deutlich erkennbar, ohne dass Details entwickelt werden müssten, die

Abb. 11: Römisches Theater Pergamon

nicht durch Befunde oder begründete Hypothesen gesichert sind. Umgekehrt müssen auch detaillierter rekon-
struierbare Objekte und Befunde in dieses Raumraster
hinein vereinfacht werden, um die Gesamtwirkung und
Vergleichbarkeit der Objekte zu gewährleisten. Das
Raumraster ist jedoch nicht strikt durchzuhalten. So
sind sowohl Säulen als auch Treppen als für die Raumwirkung besonders charakteristische Elemente feiner
aufzulösen, um die ihnen innewohnende räumliche
Aussagekraft nicht zu verlieren (Abb. 11).

Eine dritte Konvention schließt sich der zweiten
an und reguliert die Möglichkeiten der individuellen
Darstellung von unscharfem Wissen. Sie definiert die
Individualität der Darstellung abhängig von der Umge-
bung. Dies stellt sicher, dass gleichzeitig sichtbare
Objekte auf dieselbe Art und Weise dargestellt und
damit auch gelesen werden. Auf diese Weise werden
Missverständnisse vermieden, die bei der Verwendung
von unterschiedlichen Methoden in einem einzigen
Bild auftreten könnten. Entscheidend ist dabei die

Abb. 10: Römische Stadt Pergamon

Abb. 12: Trajaneum Pergamon

nur durch den Betrachterabstand oder den Bildausschnitt zu erreichen, so dass eine direkte Abhängigkeit zwischen der Einheitlichkeit bzw. Individualität der Darstellung und dem Betrachterabstand besteht. Dies bedingt, dass eine individuelle Darstellung von unscharfem Wissen bei einem Objekt erst nach Ausblendung der Umgebung möglich ist, d.h. nach entsprechender Annäherung.

Gleichzeitigkeit, das heißt umgekehrt, dass die Darstellung eines Objektes sich ändern kann, je nachdem, ob es im Kontext mit anderen Objekten oder allein dargestellt wird.

Auf Grund der übergeordneten Bedeutung der räumlichen Wirkung ist der Übergang von einer Alleindarstellung zu einer Darstellung im Kontext

Anschrift:
Univ.-Prof. Dipl.-Ing. Dominik Lengyel, Dipl.-Ing. Catherine Toulouse, BTU Cottbus, Lehrstuhl Darstellungslehre, Konrad-Wachsmann-Allee 8, 03046 Cottbus.
E-Mail: lengyel@tu-cottbus.de, toulouse@tu-cottbus.de
URL: www.tu-cottbus.de/darstellung
www.lengyeltoulouse.com

Abbildungsnachweis: Abb. 1 – 12: Verf. unter Verw. v. Ergebnissen betreuter Studienarbeiten

PRAKTISCHE ANWENDUNGEN

DER BANKETTBAU AUF DEM KARASIS – BAUABLAUF

Günter Hell – Martin Bachmann

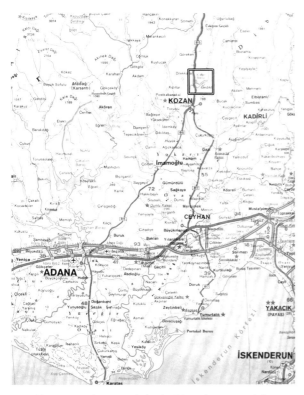

Abb. 1: Lage des Karasis in der Umgebung von Adana

Abb. 2: Ausschnitt der Zusammenmontage von topografischen Karten 1:25 000

LAGE UND ARCHÄOLOGISCHES FORSCHUNGSZIEL

Der Leiter der Forschungen auf dem Karasis, Adolf Hoffmann, beschreibt das Projekt und die archäologischen Forschungsziele wie folgt:

„Das isolierte Bergmassiv des Karasis am Nordrand der fruchtbaren kilikischen Ebene zwischen den Flüssen Pyramos/Ceyhan und Saros/Seyhan, der heutigen Çukurova, erreicht eine Höhe von ca. 1000 m, fällt nach Westen nahezu senkrecht und nach Osten in steilen Felshängen stufenweise in ein waldreiches Bergland ab. Entlang des Bergkamms entwickelt sich über mehrere 100 m Länge eine Burganlage, deren Mauern aus sorgfältig zugerichteten Kalksteinquadern über große Partien noch bis zu 15 m hoch aufrecht stehen. Innerhalb der Umfassungsmauern befinden sich mehrere Sonderbauten, wohl Wohntürme, Kasernen, Speicherbauten und Zisternen, so dass eine ungewöhnlich komplexe Bautypologie die Burg auszeichnet.

Der mit Buschwerk und Bäumen dicht bewachsene Karasis ist schwer zugänglich, Straßen und Wege existieren nur am Fuß des Berges. [...] Dass es sich bei der Burg auf dem Karasis nicht um eine einfache Fortifikationsanlage handelt, ist abgesehen von ihrer enormen Größe auch sonst evident: die bautypologische Breite der Bauten lässt auf eine außergewöhnliche Bestimmung schließen, doch gibt es – abgesehen von wehrtechnischen Vorbildern und Einzelheiten – keine Vergleichsbeispiele, mit deren Hilfe ihre offensichtlich spezifische Aufgabe näher definiert werden könnte. [...] Unter schwierigen Bedingungen entstanden, kann für die mit größtem organisatorischen Aufwand errichtete Burg eigentlich nur ein königlicher Bauherr angenommen werden. Mit dem vorgestellten Forschungsprojekt sind deshalb wesentliche neue Erkenntnisse zur hellenistischen Wehrarchitektur, besonders aber zur speziellen Aufgabe der Karasis-Burg als seleukidischem Prestigebau zu erwarten. [...; siehe Abb. 1–3]

Auf der Grundlage des vorhandenen offiziellen Kartenmaterials im Maßstab 1:25 000 muss mit Hilfe der Luftbildphotogrammetrie zunächst ein dreidimensionales, digitales Geländemodell des Berges erstellt werden. Die darauf folgende archäologische Bauaufnahme der Burg hat eine Bestandsdokumentation der

Burg mit Grundrissen, Schnitten und Ansichten zum Ziel, auf deren Grundlage zusammen mit Beobachtungen und Untersuchungen an den Gebäuderesten selbst bauhistorische Analysen durchgeführt werden sollen. Ziel ist es, die Aufgabe der einzelnen Bauteile und die Funktion der Burganlage insgesamt zu bestimmen. Um die Ergebnisse zu den ebenso notwendigen Rekonstruktionsüberlegungen zur Gesamtanlage und ihres Entstehungsprozesses anschaulich darstellen zu können, ist über die üblichen zeichnerischen Darstellungsformen hinaus auch für die Architektur ein dreidimensionales, digitales Modell geplant. [...] Darüber hinaus geht es mit archäobotanischen und geologischen Untersuchungen darum, die Voraussetzungen zur Wahl des Bauplatzes und zum Bau der Burg zu klären.

Parallel zur Untersuchung der Burganlage selbst soll ein intensiver archäologischer Survey zur eingehenden Erkundung der näheren Umgebung der Burg erfolgen."[1]

Abb. 3: Blick von Westen auf den Burgberg

AUFGABEN FÜR DIE GEOMATIK

Nach einer ersten Besichtigung der Burganlage und diversen Gesprächen im Vorfeld der eigentlichen Arbeitskampagnen haben sich für die Geodäsie die Mitwirkung bzw. alleinige Verantwortlichkeit bei folgenden Aufgaben herausgeschält:

1. Karte der naturräumlichen Einbettung der Burg (Maßstab 1:10 000–1:25 000), Grundlage für Archäologie des Umfeldes
2. Lageplan der Gesamtburg (Maßstab 1:1000–1:2000) inklusive der Felsabbrüche
3. Übersichtsplan jeweils von Unter- und Oberburg (Maßstab 1:200–1:500)
4. Detailpläne von Gebäuden und Gebäudeteilen mittels terrestrischer Photogrammetrie (Maßstab 1:25–1:50)
5. 3D-Visualisierung der Burg auf der Basis der Übersichtspläne (3.)

Es war in einem relativ frühen Stadium klar, dass die topografische Aufnahme des Burgbereiches nicht durch klassische Tachymetrie bewältigt werden konnte. Das für eine detaillierte Aufnahme vorgesehene Gebiet (Punkt 2. in obiger Aufzählung) von etwa 600 m x 1000 m weist bei einem Höhenunterschied von ca. 200 m z.T. dichten Bewuchs sowie Felsabbrüche auf und ist nur unter großem Aufwand klassisch tachymetrisch in der notwendigen Qualität zu erfassen. Um trotzdem eine den örtlichen und auch den zeitlichen Vorgaben (nur drei Feldkampagnen) angemessene topografische Aufnahme zu erstellen, wurde ein eigener Bildflug organisiert. Dieser Bildflug wurde auf die speziellen Gegebenheiten des Berges und der Aufgabenstellung abgestimmt und mit hoher Längs- und Querüberdeckung ausgeführt, um auch Modelle quer zum Streifen bilden zu können. Hiermit war es möglich in Streifenrichtung verdeckte Informationen aus den Quermodellen abzuleiten. Der Bildmaßstab beträgt im Burgbereich ca. 1:3500 und in den ca. 500 m tiefer liegenden Randbereichen rund 1:5000. Das Gebiet für den Lageplan der Gesamtburg wurde abgedeckt.

Nach Erstellung eines Grundlagennetzes mittels GPS-Verfahren wurden für den Bildflug diverse natürliche Punkte eingemessen, die als Passpunkte für die anschließende Bündeltriangulation des Bildverbandes dienten. Die Gewinnung der Höheninformation für den Lageplan der Gesamtburg erfolgte als stereoskopische Höhenlinienauswertung in einer Äquidistanz von 5 m innerhalb der Burganlage, von 10 m außerhalb und von nur 50 m im Bereich der Felsabstürze. Weiter wurde aus den Bildern ein Orthofotomosaik des Gebietes erstellt.

Ergänzt wurde die photogrammetrische Auswertung durch tachymetrische Messungen für:
- die Aufnahme aller Unterkanten des aufragenden Mauerwerks in Unter- und Oberburg,
- die Aufnahme der Topografie im Unter- und Oberburgbereich, in die nicht durch die Luftbildauswertung eingesehen werden kann (stark bewachsene Flächen),
- die Aufnahme der Rampenfragmente im Unter- und Mittelburgbereich,
- die Aufnahme der wichtigen Geländebruchkanten,
- die detaillierte Aufnahme der Zisternen,
- die schematische Aufnahme jener Maueroberkanten, welche nicht durch die Bauaufnahme erfasst wurden.

Im Zuge der vorerst letzten Feldkampagne (Spätsommer 2005) kamen noch Nachmessungen bzw. Ergänzungsmessungen der Umfassungsmauer der Gesamtburganlage sowie Gebäudestrukturen im Mittelburgbereich hinzu.

[1] HOFFMANN 2002

Um für die außerhalb des Befliegungsgebietes liegenden Untersuchungsflächen und Siedlungen des Surveys sowie die im Umfeld des Berges interessanten geomorphologischen Geländeformen eine Höhendarstellung zu erhalten, wurden in einem Gebiet von ca. 9 x 13 km die Höhenlinien der topografischen Karte 1:25000 aus den auf unserer Koordinatensystem georeferenzierten Blättern KOZAN-N35-b1, KOZAN-N35-b2, KOZAN-M35-c3, KOZAN-M35-c4 der türkischen Landesvermessung digitalisiert und in die richtige Höhe verschoben.

Alle Messungen, die das Gelände erfasst hatten, seien es photogrammetrische Höhenlinienauswertung, tachymetrische Aufnahmen, Daten der Bauaufnahme – soweit sie Bodenpunkte waren – oder digitalisierte Höhenlinien der topografischen Karten, wurden in einem digitalen Geländemodell (DGM) vereint. Die Berechnung und die Ableitung von Ergebnissen für die Weiterbearbeitung (Höhenlinien, Geländeflächen für die 3D-Visualisierung) erfolgte mit der Applikation TerraModeler der Firma TerraSolid für das CAD-Programm Microstation V8. Damit war ein konsistentes Modell für alle Aufgaben in den unterschiedlichen

Abb. 4: Erstelltes 3D-Modell mit einem ersten Rekonstruktionsversuch: graue Flächen aus digitalisierten topografischen Karten 1:25 000; mit Orthofoto belegte Flächen Bereich der Luftbildauswertung

Abb. 5: Blick auf das Bankettgebäude von Süden

Maßstäben vorhanden, das dann als Flächenmodell im Programm 3D-Studio Max aufbereitet wurde und als Grundlage für die 3D-Visualisierungen diente.[2]

BANKETTBAU

Bei der Analyse des Bauwesens auf dem Karasis[3] erweist es sich als besonderer Glücksfall, dass der ausgedehnte hellenistische Baukomplex nahezu frei von späteren Veränderungen auf uns gekommen ist. Das Bild der Ruinen zeugt von seiner in einer einzigen Bauetappe erfolgten Errichtung und dem anschließenden Verfall. Von großer Bedeutung ist dabei die besondere topografische Situation, die das Bauen auf dem Karasis mit steilen Hanglagen – wie etwa in Pergamon – vergleichbar macht. Hier wie dort wurde das Baumaterial praktischerweise aus den in den Fels gehauenen Bauterrassen gewonnen. Und in beiden Fällen erfüllten Steinmetzmarken offensichtlich eine wichtige organisatorische Funktion innerhalb dieses Baugeschehens.[4]

Bei der Untersuchung des so genannten Bankettgebäudes auf dem Karasis wurde exemplarisch versucht, aus der steingerechten Bauaufnahme[5], der Erfassung der topografischen Umgebung[6] und der Kartierung und Dokumentation der Steinmetzmarken ein Bild des Arbeitsablaufs, der beteiligten Baugruppen und Handwerker und der Ausnutzung der topografischen Ressourcen zu gewinnen.

Das Bankettgebäude (Abb. 5) gehört zu den Bauanlagen der Oberburg des Karasis. Während in der mit deutlichem Höhenunterschied südlich vorgelagerten Unterburg ausschließlich der militärische, verteidigungstechnische Aspekt der Festung deutlich wird, wurde im Gegensatz dazu auf der Oberburg ein differenzierteres Bauprogramm entwickelt. Dazu gehören neben dem großen Getreidespeicher und weiteren Nebengebäuden zwei Bauanlagen, deren Grundrisse Aspekte herrscherlicher Repräsentation und höfischen Wohnens in sich tragen. Während die auf dem höch-

[2] Schwing 2004, Hell; Schwing 2006, Hell; Schwing 2007

[3] Zu den von A. Hoffmann geleiteten Untersuchungen auf dem Karasis liegt ein umfassender Vorbericht vor: HOFFMANN, A., SAYAR, M. (2007): Vorbericht zu den in den Jahren 2003–2005 auf dem Berg Karasis (bei Kozan/Adana) und in seiner Umgebung durchgeführten Untersuchungen, Istanbuler Mitteilungen 57, S. 365–504.

[4] Dazu ausführlicher bei BACHMANN, M. (2009): Hellenistische Steinmetzmarken im westlichen Kleinasien, in: Lingua Aegyptica – Studia Monographica 8, Göttingen, S. 215–231.

[5] Die steingerechte Bauaufnahme und Analyse des Bankettgebäudes erfolgte durch Dominik Lorentzen.

[6] Dabei sind auch die Steinabbauspuren in der Umgebung und die geologischen Untersuchungen, die von Roman Koch von der Universität Erlangen geleitet wurden, berücksichtigt. Durch sie konnte eine sehr genaue Zuordnung von Steinen hinsichtlich ihrer Herkunft in der nächsten Umgebung rekonstruiert werden.

Baugruppenverteilung
Bankettgebäude Karasis

Abb. 6: Plan des Bankettgebäudes mit der Eintragung der einzelnen Baugruppen, ihrer Zeichen und der zugehörigen Bauabschnitte

sten Plateau der Oberburg angeordnete Hofanlage die Struktur des hellenistischen Peristylhauses besitzt, kam dem auf einer südlich anschließenden Geländestufe errichteten Baukörper eine Sonderfunktion zu. Mit der Anlage des großen Steingebäudes war offensichtlich versucht worden, die öffentlichkeitswirksamen Bereiche repräsentativen hellenistischen Wohnens in einen merkwürdigen, L-förmigen Grundriss zu bündeln und so unter den schwierigen Bedingungen der Bergwelt des Karasis zu verwirklichen (Abb. 6).

Der quergelagerte nördliche Kopfbau barg zwei stattliche Säle, deren Abmessungen – wie die Untersuchungen von D. Lorentzen zeigten – offensichtlich aus dem Grundmodul der Kline entwickelt worden waren. Auch der schmalere Flügel mit der Kammerreihe wies eine Dreiraumgruppe auf, die als Grundelement von Wohnhäusern der hellenistischen Welt vertraut ist.[7] Dieser hohe Anteil von Empfangs- und Gelageräumen war der Anlass, die Anlage als Bankettgebäude[8] zu bezeichnen.

DER BAUABLAUF DES BANKETTGEBÄUDES

Das Bankettgebäude zeigt in allen erhaltenen Bereichen eine sehr hohe Qualität des Mauerwerks. Die großen Umfassungswände bestehen aus gut gefügtem Quadermauerwerk, Teile der Innenwände auch aus

kleinteiligerem, aber ebenfalls sorgfältig gesetztem Schichtenmauerwerk. Steinmetzmarken treten an fast allen aufgehenden Bereichen des Mauerwerks auf. Die Zeichen sind vielfältig, doch nur drei davon treten gehäuft auf – die griechischen Buchstaben Omikron und Tau sowie zwei punktförmige Einarbeitungen – und lassen sich somit den am Bau beteiligten Handwerkergruppen zuweisen. Dadurch lassen sich klare Bauabschnitte ermitteln, die etwa 7 – 8 m umfassen und für die Entstehungsfolge des Gebäudes entscheidende Hinweise liefern. In der Grundrisszeichnung (Abb. 6) sind die durch die Zeichen markierten Bauabschnitte durch unterschiedliche Plansignaturen abgegrenzt.

Bei der Wahl des Bauplatzes spielte die Topografie offensichtlich eine entscheidende Rolle, denn das Gebäude liegt hart am Steilabhang in einer bereits natürlich angelegten geschützten Mulde, an die sich nördlich wiederum ein steiler Geländeanstieg anschließt. Der L-förmige Baukörper wurde mit Bedacht gewählt, denn er erlaubte zum einen, das vorhandene Terrain optimal auszunutzen, zum anderen, die vorhandenen Steinressourcen sozusagen grundrissgerecht zu erschließen. Begonnen wurde sehr wahrscheinlich mit dem Kammerflügel, für den der Stein leicht aus dem rückwärtigen Bereich gebrochen und herangeschafft werden konnte. Seine Ausrichtung an der Steilkante nach Westen gibt die Lage des gesamten Gebäudes vor. Im Bauablauf folgte anschließend der große Kopfbau mit einem verstärkten Abbau des Steinmaterials im Norden. Denn das große Bauvolumen der beiden Säle wie auch die Herstellung der aufwändigen Quaderwände in diesem Bereich erforderten den Abbruch großer Mengen von Steinmaterial im rückwärtigen Bereich. Erst am Ende des Bauprozesses dürften die Hoffassaden errichtet worden sein. Für sie wurden unter anderem die großen Mengen an Steinmaterial

---

[7] LORENZEN, 2007.
[8] Die Bezeichnung ist dennoch als Arbeitstitel zu verstehen.

Abb. 7: Hypothetische Rekonstruktion einer Arbeitsgruppe in Aktion an einem zugehörigen Bauabschnitt des Bankettgebäudes

Abb. 8: Griechisches Schriftzeichen als Steinmetzmarke
am Bankettgebäude

nutzbar, die bei der Anlage der großen Felszisternen im Hof angefallen waren. Eine frühere Errichtung der Hoffassaden hätte zum einen den Zugang zu den Steinbrüchen im Hof versperrt, zum anderen den Bauablauf in den übrigen Bereichen des Bankettgebäudes behindert. Auch die Schmalseite des Bankettgebäudes nach Süden dürfte erst geschlossen worden sein, als die im südlichen Anschlussbereich anstehenden Steinbänke nicht mehr für den Bau benötigt wurden. Aus diesem hypothetisch rekonstruierten Prozess werden sowohl die Morphologie des Gebäudes wie auch die Veränderungen der natürlichen Topografie in seiner Umgebung nachvollziehbar.

Der rekonstruierte Bauvorgang und die Verteilung der Marken ermöglicht in vorsichtigem Umfang auch eine Hochrechnung zur Anzahl der beteiligten Handwerker. Dabei ist zu berücksichtigen, dass spezialisierte Personen für das Brechen und Zurichten der Steine wie auch für den Transport und das Versetzen der fertigen Werkstücke benötigt wurden. Gleichzeitig mussten diese aber auf einem sehr begrenztem Terrain zurechtkommen, denn der Aktionsradius eines mit Hammer und Meißel agierenden Steinmetzen ist beträchtlich. Wird ein Bauabschnitt des Bankettgebäudes mit etwa zehn Personen besetzt und rechnet man noch weitere fünf in dem angrenzenden Steinbruch dazu, so ergibt sich eine Organisationseinheit aus 15 Handwerkern (Abb. 7).

Die drei beteiligten Baugruppen und weitere einzeln agierende Arbeiter ergeben zusammen eine Baustellenbesetzung von etwa fünfzig Personen. Dies mag ange-

sichts des zu schaffenden Bauvolumens überraschend gering erscheinen. Eine größere Menge an Personen ließ das begrenzte Terrain der Baustelle aus logistischen Gründen jedoch kaum zu. Geht man von einer realistischen Tagesleistung von drei bis vier Quadern aus, die von geübten Steinmetzen im Akkord hergestellt werden konnten, ergibt dies für die errechnete Gesamtbelegschaft eine Tagesleistung von etwa 13,5 Kubikmetern Mauerwerk[9]. Unter diesen Bedingungen konnte der gesamte Bankettbau mit seinen immerhin etwa 2000 Kubikmetern Mauerwerk in weniger als acht Monaten hergestellt werden, und dies von einer überraschend geringen, aber gut organisierten Anzahl von Personen.

Den Hinweis auf die Bautrupps als logistische Grundeinheit bei der organisatorischen Bewältigung der Großbaustelle gaben die Steinmetzzeichen. Nun stellt sich die Frage, wie eine Gruppe zur Führung eines bestimmten Zeichens kam (Abb. 8).

Die griechischen Buchstaben könnten sich erklären lassen etwa mit dem Initial des Anführers einer Gruppe. Damit blieben aber die merkwürdigen Sonderzeichen – im Fall des Bankettgebäudes die beiden Punkte – zunächst noch ohne Deutung. Sie könnten die Beteiligung einheimischer, kilikischer Arbeitskräfte am Baugeschehen signalisieren, die vielleicht in Ermangelung von Schriftkenntnissen oder auch zur bewussten Abgrenzung auf Trivialsymbole zurückgriffen.[10] Trotz einiger hypothetischer Aspekte kann das durch die Analyse des Bankettgebäudes gewonnene Bild des Bauwesens als signifikant für die Errichtung der Bauten auf dem Karasis gelten.

VISUALISIERUNG DES BAUABLAUFS

Die angegebenen Abbautiefen und -stellen für die jeweiligen Bauabschnitte wurden bei der Erstellung des digitalen Geländemodells berücksichtigt und damit für jede der sieben Phasen des Baus ein eigenes DGM berechnet. Durch Verschneiden dieser einzelnen Modelle konnten dann die Abbauareale flächenmäßig mit der erwähnten Applikation TerraModeler dargestellt und als Rasterbild ausgegeben werden. Dieses wurde dann als Kennzeichnung (Mapping) für die einzelnen Phasenmodelle verwendet. Daneben wurde die Rekonstruktion des Baus für den jeweiligen Bauabschnitt fortgeführt. Die eigentliche Konstruktion der Gebäude erfolgte nach Angaben der Bauforscher nach Import der Phasen-Modelle im 3D-Studio Max. In den Abbildungen 9 und 10 ist exemplarisch jeweils eine Phase dargestellt.

[9] Diese Berechnungen erfolgten im wesentlichen auf Grundlage der Angaben, die der Steinmetzmeister A. Burrer in einem 1911 publizierten Ratgeber für Steinmetzen liefert. Hier sind Tagesleistungen von 2–3 Werkstücken angegeben, allerdings meist in aufwändigerer Ausführung mit spezieller Bossierung und Randschlag. Vgl. BURRER, A. (1911): Der Steinhauer bei der Arbeit, Maulbronn, S. 31–61.

Die Tagesleistung ist natürlich auch stark abhängig von der Wahl des Steinmaterials; der auf dem Karasis vorkommende Kalkstein ist in bruchrauhem Zustand jedoch relativ leicht zu verarbeiten.

[10] Diese Angaben beruhen auf Informationen von M. Sayar, der mit den epigrafischen Besonderheiten Kilikiens bestens vertraut ist.

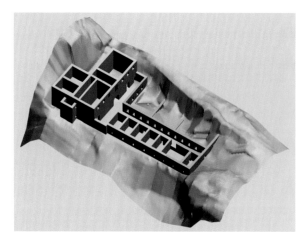

Abb. 9: Bauablauf des Bankettbaus: In rot dargestellt das Gelände, in dem die Steine für die ebenfalls rot dargestellten Bauteile gewonnen wurden.

Abb. 10: Bauablauf des Bankettbaus: Zustand nach Abschluss einer Bauphase mit geändertem Gelände.

ZUSAMMENFASSUNG

Die Arbeiten am Karasis verdeutlichen exemplarisch die Aufgaben und möglichen Lösungen seitens der Geomatik innerhalb eines großen Bauforschungsprojekts. In interdisziplinärer Zusammenarbeit (Bauforscher, Geologe, Geodät) konnte der Bauablauf eines antiken Großbaus in extremer Lage detailliert erarbeitet werden. Die mit Hilfe des DGM visualisierten Forschungsergebnisse können auch auf andere antike Bauprojekte unter extremen topografischen Bedingungen übertragen werden.

Anschrift:
Dr.-Ing. Günter Hell, IfG, Hochschule Karlsruhe –Technik und Wirtschaft, Moltkestr. 30, 76133 Karlsruhe.
E-Mail: g.hell@freenet.de

Dr.-Ing. Martin Bachmann, DAI, Abteilung Istanbul, Ayazpasa Camii Sk. 46,TR-34437 Gümüssuyu-Istanbul.
E-Mail: bachmann@istanbul.dainst.org

Abbildungsnachweis: Abb. 1: Straßenkarte Türkei; Abb. 2: Montierte Kopie aus den topografischen Karten der Türkei 1:25 000; Abb. 3–10: Verfasser

Literatur:
HOFFMANN. A. (2002): Umfang und Beschreibung des Forschungsprojektes zur archäologisch-bauhistorischen Untersuchung der Burg Karasis und ihrer Umgebung; Kooperationsplan, eingereicht bei der Max Planck Gesellschaft 07/02.
HELL, G., SCHWING, T. (2006): Beitrag der Geomatik bei Archäologie und Bauforschungsprojekten. DVW Mitteilungen BW, S. 89–109.

HELL, G., SCHWING, T. (2007): Geodätische Arbeiten. In: Hoffman, A., Sayer, M.: Vorbericht zu den in den Jahren 2003 bis 2005 auf dem Berg Karasis (bei Kozan / Adana) und in seiner Umgebung durchgeführten Untersuchungen, Istanbuler Mitteilungen 57, S. 365–380.
LORENTZEN, D. (2007): Bankettgebäude? In: A. Hoffmann – M. Sayar: Vorbericht zu den in den Jahren 2003–2005 auf dem Berg Karasis (bei Kozan/Adana) und in seiner Umgebung durchgeführten Untersuchungen, Istanbuler Mitteilungen 57, S. 416–423.
SCHWING, T. (2004): Strukturierter Aufbau und Einsatz moderner Vermessungsmethoden für Archäologie und Baugeschichte am Beispiel der Burganlage Karasis. Unveröffentlichte Diplomarbeit, Fak. Geomatik, Hochschule Karlsruhe.

HANDAUFMASS GEGEN HIGH TECH: ZUR AUFNAHME EINES KASSETTIERTEN TONNENGEWÖLBES AUS EPHESOS

Ursula Quatember – Robert Kalasek

Der so genannte Hadrianstempel an der Kureten-straße in Ephesos[1] (Abb. 1) wurde im Jahr 1956 aus-gegraben und in den beiden darauffolgenden Jahren wieder aufgebaut.[2] Der Ausgräber Franz Miltner interpretierte den kleinen Prostylos mit querrecht-eckiger Cella als den provinzialen Kulttempel für Kaiser Hadrian.[3] Michael Wörrle wies diese Deu-tung jedoch bereits 1973 mit guten Gründen zurück.[4] Eine abschließende Publikation liegt bislang nicht vor, ebenso ist eine allgemein akzeptierte Deutung des Gebäudes bis heute ausständig. In einem neuen Forschungsprojekt sollen Fragen nach der Bau-geschichte des Hadrianstempels ebenso wie nach seiner Funktion und Nutzung im Wandel der Zeit beantwortet werden.

Grundlage der Neubearbeitung ist eine steinge-rechte Dokumentation des Gebäudes. Sowohl die in den 1950er Jahren wiederaufgerichtete Struktur als

Abb. 1: Der Hadrianstempel an der Kuretenstraße während der Datenerfassung im September 2009

[1] Die hier vorgestellten Ergebnisse beruhen auf Unter-suchungen im Rahmen eines Projektes zur Erforschung des sog. Hadrianstempels (Projekt Nr. 20947-G02). Dieses wird am Österreichischen Archäologischen Insti-tut durchgeführt und vom Fonds zur Förderung der wis-senschaftlichen Forschung finanziert. Unser Dank gilt der Institutsdirektorin und Grabungsleiterin von Ephesos, S. Ladstätter für ihre Unterstützung. Das 3D-Scanning erfolgte in Zusammenarbeit mit der Breuckmann GmbH. Für die Arbeit vor Ort danken wir B. Breuckmann, Ch. Bathow sowie B. Thuswaldner, die auch das Manu-skript kritisch durchsah. M. Büyükkolancı ermöglichte dankenswerterweise die Aufnahme der Kassettenplatten, die im Bereich der Johannesbasilika gelagert sind. P. Dor-ninger sei für Hinweise zum Postprocessing, H. Quatem-ber für Diskussionen zu baustatischen Fragen gedankt. Weitere Hilfe leisteten S. İlhan, Ch. Kurtze und F. Öztürk. Besonderer Dank gilt U. Outschar, die auf die Kassetten-platten aufmerksam machte.

[2] Zur Ausgrabung der Kuretenstraße s. QUATEMBER, U. (2005): Zur Grabungstätigkeit F. Miltners an der Kure-tenstraße. In: Brandt u.a. (Hrsg.): Synergia. Festschrift F. Krinzinger, Phoibos Verlag, S. 271–278. Zuletzt zur Kuretenstraße und ihren Bauten s. LADSTÄTTER, S. (2009): Neue Forschungen zur Kuretenstraße von Ephesos, Archäologische Forschungen 15, Verlag der Österreichischen Akademie der Wissenschaften.

[3] MILTNER, F. (1959): XXII. Vorläufiger Bericht über die Ausgrabungen in Ephesos. In: Jahreshefte des Öster-reichischen Archäologischen Instituts 44, Beiblatt, Sp. 264–273. Abb. 125–134; ALZINGER, W. (1970): Ephesos B. Archäologischer Teil. In: Wissowa, G. u.a. (Hrsg.): Paulys Real-Encyclopädie der classischen

Altertumswissenschaft, Neue Bearbeitung, Suppl. 12, Sp. 1650 f. Zuletzt mit neuen Deutungsvorschlägen OUTSCHAR, U.: (1999): Zur Deutung des Hadrians-tempels an der Kuretenstraße. In: Friesinger, H. u.a. (Hrsg.): 100 Jahre österreichische Forschungen in Ephe-sos, Archäologische Forschungen 1, Verlag der Öster-reichischen Akademie der Wissenschaften, S. 443–448; HUEBER, F. (1995): Ephesos. Gebaute Geschichte, Verlag Philipp von Zabern, S. 86–88; SCHERRER, P. (2008): Die Stadt als Festplatz: Das Beispiel der ephe-sischen Bauprogramme rund um die Kaiserneokorien Domitians und Hadrians. In: Rüpke, J. (Hrsg.): Festritule in der römischen Kaiserzeit, Verlag Mohr Siebeck, bes. S. 51–53; ebenda S. 51 f. auch zu den vieldiskutierten Reliefs, mit älterer Literatur. Zur Inschrift s. BÖRKER, Ch., MERKELBACH, R. (1979): Die Inschriften von Ephesos II, Inschriften griechischer Städte aus Kleinasien 12, Verlag R. Habelt, Nr. 429.

[4] Seine Überlegungen beziehen sich im Wesentlichen auf die Datierung des Gebäudes, das offenbar fertigge-stellt war, bevor die Stadt Ephesos überhaupt das Recht erhielt, den offiziellen Kaiserkulttempel der Provinz Asia zu errichten, vgl. WÖRRLE, M. (1973): Zur Datierung des Hadrianstempels an der Kuretenstraße in Ephesos. In: Archäologischer Anzeiger, S. 470–477. Bereits E. L. Bowie hatte Zweifel an der Identifikation des Gebäudes geäußert: BOWIE, E. L. (1971): The "Temple of Hadrian" at Ephesus, Zeitschrift für Papyrologie und Epigraphik 8, S. 137–141; BOWIE, E. L. (1973): The Vedii Antonini and the Temple of Hadrian at Ephesus. In: E. Akurgal (Hrsg.), The Proceedings of the Xth International Con-gress of Classical Archaeology Ankara – Izmir 1973, Türk Tarih Kurumu, S. 869–874.

auch nicht verbaute, im Bereich des Hadrianstempels gelagerte, einzelne Architekturglieder mussten aufgenommen werden. Hinsichtlich der Aufnahmetechnik fiel die Entscheidung aus verschiedenen Gründen auf die Anwendung von 3D-Scanning-Verfahren:[5] Alle marmornen Bauteile wurden mit Streifenlicht-Scannern der Breuckmann GmbH (einem Breuckmann smartSCAN-3D und einem Breuckmann triTOS) dokumentiert. Die Bruchsteinmauern des Innenraumes, moderne Ergänzungen der Rekonstruktion sowie die unmittelbar angrenzende Bebauung wurden mit einem Phasenvergleichs-Scanner (Z+F imager 5006i) aufgenommen.[6]

Im Folgenden soll ein Aspekt des 3D-Präzisions-Scannings von Architekturteilen diskutiert werden: die computergestützte Überprüfung anpassender Bauteile zur Kontrolle einer Rekonstruktion. Wie zu zeigen sein wird, führen Analysen auf der Grundlage von aus 3D-Scans generierten, dreidimensionalen Modellen – insbesondere bei komplex geformten, oder gekrümmten Oberflächen, wie sie beispielsweise bei Monopteroi, Tholoi oder auch bei unterschiedlichen Gewölbekonstruktionen auftreten – zu sehr zuverlässigen Ergebnissen.

Eine Gewölbekonstruktion ist auch für die Überdachung der Vorhalle des Hadrianstempels zu

erwarten.[7] Die erhaltenen Bauteile und technischen Anschlüsse legen eine Untergliederung in drei Abschnitte nahe (Abb. 2): Über dem Mittelteil, der durch einen syrischen Bogen an der Frontseite und eine Lünette an der Rückwand akzentuiert wird, befand sich eine Gewölbekonstruktion – vermutlich in einer einfachen Form, optisch ähnlich einer Hängekuppel –, die von drei Gurtbögen gestützt wurde. Seitlich schloss jeweils ein parallel zur Kuretenstraße verlaufendes Tonnengewölbe an, das an den Schmalseiten der Vorhalle von aus mehreren Bauteilen zusammengesetzten Schildbögen abgeschlossen wurde (Abb. 3).[8] Aus den Anschlussflächen, die Dübellöcher aufweisen, geht hervor, dass die Dachkonstruktion aus Werksteinquadern bestand.

In ihrer Dissertation aus dem Jahr 1989 schlug U. Outschar vor, mehrere Kassettenplatten eines Tonnengewölbes der Dachkonstruktion über der Vorhalle des Hadrianstempels zuzuordnen.[9] Es handelt sich um ein nahezu vollständig erhaltenes Architekturglied (Abb. 4) sowie fünf Fragmente, die ihren Recherchen zufolge alle im Bereich der so genannten Johannesbasilika im heutigen Selçuk – und damit mehrere Kilometer Luftlinie vom Hadrianstempel entfernt – gefunden wurden (Abb. 5). Dieser Fundort spricht jedoch nicht notwendigerweise gegen eine Zugehörigkeit zum Gebäude, zumal bekannt ist, dass Architekturglieder zur Wiederverwendung als Spolien häufig über weite Strecken transportiert

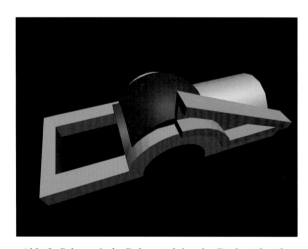

Abb. 2: Schematische Rekonstruktion des Daches über der Vorhalle

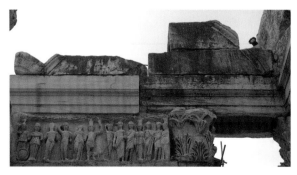

Abb. 3: Detail der Dachkonstruktion an der Ostseite der Vorhalle – Bauteile des Schildbogens

[5] Zu einem ersten Vorbericht s. QUATEMBER, U. u.a., The Virtual and Physical Reconstruction of the Octagon and Hadrian's Temple in Ephesus. In: M. Winkler (Hrsg.), Proceedings from the 2nd Conference on Scientific and Cultural Heritage 2009 in Heidelberg (in Druck).
[6] Vgl. dazu auch den Beitrag zum Hadrianstempel in den Tagungsakten der 28th Annual Conference on Computer Applications and Quantitative Methods in Archaeology (CAA) 2008 in Granada (in Vorbereitung).
[7] Zu kassettierten Tonnengewölben im Allgemeinen s. auch TANCKE, K. (1989): Figuralkassetten griechischer und römischer Steindecken, Europäische Hochschulschriften 38, 20, Verlag Peter Lang, bes. S. 63–65.
[8] Eine entsprechende Konstruktion wurde bereits von U. Outschar postuliert, vgl. OUTSCHAR 1999 (Anm. 3) S. 448 Anm. 28. ALZINGER 1970 (Anm. 3) Sp. 1651 schlägt hingegen ein Kreuzgratgewölbe vor. Outschars Vorschlag wurde übernommen von PLATTNER, G. A., SCHMIDT-COLINET, A. (2005): Beobachtungen zu drei kaiserzeitlichen Bauten in Ephesos. In: Brandt u.a. (Hrsg.): Synergia. Festschrift F. Krinzinger, Phoibos Verlag, S. 252 f. Zu einer ausführlichen Diskussion der Dachkonstruktion sei auf die geplante Neupublikation des Hadrianstempels verwiesen.
[9] OUTSCHAR, U. (1989): Ornament und Fläche. Konstruktion, Gliederungsschema und Dekor römischer Steindecken in Ephesos, unpubl. Dissertation, Universität Wien, S. 48–52, 144–149 (Kat. IX,1–IX,6), Z 47–49, Taf. 73–76. Dieser Vorschlag wurde übernommen von PLATTNER, G. A., SCHMIDT-COLINET, A. 2005 (Anm. 8) S. 252.

Abb. 4: Vollständig erhaltene Kassettenplatte – 3D-Scan (oben) und Foto (unten) im Vergleich

wurden.[10] Für eine Zweitverwendung der Stücke, möglicherweise im Bereich der Johannesbasilika, sprechen nicht zuletzt auch die Dübellöcher und Klammerbettungen an der ehemaligen Sichtseite der Kassettenplatten.[11] Zurecht verwies U. Outschar auch auf die Ähnlichkeit der ornamentierten Kassetten-felder mit der Dekoration der Celsus-Bibliothek und vor allem mit jener des Hadrianstempels selbst.[12]

Neben diesen kunsthistorischen Erwägungen sprachen auch die von Outschar ermittelten Maße durchaus für eine Anbringung am Hadrianstempel:[13] Der Durchmesser der anzunehmenden halbkreisförmigen Tonne lässt sich anhand des in Abbildung 6 dargestellten Zusammenhangs bestimmen. Je nach den zugrunde gelegten Abmessungen ergeben sich unterschiedliche Werte: Nimmt man etwa die bei Outschar

Abb. 5: Fragment einer Kassettenplatte von der Johannesbasilika (Foto)

[10] Vgl. dazu beispielsweise ein in der Isa Bey Moschee in Selçuk verbautes Kapitell vom Hadrianstor an der Kure-tenstraße: THÜR, H. (1989): Das Hadrianstor in Ephesos, Forschungen in Ephesos XI 1, Verlag der Österreichischen Akademie der Wissenschaften, S. 44 f, 146 (K 9) Abb. 68.
[11] So auch OUTSCHAR 1989 (Anm. 9) S. 50 mit Anm. 168.

[12] Vgl. ebd. S. 49 f.
[13] Mittel zu einer weiteren Überprüfung dieser These, beispielsweise mittels Anpassung der Originalteile, standen U. Outschar im Rahmen ihrer Dissertation nicht zur Verfügung, vgl. OUTSCHAR 1989 (Anm. 9) S. 50 mit Anm. 171.

$$d = \frac{\left(\frac{s}{2}\right)^2}{p} + p$$

$$\frac{42,25^2}{4,5} + 4,5 = \underline{401\ cm}$$

$$\frac{40^2}{5} + 5 = \underline{325\ cm}$$

d.... Durchmesser   s... Sehne   p... Pfeil- oder Stichhöhe

Abb. 6: Zusammenhang zwischen Sehnenlänge, Pfeilhöhe
und Kreisdurchmesser

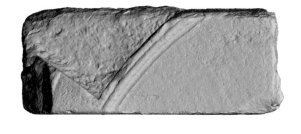

Abb. 7: Bauelement des östlichen Schildbogens (3D-Scan)

angegebenen Maße der vollständig erhaltenen Kassettenplatte mit einer Breite bzw. Tiefe von 84,5 cm
(bzw. die Hälfte der Bogensehne, d.h. 42,25 cm)
sowie einer Pfeilhöhe von 4,5 cm[14], erhält man einen
Durchmesser von 401 cm. Legt man die von Outschar
genannten gerundeten Maße zugrunde,[15] ergibt sich
hingegen ein Durchmesser von 325 cm. Besonders
das letztgenannte Ergebnis würde zur bei Miltner
mit etwa 3,30 m angegebenen Tiefe des Vorraumes[16]
passen. Die Abweichungen der beiden Berechnungen – je nach den gewählten Werten – zeigt jedoch
deutlich, wie schwierig es ist, auf Grund des Handaufmaßes zu einem einigermaßen verlässlichen Ergebnis
zu kommen. Erschwerend kommt der Umstand hinzu,
dass jedes Werkstück eigens für die Anbringung in

seiner Position gearbeitet wurde und die Maße der
nicht erhaltenen Kassettenplatten von jenen der uns
bekannten abweichen können.

Es war somit nahe liegend, die Zugehörigkeit des
Tonnengewölbes mittels der 3D-Scans zu überprüfen.
Die beste Grundlage dafür stellen die Schildbögen
am Ende der beiden Schmalseiten dar. Diese waren

---

[14] OUTSCHAR 1989 (Anm. 9) S. 144 Kat. IX,1
[15] Vgl. OUTSCHAR 1989 (Anm. 9) S. 49. Der von
OUTSCHAR 1989 (Anm. 9) S. 49 f. Z 49 ermittelte Durchmesser von 5,4 m ist m. E. nicht nachvollziehbar. Damit
würde das Tonnengewölbe auch nicht zur Vorhalle des Hadrianstempel passen.
[16] MILTNER 1959 (Anm. 3) Sp. 271 Abb. 125.

Abb. 8: Schnitt durch die Vorhalle mit Blick nach Westen –
Vergleich von Schildbogen und vollständig erhaltener Kassettenplatte

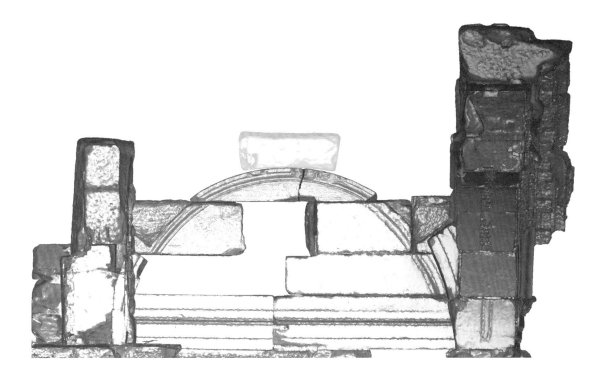

Abb. 9: Schnitt durch die Vorhalle mit Blick nach Osten –
Vergleich von Schildbogen und vollständig erhaltener Kassettenplatte

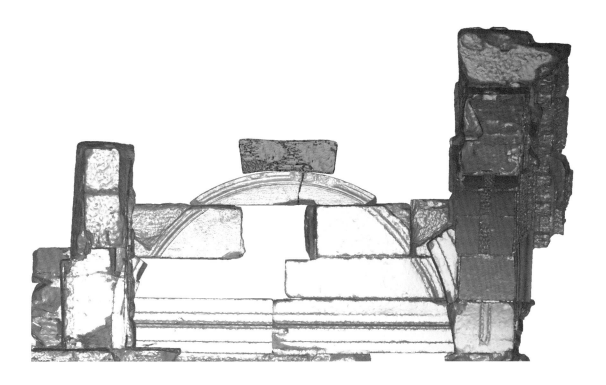

Abb. 10: Schnitt durch die Vorhalle mit Blick nach Osten –
Vergleich von Schildbogen und Kassettenplatte von der Johannesbasilika

als Auflager für Kassettenblöcke gearbeitet, und ihre Krümmung müsste deshalb exakt übereinstimmen.

Die einzelnen Elemente der Schildbögen sind zum Teil im Zuge der Wiedererrichtung am Hadrianstempel versetzt worden, wobei ihre Position jedoch nicht in allen Fällen dem Originalzustand entspricht. Weitere Architekturglieder sind unverbaut in unmittelbarer Nähe gelagert. Im Jahr 2009 konnten alle diese Stücke mit einem Streifenlicht-Scanner aufgenommen werden (Abb. 7); in weiterer Folge wurden ihre ursprünglichen Anbringungsorte im 3D-Modell rekonstruiert.

Die Teile des kassettierten Tonnengewölbes wurden mit dem Phasenvergleichs-Scanner (Z+F imager 5006i) dokumentiert. Versucht man im 3D-Modell, Schildbögen und Tonnengewölbe zur Deckung zu bringen, zeigt sich, dass die Krümmung der einzelnen Gewölbelemente geringfügig, aber doch eindeutig, von jener des dafür vorgesehenen Auflagers abweicht (Abb. 8–10). Das Gewölbe kann somit nicht zum Hadrianstempel gehört haben.

Inhaltlich ist damit festzuhalten, dass die Frage nach der von Outschar vorgeschlagenen Zugehörigkeit der Kassettenplatten zum Hadrianstempel auf Grund der präzisen 3D-Messergebnisse abschlägig beantwortet werden konnte. Die in Frage kommenden Architekturglieder waren nicht Bestandteil der Gewölbekonstruktion über der Vorhalle – allerdings der von Outschar vorgeschlagenen sicher ähnlich.[17]

Dem Datierungsansatz U. Outschars für die Kassettenplatten in das erste Viertel des 2. Jhs. n. Chr. ist grundsätzlich zuzustimmen; denkbar wäre aber ebenso eine etwas spätere Entstehung in der weiter fortgeschrittenen Regierungszeit Hadrians.[18] Gerade in dieser Zeit entfaltete sich in Ephesos eine reiche Bautätigkeit,[19] und die Möglichkeiten der Zuweisung der Kassetten zu anderen Bauten sind zahlreich. Auf Grund der Größe wäre m. E. allerdings weniger an die Abdeckung einer Wandnische oder Ädikula zu denken, wie von Outschar vorgeschlagen, sondern an einen größeren architektonischen Zusammenhang, beispielsweise einen Torbau oder ein Propylon[20].

Das hier ausgeführte Beispiel der Aufnahme und Analyse eines kassettierten Tonnengewölbes zeigt deutlich, dass die Resultate des 3D-Scannings in ihrer Genauigkeit auch die sorgfältigste Handaufnahme übertreffen und sich dadurch neues Erkenntnispotential für die Bauforschung ergibt.

Anschrift:
Mag. Dr. Ursula Quatember, Österreichisches Archäologisches Institut, Franz Klein-Gasse 1, A-1190 Wien.
E-Mail: ursula.quatember@oeai.at
Dipl.-Ing. Robert Kalasek, Institut für Stadt- und Regionalforschung, Technische Universität Wien, Operngasse 11, A-1040 Wien
E-Mail: kalasek@srf.tuwien.ac.at

Abbildungsnachweis
Abb.1–10: ÖAI Wien (U. Quatember, R. Kalasek)

---

[17] Vgl. Anm. 8.

[18] Eine allzu große Präzisierung der zeitlichen Einordnung ist m. E. für die zur Diskussion stehenden Bauteile nicht möglich. Vgl. dazu auch KÖSTER, R. (2004): Die Bauornamentik von Milet 1. Die Bauornamentik der Frühen und Mittleren Kaiserzeit, Milet VII 1, Verlag W. de Gruyter, S. 2 mit Anm. 7, der davon ausgeht, dass kaiserzeitliche Bauornamentik nicht genauer als auf ± 15 bis 20 Jahre datiert werden kann.

[19] Vgl. dazu beispielsweise SCHERRER, P. (2001): The Historical Topography of Ephesos. In: Parrish, D. (Hrsg.), Urbanism in Western Asia Minor. New Studies on Aphrodisias, Ephesos, Hierapolis, Pergamon, Perge and Xanthos, Journal of Roman Archaeology, Suppl. 45, Portsmouth, S. 57–87, bes. S. 77f.

[20] Vgl. beispielsweise das Hadrianstor in Antalya, vgl. LANCKORONSKI, K. (1890): Städte Pamphyliens und Pisidiens I, Verlag F. Tempsky, S. 20–24, Fig. 8–12, Taf. 5–7; s. auch SCHORNDORFER, S. (1997): Öffentliche Bauten hadrianischer Zeit in Kleinasien, Charybdis 14, Verlag Lit, S. 195–197 mit weiterer Literatur.

LASERSCANNING ALS GRUNDLAGE FÜR BAUFORSCHUNG UND SCHADENSKARTIERUNG IN RESAFA/SYRIEN – OBJEKTIVE DOKUMENTATION ODER/UND ANALYSE DER KONSTRUKTION?/!

Martin Gussone – Hans Heister – Wolfgang Liebl – Ines Oberhollenzer – Dorothée Sack – Heba Shash

Der Untertitel „Objektive Dokumentation oder/und Analyse der Konstruktion?/!" benennt ein methodisches Spannungsfeld: Auf der einen Seite beschreiben die Geodäten eine präzise Gebäudedokumentation durch Terrestrisches Laserscanning (TLS) anhand von Parametern wie Lage, Höhe oder Standardabweichungen im MM-Bereich und generieren dabei sehr präzise, dreidimensionale Gebäudegeometrien; auf der anderen Seite sehen Bauforscher und Archäologen ihren Erfolg im Erkennen von Konstruktionen, Bauweisen und nachträglichen Bauveränderungen sowie architektonischen und historischen Zusammenhängen. Im schlechtesten Fall stehen sich Auffassungen gegenüber wie: nach einem Laserscanning sei die Gebäudedokumentation erledigt und man müsse das Gebäude eigentlich nicht mehr betreten, oder: beim Scannen würden nur Datenberge produziert, mit denen auf Grund der Datenmenge und durch den rasanten Technikverfall langfristig nichts anzufangen sei. Im Folgenden soll anwendungsorientiert ein sehr erfolgreicher Fall dargestellt werden, bei dem die intensive Zusammenarbeit von Geodäten und Bauforschern zu sehr guten Ergebnissen führte.

RESAFA, SYRIEN, „ZENTRALBAU"

Resafa liegt ca. 25 km südlich des Euphrats am Rand der syrischen Wüstensteppe. Als Ort des Martyriums des hl. Sergios entwickelte sich die aus einem römischen Limes-Kastell hervorgegangene Stadt im 5. und 6. Jahrhundert zu einer der wichtigsten christlichen Pilgerstätten im östlichen Mittelmeerraum. Auch in islamischer Zeit kam dem Ort zentrale Bedeutung zu, nachdem er im zweiten Viertel des 8. Jahrhunderts zu einer groß angelegten Residenz des Kalifen Hisham b. Abd al-Malik (Regierungszeit 724–743) ausgebaut wurde. Die Besiedlung endete in Folge des Mongolen-Einfalls in der Mitte des 13. Jahrhunderts. Ende des 17. Jhs. wurde Resafa von englischen Kaufleuten auf der Reise von Palmyra nach Aleppo besucht und durch ihren Bericht in der westlichen Literatur erstmals seit Beginn der Neuzeit wieder wahrgenommen. Ab dem Ende des 19. Jhs. wurde der Ort gelegentlich von einzelnen Forschungsreisenden aufgesucht, bis Anfang der 1950er Jahre die noch heute andauernden systematischen archäologischen Untersuchungen begannen. Seit 2006 wird unter der Leitung von Dorothée Sack das Projekt „Resafa-Sergiupolis/ Rusafat Hisham – Pilgerstadt und Kalifenresidenz" durchgeführt, das aus fünf Teil- und einer Vielzahl weiterer Unterprojekte besteht [vgl. SACK. u. a. (im Druck)].

Das gesamte Resafa-Projekt des Deutschen Archäologischen Instituts (DAI) wird mit Hilfe einer Vielzahl von Mittelgebern und Kooperationspartnern umgesetzt; für diesen Beitrag werden vor allem Ergebnisse zusammengefasst, die von mehreren Arbeitsgruppen, bestehend aus Geodäten der Universität der Bundeswehr Neubiberg (UniBW) und Bauforschern der Technischen Universität Berlin mit zusätzlicher Unterstützung durch Geodäten der Hochschule Wirtschaft und Technik Karlsruhe (HsKA), erarbeitet wurden. Im Speziellen sollen die gemeinsamen, einander ergänzenden Arbeiten an dem sogenannten Zentralbau erörtert und die methodische Zusammenarbeit und Verzahnung der verschiedenen Arbeitsgruppen dargestellt werden.

Der Zentralbau wurde Anfang des 6. Jhs. errichtet, als Bischofskirche genutzt und zu einem bislang nicht genau datierbaren Zeitpunkt durch Erdbeben zerstört. Anschließend wurde er nicht wieder aufgebaut, sondern durch den Einbau von Wohnhäusern in islamischer Zeit einer anderen Nutzung zugeführt, bevor die Stadt und ihre Besiedlung ganz aufgegeben wurden (vgl. [BRANDS 2002, S. 121–128, 179]; vgl. Abb. 1). Zur Vorbereitung einer von der Direction Générale des Antiquités et des Musées de Syrie (DGAMS) gewünschten partiellen Anastilosis finden hier seit 2007 Voruntersuchungen als Unterprojekt im Rahmen des Teilprojektes 4 „Konsolidierungs- und Restaurierungsmaßnahmen" statt [SACK; GUSSONE 2008, S. 33–34; SALMAN; SCHUHMANN 2009, S. 37].

Abb. 1: Luftbild, Blick von Nordosten, 1997

TERRESTRISCHES LASERSCANNING: ZIELSETZUNG – DURCHFÜHRUNG – ERGEBNISSE

Die Arbeit am Zentralbau ist in die langjährige Zusammenarbeit des Geodätischen Labors der Universität der Bundeswehr Neubiberg mit dem Resafa-Projekt des DAI eingebunden. Zu Beginn wurde im Jahre 2002 ein präzises Ingenieurnetz in Lage und Höhe im Rahmen von Deformationsuntersuchungen an der Basilika A angelegt (Abb. 2). Die Bestimmung der Messpunkte erfolgte durch eine Kombination der geodätischen Verfahren Nivellement, GPS und Tachymetrie. Als Höhendatumspunkt diente dabei die Höhe des Punktes SYR2Ex mit 300,00 m. Als Lagedatum wurde über GPS mit Höhenbezug von SYR2Ex ein Gauß-Krüger-Koordinatensystem festgelegt. In diesem lokalen Koordinatensystem (Resafa-Koordinatensystem) wurden Standardabweichungen in einer Größenordnung von durchschnittlich < 0,5 mm erreicht [LINDEMANN; SCHULZ 2002]. Zur Detektion von rezenten Deformationen wurde das Ingenieurnetz in einer zweiten Messepoche im Jahr 2006 überprüft und um weitere Festpunkte ergänzt. Die erreichten Standardabweichungen entsprachen denen der Nullmessung. Zusätzlich wurde ein Laserscan der Basilika A mit dem terrestrischen Laserscanner Leica HDS 3000 angefertigt [KOWOLL; STERNBERG 2007; 2008, S. 41]. Die dabei gewonnene Punktwolke (Abb. 3) wurde für eine 3D-Modellierung und Visualisierung der Basilika A weiter bearbeitet. Eine konkrete Verwendung fanden aus der Punktwolke abgeleitete Schnitte als geometrische Grundlage eines Gutachtens zur Standsicherheit der Kirche [DIERKS 2008]. Das „Resafa-Koordinatensystem" und die in diesem System hergestellten Festpunkte werden von allen Teilprojekten verwendet und ermöglichen als gemeinsame geodätische Grundlage einen reibungslosen Austausch der erzielten Ergebnisse.

ZIELSETZUNG AM ZENTRALBAU

Bereits 2007 erfolgte eine bauarchäologische und konservatorische Untersuchung am Nordostturm des Zentralbaus im Rahmen einer Abschlussarbeit des Masterstudiums Denkmalpflege der TU Berlin [BÖWE; HORN 2008a; 2008b]. Dabei stellte sich heraus, dass zur Vorbereitung der geforderten partiellen Anastilosis weitere Untersuchungen und eine genaue Erfassung des z.T. stark deformierten Gebäudes notwendig sind (Abb. 4). Als ein weiterer Bestandteil der Voruntersuchungen folgte im Herbst 2008 eine Messkampagne durch das Geodätische Labor der Universität der Bundeswehr Neubiberg unter der Zielsetzung „Präzise 3D-Bestandsdokumentation des so genannten Zentralbaus mittels Terrestrischem Laserscanning (TLS)" als geometrische Grundlage für spätere Restaurierungsmaßnahmen [HEISTER u. a. 2009, S. 36].[1]

Die Zielstellung beinhaltete, das gesamte Bauwerk möglichst vollständig mit einer hohen Auflösung zu erfassen, wobei nicht nur der Zentralbau – innen und außen –, sondern auch die in den Grabungen der 1950er Jahren angelegten Steingärten berücksichtigt werden sollten. Zudem sollte die geometrisch korrekte Einbindung der Punktwolke in das 2002 angelegte übergeordnete „Resafa-Koordinatensystem" die Weiterverarbeitung der gewonnenen Daten durch die anderen Arbeitsgruppen gewährleisten.

ERWEITERUNG DES INGENIEURNETZES UND VORBEREITUNG DES TLS

Als Vorbereitung für die 3D-Bestandsdokumentation und die Einbindung der mit dem terrestrischen Laserscanner gewonnenen Daten des Zentralbaus in das übergeordnete „Resafa-Koordinatensystem" war

[1] Teilnehmer der Messkampagne 2008 am Zentralbau seitens der Universität der Bundeswehr Neubiberg waren: Hans Heister, Wolfgang Liebl, Manfred Stephani und Armin Sternberg.

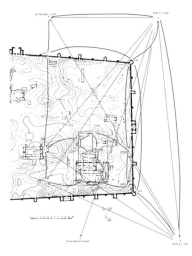
Abb. 2: Ingenieurnetz für die Basilika A, 2006

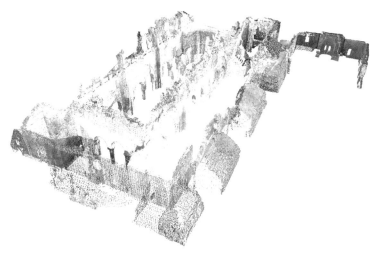
Abb. 3: Punkwolke der Basilika A, Screenshot, Blick von Westen, 2006

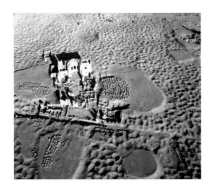

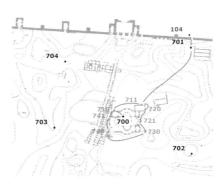

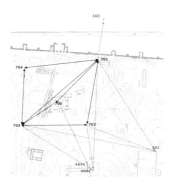

Abb. 4: Zentralbau,
Luftbild, Blick von Westen, 1999

Abb. 5: Zentralbau,
Netz Präzisions-Nivellement, 2008

Abb. 6: Zentralbau, Netz
Präzisions-Tachymetrie, 2008

die Erweiterung des bestehenden Ingenieurnetzes notwendig. Für diese Arbeiten kamen – wie bereits in der Messkampagne 2006 – das digitale Präzisionsnivellier DNA 03 und der Präzisions-Tachymeter TCRP1201 von Leica Geosystems mit Einprismen-Präzisionsreflektoren zum Einsatz. Dabei wurden im Außenbereich der Kirche vier neue Netzpunkte und im Innenraum ein weiterer Punkt erkundet und durch Messingstehbolzen mit Zentrierbohrung vermarkt. Die Punkte wurden mit Einmessskizzen dokumentiert. Weitere 22 Punkte wurden im Außen- und Innenbereich des Zentralbaus in unterschiedlicher Höhe festgelegt und durch spezielle, bereits in der Basilika A erprobte Wandadapter mit Gewindebohrung vermarkt.[2] Die durch die Wandadapter vermarkten Punkte dienen der Georeferenzierung der Punktwolke, zudem wurden acht Punkte durch ein Präzisionsnivellement verknüpft, um zu einem späteren Zeitpunkt eventuelle Setzungen durch Wiederholungsmessungen nachweisen zu können. Mit diesem Konzept der Spezialvermarkung für Messungen mit Tachymeter und Nivellier mit geometrisch hochgenauem Wechselsystem für das Laserscanning konnte die Verbindung der Messverfahren Nivellement, Tachymetrie und TLS über identische 3D-Punkte sichergestellt werden. Durch das Präzisionsnivellement wurde zugleich eine Grundlage für nachfolgende Vergleichsmessungen gelegt (Abb. 5). Die Auswertung der Messungen des Präzisionsnivellements erfolgte als freie Netzausgleichung; die erreichten Standardabweichungen der Höhenkoordinaten liegen zwischen 0,2–0,5 mm (Ø 0,3 mm). Alle Tachymetermessungen wurden ebenfalls erfolgreich, getrennt als Lage- und Höhennetz, ausgewertet. Die Lagenetzausgleichung wurde zunächst als freie Netzausgleichung zur Kontrolle der inneren Geometrie des Netzes durchgeführt, gefolgt von einem Lageanschluß an die bekannten Festpunkte. Die ermittelten Standardabweichungen der Lagekoordinaten liegen zwischen 0,8–2,6 mm (Ø 1,6 mm). Das tachymetrische Höhennetz wurde an die acht Punkte angeschlossen, deren Höhenkoordinaten durch das Präzisionsnivellement bestimmt wurden. Die hierbei ermittelten Standardabweichun-

gen der tachymetrisch bestimmten Höhenkoordinaten liegen zwischen 0,2–1,4 mm (Ø 0,9 mm).

Zur 3D-Erfassung wurde erstmalig in Syrien der Laserscanner IMAGER 5006 der Firma Zoller+Fröhlich (Z+F) verwendet.[3] Im Gegensatz zu dem im Jahr 2006 eingesetzten terrestrischen Laserscanner mit Impulslaufzeitverfahren bestimmt der IMAGER 5006 die Entfernung nach dem Phasenvergleichsverfahren. Dies ermöglicht eine höhere Messrate und -genauigkeiten im Millimeterbereich. Das „Stand Alone“-Konzept dieses Modells war für den Einsatz in dem klimatisch extrem schwierigen Gelände in Resafa – hohe Temperaturen und gelegentliche „Ajaj“ (Sandstürme) – ein weiteres entscheidendes Auswahlkriterium. Durch einen integrierten PC mit 60 GB Festplatte, einen leistungsfähigen Akku sowie Wechselakku und ein integriertes Bedienfeld konnte auf weitere Hardware und Zusatzinstrumentarium verzichtet und ein Betrieb ohne jede weitere Verkabelung ermöglicht werden.

DURCHFÜHRUNG

Zur bestmöglichen Erfassung des Zentralbaus in der vorgegebenen Zeit mit Terrestrischem Laserscanning wurden insgesamt 28 Standpunkte in unterschiedlicher Höhe ausgewählt (Abb. 7). Neben der Vollständigkeit war die Anzielung von möglichst vielen Zielzeichen ein weiteres Kriterium der Standpunktwahl, um die Verknüpfung der einzelnen Punktwolken und die Georeferenzierung in jedem Fall zu gewährleisten. Die genaue Registrierung wurde unter Einbeziehung der neu bestimmten Festpunkte und weiterer 22 temporärer Verknüpfungspunkte sichergestellt.

[2] Die Wandadapter ermöglichen ein zwangszentriertes Aufschrauben verschiedener Zielzeichen, u.a.: Nivellementbolzen, Magnethalter für Corner Cube Reflector CCR 1.5“ bzw. Zieltafel TLS auf CCR Halbkugel.
[3] Herstellerangaben für den IMAGER 5006: Eindeutigkeitsbereich: 79 m; Auflösung der Entfernung: 0,1 mm; Datenerfassungsrate: < 500.000 Pixel/Sek.; Strahldivergenz: 0,22 mrad; Strahldurchmesser: 3 mm kreisrund [ZOLLER + FRÖHLICH 2008].

Abb. 7: Zentralbau, Übersicht der Scannerpunkte
und Punkte zur Registrierung, 2008

Abb. 8: Zentralbau, Blick von Westen,
terrestrisches Laserscanning, 2008

Entsprechend der jeweiligen Entfernung zum Messobjekt wurden die unterschiedlichen Auflösungsstufen „high" und „superhigh" verwendet.[4] Zusätzlich zu den einzelnen Scans wurden mit einer adaptierten Digitalkamera (Abb. 8) pro Standpunkt 28 digitale Fotos angefertigt, die der Orientierung des Nutzers dienen und eine automatisierte Einfärbung der Punktwolken mit den Echtfarbinformationen durch Farbmapping ermöglichen.

ERGEBNISSE
Die erste Auswertung der Messungen in Resafa erfolgte weitgehend direkt vor Ort im Grabungshaus im Anschluß an die Datenaufnahme. Für die Verknüpfung und Registrierung der einzelnen Scans wurde ein leistungsstarker Laptop mit 4 GB RAM verwendet, um die große Datenmenge bewältigen zu können. Die speziell für den IMAGER entwickelte Z+F Software Lasercontrol ermöglichte eine schnelle Registrierung der Scandaten über Pass- und identische Punkte durch eine Bündelblockausgleichung.

Die gesamte Datenmenge der erfassten Punkte liegt bei etwa 17 GB, hierbei liegen pro Scan mehrere Millionen Punkte vor. Nach der Aufnahme der Scans wurden die einzelnen Datensätze geprüft und gefiltert, wobei Störungen, wie z.B. in den Aufnahmebereich gewehter Flugsand etc., bereinigt wurden.

Für die Registrierung wurde zunächst ein Datensatz aller verwendeten Zielzeichen mit den zugehörigen Koordinateninformationen in Lage und Höhe importiert. Anschließend erfolgte die Verknüpfung der einzelnen Scans über die identischen Zielzeichen, parallel erfolgte die Georeferenzierung über den importierten Datensatz. Die Registrierung der insgesamt 191 Zielzeichen erfolgte mit gleicher Gewichtung. Im Ergebnis lag die durchschnittliche Standardabweichung bei nur 3.2 mm. Eine Visualisierung des Datenbestandes mit der höchsten vorhandenen Punktdichte ist im Hinblick auf die vorhandene Rechnerkapazität nicht zu empfehlen. Die Vorteile der hohen Auflösung machen

sich vor allem bei der Auswertung von ausgewählten Detailbereichen bemerkbar.

AUFBEREITUNG DER DATEN – ERGEBNISSE DER HISTORISCHEN BAUFORSCHUNG

Die auf Grundlage einer Datenmenge von 17 GB aus Messungen von 28 Standpunkten kompilierte Punktwolke des Zentralbaus sieht auf dem Bildschirm sehr eindrucksvoll aus (Abb. 9 und 10), die hohe Auflösung erlaubt eine Vergrößerung, bei der eine Vielzahl von Details zu erkennen sind. Als ein Problem stellte sich jedoch heraus, diese Daten für die weitere Arbeit der Bauforscher und für eine Analyse des Gebäudes nutzbar zu machen, d.h. die Schnittstelle zu definieren, an der die Arbeit der Geodäten aufhört und die Arbeit der Bauforscher beginnt.

In einer Abschlussarbeit im Masterstudium Denkmalpflege der TU Berlin, die bereits im Jahr 2007 als Querschnittsbauforschung und Schadenskartierung durchgeführt worden und den Nordostturm des Zentralbaus zum Thema hatte, war die These formuliert worden, die Ausstattung des Zentralbaus wäre einer zweiten Bauphase zuzuweisen [BÖWE; HORN 2008a, S. 61; 2008b]. In der Herbstkampagne 2009 wurde dieser Frage in einer vertiefenden Bauforschung nachgegangen. Diese weitere Masterarbeit hatte das Ziel, die noch erkennbaren Spuren der Ausstattung aufzunehmen und – soweit möglich – eine Rekonstruktion des ursprünglichen Inkrustationssystems zu erarbeiten [OBERHOLLENZER; SHASH 2010a; 2010b].

---

[4] [ZOLLER+FRÖHLICH 2008]:

Auflösungsstufen	Pixel/360°	Scandauer für 360°	Dateigröße ca.
preview	1.250	25 s	3 MB
middle	5.000	1 min 40 s	45 MB
high	10.000	3 min 22 s	180 MB
super high	20.000	6 min 44 s	720 MB
ultra high	40.000	26 min 40 s	2.880 MB

Abb. 9: Zentralbau, Apsis. Ausschnitt der registrierten Punktwolke. Blick nach Osten, 2008

Abb. 10: Zentralbau, registrierte Punktwolke als Grundlage der weiteren Bearbeitung, Blick von Westen, 2009

AUFBEREITUNG DER DATEN

Im Verlauf der Arbeit wurden, nach einer Einführung durch die Münchener Geodäten, von den Bearbeitern der Abschlussarbeit mit der Software des Instrumentenherstellers Z+F Lasercontrol aus den Punktwolken Orthofotos abgeleitet (Abb. 11). Im nordwestlichen Bereich, der im Zentrum der Bearbeitung stand, sind die Innenseiten der Wände und der Pfeiler noch bis zu einer Höhe von ca. 3 m erhalten. Die weitgehend eben errichteten Innenwände sowie die Pfeiler wurden in Abschnitte unterteilt, desgleichen die Wände der Exedren, deren leichte Krümmung zu vernachlässigen war. Die bis zu einer Höhe von 10 m anstehenden Wände der Apsisnebenräume im Osten und die anschließenden Bereiche der Südwand wurden auf Grund ihres guten Erhaltungszustands und ihrer Aussagekraft im Verlauf der Arbeit in die Bearbeitung einbezogen. Dabei zeigte sich, dass die aus den Laserscans abgeleiteten Orthofotos in der Regel den Steinschnitt sehr gut abbilden. Problematisch waren jedoch die Sichtbarkeit der Fußpunkte sowie die verschatteter Bereiche. Abhängig vom Standpunkt des Scanners in Bezug auf die verschiedenen Wandflächen und bei größeren Höhen nahm die Qualität der Aufnahmen abhängig vom Auftreffwinkel des Messstrahls und der Entfernung zum Objekt deutlich ab. Dieser Effekt wurde in einigen Bereichen durch die von Erdbebenschäden und Winderosion beschädigte Fassade verstärkt. Vorsprünge und verschobene Bauteile führten zu Fehlstellen in den Scans, die sich im Orthofoto als weiße Flecke abzeichneten. Die Aufnahmen mussten also vor Ort ergänzt und verdichtet werden. Die Erstellung von Orthofotos der Apsiden stellten einen Spezialfall dar. Hierfür und für die Erstellung von Schnitten und Grundrissen einzelner Bereiche wurde Lupos3D (Berlin) verwendet – die Funktion der Zylinderabwicklung stand in keiner anderen Software zur Verfügung.

Die in AutoCAD auf einen Maßstab von 1:25 skalierten Orthofotos wurden mit Maßstabsleiste und Verzugsraster in einer Größe von Din A3 ausgedruckt, auf einer darüber gelegten Folie wurde dann mit Bleistift der in den Orthofotos deutlich erkennbare Steinschnitt umgezeichnet. Die Bereiche, die bei der Aufnahme durch Verschattungen verdeckt waren, oder solche, in denen die Auflösung unbefriedigend war sowie zuvor nicht sichtbare Anschlüsse und Fußpunkte, wurden im Anschluss daran durch Handaufnahme vor Ort ergänzt und verdichtet. Durch die erwähnten Qualitätsunterschiede der einzelnen Scans musste vieles nachgemessen werden, die geometrische Grundlage der Orthofotos stellte jedoch eine erhebliche Erleichterung der Arbeit dar und beschleunigte die Aufnahme der Wandansichten, so dass der gesamte Innenbereich des Zentralbaus dokumentiert werden konnte. Die Erfassung des Gebäudes und seiner Details und die Ausgabe weiterer Orthofotos bzw. Grundrisse und Schnitte aus der Punktwolke erfolgten abends im Grabungshaus in engem zeitlichem Zusammenhang. Die Auswertung der Punktwolke und die Arbeit vor Ort stellen keine jeweils abgeschlossenen Prozesse dar, sondern führten zu einer engen Verzahnung der Methoden. Die bei diesem Vorgehen aus der Zusammenführung der Ergebnisse des Terrestrischen Laserscannings und der händischen Verdichtung entstandenen Pläne bildeten im weiteren Verlauf die Basis für die folgenden Arbeitsschritte (Abb. 12).

BAUAUFNAHME VOR ORT – ERGÄNZUNG UND VERDICHTUNG DURCH BEOBACHTUNG

Bei der Bearbeitung vor Ort und durch die intensive Beschäftigung mit dem Gebäude zeigten sich viele Details, die in der Punktwolke nicht wahrgenommen werden konnten. So wurden eine Vielzahl von Werkzeugspuren oder Details, die mit der Konstruktion der früheren Inkrustation zusammenhingen, wie z.B. Abarbeitungen, Ritzlinien, Dübellöcher, Mörtelspuren und Plattenreste, zeichnerisch erfasst und in einem Befundkatalog dokumentiert. In einem zweiten Schritt wurden diese auf die Inkrustationen bezogenen Informationen auf einer zweiten, über den Grundplan gelegten Folie visualisiert (vgl. Abb. 14). Dies diente dem Erkennen des ursprünglichen Systems der Inkrustationen, wobei durch eine Überlagerung der Folien verschiedener Bereiche Gemeinsamkeiten, aber auch unterschiedliche Ausprägungen einzelner Wandabschnitte abgeglichen werden konnten. Reste der Inkrustationen waren nur spärlich vorhanden. Daher trug die Aufnahme und Auswertung sämtlicher Innenwände auf Grund des schnellen Arbeitsfortschritts, der durch die Orthofotos ermöglicht wurde, wesentlich zum Gelingen der Arbeit bei [s. OBERHOLLENZER; SHASH 2010b, S. 93; 2010a, S. 22–26].

SCHADENSKARTIERUNG – ANALYSE DER ERDBEBENSCHÄDEN

Die Geschichte Resafas und seiner Bauten wurde immer wieder von Erdbeben geprägt, die zu erheblichen Zerstörungen geführt haben. Die Basilika A wurde deshalb mehrmals nach derartigen Zerstörungen instandgesetzt. Auch für den Zentralbau und die Basilika B ist davon auszugehen, dass sie durch Erdbeben irreparabel geschädigt und anschließend aufgegeben wurden [BRANDS 2002, S. 14–18. 95. 122; HOF 2007].

Die verheerenden Wirkungen eines Erdbebens, die den Zentralbau wohl schließlich zum Einsturz brachten, sind an Verformungen der Wände und Störungen des Mauerverbandes nachzuvollziehen. Die deutlich sichtbaren Verschiebungen und Ausbeulungen sowie Risse und klaffende Fugen vermitteln einen Eindruck der Kräfte, die auf das Mauergefüge einwirkten.

Die Frage der Erdbebenschäden am Zentralbau berührt direkt das Thema der Inkrustationen, was sich in der oben angeführten These widerspiegelt, die einer zweiten Bauphase zugehörigen Inkrustationen wären angebracht worden, um Erdbebenschäden zu verdecken. [BÖWE; HORN 2008a, S. 64–65].

Als Grundlage der Schadenskartierung dienten Kopien der Aufmaßzeichnungen, wobei entsprechend der Fragestellung besonders die durch Erdbeben verursachten Schäden berücksichtigt und analysiert wurden. Diese Schäden sind jedoch zu unterscheiden von solchen, die durch die Erosion des Gipssteins zu erklären sind, der durch seine grobkristalline Struktur und

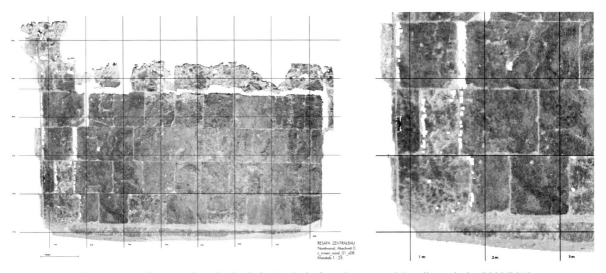

Abb. 11: Zentralbau, Nordwand, Abschnitt 01, Orthofoto, Gesamt und Detailausschnitt, 2009/2010

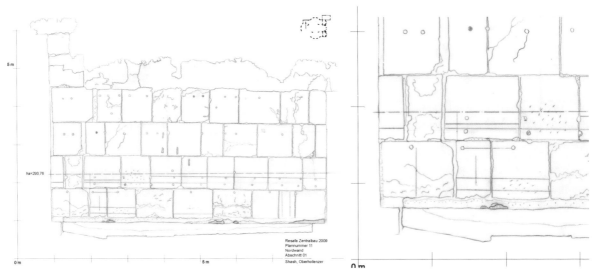

Abb. 12: Zentralbau, Nordwand, Abschnitt 01, Aufmaßplan, Gesamt und Detailausschnitt, 2009/2010

Abb. 13: Zentralbau, Bsp. Westwand, Schadenskartierung, im Original M 1: 25, 2009/2010

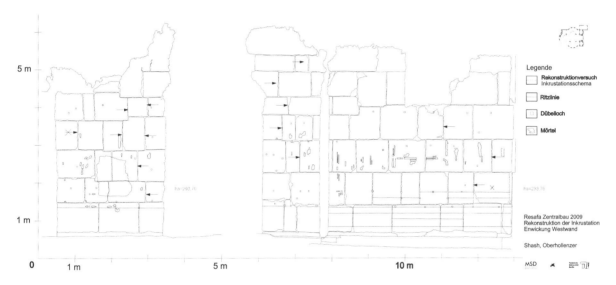

Abb. 14: Zentralbau, Beispiel Westwand, zeichnerische Rekonstruktion des ursprünglichen Mauerverbandes vor der Verschiebung durch ein Erdbeben mit Spuren der Inkrustation, im Original M 1: 25, 2009/2010

wechselndes Gefüge in Kombination mit den extremen Witterungsbedingungen am Rand der syrischen Wüstensteppe sehr anfällig ist. Die durch Erosion und Materialeigenschaften verursachtem Schäden wurden kartiert, bei der Auswertung jedoch nicht weiter verfolgt (Abb. 13). Bei der Analyse der durch Erdbeben bedingten Schäden konnte anhand einer Überlagerung der Inkrustationsspuren aus verschiedenen Bereichen nachgewiesen werden, dass sich im Nordwesten des Zentralbaus, der besonders von Klaffungen und Verformungen betroffen ist, das ursprüngliche Dübelbild durch ein „Zusammenschieben" des Mauerverbandes in einer Zeichnung virtuell wiederherstellen ließ (Abb. 14). Durch die gelungene Rekonstruktion des Dübelbilds in der Nordwestecke konnte das grundsätzliche Inkrustationssystem bestätigt werden. Darüber hinaus ist der Nachweis der Verschiebung der Dübellöcher ein sicherer Beleg dafür, dass die Ausstattung mit Inkrustationen nicht zur Verdeckung von Erd-

bebenschäden, sondern vor diesem Ereignis ausgeführt wurde. Das Erdbeben, das die Deformation der Wände verursachte, führte vielmehr zur Zerstörung der Ausschmückung und brachte wahrscheinlich auch die Kirche insgesamt zum Einsturz [s. OBERHOLLENZER; SHASH 2010a, S. 25. 68–72; 2010b, S. 93].

REKONSTRUKTION DES
INKRUSTATIONSSYSTEMS
Das prinzipielle Inkrustationssystem wurde zuerst durch einen Abgleich der verschiedenen Bereiche grafisch rekonstruiert. Darauf folgten eine genaue maßliche Bestimmung und Überlegungen zu den verwendeten Maßeinheiten mit Hilfe der Maße des Gebäudes, der Dübelketten und der Funde, vor allem Plattenreste und Profilstäbe. Das Berücksichtigen der Mörtelreste und eine Untersuchung der Ausrichtung der Befestigungselemente lieferten weitere Informationen, die durch einen Literaturvergleich mit zeit-

gleichen Inkrustationssystemen zu einem schlüssigen Gesamtbild der ursprünglichen Ausstattung führten. Im Zuge der Bearbeitung konnte zudem die These bestätigt werden, dass die Inkrustationen einer zweiten Bauphase zuzuweisen seien [vgl. BÖWE; HORN 2008a, S. 56–57, 64–65]. Anhand der Befunde lässt sich nun eine horizontale Gliederung der inkrustierten Flächen in drei Zonen belegen: eine Sockelzone, eine Mittelzone und ein Abschluss. Fenster und Türen wurden besonders hervorgehoben. In der Mittelzone zeigt sich eine Aufteilung der Flächen in Form von gerahmten Feldern. Breite und schmale Formate wechseln sich ab, rechteckige Platten verschiedener Abmessung sind von Bändern und abtrennenden Profilstäben eingefasst (Abb. 15–16). Die Wand wurde so optisch in Einzelabschnitte zerlegt, wobei die ursprüngliche architektonische Raumgliederung in den Hintergrund trat und – nun als störend empfundene – plastische Elemente aus dem Sockelbereich entfernt wurden [s. OBERHOLLENZER; SHASH 2010a, S. 26. 73–86; 2010b, S. 93].[5]

„VERZAHNTE PROZESSKETTE" – NACHHALTIGKEIT ARCHÄOLOGISCHER DOKUMENTATIONEN

Zusammenfassend wird nun noch einmal der Ablauf der verschiedenen Arbeitsschritte dargestellt: Zu Beginn stand ein Terrestrisches Laserscanning, das durch die Einbindung in das übergeordnete Ingenieurnetz „Resafa-Koordinatensystem" georeferenziert wurde. Aus der digitalen 3D-Punktwolke wurden 2D-Orthofotos abgeleitet, die ausgedruckt und händisch überzeichnet wurden. Nach der Aufnahme vor Ort erfolgte wieder eine Digitalisierung der Zeichnungen; die Aufmaßzeichnungen wurden als Pixelbilder in AutoCAD zu Abwicklungen zusammengesetzt. Die Visualierung der Inkrustationspuren sowie die Rekonstruktion des Inkrustationssystems wieder-

holten in der Zeichnungsstruktur mit verschiedenen thematischen Layern das Prinzip der Überlagerung einzelner Folien. Die Auffassung, mit dem Wechsel von analogen und digitalen Medien und Methoden von der Laserscan-Punktwolke zur Handaufnahme und zurück in die digitale Zeichnung, würden Reibungsverluste entstehen, und es wäre vorteilhafter, eine durchgehende digitale Prozesskette anzustreben, ist nicht zu teilen. Die Erfahrung zeigt, dass die Aufnahme vor Ort unter den gegebenen Umständen am effektivsten analog erfolgt, d.h. mit Bleistift auf möglichst verzugsfreier Folie. Die Arbeit mit einem Laptop im Feld mit extremer Sonneneinstrahlung, zum Teil starken Winden und gelegentlichen Sandstürmen erweist sich als störungsanfällig und umständlich. Die Präzision und Schnelligkeit der Handzeichnung im Außenbereich führt in kürzerer Zeit zu besseren Ergebnissen. Die Vorbereitung durch Tachymetrie und Laserscanning sowie die digitale Weiterbearbeitung in CAD-Systemen sind wiederum die effektivsten Vorgehensweisen. Der Einsatz von digitalen oder analogen Methoden wird nicht als entgegengesetzte Alternative angesehen, bei der prinzipiell der eine oder der andere Weg vorzuziehen ist. Als allgemein akzeptierter Standard scheint sich eine pragmatische Verwendung der jeweils angemessenen Methode durchzusetzen. Die Prozesskette wird also nicht unterbrochen, sondern vielmehr durch die miteinander verzahnten, einander ergänzenden Verfahren gestärkt.

Ein weiterer Aspekt in dieser Diskussion ist die Nachhaltigkeit der Arbeitsergebnisse. Ein nicht zu unterschätzender Vorteil der Handzeichnung als Pri-

---

[5] Dies stellt nur einen kleinen Ausschnitt der Ergebnisse der Rekonstruktion der Ausstattung des Zentralbaus mit Inkrustationen dar; eine umfangreichere Veröffentlichung soll im Rahmen des Resafa-Projekts erfolgen.

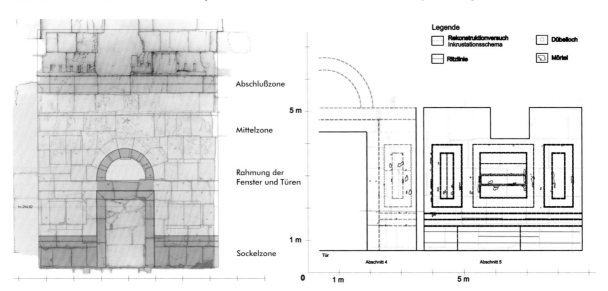

Abb. 15: Zentralbau, Rekonstruktion des Inkrustationssystems: Wandgliederung in Zonen (Ostwand Süd) und gerahmte Felder (Detail der Abwicklung der Westwand), im Original M 1:25, 2009/2010

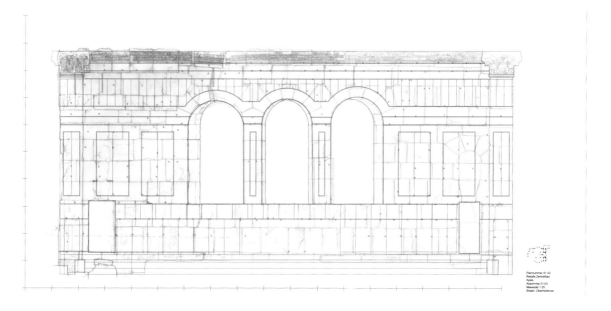

Abb. 16: Zentralbau, Rekonstruktion des Inkrustationssystems. Abwicklung der Apsis, im Original M 1:25, 2009/2010

märdokumentation ist ihre Archivierbarkeit. Die ungewisse Beständigkeit der digitalen Daten und die nicht einschätzbare Realisierbarkeit einer permanenten Datenpflege lässt es gerade im archäologischen Bereich ratsam erscheinen, analoge Dokumentationen mit einer verlässlichen Haltbarkeit anzufertigen.

ZUSAMMENFASSUNG UND AUSBLICK

Durch die Aufnahme des Zentralbaus in Resafa mit Terrestrischem Laserscanning wurde eine Grundlage geschaffen, durch die im ergänzenden Handaufmaß alle Innenansichten der Wände gezeichnet und die Bearbeitungsspuren sowie die Reste der ehemaligen Inkrustationen dokumentiert werden konnten. Bei einer ausschließlichen Betrachtung der digitalen Punktwolken wären diese Spuren nicht wahrgenommen worden, ohne die vorhergehende Laserscan-Aufnahme hätte man den Umfang der Arbeit, d.h. die Aufnahme sämtlicher Innenwände, die zum Verständnis des Inkrustationssystems nötig war, nicht in der zur Verfügung stehenden Zeit bewältigen können. Digitale Hightech-Verfahren und analoge Handaufnahmen wurden eng miteinander verflochten angewandt. Unbedingte Notwendigkeit sind geodätische Grundlagen und die Arbeit am Objekt. Das Terrestrische Laserscanning stellt präzise Gebäudegeometrien in einem übergeordneten Koordinatensystem – also georeferenziert – zur Verfügung, diese können aber zum Verständnis eines historischen Gebäudes die Untersuchungen vor Ort und den prüfenden Blick des Bauforschers nicht ersetzen. Das zu untersuchende Gebäude kann in seiner Komplexität nur in der räumlichen, sinnlichen Erfahrung vor Ort begriffen werden. Und erst durch den Prozess des prüfenden Zeichnens, der zur genauen Beobachtung

zwingt, vollzieht sich das Erkennen des Gebäudes und seiner Befunde.

Die vorliegenden Laserscans werden im Rahmen eines als Tandem durchgeführten Dissertationsprojekts für die Vorbereitung einer partiellen Anastilosis weiterverwendet [SALMAN, I.; SCHUHMANN, A. 2009]. Zusätzlich soll im Herbst 2010 die Nordostecke der Stadtmauer mit Terrestrischem Laserscanning aufgenommen und in die bauforscherische Untersuchung der Stadtmauer (Teilprojekt 3) integriert werden.[6] Die Erfahrung aus den bisherigen Arbeiten führte zu einer effizienteren Planung der Aufnahmepunkte nach gebäudebezogenen Gesichtspunkten und zu einer besseren Verzahnung der Arbeitsgruppen, die einen reibungsloseren Arbeitsablauf und eine zeitnahe, effizientere Weiterverarbeitung der Laserscan-Ergebnisse erwarten lassen.

Nach anfänglichen methodischen Verständigungsschwierigkeiten wurde für alle Beteiligten ein fruchtbarer Austausch erreicht, der zu einer überaus erfolgreichen Zusammenarbeit führte. Die Frage „Objektive Dokumentation oder/und Analyse der Konstruktion?/!" ist bei der Bearbeitung von baugeschichtlichen Fragen also nicht als eine Aufzählung sich ausschließender Ansätze zu sehen, sondern als Erkenntnis aufzufassen, dass vor allem die kombinierte, eng verzahnte Verwendung der Verfahren im Dialog zwischen Geodäten und Bauforschern die besten Ergebnisse zu erzielen vermag.

---

[6] Bearbeitung der Nordostecke der Stadtmauer im Herbst 2010: Bauforschung: Catharine Hof, Nicole Erbe (TU Berlin); Terrestrisches Laserscanning: Hans Heister, Wolfgang Liebl, Ingo Neumann (Uni BW); zusätzl. geodätische Unterstützung: Günter Hell (HsKa).

Anschrift:
Dipl.-Ing. Martin Gussone, Univ.-Prof. Dr.-Ing. Dorothée Sack, Ines Oberhollenzer M.A. M. Sc., Arch. Heba Shash M. Sc., TU Berlin, FG Historische Bauforschung, Masterstudium Denkmalpflege, Sekr. A58, Straße des 17. Juni 152, D-10623 Berlin.
E-Mail: martin.gussone@tu-berlin.de, msd@tu-berlin.de

Prof. Dr.-Ing. habil. Hans Heister, Dipl.-Ing. Wolfgang Liebl, Universität der Bundeswehr München, Institut für Geodäsie – Geodätisches Labor, Werner-Heisenberg-Weg 39, D-85577 Neubiberg.
E-Mail: H.Heister@unibw.de, wolfgang.liebl@unibw.de

Abbildungsnachweis
Abb. 1: G. Gerster 1997;
Abb. 2–3 (2006), 5–7, 9 (2008): H. Heister u.a.;
Abb. 4: M. Stephani 1999;
Abb. 8: M. Gussone 2008;
Abb. 10: C. Hof 2009;
Abb. 11–16: I. Oberhollenzer und H. Shash, 2009/2010.

Literatur:
BÖWE, L., HORN, T. (2008a): Resafa-Sergiupolis, Syrien. Zentralbau – Bauarchäologische und konservatorische Untersuchungen am Nordostturm, unveröffentlichte Masterarbeit, Masterstudium Denkmalpflege, TU Berlin (Betreuer: Dorothée Sack/Dietmar Kurapkat).*
BÖWE, L., HORN, T. (2008b): Resafa-Sergiupolis, Syrien. Zentralbau. Bauarchäologische und konservatorische Untersuchungen am Nordostturm. In: Sack, D. u. a. (Hrsg.), Masterstudium Denkmalpflege der TU Berlin, Heft 4, Jahrbuch 2006–08, scripvaz Verlag, Berlin, S. 77.
BRANDS, G. (2002): Die Bauornamentik von Resafa – Sergiupolis: Studien zur spätantiken Architektur und Bauausstattung in Syrien und Nordmesopotamien, Resafa VI, Mainz.
DIERKS, K. (2008): Gutachterliche Stellungnahme zur Standsicherheit der Basilika A in Resafa / Syrien, Gutachten.*
HEISTER, H. u.a. (2008): Bericht über die Messkampagne „Resafa 2008" – Terrestrisches Laserscanning (TLS) zur präzisen 3-D-Bestandsdokumentation des Zentralbaus, interner Arbeitsbericht.*
HEISTER, H. u. a. (2009): Resafa, Syrien. Konsolidierungs- und Restaurierungsmaßnahmen. ‚Zentralbau', präzise 3D-Bestandsdokumentation mittels Terrestrischem Laserscanning (TLS), in: Sack, D. u. a. (Hrsg.) Masterstudium Denkmalpflege der TU Berlin, Heft 5, Jahrbuch 2007–09, scripvaz Verlag, Berlin, S. 36.
HOF, C. (2007), Resafa, Teilprojekt 3, Stadtmauer. Arbeitsbericht zu den Arbeiten im Herbst/Winter 2006/2007, interner Arbeitsbericht.*
KOWOLL, D., STERNBERG, A. (2007): Deformationsmessungen an der Basilika A, Resafa, Syrien mit Hilfe konventioneller Messmethoden und durch Einsatz von terrestrischem Laserscanning (TLS), unpublizierte Diplomarbeit, Institut für Geodäsie, Universität der Bundeswehr Neubiberg (Betreuer: Hans Heister).*
KOWOLL, D., STERNBERG, A. (2008): Deformationsmessungen an der Basilika A, Resafa, Syrien mit Hilfe konventioneller Messmethoden und durch Einsatz von terrestrischem Laserscanning (TLS). In: Sack, D. u. a. (Hrsg.), Masterstudium Denkmalpflege der TU Berlin, Heft 4, Jahrbuch 2006–08, scripvaz Verlag, Berlin, S. 41.
LINDEMANN, S., SCHULZ, T. (2002): Anlage eines Ingenieurnetzes für Überwachungsmessungen an der Basilika „A" Resafa, Syrien, Diplomarbeit, Institut für Geodäsie, Universität der Bundeswehr Neubiberg (Betreuer: Hans Heister).*
OBERHOLLENZER, I., SHASH, H. (2010a): Resafa-Sergiupolis, Syrien. „Zentralbau". Bauforschung am Aufgehenden – Die Ausstattung mit Inkrustationen, unveröffentlichte Masterarbeit, Masterstudium Denkmalpflege, TU Berlin (Betreuer: Dorothée Sack/Martin Gussone). *
OBERHOLLENZER, I., SHASH, H. (2010b): Resafa-Sergiupolis, Syrien. „Zentralbau". Bauforschung am Aufgehenden – Die Ausstattung mit Inkrustationen. In: Sack, D. u. a. (Hrsg.) Masterstudium Denkmalpflege der TU Berlin, Heft 6, Jahrbuch 2008–10, scripvaz Verlag, Berlin, S. 93.
SACK, D. u.a. (im Druck): Resafa-Sergiupolis/Rusafat Hisham, Syrien. Pilgerstadt und Kalifenresidenz. Neue Ansätze, Ergebnisse und Perspektiven, ZOrA 3.
SALMAN, I., SCHUHMANN, A. (2009): Resafa, Syrien. Konsolidierungs- und Restaurierungsmaßnahmen. ‚Zentralbau' – Bauarchäologische Untersuchung und Planung einer Teil-Anastilosis. In: Sack, D. u. a. (Hrsg.) Masterstudium Denkmalpflege der TU Berlin, Heft 5, Jahrbuch 2007–09, scripvaz Verlag, Berlin, S. 37.
ZOLLER+FRÖHLICH (2008): Technische Daten Imager 5006, http://www.z-flaser.com/Z+F_imager5006_D.pdf, Stand: Oktober 2008.

* Zur Zeit erfolgt die Aufbewahrung im FG Historische Bauforschung, Masterstudium Denkmalpflege der TU Berlin, nach Abschluss des Projekts werden alle Projektunterlagen in das Archiv des DAI Berlin überführt.

AUFNAHME UND ANALYSE SPHÄRISCHER OBERFLÄCHEN: DIE KUPPEL VON SANT'ANDREA DELLA VALLE IN ROM[1]

Marina Döring-Williams – Hermann Schlimme

Abb. 1: Kuppel von Sant'Andrea della Valle, Rom; Abb. 2: Innenansicht der Kuppel von Sant'Andrea della Valle; Abb. 3: Valérien Regnart, Längsschnitt durch Sant'Andrea della Valle; Abb. 4: Schematischer Grundriss von Sant'Andrea della Valle

EINLEITUNG

„Si rende difficoltosa a' Professori", also schwierig sei es für die Fachleute, die großen und unbequemen Maße („vaste e incomode misure") einer gebauten Kuppel zu ermitteln, und nur mit großem Zeitaufwand und Mühe möglich („con gran tempo e fatiga"). Dennoch habe er mit den ihm zu Gebote stehenden,

bescheidenen Mitteln („nostre debole applicazioni") ein Profil der Peterskuppel erstellt.[2] So beschreibt Carlo Fontana, der zu Lebzeiten als bedeutendster Experte für den Kuppelbau galt,[3] in seiner umfassenden, im Jahre 1694 erschienenen Publikation über den Petersdom die Beschwerlichkeiten, eine große, bestehende Kuppel zu vermessen.

[1] Die Autoren danken Dott.ssa Testa vom Ministero dell'Interno, Dipartimento per le Libertà Civili e l'Immigrazione, Direzione Centrale per l'Amministrazione del Fondo Edifici di Culto für die Erlaubnis zur Bauaufnahme in Sant'Andrea della Valle. Arch. Federica Galloni und Arch. Elvira Cajano von der Sopraintendenza per i Beni Architettonici e Paesaggistici per il Comune di Roma sei für ihr *nulla*

osta und praktische Unterstützung vor Ort gedankt sowie der Gemeinde Rom für die Erlaubnis, im Straßenraum um Sant'Andrea della Valle zu messen. Besonderer Dank gebührt dem Rektor des Theatinerkonvents in Rom, Padre Petrus Bronneberg, für sein *nulla osta* und vor allem für seine tatkräftige Unterstützung der Bauaufnahmekampagne.

[2] „Si rende difficoltosa (sic!) a' Professori, per le vaste, &

Und auch im 21. Jahrhundert bleibt die maßlich präzise Dokumentation der zweifach gekrümmten Kuppelflächen problematisch, schlicht deswegen, weil diese zur Darstellung ihrer geometrischen Komplexität dreidimensionale Informationen erfordern. Es kommt nicht von ungefähr, dass noch heute in den Publikationen über Kuppeln in Ermangelung zuverlässiger Bauaufnahmen immer wieder die Stiche aus dem 17. und 18. Jahrhundert oder historische Bauaufnahmen abgebildet werden (z.B. Abb. 3). Nur in wenigen Fällen stehen mit der nötigen Präzision gemessene Profilschnitte zur Verfügung, Dokumentationen der Kuppeloberflächen stellen sogar gänzlich die Ausnahme dar.[4] Ganz anders verhält es sich hingegen bei der theoretischen Auseinandersetzung mit der historischen Überlieferung der Kuppelkonstruktionen. Manuskripte und Traktate zum Kuppelbau der Renaissance und des Barock sowie zeitgenössische Gutachten liegen vielfach vorbildlich bearbeitet vor. In Überblickswerken und Monografien wird die Baugeschichte zahlreicher frühneuzeitlicher Kuppeln Roms auf Grund der Archivquellen nachvollzogen, die Kuppeln werden ausführlich beschrieben, analysiert und in den Kontext der damaligen Diskussion um den Kuppelbau eingeordnet[5] – allerdings mit der Einschränkung, dass die Ergebnisse am gebauten Objekt nur ansatzweise überprüft wurden. Es ist hier also eine klare Diskrepanz zwischen Schriftquellen- und Bauanalyse festzustellen – das Bauelement „Kuppel" muss dementsprechend als bisher nur unzureichend erforscht gelten. Die Überwindung dieser Schieflage im Wissensstand ist nun durch die Entwicklung und Anwendung neuer Aufnahmetechnologien in greifbare Nähe gerückt. Besonders vor dem Hintergrund der Bautechnikgeschichte, die sich derzeit als eigene Disziplin etabliert, kann sich hier ein aussichtsreiches Forschungsfeld eröffnen.

Am Beispiel der Kuppel von Sant'Andrea della Valle in Rom soll im vorliegenden Aufsatz genau dieser Brückenschlag zwischen Schriftquellen- und Bauanalyse versucht werden. Hier lag die als symptomatisch zu bezeichnende Verteilung der theoretischen und praktischen Kenntnisse über eine römische Barockkuppel geradezu beispielhaft vor: Die Schriftquellen und der bauhistorische Kontext der Kuppel wurden bereits umfassend ausgewertet. Was bislang fehlte, war jedoch ein präzises Aufmaß der Kuppelschale als Analysegrundlage für eine bauliche Untersuchung. Dieses wurde im Herbst 2009 erstellt.

DIE KUPPEL VON SANT'ANDREA DELLA VALLE: STAND DER FORSCHUNG

Der Kuppelbau ist eine der entscheidenden baukonstruktiven Herausforderungen der Frühen Neuzeit und eine Bauaufgabe, die ausgehend vom Mittelitalien der Renaissance zunehmend auf Außenwirkung angelegt wurde, im Rom des 17. Jahrhunderts einen Höhepunkt erfuhr und seither die europäische Stadt urbanistisch mitprägt. Die Kuppel von Sant'Andrea della Valle gilt in diesem Zusammenhang als Schlüsselbau. Sie wird als das im Kuppelbau des 17. Jahrhunderts am häufigsten aufgegriffene konstruktive Vorbild gesehen[6] und gilt ab ihrer Fertigstellung als Bezugspunkt für die weitere Entwicklung des Kuppelbaus in Rom.[7]

---

incommode misure, che non sono permesse, se non con gran tempo, e fatica, la cognizione di esse. Nulla di meno vi abbiamo supplito; mediante le nostre deboli applicazioni, e portiamo con ogni fedeltà nella seguente Tavola il Profile, ò sia Sezione della Cupola con il rimanente sino al Piano del Pavimento, dove appariscono le linee delle Regole" [FONTANA 1694, S. 329].

[3] Neben der Kuppel in Montefiascone (1670–1672/73) baute Fontana die Kuppeln der Kirche Santa Maria dei Miracoli in Rom (ab 1677) und der Cappella Cybo in Santa Maria del Popolo in Rom (1682–1684). Zudem wurde nach Fontanas Plan (wenn auch mit Veränderungen) in den Jahren 1686–1732 die kuppelüberwölbte Kirche des Collegio di Sant'Ignazio in Loyola ausgeführt (1738 geweiht). Fontana erstellte viele weitere Kuppelentwürfe und –gutachten. Er war einer der ersten, der bestehende Kuppeln systematisch dokumentierte, Kuppelbauwissen zusammentrug, diese Informationen schriftlich niederlegte und publizierte. Zu Fontana vgl. [HAGER 2003]. Schriften Fontanas zum Kuppelbau sind neben dem bereits zitierten Tempio Vaticano v.a. folgende Manuskripte: Carlo Fontana, *Dichiaratione Dell'operato nella Cuppola di MonteFiascone Colla difesa dalla censura* (1673) und *Discorso Sopra le caggioni onde derivano li difetti, che giornalmente si scorgano nella Cuppola o Volta della Chiesa Nova di Roma & per li proposti rimedij al suo bisognoso riparo* (1675), Manuskripte, Biblioteca Estense,

Modena, Ms. Camp. 379 = γ.B.1.16. Einen Überblick über Carlo Fontanas publizierte und unpublizierte Schriften gibt [BONACCORSO 2008, S. 157].

[4] Von den römischen Kuppeln wurden die des Pantheons, die von Santa Maria del Popolo (Innenoberfläche), die Peterskuppel (Innenoberfläche der Innenschale und Ansätze der anderen Oberflächen) und die von San Carlo ai Catinari (Innenoberfläche) vermessen. Pantheon: [GRASSHOFF; HEINZELMANN; THEOCHARIS; u.a. 2009] sowie in: [GRASSHOFF; HEINZELMANN; WÄFLER 2009]; Peterskuppel: [PAOLINI; BRANDENBURG 2009; DOCCI 2009]; Santa Maria del Popolo: [BELLINI 2009; MASSIMO MARTINO 2009]; San Carlo ai Catinari: [BIANCHINI 2009]. Außerhalb Roms wäre z.B. folgende Kuppelvermessungen zu benennen: [DÖRING-WILLIAMS u.a. 2006]. Die Kuppeln von San Biagio in Montepulciano, von Sant'Andrea in Mantua, von der neuen Sakristei von San Lorenzo und von der Santissima Annunziata in Florenz wurde vom Centro DIAPReM der Universität Ferrara vermessen: http://www.unife.it/centri/diaprem/archivio-progetti/chiese-monasteri-e-abbazie (04.06.2010).

[5] Von den jüngeren monografischen Arbeiten sollen folgende stellvertretend genannt werden: [BELLINI 2004; HUERTA 2004; VILLANI 2008]; in den zitierten Bänden gibt es jeweils umfangreiche Bibliografien.

[6] PALLOTTINO 1999, S. 332.

[7] VILLANI 2008, S. 96.

Abb. 5, 6, 7: Studentische Bauaufnahme der TU Wien in Sant'Andrea della Valle, Oktober 2009

Die Kirche Sant'Andrea della Valle, Hauptkirche des 1524 gegründeten Theatinerordens, wurde ab 1591 im Zentrum Roms an der Via Papalis errichtet. Der Bau ist in Anlehnung an Il Gesù konzipiert und besteht aus einem von Kapellen flankierten Langhaus, einem kurzen Querhaus, einer überkuppelten Vierung und einem halbrund geschlossenen Chor. In einer ersten, von Kardinal Alfonso Gesualdo finanzierten Bauphase (1591–1599) wurden nach einem von Giacomo della Porta überarbeiteten Projekt des Ordensarchitekten Francesco Grimaldi die Fassadenmauer und der erste Teil des Langhauses bis zum zweiten Seitenkapellen-paar errichtet. Nach einer längeren Bauunterbrechung wurde der Weiterbau ab dem Jahre 1608 von Kardinal Alessandro Peretti Montalto finanziert. Carlo Maderno (1556–1629) übernahm als Architekt die Leitung des Projekts. Als der Kardinal am 2. Juni 1623 starb, war der Bau mitsamt seiner Kuppel vollendet. Die Kuppel-laterne befand sich im Bau.

Zum Bau der Kuppel von Sant'Andrea della Valle gibt es zahlreiche Schriftquellen, die in der Sekundär-literatur bereits wiederholt aufgeführt wurden.[8] So datieren vom Dezember 1620 die ersten Rechnungen für Kapitelle des Tambours.[9] Im Jahre 1621 wurde Francesco Borromini (1599–1667) für Steinmetzar-

beiten am Tambour bezahlt.[10] Grundlage für dessen Errichtung waren offenbar zwei Modelle, eines für die gesamte Kirche und eines für die Kuppel, die am 2. Juli und am 4. Juli 1620 bezahlt worden waren.[11] Die Modelle waren aber wohl nicht mehr aktuell, als man die Einwölbung der Kuppelschale vorbereitete, zumal im Mai 1622 ein gewisser „mastro Aberto (sic)" zur „Basilica di San Paolo" geschickt wurde, um das Kuppelprofil von St. Peter zu studieren, das Giacomo della Porta dort angeblich in den Fußboden hatte mei-ßeln lassen.[12] Im Juli 1622 bekam Francesco Borromini schließlich die Aufgabe, die Kuppel auf eine Holztafel und später im M 1:1 oder zumindest deutlich größer als auf der Tafel auf eine Wand zu übertragen.[13]

Die Darstellungen selbst haben sich nicht erhal-ten, und es bleibt unklar, ob Borromini der Urheber der Profilgeometrie war. Als großmaßstäbliche Putz-ritzung dürften die Zeichnungen jedoch im unmittel-baren Zusammenhang mit der Realisierung der Kuppel entstanden sein. Für eine Errichtung der Kuppel im Sommer und Herbst 1622[14] spricht, dass am 13. Juli und 6. August 1622 Anzahlungen für den eisernen Ring-anker der Kuppelschale geleistet[15] und im Sommer und Herbst 1622 große Mengen Puzzolanerde und *Tevo-lozza* geliefert wurden (siehe unten)[16]. Am 4. Februar

[8] Literatur zu von Sant'Andrea della Valle und insbesondere zu ihrer Kuppel: [CAFLISCH 1934; HIBBARD 1961; HIB-BARD 1971, S. 146–155; PALLOTTINO 1999; HUEMER 2001; HIBBARD 2001, S. 192–206; FERRARA 2003; BEL-LINI 2004, S. 115–121; SCHÜTZE 2007; VILLANI 2008, S. 76–77 und S. 94–99].

[9] Archivio di Stato di Roma, Sant'Andrea della Valle, b. 2161, fasc. 160, ff. 21, 63v.

[10] Archivio di Stato di Roma, Sant'Andrea della Valle, b. 2161, fasc. 160. Die einzelnen Rechnungen mit Datum sind publiziert in: [DEL PIAZZO 1968, S. 75–76].

[11] Archivio di Stato di Roma, Sant'Andrea della Valle b. 2161, fasc. 160, f. 19v, 20 und 62.

[12] "Adi 22 Maggio [1622] donato a Ms Aberto (sic!) p[er] fare un disegno della cupola di S. Pietro co[n] la sagoma che sta a S. Paolo – 60", Archivio di Stato di Roma, Sant'Andrea della Valle, b. 2161, fasc. 160, f.23v. Vgl. Carlo Fontana, Tempio Vaticano: „Furono delineate, e fatte scolpire da Gia-como della Porta, e dal Cavalier Domenico Fontana nel Pavi-

mento della Basilica di San Paolo la Pianta, & elevazione tanto interne, come esterne delle due Volte, che formano la detta Cupola, à cagione che per l'estensione dell'Opera non si trovò altro luogo adeguato, e sufficiente" [FONTANA 1694, S. 329].

[13] "Adi 17 luglio [1622] p[er] una tavola di Antano p[er] fare una centina da disegnare la cupola su nel muro da Ms Francesco Casteli – 12 ½"; "Adi 20 luglio [1622] pagato a Ms Francesco Castello cinq[ue] piastre fiorentine per le sue fatiche di haver disignato in grande li 2 disegni della Cupola 5 30"; Archivio di Stato di Roma, Sant'Andrea della Valle, b. 2161, fasc. 160, ff. 24r und 23v.

[14] Zu diesem Schluss kommt bereits [BELLINI 2004, S. 118].

[15] Archivio di Stato di Roma, Sant'Andrea della Valle, b. 2161, fasc. 160, f. 69v.

[16] Archivio di Stato di Roma, Sant'Andrea della Valle, b. 2161, fasc. 160, ff. 69r, 69v. und 72r; vgl. [VILLANI 2008, S. 95–96, Fußnote 18, S. 175].

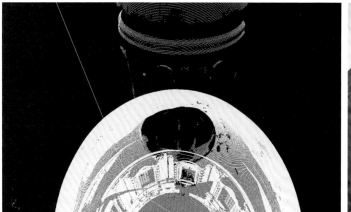

Abb. 8: Kuppel von Sant'Andrea della Valle, Rom, Bauaufnahme mit dem 3D-Scanner, 2009, Punktwolke der Innenschale der Kuppel und des Tambours; Abb. 9: Dieselbe Punktwolke mit Darstellung der Intensitätswerte.

1623 erfolgte eine erste Zahlung für die Anbringung der Bleieindeckung der Kuppelschale.[17] Im Mai 1623 wurde Francesco Borromini für Zeichnungen der Laterne der Kuppel bezahlt.[18] Im April 1623 hatte er bereits Geld für Laternenkapitelle erhalten. Im Juli wurde er für *monti*, also die Wappen der Familie Peretti Montalto, die Tambour und Laterne bekrönen, und für *leoni* (in der Bekrönung der Kuppellaterne) bezahlt.[19] Die Kuppellaterne dürfte Ende 1623 fertig gewesen sein, zumal man im Dezember diesen Jahres die Rechnung für die Vergoldung des Sterns und des Kreuzes beglich.[20]

Aus den Quellen geht also hervor, dass Borromini in den Entstehungsprozess der Kuppel in verschiedenen Rollen eingebunden war. Möglicherweise profitierte Borromini noch in seinen späteren Werken stark von der Kooperation mit dem leitenden Architekten von Sant'Andrea della Valle, Carlo Maderno, der zu diesem Zeitpunkt auf eine einschlägige und langjährige Kuppelbauerfahrung zurückblicken konnte. Dieser hatte Francesco da Volterra bei dessen Tod im Jahre 1594 in der Bauleitung von San Giacomo degli Incurabili in Rom abgelöst (vollendet 1595) und die ebenfalls ovalen Kuppeln über den Seitenschiffen von St. Peter errichtet (1615).[21] Im Jahre 1614 realisierte Maderno die Kuppel von San Giovanni dei Fiorentini in Rom. Diese Kuppel ist gut vergleichbar mit einem der frühen Entwürfe für Sant'Andrea della Valle (Stockholm, Nationalmuseum, Cronstedt 2078). Beide Kuppeln haben, wie zuerst Hibbard aufgefallen ist,[22] einen hohen Tambour,

der durch das Alternieren von Fensteröffnungen und Nischen und im Außenbau durch eine einfache Feldergliederung geprägt ist. Mit der für Sant'Andrea della Valle realisierten Kuppel entwickelte Maderno diese Kuppelbaukonzeption weiter.

Die Kuppel von Sant'Andrea della Valle steht auf einem aus der Dachzone weitgehend herausragenden Sockel, der auf den Vierungsbögen bzw. den Pendantifs lastet. Auf dem Sockel erhebt sich der 16,67 m im Lichten messende, 12,60 hohe,[23] im Innenraum kreisrunde und außen achteckige, von hohen, aedikulagerahmten Fenstern durchbrochene Tambour, dessen Außenecken abgeschrägt sind und von Doppel-3/4-Säulenstellungen ionischer Ordnung überspielt werden. Der gegenüber älteren Kuppeln hoch aufragende und nach dem Vorbild von St. Peter mit Säulenordnungen in Travertin gegliederte Tambour revolutionierte die bis dahin übliche Kuppelbaupraxis, die schlichte Lisenen- und Feldergliederung und reine Ziegelsteinbauweise vorgesehen hatte. Im Außenbau leitet die niedrige Attikazone die Doppelsäulen des Tambouräußeren in die Einzelrippen der bleigedeckten Kuppelschale über. Zudem vermittelt sie zwischen Tambour und Kuppelschale, indem sie mit Ziegelstein und Travertin in den Materialien des Tambour gehalten ist, gleichzeitig aber im Außenbau – wie die Kuppelschale – einen kreisrunden Grundriss hat. Die steil proportionierte Kuppelschale mit 16,73 m Innendurchmesser wird durch Fensteröffnungen gegliedert, die wie der doppelsäulenumstandene Tambour von der Peterskuppel inspiriert sind,

[17] „Adi 4 [febbraio 1623] Giovan[n]i Fantino compagni stagnari p[er] la coper[tura] della Cupola '25 – "; Archivio di Stato di Roma, Sant'Andrea della Valle, b. 2161, fasc. 160, f. 74r.
[18] Archivio di Stato di Roma, Sant'Andrea della Valle, b. 2161, fasc. 160, f. 75v.
[19] Archivio di Stato di Roma, Sant'Andrea della Valle, b. 2161, fasc. 160, f. 75r und f. 77r.
[20] Die Rechnung ist datiert auf den 16. Dezember 1623:

Archivio di Stato di Roma, Sant'Andrea della Valle, b.2161, fasc.160, f.78v.
[21] [HIBBARD 1971], bzw. [HIBBARD 2001]; vgl. [MARCONI 2008].
[22] [HIBBARD 1971]; vgl. [HIBBARD 2001].
[23] Gemessen im Innenraum vom Kranzgesims am Tambourfuß bis zum Kranzgesims des Tambours. Die Stelzung der Kuppelschale, die im Innenraum nicht weniger als 3,04 m beträgt, wurde dabei nicht berücksichtigt.

aber in Sant'Andrea blind bleiben. Die *monti*, Symbol der Familie Peretti Montalto, bekrönen Attikazone und Laterne. Die von Borromini entworfene und aus Travertin errichtete Laterne nimmt mit ihren Doppelsäulenstellungen die Gliederung des Tambours wieder auf, die Kapitelle der Doppelsäulen verschmelzen jedoch, so dass ein spannungsvoller Wechsel zwischen verdoppelten und einzelnen Gliedern entsteht.[24]

Tambour und Kuppel wurden vermutlich zum Teil aus *Tevolozza*, zum Teil aus neuen Ziegelsteinen errichtet. Zum Einsatz kam der in Rom übliche hydraulische Mörtel aus Kalk und Puzzolanerde. Im Gegensatz zu neuen Ziegelsteinen bezeichnet *Tevolozza* wiederverwendete, d.h. letztlich gut abgelagerte und in der Regel unregelmäßige und zerbrochene Ziegelsteine.[25] Vermutlich wurde der Tambour aus *Tevolozza* gebaut und anschließend mit Ziegelstein verkleidet.[26] Das war die übliche Bauweise für Tamboure, die etwa für die Kuppeln der Cappelle Sistina und Paolina an der Santa Maria Maggiore und der Santissima Trinità dei Pellegrini verwendet wurde.[27] Welches Material für die Kuppelschale selbst zum Einsatz kam, konnte bislang nicht geklärt werden. Wahrscheinlich wurde ebenfalls *Tevolozza* verwendet. Die Kuppelschale wurde offenbar auf einem hölzernen Lehrgerüst errichtet. Dafür spricht schon die charakteristisch kurze Bauzeit von fünf bis sechs Monaten.

BAUAUFNAHME DER KUPPEL

Wie bereits ausgeführt, gehörte die Kuppel von Sant´Andrea della Valle zu der großen Gruppe von Kuppelkonstruktionen, für die kein verlässliches Bauaufmaß vorlag. Das aktuellste Planmaterial der Kuppel war bisher die Bauaufnahme von Domenico Palmucci aus dem Jahre 1795 (Abb. 24). Im Sinne eines Versuchs, den Stand der bauanalytischen Forschung zu den Kuppeln der Renaissance und des Barocks dem der theoretischen allmählich anzunähern, wurde im November 2009 im Rahmen einer Lehrveranstaltung der TU Wien die Kuppel von Sant´Andrea della Valle zum Objekt einer Bauuntersuchung. Innen- und Außenschale sowie Tambour und Pendentifzone der Kuppel wurden im Rahmen der studentischen Bauaufnahme mit einem Phasenvergleichsscanner (Zoller und Fröhlich Imager 5006i) vermessen. Mit dem Ergebnis, einer dreidimensionalen Punktwolke, kann endlich

den Auswertungserfordernissen der sphärischen Geometrie einer Kuppelschale entsprochen werden. Das Arbeiten mit dem Raumscanner hat zudem den Vorteil, dass bei Bedarf jeder beliebige horizontale und vertikale Schnittverlauf gemessen (und nicht interpoliert) zur Verfügung steht, und zwar in einer bisher nicht gekannten Informationsqualität und -dichte (in diesem Fall ca. 0,5 cm Punktraster). Diese Messgenauigkeit erlaubt es erstmals, sich auch an den Versuch einer Beantwortung schon lange gestellter Fragen zum Kuppelbau zu wagen. Im Fall von Sant`Andea della Valle ging es nicht allein um die Dokumentation von Profilgeometrien, sondern darüber hinaus um die Feststellung der Ausführungsgenauigkeit, um die Interpretation von Baufugen und Lehrgerüst-Abdrücken, um die Klärung von Bauabläufen sowie auch darum, ein mäßlich-geometrisch hochpräzises Medium für die Analyse der optisch verkürzten Darstellungen im Kuppelfresko zu schaffen (Abb. 9) – immer getragen von dem Ziel, das praktische (Erfahrungs-)Wissen um den Bau von Kuppeln, das nicht aufgeschrieben wurde und somit heute lediglich aus den Bauten selbst erschlossen werden kann, auf diese Weise exemplarisch zu dokumentieren und sichtbar zu machen. Und nicht zuletzt sollte die Einbeziehung dieses bislang zumeist unberücksichtigten praktischen Wissens einen ersten Schritt zur überfälligen Neubewertung des in zeitgenössischen Manuskripten und Traktaten niedergelegten Kuppelbauwissens liefern.

Auch wenn der Scan die Oberfläche sphärisch erfasst, erfolgt die Auswertung in der Regel in Vertikal- und Horizontalschnitten. Diese Reduktion ist nicht nur hilfreich, um Regelmäßigkeiten und Unregelmäßigkeiten der Formen für das Auge fassbar zu machen, sondern vollzieht die Abstraktion nach, die auch die Bauleute im 17. Jahrhundert angewandt haben: Man abstrahierte damals, wie aus Quellen deutlich wird, mit zweidimensionalen Holzbindern und aus Brettern geschnittenen Profilen (siehe unten im Abschnitt zu Lehrgerüsten), also zweidimensionalen Reduktionen, um im Ergebnis eine sphärische Oberfläche zu schaffen. Andersherum erfolgt heute die Auswertung der de facto dreidimensional vorliegenden Punktwolke in der Regel in der 2D-Abstraktion.

Die Bauaufnahme der Kuppel von Sant'Andrea della Valle im Rahmen einer Lehrveranstaltung war der (aus

[24] [STEINBERG 1977]; vgl. [HUEMER 2001, S. 23 – 25].

[25] [VILLANI 2008, S. 36; MARCONI 2004, S. 283]; vgl. Micaela Antonucci, Artikel "tevolozza" im Glossario dell'Edilizia Romana tra Rinascimento e Barocco, http://wissensgeschichte.biblhertz.it:8080/Glossario (10. 05 2010).

[26] [VILLANI 2008, S. 95 – 96, Fußnote 18, S. 175]. Im Sommer und Herbst 1622 wurden umfangreiche Mengen Puzzolanerde und *Tevolozza* geliefert. Archivio di Stato di Roma, Sant'Andrea della Valle, b. 2161, fasc. 160, ff. 69r, 69v. und f. 72r. In Tabelle 5 auf S. 253, sagt Villani jedoch,

der Tambour sei möglicherweise aus Ziegelstein errichtet worden. Von der Ziegelsteinvorsatzschale hinsichtlich des Tambours ist auch die Rede in einer anderen stima: Archivio di Stato di Roma, Sant'Andrea della Valle, b. 2162, fasc. 161, f 1r. Bereits [PALLOTTINO 1999, S. 331 – 332], wies auf letzteres Dokument hin. Dort berichtet Pallottino generell über die Bauweise aus *Tevolozza* und Ziegelsteinvorsatzschale, die sich zwischen dem Ende des 16. und dem Beginn des 17. Jahrhunderts in Rom durchsetzte.

[27] VILLANI 2008, Tabelle 5, S. 253.

Sicht der Autoren erfolgreiche) Versuch, forschungsge-leitete Lehre anzubieten. Nach wissenschaftlicher Vor-bereitung und Entwicklung der Fragestellungen von Seiten der Betreuenden, zu denen neben den beiden Autoren auch Irmengard Mayer zählte, haben die Stu-dierenden die von ihnen selbst erstellten Punktwolken im Hinblick auf einzelne Fragestellungen untersucht. Teilnehmerinnen und Teilnehmer der Lehrveranstal-tung waren Rainer Ausserer, Roman Egger, Dominik Kölbl, Robert Kornmüller, Julia Marchgraber, Veronika Mucha, Cyrill von Planta, Jan Slezak, Robert Stadner und Michael Vasku. Die Studienarbeiten wurden im Februar 2010 fertiggestellt. Weitere Analysen der Punktwolken wurden von den Autoren des vorliegen-den Textes erstellt. Die Auswertung der Punktwolken ist jedoch noch nicht abgeschlossen – der vorliegende

Text zeigt einen Teil der bislang vorliegenden Ergeb-nisse. Gleichzeitig war die Bauaufnahme als Test für den Scanner selbst gedacht. Es galt, Funktionsweise und Datenqualität zu überprüfen.

ANALYSE DER PUNKTWOLKE

Um die Messgenauigkeit des Scanners zu testen, wurde mit einer klassischen Totalstation (Leica TCRA 1102) und v.a. mit der Funktion „Profilschnitt" des Pro-gramms TOTAL[28] eine Serie von Vergleichsmessungen durchgeführt. Es wurden der Nordwest-Südost-Schnitt, sowie der Nord-Süd-Schnitt mit den Gesimsen und Gebälken gemessen (Abb. 10). Insbesondere im Detail

[28] Tachymetrische Objektorientierte Teilautomatische Laser-vermessung – Ruhr-Universität Bochum

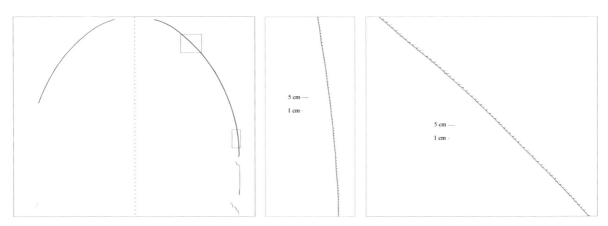

Abb. 10: Sant'Andrea della Valle, Rom, Bauaufnahme mit dem 3D-Scanner, 2009, Nord-Süd-Schnitt durch die Innenober-fläche der Kuppelschale; rot: 3D-Scan; schwarz: Vergleichsmessung mit der Totalstation; Abb. 11 – 12: Details

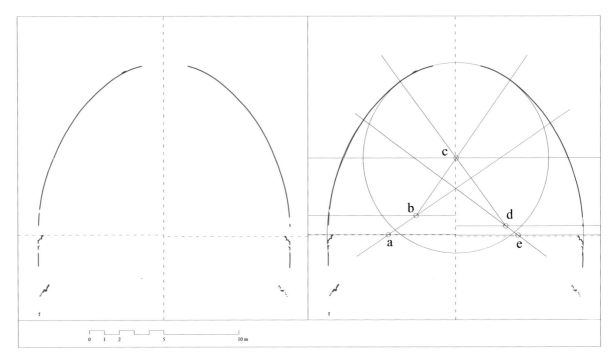

Abb. 13: Sant'Andrea della Valle, Rom, Bauaufnahme mit dem 3D-Scanner, 2009, West-Ost-Schnitt durch die Innenober-fläche der Kuppelschale (Blickrichtung Norden, links) und Analyse der Geometrie (rechts)

(Abb. 11–12) wird deutlich, dass beide Messungen bis in die Einzelheiten genau übereinstimmen. Der Scanner weist ein Rauschen im für diese Generation der Phasenvergleichsscanner üblichen Umfang von ± 5 mm auf. Man erkennt die deutlich größere Punktdichte des Scans im Vergleich zu den Messungen der Totalstation. Freilich könnte man auch mit der Totalstation das Profil mit einer dichteren Punktefolge als den gewählten 10 cm aufnehmen. Abgesehen von einem enorm viel größeren Zeitaufwand hätte man mit der Totalstation aber nicht in Form eines dichten Rasters einen Körper, sondern lediglich wenige zuvor ausgewählte Schnittlinien gemessen. Die Menge aller benachbarten Vertikalprofile und die lokalen Horizontalprofile ständen nicht zur Verfügung.

Die Untersuchungen erbrachten folgende erste Ergebnisse: Die Vertikalachse der Kuppelschale ist 6 cm nach Nordosten geneigt, wie Roman Egger im Rahmen seiner Studienarbeit zu den Horizontalschnitten durch die Kuppel ermittelt hat. Dieser Wert bestätigt sich auch in der Vergleichsmessung mit der Totalstation. Im Rahmen dieser Messung wurden auch der Tambour und das ausladende Kranzgesims am Kopf des Tambours gemessen. In beiden Bauteilen bestätigt sich die Neigung. Das Kranzgesims am Tambourkopf ist nicht perfekt horizontal, sondern in ostnordöstliche Richtung geneigt. Zwischen dem niedrigsten Punkt des Kranzgesimses und dem höchsten Punkt auf der westnordwestlichen Seite (also nicht genau gegenüberliegend) ergibt sich eine Höhendifferenz von 7 cm. Auch der Tambour als Ganzes ist in ostnordöstliche Richtung geneigt. Mit ca. 3,5 cm Neigung bezogen auf eine Höhe von 7,40 m ergibt sich dieselbe Neigung wie bei der Kuppelschale (6 cm bezogen auf 12,20 m Höhe). Da auch der kuppeltragende Nordostpfeiler gegenüber dem Südwestpfeiler um ca. 15 cm tiefer liegt (gemessen wurde jeweils das Kranzgesims der Hauptordnung), liegt die Vermutung nahe, dass eine Setzung im Nordostpfeiler für die mit dem Auge nicht wahrnehmbare Schiefstellung verantwortlich ist.

Im Rahmen der Analyse der Punktwolken wurde die Profilgeometrie studiert. Als ein erstes und grundsätzliches Ergebnis konnte gezeigt werden, dass es sich hier nicht – wie auf Grund der Bauaufnahme der Kuppel durch Palmucci von 1795 (Abb. 24)[29] zu erwarten gewesen wäre bzw. wie es Carlo Fontana in seinem Manuskript über die Kuppel in Montefiascone von 1673 bzw. in den Regeln für den Bau einschaliger Kuppeln im Tempio Vaticano (1694) nahelegt – um ein einfaches Spitzbogenprofil handelt, bei dem zwei Kreisbögen gegeneinandergestellt werden, sondern um eine Ovalkonstruktion. Der gesamte Kuppelquerschnitt ist also als ein kontinuierlich durchlaufendes Profil zu begreifen, das gewissermaßen unter der Laterne ausgerundet ist. Trotz einer gewissen Schwankungsbreite des Profils ließ sich dieses Ergebnis bei jedem der bisher untersuchten Schnitte beobach-

ten. Diese Profile (Süd-Nord, West-Ost (Abb. 13), Nordwest-Südost, Südwest-Nordost, Westsüdwest-Ostnordost) lassen sich mit einem Halboval mit fünf Mittelpunkten sehr genau abbilden und zwar so, dass sie in der Regel jeweils nicht mehr als ± 1 cm (und maximal ± 2,5–3 cm) von der Punktwolke abweichen. Eine Ellipse als Profilgeometrie kann in jedem Fall ausgeschlossen werden, da eine Ellipse ein im oberen Drittelspunkt deutlich bauchigeres Profil ergäbe, das sich bis zu 20 cm von der gemessenen Kuppelschale entfernen würde. Der Mittelpunkt des oberen, beide Schenkel des Kuppelprofils unter der Laterne hindurch verbindenden Kreisbogens (um Mittelpunkt „c"), liegt in den untersuchten Schnitten relativ stabil (± 8 cm in der Höhe und ± 4 cm um eine auf den Kuppelfuß bezogene senkrechte Mittelachse). Die Radien der Kreisbögen (um Mittelpunkt „c") selbst schwanken zwischen 6,06 m und 6,16 m. Die Schwankungsbreite der Kreisbögen kann als Indiz für die Ausführungsgenauigkeit der Kuppel gesehen werden. Da sie zu ungleichmäßig und unsystematisch ausfällt, lässt sich die Schwankungsbreite aber keinesfalls allein mit der Neigung der Kuppelschale erklären. Auch wenn die Mittelpunkte der Kreisbögen, die den unteren Teil des Profils ausmachen (a, b, d, e), in den analysierten Schnitten teilweise stark streuen und in Ausnahmefällen auch in einem Punkt zusammenfallen, macht diese Streuung im Profil selbst nicht mehr als maximal 6–7 cm Unterschied aus (Abb. 13). Bekanntlich führen wenige cm Unterschied im Kreisbogen zu erheblichen Verschiebungen des Mittelpunktes.

Dass die Schwankungsbreite in dieser Größenordnung liegt, bestätigt auch die Studienarbeit von Jan Slezak (Abb. 14–16), die im Rahmen der Lehrveranstaltung entstanden ist. Auch hier wurde eine auf den Kuppelfuß bezogene senkrechte Mittelachse zugrunde gelegt. Jan Slezak hat 32 vertikale Radialschnitte farbig kodiert und in eine Ebene gedreht (Abb. 14–15). In den Fenstern in Abbildung 16 sind jeweils kurze Ausschnitte sämtlicher Profile in 27 über das gesamte Profil verteilten Positionen zu sehen. Die senkrechte Mittelachse ist als vertikale, rosafarbene Linie zu erkennen. Während die Schnittlinien am Fußpunkt kaum Abweichungen zeigen, zumal die senkrechte Mittelachse am Fußpunkt ausgerichtet worden ist, zeigen die Abweichungen nach oben die Ausführungsgenauigkeit der Kuppel an. Auf Höhe 23 (vertikal gemessen 76 cm unterhalb des Laternenansatzes) ist eine maximale Schwankungsbreite von ca. 7,5 cm zu erkennen. Zur Laternenöffnung hin nimmt die Schwankung dann wieder ab und liegt bei 3,5 cm. Das könnte möglicherweise damit erklärt werden, dass ein möglichst gleich-

---

[29] Marcello Villani hat das in Palmuccis Bauaufnahme dargestellte Profil analysiert mit dem Ergebnis, dass Palmucci von einer einfachen Spitzbogengeometrie (3° acuto) ausgeht [VILLANI 2008, S. 77, fig. 65].

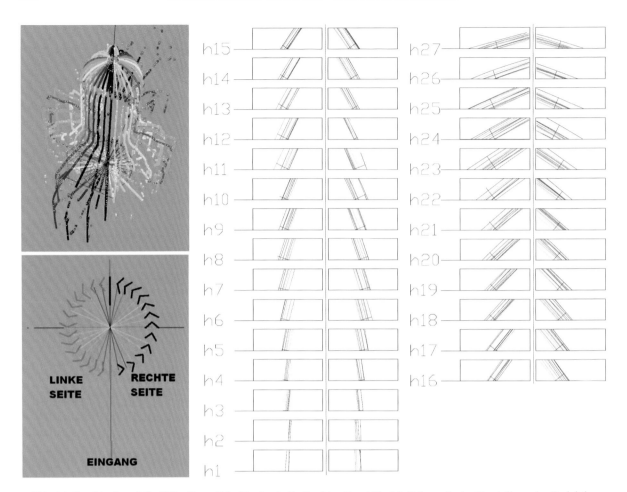

Abb. 14: Sant'Andrea della Valle, Rom, Schnitte durch die Punktwolke; Abb. 15: Schematische Darstellung der Projektion der Schnitte in eine Ebene; Abb. 16: Die Fenster zeigen jeweils kurze Ausschnitte sämtlicher Schnitte in 27 über das gesamte Profil verteilten Positionen (Abbildungen aus der Studienarbeit von Jan Slezak).

mäßiges „Fundament" für die Errichtung der Laterne gelegt werden sollte.

Carlo Fontana ist mit seiner Konstruktionszeichnung des Lehrgerüstes für die Peterskuppel im *Tempio Vaticano* (1694) der einzige, der eine Vorstellung davon liefert, wie ein Lehrgerüst für eine Kuppel ausgesehen hat (Abb. 20).[30] Da die Peterskuppel aber bereits 100 Jahre zuvor errichtet worden, und das Studium der realisierten Kuppeln am Bau – wie gesagt – so gut wie unmöglich war, dürfte er bezüglich der Konstruktionsdetails des Lehrgerüsts jedoch eher die zu seinen Lebzeiten aktuelle Bauweise wiedergegeben haben – zu deren Entwicklung er ja maßgeblich beigetragen hatte.[31] Das Lehrgerüst für die Kuppel von Sant'Andrea della Valle wird also etwa so ausgesehen haben wie in Fontanas Stich (Abb. 20). Trotz Fontanas Sorgfalt und seiner Quellenkenntnis zu St. Peter erscheinen die einzelnen Elemente des Lehrgerüsts für das Gewicht der Peterskuppel zu schmächtig. Man muss davon ausgehen, dass die meisten Elemente des Lehrgerüstes (und nicht nur eines, wie bei Fontana zu sehen) aus vier oder mehr Balken zusammengebunden worden waren, um die erforderliche Tragkraft zu erhalten. Äußerst hilfreich

ist Fontanas Stich, wenn es darum geht, sich das radiale Zusammenstellen der einzelnen Binder um eine vertikale Mittelachse vorzustellen. Die hölzernen Druckringe leuchten ein und dürften aus der Kuppelbaupraxis des 17. Jahrhunderts stammen. Ebenso glaubwürdig ist es, wenn Fontana für den oberen Abschluss des Lehrgerüstes der mit 16 Rippen artikulierten Peterskuppel 16 Sparren im Kreis anordnet. In Sant'Andrea della Valle waren es also höchstwahrscheinlich acht Sparren. Den Bindern des Lehrgerüsts wurden dann – so die übliche Konstruktion – aus Brettern zusammengesetzte Holzbö-

[30] Auch Leonardo da Vinci hat Zeichnungen für Lehrgerüste gemacht, die wohl für die Peterskuppel gedacht waren, aber mit tatsächlichen Baumaßnahmen nicht in Verbindung zu bringen sind; vgl. [CARPICECI 1975].

[31] Carlo Fontana baute die Kuppel des Doms Santa Margherita in Montefiascone (1670–1672/73), die Kuppel der Kirche Santa Maria dei Miracoli in Rom (ab 1677) und diejenige der Cappella Cybo, Santa Maria del Popolo, ebenfalls in Rom (1682–1684). Zudem wurde nach Fontanas Plan (wenn auch mit Veränderungen) in den Jahren 1686–1732 die kuppelüberwölbte Kirche des Collegio di Sant'Ignazio in Loyola ausgeführt (1738 geweiht).

gen (*archi*) aufgesattelt, die die eigentliche Profilform bilden. Darauf wurde schließlich, soweit erforderlich, eine Bretterschalung angebracht. Im *Tempio Vaticano* geht Carlo Fontana davon aus, dass bei der Errichtung der Peterskuppel zunächst die Rippen auf den Lehrgerüstbindern aufgemauert und dann die sphärischen Kappen dazwischengesetzt wurden.[32]

Auf dieser Grundlage setzt die Studienarbeit Dominik Kölbls (Abb. 17–19) an. Er hat am Fuß und am Scheitel der (digitalen) Kuppel nach Lehrgerüstspuren gesucht. Und tatsächlich sind im Bereich unmittelbar unterhalb der Laterne Abflachungen in den Höhenlinien zu erkennen, die mit den außenliegenden Rippen auffallend zusammengehen (Abb. 17+19).

Für diesen Befund lassen sich momentan zwei Erklärungsvorschläge formulieren. Der erste beruht auf kürzlich von Marcello Villani publizierten Quellen.[33] Diese besagen, dass zur besseren Beleuchtung des Kuppelfreskos eine bereits ausgeführte Profilierung am Laternenfuß wieder abgearbeitet, die Laternenöffnung auf genau 14 palmi erweitert[34] und ein putzkantiger Übergang zwischen Laterne und Kuppelkalotte geschaffen wurde. Auch die zunächst auf der Innenoberfläche der Kuppelschale angebrachten 16 Rippen, die jeweils einen palmo (22,34 cm) breit waren und die man sich paarweise angeordnet vorstellen muss (vgl. Abb. 3), waren wieder entfernt worden. Auch wenn es aus den Quellen nicht hervorgeht, waren die Rippen vermutlich trotz ihrer geringen Breite im Verband mit der Kuppelschale gemauert worden. So war es jedenfalls bei den mit 28 cm nur wenig breiteren, ebenfalls paarweise angeordneten Rippen in der Kuppel der Kirche Il Gesù (1584 vollendet). Die Rippen in der Jesuitenkirche waren ab 1673 abgeschlagen worden, um das Kuppelfresko von Giovan Battista Gaulli zu ermöglichen.[35] Man könnte vermuten, dass die Unregelmäßigkeiten in Sant'Andrea della Valle auf Grund dieser Veränderungen entstanden sind.

Der zweite Erklärungsvorschlag ist rein geometrischer Art. Geht man davon aus, dass unter der Laterne acht Lehrgerüstbinder zusammentreffen, wie es Carlo Fontanas Stich im *Tempio Vaticano* nahelegt (Abb. 20), könnte der Befund durchaus als Hinweis auf die Lehrgerüstkonstruktion verstanden werden. Bei seiner Analyse, von einfach gekrümmten Gerüstrippen ausgehend, kommt Dominik Kölbl zu dem Ergebnis, dass die darauf gemauerten Kuppelrippen wohl auch eine

entsprechend einfach und nicht sphärisch gekrümmte Untersicht aufgewiesen haben müssen. In diesem Fall hätten die dazwischen gemauerten Kappen die Rippen zu einer sphärischen Oberfläche verbunden. Mit der Putzschicht wurde die Krümmung ausgeglichen. Je näher man dem Laternenansatz kam, umso dichter lagen die Rippen beieinander, so dass die Herstellung einer gleichmäßigen Krümmung mit Hilfe der Putzschicht immer schwieriger wurde.

Lehrgerüste wurden nicht vom Fußboden her aufgebaut, sondern setzten auf dem Gebälk am Kuppel- bzw. Gewölbeansatz an, wo schräg aufsteigende Streben zu verankern waren. So stellen es Traktate und Einzeldarstellungen vor, etwa die von Lafreri (1561), Scamozzi (1615) oder Carlo Fontana (1694, vgl. hier Abb. 20), um einige Beispiele zu nennen.[36] Bei seinen Analysen der Punktwolke hat Dominik Kölbl am Kämpfer der sphärischen Kuppelschale, wo das Gerüst vermutlich ansetzte, keine Spuren erkennen können, die Hinweise auf solche Verankerungen geben. Eine Serie von Balkenlöchern (Abb. 18) befindet sich unmittelbar oberhalb des den Tambour oben abschließenden Kranzgesimses bzw. 3 m unterhalb des eigentlichen Kuppelansatzes – also der Stelle, wo das Lehrgerüst üblicherweise zu erwarten gewesen wäre. Die Balkenlöcher vom Typ A, die als einzige um die ganze Kuppel herumlaufen, sind wohl auch deshalb nicht als Lehrgerüstlöcher anzusprechen, da sie unregelmäßig angeordnet und mit 20 x 25 cm zu klein sind. Beim Lehrgerüst für eine so große Kuppel hätte man wohl die stärksten verfügbaren Holzbalken eingesetzt, und diese konnten durchaus doppelt so stark sein. Ein Beispiel dafür findet sich in Sant'Andrea della Valle selbst: Die im Original erhaltenen Dachbinder über dem Chor sind aus Holzbalken zusammengesetzt, die 43 x 32 cm im Querschnitt messen. Bei den Balkenlöchern in der Stelzung unterhalb des Kuppelansatzes handelt es sich daher wohl eher um Auflagerpunkte für Giovanni Lanfrancos Arbeitsgerüst für das Kuppelfresko, das, eine Himmelfahrt Mariens darstellend, 1625–1627/28 ausgeführt wurde. Die hochragende Kuppel wurde bereits im 17. Jahrhundert zwar als städtebaulich geglückt empfunden, innenräumlich aber als zu steil kritisiert.[37] Lanfranco reduzierte daher die Höhe der Kuppel optisch, indem er sein Fresko in extremer Untersicht ausführte. Erstmals in Rom entstand eine nur aus verkürzten Figuren bestehende illusionistische Einheit.[38]

---

[32] FONTANA 1694, S. 315–318.

[33] [VILLANI 2008, S. 48–49]. Quellen im Archivio di Stato di Roma, Sant'Andrea della Valle, b.2162, fasc. 161, f.14r (Laterne) bzw. 11v und 21v; erstmals publiziert in [VILLANI 2008, Dokumentenanhang, nr. 23, S. 282–283].

[34] Die Bauaufnahme bestätigt das Maß.

[35] Zuletzt zu diesem Thema: [D'AMELIO 2003].

[36] [LAFRERI (ohne Datum)]. Ein im Band enthaltener Stich Lafreris zum Lehrgerüst für die Tonnenwölbung in St. Peter, auf den hier Bezug genommen wird, ist 1561 datiert. Carlo

Fontana übernimmt diese Darstellung in seinem *Tempio Vaticano*: [FONTANA 1694, S. 413; SCAMOZZI 1615, Buch VIII, Kapitel XV, S. 325]. Zu Lehrgerüsten vgl. auch: [MARCONI 2004, S. 192–195].

[37] [FONTANA 1694, S. 361]. Fontana nennt die Kuppeln von Sant'Andrea della Valle und San Carlo al Corso als Beispiele.

[38] [ROETTGEN 2007, S. 124–141, v.a. S. 126 und 128]; zum Kuppelfresko in Sant'Andrea della Valle vgl. auch: [COSTAMAGNA 2003, S. 71–76; GANZ 2003, S. 18–44, v.a. S. 37–39, 408 und 419].

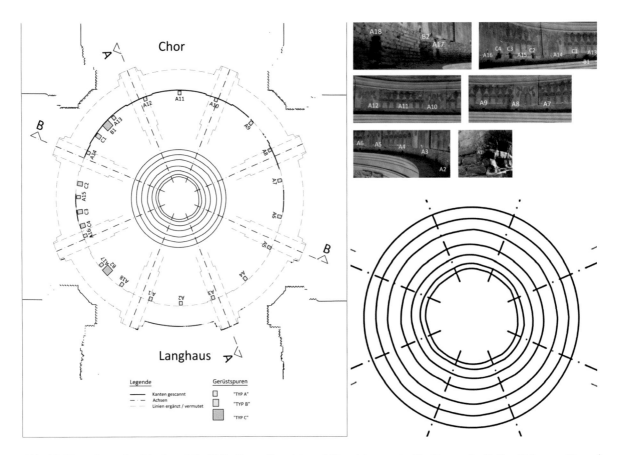

Abb. 17: Kuppel von Sant'Andrea della Valle, Rom, Grundriss mit Bezeichnung der Positionen der Balkenlöcher am Kuppel-fuß; Abb. 18: Fotos der Balkenlöcher am Kuppelfuß; Abb. 19: Höhenliniendarstellung der Kuppelschale, Bereich unmittelbar unterhalb des Laternenansatzes (Abbildungen aus der Studienarbeit von Dominik Kölbl).

Da der Scanner zusätzlich zur 3D-Information den von Farbe, Material, Auftreffwinkel und Entfernung zum Objekt abhängigen sogenannten Intensitätswert des Objektes zurückgibt, erhält man ein dreidimen-sionales Modell des Kuppelfreskos (Abb. 9). So wäre es schon jetzt – selbst ohne weitere spezielle Texturie-rung – möglich, die perspektivischen Verfahren Lan-francos in ihrer geometrisch-maßlichen Umsetzung zu studieren, mit denen er die Wirkung seines Freskos optimierte. Eine solche Studie steht allerdings noch aus. In zukünftigen Forschungsarbeiten kann der in Sant`Andrea della Valle erstellte Scan als virtuelles Simulationsmodell entscheidend werden, etwa wenn es darum geht, die Funktion und Wirkung der optimierten Ausleuchtung des Freskos nachzuvollziehen oder die verschiedenen Kuppel-Bauphasen bzw. -Bauzustände zu rekonstruieren.

DIE KUPPEL VON SANT'ANDREA DELLA VALLE IM KONTEXT[39]

Wie bereits ausgeführt, hat die Analyse der Punkt-wolken ergeben, dass die Kuppel von Sant'Andrea della Valle ein ovalförmiges Kuppelprofil aufweist. Es handelt sich um ein kontinuierlich durchlaufendes Profil, das unter der Laterne ausgerundet ist und eine klar definierbare Gesamtfigur bildet. Ein solches Profil

ist allerdings nicht nur hier nachweisbar. Im Jahre 1654 errichtete Francesco Borromini die Kuppel von Sant'Agnese in Agone in Rom mit einem ganz ähnli-chen Ovalprofil (Abb. 21), wobei sich möglicherweise ein Zusammenhang zwischen den beiden Kuppel-projekten herstellen lässt. So ist es nicht ausgeschlos-sen, dass Borromini das vom ihm gezeichnete Profil der Kuppel von Sant'Andrea della Valle als Ausgangs-punkt für Sant'Agnese genutzt hat.[40] Der Profilscan der Kuppel von Sant'Agnese, den der Verf. H. Schlimme 2008 mit der Totalstation erstellt hat, belegt, dass diese tatsächlich weitgehend der Ovalgeometrie folgt, die Borromini auf der Zeichnung Az.Rom 59 (Wien, Albertina) zuvor zeichnerisch entwickelt hatte. Das hatte Federico Bellini bereits vermutet.[41] In diesem Fall wurde jedoch im Gegensatz zur umfassenden Bauaufnahme in Sant'Andrea della Valle lediglich ein Schnitt durch die Kuppelschale gemessen, so dass über Schwankungsbreiten, Kuppelneigung oder Lehrgerüste keinerlei Aussagen getroffen werden können.

[39] Zu den in diesem Abschnitt angesprochenen Themen vgl. ausführlicher: [SCHLIMME 2009; SCHLIMME (im Druck)].
[40] Ausführlicher in [SCHLIMME 2009 und SCHLIMME (im Druck)].
[41] BELLINI 2004, S. 222–233.

Zu den ersten, die Kuppeln mit Ovalprofil entworfen haben, und zwar im Rahmen der Planungen für St. Peter, gehörte offensichtlich Antonio da Sangallo der Jüngere (1483–1546). In mehreren Entwurfsschritten (Uff. A. 66, datiert 1538 und Uff. A. 267) gelang es Sangallo, für die Innenoberfläche der Kuppelschale das Ideal der halbkugelförmigen Kuppel des Pantheons zumindest in seiner geometrischen Kontinuität zu verwirklichen und dennoch eine statisch günstige Überhöhung, wie sie in der Florentiner Domkuppel realisiert war, zu erhalten. Die Lösung bestand in einer ovalen Ausrundung des Kuppelprofils. Auch im großen Holzmodell von St. Peter (ca. 1546–1549) realisierte Sangallo eine solche Ausrundung. In diesem Fall handelt es sich allerdings geometrisch um eine Ellipse, wie Christof Thoenes, der die entsprechenden Teile des Holzmodells in den Jahren 1991–1993 vermessen und analysiert hat, zeigen konnte. In der Stichserie zum großen Holzmodell von Antonio Labacco (Stecher) bzw. Antonio Salamanca (Verleger) wird das Kuppelprofil jedoch als Halboval dargestellt.[42] Das muss nicht unbedingt ein Widerspruch sein, da sich eine halbe Ellipse beinahe perfekt mit einem Halboval mit drei oder fünf Mittelpunkten abbilden lässt. Andersherum geht es nicht ohne weiteres, weil es für ein festes Breiten-Höhen-Verhältnis nur eine Ellipse, aber viele Ovale gibt. Als Architekt der *Reverenda Fabbrica di San Pietro* hat Maderno die Stiche von Labacco vermutlich gekannt. Daher ist nicht auszuschließen, dass die Entscheidung, der Kuppel von Sant'Andrea della Valle ein Ovalprofil zu geben, vom Labacco-Stich inspiriert gewesen sein könnte. Marcello Villani, der sich nicht auf aktuelle Bauaufnahmen stützen konnte, bezeichnet die Ovalprofillösung bei Antonio da Sangallo dem Jüngeren, wie sie im Labacco-Salamanca-Stich dargestellt ist, nur vermeintlich folgerichtig als Ausnahmefall,

der – abgesehen vom Kuppelprojekt Borrominis für Sant'Agnese (Az.Rom 59) – keine Nachfolge gefunden habe. Tatsächlich jedoch, wie die jüngsten Aufnahmen eben gezeigt haben, wurde sowohl die Kuppel von Sant'Andrea della Valle als auch die von Sant'Agnese mit Ovalprofil errichtet. Ergebnisse weiterer Bauaufnahmen sind abzuwarten.

Carlo Fontana hingegen, nur gut eine Generation jünger als Borromini, kannte offensichtlich die von einigen Architekten über mehrere Generationen verwendeten ovalen Kuppelgeometrien bereits nicht mehr. In seinem Manuskript von 1673, in dem er Konzeption und Bau seiner Kuppel in Montefiascone verteidigte,[43] dokumentierte er bestehende Kuppeln in Rom, unter anderem Sant'Andrea della Valle und Sant'Agnese, die er beide für vorbildlich hielt. Fontana gibt – vermeintlich sehr konkret – die Dicke der Kuppelschalen am Ansatz und am Scheitel an. Da die Werte jedoch teilweise nicht stimmen und da er in seinen verschiedenen Schriften – z.B. für die Kuppeln von Santa Maria in Vallicella und von Sant'Andrea della Valle – auch unterschiedliche Zahlen angibt,[44] ist es offensichtlich, dass

[42] Die sukzessive Entwicklung eines komplexeren Profils im Laufe der Planungen für die Peterskuppel durch Antonio da Sangallo den Jüngeren hatte Bruschi benannt [BRUSCHI 1988]. Dort auch Hinweise auf die ältere Literatur. Eine geometrische Analyse der verschiedenen Kuppelprofile haben dann Christof Thoenes und Sandro Benedetti vorgelegt. Im folgenden die wichtigsten Publikationen der beiden Autoren zu dieser Frage aufgeführt: [KRAUSS; THOENES 1991/1992; THOENES 1995a; THOENES 1995b; THOENES 1997; THOENES 2000a; THOENES 2000b; BENEDETTI 1992; BENEDETTI 1994; BENEDETTI 1995].

[43] Ausführlicher in [SCHLIMME 2009 und SCHLIMME (im Druck)].

[44] Ebd.

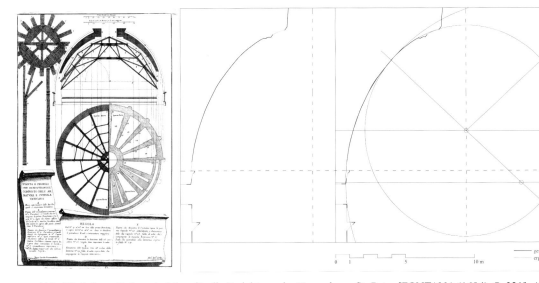

Abb. 20: Lehrgerüstkonstruktion für die Errichtung der Kuppel von St. Peter [FONTANA (1694), S. 321]; Abb. 21: Sant'Agnese in Agone, Rom, Bauaufnahme mit der Totalstation, 2008, halber Süd-Nord-Schnitt durch Innenoberfläche der Kuppelschale (Blickrichtung Westen, links) und Analyse der Geometrie (rechts)

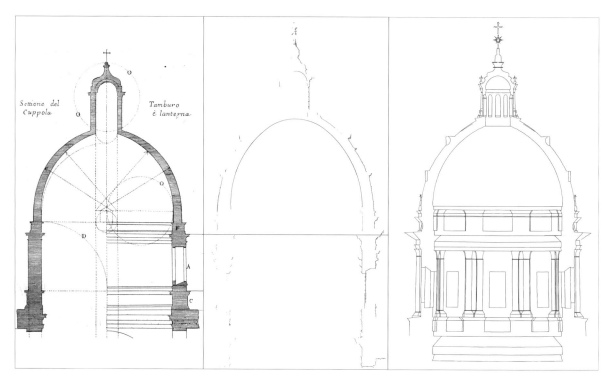

Abb. 22: Profil einer einschaligen Kuppel [FONTANA (1694), S. 367]; Abb. 23: Sant'Andrea della Valle, Rom, Bauaufnahme mit dem 3D-Scanner, 2009, Nord-Süd-Schnitt durch die Kuppelschale (Blickrichtung Osten); Abb. 24: Umzeichnung
der Bauaufnahme der Kuppel von Sant'Andrea della Valle, Domenico Palmucci, 1795; das Original, das einen Halbschnitt
durch die Kuppel zeigt, liegt in der Biblioteca di Archeologia e Storia dell'Arte, Rom, Fondo Lanciani, Roma XI.38.III.11.3.

es sich nicht bzw. nicht immer um tatsächlich gemessene Werte handeln kann. Über die ovale Geometrie der
Kuppeln von Sant'Andrea della Valle und Sant'Agnese
verliert er bezeichnenderweise kein Wort. Überhaupt
kennt Fontana wohl ausschließlich Kuppelprofile, die
aus zwei einfachen, spitzbogig gegeneinandergestell-
ten Kreisbögen bestehen. H. Schlimme analysierte
2009 die Übersicht über die Kuppelbauregeln aus den
einschlägigen Traktaten (Vitruv, Alberti, Serlio, Palladio, Scamozzi), die Fontana 1673 in Manuskriptform
erstellt hatte. Er konnte belegen, dass Fontana suggeriert, Autoren wie Vitruv oder Alberti würden einfache
Spitzbogenprofile vorschreiben, auch wenn sie sich
dazu nachweislich überhaupt nicht geäußert hatten.[45]

Fontana hat sich also offensichtlich von den allseits
anerkannten Meistern die „Versicherung" für die eigenen Kuppelkonstruktionen geholt. So ist es auch nicht
verwunderlich, dass alle bekannten Entwurfszeich-
nungen Fontanas für Kuppeln ebenfalls durchweg ein
Spitzbogenprofil aufweisen. Die von Fontana realisierten Kuppeln der Kirche Santa Maria dei Miracoli
(ab 1677) und der Cappella Cybo in Santa Maria del
Popolo in Rom (1682–1684) sowie die nach Fontanas Plan (wenn auch mit Veränderungen) in den
Jahren 1686–1732 erbaute kuppelüberwölbte Kirche
des Collegio di Sant'Ignazio in Loyola wären noch
zu überprüfen.[46] Fontanas Kuppel in Montefiascone
(1670–1672/73) wurde mit Spitzbogenprofil errichtet
(Bauaufnahme H. Schlimme 2008).

Hieraus ist zu schließen, dass im Laufe gut einer
Generation im Kuppelbau fundamentales Wissen
verloren gegangen ist. Mit dem 3D-Scanning stößt
man hier in eine Wissenslücke und kann sowohl Dis-
kontinuitäten im damaligen Wissen um den Kuppelbau aufzeigen, als auch das Wesen einer Kuppel wie
der von Sant'Andrea della Valle auf neuer Grundlage nachvollziehen. Fontanas 1694 veröffentlichte
Regeln für den Bau einschaliger Kuppeln[47] stellen die
erste umfassende Verschriftlichung eines auf Spitzbogenprofile ausgerichteten Kuppelbauwissens dar.
Wie weit sich das von Fontana vorgeschlagene Profil
von demjenigen von Sant'Andrea della Valle unterscheidet, zeigen die Abbildungen 22–23. Die bereits
erwähnte Übersicht über die Kuppelbauregeln aus
den einschlägigen Traktaten, die Fontana in seinem
Manuskript von 1673 erstellt hatte und die seinen
1694 veröffentlichten Regeln zugrunde lag, beruhte –
wie 2009 erstmals nachgewiesen und jetzt nochmals
bestätigt werden konnte – zu einem großen Teil auf
Annahmen und Missinterpretationen Fontanas. So
basieren u.a. die „Regeln Vitruvs", auf die Fontana
auch seine Kuppel in Montefiascone im Nachhinein
idealisierend zurückführt, größtenteils auf Falschinter-

45 SCHLIMME 2009.
46 Liste von Fontanas Kuppelentwürfen ausführlich in
[SCHLIMME (im Druck)]. Vgl. [HAGER 2003].
47 FONTANA 1694, S. 361–364.

pretationen.[48] Der vorliegende Aufsatz zeigt darüber hinaus, dass Fontanas Kuppelbauregeln auch hinsichtlich der Geometrie der Kuppelprofile, nun gemessen und dokumentiert, eindeutig von falschen Voraussetzungen ausgingen. Diese Aussagen sind deshalb von so erheblicher Bedeutung, weil Fontanas Regeln das geballte Kuppelbauwissen des späten 17. Jahrhunderts darstellten und über die Accademia di San Luca und über Fontanas Schüler, wie James Gibbs, Nicodemus Tessin den Jüngeren, Filippo Juvarra, Johann Bernhard Fischer von Erlach oder Johann Lucas von Hildebrandt eine große Wirkung in ganz Europa hatten.[49]

Inwieweit Fontanas Regeln zum Bau einschaliger Kuppeln in anderen Ländern Europas aber tatsächlich zur Anwendung kamen und wie sie sich andererseits mit dem jeweiligen lokalen Wissen um den Gewölbebau verschränkten, ist bislang nicht grundlegend untersucht worden. Aber das wäre ein Thema für einen weiteren Aufsatz – und für weitere Projekte mit innovativen Aufnahme-Methoden.

[48] SCHLIMME 2009.
[49] Zu Fontanas Schülern vgl. u.a.: [HAGER 1993, zu Tessin S. 129–130; BONACCORSO 1998; HAGER 2008].

Anschriften:
Prof. Dr.-Ing. Marina Döring-Williams, Institut für Architektur- und Kunstgeschichte, Bauforschung und Denkmalpflege, Technische Universität Wien, Karlsplatz 13 // 251, A-1040 Wien;
E-Mail: doering-williams@tuwien.ac.at
Dr.-Ing. Hermann Schlimme, Bibliotheca Hertziana, Max-Planck-Institut für Kunstgeschichte, Via Gregoriana 28, I-00187 Rom;
E-Mail: schlimme@biblhertz.it

Abbildungsnachweis:
Abb. 1–2, 5–13, 23: Verf.; Abb. 3: REGNART, V. (1650): Praecipua urbis Romanae templa, Rom; Abb. 4: [HIBBARD 1961, S. 299]; Abb. 14–16: Jan Slezak; Abb. 17–19: Dominik Kölbl; Abb. 20, 22: Bibliotheca Hertziana; Abb. 21: Hermann Schlimme; Abb. 24: Rainer Ausserer

Literatur:
BELLINI, F. (2004): Le cupole di Borromini. La 'scienza' costruttiva in età barocca, Electa, Mailand.
BELLINI, F. (2009): La cupola nel quattrocento. In: Miarelli Mariani, Richiello (Hrsg.): Santa Maria del Popolo. Storia e restauri, Istituto Poligrafico e Zecca dello Stato, Rom, S. 367–381.
BENEDETTI, S. (1992): L'officina architettonica di Antonio da Sangallo il Giovane. La cupola per il San Pietro di Roma. In: Bozzoni, Carbonara, Villetti (Hrsg.): Saggi in onore di Renato Bonelli, Multigrafica Ed., Rom, S. 485–504.
BENEDETTI, S. (1994): Oltre l'antico e il gotico. In: Palladio, 14, S. 157–166.
BENEDETTI, S. (1995): Sangallos Modell für St. Peter. In Evers (Hrsg.): Architekturmodelle der Renaissance: die Harmonie des Bauens von Alberti bis Michelangelo, Prestel, München, S. 110–115.
BIANCHINI, C. (2009): Verso un approccio sistematico per il rilievo, la modellazione e lo studio delle cupole. In: Rocchi (wiss. Leitung), Bussi, Carusi (Hrsg.): Nuove ricerche sulla gran cupola del Tempio Vaticano, Preprogetti, Rom, S. 263–277.
BONACCORSO, G. (1998): I luoghi dell'architettura: lo studio professionale di Carlo Fontana. In: Debenedetti (Hrsg.): Studi sul Settecento Romano. XIV. Roma, le case, la città, Bonsignori, Rom, S. 95–125.
BONACCORSO, G. (2008): L'architetto e le collaborazioni letterarie: Carlo Fontana, Francesco Posterla e Carlo Vespignani. In: Fagiolo, Bonaccorso (Hrsg.): Studi sui Fontana una dinastia di architetti ticinesi a Roma tra Manierismo e Barocco, Gangemi, Rom, S. 141–170.
BRUSCHI, A. (1988): Plans for the dome of St. Peter's from Bramante to Antonio da Sangallo the Younger. In: Domes from Antiquity to the Present, Mimar Sinan Üniversitesi, Istanbul, S. 231–251.
CAFLISCH, N. (1934): Carlo Maderno. Ein Beitrag zur Geschichte der römischen Barockarchitektur, Bruckmann, München.
CARPICECI, A. C. (1975): Armature e macchine di Leonardo da Vinci per la fabbrica di San Pietro. In: Istruzione Tecnica, 9. Jg., 43, S. 127–136.
COSTAMAGNA, A. (2003): La cupola di Sant'Andrea della Valle. In: Schleier (Hrsg.): Giovanni Lanfranco. Un pittore barocco tra Parma, Roma e Napoli, Ausstellungskatalog, Electa, Mailand, S. 71–76.
DOCCI, M. (2009): La cupola di San Pietro. Analisi e rilevamento. In: Rocchi (wiss. Leitung), Bussi, Carusi (Hrsg.): Nuove ricerche sulla gran cupola del Tempio Vaticano, Preprogetti, Rom, S. 232–246.
D'AMELIO, M. G. (2003): I Farnese e la Compagnia Ignaziana: le modificazioni alla cupola del Gesù di Roma per la decorazione secentesca. In: Frommel, Ricci, Tuttle (Hrsg.): Vignola e i Farnese. Atti del convegno internazionale Piacenza 18–20 Aprile 2002, Electa, Mailand, S. 84–98.
DEL PIAZZO, M. (1968): Ragguagli Borrominiani. Mostra documentaria, Rom, S. 75–76.
DÖRING-WILLIAMS, M., ESSER, G., KANNGIESSER, J., MAYER, I. (2006): Erfassung des Kuppelprofils der Melker Stiftskirche mittels 3D-Laserscanning zur Bestimmung von Bauwerksdeformationen. Wien.
FERRARA, D. (2003): La fabbrica di Sant'Andrea della Valle: problemi e interpretazioni. In: Costamagna, Ferrara, Grilli (Hrsg.): Sant'Andrea della Valle, Skira, Mailand, S. 17–68.
FONTANA, C. (1694): Il Tempio Vaticano e sua Origine. Con gl'Edifitii più cospicui antichi, e moderni fatti dentro, e fuori di Esso, Francesco Buagni, Rom.
GANZ, D. (2003): Barocke Bilderbauten. Erzählung, Illusion und Institution in römischen Kirchen 1580–1700, Imhof, Petersberg.
GRASSHOFF, G., HEINZELMANN, M., THEOCHARIS, N., WÄFLER, M. (Hrsg.) (2009): The Pantheon in Rome. The Bern Digital Pantheon Project. Plates, LIT Verlag, Wien/Berlin.
GRASSHOFF, G., HEINZELMANN, M., WÄFLER, M.

(Hrsg.) (2009): The Pantheon in Rome. Contributions to the Conference, Bern, November 9–12, 2006, Bern Studies in the History and Philosophy of Science, Bern.

HAGER, H. (1993): Carlo Fontana: Pupil, Partner, Principal, Preceptor. In Lukehart (Hrsg.): The artist's workshop, National Gallery of Art, Washington, S. 123–155.

HAGER, H. (2003): Carlo Fontana. In: Scotti Tosini (Hrsg.): Storia dell'architettura italiana. Il Seicento, Electa, Mailand, S. 238–261.

HAGER, H. (2008): Carlo Fontana e i suoi allievi: il caso di Johann Bernhard Fischer von Erlach. In: Fagiolo, Bonaccorso (Hrsg.): Studi sui Fontana, Gangemi, Rom, S. 237–256.

HIBBARD, H. (1961): The early history of Sant'Andrea della Valle. In: The Art Bulletin (1961), S. 289–318.

HIBBARD, H. (1971): Carlo Maderno and Roman architecture: 1580–1630, Zwemmer, London.

HIBBARD, H. (2001): Carlo Maderno. Scotti Tosini (Hrsg.), Electa, Mailand, S. 192–206.

HUEMER, F. (2001): Borromini and Michelangelo, III: The dome of Sant'Andrea della Valle. In: Source. Notes in the History of Art, Band XX, No. 4, S. 23–29.

HUERTA, S. (2004): Arcos, bóvedas y cúpulas. Geometría y equilibrio en el cálculo tradicional de estructuras de fábrica. Instituto Juan de Herrera, Escuela Técnica Superior de Arquitectura de Madrid.

KRAUSS, F., THOENES, C. (1991/1992): Bramantes Entwurf für die Kuppel von St. Peter. In: Römisches Jahrbuch der Bibliotheca Hertziana, 27/28, S. 189–200.

LAFRERI, A. (ohne Datum): Speculum Romanae magnificentiae ... , Rom, Lafreri.

MARCONI, N. (2004), Edificando Roma Barocca. Macchine, apparati, maestranze e cantieri tra XVI e XVIII secolo, Edimond, Città di Castello (2004), S. 283.

MARCONI, N. (2008): Carlo Maderno. In: Fagiolo, Bonaccorso (Hrsg.): Studi sui Fontana. Una dinastia di architetti ticinesi a Roma tra Manierismo e Barocco, Gangemi, Rom, S. 447–452.

MASSIMO MARTINO, L.P. (2009): Il rilievo tridimensionale, In: Miarelli Mariani, Richiello (Hrsg.): Santa Maria del Popolo. Storia e restauri, Istituto Poligrafico e Zecca dello Stato, Rom, S. 729–737.

PALLOTTINO, E. (1999): Sant'Andrea della Valle. Un cantiere in eredità: note di cronaca dalla fabbrica di Maderno (1608–1628). In: Kahn-Rossi, Franciolli (Hrsg.): Il giovane Borromini. Dagli esordi a San Carlo alle Quattro Fontane, Skira, Mailand, S. 329–347.

PAOLINI, P., BRANDENBURG, K. (2009): Il rilevamento della Cupola di San Pietro. In: Rocchi (wiss. Leitung), Bussi, Carusi (Hrsg.): Nuove ricerche sulla gran cupola del Tempio Vaticano, Preprogetti, Rom, S. 195–205.

ROETTGEN, S. (2007): Wandmalerei in Italien. Barock und Aufklärung. 1600–1800. Hirmer, München.

SCAMOZZI, V. (1615): L'idea della architettura universale, Venedig.

SCHLIMME, H. (2009): Santa Margherita at Montefiascone and Carlo Fontana's knowledge on dome construction. In: Kurrer, Lorenz, Wetzk (Hrsg.): Proceedings of the Third International Congress on Construction History, Cottbus, May 20–24, 2009, Band 3, Neunplus1, Berlin, S. 1317–1324.

SCHLIMME, H. (im Druck): Santa Margherita in Montefiascone: Carlo Fontana und das Wissen um den Kuppelbau. In: Schlimme, Sickel (Hrsg.): Ordnung und Wandel in der römischen Architektur der Frühen Neuzeit. Kunsthistorische Studien zu Ehren von Christof Thoenes. Römische Studien der Bibliotheca Hertziana, Band 26, Hirmer, München.

SCHÜTZE, S. (2007): Sant'Andrea della Valle. In: Strunck (Hrsg.): Rom. Meisterwerke der Baukunst von der Antike bis heute, Festgabe für Elisabeth Kieven, Imhof, Petersberg, S. 320–326.

STEINBERG, L. (1977), Borromini's San Carlo alle Quattro Fontane, Garland, New York / London, S. 365–367.

THOENES, C. (1995a): St. Peter 1534–1546. Sangallos Holzmodell und seine Vorstufen. In: Evers (Hrsg.): Architekturmodelle der Renaissance: die Harmonie des Bauens von Alberti bis Michelangelo, Prestel, München, S. 101–109.

THOENES, C. (1995b): Kat. 127, Kat. 128, Kat 131, Kat 132. In: Evers (Hrsg.): Architekturmodelle der Renaissance: die Harmonie des Bauens von Alberti bis Michelangelo, Prestel, München, S. 360–361, S. 362–363, S. 367–371, S. 372–378.

THOENES, C. (1997): Il modello ligneo per San Pietro e il metodo progettuale di Antonio da Sangallo il Giovane. In: Annali di Architettura, 9, S. 186–199.

THOENES, C. (2000a): St. Peter's, 1534–1546. In: Frommel, Adams (Hrsg.): The architectural drawings of Antonio da Sangallo the Younger and his circle. 2. Bd., MIT Press, Cambridge (Mass.), S. 33–43.

THOENES, C. (2000b): U 66A recto, U 87A recto, U 267A recto, In: Frommel, Adams (Hrsg.): The architectural drawings of Antonio da Sangallo the Younger and his circle. 2. Bd., MIT Press, Cambridge (Mass.), S. 87–89, S. 101–102, S. 129–131.

VILLANI, M. (2008): La più nobil parte. L'architettura delle cupole a Roma 1580–1670, Gangemi, Rom.

PHOTOGRAMMETRISCHE VERMESSUNG DER RÖMISCHEN STADT MINTURNAE MIT EINER GPS-GESTEUERTEN DROHNE – EIN ERFAHRUNGSBERICHT

Hansgeorg Bankel – Thomas Strellen

Abb. 1: Minturnae, Luftaufnahme aus 1500 m Höhe (2004)

EINFÜHRUNG

Im Herbst 2008 begann das Deutsche Archäologische Institut Rom zusammen mit der Hochschule München, das römische Landstädtchen Minturnae an der Via Appia am Garigliano, dem Grenzfluss zwischen dem südlichen Latium und Kampagnien, näher zu untersuchen (Abb. 1). Die Herstellung eines Gesamtgrundrisses des ausgegrabenen Stadtgebietes und Einzelaufnahmen ausgewählter Bauwerke (Tempel, Theater, Therme) standen auf der Agenda.

Eine ähnliche Aufgabe stellte sich vor 20 Jahren in Knidos an der Südwestküste Kleinasiens; hier lieferte die Luftbildphotogrammetrie (Jürgen Heckes vom Bergbaumuseum Bochum mit einem Heißluftzeppelin und einer analogen Rolleimetric) wertvolle Unterlagen. Das Projekt hätte damals auch schief gehen können. Erst nach 10 Tagen konnte der Zeppelin starten – vorher war es zu windig. Und nach zwei Wochen Arbeit wusste niemand, ob die Bilder etwas geworden waren, denn wir konnten sie nicht vor Ort entwickeln. Alles hat geklappt – dank der großen Erfahrung und Geduld von Jürgen Heckes.

In Minturnae haben wir nach neuen, digitalen Verfahren gesucht. Es gab zwei Alternativen: ein GPS-gesteuertes elektrisches Modellflugzeug, das eine leichte digitale Spiegelreflexkamera mit einem hochwertigen Weitwinkelobjektiv mit Festbrennweite gerade noch tragen kann (es wurde von der Firma MAVinci bei geografischen Messflügen in Spanien mit Erfolg eingesetzt) oder eine ebenfalls GPS-gesteuerte, nur 1200 Gramm schwere Microdrohne mit einer einfachen digitalen Pocketkamera, die den Anforderungen an eine photogrammetrische Auswertung angepasst worden war (Abb. 4).

Die Entscheidung war nicht leicht, den Ausschlag gaben mehrere Punkte: eine Drohne kann einen Punkt ziemlich genau anfliegen und auf diesem Punkt stehen bleiben (bei Windgeschwindigkeiten unter 5 m/sec);

Thomas Strellen versicherte, dass man durch Kalibrierung die Verzeichnung des minderwertigen Objektivs weitgehend kompensieren könne, und die Kollegen Peter Krzystek und Wolfgang Hübner von der Hochschule München, Fakultät für Geoinformation, gaben nach anfänglicher Skepsis dieser Methode eine Chance und boten Teilbereiche der Aufgabe als Diplomarbeit an, die von Kathrin Landmann bearbeitet wurde.

Der Gesamtgrundriss sollte ein Gebiet von knapp 300 x 300 Meter umfassen, zusätzlich das Stadttor mit dem Wasserschloss. Es war uns klar, dass hoch aufragende Gebäude wie das Theater, die Grundrisse der drei Tempel und die Therme luftbildphotogrammetrisch nicht ausreichend zu erfassen waren, deshalb

Abb. 2: Minturnae, Stadtzentrum, Orthofoto

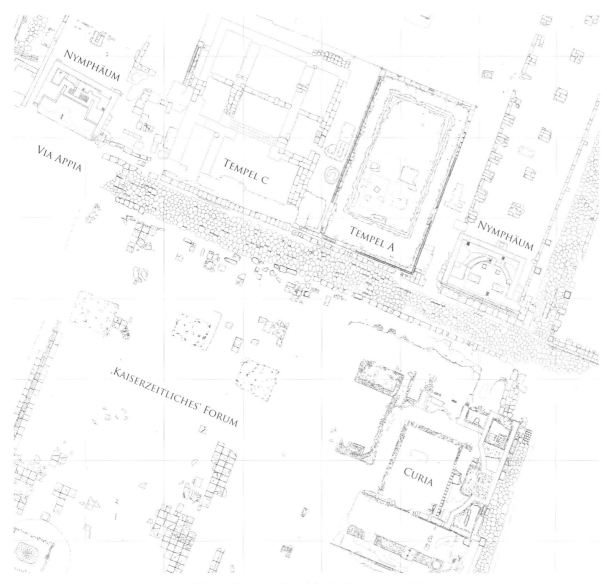

Abb. 3: Minturnae, Grundriss Stadtzentrum M 1:50

haben wir sie per Handaufmaß aufgenommen und mit Hilfe von Messpunkten in den Gesamtplan eingefügt.

Die Qualität der Fotos war hervorragend und reichte für einen steingerechten Gesamtplan im Maßstab 1:50 aus. Abbildung 2 zeigt einen Ausschnitt aus dem aus 52 Einzelfotos zusammengesetzten Orthofoto (Abb. 8) neben dem aus Kostengründen konventionell in Tusche gezeichneten und mit Passpunkten zusammengesetzten Plan des Stadtzentrums an der Via Appia (Abb. 3).

Dieser Plan ist einem Team aus Architekten, Geodäten und Archäologen zu verdanken. Hätte es während unserer 3-wöchigen Herbstkampagne im September 2009 nicht vier Tage geregnet, hätten wir den Gesamtplan fertigstellen können.

Dieser Bericht hört sich vielleicht ein wenig zu euphorisch an. Es gab durchaus kritische Momente während der zweitägigen Befliegung im Juni 2009. Einmal flog die Drohne nicht die eingegebene Route, ein zweites Mal war der Wind so stark, dass Aufnahmen wiederholt werden mussten. Es erwies sich deshalb als besonders glücklich, dass mit der Drohne auch ein erfahrener Pilot, Roman Wölk, nach Minturnae kam, der solche Situationen meisterte.

BEFLIEGUNG UND AUSWERTUNG

ANFORDERUNGEN AN DAS SYSTEM

Um Luftbilder stereophotogrammetrisch auszuwerten und zum Beispiel Höhenmodelle oder Orthofotos abzuleiten, muss das Aufnahmesystem bestimmte Mindestanforderungen erfüllen. Diese Bedingungen lassen sich als Idealform der stereoskopischen Aufnahme zusammenfassen:

- Möglichst identischer Aufnahmeabstand zum Objekt bei zueinander gehörigen, benachbarten Aufnahmen. Das bedeutet, dass die Flughöhe über Grund durch die Aufgabenstellung vorgegeben ist.

- Eine möglichst ideale Bildausrichtung muss erreicht werden. Die Winkel ω (Nickwinkel), φ (Rollwinkel), κ (Gierwinkel) müssen möglichst nahe am jeweiligen Idealwert liegen.
- Benachbarte Aufnahmepositionen müssen in vorgegebenem Abstand zueinander stehen. Diese Aufnahmebasis und die festgelegte Überlappung der Bilder ist grundlegend für die stereoskopische Auswertbarkeit.

Außerdem stellt das Einsatzszenario weitere Anforderungen an das System. Die autonome Drohne schließt die Lücke zwischen klassischer Luftbildphotogrammetrie und terrestrischer Vermessung. Das heißt, dass die Drohne überall dort zum Einsatz kommen kann, wo eine klassische Befliegung nicht möglich ist, sei es aus Kostengründen (hier ist besonders die Anflugstrecke zu bedenken) oder aus Gründen der Sicherheit, wie zum Beispiel in oder in der Nähe von Ortslagen. Hier verbieten sich klassische Luftbild-Verfahren schon rein rechtlich. Während also ein klassisches Bildflugzeug Mindestflughöhen von 400–600 m über Grund einhalten muss, operiert die Drohne idealerweise in Höhen um 100 m und in Zielgebieten von maximal 500 m Kantenlänge. Für solch kleine Aufnahmegebiete ist selbst der Einsatz des günstigsten Bildflugzeugs mit digitaler Mittelformattechnik in Abhängigkeit von der Anflugstrecke zu kostspielig.

Um nun diesen Anforderungen gerecht zu werden, bedarf es einerseits einer konstruktiven Mindestausstattung des Flugobjektes und der Kamera und andererseits einer entsprechenden Flugplanung. Diese drei Anforderungen werden nun im Einzelnen beschrieben. Zusammenfassend muss das Aufnahmesystem geeignet sein, eine den lokalen Gegebenheiten angepasste Bildflugplanung umzusetzen.

DAS FLUGGERÄT

Bei dem System Microdrones md4-200 handelt es sich um einen Quadkopter des deutschen Herstellers Microdrone. Das System befindet sich seit 2006 auf dem Markt und gilt als weitgehend ausgereift. Die Basis des Aufnahmesystems ist damit ein Produkt mit einigen Komponenten, die der neuen Aufgabenstellung entgegenkommen. Das Gesamtgewicht darf 1,4 Kilogramm nicht überschreiten, da das Gerät sonst einer speziellen Zulassung als Fluggerät bedarf und nicht mehr innerhalb von Ortslagen betrieben werden kann. In diesem Zusammenhang ergibt sich eine folgenschwere Einschränkung der Nutzlast, in diesem Fall der „photogrammetrischen" Kamera, auf unter 200 g. Ab Werk wird das Gerät mit einer einfachen digitalen Kompaktkamera ausgeliefert. Für den klassischen Nutzer der Drohne ist diese Kamera ideal, da sie über ein eingebautes Zoomobjektiv, Autofokus, Vibrationsdämpfung, einen relativ hoch auflösenden Sensor und eine Funktion für die Aufnahme von Videosequenzen verfügt. Bisher wurde das Gerät vor allem für die Erstellung

von einfachen Schrägluftaufnahmen und Videoclips zur Dokumentation aus der Luft eingesetzt. Als besonders hilfreich hat sich das System der Kameraausrichtung erwiesen. Durch eine IMU (Inertial Measuring Unit) wird die Fluglage der Drohne überwacht und die gewünschte Ausrichtung der Kamera im Fluge nachgeführt. Die Neigungen werden vom zentralen Flugrechner erfasst und in Echtzeit an zwei Schrittmotoren weitergegeben, die der Neigung entgegensteuern. Damit wird die Forderung nach idealem Nickwinkel ω und Rollwinkel φ eingehalten.

Steuerung und Vortrieb der Drohne erfolgen über vier Elektromotoren, die vier Rotoren antreiben. Dieses Konzept eines Fluggerätes mit mehr als nur einem Hauptrotor ermöglicht eine ruhigere Fluglage und eine präzise Ausrichtung der Drohne an der Aufnahmeposition bei gleicher Nutzlast. Durch unterschiedliche Ansteuerung der einzelnen Motoren lässt sich das Gerät in der Horizontalen halten, vorwärts, rückwärts und seitwärts manövrieren, ohne die Drohne in diese Richtung um die Hochachse drehen zu müssen. Die Kameraausrichtung bleibt näherungsweise senkrecht zur Bildflugachse, und der Gierwinkel κ wird entsprechend minimiert.

Die Drohne wird zu Koordinaten gesteuert, die mit dem u-blox 5 GPS-Chip im Koordinatensysstem WGS84 festgelegt werden. Das Datenformat der empfangenen GPS-Daten entspricht dem NMEA 0183-Standard, wird aber systemintern modifiziert. Im Flug werden gemessene Abweichungen vom Sollkurs registriert und in gewissem Umfang kompensiert. Die Drohne sorgt also autonom für notwendige Kurskorrekturen, sobald sie zum Beispiel durch Seitenwind vom Kurs abgedrängt wird. Diese Fähigkeit ist der grundlegende Vorteil gegenüber ferngesteuerten Flächenflugzeugmodellen oder Modellhubschraubern. Bei leichtem Wind erreicht die Drohne eine Positionierungsgenauigkeit von unter fünf Metern.

Das System selbst bietet leider nur geringe Kalibriermöglichkeiten für den Anwender. Die Steuersoftware ist nahezu unzugänglich, und der gesamte Datenfluss wird über Schnittstellen gesteuert, die nur die für den Standardnutzer notwendigen Einstellungen ermöglichen. Ebenso ist der Datenrückfluss eingeschränkt. Dem Nutzer sind vorgefertigte vereinfachte Informationen zugänglich, die jedoch keine objektive Bewertung des Fluges ermöglichen. Die Kameraausrichtung und Lotrechte kann nur genähert mechanisch justiert werden. Dabei verbleibende Restklaffungen können jedoch in Anbetracht der Fehlereinflüsse durch Eigenbewegung und Windeinfluss vernachlässigt werden. Die Unzulänglichkeiten im Bereich der Navigation bzw. Positionierung und der Aufnahmewinkel müssen auf Verfahrensseite kompensiert werden. Auf Grund der Ladekapazität der Akkumulatoren ist die Flugzeit auf maximal 15 Minuten beschränkt. Bei widrigen Windverhältnissen kann diese Manöverzeit weiter sinken,

Um eine Kalibrierung sinnvoll durchzuführen, muss sichergestellt sein, dass alle möglichen Veränderungen der geometrischen Verhältnisse an Objektiv und Kamera eliminiert bzw. minimiert werden. Mechanische Funktionalitäten wie Fokussierung, veränderliche Brennweite oder Ausgleich von Vibrationen durch eine mechanische Steuerung der Sensorneigung verfälschen das Ergebnis der Kalibrierung und müssen unterbunden werden. Da der Steuerchip der Kamera Rückmeldungen der einzelnen Stellmotoren erwartet, genügt es nicht, die Stellmotoren stillzulegen, sondern alle beweglichen Teile müssen fixiert und die Stellmotoren von ihren angesteuerten Systemkomponenten getrennt werden. Bei diesem Eingriff lassen sich die Forderungen nach Rechtwinkligkeit zwischen Sensorebene und Objektivachse und Zentrierung der Objektachse im Bildhauptpunkt jedoch nicht gewährleisten.

Die Kalibrierung der Kamera wurde von Katrin Landmann, Studentin der Geoinformatik, in den Räumen der Fachhochschule München unter Anleitung von Herrn Dr. Peter Krzystek durchgeführt. Die Kalibrierung erfolgt durch das mehrfache Fotografieren eines Festpunktfeldes von verschiedenen Positionen aus und das Ausmessen der einzelnen Messpunkte in den Bildern. Aus der Summe aller Messungen wird durch ein Ausgleichungsprogramm die Verzeichnung, Brennweite und Exzentrizität des Bildhauptpunktes ermittelt.

Das Ausgleichungsprogramm für die Laborkalibrierung liefert jedoch nur eine idealisierte Ausgleichungsfunktion, die die Objektivverzeichnungen symmetrisch auf die Achsen der Bildebene verteilt. Insbesondere das Stilllegen der Vibrationsdämpfung führte zu einer Diskrepanz zwischen Bildebene und Sensorebene. Damit ist die Verteilung der Verzeichnungen asymmetrisch, und die durch Kalibrierung ermittelten Verzeichnungs-

Abb. 4: Drohne und Steuereinheit

da ein Anstemmen gegen den Wind entsprechend mehr Akkuleistung fordert.

Durch einen permanenten Transfer der Betriebsdaten von der Drohne zur Bodenstation ist eine Kontrolle des Akkuzustandes und der Flugparameter während des Fluges in gewissem Umfang möglich. In Notfällen ist es somit jederzeit möglich, den autonomen Flug abzubrechen und auf eine manuelle RC-Fernsteuerung zurückzugreifen. Auch für die Landung bietet es sich an, die Endphase des Fluges manuell zu steuern.

KAMERA

Die standardmäßig ausgelieferte Kamera, eine Pentax Optio A40, ist eine handelsübliche digitale Kompaktkamera mit Zoomfunktion, Autofokus und Vibrationsdämpfung mit entsprechend vielen beweglichen Teilen und Linsensystemen. Um diese Kamera als „photogrammetrischen" Sensor zu nutzen, muss das System soweit modifiziert werden, dass eine Kalibrierung und somit eine innere Orientierung des Kamerasystems möglich ist. Die innere Orientierung einer Kamera wird durch einen Kalibriervorgang bestimmt und legt die wichtigsten Abbildungsparameter der Kamera fest. Dies sind einerseits die Kammerkonstante C und andererseits der Bildhauptpunkt H', das heißt, der Versatz zwischen dem Schnittpunkt der Sensordiagonalen H zur Objektivmittelachse.

Pixelgröße: 1,9 µm	
Kammerkonstante: c = 8.858 mm	
Bildhauptpunkt (=PPA): x0 = -0.1532 mm y0 = 0.3644 mm	
Verzeichnung (Schrittweite = 0,5 mm)	
r	dr [µm]
0	0.0
0.5	-7.2
1.0	-5.7
1.5	0.0
2.0	3.4
2.5	-1.3
3.0	-18.9
3.5	-50.8
4.0	-93.6

Tab. 1: Ergebnisse der Laborkalibrierung

parameter genügen nicht, um die geometrischen Fehler zu kompensieren. Im Rahmen der Aerotriangulation wurde stattdessen eine zusätzliche, so genannte Selbstkalibrierung durchgeführt. Nach Dr. Karl Kraus ist diese Form der „projektbegleitenden Selbstkalibrierung" [KRAUS 1996, S. 469] für instabile Kamerasysteme die adäquate Methode. Sämtliche Messungen der photogrammetrischen Punktbestimmung fließen dabei als Beobachtungen in die Berechnung der Kamerakalibrierung ein. Im Rahmen der Bündelblockausgleichung werden die Elemente der inneren Orientierung verbessert und für die jeweils folgende Iteration genutzt. Das Ergebnis dieser Kalibrierung ist eine 13 x 11 Felder große Ausgleichsmatrix von 143 Einzelwerten, die die Verzeichnungsgeometrie zum Zeitpunkt der Aufnahme abbildet. Die Brennweite wurde mit 8,7095 mm ermittelt. Der Bildhauptpunkt ist um PPAx = -0,1748 mm und PPAy = 0,2703 mm verschoben.

Die atmosphärischen Bedingungen der Aufnahme, wie Temperatur, Luftfeuchte und Luftdruck, sind bei diesem Kalibrierverfahren identisch mit den Bedingungen der Kalibrierung und können vernachlässigt werden. Die Eingangsparameter für diese Berechnungen der inneren Orientierung stellen jedoch einen weiteren Unsicherheitsfaktor dar. Die exakte Größe der Pixel und die Gesamtausdehnung des Sensors werden vom Hersteller gar nicht bzw. idealisiert angegeben. Direkte Nachfragen beim Hersteller führten zu keinem Ergebnis. Aus allgemeinen Tabellen im Internet[1] wurde für den 1/1.7" Sensor eine Kantenlänge von 5,7 x 7,6 mm und 3000 x 4000 Pixel ermittelt. Daraus errechnet sich eine Pixelgröße von 1,9 µm. Die kleinste Brennweite wird vom Hersteller mit 7,9 mm und einem Öffnungswinkel von 60° angegeben[2].

Kamera und Drohne arbeiten voneinander unabhängig. Die Kamera besitzt eine eigene Stromversorgung und wird durch einen IR-Auslöser an der erreichten Zielposition ausgelöst. Die Bilddaten werden auf einer SD-Speicherkarte abgespeichert und können erst nach dem Bildflug auf einen PC übertragen werden. Als Bildformat wird von der Kamera nur ein JPEG-Format geliefert.

Die spezifischen Aufnahmeparameter wie Lichtempfindlichkeit, Weißabgleich, Blende und Belichtungszeit werden vor dem Bildflug an der Kamera selbst eingestellt und können während des Fluges nicht mehr manipuliert werden. Die Belichtungszeit ist so kurz wie möglich zu wählen, um die Eigenbewegung der Drohne zu kompensieren. Um die besten Abbildungsergebnisse zu erzielen, wird eine mittlere Blende gewählt. Im Gegensatz zu analogen Filmen, deren Empfindlichkeit und Weißabgleich jeweils durch die chemische Zusammensetzung vorgegeben ist, bieten digitale Sensoren die Möglichkeit, Lichtempfindlichkeit und Weißabgleich manuell zu wählen. Gerade bei den kleinen Sensoren stellt sich jedoch bei hoher Lichtempfindlichkeit schnell ein unerwünschtes

Bildrauschen ein. So ist es sinnvoll, mit mittlerer oder niedriger Filmempfindlichkeit zu arbeiten und nicht kurze Belichtungszeiten ausschließlich mit höherer Lichtempfindlichkeit zu kompensieren. Automatische Belichtungsprogramme sind ebenfalls nicht sinnvoll, da einerseits die vorgegebenen Programme in der Regel nicht für die Aufgabenstellung geeignet sind, andererseits eine Veränderung der Einstellungen während des Fluges zu größeren Abweichungen zwischen den Einzelbildern führt. Diese Abweichungen in Helligkeit, Sättigung und Kontrast sind dann beim radiometrischen Ausgleich während der Orthofotoerstellung mit entsprechend höherem Aufwand zu kompensieren.

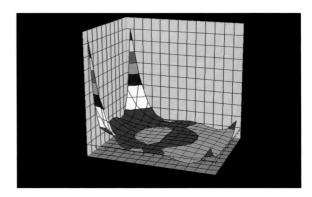

Abb. 5: Ausgleichungsmatrix. Die x- und y-Achse stellen die Sensorausdehnung dar, die z-Achse bildet die jeweilige Verzeichnung ab. Die Darstellung ist nicht maßstäblich.

FLUGPLANUNG

Die gewünschte Aufnahmehöhe ergibt sich als Funktion aus Brennweite, Bildformat und Auflösung der Kamera. Erster Anhaltspunkt für die Festlegung der Aufnahmepositionen ist die angestrebte Bodenauflösung der Aufnahme oder die Auswertegenauigkeit. Hierbei muss zwischen Auflösung und Genauigkeit unterschieden werden. Die Auflösung ist die Darstellungsgröße der abgebildeten Fläche pro Pixel. Die Genauigkeit der Daten beschreibt dagegen die Exaktheit der dargestellten Objekte bzw. der durch stereophotogrammetrische Auswertung ermittelten Abbildung innerhalb des Bezugssystems und beinhaltet alle Fehlerquellen von den Kameraparametern über das Ergebnis der Aerotriangulation, die Passpunkte bis hin zu den Einflüssen der Entzerrungs- und Projektionsparameter der stereophotogrammetrischen Kartierung oder der Orthofotoerstellung.

Die besten Ergebnisse der photogrammetrischen Auswertung, insbesondere bezüglich der Höhenaus-

[1] Quelle: http://www.dpreview.com/learn/?/key=sensor+sizes (31.08.2010)
[2] Quelle: Bedienungsanleitung der Pentax Optio A40: http://www.pentax.de/de/media/1933e377a6e687ed264bdb55cb29e872/OPM_CAMERA_GER.pdf (31.08.2010)

Abb. 6: Bildflugplanung

wertung, werden durch Weitwinkelobjektive erzielt. Aus der Brennweite der verfügbaren Kamera und der Flughöhe errechnet sich der Bildmaßstab und somit ein Maß für die erreichbare Auflösung. Als weitere Funktionen des Bildmaßstabs lassen sich die Basis und der Streifenabstand ermitteln. Für die stereophotogrammetrische Auswertung werden Bildpaare idealerweise mit 60–65% Überlappung und Streifenüberlappungen benachbarter Streifen von rund 30% erstellt. Nach dieser Vorgabe lässt sich die stereoskopische Abdeckung des gesamten Aufnahmegebietes und somit die Anzahl der benötigten Bilder ermitteln.

Die angestrebte Bodenauflösung wurde mit Blick auf die Aufgabenstellung mit 2,5 cm festgelegt. Bei einer Brennweite von 8,7095 mm werden eine Flughöhe von rund 100 m und ein Bildmaßstab von 1:150 ermittelt. Die Basis (der Abstand der benachbarten Bilder zueinander) errechnet sich zu 30,6 m und der Streifenabstand zu 61,1 m.

Die Positionsvorgaben für den Drohnenflug werden in absoluten Koordinaten im GPS-Bezugssystem vorgegeben. Das heißt, dass die Ergebnisse der Flugplanung aus dem lokalen Koordinatensystem, das gleichzeitig auch Zielsystem für die photogrammetrische Auswertung ist, ins System WGS 84 und Geografische Koordinaten transformiert werden müssen. Die Flughöhe wird, unter Berücksichtigung von Geländehöhe und durchschnittlicher Geoidundulation mit 107 m MSL bzw. 100 m über Grund festgelegt. Die Geoidundulation liegt im Zielgebiet bei etwa +40 m. Im Rahmen der zu erwartenden Schwankungen der Flughöhe ist dieser Wert genau genug.[3]

Die Kameraausrichtung wird als Richtungswinkel zum zugehörigen Bezugsmeridian angegeben und ist für den jeweiligen gesamten Flugstreifen identisch.

Um für die Selbstkalibrierung aussagekräftige Daten aus den Überlappungsbereichen zu erhalten, wurde die Flugrichtung am Streifenende um 180° gewendet. Als Kameraausrichtung in der Z-Achse wird die Lotrechte vorgegeben.

Eine vom Hersteller der Drohne angebotene Drag-and-Drop-Softwarelösung für die Bildflugplanung ist für die Aufgabenstellung nicht praktikabel. Da die Schnittstellen sowohl zum GPS-Chip als auch zum Steuermodul vom Hersteller der Drohne nicht offen gelegt sind, kann nur über das Binärformat der Systemsoftware eine Kursvorgabe programmiert werden. In diesem Bereich muss der Workflow weiter verbessert werden.

Für das Auswertegebiet von rund 350 x 250 m Ausdehnung wurde ein Block von 34 Bildern in vier Streifen geplant. Bei der Bildflugplanung ist zudem die beschränkte Flugzeit zu beachten. Auf Grund der geringen Akkuleistung wurden die Flugstreifen nicht komplett durchflogen, sondern in U-Schleifen aus der Mitte des Aufnahmegebietes heraus geplant. Aus dem Zeitbedarf für Aufsteigen, Abbremsen, Ausrichten und der Aufnahme von 3–4 Bildern pro Position ergibt sich ein Durchsatz von zwölf Aufnahmepositionen pro Flug. Mit der Aufnahme von 3–4 Bildern pro Position wird versucht, kurzfristige Positionsschwankungen und Neigungen durch Seitenwind zu kompensieren. Aus diesem Grund ist es unumgänglich, das Aufnahmesystem autonom operieren zu lassen. Ein ferngesteuerter Anflug an eine vorbestimmte Position und die Korrektur der Kursschwankungen ist vom Standpunkt des Piloten am Boden selbst mit einem Downlink einer Videosequenz

[3] Quelle: http://www.ife.uni-hannover.de/forschung/bilder/egg97.jpg (31.08.2010)

der Flugposition nur sehr schwer möglich. Bei einem Flächenflugzeug, das sich ständig im Vorflug befindet, ist eine Abschätzung der Aufnahmeposition im Rahmen der geforderten Genauigkeit vom Boden aus schlicht unmöglich. Eine manuelle Auslösung der Einzelbilder funktioniert nur, wenn dass Aufnahmesystem lang genug an der vorbestimmten Position ausharren kann, um die Position zu verifizieren.

Um einen Bezug zwischen dem Bildverband, den GPS-Koordinaten der Aufnahmepositionen und dem lokalen Bezugssystem der Ausgrabungsstätte herzustellen, wurden im Zielgebiet im Rahmen der Diplomarbeit von Kathrin Landmann 22 Passpunkte signalisiert, terrestrisch aufgemessen und ausgeglichen.

BILDFLUG

Die ursprüngliche Planung sah einen kompletten Bildflug am frühen Vormittag vor. In der Hoffnung, den auflandigen Winden zu entgehen, wurden die ungünstigen Lichtverhältnisse in Kauf genommen. Es zeigte sich jedoch, dass in 100 m Höhe auch bei gefühlter Windstille am Boden ein unregelmäßiger Wind von bis zu 5 m/s herrschte. Aus diesem Grund wurde ein weiterer Flug zur Mittagszeit durchgeführt. Die Windverhältnisse am Boden und in der Aufnahmehöhe waren in etwa vergleichbar, allerdings in Bodennähe wesentlich unruhiger, so dass die Start- und die Landeprozedur nicht unkritisch abliefen. Andererseits war die Bildqualität durch die gleichmäßigere Ausleuchtung und geringeren Schattenwurf erheblich besser.

Nachdem die Drohne am Boden initialisiert wurde und die Startposition im Bezugssystem lokalisiert war, berechnete das System die notwendigen Steuerprozeduren zu den Aufnahmepositionen, und die Drohne stieg zum ersten Auslösepunkt auf. An jedem der Auslösepunkte wurden drei Aufnahmen getätigt, um mögliche Abweichungen der Fluglage zu kompensieren. Zwischen Erreichen der Aufnahmeposition und der ersten Aufnahme wurde ein Zeitintervall von einigen Sekunden programmiert, so dass Drohne und Kameraaufhängung auspendeln und Kursabweichungen ausgeglichen werden konnten. Bei den ersten Bildflügen vor Ort stellte sich heraus, dass die neue Steuersoftware für Flüge nach vorprogrammierten Waypoints (Zielkoordinaten) zwar die Positionen richtig ansteuerte, aber die automatisierte Auslösung der Aufnahmen nicht korrekt bzw. unvollständig ausgeführt wurde. Da dieses Softwareproblem vor Ort nicht gelöst werden konnte, wurde die Auslösung der Einzelbilder in der Folge manuell durchgeführt. Der gesamte Bildflug wurde von zwei Startpositionen aus durchgeführt. Dabei wurden rund 120 Einzelaufnahmen erstellt.

AEROTRIANGULATION

Aus den Einzelaufnahmen des gesamten Bildfluges wurden die Bilder mit den besten Ergebnissen und den der jeweiligen Idealposition am nächsten kommenden Positionen selektiert und zur Aerotriangulation vorbereitet. Wegen der Softwareprobleme in der Steuersoftware und der widrigen Windverhältnisse entsprachen diese Positionen nicht dem photogrammetrischen Idealfall. Im Einzelfall wurden zusätzliche Bilder in Bereichen mit kritischen Bildkonstellationen eingefügt, um eine flächendeckende Abdeckung mit Stereomodellen zu gewährleisten. Die tatsächliche Anzahl der verwendeten Bilder ist also größer als die Anzahl der geplanten Aufnahmen. In diesen Bereichen sind die schleifenden Schnitte der Strahlengänge vom Objektpunkt zum Abbild entsprechend sehr steil.

Auch war die von der Steuersoftware vorgesehene Funktionalität der Registrierung der Aufnahmezentren durch die Notwendigkeit, die Einzelbilder manuell auszulösen, deaktiviert. Somit war von Anfang an klar, dass eine automatische Verknüpfung der Stereobildpaare nicht möglich sein würde. Die Verknüpfung der Bildpaare und der Streifenübergänge erfolgte demnach ausschließlich manuell durch Auswahl und Anmessen geeigneter Objektpunkte. Genauso wurde beim Einmessen der Passpunkte in den Einzelbildern verfahren.

Für die Aerotriangulation kamen die Software Match AT 5.2 und die neue Bündelblockausgleichungssoftware inBlock 5.2 der Firma INPHO zum Einsatz [vgl. INPHO 2009]. Im Rahmen dieser Ausgleichung wurde auch eine Selbstkalibrierung der Kamera durchgeführt, die als Ergebnis eine Ausgleichsmatrix für die gesamte Kamerageometrie lieferte (vgl. Kapitel KAMERA).

Die Blockausgleichung wurde nach Erreichen eines Sigma 0^4 von 3,9 μm abgebrochen. Ein Blick auf die Übersicht des Blocks zeigt, wie sehr der Seitenwind die Drohne von der Idealausrichtung und den Idealpositionen abgedrängt hatte.

Die Standardabweichung der Residuen an den Passpunkten betragen in der Lage 3 cm und in der Höhe 10 cm. Die schwächeren Ergebnisse der Höhenausgleichung lassen sich vor allem auf die schleifenden Schnitte bei den Modellen mit ungünstiger Bildkonstellation zurückführen.

Der κ –Wert, der die Ausrichtung der Bildflugachse gegen geografisch Nord darstellt, schwankt zwischen 140° und maximal 160°. Die größten Auslenkungen eines Einzelbildes aus der Flugachse liegen demnach bei ± 10°. Der Nickwinkel ω und der Rollwinkel φ, verursacht durch die Restfehler der Kameraaufhängung, liegen ebenfalls bei den meisten Bildern unter 10°. Nur bei einzelnen Bildern wird dieses Maß in der einen oder anderen Richtung überschritten. Ursache dieser

---

[4] Sigma 0 ist ein wichtiger Indikator für die Qualität der Blockausgleichung und ergibt sich aus dem quadratischen Mittelwert aller gemessenen Bildresiduen für den gesamten Bildblock. Je kleiner das Sigma Null der letzten Iteration ist, desto weniger Spannungen bleiben innerhalb des Blokkes zurück. Quelle: http://dcatlas.dcgis.dc.gov/metadata/ortho2008.html (29.07.2010)

Ausreißer sind wahrscheinlich Aufnahmen, die während des Abbremsens oder Beschleunigens der Drohne ausgelöst wurden. Diese Bilder zeigen auch leichte Verwacklungen.

Die Abweichungen in ω, φ und κ im Streifen 1 im Bereich des Theaters könnten jedoch sogar als Indiz für den Einfluss eines „Hangwindes", einer am Theater aufgestauten Luftströmung gewertet werden. Der anströmende Wind aus Südwest wird durch das größte Hindernis am Platz wie durch eine Düse nach oben umgeleitet und stört so den Drohnenflug. Auch die errechneten Höhen der Bildmitten deuten auf dieses Phänomen hin. Die Abweichungen der Aufnahmepositionen schwanken in der Höhe um -2 m und + 7 m und in der Lage um ± 5 m von den vorgesehenen Positionen. Ausnahme sind Bilder, die manuell ausgelöst wurden, bevor die Drohne ihr Ziel erreichte, so dass eine Aussage zur Genauigkeit der Positionierung in diesem Falle relativiert werden muss.

BERECHNUNG DES ORTHOFOTOS

Die Berechnung der Orthofotos erfolgte mit den Softwares OrthoMaster und OrthoVista der Firma INPHO. Als Grundlage zur Entzerrung des Bildverbandes wurden im Vorfeld aus den Stereomodellen einige Geländekanten und Geländehöhen ermittelt, die die Geländemorphologie abbilden. Die gesamte Geometrie der baulichen Anlagen wurde nicht erfasst.

Im ersten Schritt erfolgt die differentielle Entzerrung der Bildpunkte unter Berücksichtigung der Kameraparameter, der Bildparameter ω, φ, κ, der Aufnahmepositionen, die im Rahmen der Aerotriangulation bestimmt wurden, und der Höheninformationen. So entsteht für jedes Einzelbild des Bildfluges ein einzelnes Orthofoto. Der Bildverband wird dann zu einem Gesamtblock zusammengefasst, und entlang von so genannten Seamlines, den Trennlinien zwischen den Einzelbildern, werden die Bildübergänge angepasst. Eine automatisierte Generierung der Seamlines genügt nicht immer den Anforderungen an die Darstellung der Orthofotos, die auch von den Bildinhalten bestimmt werden. So werden bei manueller Konstruktion der Seamlines zusammengehörige Bildelemente aus jeweils einem Bild gewählt und Sprünge in der Geometrie möglichst kompensiert. Kippungen von aufragenden Objekten wie Mauern können nur lagerichtig entzerrt werden, wenn diese in ihrer Gänze als Höhenmodell modelliert sind. So ergeben sich zwangsläufig Bildbereiche des Orthofotos, die nicht maßstäblich abgebildet werden können. Abgeschattete Bereiche müssen dann manuell oder halbautomatisch mit Bildinformationen benachbarter Bilder aufgefüllt werden.

Über den gesamten Block wird ein radiometrischer Abgleich auf der Grundlage der jeweiligen Histogramme durchgeführt. Dabei werden Intensität, Kontrast, Farbton und Sättigung und die Helligkeit der

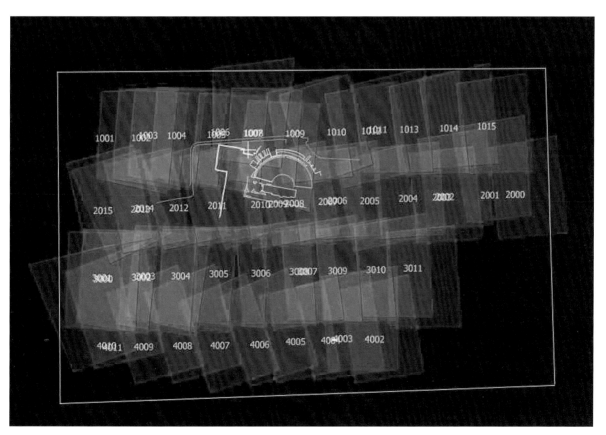

Abb. 7: Bildverband nach der Verknüpfung

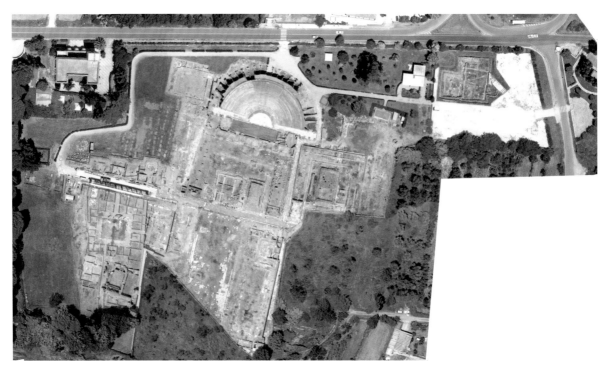

Abb. 8: Orthofoto aus 52 Einzelaufnahmen

Einzelbilder über den Block hinweg angepasst. Eine abschließende Kachelung (Kantenlänge hier 100 m) ermöglicht die Aufteilung des gesamten Blocks in sinnvolle Einheiten.

BEWERTUNG DER ERGEBNISSE UND AUSBLICK

Die Arbeit mit der Microdrone md4-200 ist ein Kompromiss. Zwar bietet sie durch ihre Fähigkeit, autonom zu operieren, die grundlegende Basis für eine photogrammetrische Aufnahme, doch die Navigations- und Steuereigenschaften und die eingesetzte Kamera bedürfen noch erheblicher Verbesserungen. Die Kamera selbst hat überraschende Ergebnisse erbracht. Auflösung, Farbe, Kontrast und Sättigung sind über die Maßen zufriedenstellend, auch wenn einzelne Bilder verwackelt sind. Das Manko liegt ganz klar in der Positionierung und Einhaltung der photogrammetrischen Mindestbedingungen. Die atmosphärischen Bedingungen müssen ideal sein wie auch bei der klassischen Photogrammetrie. Allerdings sind die Windbedingungen in der niedrigen Manöverhöhe der Drohnenfliegerei grundsätzlich unsicherer.

Die GPS-Navigation müsste erheblich verbessert werden. Dies könnte durch den Einsatz einer echten differentiellen Positionierung mit einer eingemessenen Bodenstation und der Verwendung von Korrekturdaten realisiert werden. Darüber hinaus benötigt die Drohne stärkere Aggregate, um die Zielposition halten zu können. Diese Verbesserungen gehen zwangsläufig zu Lasten der Nutzlast und der Akkuleistung. Die Zugeständnisse an diese Begrenzungen schlagen sich im höheren Aufwand bei Aerotriangulation und Orthofotoberechnung nieder. Auch sind die Bildkonstellationen mitunter ungünstig oder in einzelnen Bereichen sogar nicht verwendbar. Das Ziel muss sein, einerseits auf Hard- und Softwareseite die Navigationsfähigkeit weiter zu verbessern, andererseits den Workflow weiter zu entwickeln, um das Aufnahmesystem effektiver nutzen zu können. Letztendlich müsste der Hersteller in diesen Segmenten nachrüsten. Dort fehlt jedoch das Verständnis für die Aufgabenstellung.

Ein größeres Drohnenmodell der Firma Microdrone ist wohl mittlerweile verfügbar. Ob jedoch eine Zulassung durch das Luftfahrtbundesamt erfolgt, ist noch offen. Somit ist das Gerät zurzeit nur an Flugplätzen und außerhalb bewohnter Gebiete nutzbar. Einige interessante alternative Systeme von Amateurentwicklern stehen unmittelbar vor der Fertigstellung. Die Kamera DP1 der Firma Sigma mit Festbrennweitenobjektiv und größerem Sensor verspricht eine qualitative Verbesserung der Aufnahmen. Aufwändige Kalibrierung und Funktionstests stehen noch aus. Mit dieser Kamera sind auch unkomprimierte RAW-Formate möglich.

Ideal wäre ein Gerät, das Nutzlasten bis 3 kg tragen kann und trotzdem innerorts fliegen darf. Vorraussetzung ist ein Zertifizierungsverfahren, das sicherstellt, dass alle Komponenten und Verfahren festgelegten Regeln und Grenzwerten entsprechen. Nur so ist langfristig ein Einsatz dieser Systeme möglich. Der Dachverband der UAV-Entwickler [UAV] und verschiedene Arbeitskreise des DGPF und einzelner Hochschulen arbeiten an den Rahmenbedingungen.

ZUSAMMENFASSUNG

Im Rahmen einer bauhistorischen Erfassung und Interpretation ist das Orthofoto durch seine hohe Informationsdichte bei gleichzeitiger Maßstäblichkeit ein hilfreiches Werkzeug. Die Geometrieinformation des Orthofotos bietet den Rahmen für eine detaillierte Befundkartierung bei gleichzeitiger Reduktion der Objektansicht in die Bildebene. Die Erstellung des Orthofotos aus Stereomodellen entspricht dem klassischen Ansatz der Photogrammetrie. Die stereophotogrammetrische Auswertung liefert die Basis für eine Erfassung der Oberflächenmorphologie des Objektes und beispielsweise die logische Abgrenzung und Skizzierung von Baugruppen. Wie weit diese Erfassung gehen kann, ist abhängig von der fachlichen Kompetenz des Erfassers.

Die photogrammetrische Erfassung von Ausgrabungsstätten wird von zwei wesentlichen Faktoren bestimmt: einerseits der geografischen Lage nicht selten in bewohnten Gebieten und andererseits der relativ geringen Dimension, die einen klassischen Bildflug ausschließen. Vor diesem Hintergrund wird gerade in der Archäologie und Bauforschung immer wieder versucht, alternative Trägersysteme zum Einsatz zu bringen. Die Palette reicht vom Heißluftballon über den Fernlenkzeppelin bis hin zum ferngelenkten Modellflugzeug. Mit der aktuellen Entwicklung autonom operierender Drohnen sind nun erstmals Geräte auf dem Markt, die in der Lage sind, die Bedingungen der Stereophotogrammetrie in Ansätzen zu erfüllen. Ihr geringes Gewicht und die Möglichkeit, jederzeit den autonomen Flug abzubrechen und manuell weiter zu steuern, ermöglichen den Einsatz in unmittelbarer Nähe urbaner Ansiedlungen. Allerdings gehen die geringe Dimensionierung des Gerätes auf Kosten der Flugdauer, Seitenwind- und Thermikstabilität und die geringe Nutzlast auf Kosten der Qualität und Größe der eingesetzten Sensoren. Andererseits ist durch Verwendung eines GPS und einer IMU (Inertial Measuring Unit) die Möglichkeit gegeben, Positionsabweichungen in gewissem Umfang auszugleichen. Daher müssen die technischen Einschränkungen durch entsprechende Verfahren kompensiert werden.

Anschrift:
Prof. Dr.-Ing. Hansgeorg Bankel, Hochschule München;
Fakultät für Architektur
E-Mail: hansgeorg.bankel@hm.edu

MSc(Gis) Dipl.-Ing. Thomas Strellen, LandMark GmbH & Co KG, Am Rothhang 4, 82399 Raisting/Obb.
E-Mail: Thomas.strellen@photogeo.de
www.photogeo.de

Roman Wölk, LuB EvWa, Birkland 5, 86971 Peiting
E-Mail: birkland@rent-a-drone.de

Abbildungsnachweis:
Abb. 1–3: DAI Rom und Hochschule München.
Abb. 4–8: Thomas Strellen

Literatur:
KRAUS, K. (1982): Photogrammetrie Band 1, Grundlagen und Standardverfahren, Dümmler Verlag Bonn.
KRAUS, K. (1996): Photogrammetrie Band 2, Verfeinerte Methoden und Anwendungen, Dümmler Verlag Bonn
UAV: Deutsprachige Arbeitsgruppe für unbemannte Luftfahrzeuge, http://www.uavdach.org/Home/uav_dach.htm (29.07.2010)
INPHO (2009): INPHO Produktbroschüre 2009, http://www.inpho.de/index.php?seite=dl_publications&navigation=188&root=165&system_id=3470&com=liste&kanal=html&klasse=downloadcenter_ordner&verzeichnis=portal%2Fdownloadcenter%2Fdateien%2Fpublications%2Fdatasheets2008%2F (29.07.2010)

EINSATZ UND ZWECKDIENLICHKEIT DREIDIMENSIONALER AUFNAHMEMETHODEN IN DER ANTIKEN STADT DES DIOGENES VON OINOANDA

Konrad Berner – Martin Bachmann – Tilman Müller

Abb. 1: Oinoanda – südlich der Esplanade

DAS PROJEKT

OINOANDA: LAGE, BEDEUTUNG UND FORSCHUNGSGESCHICHTE

Am Südrand der Kibryatis, im nördlichen Lykien, liegt in einer Höhe von etwa 1400 m die antike Stadt Oinoanda. Archäologische Funde lassen eine früheste Datierung der Siedlung in die hellenistische Zeit, etwa Ende drittes, Anfang zweites Jahrhundert v. Chr. zu, wobei der Ortsname wohl schon durch erste Nennungen in hethitischen Keilschrifturkunden aus dem zwölften Jahrhundert v. Chr. nachzuweisen ist.

Britische Forschungsreisende entdeckten die wahrscheinlich durch mehrere Erdbeben erschütterte Ruinenstadt in den 1840er Jahren und begannen kurz darauf mit der Kartierung der Anlage, so dass erste Pläne bereits 1847 fertig gestellt wurden. Einen Schwerpunkt der Forschungsarbeit, damals wie heute, bildete die 1884 entdeckte monumentale Steininschrift, eines der bedeutendsten epigrafischen Zeugnisse der griechischen Welt: ein in Stein gemeißelter Abriss der epikureischen Lehre, zusammengefasst durch den Philosophen Diogenes von Oinoanda. Dabei handelt es sich nach heutigen Erkenntnissen wohl um die größte bekannte Inschrift der Antike.

Ab 1968 folgten neue Untersuchungen der Diogenesinschrift durch Martin Ferguson Smith, der die meisten der im 19. Jahrhundert entdeckten Inschriftenfragmente identifizieren und diesen noch weitere Fragmentfunde hinzufügen konnte, die dann sukzessive von ihm bearbeitet und publiziert wurden.

Parallel zu diesen Arbeiten schloss sich ab 1974 eine Surveyunternehmung des British Institute at Ankara – zunächst unter der Leitung von A. S. Hall – an, die sich schwerpunktmäßig mit der Stadttopografie und den Bauten von Oinoanda beschäftigte.

Schließlich fand 1997 die bisher einzige archäologische Ausgrabung statt, durchgeführt von dem Museum Fethiye unter der wissenschaftlichen Leitung von M. F. Smith. Bei dieser kleinen Grabung im Bereich der so genannten Esplanade, der älteren, hellenistischen Agora der Stadtanlage, die als mutmaßlicher Standort der Inschriftenmauer gelten darf, konnten weitere Inschriftenblöcke freigelegt werden.

Bis zum heutigen Zeitpunkt konnten insgesamt etwa 240 Inschriftenfragmente von einer Größe von wenigen Zentimetern bis zu massiven Blöcken von über anderthalb Metern Breite und knapp sechzig Zentimetern Höhe identifiziert werden. Über die philosophische Inschrift des Diogenes hinaus wurden auch zahlreiche nicht-philosophische Texte in Oinoanda entdeckt und publiziert.

DIE AKTUELLEN ARBEITEN

Eingeleitet durch eine Vorkampagne im Jahr 2007 folgten unter der Leitung der Abteilung Istanbul des Deutschen Archäologischen Instituts und mit maßgeblicher Beteiligung der philologischen Abteilung der Universität zu Köln eine Reihe von jährlichen Surveyunternehmungen von vier bis sechs Wochen Dauer in Oinoanda. Ziel des noch nicht abgeschlossenen Forschungsvorhabens war einerseits, die Forschungsarbeit im Bereich der Diogenesinschrift sowie deren Dokumentation weiter zu betreiben. Andererseits soll die Untersuchung der komplexen Stadttopografie bezüglich der Stadtentwicklung unter Zuhilfenahme moderner Methoden, zum Beispiel geophysikalischer Untersuchungen, weiter vorangetrieben werden. Des Weiteren gilt die Aufmerksamkeit dieser aktuellen Arbeiten der Erforschung und Dokumentation der kaiserzeitlichen Aquäduktanlage sowie der Dokumentation und Kartierung der nicht-philosophischen Inschriften.

Zur Unterstützung dieser Arbeiten werden verschiedene moderne vermessungstechnische Werkzeuge eingesetzt. So erfolgt die Kartierung und Wiederauffindung verloren gegangener Inschriftenfragmente unter der Verwendung von Real-Time-Kinematik-GPS-Verfahren. Die Dokumentation der Diogenes-Inschriftenfragmente wird durch die Aufnahme der Fundstücke mit einem Triangulationsscanner unterstützt. Um die Baudokumentation wichtiger Stadtbereiche wie der Esplanade zu erleichtern und zu beschleunigen, werden durch terrestrisches Laserscanning gewonnene Punktwolkenmodelle eingesetzt. Auch der Einsatz photogrammetrischer Verfahren zur 3D-Dokumentation von Steinreliefs wurde erprobt.

3D IM EINSATZ

TERRESTRISCHES LASERSCANNING

Wie schon erwähnt, erfolgt der Einsatz von terrestrischem Laserscanning zur Unterstützung der händisch durchgeführten Bauaufnahme. Die Aufnahmen sowie die Nachbereitung der Aufnahmedaten zur Erstellung der Punktwolkenpläne entstanden durch ein externes Vermessungsbüro unter Verwendung eines terrestrischen 3D-Scanners der Firma Riegl.

Um zum Endergebnis, dem digitalem Steinplan, zu kommen, wird zunächst der entsprechende Ausschnitt des Punktwolkenmodells in orthogonaler Projektion ausgedruckt. Dieser kann dann vor Ort, unter Einbeziehung der Beobachtungen der Bearbeiter, mit der eigentlichen Bleistiftzeichnung/Bauaufnahme überzeichnet werden. Das Endergebnis – sozusagen die digitale Tuschezeichnung – entsteht durch die nachträgliche Digitalisierung der im Feld entstandenen Bauaufnahmen.

Entscheidend dabei ist das methodische Vorgehen, denn die händische Bauaufnahme wird hier nicht ersetzt, sondern durch den Laserscan als optimale Grundlage rationalisiert. Das Handaufmaß ist und bleibt mit seiner gründlichen Beobachtung aller Details und seinem den Befund bereits interpretierenden Informationsgehalt der methodische Kern der Dokumentation. Die Punktwolke bietet jedoch ein so dichtes Netz maßlicher Vorgaben, dass die Bauaufnahme ohne zeitraubende Vorarbeiten mit dem Tachymeter direkt über dem ausgeplotteten Punktwolkenplan erfolgen kann. Nur auf diese Weise war es möglich, den gesamten Steinplan der Esplanade inklusive der Versturzareale mit einer Gesamtfläche von 25.000 m² von fünf Zeichnern/Architekten in einem

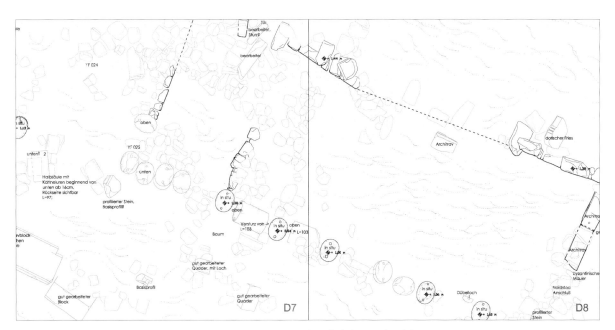

Abb. 2: Das Endergebnis – die „digitale Tuschzeichnung"

Zeitraum von vier Wochen vollständig im Maßstab 1:50 zu dokumentieren. Diese exakte Bauaufnahme ist die Grundlage aller weiteren Rekonstruktionsüberlegungen zur Platzanlage und ihrer Entwicklung und natürlich zur ursprünglichen Anordnung der Stoa mit der Diogenesinschrift.

Abb. 3: Messzelt zur Erzeugung geeigneter Lichtverhältnisse

Abb. 4: Scanner im Einsatz

Abb. 5: Laserscan eines Inschriftenfragmentes – Der „digitale Abklatsch"

NAHBEREICHSSCANNING

Die 3D-Dokumentation der Inschriftenfragmente, sowie auch deren Kartierung und alle zusätzlich anfallenden vermessungstechnischen Aufgaben, wie die Einmessung von Passpunkten oder photogrammetrische Aufnahmen, erfolgten in Zusammenarbeit mit dem Institut für Geomatik der Hochschule Karlsruhe – Technik und Wirtschaft.

Für die Erfassung der Steinoberflächen wird dabei ein Triangulationsscanner der Firma Minolta eingesetzt. Im Gegensatz zu dem nach Laufzeitverfahren arbeitenden Riegl-Scanner wird hierbei die Oberflächengeometrie des Aufnahmeobjektes aus einem Lichtstreifen abgeleitet, der auf das Messobjekt projiziert wird und dieses abscannt, wobei er von einem CCD-Sensor (vergleichbar einer Videokamera) aufgenommen wird. Die Punktdichte der Punktwolke ergibt sich dabei aus der Auflösung des Sensors (640 x 480) und dem Aufnahmeabstand. Für die unterschiedlichen Arbeitsbereiche des Scanners ist das Gerät mit drei Objektiven unterschiedlicher Brennweite ausgerüstet, wodurch ein Einsatzbereich von 0,5 bis 1,5 m erreicht wird.

Da es sich bei diesem Verfahren um eine optische Aufnahme handelt, müssen geeignete Lichtverhältnisse vorhanden sein. Insbesondere sollte das Umgebungslicht konstant und nicht zu hell sein. Um der – vor allem in Oinoanda äußerst intensiven – Sonnenlichteinstrahlung Herr zu werden, wird ein zusammenfaltbares Verdunklungszelt aus schwarzem Tuch mit einzeln abnehmbaren Seitenwänden eingesetzt. Das Zelt lässt sich sogar im schwierigen Gelände sehr gut handhaben, wodurch das Arbeiten zu jeder Tageszeit problemlos möglich ist.

Der Zeitaufwand für das Scannen eines Objektes variierte je nach dessen Größe zwischen einer halben und bis zu drei Stunden. Als besonders zeitraubend erweist sich dabei das Umsetzen des Scanners bei besonders großen Aufnahmeobjekten.

Eine hohe räumliche Auflösung der Punktwolke hat einen kleinen Aufnahmebereich zur Folge. Da im Bereich der Inschriften großer Wert auf ein hochauflösendes Ergebnis der Aufnahme gelegt wird, sind dort viele Scans erforderlich.

Die einzelnen Scans werden schließlich in der Nachbearbeitung mit der Software Geomagic Studio bereinigt, zusammengeführt und zu einem Oberflächenmodell vermascht. Die Zusammenführung der einzelnen Teilscans erfolgt ohne Zuhilfenahme von Passpunkten. Als Anhaltspunkt für das von der Software verwendete Best-Fit-Verfahren werden lediglich drei auf der Oberfläche anhand der Geometrie oder der Textur identifizierte identische Punkte benötigt.

Die so gewonnenen Oberflächenmodelle der einzelnen Inschriftenfragmente sind vielseitig einsetzbar. Sie sollen als Werkzeug dienen, um den Epigrafikern die Möglichkeit zu eröffnen, einen maßstäblichen Abdruck der Inschriften zu untersuchen, ohne vor Ort zu sein.

Dabei stehen verschiedene Hilfsmittel zur Verfügung, zum Beispiel Lichteinfallsimulationen zur Erhöhung der Lesbarkeit. Der „digitale Abklatsch" ist uneingeschränkt zu vervielfältigen und problemlos digital versandfähig. Als Modellformat hat sich bisher das 3D-PDF als besonders dienlich erwiesen, da es durch den hohen Verbreitungsgrad des Adobe Readers von vielen Nutzern gelesen werden kann und dabei einige nützliche Funktionen aufweist, wie etwa die Möglichkeit, Maße abzugreifen.

3D-Modelle der einzelnen Fragmente bieten auch die Möglichkeit der Rekonstruktion. Von der digitalen Zusammenführung zerbrochener Inschriftenblöcke bis zur Rekonstruktion der kompletten Inschriftenmauer ist alles denkbar. So entstand in einem ersten Versuch die Rekonstruktion der ersten fünf Meter der Diogenesinschrift in voller Höhe. Dabei wurden die identifizierten und eingescannten Inschriftenfragmente mit nach Maßvorgaben der Wissenschaftler rekonstruierten Blöcken als Platzhalter ergänzt.

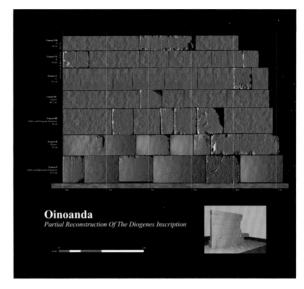

Abb. 6: Rekonstruktion der ersten fünf Meter der Inschriftenmauer

NAHBEREICHSPHOTOGRAMMETRIE

Als dritte Möglichkeit zur Erzeugung von 3D-Punktwolken wurde der Einsatz der Photogrammetrie als Alternativmethode getestet, die bei minimiertem Aufnahmeaufwand in bestimmten Situationen eine hinreichende Genauigkeit gewährleistet. Im Blickpunkt waren dabei Steinreliefs, deren Aufnahme mit dem Scanner auf Grund der Umgebungssituation (z.B. zu hoch an einer Felswand) problematisch ist und/oder bei denen der Scanaufwand wegen ihrer Größe nicht gerechtfertigt ist. Als Aufnahmekamera wurde eine handelsübliche digitale Spiegelreflexkamera verwendet (Canon EOS 5D) und zur Nachbearbeitung die Software Photomodeler Scanner eingesetzt.

Die von der Software Photomodeler zur Erzeugung von Punktwolken geforderte Aufnahmeanordnung ist eine Kombination zweier klassischer Aufnahmeverfahren: der Mehrbildaufnahme und der stereoskopischen Aufnahme. Dabei wird das Objekt aus verschiedenen Blickrichtungen fotografiert, wobei zu jeder Blickrichtung noch zusätzlich ein geeignetes Stereopendant aufgenommen wird. Die Software arbeitet mit kodierten Passmarken, die im Aufnahmebereich geklebt werden können, so dass die Orientierung der Bilder vollautomatisch erfolgen kann. Die 3D-Information wird nach der Vornahme einiger Einstellungen automatisch durch Autokorrelation in den entsprechenden Bildpaaren abgeleitet. Es entstehen also aus den einzelnen Stereopaaren Punktwolken, die wie Laserscandaten weiterverarbeitet, also registriert und vermascht werden können.

Man erhält bei dieser Vorgehensweise nicht die gleiche Genauigkeit und Auflösung wie bei einem Streifenlichtscan. Die Qualität der Ergebnisse ist auch sehr von der Oberflächentextur abhängig. Die Vorteile dieser Methode, um ansprechende Ergebnisse für Objekte zu

Abb. 7: Photogrammetrisch generiertes 3D-Modell eines Reliefs

bekommen, bei denen es nur auf eine Visualisierung ankommt, liegen im geringen Arbeitsaufwand. So dauerte die Aufnahme eines Objektes, das wegen seiner Größe mit dem Scanner mehrere Stunden in Anspruch genommen hätte, lediglich fünfzehn Minuten. Ein anderes Relief, dessen eigentliche Scanaufnahme zwar nicht lange gedauert hätte, das aber wegen seiner exponierten Lage in einer Felswand für die Aufnahme die Bereitstellung einer zeitraubenden und sicher auch waghalsigen Gerüstkonstruktion erfordert hätte, konnte mit dem photogrammetrischen Verfahren problemlos aufgenommen werden.

Die Nachbearbeitung erfolgt weitgehend automatisch, so dass die eigentliche Arbeit sich auf das Vornehmen der Einstellungen und die manuelle Durchführung einiger Korrekturen beschränkt. Allein die Prozessierung ist etwas zeitaufwändiger.

FAZIT

Der Einsatz von 3D-Aufnahmemethoden in Oinoanda konzentriert sich schwerpunktmäßig auf die Unterstützung der Bauaufnahme durch das terrestrische Laserscanning und die 3D-Dokumentation der Inschriftenfragmente als Werkzeug für die Epigrafiker. Als Zwischenbilanz der bisherigen Arbeiten lässt sich sagen, dass gerade diese zwei Vorgehensweisen sich als praktikabel und förderlich erwiesen haben. Die Arbeitsbeschleunigung bei der Baudokumentation ist durch den Einsatz der Punktwolken als Zeichenvorlage beachtlich und rechtfertigt allemal den Aufwand der terrestrischen Laserscans. Auch die aus dem Nahbereichsscanning entstandenen „digitalen Abklatsche" der Inschriftenfragmente haben sich durch ihre Flexibilität im Einsatz vollends bewährt, die Resonanz der Philologen ist durchweg positiv.

Aber auch die anderen Einsatzgebiete der Modelle, wie die 3D-Rekonstruktion einzelner Inschriftenblöcke oder ganzer Mauerteile wurden positiv aufgenommen. Ebenso hat sich der Einsatz der Photogrammetrie als zeitsparende Alternative zum Streifenlichtsanning zur Erzeugung von Visualisierungsmodellen in den ersten Versuchen bewährt.

Das Projekt befindet sich in einem Zwischenstadium, und die kommenden Kampagnen werden zeigen, ob sich gewisse Vorgehensweisen noch verfeinern lassen, oder ob auch neue Methoden für neu aufkommende Aufgabenstellungen hinzugezogen werden müssen.

Anschrift:
Dr.-Ing. Martin Bachmann, Deutsches Archäologisches Institut, Abteilung Istanbul, Inönü Caddesi 10, 34437 Istanbul, Türkei
Dipl.-Ing.(FH) Konrad Berner, Prof. Dr.-Ing. Tilman Müller, Hochschule Karlsruhe, Institut für Geomatik, Moltkestrasse 30, 76133 Karlsruhe.
E-Mail: Bachmann@istanbul.dainst.org, Konrad.Berner@ hs-karlsruhe.de, Tilman.Mueller@hs-karlsruhe.de

Abbildungsnachweis:
Abb. 1 – 7: Verfasser

DIE VENUSGROTTE VON SCHLOSS LINDERHOF – EIN DIGITALES AUFMASS ALS GRUNDLAGE FÜR SCHADENSAUFNAHME UND INSTANDSETZUNGSPLANUNG

Rainer Barthel – Christian Kayser – Felix Martin

Abb. 1: Blick in die „Hauptgrotte" mit dem Grottensee, der zentralen Tropfsteinsäule und dem Ölgemälde „Tannhäuser im Venusberg"

Die unter dem kunstsinnigen und menschenscheuen bayerischen König Ludwig II. (1845 – 1886) erbaute sogenannte Venusgrotte ist heute eine der Hauptsehenswürdigkeiten des Linderhofer Schlossparks in den Bayerischen Alpen nahe Garmisch-Partenkirchen. Oberhalb des königlichen Schlosses gelegen, ist die Venusgrotte auf der Nordflanke des Graswangtales in den Hangschutt von Brunnenkopf und Klammspitze gebaut. Dem Bauwerk sind bergseitig einzelne Filter- und Absetzbecken vorgelagert, die einen Bestandteil der aufwändigen historischen Wasserführung bilden.

Frühzeitig nach der Errichtung (s.u.) wurde ein hölzernes Schutzdach über den ehemals freiliegenden, erdbedeckten Gewölben der Grotte errichtet. Es handelt sich um ein flach geneigtes, unregelmäßiges Pfettendach, das auf den Grottengewölben aufgeständert ist. Der eigentliche Grotteninnenraum ist regulär über einen Eingangstunnel im Osten und einen Ausgangstunnel im Westen zugänglich, die Tunnelportale sind als einzige von außen sichtbare Bauteile der Grotte phantasievoll mit Steinstaffagen gestaltet. Der an die Tunnel anschließende Grotteninnenraum gliedert sich in mehrere Abschnitte, die durch Trennmauern und Einbauten voneinander geschieden sind. Alle Teile des Innenraumes sind mit einer künstlichen, eine natürliche Tropfsteinhöhle imitierenden Raumschale reich gestaltet. Zudem bestehen zahlreiche Staffagen, die als eine Art permanente Bühnendekoration für unterschiedliche Szenen dienten: große Glaskristalle über dem See verweisen etwa auf „Rheingold", während das Ölgemälde und der Muschelkahn auf die Oper „Tannhäuser" anspielen (vgl. Abb. 1).

Die Venusgrotte besitzt einen komplizierten inneren Aufbau: Grundsätzlich handelt es sich um ein gemauertes und von Gewölben überdecktes Bauwerk, in das die eigentliche, den phantastischen Innenraum bildende Raumschale aus Drahtputz eingehängt und eingestellt ist. Die weitgehend vom Hangschutt überdeckten Außenmauern wie auch einzelne Mauerpfeiler im Inneren der Venusgrotte bestehen aus Bruchsteinmauerwerk; den Raumabschluss des Hauptraumes bilden 22 kuppelige Ziegelgewölbe über jeweils dreieckigem Grundriss. Eingang und Ausgang der Grotte bilden zwei tonnengewölbte, vollständig aus Bruchsteinmauerwerk erstellte Tunnel von jeweils ca. 15 m Länge. Die künstliche, im Grundriss ca. 50 x 50 m messende Grotte weist Raumhöhen von bis zu 15 m im Hauptraum auf und hat einen Rauminhalt von etwa 10.000 m³.

Die Aufhängung der Drahtputzschale unter der gemauerten Gebäudehülle erfolgt über in die Ziegelgewölbe eingelassene schmiedeeiserne Haken, an denen einzelne, gleichfalls schmiedeeiserne „Hänger" – teils mehrere Meter lange Stabeisen mit rundem oder rechteckigem Querschnitt – befestigt sind; der Zwischenraum („Schalenzwischenraum") zwischen Gewölben und Raumschale ist bereichsweise zugänglich (Abb. 2).

Die Drahtputzschale ist aus mehreren Lagen von Vierkant-, Flach- und Rundeisen aufgebaut, auf denen das Trägergewebe (Rupfen, Drahtgitter etc.) für den ca. 5 – 40 mm starken Bewurf aus Romanzement befestigt ist. An der Rabitzschale sind zahlreiche Stalaktiten und tropfsteinähnliche „Vorhänge" („Sinterfahnen") aufgehängt. Abhängig von der Größe der Tropfsteine handelt es sich dabei z.T. um einfache, mit Romanzement umkleidete Eisenbügel, teils aber auch um größere, geflochtene Eisen- und Drahtkonstruktionen von mehreren Metern Länge. Die Spitzen der größeren Stalaktiten sind aus in der Drahtkonstruktion befestigten zementumkleideten Rundhölzern gebildet.

ÜBERSICHT ZUR BAUGESCHICHTE
Die Planung der Grotte lag bei dem „Landschafts-plastiker" August Dirigl und dem Hofbaudirektor Georg Dollmann, leitender Baumeister war Mathias Steinbrecher[1]. Aus der Planungszeit sind verschiedene historische Entwurfspläne erhalten, die eindrucksvoll die bedeutende technische Ausstattung mit Öfen, einem heizbaren Grottensee, elektrischer Beleuchtung in verschiedenen Farben und einer Wellenmaschine illustrieren. Der Bau der Venus-grotte begann nach den erhaltenen Baurechnungen ab 1875 mit ersten Materiallieferungen in das Gras-wangtal; der umfangreichste Bauabschnitt erfolgte wohl 1877. Im Herbst dieses Jahres war die äußere Gebäudehülle fertiggestellt und der Innenausbau begonnen. Die oberseitige Abdichtung der Gewölbe mit einer Teerschicht erfolgte im Oktober; der Innenausbau war ebenfalls im Wesentlichen im Winter abgeschlossen; Änderungen und Umbauten zogen

sich jedoch bis zum Tod des Königs 1886 hin. Schon 1881 wurde eine erste Holzabdeckung über den undichten Gewölben erstellt. Die Baurechnungen weisen in den folgenden Jahren zahlreiche Um- und Neubauten am Dach über der Grotte aus; die heute noch erhaltene Dachkonstruktion wurde in ihren Grundzügen vermutlich ab 1890 von dem Zimmerer Ehrengut erstellt.

In den Baurechnungen der folgenden Jahrzehnte bis heute finden sich stets wiederkehrende Berichte und Rechnungen zu Arbeiten am schadhaften Grotten-dach sowie an schadhaften Holzkonstruktionen im Innenraum. Gravierende Schäden an der Raum-schale werden zum ersten Mal in größerem Umfang ab 1962 bemerkt. (Aktennotiz 1.3.1962 Verwaltung Linderhof: „Eine Überprüfung des Grottengewölbes, speziell über dem Durchlaufgang. Gefährdung der Besucher durch herabfallende Stalaktiten.")

Umfangreiche Schäden an der Drahtputzschale vor allem über dem Grottensee führten 1977–81 zu einer weitgehenden Erneuerung der Raumschale in den betroffenen Bereichen; die Konzeption und Leitung lag bei dem damaligen Landbauamt Weilheim.

[1] Die Aufarbeitung der Archivalien zur Baugeschichte führte Herr Dr. Stefan Nadler, München, durch.

Abb. 2: Blick in den „Schalenzwischenraum" mit Blick auf die Tragkonstruktion der Raumschale.

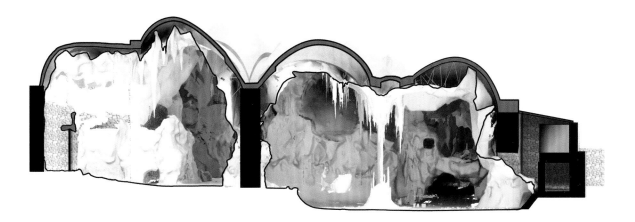

Abb. 3: Längsschnitt durch das digitale Modell, Blickrichtung wie Abb. 1 auf den Grottensee und die zentrale Tropfsteinsäule

ANLASS DER UNTERSUCHUNGEN

Beständiger Eintrag von Hangwasser in das Gebäudeinnere führte ebenso wie die bauklimatischen Verhältnisse mit einer durchgehend sehr hohen Luftfeuchtigkeit zu starker Korrosion an dem eisernen Traggefüge der inneren Raumschale. Die durch den Rost bedingte Volumenvergrößerung führte zudem zu flächigen Absprengungen der aufgebrachten Romanzementoberfläche. Zugleich waren durch die dauerhafte Durchfeuchtung alle hölzernen Konstruktionen – etwa die Kerne der großen Tropfsteine wie auch einzelne Stützkonstruktionen im Schalenzwischenraum – durch Fäulnis bis hin zur vollständigen Zersetzung geschädigt. Die fortschreitenden Schäden an der Drahtputzschale erreichten schließlich ein solches Ausmaß, dass, um die Sicherheit der Besucher gewährleisten zu können, schließlich Schutzgerüste und Fangnetze im Grotteninneren eingebaut werden mussten.

Für die Vorbereitung einer umfassenden Instandsetzung der äußeren Gebäudehülle wie der inneren Raumschale wurde das Ingenieurbüro Barthel & Maus, München, mit einer Untersuchung der Drahtputzschale beauftragt.[2] Hierbei sollte sowohl die Baukonstruktion differenziert aufgenommen und analysiert als auch eine umfassende Schadensaufnahme erstellt werden. Statische Berechnungen zur Tragfähigkeit der komplexen abgehängten Eisenkonstruktion sollten zusammen mit Materialuntersuchungen durchgeführt werden.

DAS DIGITALE GEBÄUDEMODELL DER GROTTE

Bereits im Zuge der ersten Voruntersuchung erwies sich, dass die Geometrie der Raumschale mit den gängigen Aufnahmeverfahren – Handaufmaß, tachymetergestütztes Aufmaß oder Photogrammetrien – nicht zu erfassen sein würde. Über die reine Bestandserfassung hinausgehend wäre zudem eine Kartierung von

Schäden und eine Auslese der betroffenen Flächen in Vorbereitung der Instandsetzung auf Grundlage der genannten Verfahren unmöglich.

Da bereits vor Beginn der Untersuchungen und unabhängig von diesen die Deutsche Gesellschaft für Luft- und Raumfahrt, Pfaffenhofen, zu Testzwecken einen terrestrischen Laserscan des Grottenraumes durchgeführt hatte, wurde mit dem Auftraggeber und den beteiligten Fachplanern vereinbart, ein digitales Werkzeug zu erstellen, in dem sämtliche Informationen zusammengefasst werden können.

Die klassische Folge von Untersuchungsschritten von der Bestands- und Schadensaufnahme (Anamnese) über die Erkundung der Schadensursachen mit statischen Berechnungen (Diagnose) bis hin zur Instandsetzungskonzeption und –planung konnte somit bei der Linderhofer Grotte auf der Basis eines digitalen Gebäudemodells erfolgen.

SCHRITTWEISE ERSTELLUNG DES MODELLS

Für die Erstellung des Gebäudemodells der Grotte war eine Reihe von Einzelschritten erforderlich (Abb. 4–6). Verschiedene, mit heterogenen Methoden gewonnene Daten konnten schließlich mit den Ergebnissen des Laserscans in einem gemeinsamen Bezugssystem zusammengeführt werden.

Die von der Deutschen Gesellschaft für Luft- und Raumfahrt (DGLR) erstellte Punktwolke besaß einen Messpunktabstand von 2,0 mm. Diese Primärdaten wurden nach den Vorgaben des Planungsbüros von der DGLR auf einen Messpunktabstand von 3 bis 5 cm reduziert und in ein Polygonmesh umgewan-

---

[2] Auftraggeber und Bauherr ist der Freistaat Bayern. Die Untersuchungen werden betreut und koordiniert vom Staatlichen Bauamt Weilheim, vertreten durch Herrn Bauoberrat Eichner, und der Bayerischen Verwaltung der staatlichen Schlösser, Gärten und Seen, vertreten durch Herrn Bosch und Herrn Häfner.

delt. Nach der automatischen Mesherstellung wurden die Daten übergeben und im Büro Barthel & Maus in ein Autodesk-3DS-Max-kompatibles Format überführt. Fehlmessungen und doppelt generierte Flächen wurden einzeln „manuell" entfernt. Die Säuberung des Modells war unumgänglich, da zahlreiche Einbauten in der Grotte Fehlmessungen begünstigten, so beispielsweise der große Spiegel in einem der Nebenräume oder auch die großen Glaskristalle des „Rheingolds".

Im Anschluss erfolgte eine weitere Reduktion des Messpunkteabstandes auf ca. 10 cm; es verblieben ca. 1,3 Mio. Polygone. Die Auflösung, mit der also in den weiteren Planungsschritten gearbeitet wurde, ist, verglichen mit den Anforderungen etwa bei der Aufnahme von Bauornamentik oder von antiken Inschriften relativ „grob", ermöglicht aber einen schnellen Umgang mit den Modelldaten für alle Projektbeteiligten, die mit sehr unterschiedlicher

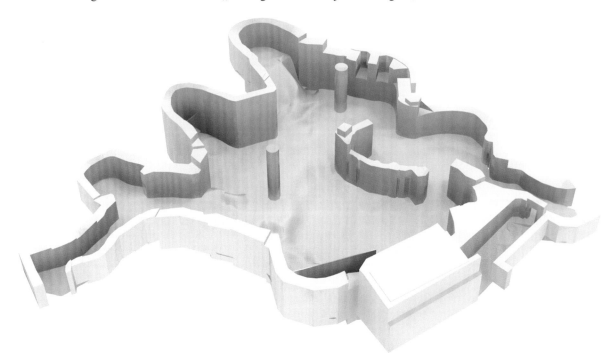

Abb. 4: Schrittweiser Aufbau des dreidimensionalen Modells der Grotte: Extrusion der Außenmauern

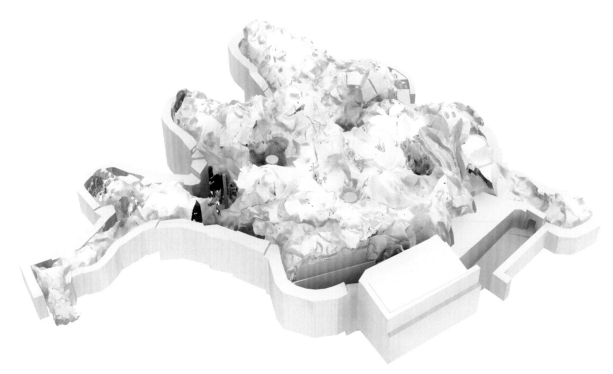

Abb. 5: Schrittweiser Aufbau des dreidimensionalen Modells der Grotte: Integration des Laserscans der Raumschale

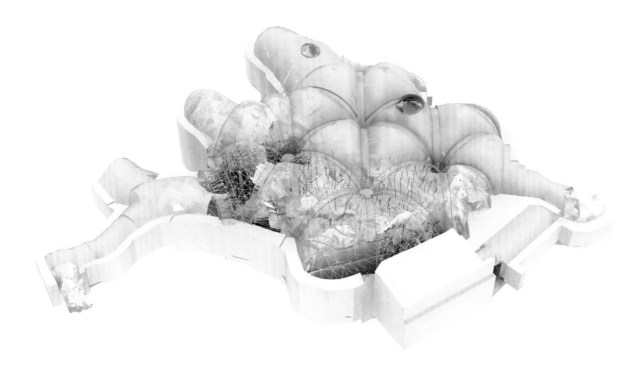

Abb. 6: Schrittweiser Aufbau des dreidimensionalen Modells der Grotte: „Aufsetzen" der tachymetrisch aufgemessenen Gewölbe und Hänger

technischer Ausstattung arbeiten. Nach diesen Bearbeitungsschritten war aus den Primärdaten der DGLR ein bearbeitbares Objekt von vertretbarer Datengröße und für die vorgesehenen Zwecke ausreichender geometrischer Exaktheit geworden.

Zugleich wurden auf Basis des bestehenden, tachymetergestützt ermittelten Grundrissplanes die Lage der Außenmauern, der inneren Mauerzüge und der gemauerten Pfeiler im Grotteninnenraum ermittelt und durch einzelne Untersuchungsöffnungen am Objekt überprüft. Auf Basis der Befunde wurden die zweidimensionalen Flächen aus dem Grundriss übernommen und extrudiert. Zusammen mit einem Höhenmodell der Bodenfläche im Grotteninneren bilden die Mauern eine Art „Gefäß", in das die höchst unregelmäßige Fläche des Schalenaufmaßes eingesetzt werden konnte.

Zur Vervollständigung des eigentlichen Bauwerkes wurden anschließend die kuppelartigen, über einem dreieckigen Grundriss gemauerten Ziegelgewölbe oberhalb der Raumschale tachymetrisch aufgemessen. Zur präzisen Ermittlung der Geometrie wurden sowohl die unterseitigen Gurtbögen wie auch die Kuppeloberflächen von innen und von außen erfasst. Auf der Kuppelunterseite wurden jeweils ca. 30–40 Messpunkte mit einem Messpunktabstand von jeweils ca. 50–80 cm genommen; gezielt erfolgte dabei die Aufnahme der Punkte, an denen die schmiedeeisernen Hänger an den Gewölben befestigt sind. Die Zahl der Messpunkte erlaubte eine geometrisch ausreichend genaue Ermitt-

lung der Gewölbegeometrie und bildete zugleich den Ausgangspunkt für die folgende Erfassung der Hänger. Die ebenfalls zu einem Polygonmesh umgewandelten Kuppelflächen konnten nun auf die bereits vorhandenen „Auflager" der Außenmauern und Mauerpfeiler im Modell aufgesetzt werden und bildeten den oberen „Verschluss" des gewissermaßen das Schalenmodell bergenden „Gefäßes".

In einem abschließenden Schritt wurden – so weit zugänglich – die geschmiedeten, die Raumschale und die Gewölbe verbindende Hänger aufgemessen. Da die Ansatzpunkte am Gewölbe bereits erfasst waren, genügte jeweils das tachymetrische Einmessen eines weiteren Punktes, um die Hänger als Vektoren jeweils lagerichtig in dem Schalenzwischenraum zwischen Raumschale und Gewölben zu verorten.

Im Zuge der weiteren Bearbeitung soll das Modell zusätzlich um das tachymetrisch erfasste Holzdach über den Gewölben und den anstehenden, das Bauwerk in großen Bereichen umschließenden Hang ergänzt werden.

Parallel zur Erkundung des baulichen Gefüges und der Integration der einzelnen Teilelemente in ein virtuelles Gesamtmodell erfolgten in der Grotte weitere spezifische Untersuchungen und Aufnahmen. So wurden beispielsweise die stark gefährdeten künstlichen Tropfsteine – tatsächlich handelt es sich um zementumkleidete Holzkonstruktionen, deren hölzerner Kern allerdings durch die dauerfeuchte Atmosphäre in dem

Bauwerk meist bereits zerstört ist – mit einem Röntgengerät in situ aufgenommen und ihr innerer Zustand bewertet (Abb. 7, links). Ebenso erfolgten an den zahlreichen Sonderelementen der Grottenausstattung – den Ofennischen, Beleuchterkanzeln und Nebengewölben – Handaufmaße sowie endoskopische Untersuchungen von unzugänglichen Bereichen (Abb. 7, rechts). Ebenso wurden unterschiedliche bautechnische Parameter zu den Materialeigenschaften der Konstruktion erhoben, beispielsweise durch Ausziehversuche der schmiedeeisernen Haken am Grottengewölbe. Um diese Daten zukünftig auch für das Gesamtmodell nutzen zu können, wurden verschiedene Möglichkeiten untersucht, zusätzliche Informationen von einfachen Objektbeschreibungen bis hin zu Bildmaterial aus Datenbanken in das digitale Gebäudemodell zu integrieren. Während die Verbindung von Texten mit der Objektgeometrie sich beispielsweise durch die Nutzung der Kommentierfunktion von Viewern wie Autodesk® Design Review lösen lässt, ist die Verknüpfung von Bildobjekten weiterhin ausgesprochen aufwändig und nur unökonomisch über verschiedene Schnittstellen zu lösen. Ansätze bietet hierzu der Export als VRML97-Datei, die wiederum mit interak-

tiven Hyperlinks zu den Bilddaten ausgerüstet werden kann. Mit Blick auf die praktischen Anforderungen der Untersuchung wurde dies bis zur geplanten Erstellung von Präsentationsmodellen nicht weiter verfolgt. Nichtsdestominder eröffnet die Option zukünftig eine weitergehende Nutzung des digitalen Gebäudemodells als zentrale Schnittstelle und gemeinsamer Datenpool für alle Projektbeteiligten. Die Verortung unterschiedlicher Informationen an der präzise erfassten Objektgeometrie kann gerade beim Umgang mit historischen Bauten, bei denen ja häufig erst im Zuge von Voruntersuchung und Planungsprozessen unterschiedliche Erkenntnisse und Sekundärmaterialien zu Tage treten, eine wichtige Rolle spielen.

VERWENDUNG DES MODELLS IN DEN
WEITEREN PLANUNGSSCHRITTEN
Nach der Erstellung eines virtuellen Bestandsmodells war es möglich, dieses auch für die Kartierung der vorhandenen Schäden an der Drahtputzschale zu nutzen. Vorab wurden vier verschiedene Schadensklassen festgelegt und, ebenso wie die bereits erneuerten Bereiche der Schale, mit einer Farbkodierung versehen. Vor Ort im „Schalenzwischenraum" erfolgten die Schadens-

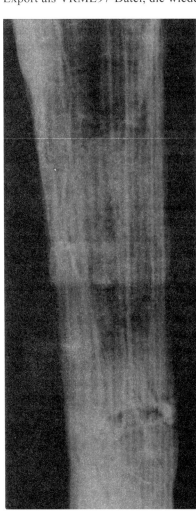 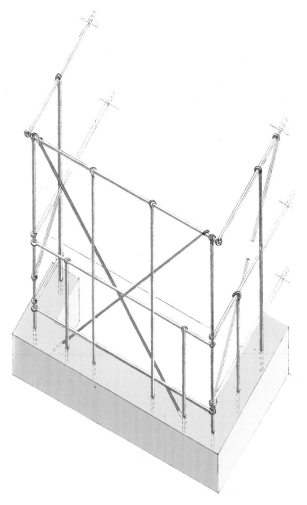

Abb. 7: Ergänzende Verfahren zur Bauteilerfassung; links: Röntgenaufnahmen an Tropfsteinen, rechts: Handaufmaß Ofennische

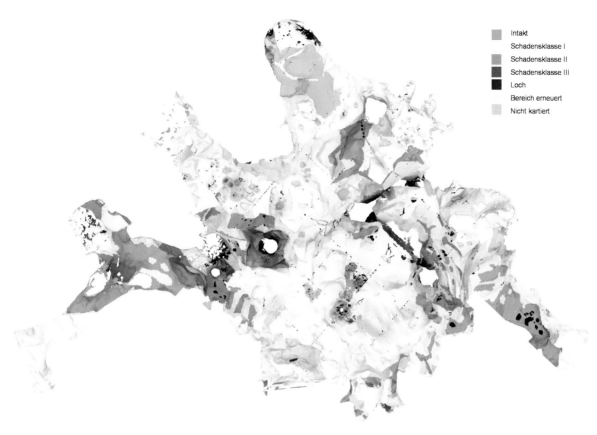

Intakt
Schadensklasse I
Schadensklasse II
Schadensklasse III
Loch
Bereich erneuert
Nicht kartiert

Abb. 8: Aufbringen der Schadenskartierung auf das digitale Modell der Raumschale, geordnet nach Schadensklassen

kartierungen mit Rücksicht auf die Hardware (die Untersuchung der Grotte kann aus Gründen der touristischen Nutzung nur im Winter erfolgen) händisch auf Ausdrucken; die Befunde wurden im Anschluss auf das Modell übertragen.

Auf diese Weise war es möglich, alle zugänglichen Bereiche der Raumschale zu kartieren. Die „distanzierte" Schau in der Gesamtübersicht am Modell ermöglicht es, Muster und Typen der Schäden zu erkennen und auszuwerten und Bereiche mit besonderer Anfälligkeit zu verorten (Abb. 8).

Nachdem für die unterschiedlichen festgelegten Schadensklassen und Schädigungsgrade differenziert Instandsetzungsmaßnahmen von der rein restauratorischen Sicherung bis zur weitgehenden Rekonstruktion auch der Trägerstruktur festgelegt und mit überschlägigen Einheitspreisen versehen worden waren, konnten aus dem Modell die Flächenzahlen für jeden Schadenstyp ausgelesen werden. Dabei war sowohl eine Auswertung für die Gesamtstruktur wie auch für jeden einzelnen Gewölbeabschnitt möglich.

Auch für den nächsten Schritt in der Untersuchungsfolge konnte das digitale Gebäudemodell genutzt werden. Sowohl zur Beurteilung der Standsicherheit im aktuellen, geschädigten Zustand, als auch zur detaillierten Bemessung der Instandsetzungsmaßnahmen wurden statische Berechnungen am Beispiel einzelner

Schalenabschnitte durchgeführt. Auf Grund der hohen räumlichen Komplexität kam hier nur eine Berechnung mit der Finite-Elemente-Methode in Frage. Hier zeigten sich sowohl die Vorteile des dreidimensionalen Modells wie auch die bisher noch ungelösten Schwachstellen des Verfahrens: zwar war es möglich, die Daten in das Berechnungsprogramm (ANSYS) zu übernehmen (Abb. 9, 10); die Übergabe erwies sich jedoch als zeitintensiv, da die Daten zuerst in einem ACAD-fähigen Format ausgegeben werden mussten und erst über diesen Umweg in ANSYS eingelesen werden konnten. Auf Grund der großen Heterogenität der Dateiformate für dreidimensionale Modellierungen werden auch in absehbarer Zeit die Schnittstellen zwischen den einzelnen Anwendungen einen Schwachpunkt bilden.

Diese zeigten sich auch bei den nächsten Planungs- und Untersuchungsschritten: Das digitale Modell der Grotte wird gegenwärtig für Klimasimulationen und Strömungsmodelle genutzt, die eine zukünftige Verbesserung der bauklimatischen Verhältnisse im Innenraum zum Ziel haben. Auch hier ist die Datenübergabe zwar möglich, kann aber wiederum nur über den Export als STL-Datei (Surface-Tessilation-Language bzw. Standard Triangulation Language) in das Zielprogramm (Star-CCM+) erfolgen.
Selbstverständlich bildet das vorhandene Modell auch eine mögliche Basis für die geplante weitere Präsentation der Grotte für interessierte Besucher: gerade

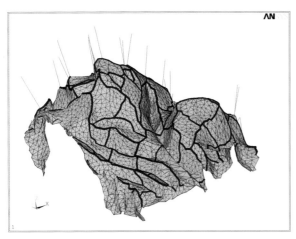

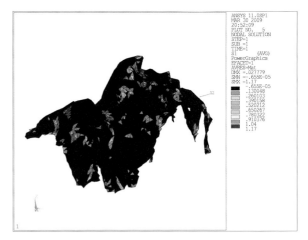

Abb. 9: Übernahme eines Abschnittes der Raumschale in das
FE-Programm,

Abb. 10: Durchführung von Berechnungen an der
komplexen Bauteilgeometrie

im Zusammenhang mit der im Zuge von Instandsetzungsmaßnahmen unumgänglichen abschnittsweisen
Sperrung des Bauwerkes ist die Erläuterung der Maßnahmen bis hin zur Darstellung des sonst unzugänglichen Schalenzwischenraumes wichtiger Bestandteil
des didaktischen Konzepts. Die Umformung in ein Prä-
sentationsmodell wird auf der einen Seite eine Reduktion der bisher integrierten Daten, zum anderen eine
Bereicherung durch (bisher fehlende) Texturen und
Ähnliches erforderlich machen.

RESÜMEE – ERGEBNISSE

Die Venusgrotte im Schlosspark von Linderhof machte
es erforderlich, die Gebrauchstauglichkeit eines digitalen, durch terrestrisches Laserscanning erzeugten
Gebäudemodells im Prozess der Untersuchung von
Bestand und Schäden in Vorbereitung einer Instand-
setzungsmaßnahme an einem großen Bauwerk zu
erproben. Durch seine hohe Komplexität mit einem
reich gestalteten, absichtsvoll unregelmäßig geformten Innenraum zeigte das Objekt die Grenzen der
Erfassbarkeit durch konventionelle Aufmaß- und
Kartierungsmethoden auf.

Zugleich konnte demonstriert werden, dass eine vollständige räumliche Erfassung aller Schichten und Bauteile in der Praxis am besten durch eine differenzierte
Anwendung der unterschiedlichen Messmethoden
erfolgt: Während beim Aufmaß der Drahtputzschale
der Laserscan allen anderen Methoden weit überlegen war, ließen sich die konventionelleren Geometrien
der kuppeligen Gewölbe und Gurtbögen wie auch der
Pfeiler und Mauern nach wie vor am besten durch ein
tachymetergestütztes Aufmaß aufnehmen und über die

Festlegung einzelner Messpunkte geometrisch exakt
modellieren.

Das integrierte Gesamtmodell bewährte sich besonders bei der Kartierung und mengenmäßigen Erfassung
stark typisierter Schäden wie auch bei der Übergabe
komplexer, schwerlich frei nachzubildender Bauteilgeometrien an einzelne Fachplaner mit ihren Spezial-
softwares wie etwa FE-Berechnungsprogrammen oder
Klimasimulationsprogrammen. Verzögerungen ergaben sich weniger im direkten Umgang mit erforderlichen Vor- und Nachbereitungen der Daten als durch
die stets notwendigen Formatkonvertierungen an den
Schnittstellen. Der Wunsch, ein einheitliches Gebäudemodell in einem zentralen, ubiquitär für alle Beteiligten verfügbaren Programm bereitzuhalten, ließ sich nur
bedingt erfüllen.

Auch die Verknüpfung der Bauteilgeometrien mit
zusätzlichen Informationen aus Bild- und Objektdaten-
banken lässt sich bisher nur über Umwege in anderen
Umgebungen erstellen, erscheint aber als zukunftstaug-
liches und äußerst nützliches Konzept.

Anschrift:
Prof. Dr.-Ing. Rainer Barthel, Dipl.-Ing. Christian Kayser,
Dipl.-Ing. Felix Martin, Barthel & Maus – Beratende Ingeni-
eure, Türkenstr. 38, 80799 München
E-Mail: Frainfo@barthelundmaus.de

Abbildungsnachweis:
Abb. 1 – 10: Verfasser

DER SOG. BYZANTINISCHE PALAST IN EPHESOS –
VERMESSUNG UND REKONSTRUKTION DES TETRAKONCHOS

Ingrid Adenstedt – Barbara Thuswaldner

EINLEITUNG

Der so genannte Byzantinische Palast liegt in der Unterstadt von Ephesos und wurde in den Jahren 1954 bis 1958 unter der Leitung von Franz Miltner großflächig freigelegt [MILTNER 1955, S. 44–50; MILTNER 1956/58, S. 4–14; MILTNER 1959, S. 243–250: LAVAN 1999, S. 148–149; VETTERS 1966, S. 278–281]. Auf Grund des plötzlichen Todes Miltners fehlt allerdings eine umfassende Publikation der Anlage, die sich auf einem Gelände von ca. 75 x 50 m erstreckt. Erst im Jahre 2005 wurde die wissenschaftliche Bearbeitung des Palastes im Rahmen eines Forschungsprojektes unter der Leitung von A. Pülz erneut aufgenommen[1]. Die ausgedehnte, im Grundriss gut erhaltene Anlage (Abb. 1) stellt eines von wenigen, noch existierenden Beispielen spätantik-frühbyzantinischer Profanarchitektur in Ephesos dar, weshalb unser Bild der Stadt nach dem 4. Jh. n. Chr. heute noch sehr lückenhaft ist. Die aktuellen Forschungen sollen helfen, weitere Mosaiksteine in dieses Bild einzufügen.

Neben archäologischen Nachuntersuchungen, einer steingerechten Bauaufnahme und einer umfassenden Bauforschung ist auch eine virtuelle Rekonstruktion Teil des laufenden Projektes, wobei hier der zentrale Vierkonchensaal, dessen Grundriss eine Kuppelkonstruktion als Überdeckung nahe legt, im Mittelpunkt des Interesses liegt. Die Reste der vermuteten Kuppel umfassen mehrere herabgestürzte Baufragmente beträchtlicher Größe, die heute im Inneren des Saales liegen. Auf Grund der Dimension dieser Bauteile sowie ihrer unregelmäßigen Formen kam zu deren Dokumentation ein 3D-Laserscanning-Verfahren zum Einsatz. Die so entstandenen 3D-Modelle der herabgestürzten Baukörper bildeten die Grundlage für die Rekonstruktion des Vierkonchensaales und dessen Kuppel.

DAS GEBÄUDE

Die Palastanlage (Abb. 2) gliedert sich in zwei Teile, die durch ein quergelagertes, etwa 40 m langes Vestibül an der Westseite zu einer baulichen Einheit verbunden waren (Raum C). Im nördlichen Teil der Anlage befand sich ein kleines Privatbad, welches, wie bei römischen Bädern üblich, eingebettet in diverse Nebenräume über frigidarium, tepidarium, caldarium und sudatorium verfügte (Räume 8–11). Der südliche Trakt diente vorwiegend Repräsentationszwecken, hier befindet sich auch der rund 280 m² große Vierkonchensaal (Raum A), der wohl als Versammlungs- und Warteraum anzusprechen ist. Das Gebäude war reich mit Mosaiken, Wandmalereien und Marmorverkleidungen ausgestattet. Die jüng-

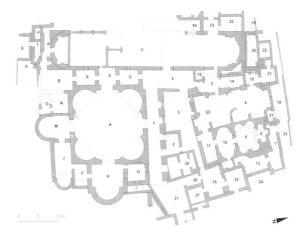

Abb. 1: Grundriss

Abb. 2: Gesamtanlage

[1] Das Projekt wurde vom Fonds für wissenschaftliche Forschung (FWF, Projektnr. P18214) in den Jahren 2005 bis 2008 finanziert. Es ist Teil eines umfassenden Projektes zum byzantinischen Ephesos, welches vom Institut für Kulturgeschichte der Antike der Österreichischen Akademie der Wissenschaften in enger Kooperation mit dem Österreichischen Archäologischen Institut durchgeführt wird. Ziel dieses Projektes ist die Erarbeitung einer synthetischen Studie zur Stadtentwicklung und zur materiellen Kultur im spätantiken und byzantinischen Ephesos. Für Details siehe http://www.oeaw.ac.at/antike/ephesos/ByzWohnstadt/byzEphesos.html; bzw. für den Byzantinischen Palast: Jahresbericht 2005 des ÖAI, ÖJh 75, 2006, S. 334; Jahresbericht des ÖAI 2006, ÖJh 76, 2007, S. 408; Jahresbericht des ÖAI 2007, ÖJh 77, 2008, S. 412–413.

sten Forschungen ergaben, dass die Anlage über einer älteren, kaiserzeitlichen Bebauung errichtet wurde, die durch ein Erdbeben im 3. Viertel des 3. Jh. n. Chr. zerstört wurde [ÖJH 2007, S. 408; PÜLZ 2009].[2] Der südliche Teil des Palastes wurde zusammen mit dem im Westen vorgelagerten Vestibül unter Verwendung von kaiserzeitlichen Spolien in den ersten Jahrzehnten des 5. Jhs. n. Chr. errichtet. Der nördliche Teil ist älter und datiert in das 4. Jh. [PÜLZ 2009]. In diesem nördlichen Bereich sind im Mauerwerk zahlreiche Zu- und Umbauten sowie Ausbesserungsarbeiten zu erkennen, während der südliche Teil ein homogeneres, weniger von baulichen Veränderungen geprägtes Bild abgibt.

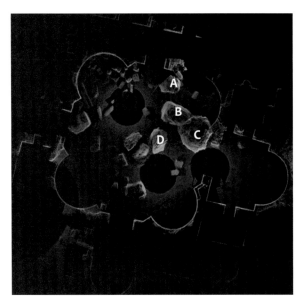

Abb. 3: Sturzlage der Fragmente im Vierkonchensaal

Anhand von geophysikalischen Prospektionen[3] und archäologischen Untersuchungen der letzten Jahre wurde deutlich, dass man in den 1950er Jahren nicht den gesamten Komplex ergraben hatte, sondern das freigelegte Areal von 3750 m² lediglich einen Teil des Palastes darstellt. So zeichnen sich auf dem Georadarbild zahlreiche Räume im Süden des Tetrakonchos ab, die sich bis zu einer etwa 40 m entfernten Straße erstreckten. Es dürfte sich hier um die bis dato fehlenden Wohn- und Wirtschaftsbereiche handeln. An der Westseite des Palastes ist hingegen ein großer Platz oder offener Hof sichtbar, der dem Vestibül vorgelagert gewesen war [PÜLZ 2009]. Offen ist derzeit noch, wie lange der Palast in Verwendung stand, aber er

musste bereits im 10. Jh. aufgegeben worden sein, da zu diesem Zeitpunkt ein Kalkbrennofen unmittelbar am südlichen Eingang errichtet wurde [ÖJH 2007, S. 408]. Einfache mittelalterliche Strukturen im Inneren der Anlage deuten auf eine intensive sekundäre Nutzung in der spätbyzantinischen Zeit und dem Mittelalter hin. Ebenso wie die Nutzungsdauer ist auch die genaue Funktion des Gebäudes noch unklar. Ursprünglich vom Ausgräber Miltner als große Badeanlage interpretiert [MILTNER 1955, S. 47–48], kamen schon bald Zweifel bezüglich dieser Deutung auf. Wegen der Größe, Ausstattung und Grundrisskonzeption des Komplexes wurde im Laufe der Zeit die Nutzung als Verwaltungssitz des römischen Proconsul der Provinz Asia [MÜLLER-WIENER 1960, S. 724; VETTERS 1966, S. 281] bzw. als Residenz des Metropoliten von Ephesos [PÜLZ 2009] propagiert.

DER TETRAKONCHOS
Wie bereits erwähnt, liegt der Fokus der Rekonstruktion auf dem Vierkonchensaal im südlichen Teil des Gebäudekomplexes. Dieser zentrale Raum mit 282 m² hat einen quadratischen äußeren Grundriss von ca. 19 x 19 m. In den vier Ecken sind Konchen mit einem Durchmesser von 6 bis 6.5 m eingeschrieben, so dass der Innenraum von einem unregelmäßigen Oktogon gebildet wird. Türöffnungen befinden sich an allen vier Seiten, der Haupteingang lag im Westen. Neben den Türen standen Säulen auf Postamenten, von diesen sind noch zwei in situ, zwei weitere liegen verstürzt im Saal. Die Wände des Tetrakonchos sind in verschiedenen Höhen bis zu 5.80 m erhalten, sie wurden aus abwechselnden Lagen von Bruchstein- und Ziegelmauerwerk errichtet, eine für diese Zeit typische Mauerwerkstechnik [DODGE 1984, S. 329]. Die Ecken und Türlaibungen sind durch große Marmorblöcke verstärkt, die meist Spolien kaiserzeitlicher Gebäude sind.[4]

Von großer Bedeutung für die Rekonstruktion der über dem Vierkonchensaal vermuteten Kuppel sind mehrere herabgestürzte Gewölbefragmente, die im Inneren des Saales liegen (Abb. 3).[5] Eine Kuppel würde mit dem Grundriss des Saales korrespondieren und wurde bereits vom Ausgräber Miltner vorgeschlagen [MILTNER 1956/8, S. 7–9]. Sein Rekonstruktionsvorschlag im Grabungsbericht ist allerdings sehr vage und ohne exakte räumliche Zuordnung der noch vorhandenen Gewölbefragmente. Diese Fragmente sind zum Großteil aus Ziegeln hergestellt. Über Entlastungsbögen wurden die Ziegel, der Bogenkrümmung folgend,

---

[2] Dasselbe Erbeben ist u. a. auch für die Zerstörung der Hanghäuser im Zentrum von Ephesos verantwortlich. Siehe [LADSTÄTTER 2002, S. 31–33].

[3] Die geophysikalischen Prospektionen wurden von Dr. Sirri Seren von der Zentralanstalt für Meteorologie und Geodynamik durchgeführt. Für genauere Aussagen ist die Analyse und Interpretation der Daten abzuwarten.

[4] Nach Aussage von G. Plattner, der die Marmorspolien bearbeitet, stammt die Mehrheit der Blöcke vom Olympeion, dass sich westlich des Byzantinischen Palastes befindet.

[5] Ursprünglich existierten weitaus mehr Fragmente, sie wurden allerdings im Zuge der Ausgrabungen zerstört und entfernt. Siehe die Grabungstagebücher von Miltner 1954–1956 (ÖAI Archiv).

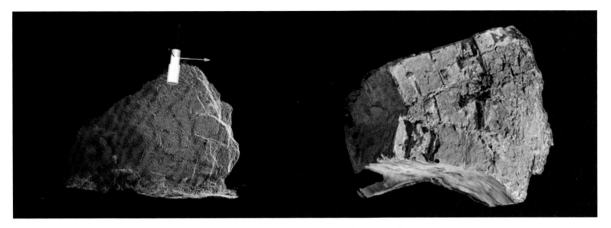

Abb. 4: Punktwolke und texturiertes mesh

Abb. 5 und 6: Fragment A

flach in Scharen aufgeschichtet. Jeweils zwischen den Entlastungsbögen greifen diese Scharen fischgrätartig ineinander. Jene Teile, die der Außenhaut des Gebäudes zugeschrieben werden können, sind aus einander abwechselnden Schichten von Ziegeln (meist 2–3 Ziegelscharen) und Bruchsteinen errichtet, wie es auch an den Wänden des Tetrakonchos zu sehen ist. Zu betonen ist, dass für die Konstruktion der Kuppel offenbar kein opus caementitium verwendet wurde, wie es für Kuppeln des Römischen Reiches seit dem 1. Jh. n. Chr. üblich war [HART 1965; HEINLE, SCHLAICH 1996; RASCH 1989; RASCH 1991].

METHODOLOGIE

Für das gesamte Gebäude wurde in den Jahren 2005 bis 2008 eine steingerechte Baudokumentation mittels traditionellen Handaufmaßes sowie einer vereinfachten photogrammetrischen Dokumentationsmethode angefertigt. Für die in den Vierkonchensaal hinabgestürzten Gewölbefragmente schien es aber auf Grund ihrer unregelmäßigen Formen und beträchtlichen Dimensionen sinnvoll, ein 3D-Laserscanning-Verfahren einzusetzen. Die Aufnahme wurde mit einem Laserscanner LMS-Z 420i der Firma Riegl-Laser Measurement

Systems GmbH durchgeführt.[6] Das Gerät erfasst Objekte in einem Abstand von 2 bis 600 m und innerhalb eines vertikalen Winkels von 80°. Horizontal kann der Scanner seine gesamte Umgebung in einem Winkel von 360° aufnehmen. Damit verfügt er über ein sehr großes Messfeld, das in vergleichsweise kurzer Zeit aufgenommen werden kann. Ein Panoramascan von 360° dauert in der Regel und abhängig von der gewählten Auflösung zwischen fünf und zwanzig Minuten.

Die relevanten Fragmente und Teile des umliegenden Mauerwerks wurden in zwei Kampagnen in 2006 und 2008 von insgesamt neun Scanpositionen aus erfasst. Die Größe der Gewölbefragmente ließ es freilich nicht zu, diese zur vollständigen Aufnahme ihrer Oberfläche zu wenden, sodass lediglich die freiliegenden Flächen erfasst werden konnten. Die aufgenommenen Punktdaten wurden in der Folge in mehreren Arbeitsschritten zu geschlossenen Oberflächenmodellen verarbeitet und mit einer fotorealistischen Textur versehen (Abb. 4). Parallel dazu wurde der von Hand gemessene Grund-

---

[6] Dieser Laserscanner wurde bereits für andere Projekte in Ephesos eingesetzt. Siehe [GROH, NEUBAUER 2003, S. 111–122 bzw. THUSWALDNER 2009, S. 261–281].

Abb. 7: Fragment B

Abb. 8: Fragmente A und B über dem Säulenauflager

Abb. 9: Fragment C

Abb. 10: Fragment D

riss des Tetrakonchos digitalisiert. Der Grundriss und die 3D-Modelle der Gewölbefragmente bildeten nun zusammen mit einer gründlichen Analyse der Bauteile vor Ort die Grundlage für die Rekonstruktion. Ziel war es, mit Hilfe dieser Ausgangsdaten ein dreidimensionales Computermodell des Tetrakonchos zu erstellen und dessen Aufriss bis hin zum Gewölbeabschluss zu erschließen. Die unübersichtlich großen Fragmente und deren komplexe Formen konnten mit Hilfe des Laserscanners optimal erfasst werden. Die dreidimensionalen Modelle boten die Möglichkeit, jedes Fragment im Raum frei zu bewegen und zu positionieren, sowie Schnitte an beliebigen Stellen zu legen. So war es möglich, die Bauteile zuerst anhand der Ziegelschichtung vertikal auszurichten.

REKONSTRUKTION

Die wichtigsten Anhaltspunkte für die Rekonstruktion sind meist sehr kleine Flächen an unterschiedlichen Seiten der Fragmente, die auf Grund ihrer Oberflä-

chenbeschaffenheit oder anhand von Putzresten als ursprüngliche Sichtflächen der Innen- oder Außenhaut zu identifizieren waren. Im Computermodell konnten eben diese Flächen so in den Grundriss und schließlich in das dreidimensionale Modell eingepasst werden, dass sich wichtige Hinweise für die Rekonstruktion des gesamten Raumgefüges ergaben.

Aus der Position der teilweise erhaltenen Säulenbasen ergibt sich für den Innenraum im Bereich über den Kapitellen ein Grundriss in Form eines unregelmäßigen Achtecks. Zwei der herabgestürzten Gewölbefragmente nehmen für die Rekonstruktion dieses Abschnittes des Aufrisses eine Schlüsselstellung ein. Auf Grund ihrer Sturzlage sind sie mit hoher Wahrscheinlichkeit der Nordseite des Tetrakonchos zuzuweisen. Den unteren Teil von Fragment A (Abb. 5) bildet ein in sekundärer Verwendung angebrachter Kämpferblock, an dessen Unterseite sich ein Mörtelabdruck abzeichnet. Darüber sitzt etwa achssymmetrisch ein gemauerter Winkel von ca. 135°, was dem Winkel eines regelmäßigen Achtecks entspricht. Die Schenkel sind jeweils circa 35 cm lang. Etwa an der gegenüberliegenden Seite besitzt das Fragment einen Rest einer glatt gemauerten Sichtfläche. Der Mörtelrest kann einigermaßen gesichert als Auflagerfläche über dem Säulenkapitell östlich der Nordtür gedeutet werden. Dazu passt auch die glatt gemauerte Rückseite des Fragments, die einen Teil der Außenhaut des Gebäudes bildet und parallel zur Nordwand des Konchensaales verläuft. Wird Fragment A so im Raum positioniert, kommen auch die Schenkel des beschriebenen Achteckswinkels annähernd parallel zu den erhaltenen Achteckwänden im Basisgeschoss zu liegen. Die von innen gesehen rechte Seitenfläche von Fragment A weist im vorderen Bereich Putzreste auf, die nach rund 1 m Tiefe im rechten Winkel vom Mauerwerk abstehen. Dahinter zeichnen sich rechteckige Abdrücke im Mörtel ab, die zu einer, den vorderen Abschluss der Konchenkalotten bildenden Bogenkonstruktion gehören können. Damit ergibt sich über den Konchen eine Art Stirnwand, die von einem Gurtbogen umfasst wird. Die marmornen Kämpfer über den Säulenkapitellen bilden die Auflager dieser Gurtbögen.

Die linke Ansichtsfläche von Fragment A (Abb. 6) verläuft ca. im rechten Winkel zur Nordwand des Vierkonchensaales. Im oberen Bereich des Fragments sind mehrere, nach außen durchgehende Ziegelscharen erhalten, es gab hier folglich eine Fensteröffnung. Im unteren Bereich knickt die Sichtfläche nach einem Rücksprung von etwa 1.5 m wieder ab und verläuft dann parallel zur Außenwand. Dieser Teil bildet damit das Parapet für die oben beschriebene Fensteröffnung über der Nordtüre des Saales.

Auch Fragment B (Abb. 7) weist Reste des gemauerten 135°-Winkels auf und kann auf Grund seiner Sturzlage über Fragment A positioniert werden. Die linke Seitenfläche ist glatt gemauert und bildet die seitliche Leibungsfläche der beschriebenen Fensteröffnung. Auf etwa halber Höhe schließen die Ziegelscharen dieser Fläche einen flachen Keil ein, sodass sich die Wandfläche, in die das Fenster eingeschnitten wurde, offenbar zum Innenraum hin neigt. Es liegt nahe, in dieser Konstruktion eine Art Pendentif zu sehen, das den Raum nach oben hin allmählich zum Rund der zentralen Kuppel hin verjüngt. Ebenso aufschlussreich gestaltet sich die rechte Hälfte des Fragments: Die rechte Kante des Winkelschenkels beginnt sich hier zum die Kalotten umfassenden Gurtbogen zu krümmen. Weit geringer ist diese Krümmung aber an der Schnittlinie der beiden, den Achteckwinkel einschließenden Flächen. Dadurch ergibt sich über den Gurtbogen eine mondsichelförmige Stirnfläche, die sich senkrecht zwischen die Unterkante der Gurtbögen und die Ansatzkurve des Pendentifs spannt (Abb. 8).

Einen Hinweis auf Größe und Form der eigentlichen Kuppel liefert schließlich Fragment C (Abb. 9). Eine gerade und glatt gemauerte Seite des Fragments

ist wohl der Außenhaut zuzuordnen. Auf der gegenüberliegenden Seite befindet sich ein kleiner Rest einer gekrümmten Fläche, der zudem von einem – wenngleich stark beschädigten – Entlastungsbogen umfangen wird. Dieses Fragment ist deutlich zu groß, um in einem der unteren Bereiche des Baus positioniert zu werden, seine Ausmaße überschreiten sämtliche erhaltenen Wandstärken. Auf Grund der Sturzlage kommt für die Zuordnung nur die Ostseite des Saales infrage – entlang dieser Wand wäre das Fragment vorerst beliebig zu verschieben. Setzt man eine annähernd kreisförmige Kuppel voraus, was konstruktiv nahe liegt, so muss Fragment C etwa in der Mitte der Ostwand zu liegen kommen (Abb. 11). Im Querschnitt wird sichtbar, dass die gewölbte Innenfläche nahezu senkrecht steht, sie demnach Teil des unteren Kuppelansatzes sein muss. Von der Raummitte aus lässt sich daher der Radius der Kuppel erschließen, der mit 6.15 m etwa

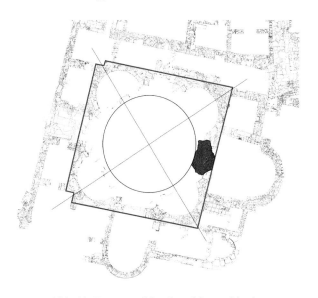

Abb. 11: Fragment C im Grundriss positioniert

Abb. 12: Fragmente C und D in der Kuppelschale positioniert

dem Durchmesser der Konchen im Untergeschoss entspricht. Ein weiteres Fragment (D, Abb. 10) kann auf Grund seiner Kurvatur ebenfalls der Kuppel zugeordnet werden, die genaue Position kann allerdings nicht determiniert werden (Abb. 12).

Im Hinblick auf die Gestalt des Außenbaus der Kuppel finden sich an den erhaltenen Gebäudeteilen nur wenige Anhaltspunkte. Wie zuvor beschrieben, muss Fragment C Teil des Kuppelansatzes sein. Daraus folgt, dass der innere Kuppelansatz außen offenbar in einem gerade aufgemauerten Baukörper sitzt, der überdies auch im Grundriss nicht die runde Form der Kuppel nachzeichnet, sondern polygonal sein muss. Zwei geometrische Formen für diesen Außenbau liegen nahe: das Quadrat oder das Oktogon – beide gemäß dem erhaltenen Grundriss leicht unregelmäßig – wobei ein oktogonaler Außenbau aus bautechnischer Sicht wahrscheinlicher scheint. In diesem Fall würden die Kalotten über den Konchen außen sichtbar sein. Auf Grund von Fragment D, welches sowohl an seiner Innen- wie auch an der Außenseite gewölbt ist, ragte die Kuppelwölbung wohl aus dem oktogonalen Bau heraus (Abb. 13).

Abschließend kann nun die Frage nach der Existenz einer Kuppel über dem Vierkonchensaal, positiv beantwortet werden. Hervorzuheben ist hier, dass erst der Einsatz moderner 3D-Messverfahren und in der Folge die Arbeit mit virtuellen, dreidimensionalen Modellen die Möglichkeit boten, die wenigen an den Fragmen-

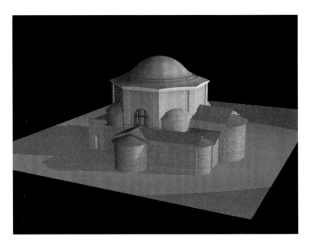

Abb. 13: Gesamtansicht

ten erhaltenen Anhaltspunkte für die Rekonstruktion so in einen räumlichen Kontext zu stellen, dass daraus die ursprüngliche Gestalt des Kuppelsaales erschlossen werden konnte. Es ist damit gelungen, die bereits von Miltner postulierte Kuppel wissenschaftlich zu belegen.

Anschrift:
DI Dr. Ingrid Adenstedt, Institut für Kulturgeschichte der Antike, ÖAW, Bäckerstrasse 13, 1010 Wien.
E-Mail: ingrid.adenstedt@assoc.oeaw.ac.at
DI Barbara Thuswaldner, Österreichisches Archäologisches Institut, Franz-Klein-Gasse 1, 1190 Wien.
E-Mail: Barbara.thuswaldner@tuwien.ac.at

Abbildungsnachweis:
Abb. 1: I. Adenstedt / C. Kurtze;
Abb. 2: A. Pülz;
Abb. 3: R. Kalasek / B. Thuswaldner;
Abb. 4: B. Thuswaldner / C. Kurtze;
Abb. 5, 6, 7, 9, 10: R. Kalasek;
Abb. 8, 12, 13: B. Thuswaldner;
Abb. 11: B. Thuswaldner / I. Adenstedt

Literatur:
DODGE, H. (1984): Building Materials and Techniques in the Eastern Mediterranean from the Hellenistic Period to the 4th century AD, Ph.D., Newcastle upon Tyne.
GROH, S., NEUBAUER, W. (2003): Einsatz eines terrestrischen 3-D-Laserscanners in Ephesos, ÖJh 72 (2003), S. 111–122.
HART, F. (1965): Kunst und Technik der Wölbung, Callwey (München).
HEINLE, E., SCHLAICH, J. (1996): Kuppel aller Zeiten – aller Kulturen, Deutsche Verlagsanstalt (München).
LADSTÄTTER, S. (2002): Die Chronologie des Hanghauses 2. In: Krinzinger, F. (Hrsg.): Das Hanghaus 2 von Ephesos. Studien zu Baugeschichte und Chronologie. AF 7, Verlag der Österreichischen Akademie der Wissenschaften (Wien), S. 9–39.
LAVAN, L. (1999): The Residences of Late Antique Governors: A Gazeteer, AntTard 7 (1999), S. 135–164.
MÜLLER-WIENER, W. (1960): Rezension zu Miltner,

F. (1958): Ephesos. Stadt der Artemis und des Johannes, Gnomon 32 (1960), S. 724.
MILTNER, F. (1955): XX. Vorläufiger Bericht über die Ausgrabungen in Ephesos, ÖJh 42, Beibl. (1955), S. 23–60.
MILTNER, F. (1956/58): XXI. Vorläufiger Bericht über die Ausgrabungen in Ephesos, ÖJh 43, Beibl. (1956/58), S. 1–64.
MILTNER, F. (1959): XXII. Vorläufiger Bericht über die Ausgrabungen in Ephesos, ÖJh 44, Beibl. (1959), S. 243–379.
PÜLZ, A. (2009): Ephesos in spätantiker und byzantinischer Zeit, Forum Archaeologiae 53/XII/2009 (http://farch.net).
PÜLZ, A. (2010): Zum Stadtbild von Ephesos in byzantinischer Zeit. In: Daim, F., Drauschke, J. (Hrsg.): Byzanz – Das Römerreich im Mittelalter. Monographien des RGZM 84 (Mainz), in Druck.
RASCH, J.J. (1989): Die Kuppel in der römischen Architektur. Entwicklung, Formgebung, Rekonstruktion. In: Graefe, R. (Hrsg.), Zur Geschichte des Konstruierens, Deutsche Verlagsanstalt, Stuttgart, S. 17–37.
RASCH, J.J. (1991), Zur Konstruktion spätantiker Kuppeln vom 3. bis zum 6. Jh., JdI 106, S. 311–383.
THUSWALDNER, B. (2009): Zur computergestützten steingerechten Rekonstruktion des Oktogons in Ephesos. In: Ladstätter, S. (Hrsg.): Neue Forschungen zur Kuretenstraße von Ephesos. AF 15, Verlag der Österreichischen Akademie der Wissenschaften, Wien, S. 261–281.
VETTERS, H. (1966): Zum Byzantinischen Ephesos, JbÖByz 15, S. 273–287.

BAUFORSCHUNG ZUR EHEMALIGEN KÖNIGLICHEN HOFBIBLIOTHEK IN BERLIN

Elke Richter

Abb. 1: Die Platzfassade der Alten Bibliothek zum Bebelplatz ist in großen Teilen in der barocken Bausubstanz erhalten. Der südliche Teil wurde im Zweiten Weltkrieg zerstört und 1963–69 nach historischem Vorbild rekonstruiert.

GESCHICHTE DES GEBÄUDES

Die Königliche Hofbibliothek am Bebelplatz in Berlin entstand 1775–1780 unter Friedrich II. als letzter Baustein des Forum Fridericianum. Seit dieser Zeit bildet die barocke Platzfassade mit ihrem markanten konkaven Schwung (daher im Berliner Volksmund „Kommode" genannt) den westlichen Abschluss des Platzes (Abb. 1).

Eine Fassadenzeichnung, die von J. E. Fischer von Erlach entworfen und für den Michaelertrakt der Wiener Hofburg vorgesehen war, diente als gestalterische Grundlage für das Bibliotheksgebäude. Hinter der viergeschossigen barocken Fassade entstand jedoch nur ein zweigeschossiger Bau. Als Königliche Bibliothek diente lediglich dessen Obergeschoss, während das Militär und die nahe gelegene Oper das unausgebaute Erdgeschoss bis 1840 als Lager nutzten. Im 19. Jahrhundert erhöhte sich der Platzbedarf der Bibliothek drastisch, so dass sie sukzessive das gesamte Gebäude vereinnahmte.

1909 zog die Königliche Bibliothek (seit 1918 Staatsbibliothek) in den Neubau Unter den Linden. Das ehemalige Bibliotheksgebäude, nunmehr Alte Bibliothek genannt, wurde daraufhin als Aulagebäude der Universität umgenutzt. Im Mittelbau entstanden ein zweigeschossiges Foyer und das Auditorium Maximum. Die Flügel und Seitenpavillons wurden den funktionalen Forderungen nach großen Hörsaalräumen entsprechend umgebaut, die bis dahin bestehenden Mittelsäulen und Pfeiler entfernt und eine einhüftige Anlage geschaffen. Im Zweiten Weltkrieg zerstörte ein Bombentreffer den Südrisalit, und das Gebäude brannte aus. Danach existierte das Bauwerk rund 20 Jahre als Ruine, bis Anfang der 1960er Jahre der Wiederaufbau im Zuge der Neuplanungen für das Ost-Berliner Stadtzentrum begann. 1969 konnte der Bau als Bibliotheks- und Institutsgebäude der Humboldt-Universität wieder eröffnet werden und wird als solches auch gegenwärtig genutzt. Nur die historische Fassade blieb erhalten. Alle rückwärtigen Teile wurden abgerissen und durch einen

Neubau ersetzt, der stringent in eingeschossige Funktionsbereiche mit Büros, Seminarräumen und Instituts-
bibliotheken in den Seitenflügeln und zweigeschossige,
repräsentative Bereiche mit Foyer und Großem Lesesaal im Mittelbau gegliedert ist (Abb. 2 und 3).[1]

FRAGESTELLUNG DES PROJEKTES

Die ehemalige Königliche Hofbibliothek wurde seit
ihrer Errichtung unter Friedrich II. mehrfach umgebaut,
überformt und sogar in Teilen neu errichtet. Ziel des
Projektes[2] ist es, das Gebäude bauforscherisch zu untersuchen, seine Nutzungsgeschichte darzustellen und in
dem jeweiligen zeitgenössischen Kontext zu bewerten.
In der Veränderung der Konfiguration und Nutzung
der Räume werden die sich wandelnden Ansprüche
an das Gebäude deutlich: die Ausdifferenzierung der
verschiedenen Funktionsbereiche der Bibliothek und
die zweifache Gebäudekonzeption als Universitäts-
gebäude sowohl 1911 als auch seit 1969. Untersucht
werden außerdem die gegenseitigen Abhängigkeiten
von Umbauten, bestehendem Gebäude und veränderten
Nutzungen. Besonders spannend sind dabei die Fragen
nach (un)bewussten Kontinuitäten und Brüchen sowie
nach der Motivation für die jeweiligen Planungen.

Um die Bauphasen vor allem im Gebäudeinneren
detailliert nachvollziehen zu können, war zunächst
die Erfassung des Bestandes notwendig. Sie bildet die
Grundlage, um auch jene Veränderungen am Gebäude
einzuarbeiten, die an der Bausubstanz auf Grund der
zweimaligen tiefgreifenden Umbauten nicht mehr
ablesbar, jedoch durch andere Quellen wie historische Pläne, Fotografien oder Baubeschreibungen
nachzuvollziehen sind. Als Ergebnis entstanden für

Abb. 2: Blick in das Foyer der Ehemaligen Hofbibliothek,
das bei dem Wiederaufbau in der Architektursprache der
DDR-Moderne der 1960er Jahre errichtet wurde

[1] Einführende Literatur: LANDESDENKMALAMT BERLIN
(2003): Denkmaltopographie Bundesrepublik Deutschland.
Denkmale in Berlin. Ortsteil Mitte, Petersberg; PAUNEL, E.
(1965): Die Staatsbibliothek zu Berlin. Ihre Geschichte und
Organisation während der ersten zwei Jahrhunderte seit ihrer
Eröffnung 1661–1871, Berlin; O.V. (1910): Die neue Aula der
Universität Berlin in der früheren Königlichen Bibliothek. In:
Zentralblatt der Bauverwaltung, Jg. 30, S. 526–530; KÖTTE-
RITZSCH, W. (1970): Der Wiederaufbau der „Kommode" in
Berlin. In: Deutsche Architektur, Jg. 19, Nr. 3, S. 138–145;
RICHTER, E. (2008): Berlin-Mitte. Ehemalige Königliche
Hofbibliothek („Kommode"). Veränderungen nach dem Zwei-
ten Weltkrieg. Bauaufnahme und Bauforschung, Berlin, unver-
öffentlichte Masterarbeit Masterstudium Denkmalpflege an der
TU Berlin.
[2] Die Autorin bearbeitet das Projekt in Rahmen ihrer Dissertation
mit dem Titel „Ein Stück Wien in Berlin – Ehemalige Königliche
Hofbibliothek in Berlin" (Arbeitstitel) an der BTU Cottbus.

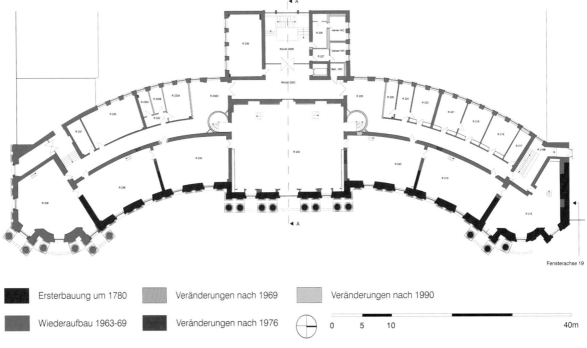

■ Ersterbauung um 1780	■ Veränderungen nach 1969	■ Veränderungen nach 1990
■ Wiederaufbau 1963-69	■ Veränderungen nach 1976	0 5 10 40m

Abb. 3: Bauphasenplan, Grundriss 2. Obergeschoss (Zustand 2007)

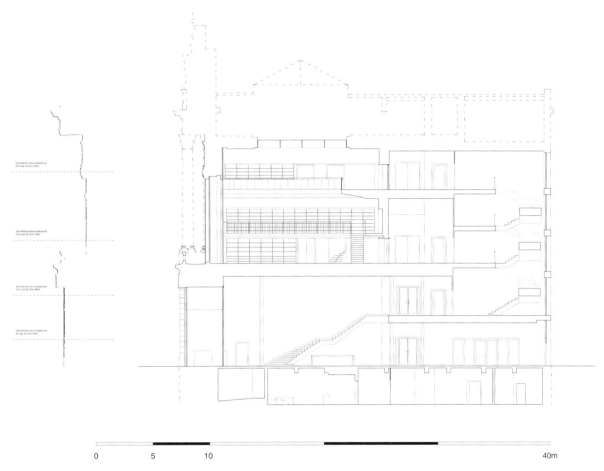

Abb. 4: Schnitt aus der 3D-Punktwolke durch die Mittelachse der Fassade (links) und Schnittzeichnung des gesamten Gebäudes unter Verwendung des Laserscans, der tachymetrischen Aufnahme des Gebäudeinneren und einer Aufmaßzeichnung aus dem Jahr 1976 (gestrichelt), (Schnitt A-A, Zustand 2007).

die unterschiedlichen Bauphasen einheitliche, digitale Planunterlagen. Für die übersichtliche Visualisierung der Veränderungen an dem mehrgeschossigen Gebäude ist ein virtuelles, dreidimensionales Modell in Bearbeitung.

ERFASSUNG DER PLATZFASSADE DURCH EINEN 3D-LASERSCAN

2007 wurde im Zuge der anstehenden Sanierung von der Bauherrin (Humboldt-Universität zu Berlin) ein Laserscan der Platzfassade in Auftrag gegeben, um die Außenkubatur des Baus zu erfassen und Planunterlagen für die Sanierung zu erstellen.[3] Für die Methode des Laserscans sprach, dass eine tachymetrische Vermessung auf Grund der Gebäudegröße wesentlich mehr Zeit vor Ort erfordert hätte, als im Bauablauf zur Verfügung stand. Für eine Einbild-Photogrammetrie müsste die kontinuierliche Krümmung des Gebäudes in Segmente zerlegt und ohne Berücksichtigung der

starken plastischen Gestaltung als eben angenommen werden. Eine separate Entzerrung aller Fassadenebenen hätte zumindest bei den Säulen Probleme verursacht und zu einem unvertretbar hohen Arbeitsaufwand geführt.

Für den Scan selbst bestand aber nur ein äußerst kleines Zeitfenster von zwei Tagen, bevor das Baugerüst für drei Jahre gestellt werden sollte. Auf Grund der Forderung nach schneller Durchführung wurde die Auflösung des Scans stark reduziert und nur von ebenerdigen Standpunkten gemessen. Die verputze Fassade erforderte kein steingerechtes Aufmaß, so dass der Maßstab 1:100 für die endgültige Darstellung angemessen war. Trotz des geringen Maßstabes war es notwendig, die im Scan von den Säulen verschatteten Bereiche und nicht ersichtlichen Eckpunkte nachzuarbeiten. Das Baugerüst verhinderte eine nachträgliche Punkteverdichtung mit dem Tachymeter, so dass die Kontrolle und das Ergänzen der Punktwolke in allen Geschossen

[3] Beteiligt waren Danilo Schneider und Anne Bienert vom Institut für Photogrammetrie und Fernerkundung der Fakultät Forst-, Geo- und Hydrowissenschaften der TU Dresden (Erstellung Scan und Schnittelegung); Frank Henze und Roland Wieczorek vom Lehrstuhl Vermessungskunde bzw. Lehrstuhl Baugeschichte der BTU Cottbus (Erstellung Orthobilder); Elke Richter und Thomas Unger (Vervollständigung zur Schnittzeichnung).

im Handaufmaß durchgeführt wurden, wofür sich das Baugerüst wiederum als extrem hilfreich erwies.

Die Nacharbeiten und die Erstellung eines digitalen Plansatzes für die zwölf Vertikalschnitte und vier Horizontalschnitte in AutoCAD mit einer einheitlichen Layerstruktur erforderten mit knapp zwei Wochen Arbeitszeit für zwei Personen einen relativ hohen Zeitaufwand. Zwar hätte für ein rein tachymetrisches Aufmaß möglicherweise ein ähnlicher oder nur wenig höherer Zeitrahmen angesetzt werden müssen. Das entscheidende Argument bei der Wahl der Methode war jedoch die Integration des Aufmaßes in den Ablauf der Sanierungsarbeiten.

Klarer Vorteil des Scans war zudem, dass bei der Aufnahme die Erfassung weit oben gelegener Punkte und die Gebäudekrümmung kein Problem darstellten. Die meisten geometrisch interessanten Punkte sind mit einem Reflektor nicht erreichbar, so dass nur das reflektorlose Messen in Frage gekommen wäre. Die dabei entstehenden Ungenauigkeiten entsprechen denen des durchgeführten Laserscans mit geringer Punktedichte, so dass die Qualität der Messergebnisse beider Methoden vergleichbar ist.

WEITERE BAUAUFNAHMEMETHODEN

Bei der Erfassung der Innenräume wurde eine Kombination aus Tachymetermessung und Handaufmaß eingesetzt. Für die großen, freien Bereiche bewährte sich

der Einsatz des Tachymeters; das Handaufmaß fand bei den kleineren 1–3-achsigen Räumen Anwendung, in denen man sich wegen der Gebäudekrümmung und der geringen Größe der Räume nur mit Schwierigkeiten hätte positionieren können. Zudem bot das Handaufmaß den Vorteil, auch in den vollmöblierten und als Büro genutzten Räumen die einzumessenden Punkte flexibel zu bestimmen und die Zeit für das Aufmaß in den Räumen zu begrenzen, da dies nur während der Arbeitszeiten der Nutzer möglich war.[4] Weniger einfach gestaltete sich die Kombination beider Aufmaßmethoden. Es wurden zusätzlich Punkte gemessen, um die einzelnen Raumgrundrisse in das Gesamtsystem einzuhängen. Bei der Zusammenführung der Messergebnisse sind zwar Ungenauigkeiten zu beobachten, die aber hinsichtlich der Darstellung im Maßstab 1:100 in Kauf genommen werden konnten.

Der Vergleich zwischen dem neu erstellten Aufmaß und existierenden Bestandsplänen aus dem Jahr 1976[5] zeigt, abgesehen von den Umbauten nach 1976,

[4] An dieser Stelle möchte ich mich bei allen Angestellten der Juristischen Fakultät der HU Berlin herzlich bedanken, die mir den Zugang zu und die Arbeit in ihren Arbeitsräumen ermöglichten. Ebenso gilt mein Dank Herrn W. Assmann, Verwaltungsleiter der Juristischen Fakultät, der mich bei den Arbeiten vor Ort immer unterstützte.
[5] Erstellt vom VEB Kombinat Geodäsie und Kartographie, Betrieb Berlin, Produktionsbereich 520, Juni 1976.

0   0,5   1   5m

Abb. 5: Fensterachse 19: Erstellung der Stereophotogrammetrie (links), Orthobildmontage (Mitte)
und Tuschezeichnung (rechts)

letztendlich nur geringe Abweichungen, so dass die Bestandspläne als zuverlässige Quelle angesehen werden konnten. Infolgedessen wurde auf eine Neuvermessung des Kellergrundrisses verzichtet, da in diesem Bereich weniger Umbauten nach 1976 als in den Obergeschossen zu verzeichnen sind. Der bestehende Kellerplan wurde nur kontrolliert, was eine erhebliche Zeitersparnis bedeutete. Auftretende Abweichungen von mehr als 5 cm wurden bei der digitalen Umzeichnung des Bestandsplanes korrigiert.

Mit Unterstützung von Mitarbeitern des Lehrstuhls für Vermessungskunde der BTU Cottbus wurde an der Nordseite der Alten Bibliothek eine Stereophotogrammetrie von der Fensterachse 19 angefertigt.[6] Diese war bei der Errichtung des benachbarten Alten Palais 1834–1836 verdeckt worden und blieb seitdem von Umbauten und Restaurierungen unberührt, so dass eine formtreue Aufnahme wertvolle Hinweise auf den Bauzustand ca. 50 Jahre nach der Bauzeit liefert. Die Photogrammetrie reduzierte die Arbeitszeit vor Ort und ersparte die Stellung eines Gerüstes für die Bauaufnahme. Details wie die Scharrierungen an den Fenstergewänden konnten anhand von Fotos und Beobachtungen vor Ort nachgetragen werden (Abb. 5). Das gleiche Verfahren wurde für die Erfassung der geometrisch komplizierten Bauornamentik der Platzfassade gewählt. Dabei wurden je ein korinthisches Pilasterkapitell aus der Bauzeit um 1780 und vom Wiederaufbau in den 1960er Jahren exemplarisch aufgenommen, um Unterschiede in der Gestaltung beider Bauphasen zu analysieren.

Weitere Detailaufnahmen etwa von Schlusssteinen der Fenstergewände oder einer Bogenkonstruktion im Kellergeschoss wurden im reinen Handaufmaß in den Maßstäben 1:10 bzw. 1:25 angefertigt. Die Fassadendetails konnten nicht nachträglich in das Gesamtsystem eingebunden werden, da das bereits gestellte Baugerüst die Anlage von Messpunkten als Verbindung zwischen Laserscan und Handaufmaß verhinderte. Die Einbindung erfolgte daher über bekannte geometrische Punkte an der Fassade. Alle Messergebnisse fließen in eine Gesamtdarstellung ein und werden einheitlich aufbereitet. Für die Ergebnisse der eher kleinmaßstäblichen Innenraum- und Fassadenaufmaße wird ein digitaler Plansatz mit Grundrissen der vier Hauptgeschosse und des Kellergeschosses, Ansichten und Schnittzeichnungen erstellt. Von den Detailaufnahmen werden unabhängig davon, ob sie per Handaufmaß oder Stereophotogrammetrie entstanden, Tuschezeichnungen angefertigt.

EINBINDUNG WEITERER QUELLEN
Der tiefgreifende Umbau der Alten Bibliothek zum Aulagebäude der Universität 1911, die Zerstörungen des Zweiten Weltkrieges und die Vorbereitung für den Wiederaufbau in den 1960er bedingen das weitgehende Fehlen historischer Bausubstanz im Gebäudeinneren.

Im Zuge des Wiederaufbaus wurde der überwiegende Teil des Gebäudes abgetragen und nur die im Zweiten Weltkrieg unzerstört gebliebenen Bereiche der Platzfassade, die aussteifenden Innenwände, die barocken Fundamente und Teile der Kellerwände blieben erhalten.[7] Bauliche Veränderungen (vor allem während des 19. Jahrhunderts) können daher größtenteils nur mit Hilfe von Archivmaterialien nachvollzogen werden. Zunächst sind hierbei historische Pläne zu berücksichtigen. Oft sind diese aber verzerrt und geben die Krümmung des Gebäudes nicht korrekt wieder. Dies kann einerseits an der Verzerrung der Pläne in Papierform (z.B. durch zu hohe Luftfeuchtigkeit bei der Lagerung) oder andererseits an der Digitalisierung (Verzerrung während des Scan-Prozesses) liegen. Hinzu kommt aber auch die ungenaue Darstellung der Gebäudekrümmung beim Erstellen der Pläne. Eine Entzerrung der digitalisierten Pläne erscheint daher nicht sinnvoll, denn die Folge wäre die völlige Verunklärung aller geometrischen Informationen. Um die enthaltenen Informationen trotzdem zu nutzen, werden die Pläne ohne Entzerrung in die vorhanden digitalen Grundrisse eingehängt, wobei die Aufmaßpläne basierend auf dem Laserscan und den Innenraummessungen die geometrische Grundlage bilden. Die Eintragung der neuen Angaben zur historischen Grundrissgestaltung erfolgt daher getrennt für einzelne Raumbereiche, da sich bei passgenauem Einhängen der Pläne in einem Raumbereich deutliche Verschiebungen in anderen Bereichen ergeben. Die daraus folgende Ungenauigkeiten im Bearbeitungsmaßstab 1:200 werden in Kauf genommen, um grundsätzliche Aussagen über die Grundrissdisposition zu erhalten.

Eine sehr ergiebige Quelle sind historische Baubeschreibungen in den Bauakten, die im Zuge von geplanten Baumaßnahmen oder Abrechnungen erstellt wurden. Bei der Auswertung war jedoch zu beachten, dass es sich bei Raumbeschreibungen und Nutzungszuweisungen häufig um Absichtserklärungen oder Planungsstände handelt, während die Abrechnungen einzelner Bauleistungen detaillierte Hinweise auf historische Bauzustände geben können. So lassen sich etwa aus den Abrechnungen der Malerarbeiten Rückschlüsse auf die verwendeten Anstrichmaterialien sowie die innenräumliche Farbgestaltung ziehen; anhand der Baubeschreibungen können geplante und realisierte Raumaufteilungen und -nutzungen nachvollzogen werden.

An dritter Stelle sind historische Fotografien zu nennen, die jedoch lediglich für die Zeit nach 1945 in größerer Zahl vorhanden sind. Umso wertvoller sind zwei Fotoalben mit Innenaufnahmen aus den Jahren 1883[8] und

---

[6] Durchgeführt von Dipl.-Ing. Frank Henze und Reinhard Märker, Lehrstuhl für Vermessungskunde, BTU Cottbus.
[7] Vgl. Abb.3.
[8] FOTOALBUM (1883): Festgabe an den Königlichen Oberbibliothekar Prof. Dr. Richard Lepsius von den Beamten der Königlichen Bibliothek, Staatsbibliothek zu Berlin – Preußischer Kulturbesitz, Kartenabteilung, Y d 5 / 30 bis Yd 5/ 30-8.

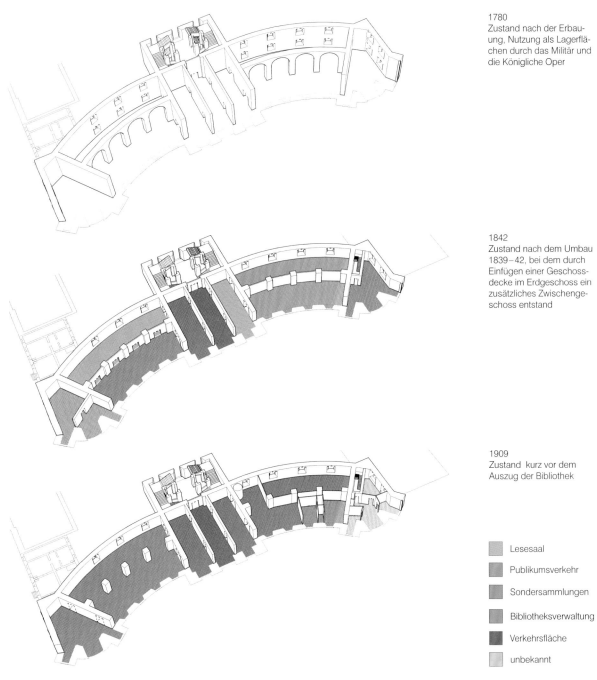

1780
Zustand nach der Erbauung, Nutzung als Lagerflächen durch das Militär und die Königliche Oper

1842
Zustand nach dem Umbau 1839–42, bei dem durch Einfügen einer Geschossdecke im Erdgeschoss ein zusätzliches Zwischengeschoss entstand

1909
Zustand kurz vor dem Auszug der Bibliothek

Lesesaal

Publikumsverkehr

Sondersammlungen

Bibliotheksverwaltung

Verkehrsfläche

unbekannt

Abb. 6: Isometrien des Erdgeschosses (ohne Maßstab, Arbeitsstand 2010).

1905[9], über die sich Informationen hinsichtlich der Lage und Größe von Fenstern und Türen, der Existenz von Treppen, der innenräumlichen Ausstattung, der Buchaufstellung und der Decken-, Wand- und Fußbodengestaltung erhalten lassen. Bilder aus der Zeit des Abrisses des Altbaus 1963–1965[10] zeigen deutlich die historische Baustruktur. Durch das Fehlen der Putzschicht, die durch die Kriegszerstörung verloren ging oder im Zuge der Abrissmaßnahmen entfernt wurde, sind Unregelmäßigkeiten im Mauerwerk deutlich sichtbar. Über diesen Einblick in das Mauerwerk lassen sich ehemals vorhandene oder bereits zugesetzte Öffnungen der Hoffassade, die in den historischen Planunterlagen nicht dokumentiert

sind, rekonstruieren. Beispielsweise belegen horizontale Stürze, dass diese Fenster aus einer nachbarocken Phase stammen und vermutlich erst beim Umbau zum Aulagebäude entstanden, wohingegen die Rundbogenfenster der ersten Bauphase um 1780 zuzuordnen sind.

[9] FOTOALBUM (1905): Die Königliche Bibliothek zu Berlin im September 1905, Berlin.
[10] BREITENBORN, D. (o.J.): Die Kommode (ehemalige königliche Bibliothek). Aufnahmen vor, während und nach dem Wiederaufbau, Berlin; Berlinische Galerie, Architektursammlung, größeres Konvolut unter den Signaturen 1436.006158–1436.006212.

VIRTUELLES 3D-MODELL

Ein dreidimensionales AutoCAD-Modell dient als Arbeitsgrundlage, um die Änderungen am Gebäude besser analysieren zu können. Dabei handelt es sich einerseits um kleinere Eingriffe, wie die neu eingebrachten Geschosse oder veränderte, neuen Funktionsansprüchen entsprechende Raumaufteilungen. Andererseits gilt es herauszuarbeiten, welche Bauteile nach den großen Umbauten 1911 und in den 1960er Jahren erhalten blieben, und welche Raumkonfigurationen, wie etwa der zweigeschossige Saal und das Foyer im Mittelbau, seit Mitte des 19. Jahrhunderts über die zwei großen Umbauphasen hinweg bis in die Gegenwart tradiert wurden.

Neue Erkenntnisse können kontinuierlich in das Modell eingearbeitet werden. Bei der Bauanalyse im 3D-Modell muss zwangsweise die Verkettung von Grundriss- und Schnittinformationen erfolgen. Dadurch erhält diese Arbeitsweise im Vergleich zu der zweidimensionalen Arbeit in Grundriss und Schnitt, bei der viele Fragen bezüglich der Höheninformationen ausgeklammert bleiben, eine höhere Qualität.

Die baulichen Veränderungen am Gebäude wurden zum größten Teil in den Innenräumen vorgenommen. Bei der Visualisierung der Umbauphasen kann deshalb die seit der Erbauung ohne wesentliche Veränderungen bestehende Fassade vernachlässigt werden, was eine Fokussierung auf das Gebäudeinnere erlaubt. Gerade die Entwicklung von einem zweigeschossigen zu einem viergeschossigen Gebäude innerhalb einer feststehenden Gebäudehülle lässt sich durch das „Aufschneiden" der Fassade in einer isometrischen Darstellung leichter vermitteln. Eine Farbkodierung der Raumböden des Modells gestattet die Darstellung der Raumnutzung und damit der Nutzungsänderungen.

Für eine wissenschaftliche Nachvollziehbarkeit der Darstellung ist es weiterhin wichtig zu zeigen, auf welchen Quellen die virtuelle Rekonstruktion beruht. Denkbar sind drei Kategorien, die zwischen sicheren Befunden durch Bauwerksuntersuchung (1), historischen Plänen, Schriftquellen und historischen Fotos (2), Analogschlüssen vergleichbarer Bauelemente und Vermutungen (3) differenzieren. Wie aber lassen sich diese Unterschiede darstellen? Eine Möglichkeit wäre die Schattierung der Wände in unterschiedlichen Grautönen. Problematisch bleibt aber bei dieser Variante die Behandlung der Wandöffnungen, die als Bestandteil der Wand separat betrachtet werden müssen. Beispielsweise ist die Höhe der Türen und Fenster, deren Breite und Lage sich über Grundrisszeichnungen eindeutig nachvollziehen lassen, oft nur zu vermuten. Auch geben Fotografien teilweise darüber Auskunft, dass Fenster existierten, deren Maße und exakte Lage aber nicht bekannt sind. Bei der Verwendung unterschiedlicher Grauschattierungen müssten hier Wandöffnungen als Wandelemente dargestellt werden. Um diese sachlich falsche Darstellung zu vermeiden, wird die Herkunft der Informationen über unterschiedliche Stricharten angezeigt (Abb. 6).[11]

So ist mit der dreidimensionalen Modellierung im CAD die Zusammenfassung der Informationen sowohl aus den Forschungen am Objekt als auch aus anderen Quellen möglich, insbesondere für die räumlichen Informationen, die am Gebäude selbst nicht mehr nachzuvollziehen sind. Zunächst dient das Modell dem Arbeitsprozess, um die Interpretation zu erleichtern. In einem zweiten Schritt können die Forschungsergebnisse in übersichtlicher und nachvollziehbarer Form präsentiert werden.

FAZIT

Die Bauforschung an der Ehemaligen Königlichen Hofbibliothek wurde parallel zur Sanierung des Bauwerkes durchgeführt. Die Eingliederung einer wissenschaftlichen Untersuchung in einen laufenden Bauprozess zwang immer wieder zu schnellen und flexiblen Reaktionen innerhalb der Bauaufnahme. Ausschlaggebend waren Faktoren wie Zeitaufwand, technische Ausstattung, zur Verfügung stehende Finanzmittel und mögliche Einbindung externer Bearbeiter. Stets musste die Wahl des Verfahrens überdacht bzw. an veränderte Bedingungen angepasst werden. Das Spektrum reichte dabei von der Überprüfung von Bestandsplänen aus dem Jahr 1976 mit Eintragungen von Raumveränderungen bis hin zu Methoden mit hohem technischen und finanziellen Aufwand, wie etwa der Durchführung eines 3D-Laserscans. Dabei hat sich das klassische Handaufmaß genauso bewährt wie der Einsatz modernster Messtechnik. Als besondere Herausforderung erwies sich die Darstellung der unterschiedlichen Quellengrundlagen im 3D-Modell, doch hat sich gerade hierfür die Arbeit in 3D bewährt.

[11] Kategorie (1): dicke durchgezogene Linie, Kategorie (2): dünne durchgezogene Linie, Kategorie (3): gestrichelte Linie.

Anschrift:
Dipl.-Ing. Elke Richter, M.Sc., DAI Zentrale Berlin, Podbielskiallee 69–71, 14195 Berlin,
E-Mail: eri@dainst.de, richter_elke@hotmail.com

Abbildungsnachweis:
Abb. 1, 2: Foto E. Richter, 2007.
Abb. 3: Zeichnung E. Richter, 2007.
Abb. 4: Zeichnung E. Richter, 2008.
Abb. 5: Photogrammetrie F. Henze, LS Vermessungskunde, BTU Cottbus; Zeichnung D. Brüning, beides 2009.
Abb. 6: Zeichnungen E. Richter, 2010.

AEGARON – ANCIENT EGYPTIAN ARCHITECTURE ONLINE

Ulrike Fauerbach – Salma Khamis – Martin Sählhof

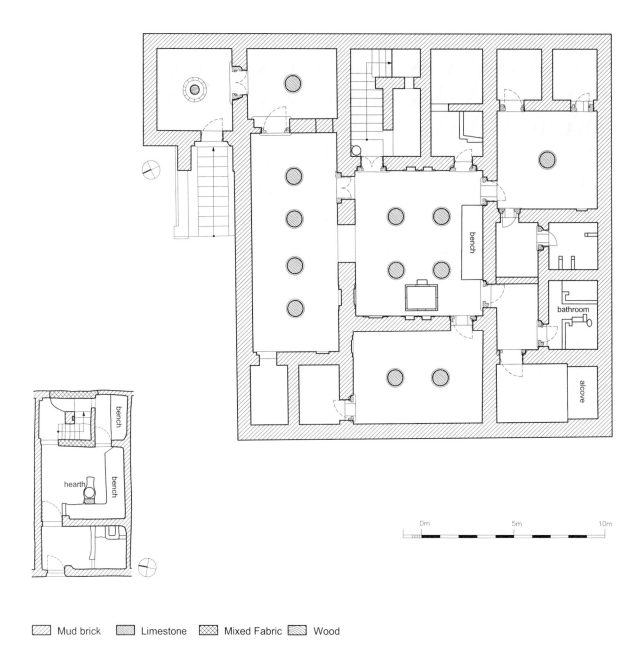

Mud brick   Limestone   Mixed Fabric   Wood

Abb. 1: Einblick in das soziale Gefälle einer Stadt des 14. Jhs. v. Chr.: Hier sind die Rekonstruktionspläne zweier zeitgleich bewohnter Häuser aus Amarna im gleichen Maßstab und mit gleichen Darstellungsstandards nebeneinander gestellt.
Die Villa des Generals Ramose hatte im Erdgeschoss eine Grundfläche von ca. 400 m², verfügte neben dem Mittelsaal und der großzügigen Erschließungsfläche über acht Zimmer und Bad. Die zahlreichen Stützen lassen, über die üblicherweise mitgenutzte Dachfläche hinaus, ein Obergeschoss vermuten. Dazu gehörten diverse externe Nebengebäude, ein Brunnen sowie ein ca. 700 m² großer Garten.
Die Bewohner des Hauses „Gate Street No. 8", welches sich in einer umwallten Exklave befand, waren vermutlich Handwerker in der Nekropole der Stadt. Sie verfügten über ca. 43 m² im Erdgeschoss, das eine Kochstelle im Vorhof mit einschloss. Auch hier ist ein weiteres Vollgeschoss anzunehmen. Beide Häuser wurden aus Lehmziegeln errichtet, wobei sich die unterschiedlichen Mauerstärken erheblich auf das Raumklima ausgewirkt haben dürften.
Neuzeichnung nach [EL-SAIDI; CORNWELL 1986 und BORCHARDT; RICKE 1980].

Architekturpläne von Bauten aus pharaonischer Zeit sind häufig schwer zugänglich oder überhaupt nicht adäquat veröffentlicht. Es ist dementsprechend schwer, sich einen Überblick über die Bauten dieser Zeit zu verschaffen. Diesen Umstand beabsichtigt das auf drei Jahre ausgelegte, DFG-geförderte Projekt AEgArOn zu verbessern, indem es ein frei zugängliches Online-Planarchiv kritisch edierter Pläne entwickelt. Publizierte und teils unpublizierte Pläne einer Auswahl von etwa 150 altägyptischen Gebäuden sollen gesammelt, kritisch bewertet, vor Ort auf wichtige Details überprüft und nach einem einheitlichen Darstellungsstandard in CAD neu gezeichnet werden. Die Herkunft der Informationen wird dabei detailliert nachvollziehbar gemacht. Es handelt sich um ein Kooperationspro-

jekt des DAI Kairo und der University of California, Los Angeles[1]. Die in Los Angeles gesammelten Daten werden in Kairo in neue Pläne überführt, vor Ort überprüft und in Los Angeles online veröffentlicht und gepflegt. Die Veröffentlichung erfolgt über die Internetseiten des DAI und der *UCLA Encyclopedia of Egyptology* in unterschiedlichen Formaten, um eine langfristige Nutzung durch verschiedenste Nutzer zu gewährleisten: als AutoCAD-Dateien (dwg), als Acrobat-Dateien (pdf) und als Pixelbilder (tiff).

[1] Antragsteller: Ulrike Fauerbach, Willeke Wendrich, Stephan Seidlmayer, Mitarbeiter am DAI Kairo: Salma Khamis, Martin Sählhof; Mitarbeiter an der UCLA: Bethany Simpson, Angela Susak.

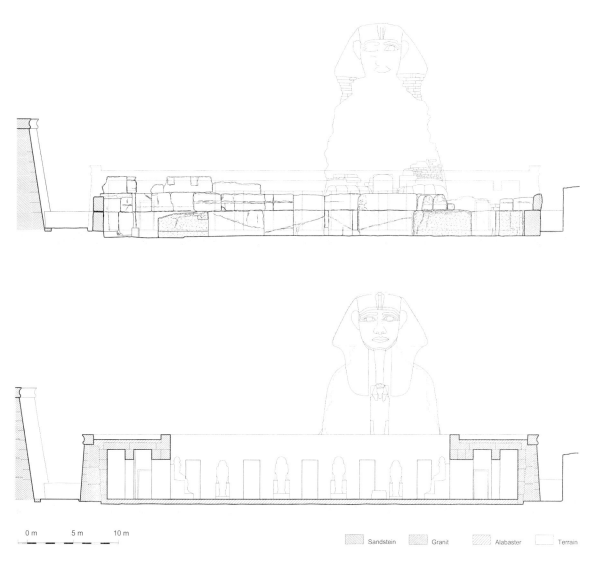

Abb. 2: Gisa, Harmachistempel und Sphinx, 4. Dynastie, 26. Jh. v. Chr., Querschnitt mit Ansicht nach Westen, Bestand und Rekonstruktion. Neuzeichnung nach [RICKE 1970, LEHNER 1992]. Die Zeichnungen werden in AutoCAD in einer für alle Pläne einheitlichen Layerstruktur aus über 80 Layern erstellt, vgl. Abb. 3. Die Querschnitte werden durch drei Grundrisse ergänzt, die Bestand, Rekonstruktion und Bauphasen wiedergeben. Die in dieser Form erstmalige Zusammenzeichnung von Tempel und Sphinx macht die gemeinsame Wirkung beider Denkmäler deutlich. Von Ricke übernommen wurden die Schnittachsen durch den Tempel, die in Bestandsplan und Rekonstruktion leicht voneinander abweichen.

Layername	A	C	B
Auxilary lines (1)	o	o	o
Auxilary lines (2)	o	o	o
Axes	o	o	o
Layout (Plot)	o	o	o
Section lines	(✓)	(✓)	o
Plan 01	o	o	o
Plan 02	o	o	o
Plan x	o	o	o
Actual state elem. in section	✓	✓	✓
Actual state destruction in section	✓	o	o
Actual state buildg. joint in section	✓	(✓)	(✓)
Actual state buildg. joint in elev. (1)	✓	(✓)	(✓)
Actual state buildg. joint in elev.(2)	✓	(✓)	(✓)
Actual state older elem.	✓	o	o
Actual state later edition in section	✓	(✓)	(✓)
Actual state later edition in elevation	✓	(✓)	(✓)
Actual state elem. in elevation (1)	✓	✓	✓
Actual state elem. in elevation (2)	✓	✓	✓
Actual state elem. in elevation (3)	✓	✓	✓
Actual state elem. above section line	✓	✓	✓
Actual state hidden edges	✓	✓	✓
Actual state sill	✓	o	o
Actual state stairs	✓	✓	✓
Actual state door jamb	✓	o	o
Actual state flooring	✓	o	o
Actual state depression	✓	✓	o
Actual state object	✓	o	o
Actual state damage floor (1)	(✓)	o	o
Actual state damage floor (2)	(✓)	o	o
Actual state destruction in elev. (1)	✓	o	o
Actual state destruction in elev. (2)	✓	o	o
Actual state destruction in elev. (3)	✓	o	o
Completition elem. in section	✓	o	o
Completition elem. in elevation (1)	✓	o	o
Completition elem. in elevation (2)	✓	o	o
Reconstruction elem. in section (1)	o	✓	✓
Reconstruction elem. in section (2)	o	✓	✓
Reconstruction elem. in section (3)	o	✓	✓
Reconstruction elem. in elevation (1)	o	✓	✓
Reconstruction elem. in elevation (2)	o	✓	✓
Reconstruction elem. in elevation (3)	o	✓	✓
Reconstr. elem. above section line	o	✓	✓
Reconstruction hidden edges	o	✓	✓
Reconstruction sill	o	✓	✓
Reconstruction stairs	o	✓	✓
Reconstruction doors (definite)	o	✓	✓
Reconstruction doors (suggested)	o	✓	✓
Reconstruction door jamb (definite)	o	✓	✓

Layername	A	C	B
Reconstruction door jamb (suggested)	o	✓	✓
Building Phase I	-	-	✓
Building Phase II	-	-	✓
Building Phase III	-	-	✓
Building Phase I Reconstruction	-	-	✓
Building Phase II Reconstruction	-	-	✓
Building Phase III Reconstruction	-	-	✓
Building Phases Roofing	-	-	✓
Hatching Act. state elem. in section	✓	(✓)	(✓)
Hatching Act. st. later addit. in section	✓	(✓)	(✓)
Hatching Actual state Limestone	✓	(✓)	(✓)
Hatching Actual state Sandstone	✓	(✓)	(✓)
Hatching Actual state Hardstone	✓	(✓)	(✓)
Hatching Actual state Mud brick	✓	(✓)	(✓)
Hatching Actual state Burned brick	✓	(✓)	(✓)
Hatching Actual state Wood	✓	(✓)	(✓)
Hatching Actual state Roofing	✓	(✓)	(✓)
Hatching Reconstr. elem. in section (1)	o	✓	✓
Hatching Reconstr. elem. in section (2)	o	✓	✓
Hatching Reconstr. Limestone	o	✓	✓
Hatching Reconstr. Sandstone	o	✓	✓
Hatching Reconstruction Hardstone	o	✓	✓
Hatching Reconstruction Mud brick	o	✓	✓
Hatching Reconstr. Burned brick	o	✓	✓
Hatching Reconstruction Wood	o	✓	✓
Hatching Reconstruction Roofing	o	✓	✓
Header 200 Actual state Text	✓	o	✓
Header 200 Reconstruction Text	o	✓	✓
Header 200 Building Phases Text	o	o	✓
Header 200 Compass & Scale	✓	✓	✓
Room Number	(✓)	(✓)	(✓)
Label (1)	(✓)	(✓)	(✓)
Label (2)	(✓)	(✓)	(✓)
Height Indication (1)	(✓)	(✓)	(✓)
Height Indication (2)	(✓)	(✓)	(✓)
Coordinates (1)	(✓)	(✓)	(✓)
Coordinates (2)	(✓)	(✓)	(✓)
Original plan indistinct	o	o	o
Topography	✓	✓	✓

	A	C	B
Freezed Layer		o	
Unfreezed Layer		✓	
Layer freezed or unfreezed		(✓)	
Layer not used		-	
Actual State		A	
Reconstruction		C	
Building Phases		B	

Abb. 3: Die Layerstruktur aus 89 Layern liegt allen im Projekt angefertigten Zeichnungen zugrunde. In den unterschiedlichen Planarten Bestandsplan (A), Bauphasenplan (B) und Rekonstruktion (C), die über AutoCAD-Layouts gesteuert werden, sind die Layer an- oder ausgeschaltet.

DIE GRUNDLAGEN

Ziel ist es, erstmals einen Überblick über die pharaonische Architektur zu geben, der einen gewissen Anspruch auf Vollständigkeit erheben kann. Die Auswahl der präsentierten Bauten soll einen Querschnitt der altägyptischen Architektur wiedergeben, der unterschiedlichste Bautypen und Monumente berücksichtigt. Häuser und Paläste, kleine ebenso wie monumentale Gräber, Provinz- und überregional bedeutende Tempel, Magazine, Werkstätten etc. sind gleichermaßen repräsentiert. Dabei werden auch die engen zeitlichen Grenzen der so genannten „klassischen" ägyptischen Epoche überschritten[2]. Um ein Maximum an Informationen zu sammeln und präsentieren zu können, werden alle existierenden Pläne eines ausgewählten Gebäudes geprüft, auf ihren genuinen Informationsgehalt hin ausgewählt, gescannt und zum Neuzeichnen in Auto-CAD geladen. Die wichtigsten Maße, insbesondere die Gesamtausdehnung, werden dem Publikationstext entnommen oder aus dem Originalplan herausgemessen, um die unvermeidliche Verzerrung durch den Scanner auszugleichen. Um die Aussagen des Planes in die vereinheitlichte Darstellungssprache zu übertragen, bedarf es einer intensiven Auseinandersetzung mit dem jeweiligen Gebäude. Sofern sich kein persönlicher Kontakt mit dem Ausgräber bzw. Bauforscher herstellen lässt, erfolgt dies über die publizierten Baubeschreibungen, Fotografien und, wenn möglich, Ortsbegehungen (s.u.).

VISUALISIERUNG

DARSTELLUNGSSTANDARDS

Der erkennbare Anspruch an Genauigkeit und die Darstellungsweise von Plänen historischer Gebäude klaffen generell weit auseinander. Dies erschwert das Verständnis und den Vergleich der Bauten und damit die Architekturforschung – unabhängig davon, ob sie im Rahmen der Ägyptologie, der Bauforschung oder der Kunstgeschichte betrieben wird. Den in AEgArOn versammelten Plänen werden einheitliche Standards zu Grunde gelegt. So wird durch die Anwendung von festgelegten Strichstärken, Linientypen und Farben ein unmittelbares optisches Verständnis der Gebäude ermöglicht (Abb. 1). Hierzu ist bei aller Detailgenauigkeit eine Abstrahierung der Befunde unvermeidlich. So werden beispielsweise steingenaue Aufnahmen von Wänden im Grundriss lediglich als Flächen gezeigt, die dann mit der entsprechenden Materialschraffur angelegt werden, auch um den Vergleich mit Bauten zu erleichtern, wo nur eine weniger detailgetreue Aufnahme existiert. In der Anfangsphase wurden die Zeichnungen in schwarzweiß angefertigt, die Farbstandards befinden sich derzeit in der Entwicklung.

PLANARTEN

Eine strikte Trennung von Bestands- und Rekonstruktionsplänen wird in archäologischen Publikationen

Abb. 4: Philae, römischer Tempel von Südwesten, 13–12 v. Chr.

Abb. 5: Philae, römischer Torbau von Osten, um 300 n. Chr.

häufig missachtet. Allein schon, um auf dieses Problem aufmerksam zu machen, werden in AEgArOn grundsätzlich Bestands- und Rekonstruktionspläne angefertigt (Abb. 2).[3] Lässt ein Gebäude mehrere Umbau- oder Nutzungsphasen erkennen, erlaubt die Onlinepublikation zusätzliche Abbildungen ohne hohen Kostenaufwand.

Hierzu wurde eine Layerstruktur aus 89 Layern entwickelt (Abb. 3), die für alle Zeichnungen verbindlich

[2] Die Christianisierung bedeutet nicht für alle Bautypen einen gravierenden Einschnitt, sodass es unsinnig wäre, gut erhaltene Wohngebäude aus der Spätantike zu ignorieren. Außerdem lassen viele Bauten postpharaonische Umnutzungen erkennen, die ein integraler Bestandteil ihrer Geschichte darstellen.

[3] Ausnahmen hiervon sind möglicherweise nicht zu vermeiden, falls eine Rekonstruktion nicht möglich ist oder von einem zerstörten Gebäude nur eine rekonstruierende Dokumentation existiert. [GROSSMANN 1974, S. 108–110] hat das Problem beschrieben, dass in Handbüchern meist nur Rekonstruktionen abgebildet und Bestandspläne ignoriert werden und die provokante Forderung aufgestellt, überhaupt keine Rekonstruktionen mehr zu veröffentlichen. Wenngleich die Argumentation völlig überzeugt, wäre der Effekt vermutlich nicht, dass nunmehr die Bestandspläne, sondern vielmehr veraltete Rekonstruktionen reproduziert würden.

ist. Die hohe Anzahl erklärt sich zum einen aus dem Wunsch nach einer differenzierten Visualisierung beispielsweise unterschiedlicher Materialien. Ein wichtiges Element ist auch die Unterscheidung von Rekonstruktion nach Befund (Stufe 1) versus Rekonstruktion nach Vergleichsbeispielen (Stufe 2) einerseits und Rekonstruktion auf Grund einer nicht durch Befunde belegbaren Vermutung (Stufe 3).

METHODE

FIELD-CHECKING
Es ist ein dem Bauforscher hinlänglich bekanntes Problem, dass publizierte Pläne überraschend viele Unstimmigkeiten aufweisen, was besonders deutlich wird, wenn von einem Gebäude mehrere Zeichnungen

vorliegen (Abb. 6a/b). Daher wird jedes zugängliche Gebäude, das in AEgArOn veröffentlicht wird, während der Zeichenphase begangen. Dabei werden Beobachtungen anhand einer Skizze kartiert, jedoch keine Vermessungen vorgenommen[4]. Der Wissenszuwachs auf Basis solcher Skizzen (Abb. 6c) steht zum betriebenen Aufwand in einem überaus günstigen Verhältnis. Die meisten neuen Erkenntnisse betreffen Türverschlüsse, Zusetzungen, Deckenkonstruktionen und Hinweise auf bauliche Veränderungen. Um diese in einem Plan

[4] Auch geringfügige Vermessungsarbeiten in ägyptischen Denkmälern bedürfen einer Genehmigung, die mit den Papieren aller Beteiligten mindestens drei Monate vorher beantragt werden muss. Der Verwaltungsaufwand für 150 Gebäude ist in diesem Rahmen nicht zu leisten.

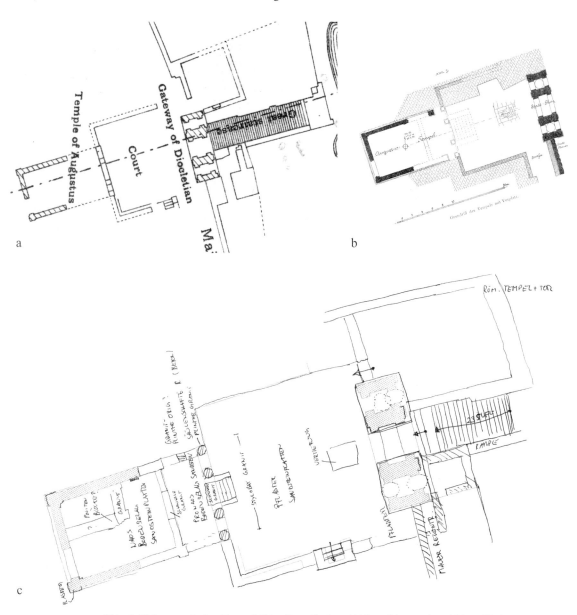

Abb. 6: Philae, römischer Tempel (13–12 v. Chr.) und Triumphbogen (um 300 n. Chr.)
a) Bestand nach [LYONS 1908], Grundriss. b) Bestand nach [Borchardt 1903], Grundriss.
c) Neuzeichnung nach [LYONS 1908], Grundriss mit Befundkartierung.

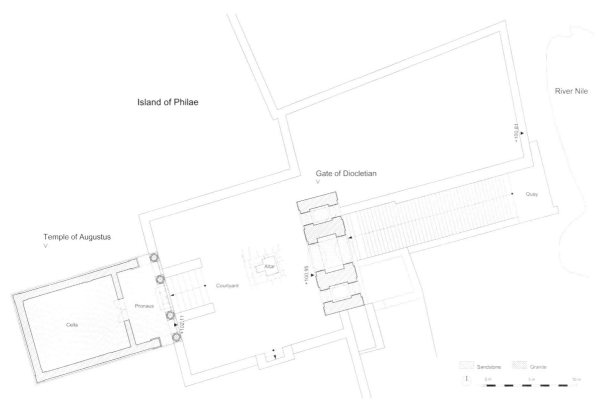

Abb. 7: Philae, römischer Tempel (13–12 v. Chr.) und Triumphbogen (um 300 n. Chr.). Neuzeichnung M. Sählhof 2010, Grundriss in Rekonstruktion (M 1:400). Der Plan ist eine Synthese der älteren Bestandspläne, die in der Baubegehung auf ihre Genauigkeit überprüft und mit zusätzlichen Informationen versehen wurden (vgl. Abb. 6)

festzuhalten, wäre eine Vermessung wünschenswert, ist aber nicht unbedingt notwendig. Ein nur ungefähr eingetragener Befund ist allemal besser als ein überhaupt nicht veröffentlichter.[5] Dieser Arbeitsschritt ist auch bei gut dokumentierten Gebäuden insbesondere für die Erstellung einer eigenen Rekonstruktion unerlässlich.

METADATEN

Um die einzelnen Schritte der Plangenese nachvollziehbar zu machen, werden den Zeichnungen Metadaten zur Seite gestellt. In Form eines kritischen Apparats dokumentieren sie die Autorenschaft, Entstehungsgeschichte und Verlässlichkeit der Informationen. Dies steht der bisher häufig verfolgten Praxis entgegen, Pläne ohne Ansehen von oder Hinweis auf ihre Herkunft durchzuzeichnen, wobei Fehler addiert werden und unter Missachtung der Autorenschaft der Eindruck falscher Aktualität vermittelt wird.

ZIELE

AEgArOn hat zum Ziel, eine repräsentative Auswahl altägyptischer Gebäude durch sorgfältige Recherche und standardisierte Darstellungsstandards besser zugänglich zu machen. Die dabei entwickelten Standards sind ein Angebot, von dem sowohl die Ägyptologie als auch die Architekturforschung profitieren können. Das Projekt leistet somit Grundlagenforschung. In Ergänzung zu den dringend erforderlichen detail-

lierten Untersuchungen ägyptischer Gebäude öffnet es durch seine breite Perspektive den Blick auf das, was altägyptische Architektur war. Erst dieser Überblick bildet die Grundlage, um das Potential der Architektur als historische Quellengattung ausschöpfen zu können.

[5] Zur Berechtigung der Skizze als Dokumentationsmethode s.a. [GROSSMANN 1993, S. 78 f.] mit erfrischender Polemik.

Anschrift:
AEgArOn
Ancient Egyptian Architecture Online
Deutsches Archäologisches Institut
31, Sh. Abu el-Feda
11211 Cairo-Zamalek
www.dainst.org/aegaron

Abbildungsnachweis:
Abb. 1: S. Khamis, Neuzeichnung nach [EL-SAIDI; CORN-WELL 1986, Abb. 1.1] und [BORCHARDT; RICKE 1980, Plan 23]
Abb. 2: S. Khamis, Neuzeichnung nach [RICKE 1970, Plan 3] und [LEHNER 1992, Fig. 2 und Fig. 9]
Abb. 3: U. Fauerbach, S. Khamis, M. Sählhof
Abb. 4: M. Sählhof (2010)
Abb. 5: U. Fauerbach (2009)
Abb. 6a: Ausschnitt aus [LYONS 1908, Plate 1]

Abb. 6b: BORCHARDT 1903, Abb. 3
Abb. 6c: M. Sählhof, Skizze auf [LYONS 1908, Plate 1]
Abb. 7: M. Sählhof, Neuzeichnung nach [LYONS 1908 Plate 1, BORCHARDT 1903, Abb. 3] und eigenen Beobachtungen

Literatur:
BORCHARDT, L. (1903): Der Augustustempel auf Philae, in: Jahrbuch des Kaiserlich deutschen Archäologischen Instituts 18, S. 73–90.
BORCHARDT, L., RICKE, H. (1980): Die Wohnhäuser in Tell El-Amarna. Wissenschaftliche Veröffentlichung der Deutschen Orient-Gesellschaft 91.
EL-SAIDI, I.M., CORNWELL, A. (1986): Work inside the Walled Village, in: Kemp, B.J. (Hrsg.): Amarna Reports 3, The Egypt Exploration Society, S. 1–33

GROSSMANN, G.U. (1993): Einführung in die historische Bauforschung, Darmstadt.
GROSSMANN, P. (1974): Standardisierung der Darstellung, in: Die Antike Stadt und ihre Teilbereiche. Ergebnisbericht über ein Kolloquium, veranstaltet vom Architektur-Referat des Deutschen Archäologischen Instituts in Berlin vom 2. bis 4. Mai 1974, Diskussionen zur archäologischen Bauforschung 1, S. 100–112.
LEHNER, M. (1992): Documentation of the Sphinx, in: Proceedings of the first International Symposium on the Great Sphinx, al-Qahira, S. 55–107
LYONS, H.G. (1896): A report on the island and temples of Philae, London.
LYONS, H.G. (1908): Report on the Temples of Philae, al-Qahira.
RICKE, H. (1970): Der Harmachistempel des Chefren in Giseh, Beiträge zur ägyptischen Bauforschung und Altertumskunde 10 (1970).

RUINENPRÄSENTATION IM VIRTUELLEN RAUM –
DAS OKTOGON IN EPHESOS

Barbara Thuswaldner

ALLGEMEINES ZUM PROJEKT[1]

Im Rahmen des laufenden Projektes zur Rekonstruktion und bauforscherischen Analyse des Oktogons in Ephesos wurden für die Aufnahme der erhaltenen Bauteile unterschiedliche 3D-Scanverfahren eingesetzt. Nach der bauforscherischen Arbeit und der steingerechten Rekonstruktion[2] des Gebäudes steht nun vor allem der denkmalpflegerische Aspekt und damit verbunden auch die Präsentation der Ruine im Vordergrund. Schon sehr früh zeigte sich, dass weite Teile der originalen Substanz des Gebäudes erhalten sind, weshalb in diesem Zusammenhang auch über einen Wiederaufbau im Grabungsgelände in Form einer Anastylose nachgedacht wurde. Aus unterschiedlichen Gründen wurde dieser Gedanke vorerst beiseite gelegt. Die aktuellen Arbeiten konzentrieren sich zum einen auf die im virtuellen Raum geschaffenen Ergebnisse und deren Nutzen für die wissenschaftliche Arbeit, zum anderen auf das Erlebbarmachen von Architektur am Beispiel des Oktogons in Museen oder an Universitäten. Parallel dazu wird der Frage nachgegangen, ob und in welchem Ausmaß der Einsatz von 3D-Scanning zu besseren Forschungsergebnissen führen kann.

GEBÄUDE UND AUSGRABUNGSGESCHICHTE

Das Oktogon in Ephesos ist ein Grabmonument, das im ersten Jahrhundert vor Christus errichtet wurde.[3]

Neben mehreren anderen Ehrenbauten steht das Oktogon unmittelbar an der so genannten Kuretenstraße, unweit der berühmten Bibliothek des Celsus und des Hadrianstempels, mitten im Zentrum der antiken Stadt (Abb. 1). Nach seiner Freilegung im Jahr 1904 unter der Leitung von R. Heberdey wurde das Gebäude vorerst als Siegesmonument interpretiert, ähnlich dem Rundbau am Panayırdağ.[6] Im Jahr 1929 begann M. Theuer erneut auf dem 25 Jahre zuvor freigelegten Sockel zu graben und entdeckte dabei die Oberseite eines Tonnengewölbes, das eine Grabkammer überspannte.[7] Das Oktogon entpuppte sich damit als Grabbau, der überdies einen Sarkophag enthielt, in dem man das Skelett einer jungen Frau vorfand. 1990 publizierte H. Thür einen Aufsatz, in dem sie auf Basis mehrerer Indizien Arsinoe IV, die jüngste Schwester der berühmten Kleopatra VII, als Grabherrin vorschlug.[8]

Bereits im Zuge der Grabungsarbeiten zu Beginn des 20. Jahrhunderts wurden im Bereich der unteren Kuretenstraße zahlreiche Blöcke aufgedeckt, die dem Oktogon zuzuweisen waren. So konnte der damalige Grabungsarchitekt W. Wilberg schon unmittelbar nach der Freilegung eine erste schematische Rekonstruktion anfertigen, die sich im Wesentlichen auch durch die aktuellen Arbeiten bestätigte. Die handschriftlichen Aufzeichnungen des Architekten sind heute leider

---

[1] Das aktuelle Projekt untersteht dem Österreichischen Archäologischen Institut in Zusammenarbeit mit der Technischen Universität Wien, Institut für Kunstgeschichte, Bauforschung und Denkmalpflege, Fachbereich Baugeschichte und Bauforschung und wurde dankenswerterweise durch die Gesellschaft der Freunde von Ephesos (GFE) finanziert.

[2] THUSWALDNER, B. (2009): Zur computergestützten steingerechten Rekonstruktion des Oktogons in Ephesos. In: Ladstätter, S. (Hrsg.), Neue Forschungen zur Kuretenstraße von Ephesos. Archäologische Forschungen 15, Wien, S. 261–281.

[3] Die exakte Datierung des Monumentes ist umstritten. Siehe dazu HEBERDEY, R. (1904): Vorläufiger Bericht über die Grabungen in Ephesos 1904, Jahresheft des Österreichischen Archäologischen Instituts 8, Wien (1905), Beibl. S. 70–76; WEIGAND, E. (1914): Baalbek und Rom. Die Römische Reichskunst in ihrer Entwicklung und Differenzierung, Jahrbuch des Deutschen Archäologischen Instituts 29, S. 52; HEILMEYER, W. (1970): Korinthische Normalkapitelle, RM Ergh. 16, S. 79 f.; ALZINGER, W. (1974): Augusteische Architektur in Ephesos, Sonderschriften des Österreichischen Archäologischen Instituts 16, S. 0–43; HESBERG, H. v. (1980): Konsolengeisa des Hellenismus und der frühen Kaiserzeit, Römische Mitteilungen Ergh. 24, Mainz, S. 56 f.; RUMSCHEID, F. (1994):

Untersuchungen zur kleinasiatischen Bauornamentik des Hellenismus, Mainz am Rhein, S. 160–165; jüngst auch PLATTNER, G. A. (2009): Zur Bauornamentik des Oktogons in Ephesos. In: Ladstätter, S. (Hrsg.), Neue Forschungen zur Kuretenstraße von Ephesos. Archäologische Forschungen 15, Wien, S. 101–110. Dagegen: BAMMER, A. (1978) In: Oberleitner, W. u. a., Funde aus Ephesos und Samothrake. Kunsthistorisches Museum. Katalog der Antikensammlung II, Wien, S. 95–98. Die Auswertung der Keramik aus einer Sondage im Bereich hinter dem Oktogon aus dem Jahr 1993 scheint die Datierung in das erste vorchristliche Jahrhundert zu bestätigen, siehe dazu WALDNER, A. (2009): Heroon und Oktogon. In: Ladstätter, S. (Hrsg.), Neue Forschungen zur Kuretenstraße von Ephesos. Archäologische Forschungen 15, Wien, S. 293–299.

[6] HEBERDEY, R. (1904): Vorläufiger Bericht über die Grabungen in Ephesos 1904, Jahresheft des Österreichischen Archäologischen Instituts 8, (1905) Beibl. S. 70–76.

[7] KEIL, J. (1930): 15. Vorläufiger Bericht über die Ausgrabungen in Ephesos, Jahresheft des Österreichischen Archäologischen Instituts 26, Beibl. S. 41–44.

[8] THÜR, H. (1990): Arsinoe IV, eine Schwester Kleopatras VII, Grabinhaberin des Oktogons in Ephesos? Ein Vorschlag, Jahresheft des Österreichischen Archäologischen Instituts 60, S. 43–56.

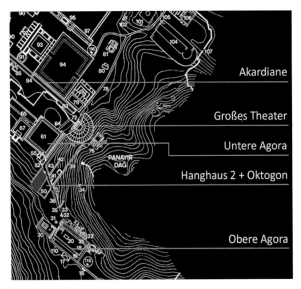

Abb. 1: Lageplan

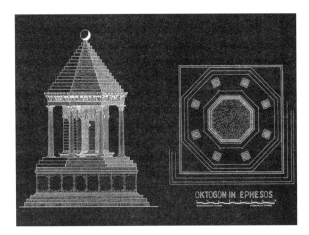

Abb. 2: Aufriß und Grundriss nach W. Wilberg

Abb. 3: Unterschiedliche Verwahrungsorte:
Architekturprobe in Wien und Werkstücke in Ephesos

ebenso verloren wie die von ihm angefertigten Zeichnungen der einzelnen Bauteile. Dennoch ist uns das Manuskript wenigstens auszugsweise bekannt, da sich W. Alzinger in seiner Schrift über die Augusteische Architektur in Ephesos[9], in der er eine ausführliche Beschreibung des Monumentes gibt, streng an dem von Wilberg formulierten Text orientiert und ihn über längere Passagen sogar wörtlich wiedergibt.

Das Gebäude besaß einen quadratischen, 9 x 9 Meter messenden Sockel und war insgesamt rund 15 m hoch (Abb. 2). Die sichtbare Außenhaut des Gebäudes war zur Gänze aus Marmor gefügt und umschloss einen massiven Kern aus Bruchstein-Mörtel-Mauerwerk. Auf dem quadratischen Unterbau erhob sich ein kleiner Tempel in Form einer achtseitigen Tholos mit dreistufiger Krepis. Acht kannelierte Säulen mit korinthischen Kapitellen umstanden eine oktogonale Cella, um deren Fuß eine Sitzbank verlief. Den oberen Bereich der Cella zierte ein Fries aus Fruchtgirlanden, die von Bukranien getragen wurden. Über den Kapitellen ruhten Dreifaszienarchitrave. Ein Rankenfries, der sich zwischen den Konsolen des darüber liegenden Geisons fortsetzte, vervollständigte zusammen mit dem ausladenden Gesims das Gebälk. Darüber saß ein steiles Dach in Form einer achtseitigen Stufenpyramide, bekrönt von einer kolossalen Kugel.

AKTUELLER PROJEKTSTAND

AUSGANGSSITUATION

Heute befindet sich nur noch der quadratische Sockelbau des Oktogons *in situ* an der Kuretenstraße. Der überwiegende Teil der erhaltenen Architekturelemente wurde auf einem Steinauslegeplatz hinter der Celsusbibliothek gesammelt, wo die Bauteile für die Vermessung gut zugänglich waren und auch für notwendige Hebemaschinen ausreichend Platz zur Verfügung stand (Abb. 3). Die Bauteile eines Joches befinden sich heute im Ephesos-Museum in Wien. Sie wurden hier zu einer Architekturprobe zusammengefügt, sodass lediglich deren freiliegende Seiten aufgenommen werden konnten, nicht aber die für die Rekonstruktion aufschlussreichen Stoß- und Lagerflächen.

DATENAUFNAHME UND -VERARBEITUNG

Für die Vermessung des Sockelbaues sowie zur Aufnahme der über 170 aus dem Verband geratenen Bauteile kamen modernste 3D-Vermessungssysteme zum Einsatz.[10] Für Übersichtsscans von größeren Baugruppen, wie etwa den *in situ* befindlichen Resten an der

[9] ALZINGER, W. (1974): Augusteische Architektur in Ephesos, Sonderschriften des Österreichischen Archäologischen Instituts 16, S. 40–43.
[10] Zur Vermessung des Oktogons und den unterschiedlichen Scantechnologien vgl.: THUSWALDNER, B., KALASEK, R. (2008): The Virtual Anastylosis of the Octagon in Ephe-
sus. In: Al-Qawasmi J u.a. (Hrsg.) Digit Media and its Application in Cultural Heritage 4, CSAAR Publications, Amman, S. 95–113; zum 3D-Laserscanner siehe auch: GROH, ST., NEUBAUER, W. (2003): Einsatz eines terrestrischen 3D-Laserscanners in Ephesos. Jahresheft des Österreichischen Archäologischen Instituts 72, S. 111–122.

Abb. 4: Positionierung von Dübellöchern

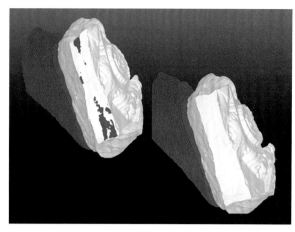

Abb. 5: Bruchflächenanpassung

Kuretenstraße oder den wieder zusammengefügten Bauteilen im Ephesos-Museum in Wien, wurde der Laserscanner LMS-Z 420i der Firma RIEGL Laser Measurements Systems eingesetzt, der einen vergleichsweise großen Messbereich abdeckt. Detailliertere Messergebnisse liefert das vom Fraunhofer-Institut in München entwickelte Streifenlichtprojektionssystem PT-M 1024 in Verbindung mit der Software QT-Sculptor. Dieses Gerät konnte, dank der Zusammenarbeit mit dem Institut für Bauforschung und Denkmalpflege, Fachgebiet Baugeschichte und Bauforschung der Technischen Universität Wien, zur Aufnahme der kleineren Architekturteile sowie zur Verdichtung der Messdaten der größeren Objekte herangezogen werden. Die Vermessungsarbeiten wurden zum überwiegenden Teil bereits in der Kampagne 2007 abgeschlossen.

REKONSTRUKTION IM VIRTUELLEN RAUM
Der große technische Aufwand, der bei der Datenaufnahme betrieben wurde, legt nun, nachdem die Rekonstruktionsarbeit weitestgehend abgeschlossen ist, die bereits eingangs erwähnte Frage nach dessen Nutzen nahe. Der Arbeitsablauf der Rekonstruktion war dem herkömmlichen Vorgehen nicht unähnlich: Das Zusammenpassen zweier Bauteile wurde durch den Vergleich von Klammer- und Dübellöchern sowie anhand durchlaufender Oberflächenbearbeitungen verifiziert. Im Vergleich zur konventionellen zweidimensionalen Methode bieten 3D-Modelle in Verbindung mit entsprechenden Software-Werkzeugen vielfältige Möglichkeiten die Passung von Objekten zu prüfen. Mehrere Bauteile weisen leicht verzogene Oberflächen auf, sodass bei einer herkömmlichen Zeichnung bereits zum Zeitpunkt der Datenaufnahme entschieden werden muss, welcher Teil der Oberfläche parallel zur Projektionsebene liegen soll und daher unverzerrt dargestellt wird. Das 3D-Modell stellt sämtliche Maße eines Körpers als wahre Längen bereit. Projektionsebenen können später beliebig verändert und dem Arbeitsverlauf entsprechend angepasst werden. Als besonders

wertvoll stellte sich bei der Rekonstruktionsarbeit auch die Möglichkeit heraus, in das „Innere" der Bauteile sehen zu können: Durch das Ausblenden der Oberseite eines Bauteils und den Blick von innen auf dessen Unterseite konnten so die Positionen von Verdübelungen überprüft und angepasst werden (Abb. 4). Ebenso wurden bei der Anpassung von Bruchflächen bei nicht korrekter Ausrichtung im Inneren der Bauteile Durchdringungen sichtbar (Abb. 5).

Letztlich kann oft nur die Probe mit den originalen Blöcken zu einer sicheren Aussage verhelfen. Bei einem Monument, dessen Bauteile aber so wie beim Oktogon an völlig verschiedenen Orten – im konkreten Fall in Ephesos und in Wien – gelagert werden, ist eine solche Probe im Normalfall nicht möglich. Virtuelle Modelle, die mit Abweichungen von unter einem Millimeter aufgenommen wurden, schaffen hier Abhilfe, indem sie standortunabhängig im virtuellen Raum zusammengeführt werden können. Architekturproben können ohne die Werkstücke zu beschädigen, ohne Kran und ohne aufwändige Unterkonstruktionen aneinandergefügt und untersucht werden.

Zusammenfassend kann hier festgehalten werden, dass die Arbeit durch die Zuhilfenahme der virtuellen Bauteile in vielerlei Hinsicht erheblich erleichtert wurde. Dies betrifft vor allem das Bewegen und Anordnen der Bauteile in drei Dimensionen, welches räumliche Bezüge oft rascher und besser herstellen und erkennen lässt, als dies herkömmliche, zweidimensionale Handzeichnungen erlauben. Überdies muss bei der Datenaufnahme mit 3D-Messverfahren zum Zeitpunkt der Aufnahme keine Entscheidung über die Lage einer Schnitt- oder Projektionsebene getroffen werden. Diese Ebenen können später flexibel so gelegt werden, wie es der Rekonstruktionsprozess erfordert. Auch unterstützt die Vermessung der Bauteile mit 3D-Scannern die Vermeidung von Fehlern, da die Interpretation der Bauteile unabhängig von der Datenaufnahme erfolgt. Es muss hier aber ausdrücklich darauf hingewiesen werden, dass die Verfügbarkeit eines noch so detailliert aufgenommenen 3D-Modells nicht die Untersuchung der originalen Bauteile vor Ort ersetzen kann.

DAS OKTOGON IM EPHESOS-MUSEUM IN WIEN

DIE VIRTUELLE ANASTYLOSE ALS BEGEH-BARES MONUMENT

Nach der bauforscherischen Arbeit wurde der Ruf nach einer adäquaten Präsentation der Ruine laut. Wie eingangs erwähnt, stand ein Wiederaufbau des Monuments am originalen Standort in Form einer Anastylose oder Teilanastylose mehrfach zur Diskussion, von einer Umsetzung wurde jedoch vorerst abgesehen.

Weiterhin bestand aber das Anliegen, die Ruine sowohl der Wissenschaft als auch interessierten Laien zugänglich zu machen. Letzteres zählt wohl zu jenen grundlegenden Aufgaben der Forschung, die zunehmend an Bedeutung gewinnen. Die Möglichkeiten, ein antikes Gebäude für Besucher einer archäologischen Grabung oder eines Museums in seiner räumlichen Dimension erfahrbar zu machen, werden dabei durch mehrere Faktoren bestimmt. Aus denkmalpflegerischer Sicht steht beispielsweise der Schutz der originalen Substanz im Vordergrund. Die Rahmenbedingungen dafür wurden im Jahr 1964 in der Internationalen Charta von Venedig formuliert.[11] Gleichzeitig müssen die Interessen von Museen oder Tourismusorganisationen berücksichtigt werden, die durch die publi-

kumswirksame Darstellung der Monumente möglichst zahlreiche Besucher ansprechen möchten. Schließlich ist es häufig aber auch eine Frage der Finanzierung, in welchem Ausmaß Maßnahmen zu Erhaltung, Pflege und Präsentation der Ruinen ergriffen werden können.

Vor diesem Hintergrund wurde nun ein konkretes Konzept für eine 3D-Präsentation im Ephesos-Museum in Wien entwickelt. Neben dem Nutzen, den die hochpräzisen 3D-Daten für die Erarbeitung der steingerechten Rekonstruktion brachten, bildet das nun fertiggestellte Modell des gesamten Gebäudes auch für sich selbst ein Instrument zur Vermittlung und zur Auseinandersetzung mit den Ergebnissen (Abb. 6). Das Modell bietet nicht nur die Möglichkeit, ein reales, ortsgebundenes Monument an jedem beliebigen Ort erlebbar zu machen. Es liefert auch die notwendigen Inhalte, um für Besucher im virtuellen Raum verschiedene Bauzustände im Zeitverlauf darzustellen, Baugruppen zusammenzufassen oder einen Wiederaufbau in unterschiedlichem Umfang zu simulieren. Ganz im Sinne der in der Charta von Venedig geforderten zerstörungsfreien Denkmalpflege unterstützt das virtuelle Modell den Schutz der Originalsubstanz. Bereits Klaus Nohlen weist auf den Wert der virtuellen Welt hin, die – richtig genutzt – die historische Substanz und deren

[11] Charta von Venedig (1964). Deutsche Fassung. In: PETZET M. (1992), Grundsätze der Denkmalpflege, ICO-MOS-Hefte des Deutschen Nationalkomitees, 10

Abb. 6: Gesamtmodell

Umfeld vor allzu großen Eingriffen zum Zweck einer verständlichen Präsentation bewahren kann.[12]

Neben dem schonungsvollen Umgang mit kulturellem Erbe, der durch den Einsatz moderner Messverfahren gewährleistet wird, können neue Technologien und Medien auch die Attraktivität von Museen erheblich steigern. Besucher erwarten anschauliche Präsentationen, in denen die Exponate auch in größeren Zusammenhängen erklärt und beschrieben werden. Darüber hinaus entsteht zunehmend der Wunsch, sich Wissen durch interaktives Agieren selbst anzueignen. Im Archäologischen Park von Carnuntum hat man diese Entwicklung bereits früh erkannt. Virtuelle Spaziergänge auf Touch-Screen-Monitoren sind hier, im Freilichtmuseum Petronell, bereits seit April 2000 möglich.[13]

Ein ähnlicher Weg soll nun im Ephesos-Museum in Wien beschritten werden. Im Unterschied zur Präsentation der Grabungsergebnisse in Carnuntum wird hier jedoch ein vollständiges Eintauchen in die Welt der Antike mittels 3D-Brillen möglich sein. Das für das Museum geplante System wurde in ähnlicher Form im vergangenen Jahr zu Forschungszwecken an der Technischen Universität Wien installiert[14] und konnte dankenswerterweise bereits für Tests mit den 3D-Daten des Oktogons genutzt werden. Mit Hilfe eines Projektors wird ein Stereobild auf eine Leinwand projiziert. Der 3D-Effekt wird für die Besucher durch eine entsprechende Brille sichtbar. Die Benutzerposition im Projektionsraum wird über ein elektromechanisches Trackingsystem erfasst. Die Positionsbestimmung erfolgt dabei durch zu beiden Seiten und über der Leinwand montierte Kameras und die an der 3D-Brille des Betrachters befestigten Marker. Das Tracking erlaubt es, virtuelle Objekte durch die eigene Bewegung, und ohne aktiv zu navigieren, von mehreren Seiten zu betrachten. Dies wird durch die Rückkopplung der Benutzerposition in die virtuelle Umgebung möglich. Die dargestellte Perspektive wird ausgehend von der Positionsänderung des Benutzers im Raum neu berechnet. Die Bestimmung der jeweils gezeigten Ansicht bleibt hierbei jeweils einer einzigen Person vorbehalten. Weitere Betrachter können die Bewegungen dieser leitenden Person jedoch mittels einfacher, markerloser Brillen mit verfolgen. Die aktive Navigation erfolgt durch ein Interaktionsgerät, wie etwa eine Spacemouse oder einen Joystick.

Das mit hohem Detaillierungsgrad aufgenommene Modell erlaubt auch eine Betrachtung der einzelnen Werkstücke aus nächster Nähe. Es wird daher möglich sein, einzelne Bauteile aus dem Verband zu lösen und sie interaktiv zu drehen, um so unterschiedliche Bearbeitungen der Oberflächen oder technische Verbindungen im Detail studieren zu können.

In einer ersten Projektstufe wird ein 3D-Gesamtmodell realisiert, das im virtuellen Raum umschritten werden kann. Zusätzlich wird es möglich sein, zwischen der Darstellung einer Gesamtrekonstruktion inklusive sämtlicher ergänzter Bauteile und einer Darstellung, welche lediglich die erhaltenen Bauteile zeigt, zu wechseln (Abb. 7). Darüber hinaus können die unterschiedlichen Bauteilgruppen (*in situ* erhaltene Bauteile, nach der Freilegung wieder versetzte Bauteile, lose in Ephesos erhaltene Bauteile und Bauteile im Museum) farblich hervorgehoben und damit unterschieden werden (Abb. 8). Ergänzend dazu wird ein Computerterminal installiert, an dem weiterführende Informationen über das Monument zur Verfügung stehen. Ein vergleichbares System wurde für die Ara Pacis Augustae in Rom entwickelt, es ist im dazugehörigen Museum installiert.[15] In einer weiteren Ausbaustufe wird das Modell in ein ebenfalls aus 3D-Scans generiertes Umgebungsmodell eingebettet (Abb. 9). Der untere Bereich der Kuretenstrasse kann im 3D-Modell abgeschritten werden – die städtebauliche Situation im Ruinengelände ist so virtuell erlebbar.

Abb. 7: Studie zum Wiederaufbau

[12] NOHLEN, K. (1997): Ästhetik der Ruine. Zur Präsentation antiker Baukomplexe am Beispiel des Trajan-Heiligtums zu Pergamon. In: Antike Welt 28, S. 185–198.

[13] BOHUSLAV, P., HUMER, F., VOIGT, A., SCHRENK, M. (2000): Virtueller Rundgang durch das antike Carnuntum. In: Schrenk, M. (Hrsg.), CORP 2000 – Computergestützte Raumplanung. Beiträge zum 5. Symposion zur Rolle der Informationstechnologie in der und für die Raumplanung, 16.–18. Februar 2000, Technische Universität Wien, Wien, S. 325–330.

[14] Das Projekt wurde von Prof. Dr. A. Voigt initiiert; Förderung durch das bm:bmk; Kooperation mit dem Höchstleistungsrechenzentrum Stuttgart (HLRS, http://www.hlrs.de/) unter der Leitung der Gastprofessoren an der TU Wien 2009/2010 Prof. Joachim Kieferle, Wiesbaden und Dr. Uwe Wössner.

[15] BORGHINI, S., CARLANI, R. (2008), Virtual Ara Pacis: An Example of a New Museographic Tool for Cultural Heritage. In: Al-Qawasmi J u.a. (Hrsg.), Digital Media and its Application in Cultural Heritage 4, CSAAR Publications, Amman, S. 131–142.

Abb. 8: Baugruppen

Abb. 9: 3D-Modell der unteren Kuretenstraße

AUSBLICK

Die für das Oktogon entwickelte 3D-Umgebung soll nicht alleine für dieses Monument genutzt werden. Ziel ist es, den virtuellen Rundgang sukzessive auf mehrere Gebäude im Ruinenfeld auszudehnen. Mit geringem zusätzlichen Aufwand könnte die Applikation überdies für die Benutzung in unterschiedlichen Sprachen adaptiert und beispielsweise auch im Museum in Selçuk (nahe dem antiken Ephesos) installiert werden. Die 3D-Präsentation des Oktogons im Ephesos-Museum in Wien könnte so einmal mehr den Anstoß zu einer intensiveren Nutzung derartiger Werkzeuge bei der Vermittlung architektur- und kunsthistorischer Inhalte geben.

DANK

Mein Dank gilt Sabine Ladstätter, als Grabungsleiterin in Ephesos und Direktorin des Österreichischen Archäologischen Instituts, für die Unterstützung des Projektes; Hilke Thür, die das Projekt initiiert hat, für die weitreichende wissenschaftliche Beratung; Robert Kalasek (TU Wien) für die Zusammenarbeit bei der Datenaufnahme und die Unterstützung beim Postprocessing; Ursula Quatember für die kritische Durchsicht des Manuskripts sowie Marina Döring-Williams (TU Wien, Institut für Kunstgeschichte, Baukunst und Denkmalpflege, Fachbereich für Baugeschichte und Bauforschung) für die Kooperation.

Anschrift:
Dipl.-Ing. Barbara Thuswaldner, Österreichisches Archäologisches Institut, Franz Klein-Gasse 1, 1190 Wien
E-Mail: barbara.thuswaldner@tuwien.ac.at

Abbildungsnachweis:
Abb. 1, 4: R. Kalasek;
Abb. 2: Archiv ÖAI;
Abb. 3, 5, 7, 8: Verf.;
Abb. 6, 9: Verf. / R. Kalasek